车辆工程专业研究生系列教材

智能车辆电驱动与运动控制技术

主　编　卜建国　冯光烁

副主编　俞　妍　周广猛

参　编　张卫锋　雷　威　赵梦伟　胡　宁

孙　策　王丹丹　刘金华

主　审　刘增勇　陈成法

机 械 工 业 出 版 社

本书以智能车辆为背景，层层递进地介绍了电驱动和运动控制技术。本书共12章。第一章主要对本书所涉及领域做了总体介绍；第二章到第四章主要介绍了智能车辆系统的体系结构以及相关的传感设备、车载网络和线控底盘技术等内容；第五章到第九章主要介绍了智能车辆电驱动系统构型、电机结构及设计理论、电机控制相关的功率半导体器件、电路、控制算法等内容；第十章到第十二章主要以电驱动智能车辆为背景，介绍了当前智能车辆常见的运动控制技术和四轮独立运动控制技术，然后分别对单车运动和多车协调运动控制做了系统性的阐述。

本书适用于对智能车辆、电驱动等技术感兴趣的研究生、学者和工程师。

图书在版编目（CIP）数据

智能车辆电驱动与运动控制技术 / 卜建国，冯光烁主编. -- 北京：机械工业出版社，2024. 12. --（车辆工程专业研究生系列教材）. -- ISBN 978-7-111-77298-9

Ⅰ. U46

中国国家版本馆CIP数据核字第20255ZC423号

机械工业出版社（北京市百万庄大街22号　邮政编码100037）

策划编辑：何士娟　　责任编辑：何士娟　王兴宇

责任校对：郑　雪　李　杉　　封面设计：张　静

责任印制：单爱军

北京虎彩文化传播有限公司印刷

2025年3月第1版第1次印刷

184mm×260mm · 31.25印张 · 732千字

标准书号：ISBN 978-7-111-77298-9

定价：189.00元

电话服务　　网络服务

客服电话：010-88361066　　机　工　官　网：www.cmpbook.com

010-88379833　　机　工　官　博：weibo.com/cmp1952

010-68326294　　金　书　网：www.golden-book.com

封底无防伪标均为盗版　　机工教育服务网：www.cmpedu.com

PREFACE

前　言

本书紧贴当前汽车“电驱动”和“智能车”两个技术热点，关注技术前沿，全面、深入地介绍了智能车辆、电驱动和运动控制的理论、系统、部件及应用，及时满足了智能车辆领域对电驱动和运动控制的知识需求。

本书主要适用于对智能车辆、电驱动等技术感兴趣的研究生、学者和工程师。

本书共 12 章。第一章主要对本书所涉及领域做了总体介绍；第二章到第四章主要介绍了智能车辆系统的体系结构以及相关的传感设备、车载网络和线控底盘技术等内容；第五章到第九章主要介绍了智能车辆电驱动系统构型、电机结构及设计理论、电机控制相关的功率半导体器件、电路、控制算法等内容；第十章到第十二章主要以电驱动智能车辆为背景，介绍了当前智能车辆常见的运动控制技术和四轮独立运动控制技术，然后分别对单车运动和多车协调运动控制做了系统性的阐述。

本书由陆军军事交通学院卜建国和北京科技大学冯光烁担任主编，由陆军军事交通学院的俞妍、周广猛担任副主编。其中冯光烁主要完成第二到第五章和第十一、十二章的编写工作。另外，参与编写的人员还有陆军军事交通学院的张卫锋、雷威、赵梦伟、胡宁、孙策、王丹丹、刘金华等人。

全书由刘增勇教授和陈成法副教授主审，他们提出了许多宝贵建议，在此表示衷心感谢。

由于编者水平有限，书中难免存在错误和不妥之处，敬请读者不吝指正。

编　者

CONTENTS

目 录

第一章

概　述

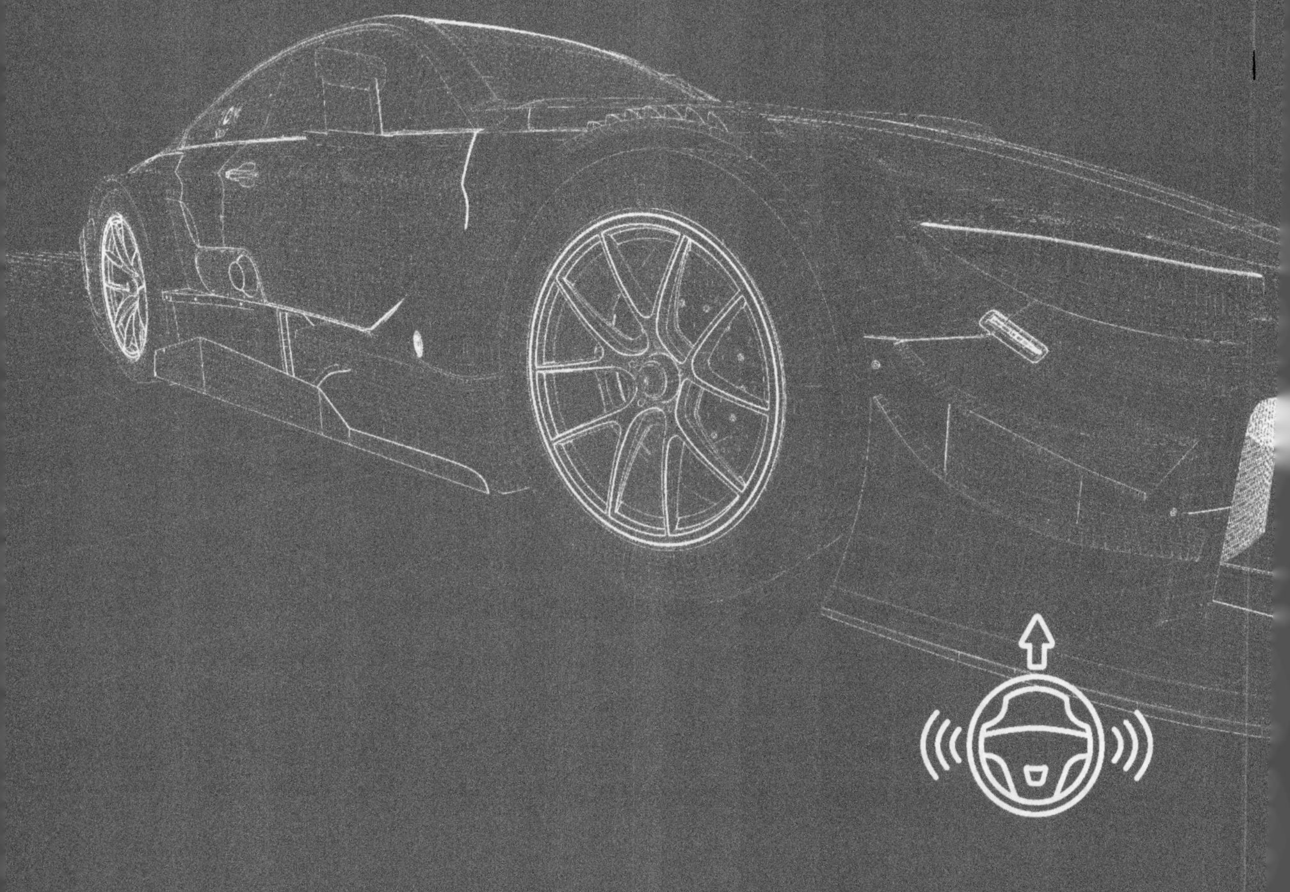

第一节　智能车辆

一、智能车辆概述

汽车是人类文明的结晶。自1886年第一辆汽车发明以来，经过一百多年的发展，到目前为止，汽车所需要的机械、电气、液压系统已经发展到非常完善的程度。20世纪70年代以来，电子技术的快速发展给汽车带来了自动化技术，各种传感器、智能计算单元越来越多地应用到汽车上，不断增强汽车的自身感知能力和操纵控制能力。在汽车功能日趋完善，性能稳步提高的同时，尝试利用先进的传感器，实现对汽车行驶环境的感知，利用车载强大的计算单元对汽车行驶环境、运动状态进行实时控制，通过智能手段从本质上提升汽车的安全性，是下一步汽车工业的发展方向。

与传统汽车不同，智能车辆不仅可以感知车辆自身，还能利用先进的车载传感器系统实时感知外界环境，利用强大的车载计算能力实时处理环境感知信息，能够进行科学的路径规划和驾驶决策，并自动完成车辆的操纵控制。

1. 智能车辆

智能车辆的定义：具备车辆感知能力，如发动机节气门开度、发动机转速、发动机温度、行驶速度、各轮轮速、转向角度、转向速度、制动状态、制动减速度、档位信息、灯光、车门、刮水器等信息；执行机构线控能力（Drive by Wire），如通过CAN总线实现执行机构转向、制动、加速减速、换档和灯光控制等线控能力；行驶环境感知和定位能力，如通过毫米波雷达、摄像头、激光雷达、卫星接收装置等传感器实现行驶环境交通动静态信息的分析和提取；具备信息融合规划决策和控制能力，能够根据自身状态和环境情况制定合理的驾驶策略，并控制执行机构完成正确的驾驶操作；具备人机交互能力，通过移动通信设备，利用移动网络与云平台，与人或上级控制系统进行信息交互，使车辆获得所需要的目标位置、行驶线路和任务要求，实现车辆的各种智能化应用。

智能车辆是智能交通的重要组成部分，它的初级阶段是具有先进驾驶辅助系统（Advanced Driving Assistance System，ADAS）的汽车，终极目标是全自主的无人驾驶汽车。

2. 智能网联车辆

智能网联车辆（Intelligent Connected Vehicle，ICV）是一种跨技术、跨行业领域的新兴车辆体系。从不同的角度和背景来看，每个国家对智能网联车辆的定义是不相同的，名称也不相同，但是它们的最终目的是相同的，都是能上路安全行驶的无人驾驶车辆。

从狭义来讲，智能网联车辆是搭载先进的车载传感器、控制器、执行器等装置，并与现代通信与网络技术相融合，实现V2X（即V to X）智能信息交换共享，具有复杂的环境感知、智能决策、协同控制和执行等功能，最终实现安全、舒适、节能、高效行驶，还可以代替人来控制的新一代车辆。

从广义来讲，智能网联车辆是把车辆作为主体和主要节点，将现代通信和网络技术融合在一起，使车辆与外部节点实现信息共享和协同控制，以实现车辆安全、有序、高效、节能行驶的新一代多车辆的控制系统，如图 1-1 所示。

图 1-1 智能网联车辆

智能网联车辆、无人驾驶车辆、车联网、智能交通系统有密切的相关性，但是没有具体的分界线，它们的关系如图 1-2 所示。

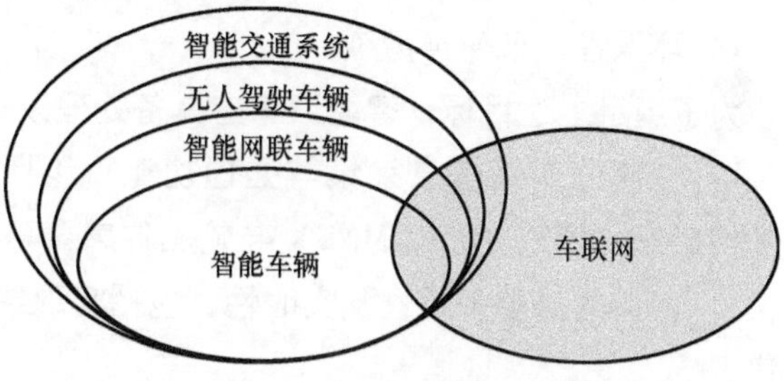

图 1-2 系统关系图

智能网联车辆是智能交通系统中智能车辆与车联网交集的产品。智能网联车辆是车联网的重要组成部分，它的技术进步和产业发展有利于支撑车联网的发展。车联网系统是智能网联车辆、智能车辆的最重要载体，只有充分利用互联技术才能保障智能网联车辆真正拥有充分的智能和互联。智能网联车辆更加重视解决安全、节能、环保等制约产业发展的核心问题。

智能网联车辆与车联网应并行推进，协同发展。智能网联车辆依托车联网，不仅要通过技术创新连接互联网，还应使 V2X 之间实现多种方式的信息交互与共享，提高智能网联车辆的行驶安全性。

智能网联车辆本身具备自主的环境感知能力，这也是智能交通系统的核心组成部分，是车联网体系的一个节点，通过车载信息终端实现与车、路、行人、业务平台等之间的无线通信和信息交换。智能网联车辆的焦点在车上，发展重点是提高车辆的安全性，其终极目标是无人驾驶车辆；而车联网的聚焦点是建立一个比较大的交通体系，发展重点是给车辆提供信息服务，其终极目标是智能交通系统。智能车辆是车辆智能化与车联网的完美结合。

3. 无人驾驶车辆

无人驾驶车辆（简称无人车）是通过车载环境感知系统感知道路环境，自动规划和识别行车路线，并控制其到达预定目标地的智能车辆。它利用环境感知系统来感知车辆周围环境，并根据感知所获得的道路状况、车辆位置和障碍物信息等，控制车辆的行驶方向和速度，从而使车辆能够安全、可靠地在道路上行驶。无人驾驶车辆是传感器、计算机、人工智能、无线通信、导航定位、模式识别、机器视觉、智能控制等多种先进技术融合的综合体。

与一般的智能车辆相比，无人驾驶车辆需要具有更先进的环境感知系统、中央决策系统以及底层控制系统。无人驾驶车辆能够实现完全自动的控制，全程监测交通环境，能够实现所有的驾驶科目。驾驶人只需提供目的地或者输入导航信息，在任何时候均不需要对车辆进行操控。

无人驾驶车辆是车辆智能化、网络化的终极发展目标。

二、智能汽车研究与发展的问题

智能汽车相关研究包含以下几类多重准则的目标：

1）安全性是重要的目标，应当重点关注。

2）节能高效性有利于交通流的控制。

3）舒适性，需要考虑驾驶和乘坐人员的感受。

4）环保性，低噪声污染。

为了满足上述目标，智能汽车应具备处理以下任务的功能：

1）快速的车路信息采集与处理功能，包括视觉传感器（CCD/CMOS、雷达、激光）、位置传感器（INS、GPS、MNS）与轮胎传感器等。

2）底盘的操控灵活性及实时性，包括实现线控转向、线控制动、线控驱动及动力的电驱化。

3）基于采集信息的驾驶决策功能，包括冲突避让、路径导航、最短路径规划、换道并道辅助等。

4）基于生成决策的驾驶控制功能，包括横向运动控制、纵向运动控制和横纵向结合控制。

基于对上述功能的分类，智能汽车的相关研究也可相应地分为四大领域：传感、控制、决策和电驱动。

现代汽车是由大量机械、电子和机电类元件构成的高度复杂的系统。为了描述和感知车辆的状态，近 30 年来研发了大量的传感器，图 1-3 所示为智能汽车传感器分布图。

如果智能传感器被看作是人类的眼睛和耳朵的话，那么智能中心和智能控制器则可以分别被看作是人类的大脑和手臂。智能中心通常是一个可连接所有传感器和控制单元的微型计算机。它利用智能传感器采集到的车辆附近的环境信息，基于预置的控制算法对车辆运动进行决策。

先进的决策和控制算法可以帮助驾驶人规划最优的驾驶路径，将高等的驾驶需求转化为实际、复杂、机械或电子的操作。当然，它也能够检测到任何驾驶行为中的错误，包含驾驶人误操作或者传感器和执行器的故障。

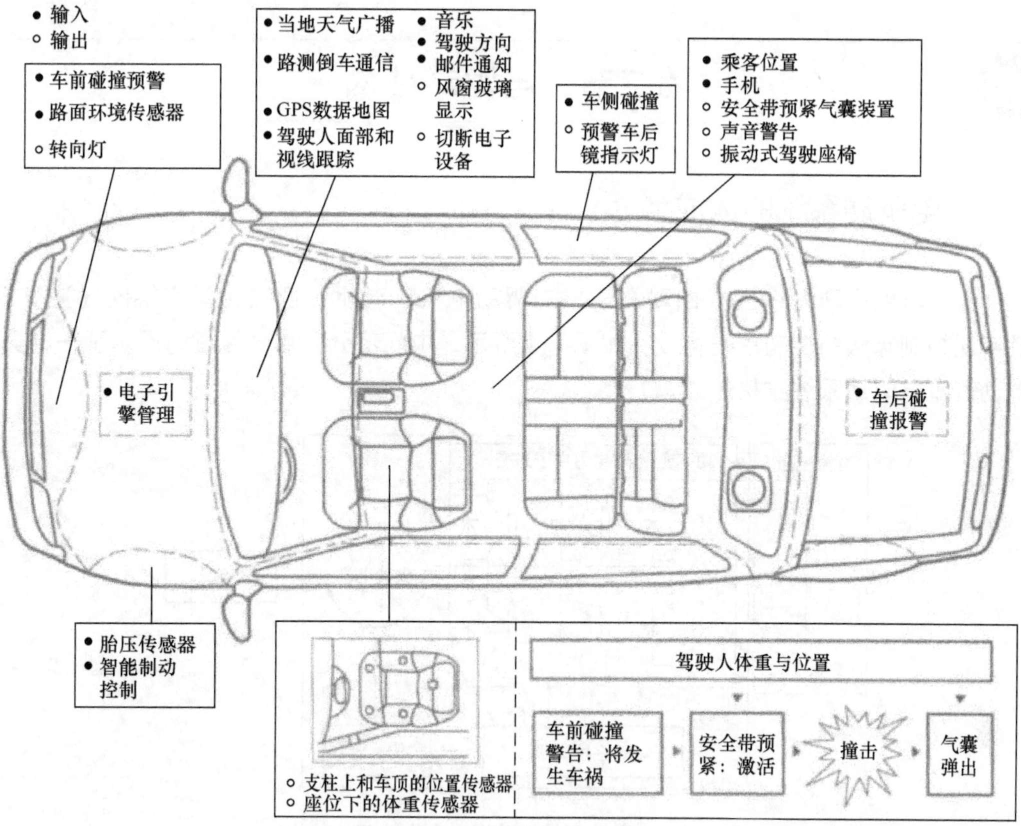

图 1-3 智能汽车传感器分布

此外，支持实现上述功能的软硬件的研发工作也越来越受到关注。例如，人们对于安全驾驶和舒适驾驶日益增长的需求，促使汽车经销商与供应商主动推进类似“线控”子系统等新技术的进步。这些计算机控制子系统包含线控转向、线控制动、线控驱动等，均通过车载计算机网络相连。线控转向系统采用电子连接，能够取代传统汽车转向盘与车轮执行机构之间的机械联动装置。因为它能够消除转向盘和车轮之间直接的运动学联系，所以能够通过汽车控制算法来改善车轮的转向性能。

比线控子系统更加复杂和有效的是车内总线系统，它也越来越受到人们的重视。通常车内总线是指连接汽车内部各部件的电子通信网络。由于成本、可靠性和实时性等专业的需求和约束，传统的网络通信协议（如以太网、TCP/IP）并不适合车内总线系统。OSEK-VDK就是一种典型的车内总线系统。

在不久的将来，可以预见到每一辆智能汽车的部件，包括车窗、座椅、刮水器、风扇、空调等均能和车内智能中心通信。

汽车电动化是当前国际上为了应对汽车工业带来的种种问题、推动世界汽车工业的可持续发展、适应全球经济发展趋势的必然选择。同时汽车电动化也天然满足了智能汽车对动力控制灵活性、响应实时性以及大功率用电的要求。

第二节　电驱动技术

一、电驱动系统的构成

电动汽车电驱动系统主要由动力输出的驱动电机、电能变换的功率变换器（逆变器）以及实现控制算法的控制系统构成。如图 1-4 所示，中间部分的点画线框内展示了一种典型的电动汽车电驱动系统结构。

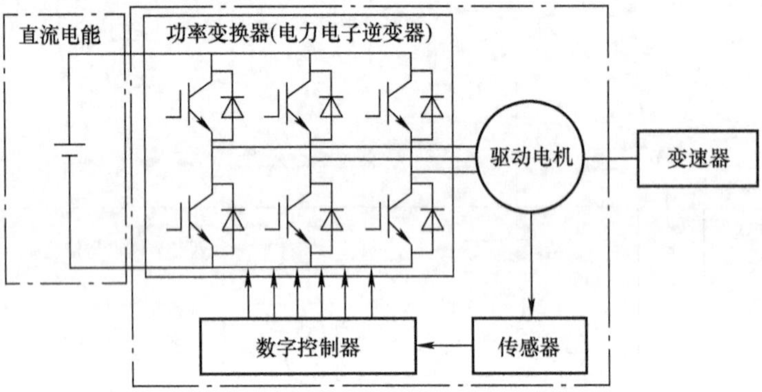

图 1-4　一种典型的电动汽车电驱动系统结构

其中驱动电机接收来自功率变换器的不同电压、不同频率的电能，通过电磁作用将电能转换为机械能输出，从而推动车辆运动或者停止；功率变换器负责将车载直流电能（电池等储能能量）转换为不同的直流电能（针对直流电机）或者不同频率的交流电能（交流电机等），从而为驱动电机提供适合的电能；控制系统则接收整车行驶需求，通过控制算法进行适合整车行驶需求的策略计算，为功率变换器提供合适的控制规则，以实现恰当的逻辑和策略。

二、电驱动系统的作用

电驱动系统作为电动汽车核心技术之一，在电动汽车上起到了驱动车辆前进并且能够回收制动能量的作用。在纯电动汽车和燃料电池汽车上，电驱动系统作为车辆唯一的驱动力来源，提供了车辆行驶全部的驱动力，以保证车辆行驶的动力性、平顺性等，其作用相当于传统汽车的发动机。但是，由于电驱动系统能够工作在回馈制动状态，所以该系统还具备了传统发动机无法实现的能量回馈功能，即电驱动系统在车辆制动时，能够将车辆的动能通过驱动系统的发电特性转换为电能存储到车载电源系统中。在混合动力汽车中，电驱动系统的作用根据混合形式的不同，其作用也略有差别，主要包括动力供应、平衡发动机功率和回馈能量三种。

三、电驱动技术的发展现状

电驱动技术是电动汽车的心脏，涵盖电机、电控等关键领域。随着全球环保意识的增强，电动汽车已成为汽车工业的重要发展方向。本节将概述日本、欧美和中国在电驱动技术领域的现状，聚焦于电机和电控两大技术，并给出对比分析。

1. 日本电驱动技术发展现状

日本高度重视电动汽车发展，通过政策引导推动新能源汽车普及。计划到 2030 年建设 30 万个电动汽车充电站，并设定了 2030 年温室气体减排 46% 的目标。汽车制造商如本田汽车、日产汽车和丰田汽车均制定了电气化战略，其中丰田汽车计划到 2026 年销售 150 万辆纯电动汽车，2030 年达 350 万辆。

日本在电机技术上领先全球，尤其是在高效电机和功率密度方面。日产 e-POWER 技术结合了高效发动机、高功率电机和功率型电池，实现了传统燃油车的补能优势和电驱动力的完美结合。丰田普锐斯采用的永磁同步电机在效率、功率密度和可靠性上均表现出色，效率高达 95%，功率密度为 4kW/kg，噪声控制在 55dB 以下。日本企业注重电机设计优化，采用先进冷却技术、高性能硅钢片和高导电率材料降低铁损和铜损，实现电机轻量化和小型化。这些技术提升了电动汽车的整车性能和续驶里程。

日本在电控技术方面同样具有强大实力。电池管理系统（BMS）能精准监测电池状态，提高使用效率和安全性。丰田汽车的电池管理系统优化了充放电过程，延长了电池寿命。电机控制系统（MCS）采用先进控制算法和传感器技术，实现高精度控制。能量回收系统在车辆减速时回收能量，提高能量利用率。日本企业在 IGBT 等功率半导体器件方面占据全球领先地位，为电动汽车电机控制器提供稳定的电力支持。先进的 PWM 控制技术实现了电机的高效、精确控制，提升了电动汽车的续驶里程和驾驶体验感。

2. 欧美电驱动技术发展现状

欧美地区电动汽车市场基础较好，但近年来新能源发展速度放缓，受全球产业链价值分配和地缘博弈影响。德国宣布将取消电动汽车补贴，导致电动汽车市场增速放缓；法国虽继续发放补贴，但改为政府审核清单下发放。美国福特汽车等汽车制造商在电动化转型上积极尝试，但面临市场增速未达预期和电动汽车部门亏损的挑战，故考虑推迟投资计划。

欧洲汽车制造商已在电机研发上取得了突破，尤其是在交流异步电机和扁线电机方面。交流异步电机结构简单、维护方便、成本低，在电动汽车领域广泛应用。特斯拉采用的交流异步电机在效率、可靠性和耐久性上表现出色。扁线电机效率高、功率密度大、散热性能好，是电动汽车驱动电机的新兴技术。通用汽车采用的扁线电机在这方面达到了较高水平。

欧美在电控技术方面已取得了显著进展，特别是在智能化和集成化方面。功率半导体器件的研发注重提高功率密度和降低损耗，满足电动汽车高效、轻量化、紧凑化的需求。电控系统采用先进控制算法和传感器技术，可实现协同控制和优化管理。博世电控系统能协同控制电池、电机和变速器等系统，提高整车性能和驾驶体验。欧美企业注重电控系统集成化设计，采用了模块化、集成化设计理念，来提高电控系统的可靠性和可维护性。大陆集团电控系统将 BMS、MCS 和整车控制系统集成在一起，实现了高度集成化和模块化设计。

3. 中国电驱动技术发展现状

中国政府高度重视电动汽车发展，通过购车补贴、税收优惠、充电基础设施建设等政策推动新能源汽车普及。中国电动汽车市场保持快速增长，2023 年智慧电力市场规模达 2281 亿元，其中电力智能化市场规模达 1040.2 亿元。

中国在永磁同步电机和高效电机设计方面取得显著进展。比亚迪股份有限公司采用的永磁同步电机在效率、功率密度和可靠性上表现出色，效率达 94%，功率密度为 4.2kW/kg。中国企业在高效电机设计上采用先进的冷却技术、降低铁损和铜损等手段来提高电机的效率。同时，在电机轻量化、小型化方面取得了显著进展，提升了电动汽车整车性能和续驶里程。

中国在电控技术方面也具有较高水平，尤其是在电池管理系统和电机控制系统方面。电池管理系统能精准监测电池状态，提高使用效率和安全性。中国企业在电池管理系统方面积累了丰富的经验和技术专利。电机控制系统采用先进控制算法和传感器技术，实现了高精度控制。中国还积极研发分布式驱动控制系统和智能能量管理系统等新技术，提高电动汽车能效和智能化水平。整车控制系统能协同控制电动汽车各个系统，提高了整车性能和可靠性。

4. 电驱动技术对比

日本在高效电机和功率密度上具有优势，尤其是 e-POWER 技术；欧美在电机材料和驱动技术上取得了突破；中国在电机制造工艺和成本控制上具有显著优势。日本在电池管理系统和电机控制系统方面经验丰富；欧美注重电控系统智能化和集成化；中国在电池管理系统、电机控制系统和整车控制系统方面均取得了重要进展。日本、欧美和中国均制定了政策来推动电动汽车的发展，但也面临着不同的机遇和挑战。

四、电驱动技术的发展趋势

关于电驱动技术的发展趋势从国际研发的方向来看，受车辆空间限制和使用环境的约束。汽车要求电驱动系统有更高的性能，耐受环境温度范围更高（冷却液入口温度 > 105℃），能经受高强度的振动以及具备体积小、成本更低等优势。为满足以上严格甚至苛刻的要求，车用电驱动系统技术的发展趋势可以归纳为永磁化、数字化和集成化。永磁同步电机驱动系统以其高功率密度、高效率等优势，成为发展电动汽车电驱动系统必须重点研究的关键技术之一。

在电动汽车电驱动系统的发展过程中，异步电机驱动系统得到了非常广泛的应用。但是随着电动汽车电驱动系统技术要求的不断提高，永磁同步电机驱动系统（PMSM）在国内外电动汽车上的应用逐渐得到了加强。表 1-1 是国家“863”计划中不同时期驱动电机类型的比例分布情况。表 1-2 是 2009 年和 2010 年参加新能源汽车驱动系统测试（根据新能源驱动系统电动车辆国家工程实验室测试基地数据）的电机类型分布情况。表1-3是国外目前应用于电动汽车上的电机类型分布情况。

表1-1 国家“863”计划中不同时期驱动电机类型的比例分布情况

时间	驱动系统电机类型			
	感应异步电机（数量/百分比）	永磁电机（数量/百分比）		磁阻电机（数量/百分比）
		PMSM	BLDC	
“十五”第二阶段	10/56%	4/22%	0	4/22%
“十五”第三阶段	5/36%	6/43%	2/15%	1/6%
“十一五”第一阶段	9/35%	12/46%	2/8%	3/1%
“十一五”第二阶段	3/17%	14/78%	0	1/5%

表1-2 新能源汽车驱动系统测试的电机类型分布情况

时间	感应异步电机（数量/百分比）	永磁电机（数量/百分比）		磁阻电机（数量/百分比）
		PMSM	BLDC	
2009年	16/59%	3/11%	7/26%	1/4%
2010年	14/25%	28/49%	14/25%	1/1%

表1-3 国外目前应用于电动汽车上的电机类型分布情况

感应异步电机（数量/百分比）	永磁电机（数量/百分比）		磁阻电机（数量/百分比）
	PMSM	BLDC	
3/13%	16/69.6%	4/17.4%	0/0%

从表1-1可以看出，在国家“863”计划中，随着研发的不断深入，感应异步电机驱动系统比例从56%下降到17%，而永磁电机驱动系统则由22%上升到78%。由表1-2可以看出，虽然感应异步电机系统在我国新能源车辆上还有较多的应用，但是永磁电机驱动系统的比例已经很高。从2009年和2010年统计数据来看，感应异步电机驱动系统的比例从59%下降到了25%，而永磁电机驱动系统的比例从2009年的37%稳步增长到了2010年的74%（PMSM驱动系统更是从11%增长到49%），其增长趋势明显。在国外电动汽车驱动系统中（表1-3），永磁电机驱动系统占有很大的优势，比例高达87%。由此可见，永磁电机驱动系统是电动汽车电机驱动系统的主要发展趋势。

电动汽车用电机驱动系统技术发展趋势基本可以归纳为永磁化、数字化和集成化。永磁电机具有效率高、比功率较大、功率因数高、可靠性高和便于维护的优点。采用矢量控制的变频调速系统，可使永磁电机具有宽广的调速范围。因此，电机的永磁化成为电驱动技术的重要发展方向之一。数字化也是未来电驱动技术发展的必然趋势。数字化不仅包括驱动控制的数字化、驱动到数控系统接口的数字化，而且还应该包括测量单元的数字化。随着微电子学及计算机技术的发展，高速、高集成度、低成本的计算机专用芯片以及DSP等的问世及其商业化，使得全数字的控制系统成为可能。用软件最大限度地代替硬件，除完成要求的控制功能外，还具有保护、故障监控、自诊断等其他功能。全数字化是电动汽车控制系统乃至传动系统的重要发展方向之一。

电驱动系统的集成化主要包括两个方面：一是指电机与发动机总成或电机与变速器的集成，电机驱动技术向着集成化的方向发展有利于减小整个系统的质量和体积，并可以有效地降低系统的制造成本；二是电力电子集成，包括功能集成（多逆变 + DC/DC 变换器 + 电池管理 + 整车控制）、物理集成（功率模块、驱动电路、无源器件、控制电路、传感器、电源等）、应用 Trench + FS IGBT 等新器件，基于单片集成、混合集成和系统集成技术达到高度集成。

采用沟槽栅与场终止技术的 IGBT 芯片设计得更为紧凑，单片即能达成 600V/200A 的性能，显著提升了功率密度。同时，600 ~ 1200V 的 SiC 二极管正逐步走向市场应用，其耐压强度是硅材料的 10 倍，导热性能则是硅的 3 倍，还能将反向恢复损耗降低 66%。此外，多芯片并联技术实现了静态均流，并采用了低电磁干扰的电路设计。在功率器件散热领域，技术日新月异，直接冷却与双面冷却技术更是进一步减小了模块的热阻。为了满足特定系统需求，IGBT 模块的设计也开始走向定制化。在电池组供电与逆变回路的应用场景下，我们可以选择体积小、容量适中但能承受较大纹波电流且电感低的薄膜电容。金属化聚丙烯薄膜的电场强度可达 200V/μm 以上，并且采用了具有自我保护功能的喷涂电极技术。当前，膜电容与叠层母排一体化组件技术正成为发展趋势，这种设计可以将换流回路的杂散电感减少 50%。然而，尽管技术不断进步，但商业化生产能承受 105℃ 以上高温的薄膜仍然是全球范围内的技术挑战，这对集成热管理技术提出了更高的要求。

比亚迪新能源汽车中应用了双向逆变式充放电技术。双向逆变器集驱动电机、车载充电器、直流充电站三者功能于一身，既可把电网的交流电转换为直流电实现充电，又能把电池里的直流电反向转换为交流电向车外用电器供电。

应用双向逆变充放电技术可满足多种场合需求。如图 1-5 所示，电动车可通过车对电网（V ⇄ G）模式实现削峰填谷；车对车（V ⇄ V）模式实现车辆之间互相充电；车对负载（V→L）模式可实现在车辆离网时紧急状况下的应急供电。

图 1-5　双向逆变充放电技术应用

比亚迪唐双向逆变器的关键电路是PWM双向并网变换器，其主电路如图1-6所示，包括6组IGBT和T_1交流变压器，以及与电池组相连的双向DC/DC变换器，比亚迪唐的直流电压为510V。

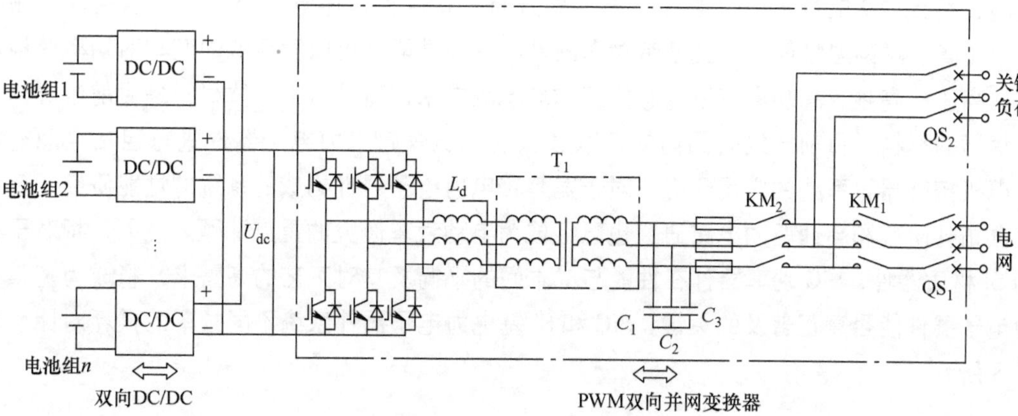

图1-6 双向逆变器主电路

双向逆变式充放电控制器如图1-7所示。

图1-7 双向逆变式充放电控制器

（1）V⇄G模式　电动车不仅能通过电网充电，还能将电反馈给电网，以实现削峰填谷。比如，在晚上用电低谷时期，可以对电动车进行充电，然后在白天用电高峰期，由车辆向电网并网放电，将储备的电反充给电网。无论是家用单相电网，还是大型三相电网，都可以轻松实现充电与放电。这在一定程度上减轻了电网的供电负担，从而实现削峰填谷。

（2）V⇄V模式　该模式可实现车辆之间互相充电，进一步扩大了电动汽车的可充电范围，可作为紧急救援车对因电力不足而无法运行的车辆充电。

（3）V→L模式　该模式可实现车辆离网时单相/三相带负载功能，在家庭断电或是野外露营时，为家用电器提供可靠的电力支持。只要是15kW以下的电器（如电磁炉等），该技术都能为之提供单相交流电。同时，采用该系统的车辆不仅可以给上述电器供电，还可以给整座建筑提供三相交流电。当遇到自然灾害或者其他特殊情况而导致电网中断时，电动车便化身为一个移动的电站，并网供电作紧急使用。

与此同时，以硅（Si）基为代表的电力电子产品历经30年左右的发展，出现了一个技术瓶颈，其高温、高压、高频时损耗较大，需要寻找更好的器件来替代。2003年，美国Cree公司率先推出了碳化硅（Silicon Carbide，SiC）产品，但当时并没有在市场上引起很大的反响。2010年以后，业界对SiC和氮化镓（Gallium Nitride，GaN）为代表的宽禁带电力电子器件的研制投入了相当大的努力，该类电力电子器件均已有商业化产品。宽禁带电力电子器件因其高耐压、低损耗、高效率等特性，一直被视为“理想器件”而备受期待。宽禁带半导体材料与传统硅材料相比具有更优越的性能，主要表现在禁带宽度大、饱和电子漂移速度高、临界击穿电场大、化学性质稳定等方面，并且其导通电阻小、开关速度快、频率高、耐压高、耐高温性能好。宽禁带功率器件的这些性能，可以满足电动汽车对功率变换器高温、高压、高频、高功率密度等恶劣工作环境的要求，宽禁带半导体材料是目前半导体领域最优异的材料。目前已经有国内外厂家尝试使用宽禁带电力电子器件进行包括电池充电机、电机控制器等系统的应用研究。对于宽禁带电力电子器件构成的系统的性能研究、新型逆变器拓扑研究和高速驱动电路研究也已经成为电动汽车研究的重点课题。然而，相对于以往的 Si 材质器件，SiC 功率器件在性能与成本间的平衡及其对工艺的高需求，将成为宽禁带电力电子器件能否真正普及的关键。SiC 和 Si 基电力电子器件系统不同频率的损耗对比，如图 1-8 所示。

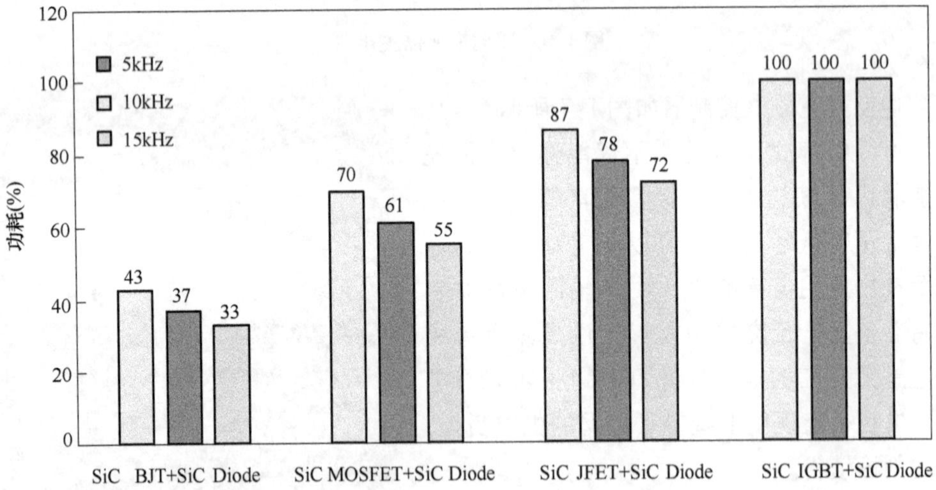

图 1-8　SiC 和 Si 基电力电子器件系统不同频率的损耗对比

第三节　智能车辆运动控制技术

由于在提升车辆主动安全性、改善交通效率以及降低能耗等方面的巨大潜能，智能车辆技术已经成为当前汽车行业的研发热点。对基于规则的智能车辆系统而言，其关键技术主要包括环境感知、高精地图与组合定位、智能决策与运动规划以及车辆的运动控制。其中，车辆的运动控制根据运动规划输出和实时反馈的车辆行驶状态来控制底盘执行器的动作，使车辆稳定、平滑、精确地跟踪期望路径/轨迹。运动控制作为无人驾驶架构体系的核心环节之一，其性能表现直接影响车辆行驶安全和用户体验，因而具有很强的理论研究意义和工程应用价值，国内外学者在这个领域开展了大量的研究工作。需要说明的是，本书重点关注电驱动智能车辆无人驾驶控制系统中的运动控制技术。

一、运动控制技术的研究现状

1. 横向运动控制

国内外研究学者分别针对基于非预瞄及预瞄横向动力学系统的控制问题，采用现代控制及非线性控制等理论和方法来处理。

（1）经典控制方法　2004 年，日产公司为实现速度连续变化工况下车辆平稳光滑地跟踪参考路径这一控制目标，采用经典比例积分微分（Proportion Integration Differentiation, PID）方法构建了横向前馈及反馈控制器，解决了智能交通环境下智能车辆横向运动控制的实时性问题。针对 DARPA 智能车挑战赛行驶区域为崎岖不平的非结构化道路，2005 年，Sebastian T 构建了由基于前方路径曲率的前馈控制和 PID 反馈控制器叠加组合的横向复合式控制系统。斯坦福大学 Sebastian 以 Stanley 智能车为研究对象，构建了一种非线性 PID 控制器，将前轮转角控制量表示成横向偏差的非线性函数，该非线性 PID 控制器可使偏差迅速有界收敛。2006 年，法国 Netto 针对大曲率路径工况下车辆横向路径跟踪问题，提出了基于最优路径检测数据的状态反馈 PID 控制策略，增强了横向控制系统对路径曲率变化的鲁棒性。2011 年，赵熙俊构建了由期望方位偏差估计器和鲁棒 PID 反馈控制器组成的横向控制系统，该系统给出了不同车速范围的 PID 控制参数，具有较好的跟踪性能。PID 控制虽然可处理智能车辆的横向跟踪问题，但由于其控制参数通过试凑法获取，难以实现对智能横向运动的最优控制。

（2）最优控制方法　2006 年，清华大学马莹根据车道保持控制系统需要有较高实时性的性能要求，建立了包含预瞄时间内当前点偏差、预瞄点偏差和控制输入量等参数的性能指标函数，基于现代控制理论提出了改进的有限时间最优预瞄横向控制策略。2012 年，清华大学郭景华采用根轨迹法分析了预瞄距离对横向闭环系统的影响，构建了基于最优跟踪控制理论的状态反馈控制律和用于补偿路径曲率扰动的前馈控制律组成的横向路径跟踪控制系统。上述控制方法将车辆横向控制模型简化为线性定常系统，当横向控制模型在参数不确定和干扰的工况下，可实现路径跟踪的最优控制，但是，上述方法依赖于精确的数学模型，在参数时变和外界干扰的工况下，将会影响甚至破坏智能车辆横向控制系统的鲁棒性和稳定性。

（3）H_∞ 鲁棒控制方法　德国布伦瑞克大学 L. Ganzelmeie 等人提出了一种智能车辆鲁棒 H_∞ 横向控制策略，可有效处理车辆横向控制模型的参数不确定性。2003 年，为了检验 H_∞ 横向控制的鲁棒性，韩国 Eom S. I. 等人提出基于三自由度车辆模型的鲁棒 H_∞ 横向控制算法，并对比分析了 H_∞ 控制器和 LQG/LTR 控制器。结果表明，相对于 LQG/LTR 控制器，H_∞ 横向控制器不仅可以减小系统响应的超调量，而且对噪声和外界干扰具有较强的鲁棒性。2007 年，Tan H. S. 等人针对智能车低速行驶工况，基于经典理论力学和轮胎动扰度模型推导出低速工况下可表征后轮转向、轮胎柔性模态和外界干扰的改进车辆单轮模型，针对此横向动力学模型，采用混合 H_2/H_∞ 合成法设计了车辆自动转向控制策略，采用线性矩阵不等式优化方法处理车辆自动转向控制的多性能目标问题，给出在多目标约束下可完成理想控制目标的控制器结构和参数，从而实现横向控制系统性能的提高和鲁棒性的增强等多重目标。

（4）基于反馈线性化方法　2005 年，在美国 PATH 项目中，Huang J. 等人针对智能车后轮传感器失效工况下车辆横向控制问题进行了研究，分析了后轮传感器失效对系统的影响，并视失效工况下横向系统为线性时变系统，提出车辆横向状态反馈线性化控制算法。同时，考虑到状态反馈线性化方法容易导致内动态子系统的弱阻尼性，构建了用于反馈线性化的 H_∞ 非匹配估计器，来增强横向运动系统的稳定性。2003 年，R. Rajamani 等人以后轮驱动-前轮转向智能车为研究对象，针对车辆相对于参考路径的非线性几何模型，提出了基于预瞄的车辆横向输入输出反馈线性化控制方法。实验结果表明，基于预瞄的横向控制策略可有效提高系统的跟踪性能。国防科技大学贺汉根建立了车辆运动学和动力学相结合的非线性路径跟踪控制模型，提出轨迹跟踪反馈线性化控制方法，并对控制输出量的物理取值范围进行了限制。

（5）自适应控制方法　美国天合汽车公司的 Choi S. B. 等人提出了基于 Lyapunov 准则的智能车辆横向自适应控制律，用以克服车辆横向运动过程中前方行驶路径曲率及侧向风等信息不可测量等特征，构建了用于实时测量自适应控制律中状态反馈参数的横向位移变化率观测器。试验表明，该方法对轮胎侧偏刚度、车辆不确定参数具有较强的鲁棒性。2004 年，M. S. Netto 等人建立了包含道路曲率和横向风阻变化引发摄动的车辆动力学模型，提出了基于视觉的智能车辆横向自适应控制器，并通过仿真检验了该控制算法的有效性和鲁棒性。2007 年，斯坦福大学研究学者提出了具有学习功能的自适应横向控制算法，并将该自适应横向控制策略应用于其研制的 Junior 智能车，该智能车获得 DARPA 挑战赛亚军。

（6）滑模控制方法　2002 年，M. Tomizuka 等人针对智能商用车横向运动控制问题，分别采用滑模控制、线性反馈控制及基于前馈补偿的线性反馈控制方法设计了横向路径控制器，通过实验对比分析 3 种控制策略，给出横向非线性滑模控制策路的性能优于线性反馈控制策略。2004 年，吉林大学王荣本等人针对视觉导航式智能车辆高速行驶工况下的路径跟踪控制问题，提出了车辆横向路径跟踪滑模控制方法，并采用二次型最优设计法构建切换超平面中的系数矩阵，可有效克服外界摄动及参数变化对系统的影响。2013 年，清华大学郭景华设计了基于单目视觉的路径提取方法，针对预瞄运动学模型具有参数不确定性特点，提出了横向自适应模糊滑模控制方法，与传统滑模控制方法相比，可提高智能车辆横向运动系统的控制精度和响应特性。

（7）预测控制方法　2007 年，意大利 P. Falcone 等人针对智能车辆主动转向控制问题，提出了横向模型预测控制方法，车辆行驶轨迹的预测模型由三自由度整车模型和非线性轮胎模型构成，为了有效解决非线性模型预测控制方法的实时性问题，编者构建了次优线性时变模型预测控制方法，即用线性时变模型来预测车辆行驶轨迹，可降低预测控制方法的计算复杂度，提高控制系统的实时性。2014 年，J. Perez 提出基于线性时变预测模型的车辆横向自适应模型预测控制方法，实现了车辆横向车道保持的功能。仿真测试表明，该控制方法在不同道路曲率和纵向速度变化工况下，可有效减小横向位置的偏差并实现较好的车道保持性能。

(8) 模糊控制方法 2011 年，西班牙 J. Perez 等人构建了智能车辆横向控制分层构架，其中上层控制器通过模糊逻辑来产生期望控制量，模糊逻辑控制具有 4 个状态输入量和 2 个状态输出量，最后通过样车测试表明，提出的横向分层构架控制具有较好的跟踪性能。上述模糊控制参数主要靠试探法获取，无法实现控制系统的最佳性能。为了实现模糊控制隶属度函数和控制规则参数优化设计，2012 年，清华大学郭景华提出了基于速度分区的无人车遗传模糊横向控制策略，通过遗传算法对横向模糊控制器隶属度函数参数和控制规则进行自动优化，有效确定出横向模糊控制器的隶属度函数和控制规则，并将遗传优化模糊控制、模糊控制和二次型调节器进行了仿真对比，跟踪路径由曲率不同的曲线段组成。

2. 纵向运动控制

纵向运动控制指通过某种控制策略调节车辆的纵向运动状态，实现车辆纵向距离保持或自动加减速的功能，按照实现方式可分为直接式结构控制和分层式结构控制。

(1) 基于直接式结构的纵向控制 直接式结构控制由一个纵向控制器给出所有子系统的控制输入，如图 1-9 所示。

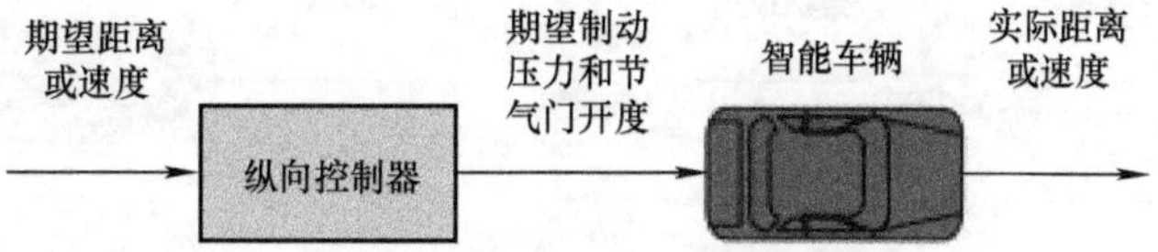

图 1-9 直接式结构控制

以下研究工作是采用纵向直接式结构控制的典型代表。2008 年，卡内基梅隆大学研究团队采用直接式结构控制，分别构建了加速和制动的非线性 PID 控制策略，给出基于速度偏差的加速/制动切换逻辑，并将所构建的纵向控制系统成功用于 Boss 智能车，该智能车获得了 DARPA 挑战赛冠军。法国 P. F. Toulotte 等人提出了基于线性矩阵不等式的具有极点配置功能的模糊纵向控制策略，可保证极点配置在理想的区域，克服针对行驶车辆的参数不确定性和外界干扰问题。意大利帕维亚大学 A. Ferrara 等人针对智能车辆纵向行驶过程中存在参数不确定性和外界干扰的问题，提出了二阶滑模纵向直接式结构控制策略，可实现车辆纵向避免功能。滑模变结构控制器可提高系统的动态响应能力，有效克服车辆非线性、参数不确定性及外界干扰等问题，但是由于其控制增益的不连续性，可使控制系统产生振荡或失稳。2009 年，清华大学宾洋等人建立了表征车辆及车辆间纵向运动特性的非线性动力学模型，提出一种非线性干扰解耦和变结构控制原理的鲁棒控制方法。首先应用微分几何的非线性干扰解耦原理，实现对受到干扰影响的非线性动力学系统进行干扰解耦及输入输出线性化方法，并在此基础上设计了基于线性解耦子系统的变结构控制策略。该方法不仅克服了车辆纵向动力学系统的非线性问题，且对内部不确定性及外界干扰具有良好的鲁棒性能，达成控制性能全局最优化的目标。2013 年，王建强等人对驾驶人操作行为以及错误和违规异常特性进行研究，通过驾驶人动作时刻的碰撞时间（Time to Collision，TTC）统计以及神经网络分类器，提出基于驾驶人特性的自学习算法，并将该策略应用于具有自适应巡航控制功能的车辆纵向智能驾驶系统。此外，大连理工大学的胡平针对车辆的参数不确定性和强非线性等特性，提出基于模糊逻辑的车辆纵向速度滑模控制策略，通过模糊逻辑实现了对滑模控制增益的实时调节，可确保加速和制动控制律的平稳切换。2015 年，韩国首尔大学 Hakgo K. 等人建立了具有集总参数特征的车辆纵向线性模型，考虑到集总参数的时变性，提出了车辆参数时变自适应速度控制策略，并通过仿真和实验验证了所提出方法的有效性和鲁棒性。大连理工大学的胡平采用系统辨识方法建立纵向动力学模型，针对逆动力学模型可补偿车辆非线性的特性，设计了综合 PI 和逆动力学模型的车辆纵向速度自动控制策略。

（2）基于分层式结构的纵向控制　智能车辆纵向动力学系统是一种结构复杂的多变量系统，且其易受前方动态目标及障碍物变化的干扰。为降低控制系统的开发难度，针对纵向动力学结构复杂等特性，部分学者采用分层式结构控制，如图 1-10 所示。分层式结构控制需通过设计上、下位控制器来实现智能车辆纵向控制的目标。首先讨论当前纵向下位控制的相关研究工作。韩国全北大学 Liang H. 等人针对制动工况下车辆纵向控制问题，提出变参数滑模下位控制策略，通过车辆行驶过程中的状态信息来实时估计滑动模态控制系数。

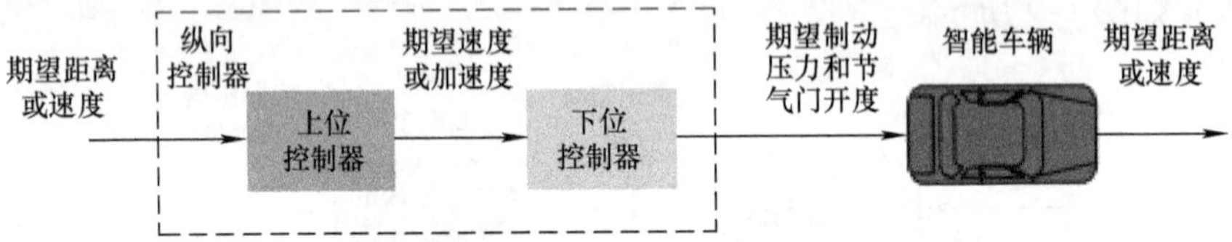

图 1-10　分层式结构纵向控制

日本东京大学 M. Omae 等人基于鲁棒控制理论提出前馈加 H- infinity 反馈的车辆纵向下位控制策略，通过实验分析 H- infinity 鲁棒下位控制策略的稳定性和鲁棒性，验证了该方法可解决车辆动力学参数不确定性及控制执行机构带来的延时等干扰因素影响的问题。韩国 K. Yi 等人为实现对期望加速度的跟踪控制，构建了由前馈和 PI 反馈组成的纵向下位控制系统，该控制系统虽然可保证系统响应的实时性，但不能有效解决纵向动力学模型的未知外界干扰和参数不确定性等问题。此外，J. C. Gerdes 等人和 L. Nouveliere 等人均提出了变结构纵向下位控制方法，其可实现对车辆纵向加速度的快速、平稳、精确跟踪。2007 年，清华大学报道了可描述车辆纵向动力学系统中较大参数不确定性和未建模动态特性由多个不确定模型组成的模型集合，提出了多模型分层切换纵向下位鲁棒控制方法，通过理论分析和样车实验验证了控制算法鲁棒稳定性和扰动抑制能力。上位控制器的功能是基于一定的控制方法实时给出下位控制器所需的期望加速度，以下工作是上位控制研究的典型代表。为实现实时求解出车辆纵向行驶的期望加速度，美国 X. Lu 提出了车辆纵向运动上位滑模变结构控制算法，通过实验检验了该上位控制算法的有效性。日产公司和意大利 M. Canale 等人分析了不同交通路况下驾驶人的操纵行为，给出驾驶人纵向操纵特性的特征描述，提出基于参考模型的前馈补偿与反馈组合的上位控制结构，并通过实时调节参考模型系数来增强纵向控制系统对不同行驶工况的适应性。2008 年，宝马汽车公司提出了可修正的反馈 PID 上位控制策略，将反馈状态量的比例系数表征为时距函数，该策略的反馈状态量为相对速度、距离误差，此外，为了抵抗前方目标运动状态的干扰，构建了自车加速度干扰估计器，可对加速度干扰进行有效补偿。

相比于分层式控制，直接式控制将车辆纵向动力学系统视为非线性多变量系统，集成程度较高，但其依赖较多的状态信息，开发难度显著增加，系统的灵活性较差。

3. 横/纵向综合控制

针对智能车辆横/纵向动力学间的耦合、关联特性，部分学者尝试采用横/纵向运动综合控制。对于智能车辆横/纵向综合控制的研究工作，目前大多局限于理论分析。从控制结构上讲，智能车辆横/纵向运动综合控制分为分解式控制和集中式控制。分解式控制通过对横/纵向动力学进行解耦，分别独立设计横/纵向控制律及用于协调横/纵向运动的控制逻辑。分解式控制只是对横/纵向控制律的执行进行协调，从本质上讲没有克服横/纵向动力学的耦合特性。对于分解式控制的研究，R. Rajamani 等人针对智能车辆编队行驶中自动插入和退出控制问题，设计了包含横向控制器、纵向控制器及监督器的横/纵向综合控制系统，其中监督器通过实时监测车辆状态来协调横/纵向控制器。2010 年，重庆大学李以农等人在车辆自动驾驶系统的横/纵向运动综合控制研究中，设计了横/纵向控制“前馈 + 反馈”的控制策略，然后给出横/纵向运动控制执行系统的协调逻辑。集中式控制指通过对车辆横/纵向耦合动力学模型直接控制求解的方式得到横/纵向运动控制律。对于集中式控制的研究，加州大学伯克利分校 H. Lee 和 M. Tomizuka 采用鲁棒自适应控制理论设计了横/纵向运动控制协调控制算法，并将协调控制算法与非协调控制算法进行了仿真对比实验，实验证明了智能车辆横/纵向协调控制算法的优越性。2006 年，台湾 K. Sisil 等人构建了 RBF 神经网络自适应横/纵向协调控制策略，并通过 Lyapunov 理论分析了该控制系统的稳定性，可保证跟踪误差的一致收敛有界性。此外，2014 年，清华大学郭景华以智能电动车辆为研究对象，针对其具有非匹配、不确定性及冗余的特点，提出了横/纵向协调及重构控制方法，所设计的策略可保证跟踪误差的一致收敛有界性。集中式控制针对智能车辆的横/纵向耦合特性，综合设计横/纵向协调控制律，可有效克服智能车辆横/纵向非线性、强耦合特性。但是，集中式控制的实现依赖于丰富的需求信息和高质量的硬件支撑。

二、运动控制技术的发展趋势

智能车辆的运动控制技术取得了令人瞩目的进展，然而，由于车辆横/纵向动力学机理复杂及多性能目标相互耦合，且先进通信技术在智能车辆上广泛应用，使得对其运动控制技术提出了新的挑战。因此，智能车辆运动控制研究中还存在许多重要且尚未解决的问题需要我们去探索和认知。下面对其可能的发展方向提出初步的展望。

1）随机不确定性及时滞工况下智能车辆横/纵向运动协同控制方法。目前智能车辆运动控制的研究主要集中在通过横/纵向动力学单独设计横/纵向控制器，而对横/纵向协同控制的研究较少，且处于理论分析阶段，如何设计可用于实际工程且可有效利用横/纵向动力学关联特性的协调控制策略需要进一步深入研究。同时，运动控制面临的挑战及机遇是如何掌握智能车辆高度网络化和集成化固有的随机不确定及时滞等特征对车辆运动控制系统的作用规律，如何构建在随机不确定性及时滞干扰下智能车辆横/纵向协同控制方法，实现车辆横/纵向动力学的实时动态协调。

2）智能车辆运动控制的多性能目标全局优化技术。未来的智能车辆不仅体现在智能化方面，而且需具有绿色、环保性的特点，电动化是其发展方向。今后智能车辆运动控制面临着多性能目标的研究，除重点考虑自主行驶的安全性和舒适性外，还需引入智能车辆续驶里程的制约。运动控制面临着安全、舒适及节能等多性能目标如何有效协调从而实现系统最优化的新问题，需要探索多目标多工况下智能车辆行驶性能的数学描述，研究安全、舒适和节能等多性能目标的冲突机理，实现多性能目标的全局优化。

3）车联网环境下智能车辆协作式控制理论和方法。近年来，车联网技术的兴起对智能车辆实际应用的进一步推广起到了巨大的推动作用。利用车载传感系统及车对车（Vehicle to vehicle，V2V）通信、车对路（Vehicle to Infrastructure，V2I）通信等先进无线通信技术提供的实时、精确、丰富的信息，进行多智能车协作式控制，可提高智能车辆综合行驶性能。如何通过先进无线通信技术，基于车辆、智能交通系统和电网系统之间道路交通环境、车辆运动状态等信息的交互与共享，来实现“人—车—路”复杂动力学系统的协同优化控制，是运动控制面临的挑战和机遇，也将是未来智能车辆运动控制研究的一个重要方向。

思考题

1. 简述智能车辆、智能网联车辆和无人驾驶车辆之间的关系。
2. 简述智能车辆电驱动技术的发展趋势。
3. 简述智能车辆运动控制技术的发展趋势。

第二章

智能车辆体系结构

体系结构是一个系统的“骨架”，它描述了系统各组成部分的分解和组织，各组成部分之间的交互关系，定义系统软硬件的组织原则、集成方法及支持程序。比较经典的体系结构有分层递阶式体系结构、反应式体系结构和两者结合的混合式体系结构。体系结构在无人驾驶车辆系统中占据十分重要的地位，用于确定系统的各组成模块及其输入、输出方式，确定系统的信息流和控制流，为面向目标的体系构成，提供总体协调机制，并按工作模式进行总体协调指挥。

第一节　常规体系结构

一、分层递阶式体系结构

分层递阶式体系结构是一种串联式系统结构，如图 2-1 所示。在这种体系结构中，传感器感知、建模、任务规划、运动规划、运动控制和执行器等模块次序分明，前者的输出结果为后者的输入，又称为感知-模型-规划-行动结构。该结构具有良好的规划推理能力，自上而下对任务逐层分解，使得模块的工作范围逐层减小，问题的求解精度逐层提高，比较容易实现高层次的智能化。

在这种体系结构下，系统所产生的动作不是传感器数据直接作用的结果，而是经历一系列从感知、建模到规划、控制等阶段之后的结果，具有处理明确描述的特定任务的能力。在给定目标和约束条件之后，规划模块根据局部环境模型和已有全局环境模型决定下一步行动，从而依次完成整个任务。全局环境模型建立的依据，一部分是根据用户对环境中已知对象的了解及相互关系的推测与分析；另一部分是根据传感器的构造。全局环境模型的表示具有一定的通用性，适用于许多任务规划场合；反之，如果没有这样一个通用模型，系统就不能获得执行任务规划时所需要的一些特征。

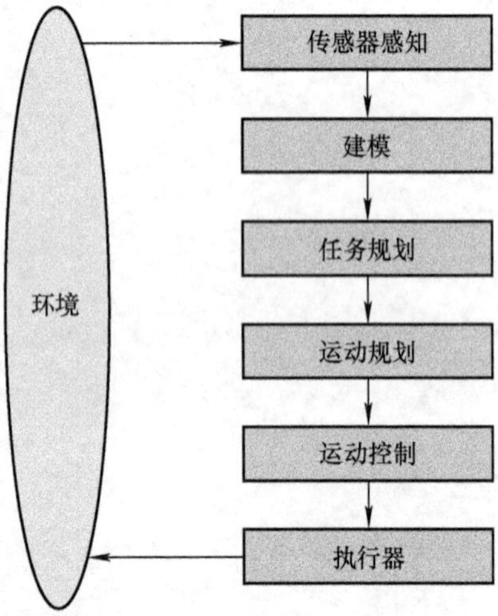

图 2-1　分层递阶式体系结构

分层递阶式体系结构对通用环境模型的要求比较理想化。它对传感器提出了很高的要求，并且认知过程和环境模型的建立存在计算瓶颈，即传感器到执行器的控制环路中存在延时，缺乏实时性和灵活性。另外，这种依序排列的结构会导致系统的可靠性不高，一旦某个模块出现软件或硬件故障，就可能导致整个系统瘫痪。只有将感知、规划和控制三者紧密地集成在一个模块中，这种实时反应功能才能实现。

二、反应式体系结构

反应式体系结构中常用的是基于行为的反应式体系结构，这种体系结构又称包容结构。基于行为的反应式体系结构是并联体系结构，如图 2-2 所示。它针对各个局部目标设计各种基本行为，形成各种不同层次的能力。每个控制层基于传感器的输入直接进行决策，可以适应完全陌生的环境。尽管高层次会对低层次施加影响，但低层次本身具有独立控制系统运动的功能，不必等待高层次处理完成。它突出了“感知-动作”的行为控制。

这种体系结构集合了控制中应具备的感知、探测、避障、规划和执行任务等能力。系统中存在着多个并行控制回路，构成各种基本行为。传感器数据根据需求以一种并行的方式给出。各种行为通过协调配合后作用于驱动装置，产生有目的的动作。基于行为的反应式体系结构中许多行为仅设计成一个简单的特殊任务，占用的内存不大，故可以快速的响应，实时性强；整个系统可以方便、灵活地实现从低层次的局部定位到高层次的障碍规避，再到漫游等，逐步提高和扩展；系统的鲁棒性和灵活性也得到很大提高。每一层负责系统所需执行的一个行为，而每个行为都包含一个从感知到动作的完整路径，且执行方式可以并行，即使某一层模块出现故障，其他层仍然能够产生有意义的动作。

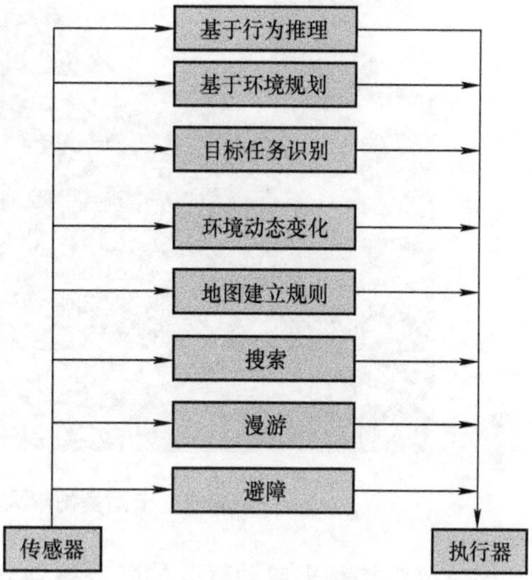

图 2-2　基于行为的反应式体系结构

基于行为的反应式体系结构需要克服的最大难点是，需要设计一个协调机制来解决各个控制回路对同一执行器争夺控制的冲突问题，更重要的是各种行为需要相互协调，以获得有意义的结果。不仅如此，随着任务复杂程度以及各种行为之间交互作用的增加，预测一个体系结构整体行为的难度将会增大，这也是该体系结构的主要缺点。

分层递阶式体系结构的系统缺乏实时性和灵活性，且可靠性不高；以“感知-动作”结构为代表的基于行为的反应式体系结构的系统虽然实时性和可靠性得到提高，但是缺乏较高等级的智能化。两种结构都存在各自的问题，因此越来越多的业内人士开始研究混合体系结构，将分层递阶式系统结构和反应式结构的优点有效地结合在一起。

第二节　智能车辆体系结构实例

一、卡耐基梅隆大学“BOSS”智能车辆体系结构

卡耐基梅隆大学的机器人研究所开发了 NavLab 系列智能车辆，早在 1995 年 6 月就进行

了穿越美国的实验，行程 4587km，其中自主驾驶部分占 98.2%，最长自主驾驶距离为 111km，全程平均速度为 102.72km/h。卡耐基梅隆大学开发的“BOSS”智能车辆在 2007 年美国举行的智能车辆挑战赛中获得了冠军，如图 2-3 所示。

图 2-3 卡耐基梅隆大学研发的“BOSS”智能车辆

该系统结构基于自动驾驶的任务被划分成五大模块。

1）任务规划模块：任务规划模块的主要功能是根据路网文件（RNDF）所提供的知识信息来估算无人驾驶车所承担的时间成本和风险成本，并且计算出车辆将要达到的下一个检测点。这些信息还包含车辆所选择行驶路径的交通拥堵状况、限速情况等。

2）行为决策模块：行为决策模块是通过状态机的方法实现的。它首先将无人驾驶车的自主驾驶任务分解成一系列的自主驾驶行为（如车辆跟随行驶、换道行驶、路口行驶、自主停车等），然后根据车辆当前的行驶状态通过状态机来触发不同的驾驶行为。

3）动作执行模块：动作执行模块负责车体运行的控制，车辆驾驶行为的实现最终表现为车体运行的控制，主要包括车辆运行姿态的调整与控制、遇到障碍物的处理行为等。

4）环境感知与空间建模模块：该模块通过对多种传感器（GPS、雷达、相机等）信息的融合处理，对车辆行驶的道路环境进行三维重构，为其他模块的运行提供丰富的信息参考。

5）机械电子模块：机械电子模块是无人驾驶车辆的硬件组成部分，机械设计和电子设计是实现无人驾驶的基础。无人驾驶车辆所有硬件部分（中央处理器、各种传感器、执行机构等）的连接是通过电路设计实现的，而无人驾驶车辆的每一个驾驶动作也离不开机械设计。

二、斯坦福大学智能车辆体系结构

世界上第一辆智能车还要追溯到斯坦福大学在 20 世纪 60—70 年代研制的机器车。1979

年，Hans Moravec 机器车实现了移动性的标志性成就：“机器车花费了 5h，在无人为干预的情况下成功穿过了一间布满椅子的房间”；2005 年，斯坦福大学研制的“Stanley”智能车辆在美国智能车挑战赛中获得了第一名；2007 年，斯坦福大学研制的“Junior”智能车辆在城市挑战赛中以优秀的表现摘得了第二名，如图 2-4 所示。

图 2-4 斯坦福大学研制的“Junior”智能车辆

“Junior”智能车辆体系由大约 30 个并行执行的模块构成。系统分为 6 层，分别为传感器接口层、环境感知层、决策控制层、车辆接口层、用户界面层与全局服务层，如图 2-5 所示。

1）传感器接口层：传感器接口层包含了一系列传感器信息接收模块，不同种类传感器的接收频率有所不同。比如所有雷达数据的接收频率为 75Hz，摄像头数据的接收频率为 12Hz，GPS 和罗盘的接收频率为 10Hz，而 CAN 总线的接收频率为 100Hz。这一层还包含一个软件模块，这个模块与标记所有传感器数据的接收时间有关。这一层还包含一个具有道路坐标信息的数据库服务器（RDDF 文件）。

2）环境感知层：环境感知层将传感器数据映射到内部模型上。这一层的基本模型是基于无迹卡尔曼滤波的车辆状态检测器，它可以计算出车辆的坐标、方向和速度。基于激光、相机和雷达系统的三种不同的映射模块建立二维环境地图，寻路模块利用激光源地图检测道路的边界，可以使车辆通过横向控制保持行驶在道路中央。最后，路面评估模块通过提取当前路面的相关参数以确定车辆行驶的安全速度。

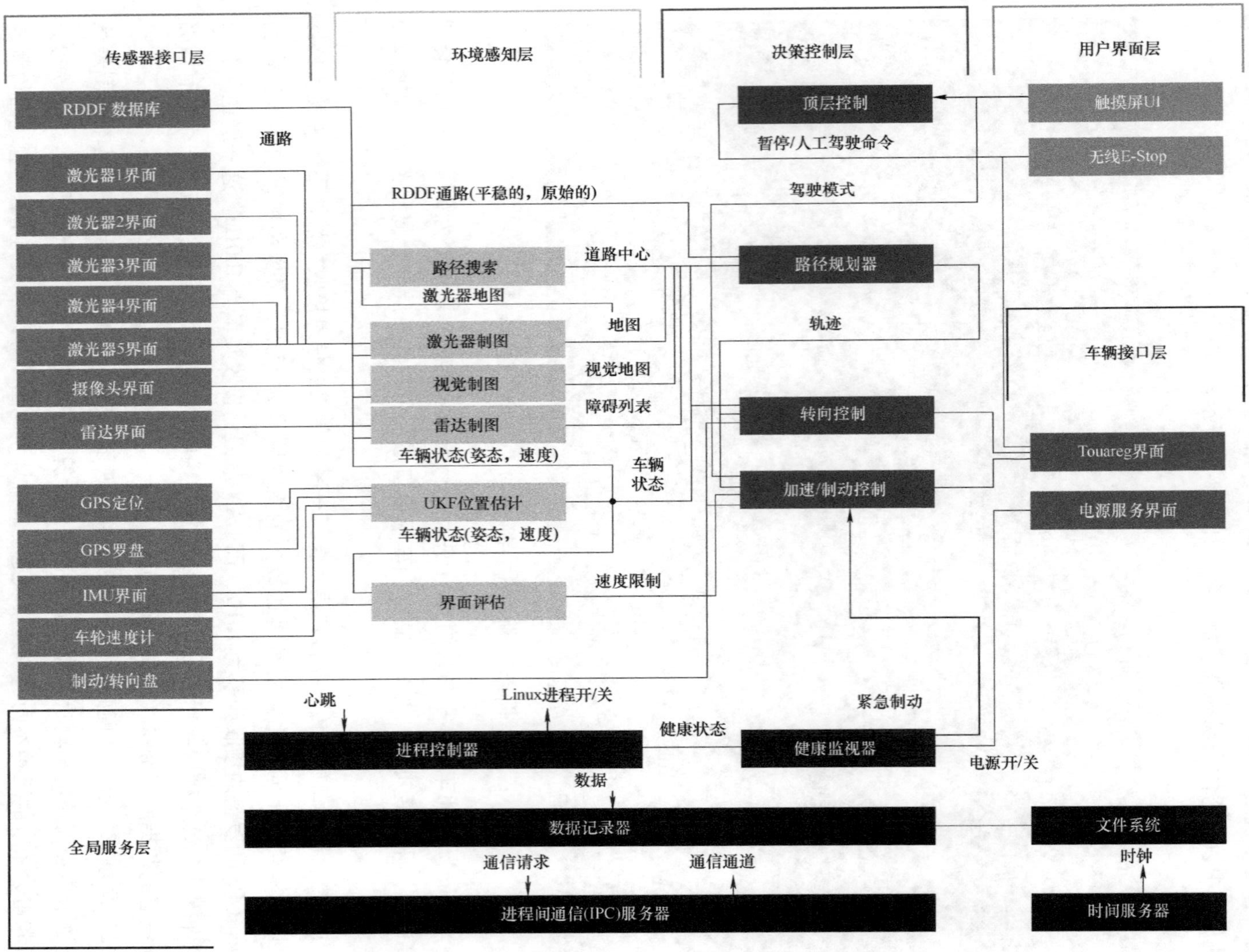

图 2-5　斯坦福大学“Junior”智能车辆体系结构

3）决策控制层：决策控制层负责控制车辆的转向、加速和制动。路径规划模块是一个重要模块，它可以确定车辆的行驶轨迹，这个轨迹传递给两个闭环轨迹跟踪控制器：一个用于转向控制，另一个用于制动和加速控制。这两个控制器都将控制命令发送到执行机构用于驾驶动作的执行。控制层有一个高级控制模块，作为一个简单的有限状态控制机，这一层将根据接收到的用户指令决定车辆行驶的基本模式，指令来自车载触摸屏或者紧急停车遥控装置。

4）车辆接口层：车辆接口层作为无人驾驶车辆线控系统的接口，包括通向车辆制动、加速和转向轮的所有接口，还包括车辆许多系统的电源接口。

5）用户界面层：用户界面层包括远程紧急停车和远程启动的触摸屏模块。

6）全局服务层：全球服务层提供所有软件模块的基本服务。通信服务通过卡耐基梅隆大学的进程间通信工具包（Simmons&Apfelbaum，1998 年）提供。参数服务器维持一个包含所有车辆参数的数据库，并以标准的协议更新所属车辆参数。各个系统组件的动力由动力服务器进行调节。系统异常检测模块监控所有系统组件的运行状况，并在必要时重新启动个别子系统。时钟的同步通过时间服务器实现。数据日志服务器实时记录传感、控制和诊断数据以便回顾和分析。

三、清华大学智能车辆体系结构

清华大学智能技术与系统国家重点实验室智能车辆课题组在智能车辆体系结构上采取了一种模块化的设计思想，其功能及布置如图 2-6 所示。

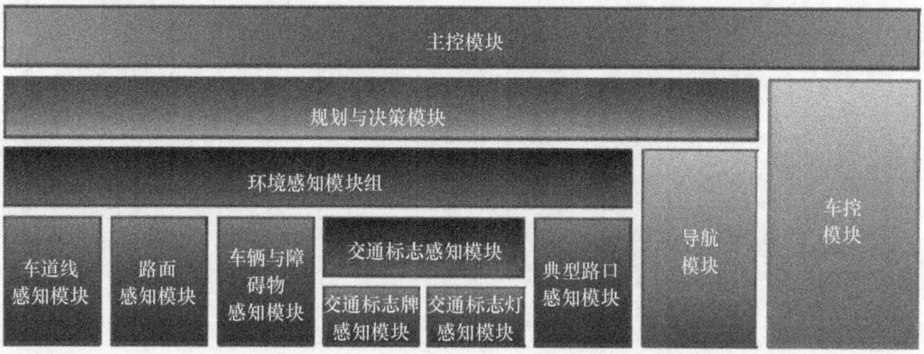

图 2-6 清华大学智能车辆体系结构的功能及布置

四、陆军军事交通学院智能车辆体系结构

陆军军事交通学院 JJUV-Ⅲ智能车辆系统的设计与开发，旨在研究基于视觉和听觉信息的多车交互协同驾驶关键技术。JJUV-Ⅲ智能车辆系统感知决策与控制系统框图设计如图 2-7 所示，包括传感器层、感知层、规划与决策层、控制层、人机交互层、公共层和执行层。

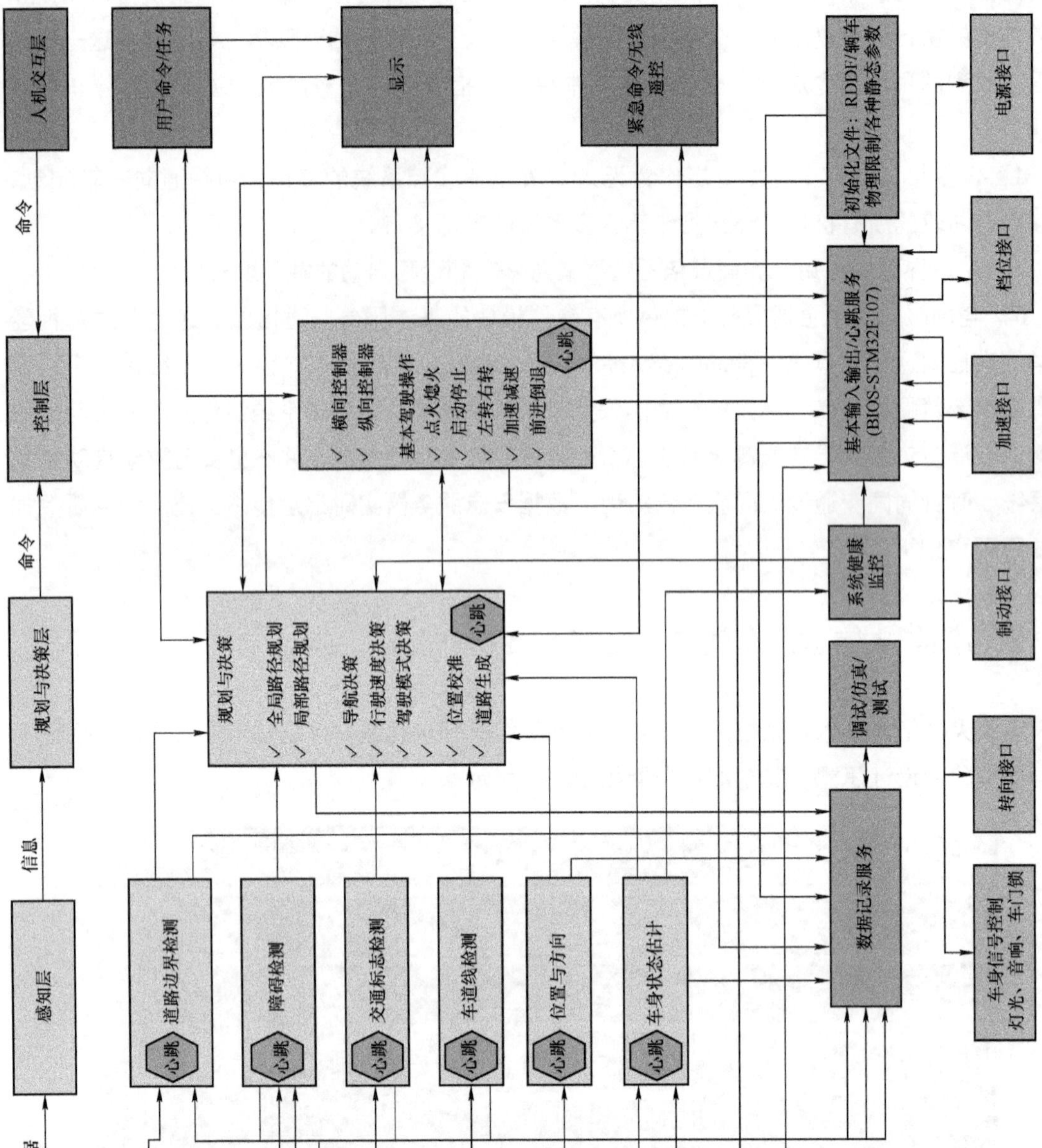

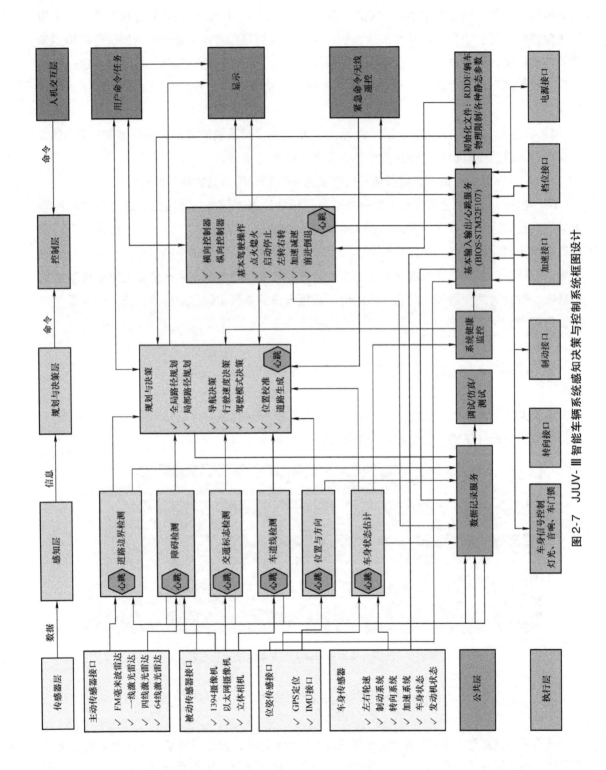

图2-7 JJUV-Ⅲ智能车辆系统感知决策与控制系统框图设计

第三节　主要厂商智能车辆系统

一、谷歌智能车辆系统

谷歌无人驾驶车项目由 Sebastian Thrun 主导，Sebastian Thrun 是斯坦福 AI 实验室的主任和谷歌街景的合作发明人，他的团队设计了 Stanley 无人驾驶车（2005 年参加 DARPA 挑战赛）和 Junior 无人驾驶车（2007 年参加 DARPA 挑战赛）。2011 年 6 月 29 日，内华达州第一个通过了法律，允许谷歌无人驾驶车试验，2012 年 5 月颁发了许可证；2012 年 4 月，佛罗里达州第二个通过了法律，允许谷歌无人驾驶车试验；2012 年 9 月，加利福尼亚州第三个通过了法律，允许谷歌无人驾驶车试验。

谷歌无人驾驶车设备价值 15 万美元，其主要传感器如图 2-8 所示，前风窗玻璃内侧装有视觉传感器，车轮上装有微型位置传感器，车轮前方装有三个测距雷达，后方装有一个测距雷达，车顶装有一个 3D 激光雷达。其中，3D 激光雷达价值 7 万美元，使用的是 Velodyne 的 64 线激光雷达。谷歌无人驾驶车已经装备了至少 10 辆，包括 6 辆丰田普瑞斯、1 辆奥迪 TT 和 3 辆雷克萨斯 RX450h。

图 2-8　谷歌无人驾驶车设备主要传感器

二、奔驰智能车辆系统

2013 年法兰克福车展上，梅赛德斯-奔驰推出研发的智能驾驶（Intelligent Drive）试验车 S500，2020 年后对外发售。2013 年 8 月，这辆奔驰 S500 成功地实现了从曼海姆行驶到普福尔茨海姆的“自主驾驶”，共计125km。

与谷歌等公司在研发的自动驾驶车辆上使用昂贵的特制设备不同，奔驰S500试验车上使用的传感器是现已应用在S级量产车上的产品。S500试验车上不仅安装了立体相机，还安装了多达10个雷达或摄像头，如图2-9所示。

立体相机（奔驰研发）安装在后视镜前方的风窗玻璃处，相机之间具有较大的间距，用于监测前方道路的交通环境。

视觉和雷达传感器主要包括：

1）一个长距雷达（应该是大陆的ARS30X系列），安装在车辆正前方，用于识别正前方的车辆。

2）一个长距雷达（应该是大陆的ARS30X系列），安装在车辆正后方，用于识别正后方的车辆。

3）两个长距雷达（应该是大陆的ARS30X系列），安装在车辆侧前方，用于提前识别左侧和右侧的车辆。

4）四个短距雷达（应该是大陆的ARS20X系列），安装在车辆四个角上，以便更清晰地监测近处的障碍物。

5）一个彩色相机，安装在前风窗玻璃后，90°的视角，用于监测交通信号灯。

6）一个彩色相机，安装在车辆正后方，用于分析车辆行驶过的交通环境。

a) 奔驰S500试验车外观图　　b) 雷达及摄像头安装位置

图2-9　奔驰S500试验车

三、通用智能车辆系统

通用公司开发的智能车辆Super Cruise强调的是安全，而不是制造发明一个“私人司机”，它协助驾驶人进行车辆的某些行驶功能的控制，以提高车辆的行驶安全性。

Super Cruise智能车辆中包含了摄像头、雷达、GPS导航，2016年已可以通过自动控制加速和制动保持与前车的距离。此外，它还结合摄像头、雷达、GPS数据使车辆保持行驶在车道中央，同时还可以适应驾驶人的驾驶特性。它通过安装短波、中波、长波雷达来检测周围活动、静止的物体，如图2-10所示。当遇到恶劣天气时，Super Cruise智能车辆无法完全发挥功能，此时安装在中央座椅上的传感器开始振动，提醒驾驶人重新掌握转向盘。

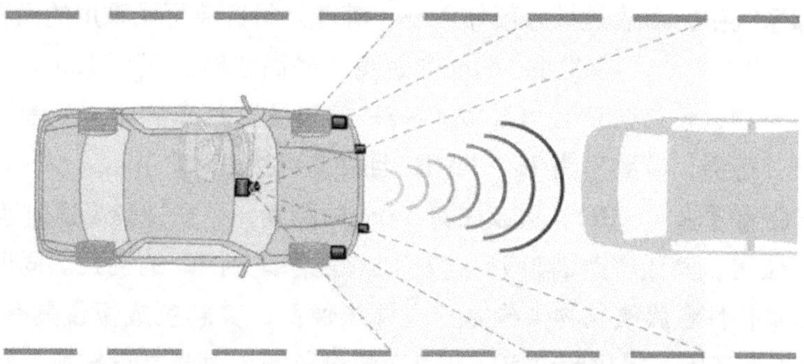

图 2-10 Super Cruise 智能车辆的雷达

四、博世智能车辆系统

虽然谷歌有完整的街景地图、人工智能等技术，但在安全辅助驾驶系统和车联网技术方面博世公司更具优势，且更善于优化成本，注重简单化和低成本化。

2013 年 6 月，博世公司在德国进行了博世智能车辆的路试工作。博世公司集中了各个部门的优势开发自动驾驶车辆，试验车如图 2-11 所示。

图 2-11 博世公司自动驾驶试验车

博世公司主要完善驾驶人辅助系统和传感器技术，同时实现车联网技术的应用。

在环境感知系统中，雷达是核心部件之一。博世公司目前可能采用的两种雷达如下。一种为中距离雷达（MRR），可以探测160m的距离，最高巡航速度为150km/h。相对于长距离雷达（LRR）来说，价格合适且可升级。MRR能够覆盖基本的安全范围，比较适合作为智能车辆的全景传感器，其频率为76~77GHz且视角可达到45°。

另一种为长距离雷达（LRR），可以探测250m的距离，可支持最高巡航速度为200km/h，主要测量速度和位置，其频率范围为76~77GHz，能够达到30°的视角。同时，博世还安装了两个CMOS（互补性金属氧化物半导体）立体摄像头，其彩色成像仪具有高像素分辨率，能探测45°水平视线范围，提供超过50m的3D测量范围，对光高度敏感，可覆盖人类可见光的波长范围。

五、日产智能车辆系统

2013年8月27日，日产宣布在2020年推出无人驾驶车辆后，2020款采用Pro PILOT超智驾技术的第七代天籁正式上市，该车型现已实现在高速公路及复杂城市道路下的自动驾驶。

日产Autonomous Drive车并不像谷歌无人驾驶车将很多传感器装在车顶，而是将传感器集成在车身当中。谷歌主要依赖预先汇编好的3D地图，通过传感器来处理和应对突发情况。而日产车则主要依赖传感器来应对相关情况。

日产电动无人驾驶车聆风（Leaf）依靠GPS、摄像头、雷达、声波定位器、激光传感器等进行环境感知和监测，如图2-12所示。其车顶上面装有求救按钮，当按下这个按钮时，无人驾驶车会选择在一个安全的地点停下，打开危险警告灯并直接联系警察或者日产客户服务中心。但这辆搭载无人驾驶技术的车辆偶尔需要驾驶人发出指令，比如超车、加速等。

图2-12　日产电动无人驾驶车聆风（Leaf）

日产无人驾驶车的周围有6束激光，这些激光会从左右、上下、前后方向进行三维扫描，对急速行驶的物体进行监测并建立3D图像，为车辆提供分析数据。该车还使用3个雷达，1个在前面、2个在后面，周身还有5个摄像头，可进行交通信号灯的检测和识别，如图2-13所示。

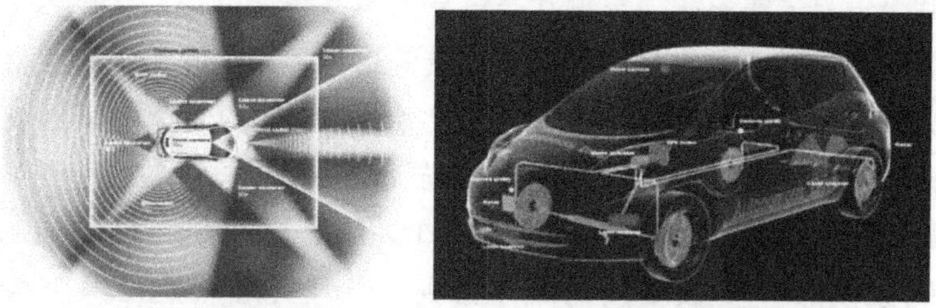

a) 传感器感知范围示意　　b) 传感器与执行机构布置示意

图 2-13 日产无人驾驶车

第四节 电动智能车平台

一、传统控制架构

智能车辆在系统结构上除了具有或部分具有传统车辆的主要机械和电子结构之外，还具有信息采集系统（感知）、信息处理系统（决策）及控制系统，如图 2-14 所示。

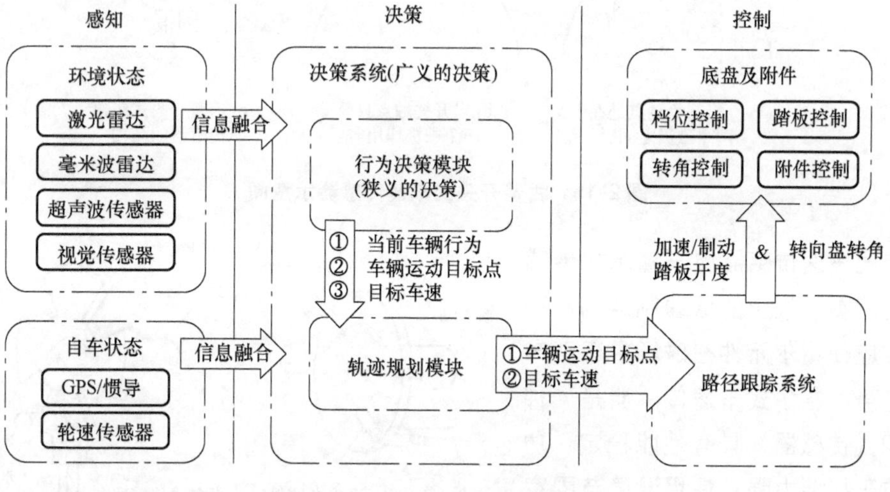

图 2-14 电动智能车的系统结构

1. 信息采集系统

信息采集系统主要由车辆状态信息采集系统和环境信息采集系统两部分构成。其中车辆状态信息采集系统由汽车内部的各种传感器构成，得到车辆的速度、加速度以及偏航角等状态信息。环境信息采集系统由分布在汽车周围的传感器组成，包括视觉相机、超声波传感器、毫米波雷达、激光雷达以及红外成像仪等，根据每种传感器的特点和用途合理地布置在车辆上，采集车辆自身以及道路和环境的信息。

（1）车辆状态信息采集系统　车辆状态信息采集系统所使用的传感器主要有车速传感器、GNSS、节气门位置传感器、转角传感器、转矩传感器等。车辆的速度和加速度主要通过安装在发动机输出轴和变速器输出轴的车速传感器、车轮的轮速传感器以及GNSS获得。常用的车速传感器有光电式、舌簧开关式、霍尔式以及磁电式等。

舌簧开关式车速传感器的结构示意图如图2-15c所示，开关触点封装在玻璃管中，永久磁铁转子上的磁极按照N-S极相间的顺序排列。当开关触点处在两个磁极之间时，如图2-15a所示，两个触点被磁化成极性相反的磁极，在磁力的作用下闭合。当开关触点只受一个磁极的作用时如图2-15b所示，开关触点被磁化成极性相同的磁极，开关触点断开。一般永久磁铁被划分成N-S极相间的4个磁极，如图2-15c所示，因此永久磁铁转动一圈，舌簧开关会开闭4次，输出4个脉冲信号，电子控制单元（Electronic Control Unit，ECU）通过检测脉冲信号的频率高低计算出汽车的行驶速度。舌簧开关式传感器靠机械的通断产生信号，可靠性较差，使用寿命较短，逐渐被霍尔式或磁电式传感器取代。

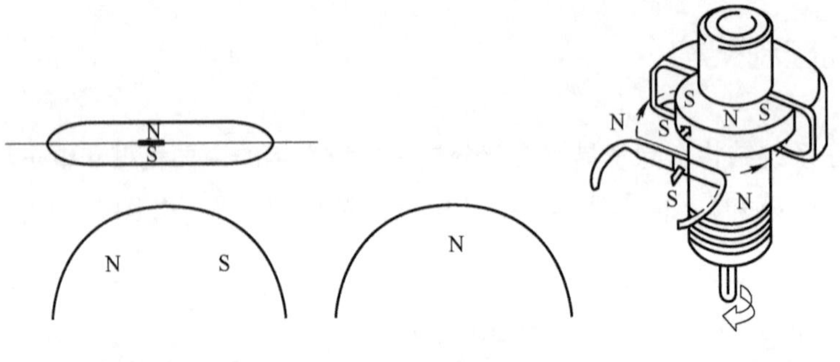

a) 当开关触点处在两个磁极之间时　b) 当开关触点只受一个磁极作用时　c) 舌簧开关式车速传感器的结构

图2-15　舌簧开关式车速传感器示意图

霍尔式车速传感器属于霍尔式传感器，是利用霍尔效应的原理制成的，利用霍尔效应使霍尔元件在磁场中运动产生霍尔电势。霍尔式车速传感器是一种小型封闭式传感器，具有性能稳定、功耗小、抗干扰能力强、使用温度范围宽等优点。如图2-16所示，磁性转盘上一般安装多个磁铁或者加工为多个磁极，输入轴每转一圈霍尔传感器会发出多个脉冲，一般有单脉冲、双脉冲、4脉冲、8脉冲、16脉冲等不同形式。霍尔式车速传感器一般用于车速测量，传感器安装在变速器输出轴附近的壳体上，用于检测变速器输出轴的转速，根据该转速计算车速。

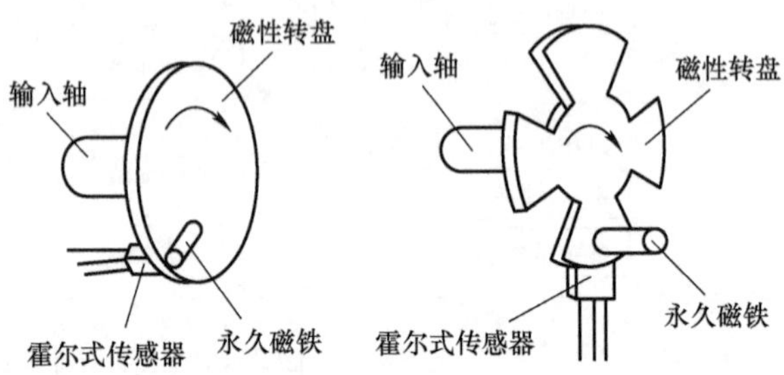

图2-16　霍尔式车速传感器示意图

磁电式车速传感器由永久磁铁和电磁感应线圈组成，如图2-17所示。车轮齿圈上的齿轮为感应转子，当车轮转动时，齿轮的凸齿不断地靠近或离开车速传感器，使感应线圈内的磁通量发生变化，从而产生交流电。轮速越高，齿轮转速也越高，感应电压脉冲频率也越高，ECU 根据感应电压脉冲的大小计算车辆行驶的速度。磁电式传感器结构简单、可靠性高，可以在恶劣的环境下工作，目前很多制动防抱死系统（ABS）和车身电子稳定系统（Electronic Stability Program，ESP）的轮速传感器都采用磁电式传感器。发动机的转速测量一般也使用磁电式传感器。

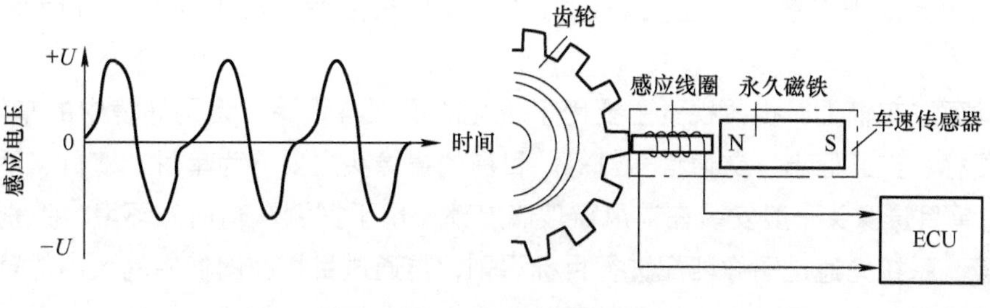

图 2-17　磁电式车速传感器

目前应用最广泛的 GNSS 为全球定位系统（GPS），GPS 是美国于 1967 年开始研制的新一代卫星导航系统。GPS 主要由三大部分组成：空间部分、地面监控系统和用户设备。空间部分由 21 颗工作卫星和 3 颗备用卫星组成，均匀分布于地球上空 20.2km 的 6 个轨道面上，保证地面任何一个位置在任何时间至少观测到 4 颗卫星，实现定位功能。地面监控系统由 1 个主控站、3 个注入站和 5 个监测站组成，分别负责卫星的操纵、向卫星注入卫星星历和钟差信息、跟踪测量卫星信息并汇总主控站等功能。用户设备的核心是 GPS 接收机，用于接收卫星广播的信号，获取定位的观测值，提取导航电文中的广播星历，完成导航工作。GPS 最主要的应用就是授时和定位，以及和定位有关的其他延伸功能，比如运动导航、轨迹记录、大地测量、周边信息查询等。车载 GPS 主要用来定位和测速，定位原理是根据卫星的瞬时位置，利用到达时间原理或载波相位原理测量观测点和卫星之间的距离（伪距），然后综合多颗卫星的数据就可知道接收机的具体位置。具体如以下公式：

$$\begin{cases} P_1 = \sqrt{(x-x_1)^2+(y-y_1)^2+(z-z_1)^2}+c(\mathrm{d}t-\mathrm{d}t_1) \\ P_2 = \sqrt{(x-x_2)^2+(y-y_2)^2+(z-z_2)^2}+c(\mathrm{d}t-\mathrm{d}t_2) \\ P_3 = \sqrt{(x-x_3)^2+(y-y_3)^2+(z-z_3)^2}+c(\mathrm{d}t-\mathrm{d}t_3) \\ P_4 = \sqrt{(x-x_4)^2+(y-y_4)^2+(z-z_4)^2}+c(\mathrm{d}t-\mathrm{d}t_4) \end{cases} \tag{2-1}$$

式中，(x_1,y_1,z_1)，(x_2,y_2,z_2)，(x_3,y_3,z_3)，(x_4,y_4,z_4)是卫星的位置；P_1、P_2、P_3、P_4是伪距；c 是光速；$\mathrm{d}t$ 是卫星时钟与接收机时钟的钟差；$\mathrm{d}t_1$、$\mathrm{d}t_2$、$\mathrm{d}t_3$、$\mathrm{d}t_4$是 GPS 卫星发射电文后到达接收机的时间。

速度测量基于多普勒频率位移原理。每个卫星频率的多普勒位移是接收机和卫星沿它们之间直线的相对速度的直接度量，由于卫星轨道运动和接收机所处地球的旋转运动，每个卫星相对于一个静止接收机具有非常高的速度。通过前面介绍的伪距方程对时间求导可求解出速度。

（2）环境信息采集系统　环境信息采集系统是自动驾驶车辆其他技术的数据基础，通过视觉传感器、毫米波雷达、激光雷达、超声波传感器等设备采集周边环境信息，实时发送给处理器，形成对周边环境的认知模型，为路径规划、实时决策和行车控制提供依据。

视觉传感器采用的是工业摄像机，是最接近人类视觉的传感器。摄像机将被摄取目标转换成图像信号，传送给专用的图像处理系统，根据像素分布、亮度、颜色等信息，转变成数字化信号。图像处理系统对这些信号进行各种运算来抽取目标的特征，进而得到环境的信息。

在自动驾驶车辆上，机器视觉主要用于路径的识别与跟踪，识别环境中的车辆、行人、车道线、路标、交通标志、交通信号灯等。目前的摄像头主要分为单目、双目、后视和环视4种，其中单目摄像头一般安装在前风窗玻璃上部，用于探测车辆前方环境，识别车辆、道路、行人等。系统先通过图像匹配进行目标识别，再通过目标在图像中的大小估算目标的距离。这就要求对目标进行准确识别，然后建立一个庞大的样本特征数据库。双目摄像头是通过对两幅图像的视差计算直接对前方景物进行距离测量，无须判断前方出现的是什么类型的障碍物。依靠两个平行的摄像头采集图片产生的“视差”，找到同一个物体所有的点，依赖精确的三角测距，就能够计算出摄像头与前方障碍物的距离，实现更高的识别精度和更远的探测范围。机器视觉技术是目前智能车辆领域发展最快的技术之一，与其他传感器相比，机器视觉具有检测信息量大、能够遥测等优点，但数据处理量大，容易导致系统的实时性问题。图2-18所示为某ADAS上摄像头的分布。

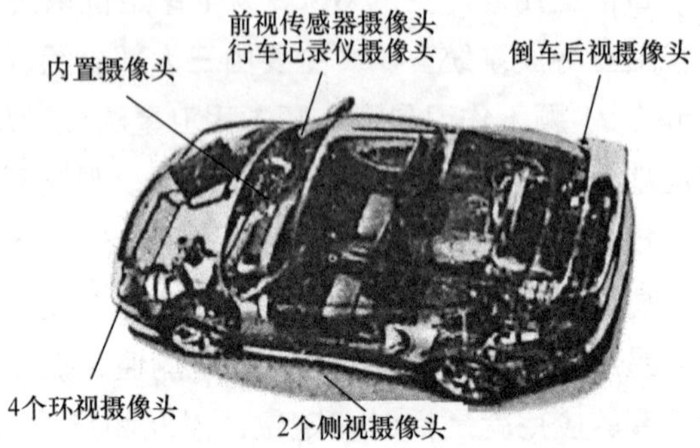

图2-18　某ADAS上摄像头的分布

在视觉驾驶辅助系统领域，Mobileye一直处于世界领先水平，利用单摄像头附带传感器和特有算法，将物体探测任务放在单一硬件平台上执行。这使得设备安装程序大为简化，成本也大大降低，从而受到各大车企的青睐。特斯拉汽车的AutoPilot自动辅助驾驶导航系统就是以机器视觉为主，在Model S以及Model X上一共搭载了8个光学摄像头，在前风窗玻璃区域嵌入了3个光学摄像头，其中一个是窄角摄像头，覆盖范围可达250m，一个是中程摄像头，覆盖范围达150m，这是最主要的两个摄像头；另外一个则是广角摄像头，覆盖范围较近，仅有60m；在车辆的周围和后部还有5个光学摄像头，用不同的视角来观察周围的环境。

在车辆行驶时除了需要获取前方障碍物的信息外，还要知道前方行人和车辆的移动信息，包括两车的相对位置、前车的速度和加速度等，而雷达技术可以轻松解决视觉技术在深度信息方面的难题。某型号毫米波雷达外形示意图如图2-19所示，主要由高频头、预处理系统、终端系统和红外启动器等组成。其测距原理与一般雷达一样，雷达天线将毫米波信号发射出去，信号在传播过程中遇到障碍物会被反射，通过雷达的接收天线接收回波，根据收发之间的时间差测得目标的位置数据，从而得到前方障碍物的距离。利用多普勒原理或基于位置跟踪的速度测量原理可以得到前方目标的径向速度。

激光雷达是利用激光束探测目标，获得目标的位置、速度等数据并生成精确的数字高程模型的传感器。激光雷达以激光作为信号源，由激光器发射出的脉冲激光打到目标上，引起散射，一部分光波会反射到激光雷达的接收器。图 2-20 所示为威力登（Velodyne）的激光雷达。根据激光测距的原理计算，可得到从激光雷达到目标点的距离，脉冲激光不断地扫描目标物就可以得到目标物上全部的数据，将此数据成像处理后，就可得到精确的三维立体图像。

图 2-19　某型号毫米波雷达外形示意图

图 2-20　Velodyne 的激光雷达

激光雷达测量时间差的方法主要有以下 3 种：

1）脉冲检测法：直接测量反射脉冲和发射脉冲之间的时间差。

2）相干检测法：通过测量调频连续波的发射光束和反射光束之间的差频来计算时间差。

3）相移检测法：通过测量调幅连续波的发射光束和反射光束之间的相位差来计算时间差。

激光雷达按有无机械旋转部件，分为机械激光雷达和固态激光雷达。机械激光雷达（图 2-21）带有控制激光发射角度的旋转部件，而固态激光雷达则依靠电子部件来控制激光发射角度，不需要机械旋转部件。机械激光雷达由光电二极管、MEMS 反射镜、激光发射接收装置等组成。固态激光雷达与机械激光雷达不同，它通过光学相控阵列、光子集成电路以及远场辐射方向图等电子部件代替机械旋转部件实现发射激光角度的调整。激光雷达有单线和多线之分，单线激光雷达只能获取周围环境的二维信息，无法识别目标的高度信息，而多线激光雷达可以同时发射并接收多束激光，多束激光呈一定角度分布，可以获取周围环境的离散三维信息，目前市场上主流的多线激光雷达有 4 线、16 线、32 线和 64 线。激光雷达线数越多，识别的数据点数也越多，数据量也随之增大，价格也越高。

激光雷达工作于光学波段，发射的激光束一般是可见或近红外光波，波段一般在 950nm 附近，频率比微波高两三个数量级以上。因此，与微波雷达相比，激光雷达具有极高的距离分辨率、角分辨率和速度分辨率；激光波长短，可发射发散角非常小（μrad 量级）的激光束，多路径效应小（不会形成定向发射，与微波或者毫米波产生多路径效应），可探测低

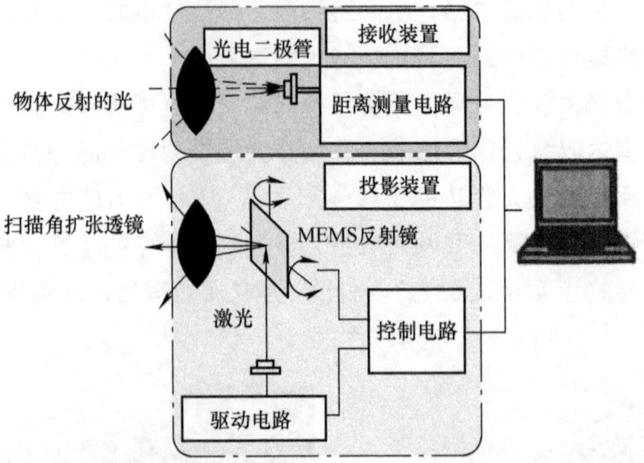

图 2-21　机械激光雷达结构示意图

空/超低空目标，抗干扰能力强；激光主动探测，不依赖于外界光照条件或目标本身的辐射特性。它只需发射自己的激光束，通过探测发射激光束的回波信号来获取目标信息。但是，激光雷达很容易受到大气条件以及工作环境中烟尘的影响，成像速度较慢。

2. 信息处理系统

信息处理系统既包含软件部分也包含硬件部分，主要功能是决策和路径规划，具体表现在融合多传感器的信息，根据驾驶的需求进行任务决策，在可以躲避障碍物、安全到达终点等特定的约束条件下，规划出起始点和终点之间的多条可选的安全路径，并从中选取一条最优的路径作为车辆的行驶轨迹。

（1）软件部分：路径规划　自动驾驶车辆的路径规划按照规划的范围主要分为全局路径规划和局部路径规划两种。全局路径规划是利用卫星定位和导航系统，根据先验的环境模型（例如全局地图等），从起点到终点规划出一条合理的路径，而不考虑车辆的运动细节。局部路径规划则具体到车辆的运动轨迹和细节，根据传感器获取周围环境的信息（道路及障碍物信息），在换道、转弯、躲避障碍物等情况下，实时规划出一条安全、平顺的行驶路径。也有分类将路径规划算法分为静态路径规划算法和动态路径规划算法，其分类方式与前者几乎相同，如图 2-22 所示。

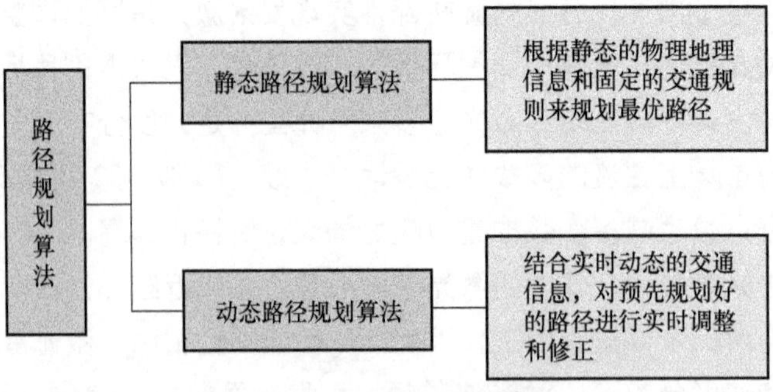

图 2-22　路径规划算法分类

1）可视图法。可视图法把自动驾驶汽车视为一点，将起点、目标点和多边形障碍物的各顶点进行组合连接，要求汽车和障碍物各顶点之间、目标点和障碍物各顶点之间以及障碍物顶点与顶点之间的连线，均不能穿越障碍物，即直线是可视的。此方法将搜索最优路径问题转化为从起始点到目标点经过这些可视直线的最短距离问题。

2）栅格法。栅格法是地图建模的一种方法，实质上是将 AGV 的工作环境进行单元分割，将其用大小相等的方块表示出来，以栅格为单位记录环境信息，有障碍物的地方累积值比较高，移动机器人就会采用优化算法避开。环境被量化成具有一定分辨率的栅格，栅格大小直接影响环境信息存储量大小和规划时间长短。如果栅格划分大，则环境信息存储量小，规划时间短，但分辨率下降，在密集环境下发现路径的能力会减弱。如果栅格划分小，则环境分辨率高，在密集环境下发现路径的能力加强，但环境信息存储量大，从而导致规划时间增加。

3）拓扑法。拓扑法是将规划空间分割成具有拓扑特征的子空间，根据彼此的连通性建立拓扑网络，在网络上寻找起始点到目标点的拓扑路径，最终由拓扑路径求出几何路径。拓扑法的基本思想是降维法，即将在高维几何空间中求路径的问题转化为低维拓扑空间中判别连通性的问题。拓扑法的优点是利用拓扑特征大大缩小了搜索空间，算法复杂性仅依赖于障碍物数目，理论上是完备的。而且拓扑法通常不需要机器人的准确位置，对于位置误差也就有了更好的鲁棒性。拓扑法的缺点是建立拓扑网络的过程相当复杂，特别在增加障碍物时如何有效地修正已经存在的拓扑网是有待解决的问题。

4）Dijkstra 算法。该算法是最短路径的经典算法之一，由 E. W. Dijkstra 在 1959 年提出。算法解决的是有向图中单个源点到其他顶点的最短路径问题，其主要特点是每次迭代时选择的下一个顶点是标记点之外距离源点最近的顶点。该算法优点是思路清晰，搜索准确。但由于该算法主要计算从源点到其他所有点的最短路径，输入为大型稀疏矩阵，因此该算法耗时长，占用空间大，所以算法的效率较低。

5）Lee 算法。与 Dijkstra 算法相比，Lee 算法更适合用于数据随时变化的道路路径规划，其运行代价要小于 Dijkstra 算法。只要最佳路径存在，Lee 算法就能够找到最佳优化路径。

6）Floyd 算法。Floyd 算法又称为插点法，是一种利用动态规划的思想寻找给定的加权图中多源点之间最短路径的算法。与 Dijkstra 算法类似，它是一种计算图中任意两点间的最短距离的算法，可以正确处理有向图或负权的最短路径问题，同时也被用于计算有向图的传递闭包。

7）启发式搜索算法：A * 算法。A * 算法常用于二维地图路径规划，算法所采用的启发式搜索可以利用实际问题所具备的启发式信息来指导搜索，从而减少搜索范围，控制搜索规模，降低实际问题的复杂度。A * 算法的原理是设计一个代价估计函数，其中评估函数 $F(n)$ 是从起始节点通过节点 n 到达目标节点的最小代价路径的估计值，函数 $G(n)$ 是从起始节点到 n 节点的已走过路径的实际代价，函数 $H(n)$ 是从 n 节点到目标节点可能的最优路径的估计代价。函数 $H(n)$ 表明了算法使用的启发信息，它来源于人们对路径规划问题的认识，依赖某种经验估计。根据 $F(n)$ 可以计算出当前节点的代价，并可以对下一次能够到达的节点进行评估。采用每次搜索都找到代价值最小的点再继续往外搜索的过程，一步一步找到最优路径。

A＊算法通过引入估价函数，加快了搜索速度，提高了局部择优算法搜索的精度，从而得到广泛的应用，是当前较为流行的最短路径算法。

8）双向搜索算法。双向搜索算法在从起点开始寻找最短路径的同时也从终点开始向前进行路径搜索，最佳效果是二者在中间点汇合，这样可缩短搜索时间。

9）蚁群算法。蚁群算法是一种随机搜索算法，是在对大自然中蚁群集体行为的研究基础上总结归纳出的一种优化算法，它能够求出从原点出发，经过若干个给定的需求点，最终返回原点的最短路径。具有较强的鲁棒性，而且易于与其他方法相结合。

（2）硬件部分：计算平台　进入自动驾驶时代，控制器需要接收、分析、处理大量的信号。原有的一个功能对应一个 ECU 的分布式计算架构或者单一分模块的域控制器已经无法适应需求，比如摄像头、毫米波雷达、激光雷达乃至 GPS 和轮速传感器的数据，都要在一个计算中心内进行处理，以保证输出结果对整车自动驾驶最优。因此，自动驾驶车辆的各种数据聚集、融合处理，为自动驾驶的路径规划和驾驶决策提供支持的多域控制器将会是发展趋势。车辆信息处理系统的计算平台主要以 CPU、GPU、DSP、FPGA 为主。

1）基于 CPU 的自动驾驶解决方案。众所周知，中央处理器（Central Processing Unit，CPU）是计算机的运算核心和控制核心，其主要功能是解释计算机指令以及处理计算机软件中的数据。如图 2-23 所示，CPU 主要由控制单元、运算单元、存储单元和总线等部分组成。控制单元（Control Unit，CU）是整个 CPU 的指挥控制中心，由指令寄存器（Instruction Register，IR）、指令译码器（Instruction Decoder，ID）和操作控制器（Operation Controller，OC）3 个部件组成。控制单元的作用是管理计算机资源，通过提供定时和控制信号来指导其他单元的操作，告诉计算机的内存、算术逻辑单元以及输入和输出设备如何响应已发送到处理器的指令。运算单元也就是算术逻辑单元（Arithmetic Logic Unit，ALU），它接受控制单元的命令，执行算术运算和逻辑运算。ALU 的输入是要操作的数据，称为操作数，以及指示要执行的操作的代码，ALU 的输出是执行操作的结果。在许多设计中，ALU 还具有状态输入或输出或两者兼备，它们分别在 ALU 和外部状态寄存器之间传送关于先前操作或当前操作的信息。存储单元包括 CPU 片内缓存和寄存器组，是 CPU 中暂时存放数据的地方，里面保存着那些等待处理的数据，或已经处理过的数据，CPU 访问寄存器所用的时间要比访问内存的时间短。采用寄存器，可以减少 CPU 访问内存的次数，从而提高了 CPU 的工作速度。简单来说，CPU 就是对指令流和数据流进行时间和空间上的控制。CPU 擅长处理诸如分布式、协调控制这种复杂运算，具有很强的通用性。

2）基于 GPU 的自动驾驶解决方案。图形处理器（Graphics Processing Unit，GPU）是计算机上专为执行复杂的数学和几何计算而设计的用于图形处理的微处理器。随着技术的发展，GPU 已经不仅仅局限于二维和三维图形的处理。与 CPU 相比，GPU 的优势主要体现在其高效的并行性和强大的浮点计算能力。

图 2-24 中对 CPU 与 GPU 中的逻辑架构进行了对比。可以看到 GPU 设计者将更多的晶

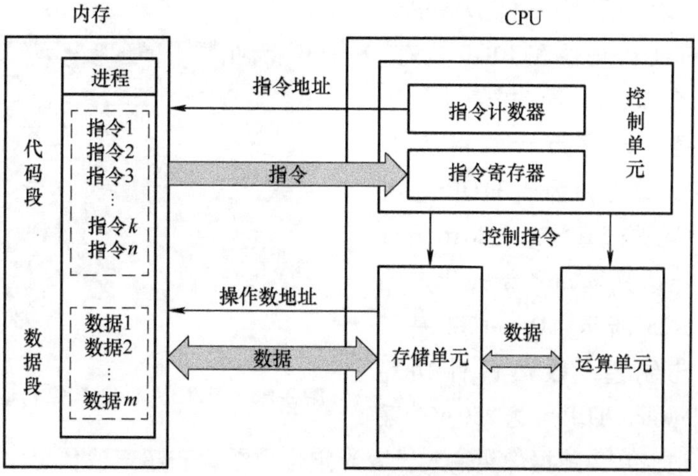

图 2-23 CPU 组成结构示意图

体管用作执行单元，而不是像 CPU 那样用作复杂的控制单元和缓存。从实际来看，CPU 芯片空间的 5% 是 ALU，而 GPU 空间的 40% 是 ALU。CPU 需要同时很好地支持并行和串行操作，需要很强的通用性来处理各种不同的数据类型，同时又要支持复杂通用的逻辑判断，这样会引入大量的分支跳转和中断的处理。这些都使得 CPU 的内部结构异常复杂，计算单元的比重被降低。而 GPU 面对的则是类型高度统一的、相互无依赖的大规模数据和不需要被打断的纯净的计算环境，具有高并行结构，因此 GPU 的计算能力远远强于 CPU。

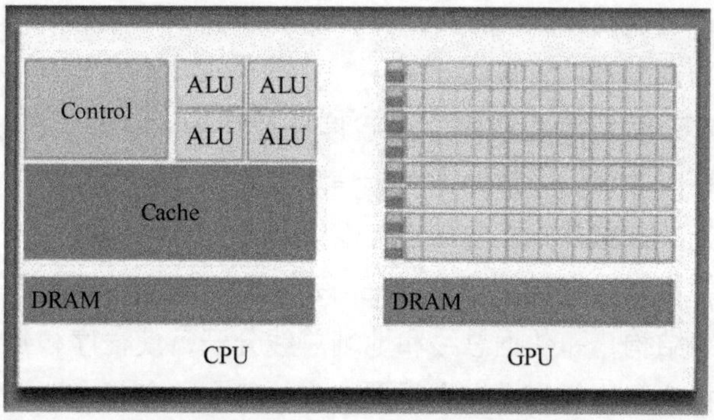

图 2-24 CPU 和 GPU 逻辑架构对比

目前，在自动驾驶计算平台领域，应用最为广泛的是英伟达（Nvidia）的自动驾驶计算平台。在自动驾驶时代之前，英伟达很早就通过 Tegra 系列处理器进入了众多整车厂的供货商名单之中，不过早年 Nvidia Tegra 负责的主要还是车载娱乐方面。比如，奥迪新 A8 采用的自动驾驶平台 zFAS 中使用了 Nvidia TegraK1 芯片，负责处理车辆的环视影像；但 zFAS 负责实现自动驾驶功能的芯片是 MobileyeQ3 和 Altera 的 CycloneV。Nvidia 自动驾驶芯片始于 2015 年初推出的 DrivePX 系列。

2015 年 1 月，在国际消费类电子产品展览会（International Consumer Electronics Show,

CES）上，英伟达发布了第一代 DrivePX。DrivePX 搭载 TegraX1 处理器和 10GB 内存，能够同时处理 12 个 200 万像素摄像头每秒 60 帧的图像拍摄，单浮点计算能力为 2TOPS，深度学习计算能力为 2.3TOPS，可支持 L2 高级辅助驾驶计算需求。2016 年 1 月，在 CES 上英伟达又发布了新一代产品 DrivePX2，如图 2-25 所示。DrivePX2 基于 16nm FinFET 工艺制造，散热设计功耗（Thermal Design Power，TDP）达 250W，采用水冷散热设计，支持 12 路摄像头输入、激光定位、雷达和超声波传感器。其中，CPU 部分由两颗 NVIDIA Tegra2 处理器构成，每颗 CPU 包含 8 个 A57 核心和 4 个 Denver 核心；GPU 部分采用两颗基于 NVIDIA Pascal 架构设计的 GPU；单精度计算能力达到 8TFLOPS，深度学习计算能力达到每秒 24 万亿次，在单精度运算速度上是 DrivePX 的 4 倍，深度学习速度是 DrivePX 的 10 倍，可以满足 L3 自动驾驶的 DrivePX 运算要求。

图 2-25　NVIDIA DrivePX2 自动驾驶计算平台

DriveXavier 是英伟达研发的自动驾驶处理器，最早在 2016 年欧洲 GTC 大会上提出，2018 年 1 月在 CES 上正式发布。同时发布的还有全球首款针对无人驾驶出租车打造的车载计算机 DrivePXPegasus。在配置方面，DriveXavier 基于一个特别定制的 8 核 CPU、一个全新的 512 核 VoltaGPU、一个全新深度学习加速器、全新计算机视觉加速器以及全新 8KHDR 视频处理器而打造。每秒可运行 30 万亿次计算，功耗仅为 30W，能效比上一代架构高出 15 倍，可以满足 L3/L4 自动驾驶的计算需求。

3）基于 DSP 的自动驾驶解决方案。数字信号处理器（Digital Singnal Processor，DSP）有完整的指令系统，是以数字信号来处理大量信息的芯片。一个数字信号处理器在一块不大的芯片内包括控制单元、运算单元、各种寄存器以及一定数量的存储单元等，在其外围还可以连接若干存储器，并可以与一定数量的外部设备互相通信，具备软、硬件的全面功能。DSP 采用的是哈佛总线结构，即数据总线和地址总线分开，使程序和数据分别存储在两个分开的空间中，允许取指令和执行指令完全重叠，在执行上一条指令的同时就可取出下一条指令，并进行译码，这大大地提高了微处理器的速度。另外它还允许在程序空间和数据空间之间进行传输，增加了器件的灵活性。

如图 2-26 所示，德州仪器提供了一种基于 DSP 的无人驾驶解决方案。其 TDA2x SoC 拥有两个浮点 DSP 内核 C66x 和 4 个专为视觉处理设计的完全可编程的视觉加速器。相比 RM Cort 15 处理器，视觉加速器可提供 8 倍的视觉处理加速且功耗更低。全新 TDA3x 处理器和 TDA 平台的其他 SoC 一样都基于相同的架构而开发，可支持车道线保持、自适应巡航控制、交通标志识别、行人与物体检测、前方防碰撞预警和倒车防碰撞预警等多种 ADAS 算法。这些算法对于前置摄像头、全车环视、融合、雷达与智能后置摄像头等众多 ADAS 应用的有效使用至关重要。此外，TDA3x 处理器系列还能帮助客户开发针对行人和车辆、前方碰撞预警及车道线维持辅助的自主紧急制动（AEB）等符合新车碰撞测试（new car assessment program，NCAP）程序的 ADAS 应用。

图 2-26 德州仪器 TDA2x

CEVA XM4 是另一款基于 DSP 的无人驾驶计算解决方案，由全球领先的用于蜂窝通信、多媒体和无线连接的 DSPIP 平台授权厂商 CEVA 公司发布，专门面向计算视觉任务中的视频流分析计算，实现实时三维深度图和点云数据（point cloud）的生成，用于目标识别和语义环境认知（context awareness）的深度学习和神经网络算法。图像增强的计算图像学功能，包括变焦、图像稳定、降噪和低照度增强等。CEVA 在 CEVA XM4 中采用了可编程宽矢量架构、定/浮点处理能力、多重同步标量单位，以及一个专门针对计算机视觉处理需求的低功耗指令集，使其比 CEVA MM3101 实现多达 8 倍的性能增强，并提升多达 35% 的能效。CEVA XM4 每秒处理 30 帧 1080P 的视频仅消耗功率 30mW，是一种相对节能的解决方案。

4）基于 FPGA 的自动驾驶解决方案。FPGA（field programmable gate array）即现场可编程逻辑门阵列，它是在 PAL（programmable array logic，可编程阵列逻辑）、GAL（generic array logic，通用阵列逻辑）、CPLD（complex programmable logic device，复杂可编程逻辑器件）等可编程器件的基础上进一步发展的产物。FPGA 是一种可编程的专用处理器，由可编程的逻辑块和互联网络组成，可在不同逻辑下执行多个线程，实现流水线并行处理，具有较强的并行处理能力。在高性能计算应用中，FPGA 专用逻辑电路通过并行计算硬件电路直接执行，无须遵循冯·诺依曼存储程序执行的结构。

Altera 公司的 Cyclone V SoC 是一个基于 FPGA 的无人驾驶解决方案，该方案现已应用在奥迪无人车产品中，如图 2-27 所示。Altera 公司的 FPGA 专为传感器融合提供优化，可结合分析来自多个传感器的数据以完成高度可靠的物体检测。类似的产品有 Zynq 专为无人驾驶设计的 Ultra ScaleMP SoC。当运行卷积神经网络计算任务时，Ultra ScaleMP SoC 运算效能为14 帧/(s^{-1} · W^{-1})，优于 NVIDIA Tesla K40 GPU 可达的 4 帧/(s^{-1} · W^{-1})。同时，在目标跟踪计算方面，Ultra ScaleMP SoC 在 1080P 视频流上的处理能力可达 60FPS。

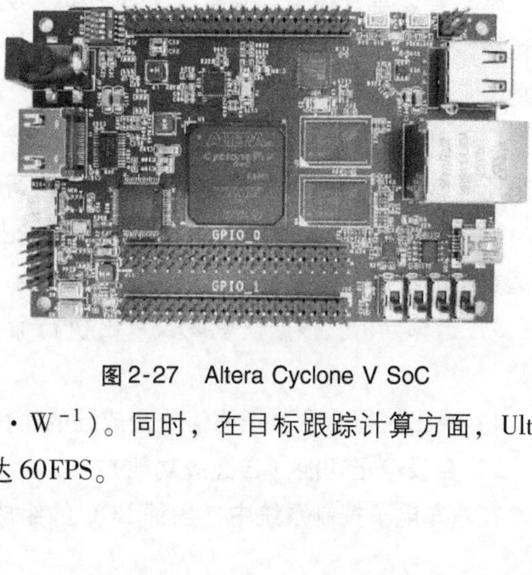

图 2-27 Altera Cyclone V SoC

3. 控制系统

汽车的控制系统主要由电子控制单元（ECU）及其软件部分、通信总线和执行机构等组成，控制着汽车的各种控制系统，其中包括防抱死制动系统（ABS）、驱动防滑系统（acceleration slip regulation，ASR）、电子稳定系统（ESP）、电子制动力分配（electronic brake force distribution，EBD）、自适应巡航控制（ACC）、电子控制悬架（electronic control suspension，ECS）、电动助力转向（EPS）等。

（1）电子控制单元（ECU） 电子控制单元（ECU）是电控系统的核心，也叫汽车电子控制器或汽车电子控制组件，俗称“汽车电脑”“车载电脑”。ECU 包括微控制器和相关外围器件的电路板，在这块电路板上集成了微处理器（CPU）、存储器（ROM、RAM）、输入/输出接口（I/O）、模/数转换器（A/D）、数/模转换器（D/A）以及整形、驱动等大规模集成电路。整块电路板一般都封装在铝质金属壳体或塑料壳体内部，通过卡扣或者螺钉安装于车身钣金上，并通过线束插座与汽车整车的电器线路连接。图 2-28 所示为桑塔纳 2000GLi 型轿车 ECU 的外形。图 2-29 所示为铝质金属壳体或塑料壳体内部 ECU 的结构。

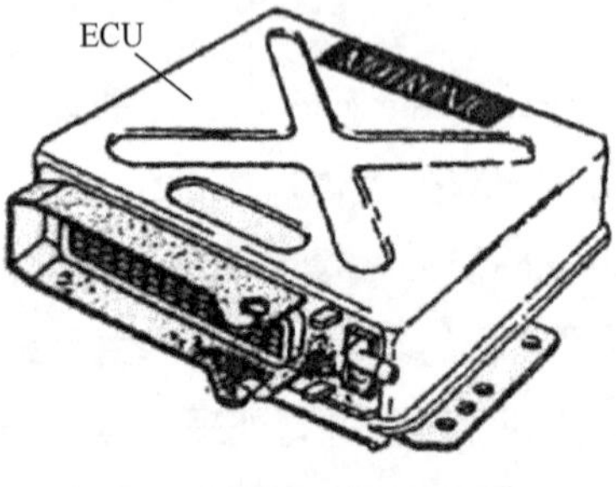

图 2-28 桑塔纳 2000GLi 型轿车 ECU 的外形

图 2-29 铝质金属壳体或塑料壳体内部 ECU 的结构

ECU 是以单片微型计算机（即单片机）为核心所组成的电子控制装置，具有强大的数学运算、逻辑判断、数据处理与数据管理等能力。ECU 是一种电子综合控制装置，具备以下功能：

1）接收传感器或其他装置输入的信息；给传感器提供参考电压；将输入的信息转变为微机所能接收的信号，并向受控装置（即执行器或执行元件）发出控制指令。

2）存储、计算、分析处理信息；计算输出值所用的程序；存储该车型的特点参数；存储运算中的数据、存储故障信息。

3）运算分析。根据信息参数求出执行命令数值；将输出的信息与标准值对比，查出故障。

4）输出执行命令。把弱信号变成强的执行命令信号；输出故障信息。

5）自我修正功能（自适应功能）。

在汽车电子控制系统中，各种 ECU 的组成大同小异，都是由硬件、软件、壳体和线束插座四部分组成的。汽车各种 ECU 的硬件电路都十分复杂，虽然不同公司开发研制的硬件电路的结构各有不同，但是硬件电路的组成基本相同，都是由输入回路、单片微型计算机（即单片机）、输出回路和电源电路四部分组成的，组成框图如图 2-30 所示。

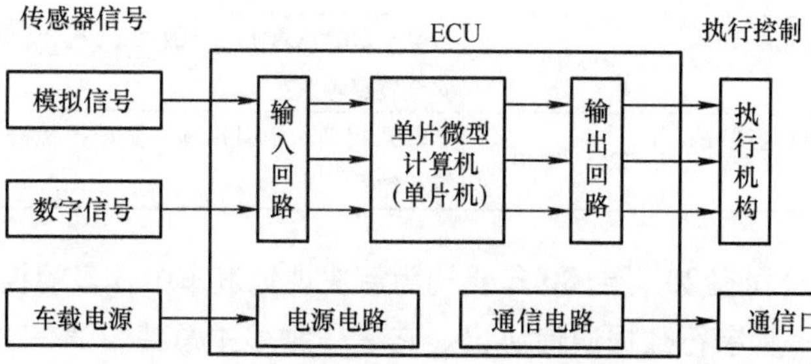

图 2-30　ECU 组成框图

汽车电子控制系统包括硬件和软件两个部分。硬件有电子控制单元及接口、传感器、执行机构、显示机构等。ECU 控制功能的变化主要依赖于软件及输入、输出模块功能的变化，随控制系统所完成的任务不同而不同。汽车各种电控单元的硬件电路组成，具体来说是由不同种类的专用集成电路，大量的电阻器、电容器、二极管、稳压管、晶体管等分立电子元器件和印制电路板等构成的。

在软件方面，ECU 的控制程序有以下几个方面：计算、控制、监测与诊断、管理、监控。执行控制模式如图 2-31 所示。

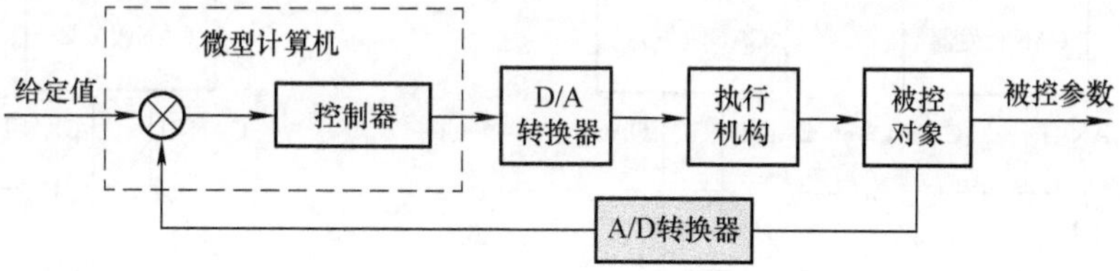

图 2-31　ECU 软件执行控制模式框图

（2）通信总线　集成电路和单片机在汽车上的广泛使用，大大增加了汽车上电子控制器的数量，使得汽车上的线路越来越复杂。为了提高信号的利用率，要求大批的数据信息能在不同的电子单元中共享，汽车综合控制系统中大量的控制信号也需要实时交换。传统的电气系统大多采用点对点的单一通信方式，已远不能满足这种需求。针对上述问题，在借鉴计算机网络和现场控制技术的基础上，汽车网络技术应运而生。

汽车网络技术从 20 世纪 80 年代提出以来，已形成了多种网络标准，其侧重的功能有所不同。20 世纪 90 年代中期，美国汽车工程师学会（SAE）按照汽车上网络系统的性能由低到高将其划分为 A 级、B 级、C 级网络。3 种网络的应用对象、应用范围、位速率和代表总线见表 2-1。

表 2-1　汽车网络的划分

类别	对象	位速率/(kbit/s)	应用范围	代表总线
A	面向传感器执行器的低速网络	1～10	电动门窗、座椅调节、灯光照明等控制	TTP/A LIN
B	面向独立模块间数据共享的中速网络	10～125	电子车辆信息中心、故障诊断、仪表显示、安全气囊等系统	CAN
C	面向高速、实时闭环控制的多路传输网	125～1000	悬架控制、牵引控制、发动机控制、ABS等系统	CAN TTP/C FlexRay

CAN 是德国博世公司在 20 世纪 80 年代初为解决现代汽车中众多的控制与测试仪器之间的数据交换而开发的一种串行数据通信协议。它是一种多主总线，通信介质可以是双绞线、同轴电缆或光导纤维，通信速率可达 1Mbit/s，1991 年首次在奔驰 S 系列汽车中采用。同年，博世公司正式颁布了 CAN 技术规范（版本 2.0），该技术规范包括 A 和 B 两部分。1993 年 11 月，国际标准化组织正式颁布了 ISO 11898，为 CAN 的标准化、规范化铺平了道路。此后，越来越多的北美和日本汽车公司也开始采用 CAN 网络。1994 年，美国汽车工程师学会货车和客车控制和通信子协会选择 CAN 作为 SAE J1939 标准的基础。典型的 CAN 总线系统如图 2-32 所示。

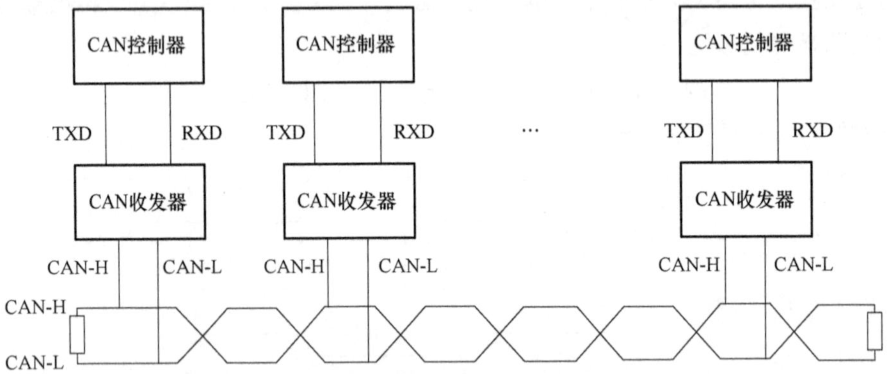

图 2-32　典型的 CAN 总线系统

由于其高性能、高可靠性及独特的设计，CAN 越来越受到人们的重视。世界上一些著名的汽车制造厂商，如奔驰、宝马、保时捷、劳斯莱斯和捷豹等均采用 CAN 总线来实现汽车内部控制系统与各检测和执行机构间的数据通信。

（3）执行机构　执行机构包括转向控制、电子节气门控制、悬架控制和辅助制动系统。执行机构的主要功能是接收电子控制单元的指令，完成既定的动作，并将执行结果反馈到控制单元。智能车辆的执行机构一般是线控的，取消了原有的机械连接，使得控制更加灵活、准确。

二、域控制架构

目前，汽车电子软件呈现出爆炸式的增长趋势，特别对于自动驾驶系统而言，要求更高的算力和更多的传感器件。然而传统汽车的电子电气架构（E/E）都是分布式结构的，如

图2-33所示，各系统的ECU利用CAN和LIN总线进行通信。随着车辆用电器件的增多，此类架构将导致车辆制造成本上升。

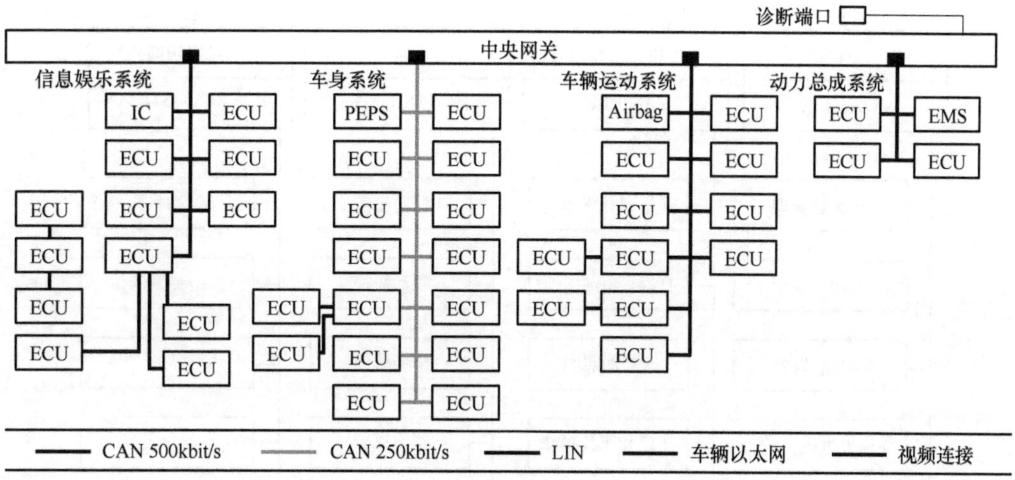

图2-33 分布式电子电气架构

首先，分布式架构会导致ECU的算力不能相互协同；其次，分布式架构依赖于大量的内部通信，这将增加线束成本及装配难度。此外，自动驾驶系统功能的实现需要不同的传感器数据，每个传感器模块都需要对数据进行预处理，为了保证数据处理的结果最优，功能控制应该集中在一个核心处理器中。同时，随着ECU的增多，车辆被外部网络攻击的风险增高。若汽车电子电气架构仍基于分布式，一些关键系统就无法进行防护。另外，由于不同设备供应厂商提供的嵌入式硬件系统的编程语言各异，第三方应用开发者不能对这些硬件设备进行便捷的编程处理，分布式ECU无法进行统一的维护升级。

综上所述，随着车辆ECU数量的增多，分布式架构在自动驾驶功能实现上面临着诸多技术挑战，因此域控制器（domain control unit，DCU）应运而生。域控制器中的域就是将车辆系统根据功能划分为不同的模块，每个模块内部的系统架构都以域控制器为核心进行构建，各个域内部的通信可通过常用的CAN、LIN及FlexRay通信实现，而不同域之间的通信可以由具备更高传输性能的以太网来完成。对于功能域的具体划分，不同的汽车制造厂商有不同的设计理念，图2-34给出了一种划分方法的示例。

博世、大陆等供应商提出了经典的五域划分，分别为动力域、底盘域、座舱域/智能信息域、自动驾驶域和车身域。早期阶段，域控制器可分为性能型域控制器与集成型域控制器两种。随着E/E的演变，电动汽车的五域按照各自的特点主要形成两种方向：一种是功能域集中化方案，仍着力于功能域的模块集成与性能升级，但区别于早期分布式的集成控制器，从原本控制器簇的就近集成，逐渐转向以功能域为中心的导向集成；另一种是异域融合或者跨域协调的方案，即把两个或者多个集成化域控制器合并为一个控制器，或者是开放异域的数据接口进行集中控制。为便于论述，本文将上述两者分别简称为集中向与融合向。

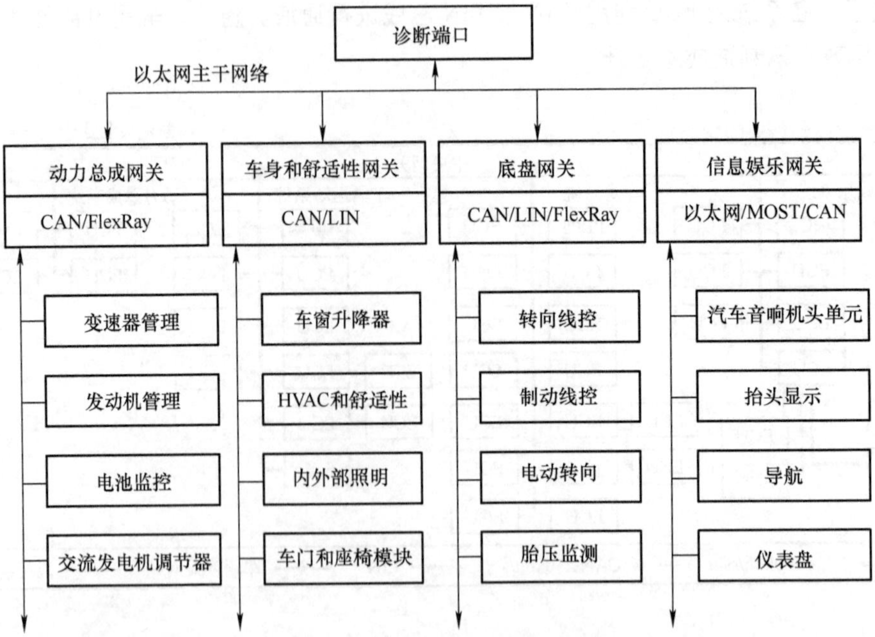

图 2-34　域控制器功能域划分示例

1. 以动力域为代表的集中向

新能源五域中的动力域、底盘域以及车身域，由于本身有着较深的传统汽车结构烙印，在未出现突破性的技术变革前，一方面依旧延续早期分布式控制器的模块集成与性能升级；另一方面，在架构上会进行一定的集中化调整，即把传统的从控降阶进行算力转移，集中在主控上，改造出更为“中央集权”的域中心控制器。本书以合作方东南汽车提供的某动力域控制器（VBU）为例，对集中向域控制器展开说明。

电动汽车的动力域控制器是一种智能化的动力总成管理单元，一般以整车控制器（VCU）为核心，协调电池管理系统（Battery Management System，BMS）或者电机控制器（Motor Control Unit，MCU）。动力域受三电架构束缚较大，距离跨域融合尚处于轻度融合的状态。目前仍将对于功能域本身的优化和挖掘作为主要的研发方向。另外，集中向的域控化发展路线，有利于主机厂的产业链升级。究其原因有两个方面：一方面是由于主机厂在动力域等传统域的改造上，有着传统汽车的知识沉淀与经验积累，属于优势延伸，能以最低代价保持长久的竞争力；另一方面也得利于域控制器的集中演算模式，对外围电附件的依赖性较小，可以大幅减少外包开发的时间与成本。如今不少主机厂已经打破传统的合作模式，逐渐走上了自主研发的新道路。

本书介绍的 VBU 由合作方东南汽车与天津易鼎丰动力公司共同研发，已投入东南汽车 EV400 与 EV500 两款车型的功能性试验。下面简单介绍改造方案的设计过程与最终定型的系统架构。

（1）动力域控制器改造方案　动力域的集中向改造重点在于对主控制器进行硬件升级，对低效模块开展功能集成与算力资源再分配，原电池包电气拓扑图如图 2-35 所示。

提升 VCU 的硬件资源配置。根据域集中化架构理论，对原有的 VCU 运算处理能力进行

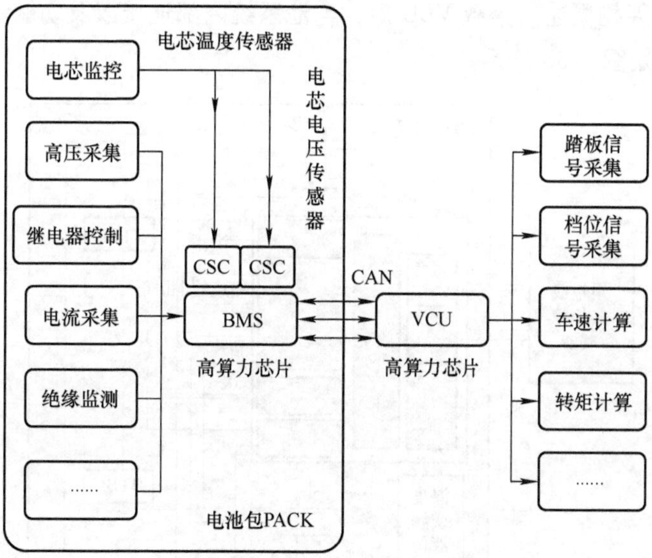

图 2-35 原电池包电气拓扑图

全面升级设计，配置行业领先的英飞凌 Aurix 系列 TC234-32 芯片，并添加独立的控制器局域网（Controller Area Network，CAN）总线收发节点至 5 路以上，丰富高低边驱动/模拟数字信号接口等。

对整体布局进行优化调整，以实现状态监测功能的迁移与重新部署。优先将简化布置的工作重心放在电池包内部。一方面，对控制器结构件进行“瘦身”，对控制器支架、低压走线、传感器布点等进行拓扑优化。另一方面，对电气部件进行集成，原 BMS 为分布式架构，需将 BMS 的主板与从板电池单体站点控制器（Cell Site Controller，CSC）降阶，替换为 VBU 的功能子板块资源管理部件（Resource Management Unit，RMU），使其代替 BMS 的部分职能。由低算力低成本的电压温度平衡控制单元（Voltage Temperature Balance Unit，VTBU）集中处理电芯的状态信息，图 2-36 所示为 VBU 系统电气拓扑图。

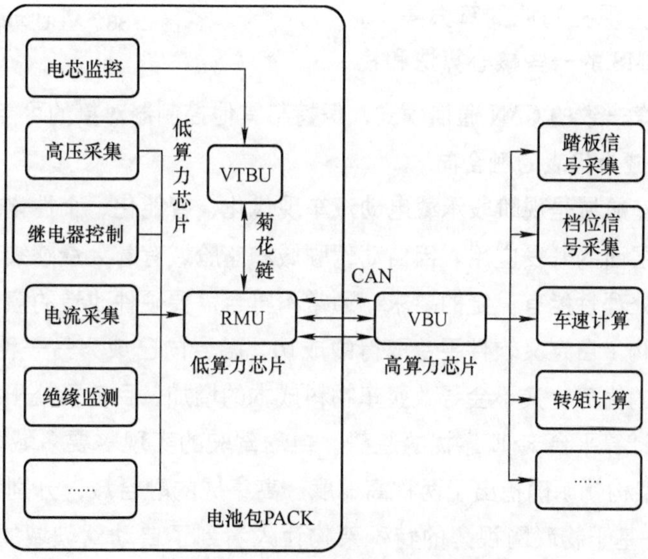

图 2-36 VBU 系统电气拓扑图

（2）VBU 系统架构概述　搭载 VBU 后，电池系统内部连接以及功能示意图，如图 2-37 所示。VBU 实物图如图 2-38 所示。

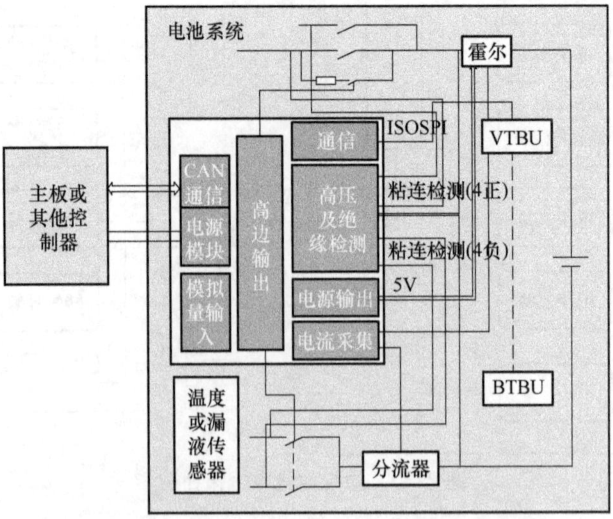

图 2-37　电池系统内部连接以及功能示意图

VTBU 和 RMU 布置于电池包内，VBU 布置于电池包外，VTBU 负责采集电池单体电压和温度，为原有电压采集传感器与温度采集传感器的集成。VTBU 通过菊花链的方式与 RMU 进行通信，RMU 负责高压采集、绝缘计算、继电器控制、电流采集等功能，功能上代替原有从板 CSC 以及 BMS 部分功能。RMU 和 VBU 之间通过 CAN 通信，VBU 采用高性能芯片，实现控制域的算力集中，执行整车 VCU 和 BMS 的一些核心算法和控制。对外采用和整车一致的 CAN 通信模式，保持与其他控制器对接的可能。

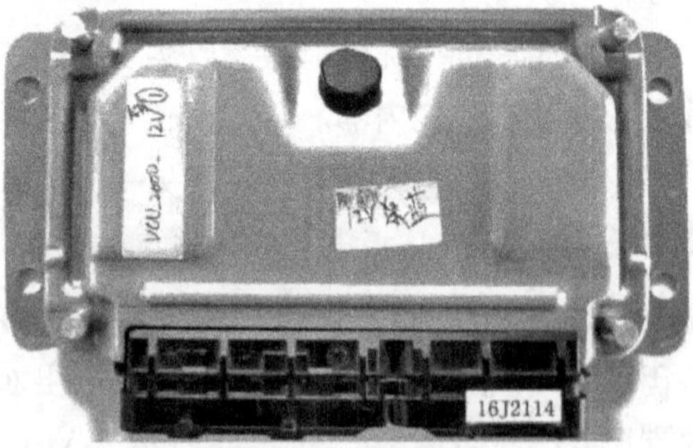

图 2-38　VBU 实物图

2. 以自动驾驶域为代表的融合向

自动驾驶域和座舱域是现阶段承载电动汽车现代化、智能化、个性化的关键所在，相比其他域更注重软件层面的开发应用。因自动驾驶域和座舱域有着大量感知信息与实时数据交互，对控制芯片的处理性能有一定的要求，通常不符合需要硬件改造的集中向发展。随着特斯拉的异域融合架构 + 自定义软件平台取得的成功，融合向已成为另一种主流的发展方向，它既能保留集中向的优势，又不会导致整车物料成本的增加，目前正处于发展的上升期，已有更进一步向中央计算平台 E/E 靠拢的趋势。自动驾驶的实现需要多域融合，乃至区域融合。如华为的 CC 架构就明确指出了两种高深度、高集成的融合域，分别为智能驾驶与智能座舱。CC 架构——基于物联网视角的特殊架构让人看到了自动驾驶域的潜在可能。因此，本文选取自动驾驶域作为融合向的代表展开说明。

（1）自动驾驶域与底盘域融合　在自动驾驶四大关键技术中，运动控制技术依赖于底盘域实现，为了追求自动驾驶实现得更深层化、快捷化，同时减少不必要的响应过程，两者的域融合势在必行。

当前阶段，两者的结合主要依赖于线控底盘技术，该技术的精髓在于摒弃了传统的机械传动组件，转而采用电信号来替代机械液压部件，向执行机构传达动作指令，这种方式与电动汽车的电子电气架构（E/E）发展更为匹配。如图 2-39 所示，在整个融合领域中，自动驾驶领域的环境感知传感器系统负责收集车辆、道路及行人信息，经过数据处理和整合后，这些信息通过控制器局域网（CAN）发送给域控制器。域控制器将其转化为动力学信息，再传递给线控底盘，从而实现对整车的最终控制。基于传统底盘的操作功能，线控系统被细分为四个子系统：线控驱动、线控转向、线控制动和线控悬架。其中，线控转向与线控制动被视为自动驾驶技术的核心所在，而线控制动则是这些技术中实施难度最大的部分。

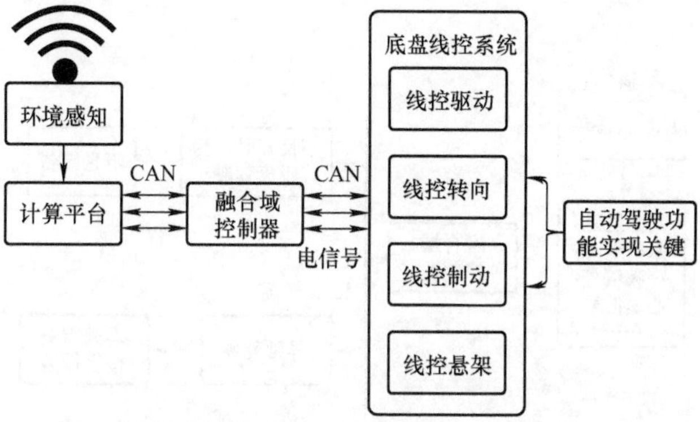

图 2-39　自动驾驶域与底盘融合域示意图

除线控技术外，冗余措施与容错控制也是两域融合的关键之一。自动驾驶的安全性是设计中不可忽视的一环。在设计自动驾驶的域控制器时，往往会加入冗余措施以及对应的容错控制。目前多采用冗余措施，一种是设置两套完全独立的执行系统，具有单独的执行功能，在执行层面互补，除非两者同时失效，否则必定有一个系统幸存，并保有一定程度的容错能力，如博世对安全要求较高的制动系统就采用此种冗余措施。另一种是在感知系统或者控制器中设置备份功能，当原有的主控制器失效时，备份功能依旧能保证车辆的自动驾驶处于可控的安全阶段，并维持一段时间，坚持至车辆完全脱离失效风险，如联合汽车电子有限公司就将其融入了域控制器的功能中。

（2）自动驾驶域与座舱域　自动驾驶的实现需要人-车-路三者的共同作用，与驾驶人息息相关的座舱域是不可缺少的重要一环。如今不少自动驾驶控制器已经开放了座舱域的接口，成为自动驾驶控制器发展的又一风向标；并且近来已经有相关的强制性法规出台，要求车企持续开展自动驾驶人车交互的研究工作。两域的融合应用旨在提升用户体验的同时，保障自动驾驶的功能安全与智能化，也是域控化技术实现的一大挑战。

自动驾驶域与座舱域作为五域中最具“活力”的两个域，两域的融合过程让人们对于旧应用有了很多新的认知。例如驾驶人监控系统（Driver Monitor System，DMS）的产生。DMS 集成了许多先进的传感技术，例如头部追踪、眼动追踪、呼吸信号采集、心率信号采集等。从上述的技术成分不难看出，早期 DMS 的问世更多的是为了监控驾驶人的注意力分散或者疲劳驾驶情况，但随着自动驾驶技术的兴起，业内对于 DMS 的应用有了新的认识。由于目前的自动驾驶技术依然停留在 L2 ~ L4 阶段，驾驶人依旧是驾驶责任的主体，实现车辆对人类驾驶行为的监控就十分必要，而 DMS 技术恰好可以用于划分“人机共驾”和“人工接管”的场景界限。例如在 L3 的 ADAS 中，驾驶人可能因为过分依赖自动驾驶的可靠性，从而导致注意力分散，处于不良甚至脱离驾驶行为的状态，此时 DMS 就开启声光警告，起到监控提醒的作用；另一方面当驾驶人处于疲劳驾驶、酒驾、毒驾等异常驾驶状态时，自动驾驶域控制器也可以通过接收 DMS 传达的舱内信息，进行适时的警告，开展针对性的驾驶限制乃至彻底接管驾驶行为，从而避免事故的发生。L3 自动驾驶 DMS 应用示意图如图 2-40 所示。

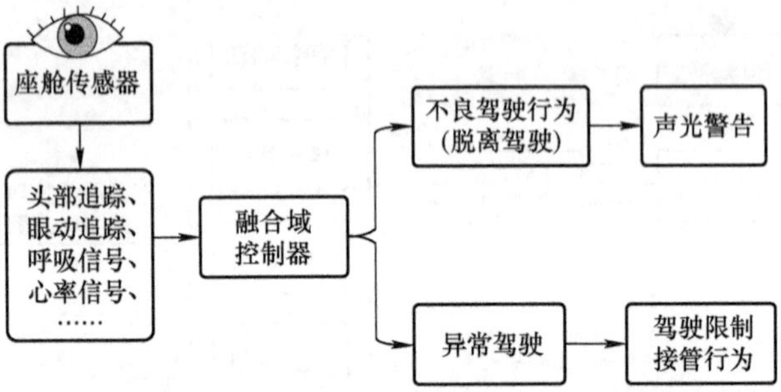

图 2-40　L3 自动驾驶 DMS 应用示意图

当然，新技术的创新推动才是融合向发展的主旋律。电动汽车座舱域整合了整车感知能力，构建了一个多功能的计算机控制平台，可以实现“人-车-路”的信息互联。相比于“车对人”单向的 DMS，信息互联对于自动驾驶域的功能增强更为主动，属于“人对车”的双向交互，对用户而言现实价值更为突出。

目前，电动汽车的座舱域中已经形成了一套高效的交互控制系统，触摸控制、手势控制、语音控制、HUD 甚至未来的脑电模式，都将为自动驾驶功能的人机交互服务。包括自动驾驶前端的开启关闭、调整参数、资源共享等，都可以通过座舱域控制器融合实现，可以说在一定程度上释放了驾驶人的双手，极大地优化了用户的驾驶体验。此外，5G 时代的高调降临，带来了车用无线通信技术（Cellular-Vehicle To Everything，C-V2X），此技术的问世意味着座舱域的通信能力被彻底解放，相当于人们的“第二部手机”，可以与车内外任何相关的实体单位进行通信交互，使在多种应用场景下与其他实体的识别成为可能，方便自动驾驶控制器的决策，以最终实现如碰撞预警、主动避障、智能泊车等多样化的自动驾驶功能。未来更自由的用户介入，使自动驾驶各项功能都有了用户个性化定制的潜在可能。

思考题

1. 简述智能车辆两种常规的体系结构。
2. 简述电动智能车的传统控制架构。
3. 简述域控制架构的特点。

第三章

智能车辆线控底盘技术

安全、舒适、节能、环保是汽车发展的方向和永恒主题，而电子化、智能化、电动化、可再生化是实现安全、舒适、节能、环保的有效措施和手段，采用线控技术可为实现汽车的电子化、智能化、电动化及可再生化提供有力的技术保障。随着汽车电子技术的不断发展，线控技术在汽车上得到普遍应用，笨重的机械/液压系统将被精确的传感器和执行元器件所代替，传统汽车的操纵执行机构将发生根本性的变化。目前，汽车上几乎所有操纵控制都可以采用线控技术，线控技术及线控汽车的研究已经成为各国研究的热点。线控技术（X-by-wire）源于飞机的控制系统，其将飞行员的操纵命令转化成电信号，通过控制器控制飞机飞行。线控汽车采用同样的控制方式，可利用传感器感知驾驶人的驾驶意图，并将其通过导线输送给控制器，控制器控制执行机构工作，实现汽车的转向、制动、驱动等功能，从而取代传统汽车靠机械或液压来传递操纵信号的控制方式。

线控系统通过控制器、电线、信号线和电机等电气部件对汽车进行操纵，一旦电能不足或者电气部件出现故障，整个线控系统将失去控制，出现严重的安全隐患。而且汽车行驶环境复杂，引起线控系统出现不安全的因素较多，因此满足汽车行驶安全是线控技术在汽车上应用面临的一个重要挑战。目前，在解决线控系统安全和稳定性方面还需要进一步提高技术水平。由于安全法规的严格约束，那些与车辆安全性直接相关的线控技术，例如线控转向和线控机械制动，目前还不能在实际车辆中得以应用。然而，线控驱动、线控换档、线控悬架以及线控液压制动等技术已经被广泛地采纳并应用于多种类型的汽车之中。

近年来，随着智能车辆技术的飞速发展，线控系统作为自动驾驶系统的关键执行系统，其功能是代替驾驶人的手和脚来进行车辆的转向、制动和加速。因此，线控底盘关键技术中的线控转向（Steer-by-Wire，SBW）、线控制动（Brake-by-Wire，BBW）和线控驱动（Drive-by-Wire，DBW）3 大技术，已经成为车企的核心竞争力之一。

第一节　线控底盘技术发展现状

针对线控汽车的研究，国外起步较早。20 世纪五六十年代，美国天合（TRW）等转向系统供应商和德国 Kasselmann 等就试图将转向盘与转向车轮之间用控制信号代替原有的机械连接，这就是早期的线控转向系统原型。德国奔驰公司于 1990 年开始了前轮线控转向系统的深入研究，并将其开发的线控转向系统安装于 F400 Carvine 概念车上。该车在转向、制动、悬架及车身控制方面均采用了线控技术。克莱斯勒公司开发出了电子驱动概念车 RR-129，该车取消了转向盘、加速踏板和制动踏板，完全采用操纵杆控制，实现了线控驱动技术。德国宝马汽车公司开发出了 BMW Z22 概念车，应用了线控转向和线控制动技术及线控换档技术。2001 年，第 71 届日内瓦国际汽车展览会上，意大利 Berstone 汽车设计及开发公司展示了新型概念车 FILO。该车采用了线控驱动技术，该技术所有的驾驶动作都通过信号传递，使用操纵杆进行转向操作，并采用了最新的 42V 供电系统。2003 年，日本丰田公司在纽约国际车展上展出了 Lexus HPX 概念车，该车采用了线控转向系统，在仪表盘上集成了各种控制功能。2005 年，美国通用汽车公司推出了氢燃料驱动-线传操纵的 Hy-wire 概念车和 Sequel 概念车，转向、制动和其他一些系统均采用了线控技术。美国斯坦福大学的动态设计实验室开发了“P1”线控转向电动汽车，该车具有 2 套独立的前轮线控转向系统，冗余设计的前轮转向系统为该车的安全提供了保障。2010 年，丰田公司又推出了 FT-EV2 概念车，该车采用线控技术，通过操控杆实现加速、制动、转向等全部功能。日本日产公司在 2006 年和 2008 年先后推出了 PI-VO 概念车和 EA2 概念车，其转向系统和制动系统均采用了线控技术。除此之外，法国雪铁龙、韩国现代和起亚也相继推出了采用线控技术的概念车。

我国企业对线控汽车的研究起步相对较晚，与国外差距较大，但我国各高校对线控系统的研究相对较早，主要以理论为主。2004 年，同济大学在上海国际工业博览会上展示了配备线控转向系统的四轮独立驱动微型电动车春晖三号，如图 3-1 所示。2009 年，吉林大学汽车仿真与控制国家重点实验室在企业资助下，开发了线控转向试验车。2010 年，第 25 届世界电动车展览会上，吉林大学汽车仿真与控制国家重点实验室还展出了基于轮毂电机的全线控电动概念车。

图 3-1 春晖三号电动车

第二节 线控制动技术

一、制动技术概述

商用车和乘用车的制动系统有着完全不同的发展路径。商用车因载重大、工作条件恶劣，其制动系统以气压制动系统为主。现有的气压线控制动系统多为基于传统的气压制动系统演化出的具有线控功能的形式，通常又称为电子制动系统（Electronic Braking System，EBS）。其结构主要经历了 3 次迭代。在 EBS 初代产品中，通过在原有制动系统中的继动阀前端增加输出压力与控制电流呈对应关系的比例阀来实现压力调控，此类构型实现了线控的基本要求，但系统部件数量多、气路复杂；第 2 代 EBS 将比例阀与继动阀组合成比例桥模块，其工作原理与初代 EBS 保持一致，但简化了系统部件和气路连接；第 3 代 EBS 中使用开关阀替代了 2 代桥模块中的比例阀，利用进气阀和排气阀的交替开关来实现气压的线性调控，此类构型有效地提高了阀组的工作寿命，并减小了系统成本，是当前发展的主流。

乘用车的制动系统自威廉·迈巴赫于 1900 年发明鼓式制动器起，至今已有 120 多年的历史，期间诞生了多种形式的制动系统。制动系统的组成示意图如图 3-2 所示。总体而言，制动系统的发展大致可以划分为以下 5 个阶段：采用人力的纯机械制动和液压制动系统；兼用人力和发动机动力作为制动力源的伺服制动系统；发动机提供所有制动力源的动力制动系统；以 ABS、TCS、ESC 等为代表的成熟的电液制动系统；以电子驻车制动系统（Electric Parking Brake，EPB）、电控液压制动（Electric Hydraulic Brake，EHB）、电子机械制动系统（Electric Mechanical Brake，EMB）等为代表的 BBW 系统。

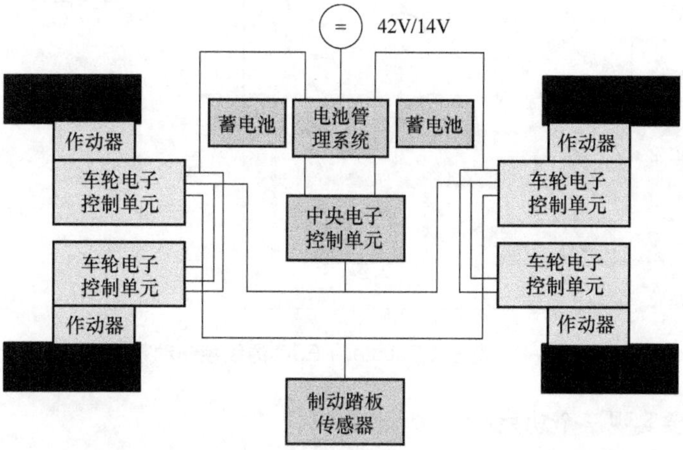

图 3-2 制动系统的组成示意图

当前，ABS、TCS、ESC 等电子制动系统已经发展成熟，极大地提升了整车的安全性。然而，随着汽车电子化、智能化的发展，以及对节能环保的要求，车辆对于 BBW 系统有着越来越高的需求。这一方面可以简化设计，方便与其他系统集成；另一方面，可以减少油液污染，方便制动能量回收。在诸多 BBW 系统中，最理想的制动系统莫过于 EMB 系统，该系统直接通过电机向制动盘施加制动力来对车辆进行制动，不需要液压油或压缩空气。这不仅可以省去诸多管路和传感器，还使得信号传递更加迅速。然而，由于成本和可靠性的问题，该系统仍处于试研阶段，尚未应用于量产车上。比如，2014 年，大众在巴黎车展上展出的 Passat GTE 混合动力车型就采用了 EMB 系统。

EHB 系统准确来说是一种半解耦的 BBW 系统，其保留了液压制动管路，但是踏板与主缸分离，改为用电机来推动主缸，从而实现驾驶人与制动系统解耦。这可以认为是传统液压制动系统和纯电制动系统之间的过渡产品，是当前研发的热点之一，目前也已经得到应用，比如 2001 年奔驰的 SL 级轿车、最近几年丰田的混合动力车型 Prius、博世的 iBooster、天津英创汇智的 TBooster、上海拿森的 NBooster 等。

近年来，集成式 BBW 系统也是市场较为关注的一种 BBW 系统，比如大陆的 MK C1，天津英创汇智的 OneBox 等。这种 BBW 系统将真空助力器、电子真空泵以及传统的 ESC 等功能集成在一起，使得整体体积和重量大大减小。当前适用于自动驾驶的主流方案是 EBooster + ESC 的方案，如图 3-3 所示。集成式 BBW 系统是 BBW 系统发展中的一大趋势，应该给予较多的关注。

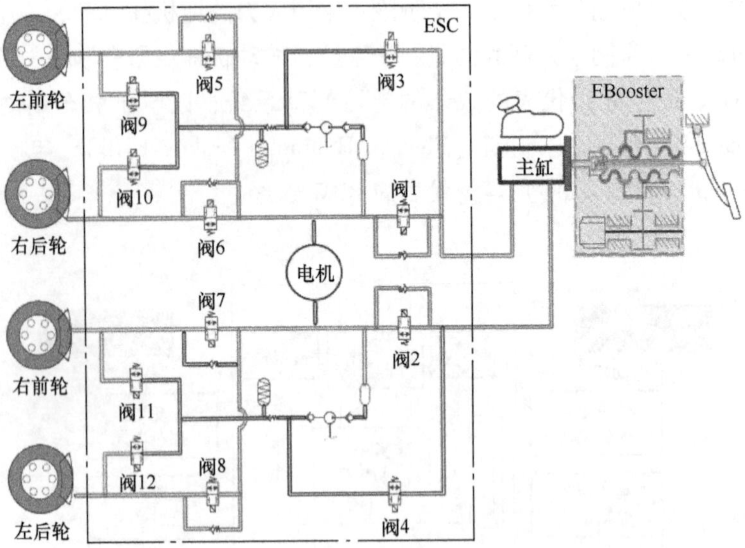

图 3-3 基于 EBooster＋ESC 的线控制动系统

BBW 系统主要实现三个功能：

1）助力功能。电子控制单元（Electronic Control Unit，ECU）采集或估计踏板位移信号，向执行电机发送指令，通过电机推动主缸进行制动，再由 ESC 进行制动力分配。

2）主动制动。上层策略根据当前车辆状态和驾驶人操作，向 BBW 系统发出制动请求，BBW 系统则需要准确、快速地响应这个请求。

3）能量回收。由于 EBooster 实现了踏板力与轮缸压力的解耦，因此适用于更大加速度的制动能量回收，而 BBW 系统需要在制动工况下尽可能多地回收能量，以提高舒适性并实现节能减排。当前学术研究的方向也主要集中在这三个方面。

二、线控制动技术基本原理

线控制动系统基本构型如图 3-4 所示，此为电机驱动线控制动系统构型。该构型由制动踏板、制动踏板感觉模拟器、制动主缸、隔离阀、无刷直流电机及传动机构、制动副主缸、压力传感器以及制动轮缸等组成。该构型的工作原理为：系统正常工作时，当驾驶人踩下制动踏板时，安装在制动踏板上的制动踏板位置传感器将制动踏板位置信号传递至控制单元，控制单元根据预设的控制策略决策出各个轮缸的目标制动压力。随后，控制单元关闭制动主缸隔离阀，制动主缸与制动踏板感觉模拟器连通，驾驶人获得制动脚感。同时，控制单元驱动无刷直流电机通过传动机构在制动副主缸内建立压力，控制单元控制电磁阀实现对各个轮缸压力的精确调节。安装在制动主缸与轮缸处的压力传感器实时将压力信息反馈至控制单元，控制单元根据驾驶人/计算机的制动意图与实际制动压力修正各个轮缸的目标制动压力，从而完成闭环反馈控制，并保证制动轮缸压力控制的准确性。系统断电失效时，控制单元、无刷直流电机、电磁阀等电子器件不工作，制动主缸与各个制动轮缸连通，驾驶人踩下制动踏板，通过驱动制动主缸在制动轮缸内形成制动压力，从而使制动系统提供制动力。

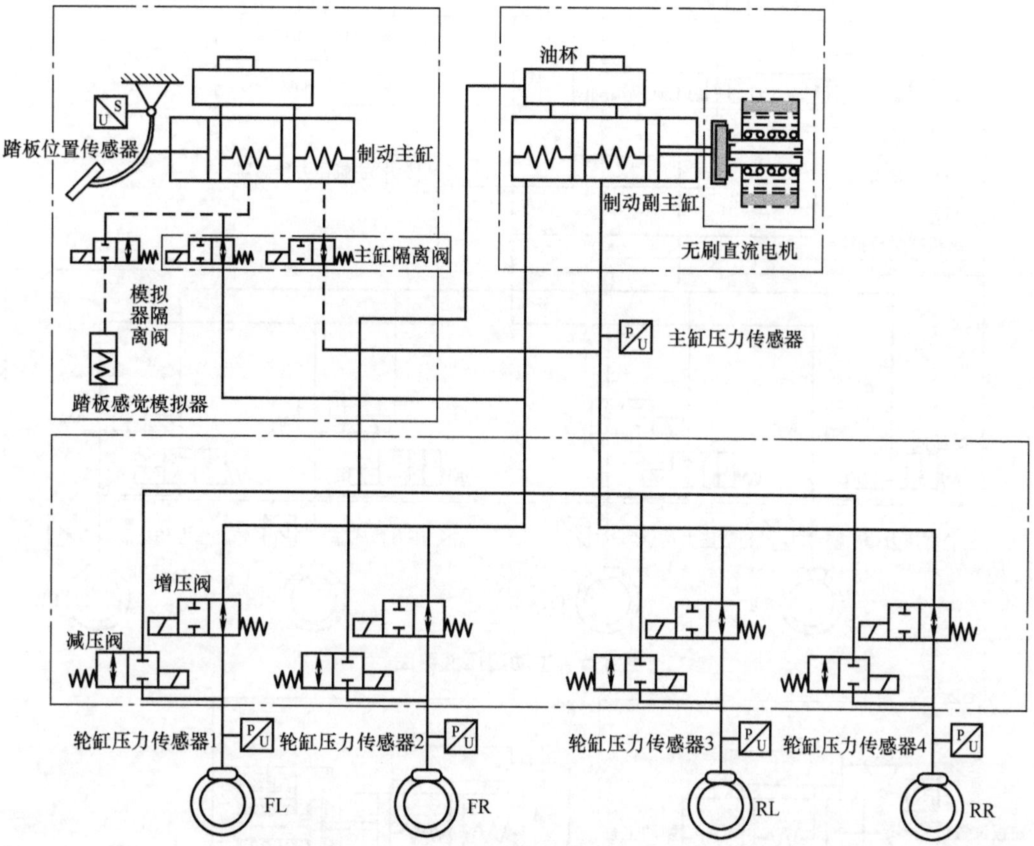

图 3-4　电机驱动线控制动系统构型

（1）主动建压功能　汽车智能辅助驾驶功能如自动紧急制动、防抱死制动控制被激活时，电机驱动线控制动系统需要具有主动建压的功能。本文介绍的线控制动构型主动建压时的液路图，如图 3-5 所示。制动压力控制器控制无刷直流电机驱动制动副主缸建立压力，同时控制主缸隔离阀通电关闭，以切断制动主缸与制动轮缸之间的压力连接，此时制动副主缸内制动液通过各个轮缸增压阀进入制动轮缸产生制动压力。

（2）精确控压功能　汽车智能辅助驾驶功能如自适应巡航控制被激活时，电机驱动线控制动系统需要具有精确控压的功能。本文介绍的线控制动构型精确控压时的液路图，如图 3-6所示。制动压力控制器控制需要减压回路的减压电磁阀开启，制动轮缸内制动液流回油杯，从而实现精确控制制动轮缸压力。

将制动踏板模块由电机驱动模块代替，则可以形成双余度智能车辆电机驱动线控制动系统，其具体工作原理与前面类似。

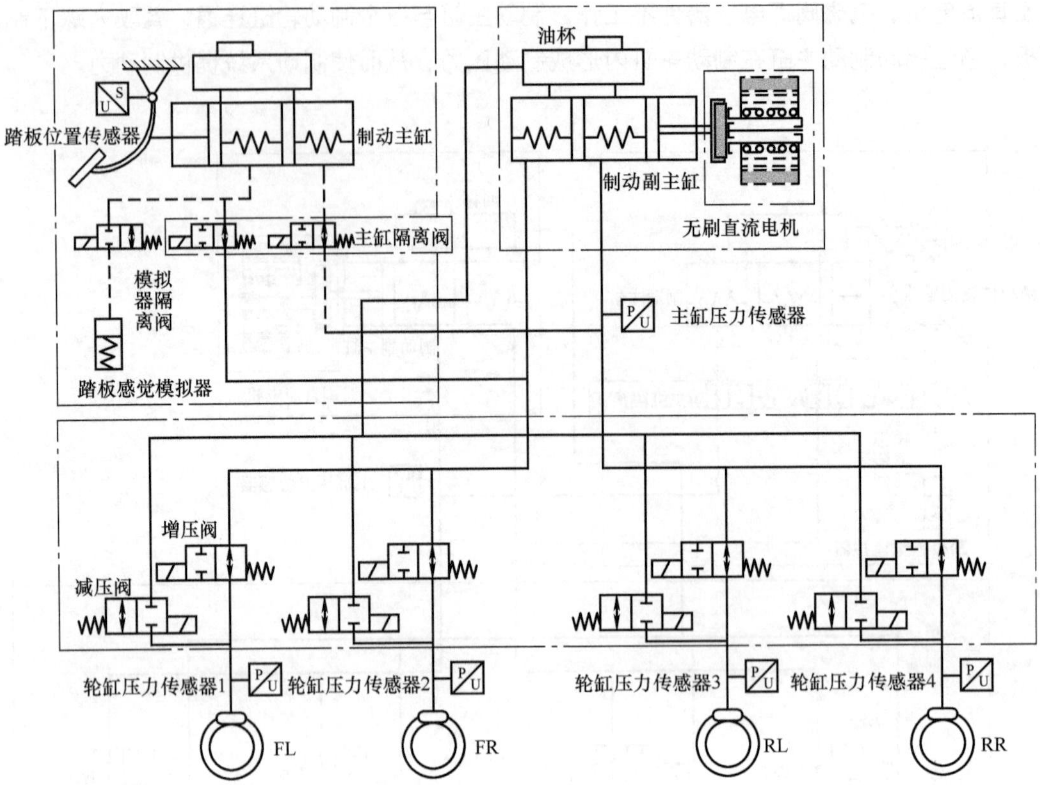

图 3-5　主动建压液路图

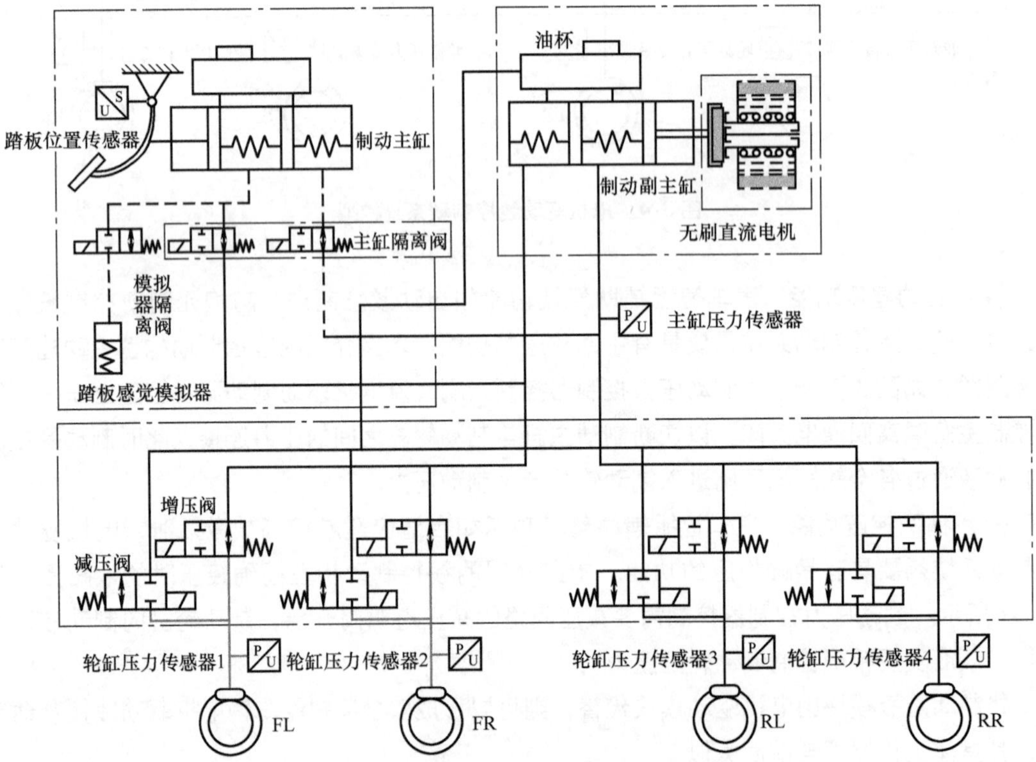

图 3-6　精确控压液路图

第三节　线控转向技术

一、线控转向技术概述

商用车由于负载较大，转向系统以液压助力为主。现有电控液压助力转向（Electronic Hydrostatic Power Steering，EHPS）系统基于传统的液压助力转向（Hydrostatic Power Steering，HPS）系统进行改进，使其具有线控转向功能，是当前商用车自动驾驶应用的主流。自 1894 年乘用车安装第 1 款现代意义上具备转向盘的转向系统开始，其转向系统的发展大致经历了 5 个阶段：①早期的纯机械转向系统；②福特最早提出的液压助力转向系统；③丰田首推的电子液压助力转向系统；④新一代电动助力转向系统；⑤摆脱机械连接的线控转向系统和具有主动转向功能的前轮主动转向系统等。由此可见，车辆转向系统一直在向着电动化、灵活化、简洁化的方向发展。特别是随着自动驾驶技术的发展，SBW 系统研发水平的高低已成为车企的核心竞争力之一，得到广泛关注。

事实上，线控转向的概念在 20 世纪 50 年代就被提出，至今已有 70 多年的历史。但是，受限于电控技术的发展，直到 20 世纪 90 年代，各个汽车企业才逐渐推出装配 SBW 系统的概念车型，SBW 技术也慢慢走入了公众视野。典型的比如 1999 年宝马推出的 BMW Z22，2001 年奔驰推出的 F400 Carving，2002 年通用推出的 GM Hy-Wire，2003 年丰田推出的 Lexus HPX，2005—2011 年间日产陆续推出的 PIVO、PIVO 2 和 PIVO 3，以及近些年来英菲尼迪的 Q50 和耐世特的 SBW 系统等。

其中，只有英菲尼迪 Q50 是一款量产车型，该车装备的线控转向系统保留了机械备份，并采用离合器进行连接。系统正常工作时，离合器断开；当系统出现故障时，离合器闭合，使得驾驶人能够对车辆进行机械操纵，以此实现冗余设计。而耐世特公司在上海车展上展示的随需转向系统和静默转向系统，则完全取消了机械连接，使得系统更为轻便，转向更为灵活。此外，配备静默转向系统的车辆还可以在自动驾驶模式下自动将转向管柱收缩至仪表板内，从而增加可用空间，提升驾驶舱舒适度。尽管 Q50 已经因为各种问题被召回，但其线控转向系统不失为一种大胆且创新的尝试。在 Q50 出现的各种问题中，关于转向系统问题的描述如下："当发动机在蓄电池处于低电压状态下启动时，控制单元有可能对转向盘角度做出误判，导致转向盘和车轮的转动角度存在差异。即使转向盘回到中间位置，车轮也可能不会返回到直行位置，导致车辆不能按照驾驶人意图起步前行或转向，存在安全隐患"，可见，转向系统的安全性和可靠性仍然是一个比较严峻的问题。

此外，各国高校针对 SBW 系统也进行了大量研究，比如斯坦福大学的双电机前轮独立线控转向系统、同济大学的微型电动车春晖三号、吉林大学的线控转向试验车、清华大学的全线控实验小车等，基本上都以理论研究为主。探索 SBW 系统的不同构型以及改善其控制方法，仍然是一个比较重要的研究领域，是保证转向系统安全、稳定、可靠的关键。

当前，SBW 系统的研究主要集中在 4 个方面：SBW 系统架构设计、路感反馈控制策略研究、转向执行控制策略研究以及故障诊断与容错控制策略研究。从狭义上说，SBW 系统特指没有机械连接的转向系统，这是从系统的结构上进行的区分。但着眼于功能，从广义上说，任何能够将驾驶人输入和前轮转角解耦的转向系统都可以看成是 SBW 系统。在此定义下，基于当前广泛使用的齿轮齿条式转向器的 SBW 系统，如图 3-7 所示，其中①~④为电机可能的安装位置，而⑤为电磁离合器。根据有无电磁离合器，SBW 系统可以分为保留机械软连接的 SBW 系统和无机械连接的 SBW 系统两大类。而根据电机安装位置和电机形式的不同，又可以分为多种类型。另外，近年来研究较多的还有后轮转向系统，以及四轮独立转向系统，其非常适合应用于自动驾驶系统，以提高车辆的灵活性和稳定性。当前自动驾驶系统中应用较多的转向系统仍然是传统的 EPS 系统，以及采用双绕组电机的 EPS 系统。然而，图 3-7 所示的 SBW 系统以及四轮独立转向系统是转向系统发展的趋势，也是当前研究热点。

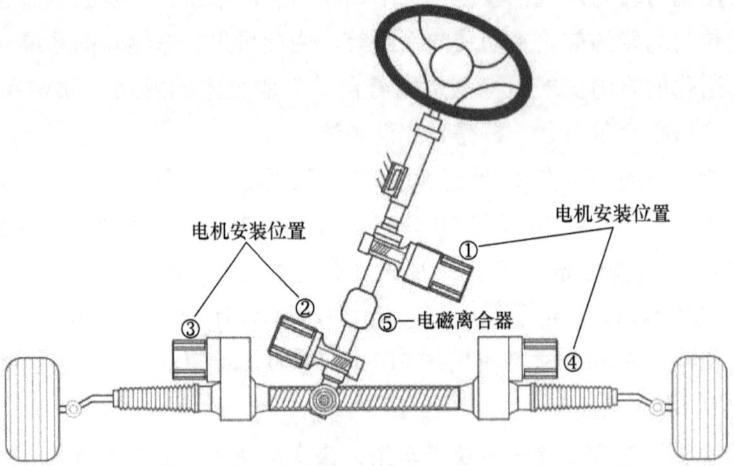

图 3-7 SBW 系统原理图

路感是一个比较抽象的定义，其定义之一是指驾驶人通过转向盘得到的车辆行驶中的转向阻力矩。该阻力矩主要包含回正力矩和摩擦力矩两部分，其中，回正力矩是使车轮恢复到直线行驶位置的主要力矩之一。其数值的确定是车辆设计中的一个难题，通常由经验、半经验、统计或实验的方法获得。回正力矩与车辆前轮的受力状态存在直接关系，而前轮受力又和车辆实时的运动状态及路面附着直接相关。因此，通常把总的回正力矩除以自转向盘到前轮总的力传动比，近似得到的转向盘手力矩看成是路感。路感可以采用在齿轮齿条上安装传感器的方法直接测量获得。但是，这种方法安装不太方便，成本比较高，而且采集到的数据噪声较多，需要经过滤波才能使用，因此很少采用这种方法。就当前的研究来看，路感通常采用基于经验设计和基于动力学模型计算这两种方法获得。

基于经验设计的方法，通常是将路感设计为转向盘转角、车速、横摆角速度等参数的非线性函数关系式，在不同条件下为驾驶人提供不同的路感。该方法简单高效，但是自适应性和精度较差。不同的研究人员，考虑到力矩产生的因素不同，提出的表达式也不尽相同。比如，S. Fankem 等将路感分为主反馈力矩、摩擦力矩、阻尼力矩、惯性力矩和回正力矩几个部分，每个部分用一个非线性函数进行表示，综合得到反馈力矩。Ryouhei HAYAMA 等则将转向阻力矩分为转向盘转向力矩、转向力矩以及车辆本身产生的力矩三个部分，综合三者以获得不同驾驶条件下的转向力矩。

基于动力学模型计算的方法，是通过参考传统车辆路感产生的动力学原理建立相关的动力学模型，根据车辆的动态响应、驾驶人的转向盘输入等计算与路感相关的轮胎力、摩擦力矩等，最终计算出路感。该方法设计的路感与传统车辆比较一致，适应性较强，是目前主要的研究方向。但是，该方法存在着车轮定位参数难以获得的问题，需要通过各种算法来克服。比如，吉林大学的郑宏宇博士采用 Kalman 滤波算法，通过估计齿条受力来间接估算轮胎回正力矩，降低了路感设计的复杂程度，适用于采用齿轮齿条作为转向器的系统。Seong Han KIM 等采用整车动力学模型和转向系统模型相结合的方法。其中，整车模型考虑了侧偏角、正压力和轮胎属性，用来计算轮胎和地面间的回正力矩，而转向系统模型用来计算传递到手上的力。

一旦获得期望的转向阻力矩，剩下的工作就是控制路感反馈电机达到期望的力矩。最常用的算法是 PID 算法。此外，研究人员还提出了各种高级算法用来处理各种干扰和不确定性因素，如自适应控制算法、自抗扰控制算法、三步非线性控制方法等。尽管如此，如何进行位移、力矩联合伺服控制，提高路感控制的精度，仍旧是一个亟待解决的难题。SBW 系统的转向执行控制策略可以分为上层策略和下层策略两部分。其中，上层策略是根据当前车辆的状态和驾驶人的输入，在尽量满足控制目标和约束条件的情况下，计算出期望的前轮转角；而下层策略则是由转向控制器控制转向电机执行该指令，快速、准确地达到该目标转角。由于线控转向系统的灵活性，衍生出很多控制算法。总体而言，路感的获得方法可以归纳为基于经验设计的方法和基于动力学模型计算的方法这两大类。

基于经验设计的方法主要是根据车辆在不同工况下对操纵稳定性要求的不同进行设计。在低速工况下，车辆应具有不沉重而适度的转向盘力与不过于大的转向盘转角，还应具有良好的回正性能；在高速、低侧向加速度工况下，车辆应具有良好的横摆角速度频率特性、直线行驶能力、回正性能和较大的转向灵敏度，且转向盘力不宜过小而应维持在一定数值，以给驾驶人稳定的路感。因此，转向控制的基本原则是：低速时减小传动比，提高灵活性；高速时增大传动比，增加稳定性。

二、线控转向技术基本原理

1. EPS 结构及工作原理

按照助力电机布置位置的不同，EPS 可以分为以下三种类型：转向柱助力式（C-EPS）、齿轮助力式（P-EPS）和齿条助力式（R-EPS）。图 3-8 所示为电动助力转向系统结构示意图，该系统主要包括机械式转向器、转矩传感器、电机、减速机构、电子控制单元（Electrical Control Unit，ECU）以及车速传感器。当驾驶人转动转向盘时，转矩传感器将采集到的作用于转向柱上的转矩信号传给 ECU，ECU 再综合车速传感器信号，确定助力电机的旋转方向以及助力电流的大小，并控制电机输出助力。EPS 可以很好地实现理想助力特性，给驾驶人提供良好的路感，保证汽车低速时的转向轻便性，以及高速时的方向稳定性。

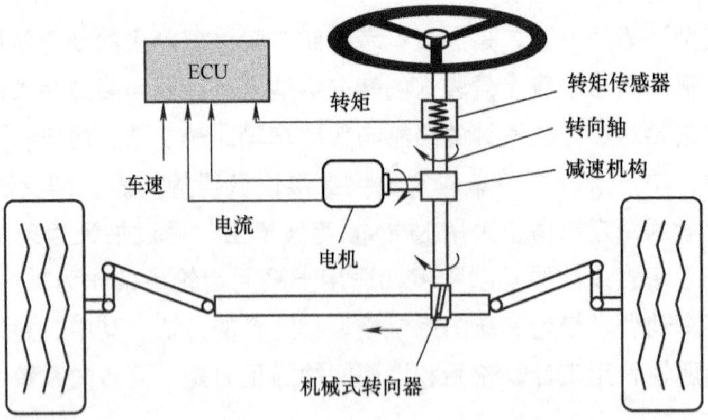

图 3-8　电动助力转向系统结构示意图

尽管 EPS 具有助力特性可设计性好、节能环保等特点，但由于其结构特点决定了其传动比固定、转向轮角度无法进行主动修正，当汽车发生碰撞事故时，转向柱管易对驾驶人造成伤害，以及难以与其他底盘子系统协同控制整车等不足。因此，随着汽车向着智能化、集成化方向发展，汽车电控转向技术亟待革新。

2. 前轮主动转向系统

前轮主动转向系统（Active Front Steering，AFS）又被称为动态转向系统，在不产生混淆的条件下，本书都称之为 AFS。EPS 是在转向盘与转向车轮之间加了一套转向助力装置，改变了转向盘手力（力矩）与转向轮和地面间的转向阻力（力矩）的映射关系；而 AFS 则是在转向盘与转向车轮间加了一套转角叠加装置，改变转向盘转角与转向轮偏转角的映射关系。EPS 中助力装置的减速机构为单输入单输出减速器（如蜗轮蜗杆、球螺旋等），AFS 中的转角叠加机构多用双输入单输出减速器（如行星齿轮、谐波减速器等）。由于采用了双输入（一个与转向轴相连、一个与转角叠加电机相连）减速机构，AFS 可以根据车速改变转向传动比，且当驾驶人进行过度操纵而导致车辆接近不稳定区域时，AFS 会对前轮转向角进行主动修正，以保持车辆稳定行驶。装有 AFS 的车辆，低速行驶时转向传动比小，转向盘转动总圈数少，转向操纵方便（车辆出入库时，转向不用换手）；高速行驶时转向传动比大，转向操纵更间接，从而提高了高速行驶转向时的稳定性。

根据两前轮偏转是否可独立控制，AFS 可分为非独立 AFS 和独立 AFS（Active Independent Front Steering system，AIFS）。非独立 AFS 在一些车型（如宝马 5 系、奥迪 A4）上得到应用，而 AIFS 尚处于研究当中。

宝马 AFS 中的转角叠加功能通过双行星齿轮机构来实现，两组行星齿轮机构共用同一行星架，第一个行星齿轮机构的太阳轮由转向盘驱动，第二个行星齿轮机构的太阳轮与齿轮齿条转向器的小齿轮固结，如图 3-9 所示。下排行星齿轮机构的外齿圈由电机驱动，实现其输出转角的叠加控制，从而实现可变转向传动比以及前轮主动转向。

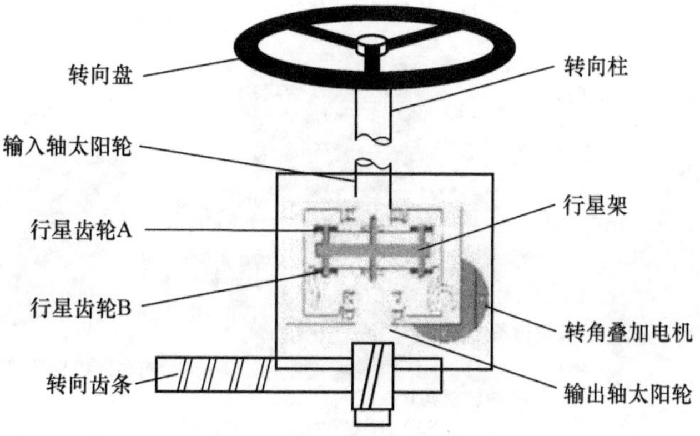

图 3-9　宝马 AFS 的结构示意图

2008 款奥迪 A4 汽车上搭载的动态转向系统，实现转角叠加的核心组件为谐波齿轮机构，如图 3-10 所示，椭圆形内转子由转角叠加电机驱动，柔性太阳轮由转向盘输入轴驱动，刚性外齿圈与输出轴相固结以驱动齿轮齿条转向器。当椭圆形内转子不运动时，刚性外齿圈由薄壁太阳轮驱动，此时传动比固定；当电机驱动椭圆形内转子转动时，椭圆长轴旋转，与薄壁太阳轮共同带动刚性外齿圈运动，从而实现转角叠加。

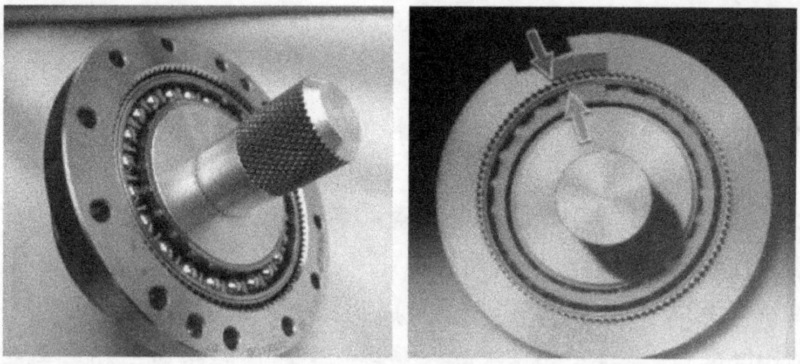

图 3-10　谐波齿轮机构

一种可实现前轮独立转向的主动转向装置，如图 3-11 所示。该装置主要由转向盘、两个转向驱动电机、两套行星齿轮机构、两个齿轮齿条转向器以及左右转向拉杆、转向轮等零部件组成。

其中，转向盘通过转向柱与两套行星齿轮机构的太阳轮相连，两套行星齿轮机构都由行星架作为输出构件，它们分别与各自的齿轮齿条转向器相固结，从而驱动左右转向轮偏转。两套行星齿轮机构的齿圈分别由两个驱动电机带动，从而和转向盘运动相叠加，分别控制两个行星架的旋转角度，从而实现左右车轮的独立转向。由于采用双行星齿轮机构，即使两个转向驱动电机都失效时，两转向轮仍然能够在转向盘的驱动下正常转向，具有一定的容错功能。

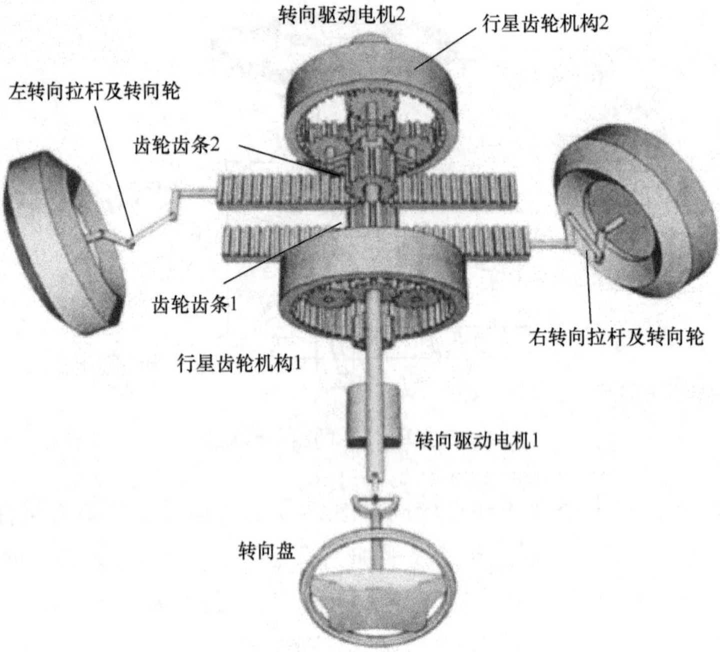

图 3-11　一种可实现前轮独立转向的主动转向装置

AFS 是一种能够主动修正前轮转向角，同时又具有较高可靠性的先进转向系统。然而，该系统却存在转角叠加机构复杂、制造成本高、占用空间大以及进行主动控制时影响转向路感等问题，只有解决好这些问题，AFS 才有可能在更多量产车上普及。

3. 前轮线控转向系统

与 AFS 相比，前轮 SBW 系统取消了转向盘和转向轮之间的机械连接，改由转向盘转动时产生的位置信号控制转向执行电机驱动转向轮转过相应的角度。前轮 SBW 系统主要由转向盘总成、转向执行总成和主控制器等模块组成，如图 3-12 所示。

转向盘总成由转向盘、转矩- 转角传感器、路感电机以及路感电机控制器等组成。其主要功能是将驾驶人转动转向盘的角度信号传递给主控制器，同时接收主控制器传来的执行电机电流信号以提供给驾驶人相应的路感信息。转向执行总成由角度传感器、执行电机、前轮转向组件以及执行电机控制器等组成。其主要功能是接收主控制器传来的目标转角信号，并控制执行电机驱动前轮转过相应角度，以实现驾驶人转向意图。主控制器对采集的信号进行分析，判断驾驶人转向意图，并结合车辆运动状态计算出前轮目标转角以及模拟路感，分别控制执行电机以及路感电机完成转向，并向驾驶人反馈路感。

由于 SBW 系统取消了转向盘与转向轮之间的机械连接，因此它比 AFS 结构更简单，在车上布置更方便；路面不平引起的车轮跳动不会通过转向系统传到转向盘上；发生正面碰撞

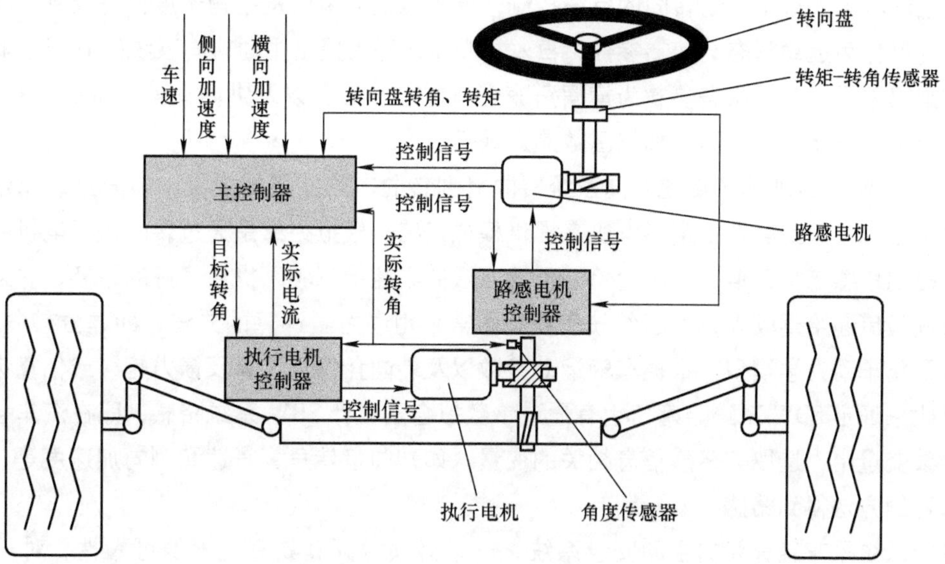

图 3-12　前轮线控转向系统示意图

时，不存在转向盘顶撞驾驶人的情况；通过改变车轮转向角对车辆动力学状态进行修正时，对转向路感不会产生影响。

前轮 SBW 系统关键技术主要包括角度伺服控制及理想传动比设计、基于线控转向系统的前轮主动转向控制技术、转向盘回正力矩的模拟及容错系统的设计。SBW 系统的本质是一个角度和力矩伺服系统，即执行电机的角度跟踪转向盘的角度变化，路感电机的输出力矩跟踪转向阻力矩的变化，因此必须合理设计角度和力矩伺服控制算法，以保证角度和力矩控制具有良好的稳态及动态特性，使汽车的转向特性在各种行驶工况下保持一致，从而使驾驶人轻松地驾驶车辆沿着期望的路线行驶。

基于车辆状态反馈的线控转向系统控制框图，如图 3-13 所示。驾驶人输入的转向盘信号分别进入理想车辆模型和实际车辆模型，二者分别输出相应的运动状态 y、y_{ref}，然后根据二者状态之差计算出前轮转角的修正值对车辆转向角进行修正，使得实车运动状态逼近理想

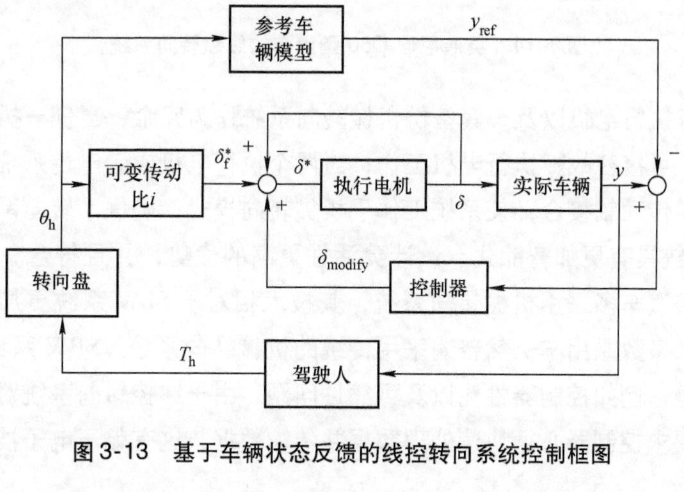

图 3-13　基于车辆状态反馈的线控转向系统控制框图

模型的运动状态。对于主动转向的反馈控制，最常见的方案即横摆角速度偏差控制，即利用横摆角速度作为运动状态γ、γ_{ref}参数；日本 Takanori 等人提出主动转向系统的 D^* 控制策略，该控制策略采用的车辆状态参数为横摆角速度与质心侧偏角以及纵向车速组成的加权函数，即通过控制前轮转角，使得该加权函数逼近理想值。

由于 SBW 系统取消了传统转向系统转向盘到转向车轮的机械连接，转向路感无法直接反馈给驾驶人，因此需要由路感电机来提供模拟路感。模拟路感是通过转向执行电机的电流反馈来控制路感电机，但是这种简单的反馈方法并不能给驾驶人提供良好的路感，并且还会将路面颠簸传递给驾驶人，引起驾驶疲劳。通常采用动力学计算的方法，即建立转向系统、轮胎以及整车动力学模型，根据车辆运动参数以及转向盘输入计算反馈力矩，或估算齿条力矩，以此来确定 SBW 系统路感；也有通过参数拟合法设计 SBW 系统路感，即在汽车各个状态和参数变量中，选取与路感信息相关的变量，如转向盘转角、车速和侧向加速度等，通过加权拟合的方法得到路感。

转向系统是车辆重要的主动安全系统之一，必须保证其具有足够的可靠性。对于 SBW 系统来说，硬件上的容错设计主要有两种形式，即采用双套互相监控的线控转向系统，或者采用机械转向系统作为后备转向系统。图 3-14 所示为日产公司生产的英菲尼迪 Q50 型汽车的线控转向系统。

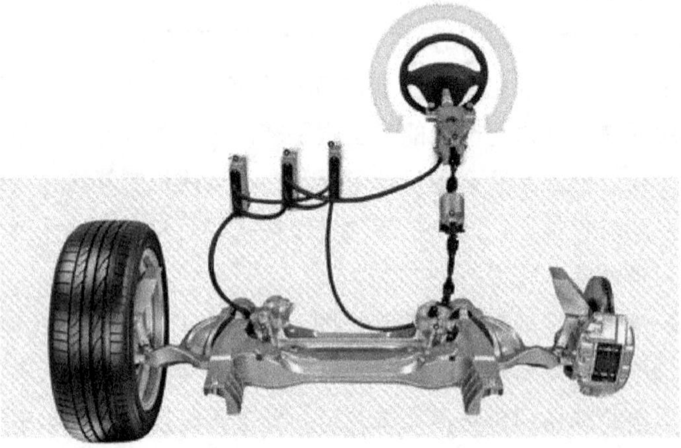

图 3-14　英菲尼迪 Q50 型汽车的线控转向系统

该系统采用双执行电机以及一套备份机械转向系统作为冗余，当任一执行电机出现故障时，另一执行电机可接替故障执行电机工作；当两个执行电机或者电传系统均失效时，电磁离合器可以将转向传动轴接合，使系统工作于机械转向模式，确保了转向系统工作可靠。

尽管 SBW 系统具有更加智能化、设计灵活性更高的优势，并且符合车辆技术的发展趋势，然而由于传统汽车多采用机械转向系统，其技术相对于 SBW 系统更加成熟、稳定、安全，所以目前绝大多数乘用车仍然普遍采用传统的机械转向系统。SBW 系统在汽车上普及，还面临着诸多问题，例如控制器性能以及可靠性问题。由于线控转向系统对系统响应速度要求非常高，因此要求控制器必须快速处理数据并传输数据，这有赖于电子技术的发展以及芯片成本的不断降低。同时控制算法必须具有较强的可靠性和容错能力，软件的冗余设计也是线控转向技术应用于车辆必须解决的重要问题。另外，SBW 系统还存在评价体系问题。采用 SBW 系统，转向路感、转向系统的力传递特性和角度传递特性都可以自由设计，这给设计者充分发挥设计潜力提供了空间，但也会产生如何才能设计好的问题。目前，关于 SBW 系统评价指标尚没有一致的看法，需要不断总结、完善。

4. 后轮线控转向系统

前轮 SBW 系统虽然可以在一定程度上调节侧向力和横摆力矩，但对于后轴侧滑、甩尾等危险工况的调节作用甚微。后轮 SBW 系统的出现，不仅增大了汽车低速转向的灵活性，还大大提升了汽车横向动力学控制性能，增大了转向对于整车运动状态可调节的范围。由于机械式 4WS 机构复杂、布置难度大，使其推广应用受到限制，而后轮 SBW 系统的出现有望突破此限制。后轮 SBW 系统可分为非独立转向和独立转向两类。应用于宝马 7 系车上的后轮非独立 SBW 系统的结构示意图，如图 3-15 所示。

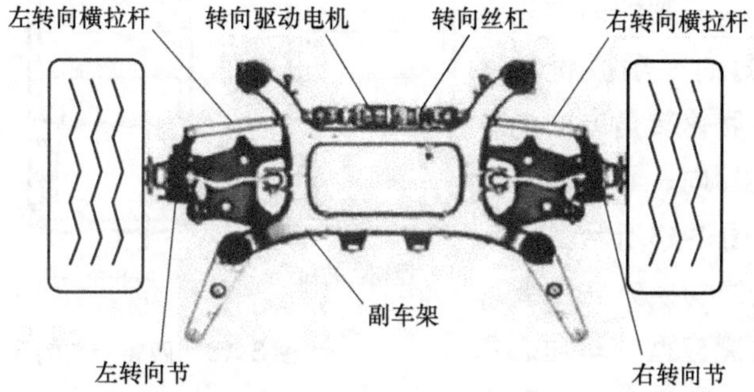

图 3-15 宝马 7 系车上的后轮非独立 SBW 系统的结构示意图

该系统由转向驱动电机、转向丝杠、左右转向横拉杆以及左右转向节组成，当车辆执行后轮转向动作时，ECU 根据转向盘转角以及车速计算出后轮转向角，然后控制后轮转向驱动电机驱动转向螺母旋转，转向螺母再带动转向丝杠左右移动，从而带动转向梯形运动，使后轮产生转向角。应用于保时捷 911-GT3 车型上的后轮独立 SBW 系统的结构示意图，如图 3-16所示。该结构将原后悬架的摆臂替换为两个电动伸缩臂，如图 3-17 所示，由驱动电机、齿轮减速器、滚珠丝杠机构、推杆以及连接球头组成。电机驱动滚珠丝杠的螺母旋转，从而驱动丝杠和推杆前进或后退，当电动伸缩臂伸长或缩短时，就可以带动左右后轮转向。

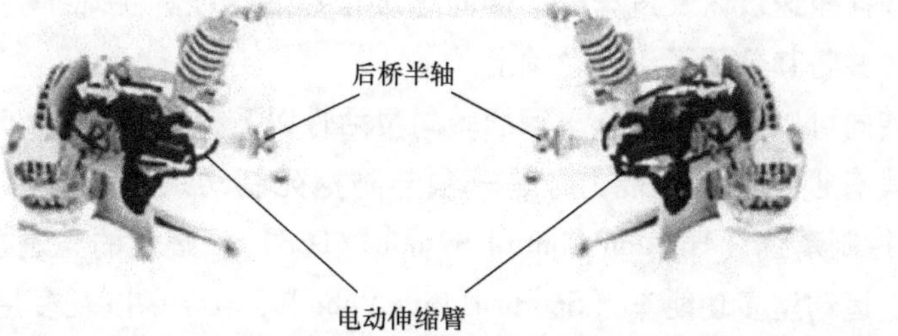

图 3-16 保时捷 911-GT3 车型上的后轮独立 SBW 系统的结构示意图

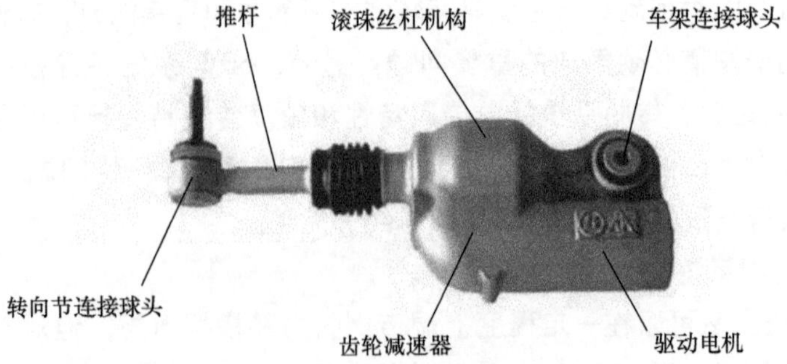

图 3-17　电动伸缩臂外观图

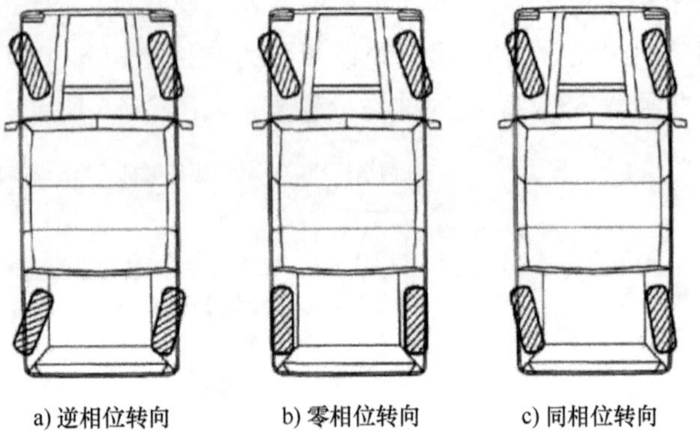

图 3-18　四轮转向的 3 种相位

由于后轮 SBW 系统的引入使得车辆具有了四轮转向特性，因此协调后轮与前轮转向角、保证汽车低速行驶的转弯灵活性和高速行驶的转向稳定性是后轮线控转向的一项关键技术。四轮转向按照前后轮转角方向的不同组合分为逆相位转向、零相位转向和同相位转向，如图 3-18所示。

这三种转向方式的切换方法主要有车速感应型和转角感应型。车速感应型是当车速小于某一数值时（一般为 40km/h 左右），前后轮逆相位转向以提高转弯灵活性；而当车速高于该数值时，前后轮同相位转向以增强转向稳定性。而转角感应型的控制方式是通过传感器判断车轮的偏转角度，经过控制器分析后，指令后轮随着前轮的左右转动而进行同向或反向偏转。在后轮 SBW 系统中，前、后轮转向角之比是设计的一个重要参数，目前主要采用定前后轮转向速比、前后轮转向速比是前轮转角函数的前馈控制，以及前后轮转向速比是车速以及横摆角速度函数的反馈控制三种设计方法。后轮 SBW 系统控制策略主要有基于前轮转角的前馈控制以及基于车辆状态参数的反馈控制。郑宏宇博士采用最优控制的方式，利用 4WS 来进行主动横摆力矩控制，利用最小幅度的转角修正使横摆角速度和质心侧偏角同时逼近理想值。还有一种控制策略，即转向盘转角不直接关联后轮转角，而是根据转向盘输入识别出驾驶意图，得到理想横摆角速度以及汽车纵、侧向速度，然后再设计主环-伺服环最优控制器，计算所需侧向力，并将其分配至 4 个轮胎上。

后轮线控转向可以极大地提升车辆的转向灵活性以及操纵稳定性，对于后轴侧滑、甩尾等危险工况也具有很强的调控能力，是一项与防抱死制动系统（Anti-lock Braking System，ABS）、牵引力控制系统（Traction Control System，TCS）相媲美的先进技术。然而，目前只有部分越野车、运动型多功能车（Sports Utility Vehicle，SUV）以及多用途汽车（Multi-Purpose Vehicles，MPV）等大型车辆装备了后轮线控转向系统，多数车辆仍然使用传统的前轮转向系统，其原因是后轮 SBW 系统还存在以下问题。相比于传统的前轮转向来说，后轮线控转向的加入使得控制逻辑以及算法更加复杂，对于控制芯片以及硬件电路的要求更高。而且，目前占很大比例的经济型乘用车都采用扭力梁式半主动后悬架，如果要集成后轮线控转向系统将会对现有底盘结构产生较大改动。这些都会导致后轮线控转向技术的应用成本大大提升。另外，装有后轮线控转向系统的车辆后轴侧向刚度会降低，这会影响汽车行驶时的方向稳定性。同时，后轮转向的加入，进一步降低了转向系统的可靠性，冗余结构的设计也变得更加复杂。所以，从提高车辆操纵性能以及减小转向半径的角度来说，目前大多数乘用车并不是后轮线控转向技术的主要适用车型。但是，后轮线控转向系统对于提升汽车的操纵性能是前轮转向系统不可替代的，随着电子技术的不断发展以及电子产品价格的不断下降，后轮线控转向系统也有可能成为汽车电控转向系统未来的发展方向。

第四节　线控驱动技术

线控驱动作为最成熟的线控技术之一，可通过直接转矩通信、伪加速踏板安装、节气门调节等方法实现。针对开放发动机和电机转矩通信接口协议的车辆，线控驱动控制器直接通过控制器局域网络（Controller Area Network，CAN）向发动机或者电机发送目标转矩请求，实现整车加速度控制。此种方案无须进行机械改装，结构简单可靠。

针对不开放转矩通信接口协议的车辆，安装节气门调节机构或者伪加速踏板也可实现线控驱动功能。控制器根据车辆状态、加速踏板开度及其变化速率，利用内部算法程序预判驾驶人需求功率或转矩，然后通过电信号控制执行电机的动作，调节发动机节气门开度，进而改变发动机输出转矩和功率。除此之外，天津英创汇智采取简单实用的基于伪加速踏板线控驱动技术路径。如图 3-19 所示，控制器接收加速度请求指令，将其转化为对应加速踏板开度的电压值输出，进而代替原车加速踏板开度传感器的电压信号。在线控驱动模式下，原车加速踏板输出的电压值将不能实现发动机的转矩请求。

线控驱动的概念出现在 20 世纪 70 年代，随着电子信息技术的发展，国内外多款车型均配备了线控驱动系统。丰田 Lexus 的 LS430 车型采用了全电子的线控驱动系统，通过传感器冗余设计提升了行车的安全性。本田开发的 i-VTEC 发动机配有线控技术的节气门，大大提高了燃油经济性和输出功率。德尔福开发的第 2 代电子节气门系统具有多项独特的驾驶性能，在综合控制和性能监测上堪称楷模。中国自主研发的线控驱动系统也在实车上得到了应用，如一汽红旗 HQ3 和奇瑞旗云 CVT 汽车，使得线控驱动技术成为应用最为成熟的线控技术之一。传统燃油车上的线控驱动技术主要集中在电子节气门控制及容错控制方面，各国学者对其进行了广泛研究。在控制上，清华大学、吉林大学都开发出了发动机电控节气门控制器，实现对汽车发动机的转矩控制。控制策略上采用线性或非线性控制，以提升系统在参数扰动下的鲁棒性，降低系统超调量和瞬态误差。在系统安全上，通过冗余设计及故障诊断，

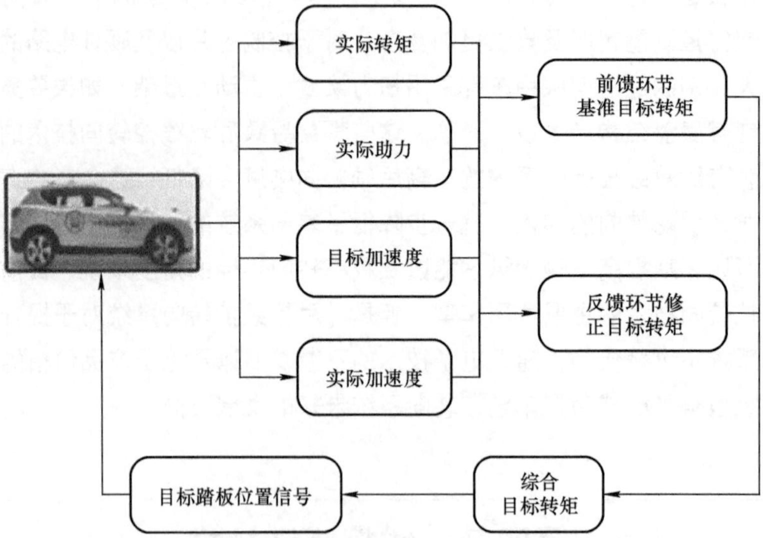

图 3-19　一种典型线控驱动控制原理图

以提升系统可靠性。与传统燃油车和集中式驱动汽车的转矩平均分配策略相比，分布式驱动汽车可矢量分配各车轴或车轮的驱动转矩，有利于协调整车各项性能。吉林大学朱二欣博士在保证车辆横摆力矩要求满足的前提下，采取前后节能分配、左右安全调节的转矩分配方法，以减少对能量的消耗。

第五节　全矢量控制线控底盘技术

传统汽车是典型的欠驱动系统，只有加速踏板、制动踏板和转向盘 3 个关键的操纵装置，只能实现车辆总体的纵向和横向 2 个相对独立的可控输入，其动力学控制难度大、易失稳。随着汽车电控技术的发展，通过电控单元实现的控制输入量逐渐增多，汽车逐渐朝着全驱动甚至过驱动系统转变。

每个车轮受到的路面作用力都可分为纵向、横向和垂向 3 个相对独立的力，因此一辆常规四轮车辆系统的最大独立输入集合，就包含上述的 12 个作用力（4 个车轮 ×3 个方向）。清华大学汽车安全与节能国家重点实验室李亮教授等定义了全矢量控制（Full Vector Control, FVC）汽车：车辆所有车轮的三维度作用力均独立可控。基于已具备的轮毂电机驱动技术和电液线控制动技术，李亮教授等提出大转角的独立转向机构及基于磁流变阻尼器和空气弹簧的主动悬架方案，实现驱动-制动-转向-悬架一体化的多功能电动轮系统，其结构原理如图 3-20 所示。

全矢量控制（FVC）汽车是典型的过驱动系统，每个车轮都具有驱动、制动、转向和悬架 4 个独立的操控部件，对于常见的四轮车辆系统，共有 16 个可控输入，涵盖了车辆的最大独立输入集合，即可以实现12个独立车轮作用力的调控。FVC汽车增加可控输入后，一方面可以扩展整车动力学可控范围，减少汽车多个性能指标之间的相互制约，提高多目标优化的理论上限；另一方面，各功能的执行器之间可以形成交叉冗余的互补机制，保证车辆在各种部件失效工况下的安全性。FVC汽车的主要功能集中在车辆底盘上，因此需要突破常规智能汽车线控底盘的架构，设计新型的全矢量控制线控底盘（简称FVC底盘）架构及其功能实现的方式。李亮教授等提出了FVC底盘的基本架构，如图3-21所示。该底盘架构具有4个可以独立进行驱动、制动、转向和悬架调节的电动轮，且具备独立的电子电控系统。FVC底盘动力学域控制器作为整个底盘的主控模块，负责整车的动力学控制和4个电动轮的动态协调。

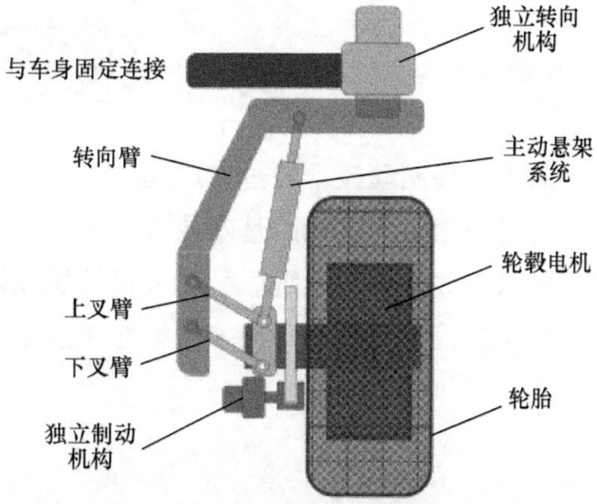

图3-20 驱动-制动-转向-悬架一体化的多功能电动轮结构原理

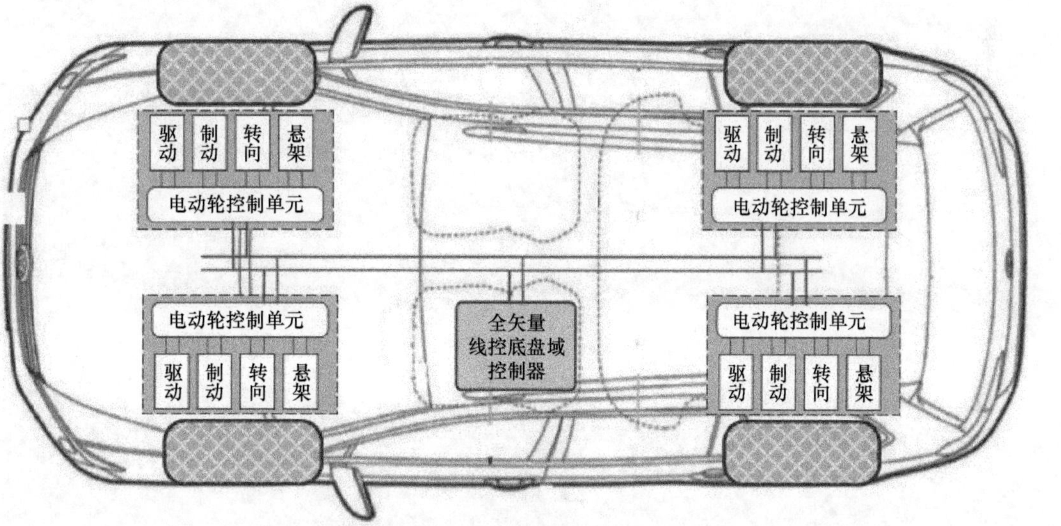

图3-21 FVC底盘的基本架构

FVC底盘与常规线控底盘的功能对比总结见表3-1。

表3-1 FVC底盘与常规线控底盘功能对比

部件功能	常规线控底盘	FVC底盘
驱动	前轴/后轴驱动	单轮独立驱动
制动	整车的减速度	单轮制动液压力
转向	前轮转向角度	单轮转向角度
悬架	被动悬架，不可控阻尼	主动悬架，可控阻尼或车身高度
可控输入量	3~7个	16个

思考题

1. 简述线控制动技术的基本原理。
2. 简述线控转向技术的基本原理。
3. 引入了线控转向系统后，对车辆的操纵性能产生了什么影响？
4. 全矢量控制线控底盘技术对智能车运动控制有什么影响？

第四章

智能车辆电驱动系统

第一节 智能车辆电驱动系统动力需求特性理论

一、驱动电机的特性

本书的智能车辆都以电动汽车为研究背景。电动汽车的动力特性通常用加速时间、最高车速和爬坡能力予以评价。在电驱动系统的设计中，驱动电机额定功率和传动装置参数是为了满足车辆动力性能要求首先要考虑的问题，而所有的这些参数设计基本上都取决于电驱动系统的转速-功率（转矩）特性。

电动汽车需要频繁起动和停车，车辆需要承受较大的加速度或减速度，要求其驱动电机具备低速大转矩爬坡、高速小转矩运行和运行速度范围宽等特性。受车辆空间的限制，为减小车辆自重，并提高车辆有效载荷，驱动电机应该具有功率密度大、效率高的特点。其特性主要体现在以下几个方面：

1）电动汽车在加速或爬坡时，需要驱动电机提供4～5倍的额定转矩。

2）电动汽车在高速行驶时，驱动电机应以2～3倍的额定转速运行。

3）电动汽车用驱动电机应根据车辆的驱动特点设计。

4）电动汽车用驱动电机应可控性好、稳态精度高。

5）电动汽车用驱动电机应能承受高温、多变的气候条件和频繁的振动，并且在恶劣的环境下能够正常工作。

目前，直流电机（DC Motor）、感应电机（IM）、直流无刷电机（BLDC）、永磁同步电机（PMSM）以及开关磁阻电机（SRM）等在电动汽车上均有不同程度的应用。

驱动电机是电动汽车唯一的动力源，通常适用于电动汽车使用的电机外特性为：在额定转速以下，以恒转矩模式工作；在额定转速以上，以恒功率模式工作。电动汽车用驱动电机的机械特性，如图4-1所示。机械特性分成两个区域：恒转矩区和恒功率区。

在基速以下为恒转矩区，驱动电机输出恒转矩；基速以上为恒功率区，驱动电机输出恒功率。在恒功率区，通过弱磁控制电机达到最高转速，因此也称弱磁区。驱动电机的转速范围要覆盖整个恒转矩区和恒功率区。在调速范围内，驱动电机要具备快速的转矩响应特性。永磁无刷直流电机转矩密度较大，但它在恒功率区很难高速运行，限制了其最大的调速范围。感应电机易实现恒功率区弱磁升速，因此也得到较广泛的应用。从电动汽车的行驶工况可以看出，驱动电机不只工作在额定点，要求驱动电机在整个转矩-转速特性区内都要有较高的效率，这对驱动电机的设计是很困难的。因此，选用驱动电机时应使其在频繁工作区有较高的效率。

图4-2所示为一台具有不同转速比（驱动电机最高工作转速与额定转速的比值 x，$x=2，4，6$）的60kW驱动电机的转速-转矩特性曲线。显然，该驱动电机具有大范围恒功率区

域，其最大转矩能显著提高，除了加速和爬坡性能得以改善，传动装置也可简化。但是，每种类型的电机都有其固定的最高转速比的限值。例如，由于永磁电机有永磁体，磁场难以衰减，因此永磁电机具有较小的转速比（$x<2$）；对于开关磁阻电机，其转速比可大于6；对于异步电机，其转速比约为4。

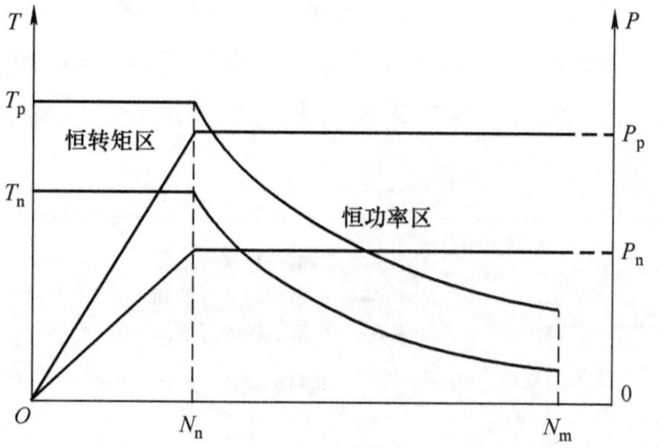

图4-1　电动汽车用驱动电机的机械特性

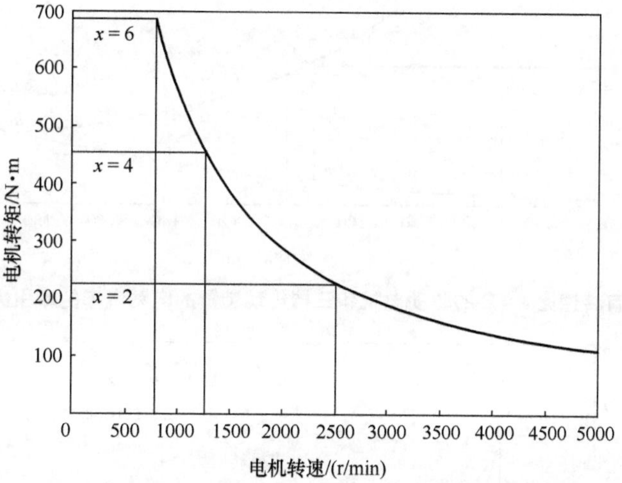

图4-2　具有转速比为2、4和6的60kW驱动电机的转速-转矩特性曲线

二、传动装置的特性

传动比的分配是传动装置设计中的一个重要内容。车辆传动比包括变速器的传动比和主减速器传动比。电动汽车在最高车速时，以最小传动比的档位行驶；在最大爬坡度时，以最大传动比的档位行驶。电动汽车可以选择两档变速器来满足高速行驶和爬坡的要求。如果主减速器传动比满足车辆动力性能指标要求，可以直接驱动车辆，即只使用单档固定速比主减速器。

多档或单档传动装置的应用主要取决于驱动电机的转速-转矩特性。在给定的驱动电机额定功率下，若其恒功率区范围大，则单档传动装置将足以在低速情况下提供高牵引力；否则，必须采用多档传动装置。图 4-3 所示为配有转速比 $x=2$ 的驱动电机和三档传动装置的电动汽车的牵引力-车速特性。其第一档覆盖了 a—b—c 的车速区间；第二档覆盖了 d—e—f 的车速区间；第三档覆盖了 g—f—h 的车速区间。图 4-4 所示为配有转速比 $x=4$ 的驱动电机和两档传动装置的电动汽车的牵引力-车速特性。其第一档覆盖了 a—b—c 的车速区间；第二档覆盖了 d—e—f 的车速区间。图 4-5 所示为配有转速比 $x=6$ 的驱动电机和单档传动装置的电动汽车的牵引力-车速特性。这三种设计具有相同的牵引力随车速变化的特性，因而对应的汽车将有同样的加速和爬坡性能。

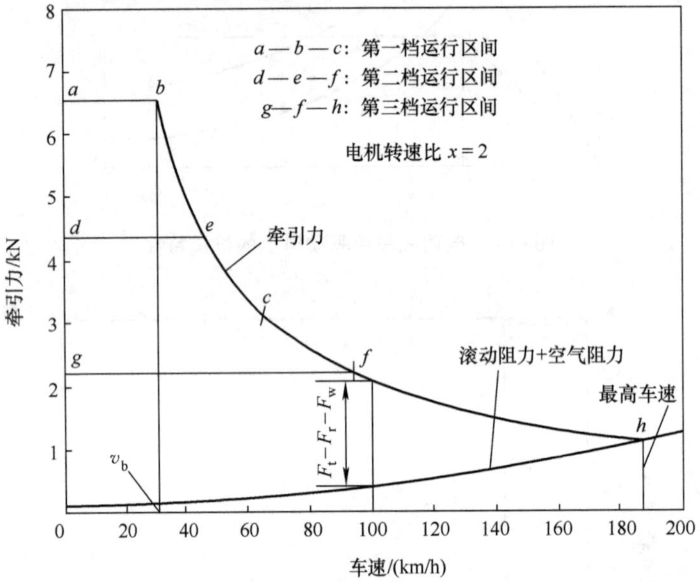

图 4-3　配有转速比 $x=2$ 的驱动电机和三档传动装置的电动汽车的牵引力-车速特性

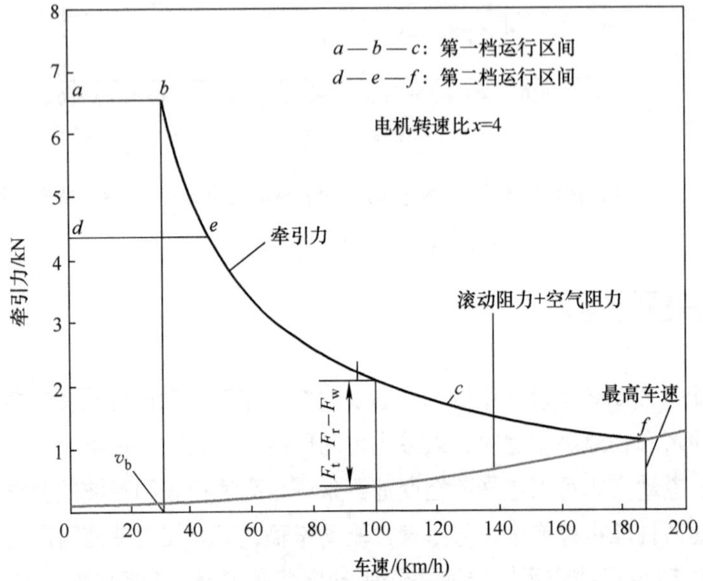

图 4-4　配有转速比 $x=4$ 的驱动电机和两档传动装置的电动汽车的牵引力-车速特性

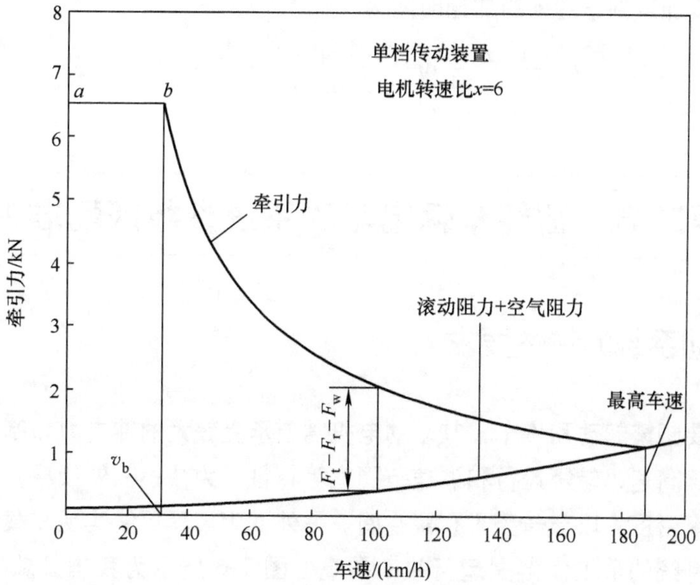

图 4-5 配有转速比 $x=6$ 的驱动电机和单档传动装置的电动汽车的牵引力-车速特性

三、电动汽车动力性能分析

与传统燃油车一样，电动汽车的动力性能用最高车速、爬坡能力和加速能力来评价。通过牵引力曲线与阻力曲线（主要是滚动阻力和空气阻力）的交点，如图 4-4、图 4-5 所示，即可求得最高车速。但是，在一些采用较大功率的驱动电机或大传动比的设计中，并不存在这样的交点。此时，最高车速可由驱动电机的最高转速求得，即

$$v_{max} = \frac{\pi n_{max} r_d}{30 i_{gmin} i_0} \tag{4-1}$$

式中，n_{max}为驱动电机的最高转速；i_{gmin}为传动装置的最小传动比（最高档）。

在衡量汽车的爬坡能力时，可以认为汽车是匀速行驶的，由电动汽车行驶方程可知

$$F_t = F_f + F_w + F_i + F_j \tag{4-2}$$

式中，F_f为滚动阻力，$F_f = fG\cos\alpha$；F_w为空气阻力，$F_w = \frac{1}{2}\rho A_f C_D v^2$；$F_i$为坡道阻力，$F_i = G\sin\alpha$；$F_j$为加速阻力，$F_j = 0$。

因此，坡度角 α 计算公式为

$$\alpha = \arcsin \frac{F_t - F_w}{Mg\sqrt{1+f^2}} \tag{4-3}$$

在衡量汽车的加速能力时，可以认为汽车是在水平路面上行驶的。此时，汽车的行驶加速度可以表示为

$$\frac{dv}{dt} = \frac{F_t - F_w - F_f}{\delta M} \tag{4-4}$$

则汽车由起步加速到车速 v 的加速时间为

$$t = \frac{1}{3.6}\int_0^v \frac{\mathrm{d}t}{\mathrm{d}v}\mathrm{d}v = \frac{1}{3.6}\int_0^v \frac{\delta M}{F_t - F_w - F_f}\mathrm{d}v \tag{4-5}$$

第二节　智能车辆电驱动系统参数匹配准则

一、电驱动系统的特性要求

电动汽车需要频繁起动和停车，其驱动电机需要承受较大的冲击力和制动力，还应具备低速大转矩爬坡、高速小转矩运行和调速范围宽等特性。为减小额外损耗，还要求电驱动系统具有较大的功率密度，以节省整车布置空间。另外，为了尽可能实现车载能源的最大利用率，要求电驱动系统的全工作范围运行效率要高，图 4-6 所示为我国某款驱动电机的特性曲线。

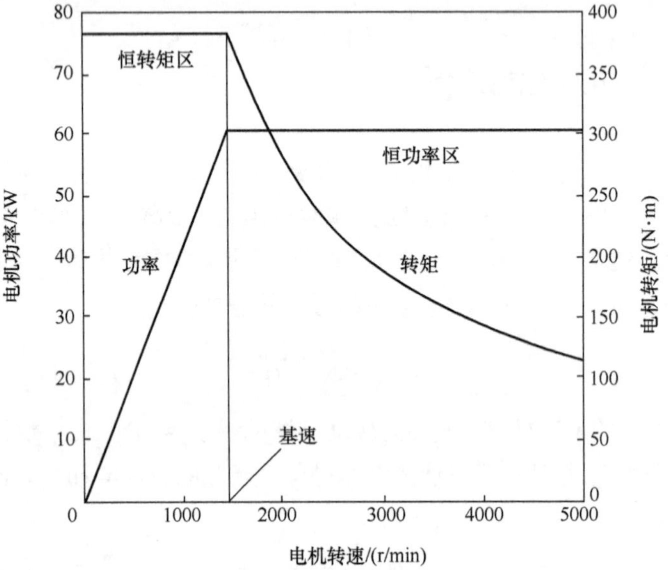

图 4-6　我国某款驱动电机的特性曲线

二、电机参数匹配

电动汽车驱动电机要求具有良好的转矩-转速特性，目前应用的驱动电机一般具有 6000～15000r/min 的转速。根据汽车的行驶工况，驱动电机可以在恒转矩区和恒功率区运转。

驱动电机的参数主要有额定功率、转矩和转速。正确选择驱动电机的参数非常重要，例如，对于驱动电机额定功率的选择，如果选择的功率过小，则驱动电机会经常工作在过载状态；相反，如果选择的功率太大，则驱动电机会经常工作在欠载状态，从而导致效率及功率因数减小，不仅会浪费电能，还增加了动力电池的容量，使得综合经济效益下降。

选择驱动电机的额定功率时，应该保证电动汽车能够在各种工况下运行。

电动汽车以最高车速行驶时消耗的功率为

$$P_{v}=\frac{1}{\eta}\left(\frac{Mgf}{3600}v_{max}+\frac{C_{D}A_{f}}{76140}v_{max}^{3}\right) \tag{4-6}$$

电动汽车以某一速度 v 爬上一定坡度所消耗的功率为

$$P_{i}=\frac{1}{\eta}\left(\frac{Mgf}{3600}v+\frac{C_{D}A_{f}}{76140}v^{3}+\frac{Mgi}{3600}v\right) \tag{4-7}$$

电动汽车在水平路面上加速行驶所消耗的功率为

$$P_{j}=\frac{1}{\eta}\left(\frac{Mgf}{3600}v+\frac{C_{D}A_{f}}{76140}v^{3}+\frac{\delta M}{3600}\frac{dv}{dt}v\right) \tag{4-8}$$

式中，δ 为汽车的旋转质量换算系数。

电动汽车驱动电机的额定功率应能同时满足车辆对最高车速、加速时间以及爬坡度的要求，所以电动汽车驱动电机的额定功率为

$$\begin{aligned}&P_{e}\geqslant \max\{P_{v}\quad P_{i}\quad P_{j}\}\\&P_{max}=\lambda P\end{aligned} \tag{4-9}$$

式中，λ 为电机的过载系数。

驱动电机最大转矩 M_{m} 的选择要满足汽车起步转矩和最大爬坡度的要求。在确定驱动电机的最大转矩时，认为车辆匀速行驶，则此时车辆的行驶方程为

$$F_{t}=F_{f}+F_{w}+F_{i} \tag{4-10}$$

将驱动力和各种阻力的表达式代入，可得

$$\frac{M_{m}i_{g}i_{0}\eta}{r_{d}}=fG\cos\alpha+\frac{1}{2}\rho A_{f}C_{D}(v+v_{w})^{2}+G\sin\alpha \tag{4-11}$$

因此，电机的转矩为

$$M_{m}=\frac{\left[fG\cos\alpha+\frac{1}{2}\rho A_{f}C_{D}(v+v_{w})^{2}+G\sin\alpha\right]r_{d}}{i_{g}i_{0}\eta} \tag{4-12}$$

驱动电机的额定转速 n_{e} 应符合驱动电机的转矩-转速特性要求，在起动即低转速时得到恒定的最大转矩，同时在高转速时得到恒定的较高功率。驱动电机最大转速的选择要结合传动系统减速比、驱动电机效率和连续传动特性来考虑。驱动电机的功率是转矩和转速的函数，在保障转速和转矩要求的情况下，力求最大的工作效率。

三、传动装置参数匹配

在电机输出特性一定时，电动汽车传动比的选择依赖于车辆动力性能指标的要求，即应

该满足车辆最高期望车速、最大爬坡度以及对加速时间的要求。

1）传动系统速比的上限。传动系统速比的上限由驱动电机最高转速和最高行驶车速确定。

$$i=\frac{0.377n_{\max}r_{\mathrm{d}}}{v_{\max}} \tag{4-13}$$

$$i=i_0 i_{\mathrm{g}} \tag{4-14}$$

式中，i_0为主减速器传动比；i_{g}为变速器传动比；$n_{\max}$为电机的最高转速；$v_{\max}$为最高车速；r_{d}为车轮有效半径。

2）传动系速比的下限。传动系速比的下限由下述两种方法算出的传动系统速比的最大值确定。

由驱动电机最高转速对应的最大输出转矩和最大行驶车速对应的行驶阻力确定传动系统速比下限为

$$i\geqslant\frac{F_{\mathrm{vmax}}r_{\mathrm{d}}}{\eta M_{\mathrm{vmax}}} \tag{4-15}$$

式中，F_{vmax}为最高车速下对应的行驶阻力；M_{vmax}为电机最高转速对应的输出转矩；η为系统的传动效率。

由驱动电机的最大输出转矩和最大爬坡度对应的行驶阻力确定传动系统速比下限为

$$i\geqslant\frac{F_{\mathrm{imax}}r_{\mathrm{d}}}{\eta M_{\mathrm{imax}}} \tag{4-16}$$

式中，F_{imax}为最大爬坡度对应的行驶阻力；M_{imax}为电机最大输出转矩。

第三节　单电机驱动系统

电动智能车用的驱动电机具有低转速恒转矩、高转速恒功率的特性，能够满足车辆在起步或爬坡阶段需要大转矩，而在高速时需要大功率的需求。同时，驱动电机可实现倒转的功能，所以驱动电机可以直接驱动车辆行驶。但是若要单个电机直接驱动车辆，为了满足车辆大的转矩和转速范围，驱动电机功率势必较大。而且驱动电机长时间工作在低效率区，会使功率得不到充分利用。因此，虽然有单电机直接驱动车辆的情况，但是目前采用的较少。

为了能使电驱动系统有大的转矩和转速范围来适合车辆驱动，借鉴传统燃油车的设计与匹配经验，可以采用变速器配合的方式，图4-7所示就是配有两档变速器的电机转矩-转速特性曲线。基速1为电机直接档驱动的情况，基速2为减速档驱动的情况，从图4-7中可以看出，最大驱动转矩增大了，也就是扩大了驱动系统的转矩范围。因此，在电动智能车上一般也配有变速器。和传统燃油车一样，变速器有手动机械式变速器、电控机械式变速器、液力机械式变速器和无级自动变速器等。

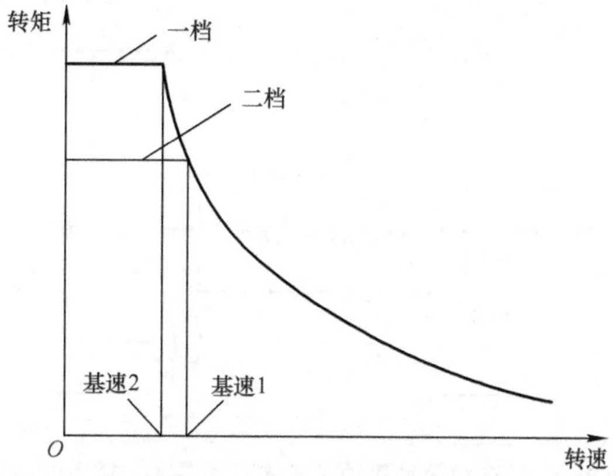

图 4-7　配有两档变速器的电机转矩-转速特性曲线

一、单电机驱动系统

单电机直接驱动车辆的结构以及单电机经过固定速比减速器减速之后直接驱动车辆的结构是较早出现的驱动结构。单电机驱动系统完全依靠其调速功能来实现车辆不同工况的行驶要求，具有结构简单、传动效率高的优点。但是由于单电机驱动系统高低速调节能力的限制，采用该驱动系统的电动汽车往往无法兼顾低速爬坡和高速行驶的需求，需要在这两个行驶功能之间进行协调。目前，对于高速行驶性能要求不高的公交车和低速电动汽车多采用单电机驱动系统。

同时，由于单电机驱动系统的结构比较简单，在很多低速车辆上经常将该驱动系统与差速器进行一体化设计，从而进一步简化动力结构。图 4-8 所示是一种常用的低速车辆的单电机直接驱动结构。

图 4-8　一种常用的低速车辆的单电机直接驱动结构

二、单电机驱动手动机械式变速器

手动机械式变速器（Manual Transmission，MT）用手拨动变速杆，来改变变速器内的齿轮啮合位置，从而改变传动比，以达到变速的目的。踩下离合器踏板时，才能拨动变速杆。因为该结构操作工作量大，且换档时机不精确，所以在电动汽车上应用的并不多。单电机驱动手动机械式变速器在车辆上的结构，如图 4-9 所示。

该结构方案与传统燃油车的动力结构相似。为了能够顺利变速，设计中一般保留类似发动机飞轮结构的接合盘以方便离合器操作。手动机械式变速器结构图如图 4-10 所示。

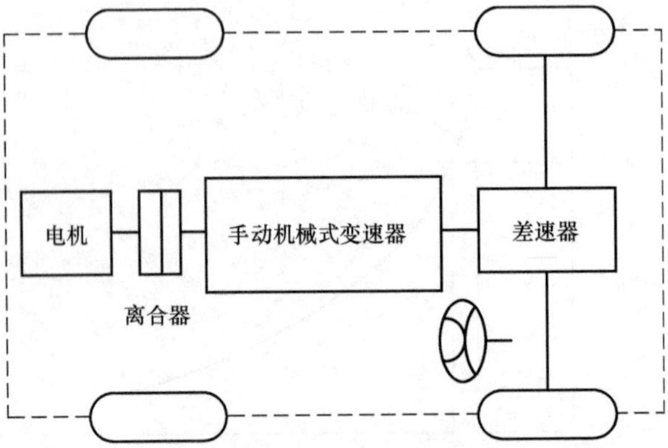

图 4-9　单电机驱动手动机械式变速器在车辆上的结构

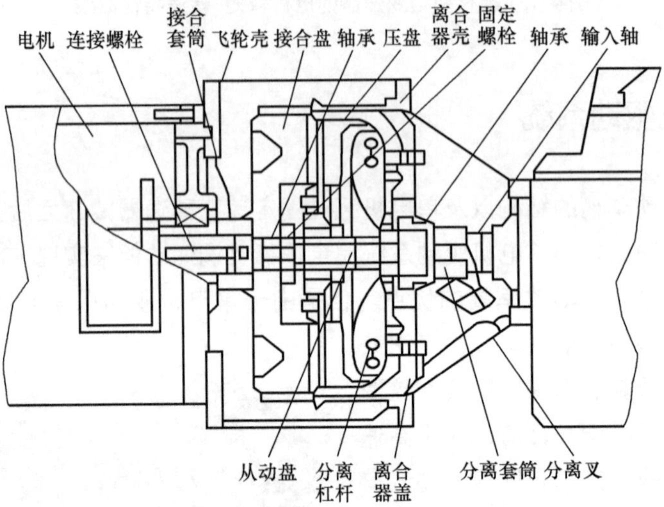

图 4-10　手动机械式变速器结构图

三、单电机驱动电控机械式变速器

电控机械式变速器（Automatic Mechanical Transmission，AMT）是在传统机械式变速器结构不变的情况下，通过加装由微处理器控制的自动操纵机构，以实现换档过程的自动化。AMT 的基本控制原理是：ECU 根据驾驶人的操纵（对加速踏板、制动踏板、转向盘、档位选择器等的操纵）和汽车的运行状态（车速、发动机转速、节气门开度、离合器位置等）进行综合判断，选择合理的控制规律，发出控制指令，借助于相应的执行机构，对汽车的动力传动系统进行操纵。相对于自动变速器和无级变速器而言，AMT 是由手动机械式变速器改造而成的。AMT 保留了手动机械式变速器绝大部分的总成部件，仅改变了其中的手动变速操纵部分，加装了自动变速执行机构。AMT 的生产继承性好，改造费用少，通用性好。

手动机械式变速器的特点是效率高、工作可靠、结构简单、制造和维修成本低。AMT 在此基础上改装，保留了干式离合器与手动机械式变速器的绝大部分总成部件，只将其中的变速杆操纵部分、离合器操纵部分以及节气门操纵部分，改为电子控制的自动变速操纵系统

(Automatic Shift Control System，ASCS)。图 4-11 所示为 AMT 的结构组成示意图，该图说明了 AMT 的结构演化及 ASCS 的组成。

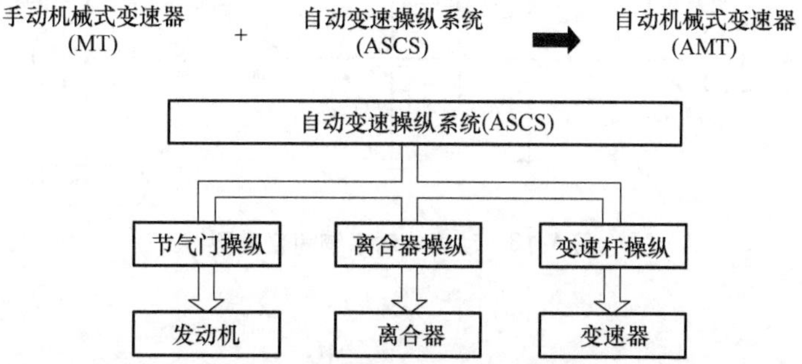

图 4-11　AMT 结构组成示意图

配置电驱动系统与 AMT 的纯电动客车动力传动系统的工作原理，如图 4-12 所示。AMT 控制器根据操纵手柄位置、制动信号、电机转速和加速踏板位置计算合适的档位。当需要进行换档操作时，AMT 控制器向驱动电机控制器发送换档过程所需的电机工作模式，进而实现换档操作。换档过程对汽车的平顺性有很大影响，只有换档过程中对电动选换挡执行机构和整车驱动电机进行准确控制，才能保证整车的舒适性和平顺性。

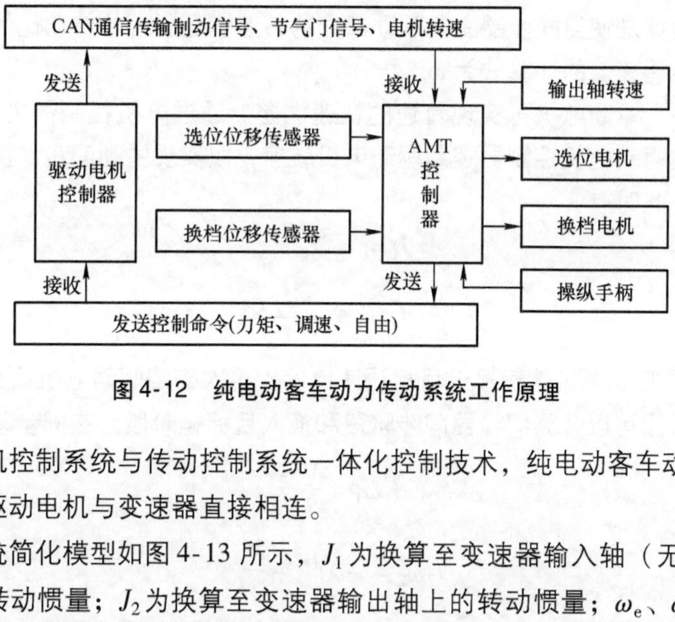

图 4-12　纯电动客车动力传动系统工作原理

通过采用电机控制系统与传动控制系统一体化控制技术，纯电动客车动力传动系统中可以省去离合器，驱动电机与变速器直接相连。

动力传动系统简化模型如图 4-13 所示，J_1 为换算至变速器输入轴（无离合器时等同于电机转子）上的转动惯量；J_2 为换算至变速器输出轴上的转动惯量；ω_e、ω_1 和 ω_2 分别为电机、变速器输入轴角速度和输出轴的角速度，$\dot{\omega}_e$、$\dot{\omega}_1$、$\dot{\omega}_2$ 分别是各个角速度的变化率；M_e、M_1 和 M_2 分别为电机的输出转矩、变速器输入轴转矩及输出轴转矩；M_s 为同步器在滑摩状态时传递的摩擦转矩，即同步力矩；M_d 为地面阻力矩；i_g 为变速器传动比；i_{go} 为变速器原档位传动比；i_{gn} 为变速器目标档位传动比；i_o 为主减速器传动比。如果无离合器，则 $M_e = M_1$，$\omega_e = \omega_1$，$\dot{\omega}_e = \dot{\omega}_1$，换档过程分为下述几个阶段。

（1）换档前　此阶段驱动电机动力输出端至车轮间的运动学和动力学关系是确定

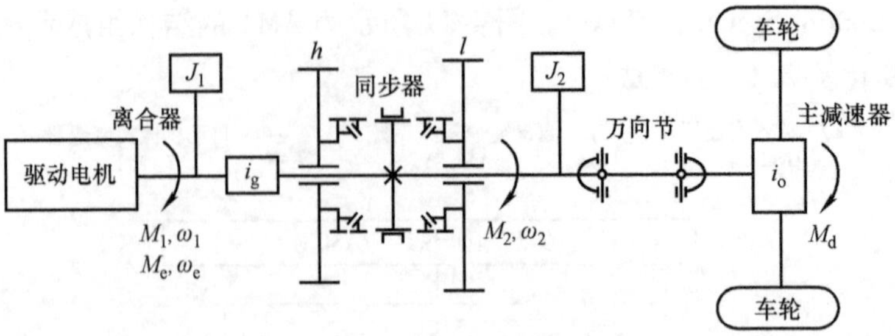

图 4-13 动力传动系统简化模型

的，即

$$\begin{aligned} J_1\dot{\omega}_1 &= M_1 - \frac{M_2}{i_{go}} \\ J_2\dot{\omega}_2 &= M_2 - \frac{M_d}{i_o} \end{aligned} \tag{4-17}$$

（2）摘空档　此阶段驱动电机动力输出端至车轮间的运动学和动力学关系仍用式（4-17）表示，但通过主动控制驱动电机输出转矩减小至 0，此时变速器的输入轴转矩较小，输入轴和输出轴齿轮间啮合力较小，可以实现摘空档操作。

（3）空档　此阶段驱动电机与汽车间的动力传递完全被切断。在此阶段对驱动电机进行调速，调速的目标是使得同步器主、从动部分的转速满足新档位传动比的要求，这时才可以进行换档，目标调速值的计算式为 $\omega_{aim} = \omega_2 i_{gn}$。

在空载状态下，驱动电机可实现转速的快速调整。通过电机控制器主动控制 ω_1 达到期望的 ω_{aim}，即通过驱动电机控制器控制驱动电机转速，以实现主动同步。摘空档后，还应同时进行选档操作。此时有

$$\begin{aligned} J_1\dot{\omega}_1 &= M_1 \\ J_2\dot{\omega}_2 &= -\frac{M_1}{i} \end{aligned} \tag{4-18}$$

（4）换档　当驱动电机转速接近目标调速值后，再次控制驱动电机输出转矩为 0，进行换档操作。换档阶段可以分为同步器同步阶段和换入目标档阶段。在同步阶段有

$$\begin{aligned} J_1\dot{\omega}_1 &= \frac{\lambda M_s}{i_{gn}} \\ J_2\dot{\omega}_2 &= -\lambda M_s - \frac{M_d}{i_o} \end{aligned} \tag{4-19}$$

式中，λ 为符号函数的值，$\lambda = \mathrm{sgn}(i_{gn} - i_{go})$，$\mathrm{sgn}(x)$ 为符号函数，升档时 $\lambda = -1$，降档时 $\lambda = 1$。

显然，如果 J_1 足够小，同步力矩 M_s 就可以实现快速同步；驱动电机调速后达到的转速与目标转速越接近，同步力矩 M_s 也就越小。当转速完全同步后，可顺利挂入目标档位，此时有

$$\begin{aligned} J_1\dot{\omega}_1 &= -\frac{M_2}{i_{gn}} \\ J_2\dot{\omega}_2 &= M_2 - \frac{M_d}{i_o} \end{aligned} \tag{4-20}$$

（5）换档后　此阶段与换档前相同，汽车恢复正常行驶状态。通过 AMT 控制器和驱动电机控制器的一体化控制，可以实现无离合器换档。但这对驱动电机控制器的控制提出了更高的要求，如要有短的调速时间和精准的调速转速，以保证换档速度，并减小换档冲击和同步器滑摩等。纯电动客车换档控制流程如图 4-14 所示。

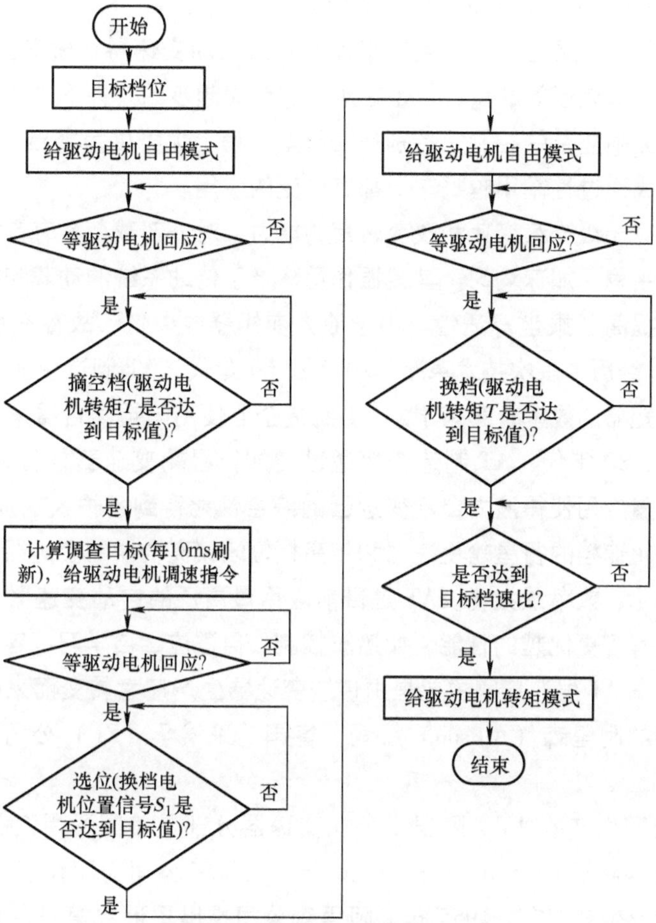

图 4-14　纯电动客车换档控制流程

在 2008 年北京奥运会、2010 年上海世博会上广泛应用的纯电动客车便采用了一个三档的 AMT 系统，其外形图如图 4-15 所示。得益于该系统的优良表现，该类型电动汽车的加速时间较同类型配置传统变速器的车辆缩短了 18%。

图 4-15　某纯电动客车的 AMT 系统外形图

四、单电机驱动液力机械式自动变速器

将液力变矩器和行星轮变速器组合起来并用微处理器（MCU）控制，就构成了液力机械式自动变速器（Automatic Transmission，AT）。

AT已有70多年的发展历史，一直以来作为主流自动变速器在轿车上广泛应用。AT虽然存在结构复杂、效率偏低等缺点，但是在越野和频繁起步的条件下，由于液力变矩器良好的自适应性，使其无须复杂的控制，特别是在重型车辆上优势更为突出。因此AT在大型客车、重型自卸车、高通过性军用越野车上都有广泛的应用。

液力变矩器具有无级连续变速和改变转矩的能力，对外部载荷具有良好的自动调节和适应性，使车辆起步平稳，加速均匀。其减振作用降低了传动系统的动载和扭振，延长了传动系统的使用寿命，提高了乘坐舒适性。由于液力变矩器效率低，故存在燃油经济性差的问题。AT的发展过程经历了多次技术革新。20世纪60年代，AT制造企业重点采用多元件工作轮来提高液力变矩器的效率；70年代，AT制造企业使用闭锁离合器来提高液力自动变速器在高速时的效率；80年代，AT制造企业通过增加行星轮变速器档位来提高性能；90年代，电子技术的大量应用使得液力自动变速器的综合性能得到了很大的提高。AT结构发展中有代表性的是带超速档的行星轮变速器和带高档位闭锁离合器的变矩器，其结构发展的方向是简单化、紧凑化、效率最大化。AT是目前应用最广泛的自动变速器，电子控制和智能控制的发展使其具有了更优越的性能，如巡航控制、自适应、自学习、容错处理等。

国外的重型汽车AT生产厂家主要是由传统变速器生产厂家转变而来的，代表国际先进技术水平的有美国的阿里森（Allison）公司、德国的采埃孚（ZF）公司和福伊特（Voith）公司等。

（1）阿里森公司生产的AT　阿里森公司变速器分部是美国通用汽车公司的直属子公司，由James A. Allison于1915年创办。1946年，阿里森公司为军用设备和汽车生产变速器，成为变速器专业生产厂家。1955年，阿里森公司推出了世界第一台用于货车和公交车的全自动变速器。

国外自动变速器厂家很注重产品的系列化，阿里森公司的产品按应用领域不同可分为客车系列、消防车系列、公路系列、油田系列、越野系列、矿山系列、牵引车系列及特殊用途系列等；按基本型号（结构特点）不同，可分为公路型的1000T、2000T、3000T、4000T系列，非公路型的HD5000、HD6000、HD7000、HD8000、HD9000系列和军用型等。早在20世纪70年代，Allison自动变速器就进入中国市场。目前，Allison自动变速器已遍及我国各大矿山、油田、水利工程、海港和消防系统。

阿里森公司的货车用自动变速器可分为MD3000和HD4000两个系列。MD3000系列有四档、五档和六档三种。其中四档是直接档，五档和六档是超速档。HD4000系列有六档和七档两种。HD4070PR自动变速器有7个前进档，采用模块化设计结构（由输入模块、齿轮箱模块、输出模块、电液控制系统模块、外部电子控制系统及辅助装置组成），由先进的电

子控制单元控制，采用脉宽调制电磁阀油压缓冲技术，具有响应快、换档平稳和具有自适应功能等优点，并具有与发动机通信的 CAN 接口，能实现与发动机的协调控制。图 4-16 所示为 HD4070PR 自动变速器的结构剖面图。

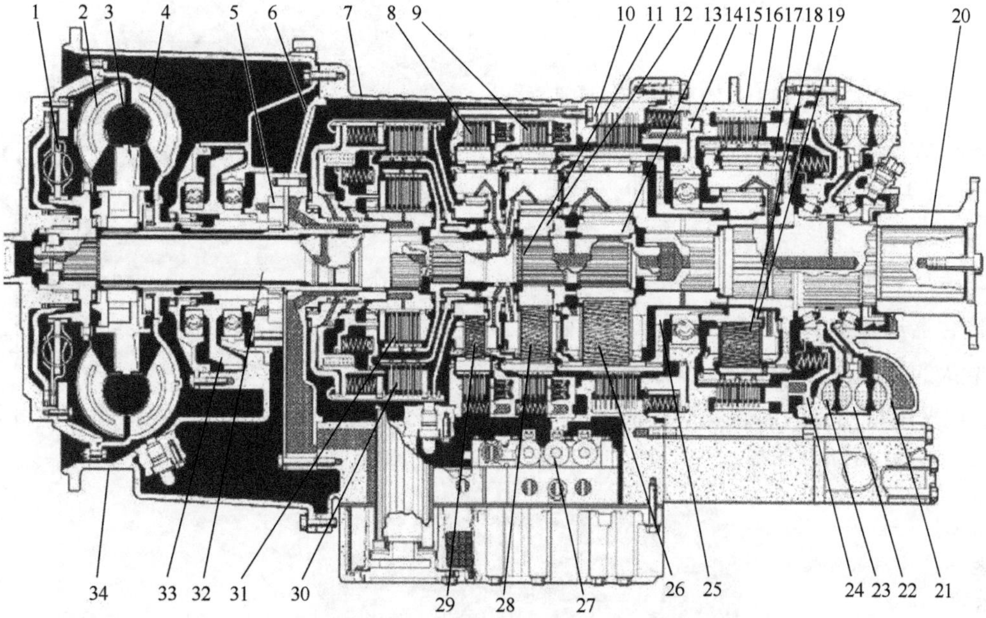

图 4-16 HD4070PR 自动变速器的结构剖面图

1—闭锁离合器 2—涡轮 3—导轮 4—泵轮 5—充油泵 6—前支撑 7—主壳体 8—B1 制动器 9—B2 制动器 10—B3 制动器 11—主轴 12—P2 行星机构太阳轮 13—P3 行星机构太阳轮 14—B3 制动器活塞总成 15—B4 制动器连接器壳体 16—B4 制动器 17—P4 行星机构齿圈 18—P4 行星机构 19—P4 行星机构太阳轮 20—输出轴总成 21—缓速器壳体总成 22—缓速器转子 23—缓速器定子总成 24—B4 制动器活塞 25—P4 行星机构轴法兰 26—P3 行星机构总成 27—电液控制系统 28—P2 行星机构总成 29—P1 行星机构总成 30—C2 离合器 31—C1 离合器 32—涡轮轴 33—取力器主动齿轮 34—变矩器壳体

（2）ZF 公司生产的 AT　德国 ZF 公司成立于 1921 年。ZF 公司开发、生产的产品已广泛应用于商用车、轿车、军用车以及工程、建筑、农用机械等领域。ZF 公司生产的产品有汽车的机械变速器、自动变速器、变速器的操纵机构、传动轴、取力器、分动器、多型转向机、前后车桥、制动器和缓速器等。ZF 公司的 AT 产品中应用最为广泛的是 ZF-Ecomat 自动变速器。ZF-Ecomat 是一种两栖型液力机械式自动变速器，既可民用，也可军用，其主要系列包括 4/5/6HP500/590/600 等。ZF-Ecomat 采用了模块化设计。图 4-17 所示为 ZF-Ecomat 自动变速器的结构剖视图。整体式缓速器增加了行车安全性，通过自适应控制系统 EST18 来控制整个换档过程，换档点能够随负荷的变化进行修正，同时可使整车与发动机的匹配更为合理。

（3）福伊特公司生产的 AT　德国福伊特公司的 AT 专为大客车设计。图 4-18 所示为 Diwa. 5 双流液力机械式自动变速器的结构剖视图。

福伊特自动变速器采用多项创新设计，确保了产品的可靠性和经济性。

1）集成式设计。油管、滤芯、缓速器系统以及线束都集成于变速器本体内，便于安装。

2）智能化设计。强大的数据后处理系统，能在全生命周期内调取存储于变速器控制单元（Transmission Control Unit，TCU）中的动态数据，如行驶里程、车速、档位、制动车速、节气门开度、冷却液温度、故障码及离合器磨损量等，通过数据分析可以判断驾驶人的驾驶行为，改进操作以降低油耗。

图 4-17　ZF-Ecomat 自动变速器的结构剖视图

3）采用智能化的加速度换档程序（BASP）。该程序能在车辆运行中始终寻找最经济的换档点。另有自动空档程序（ANS），可在停车时自动切入空档。

图 4-18　福伊特公司 Diwa. 5 双流液力机械式自动变速器的结构剖视图

五、单电机驱动无级式自动变速器

无级式自动变速器（Continuously Variable Transmission，CVT）采用传动带和工作直径可变的主、从动轮相配合来传递动力，可以使传动比连续变化，从而实现传动系统与发动机工况的最佳匹配。通过传动比的连续变化，CVT 可以使车辆根据外界行驶条件和发动机负载情况实现最佳匹配。进而使发动机在高效区运转，燃料燃烧完全、污染物排放减少、噪声降低，从而充分发挥发动机的潜力，使车辆有良好的动力性、经济性。另外，CVT 传动比连续变化，没有换档冲击，适应舒适性要求。目前，汽车 CVT 按照作用方式的不同和传动形式的差异，可以分为摩擦式无级变速器、电传动式无级变速器、滑动离合器式无级变速器、静液传动式无级变速器、液力传动式无级变速器。其中，摩擦式无级变速器的应用较多，有锥盘滚轮式、摩擦行星式、金属带式等不同的形式。金属带式无级变速器由于结构简单、传动效率高、传递功率大，成为国内外汽车传动研究和推广的重点。

金属带式无级变速器的基本结构如图 4-19 所示。从图 4-19 中可以看出，当从动轴上的锥盘向内夹紧，迫使金属带向外滑移，而主动轴上的锥盘向外移动，金属带向内滑移，从而改变主动轴和从动轴上金属带的传动半径。由于金属带沿推力方向的线速度不变，因此速比增大到最大值；同理，主动轴上的主动锥盘内移，从动轴上从动锥盘外移，速比减小到最小值。要得到指定大小的速比，就需要精确控制锥盘的移动位置，从而控制金属带的传动半径。通常不论是在主动轴上还是在从动轴上，都有一个锥盘可以沿轴向移动，而另一个则固定在轴上控制锥盘的移动，实际上就是控制可动锥盘的移动。

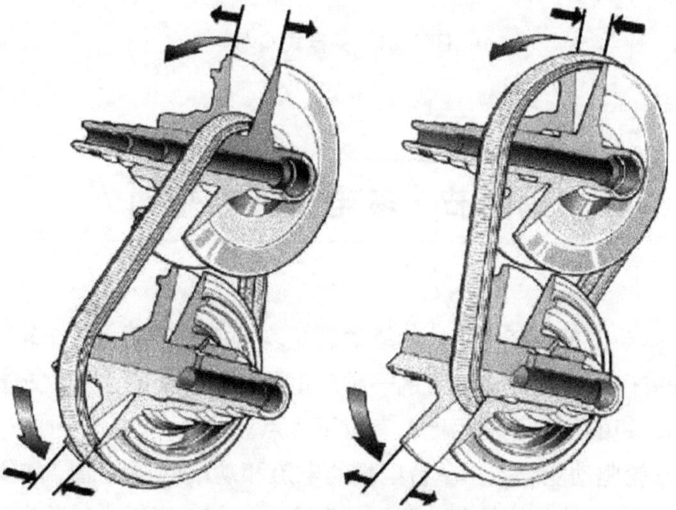

图 4-19　金属带式无级变速器的基本结构

传动带式 CVT 根据传动带的不同可以分为橡胶带式、金属推块式和金属链式等，橡胶带式 CVT 多用在摩托车、沙滩车等小型机动车上，目前在汽车上成功实现商业化的是金属推块式 CVT 和金属链式 CVT。推块式金属带如图 4-20 所示，它由几百片 V 形推块和两组金属环组成，推块厚度为 14～22mm，在带轮压力的作用下，依靠推块推挤力来传递动力。金属环由多层厚度为 0.18mm 的带环叠合而成，在传动中可以正确引导金属推块运动。钢链式 CVT 用承受拉力的钢链代替推块式金属带，如图 4-21 所示。这种 CVT 最典型的代表就是保时捷的 CVTtip（CVT + Tiptronic）和奥迪的 Multitronic 系统。与金属推块式 CVT 相比，钢链式 CVT 能够传递更大的转矩，适用于较大排量的发动机，但钢链式 CVT 在高速时噪声较大。

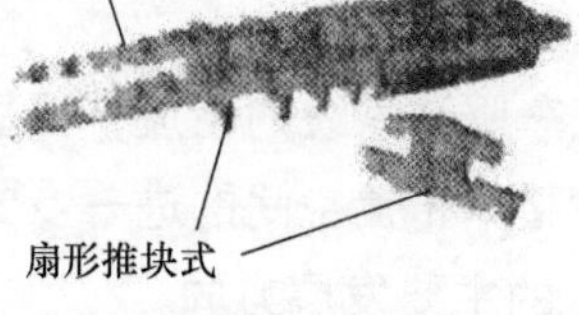

a) 扇形推块式金属带结构

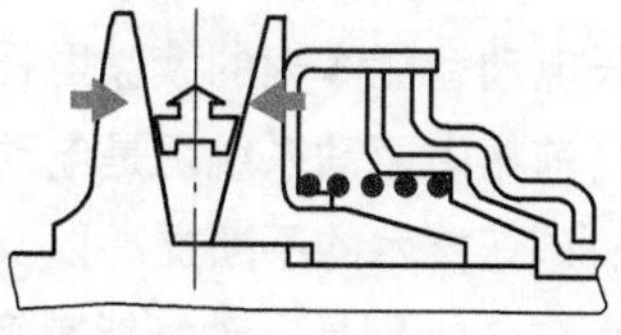

b) 扇形推块式金属带与锥面接触并产生摩擦

图 4-20　推块式金属带

图 4-21　钢链式 CVT

第四节　多电机独立驱动

所谓独立车轮驱动，是指每个车轮的驱动转矩均可单独控制，各车轮的运动状态也相互独立，车轮之间没有硬性机械连接装置的一种新型驱动方式。采用独立车轮驱动与采用无法单独控制车轮驱动转矩的集中驱动相比，有以下优点。

1）采用独立车轮驱动能够减小单台电机的电流和功率的额定值，均衡电机的尺寸和质量，增强整车布置的灵活性，使轴荷分配更加合理。比如，当采用轮毂电机驱动系统时，可将车架承载功能与车身功能分离，实现相同底盘不同车身造型电动智能车辆产品的多样化和系列化，从而缩短车型的开发周期，降低开发成本。

2）采用独立车轮驱动能够取消部分或全部机械传动系统，简化传动路线，并根据行驶工况单独调整各轮的驱动转矩，实现更好的驱动控制，从而获得比集中驱动更高的驱动效率，并且在一定程度上可以降低整车制造成本和使用成本。

3）由于电机对控制指令的响应时间比发动机对节气门的响应时间短，且每个车轮的驱动转矩可以单独控制。因此采用独立车轮驱动方便实现性能更好、成本更低的驱动防滑控制、制动防抱死控制和增强车辆稳定性的直接横摆力矩控制，并且容易实现汽车底盘系统的电子化和主动化，可以极大地改善车辆驱动和行驶性能。

4）对独立车轮驱动车辆进行制动能量回收时，与集中驱动相比，可以获得更大的能量回收率，从而有效延长电动智能车辆的续驶里程。

综上所述，虽然当前集中驱动系统仍是电动汽车驱动系统的主流，但基于独立车轮驱动的诸多优点，随着电机调速技术的不断提高以及对整车布置空间的进一步要求，独立车轮驱动系统将是未来电动汽车（特别是电动智能车辆）的主要发展方向。

现有的独立车轮驱动系统根据构型的不同主要可以分为三种，即电机与减速器组合式驱动系统、轮边电机驱动系统和轮毂电机驱动系统。

一、电机与减速器组合式驱动系统

电机与减速器组合式驱动系统是采用多台电机通过固定速比减速器和半轴分别驱动各个车轮的驱动系统。由于可将电机和减速器安装在车架上，经过半轴驱动车轮，这种构型可以沿用现有车辆的车身结构和行驶、制动、转向系统，改型容易，便于推广。伊朗 Jovain 电机公司的 Farzad Tahami 和德黑兰大学的 Reza Kazemi 等人改装了一台双电机独立驱动样车，其驱动系统就采用这种构型，如图 4-22 所示。

图 4-22 双电机独立驱动样车

北京理工大学林程教授等人发明了一种具有防滑差速功能的双电机独立驱动电动汽车，并申请了专利，其结构示意如图 4-23 所示。该结构能尽量减少对汽车传动结构的改造工作，同时两台电机在系统上能够做到功能冗余，一旦一台电机损坏，通过防滑差速装置仍然可以使车辆行驶。

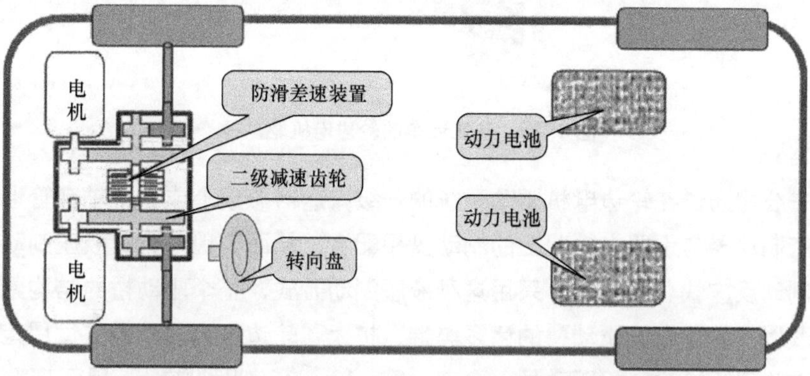

图 4-23 具有防滑差速功能的双电机独立驱动电动汽车

二、轮边电机驱动系统

轮边电机驱动系统可将驱动电机固定在副车架位置，其输出轴直接或间接驱动车轮。由于轮边电机与车轮的相对独立性，其功率选择范围比轮毂电机更大。而且可以通过改变悬架结构使部分非簧载质量转移至车身，从而减小车轮的惯性，使车辆加速、制动时更加平顺，还可以提高不平路面上的稳定性。另外，非簧载质量的减小可以有效减小轮胎的磨损。再者，从电机维修方面考虑，轮边电机较集成度高的轮毂电机安装调试更方便，能够在减少车轮结构复杂程度的同时，使驱动系统更适合应用。美国铁姆肯公司开发的独立车轮驱动系统就采用了轮边电机结构，如图 4-24 所示。

图 4-24 铁姆肯公司开发的独立车轮驱动系统及其轮边电机

近年来，我国各大厂家也加大了轮边电机驱动系统的开发，尤其是在中大型车辆上已经取得了明显进步。图 4-25 所示为长江汽车的轮边电机驱动桥。

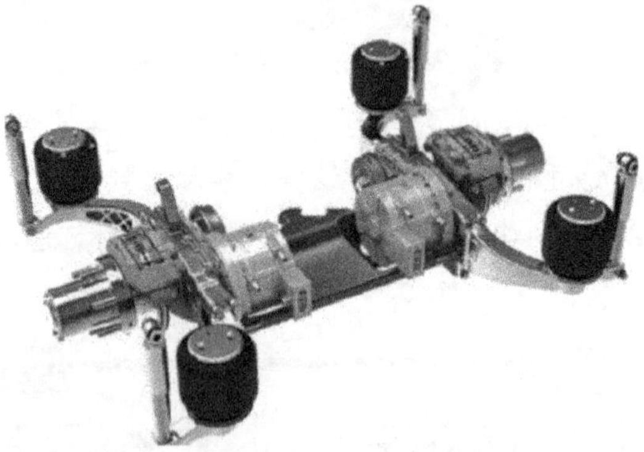

图 4-25 长江汽车的轮边电机驱动桥

长江汽车公司通过在轮边电机驱动系统的一级减速器总成上或者半轴套管上设置液压制动器，使液压制动器与设置在轮毂上的制动盘相配合，从而实现对轮毂液压制动。这种液压制动方式的制动反应快、噪声小。采用这种液压制动方式，整个驱动桥的结构紧凑，且占用空间小，一改以往轮边电机驱动桥的诸多弊端，扩大了轮边电机驱动桥的适用范围。目前长江电动商用车均采用轮边电机驱动桥，含 5t、8t、10t、13t 四种吨级，用于高端中型客车的 5t 级轮边电机驱动桥还集成了车身电子稳定系统（Electronic Stability Control，ESC）。

比亚迪股份有限公司的 K9 公交车也采用了类似的结构，也是将驱动电机与减速器融入驱动桥上，采用刚性连接，减少了高压电器数量，缩短了动力传输线路长度。优化后的驱动系统可降低车身高度，增大承载量，扩大有效空间，提高公交运营性价比。K9 轮边电机驱动桥总成如图 4-26 所示。

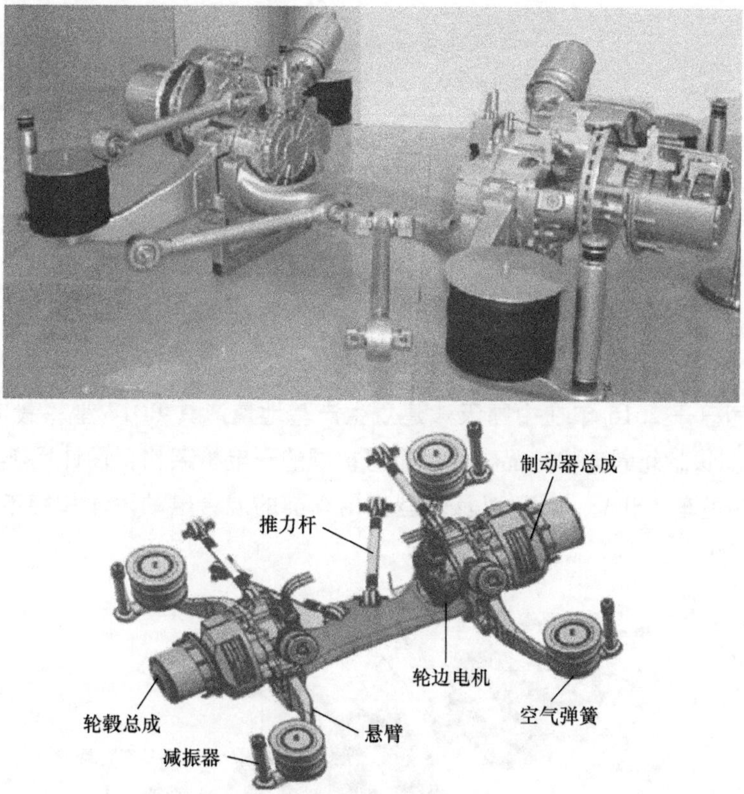

图 4-26　K9 轮边电机驱动桥总成

三、轮毂电机驱动系统

轮毂电机驱动系统是一种将驱动电机装在车轮里面的新型驱动系统。这种驱动系统可以进一步缩短从驱动电机到驱动车轮的传递路径，最大限度地减轻整车质量，提高传动效率，节约使用成本。轮毂电机驱动系统所选取的驱动电机根据转速的不同，又可以分为高速内转子电机和低速外转子电机两种。高速内转子电机体积小、质量小，但需要在装配行星轮减速器进行减速增矩后才能驱动车轮，使其驱动效率有所降低。低速外转子电机结构简单、轴向尺寸小，可以直接将外转子安装在车轮轮缘上，与车轮合为一体，直接驱动车轮。由于取消了全部传动系统，采用低速外转子电机驱动系统可以获得更高的驱动效率。并且，高速内转子电机具有比低速外转子电机更高的功率密度，随着紧凑的行星齿轮变速机构的出现，高速内转子电机更具有竞争力。

图 4-27 所示为日本普利司通公司开发的动态吸振轮毂电机驱动系统的外部结构，包括外转子型的第二代和内转子型的第三代。其中，外转子型驱动系统适用尺寸为 18in 以上的车轮，而内转子型驱动系统适用尺寸为 14in 以上的车轮，且电机本体质量仅为外转子型的 60%。

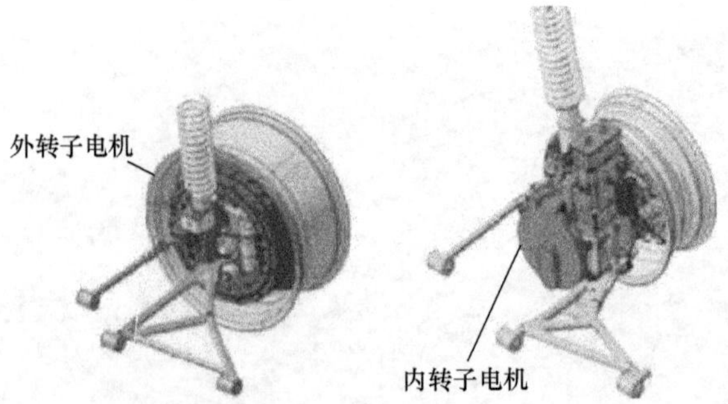

图 4-27 普利司通公司开发的动态吸振轮毂电机驱动系统外部结构

Protean 公司已于 2016 年在中国天津建立生产基地量产其 PD18 型轮毂电机驱动系统，如图 4-28 所示。该款轮毂电机产品，使用了可扩展的子电机架构，设计用于安装在 18in 轮辋内，为 B 级中型车、SUV、MPV 以及轻型商用车类的混合电动汽车和纯电动汽车提供驱动所需的功率和转矩。

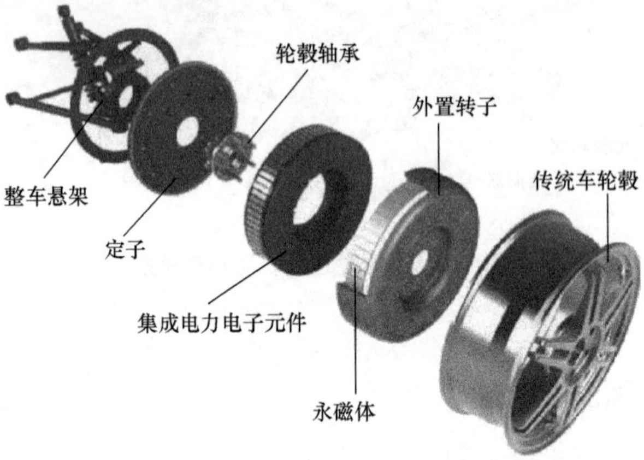

图 4-28 PD18 型轮毂电机驱动系统

随着轮毂电机驱动系统优势的展现，由德国 Weh. H. 教授提出并研制的横向磁通电机（Transverse Flux Motor，TFM）也在近年受到了研发人员的关注，如图 4-29 所示。该类型电机同时提供径向和轴向的三维磁场，其定子齿槽结构和电枢线圈在空间位置上互相垂直，定子尺寸和通电线圈大小在一定范围内可以任意选取，使电负荷和磁负荷相互解耦，从根本上提高了电机的电磁转矩。TFM 是一种高转矩密度的特种电机，有着广阔的应用前景。TFM 与常规径向电机相比，具有以下几方面的显著优点。

1）TFM 磁场呈空间三维分布，实现了电路和磁路解耦，可以同时获得较大的定子齿横截面和线圈横截面，增加电机的电负荷和磁负荷，提高电机的转矩密度。

图 4-29 横向磁通电机

2）设计自由度大。TFM 的拓扑结构多种多样、设计灵活，在保持其他参数不变时，TFM 的功率与极对数成正比。多极的 TFM 特别适用于低速大转矩场合。TFM 的转速不高，从而简化了减速齿轮传动，提高了系统的使用寿命。

3）定子绕组形式简单，绕组横截面比较规则，线圈绕制很方便。TFM 绕组没有传统电机的端部，使绕组长度缩短，利用率提高。

4）各相之间相互独立，没有耦合，分析和控制相对简单。电机的容错性强，可以在短时间内缺相运行，从而保证系统的可靠运行。英国 YASA 电机公司的 750R 系列横向磁通电机峰值转矩为 790N · m，峰值功率为 100kW，质量为 37kg，轴向尺寸只有 98mm。

四、双轴独立驱动

双轴独立驱动模式在近年来得到了越来越多的应用，其特点是在车辆的前轴和后轴分别采用一个动力驱动系统，两个系统直接存在或者不存在动力耦合装置，配置方式多采用前后轴均电机驱动（例如特斯拉 Model S P85D）或者前轴混合动力系统、后轴电机驱动系统。

采用双轴独立驱动模式能够更好地对电机驱动系统特性进行调配，使之更好地符合汽车行驶特性。同时，采用双轴独立驱动模式，可以实现良好的四轮驱动行驶模式，从而增强汽车的动力性和通过性。但是该驱动模式的难点在于协同前后轴的动力输出，即轴间差速问题。

比亚迪新能源车型唐是一款双模混合动力 SUV，由 2. 0Ti 涡轮增压直喷发动机、前后驱动电机、动力电池和电源管理单元等部分组成，并用电驱动代替结构复杂的机械四驱，实现全面四轮电驱动。比亚迪 · 唐可实现前轮与后轮独立动力输出。

比亚迪 · 唐的动力系统是在混合动力驱动前轮的基础上增加了电动后桥，故增加了动力性能和驾驶模式的多样性。比亚迪 · 唐的后桥采用电动驱动，减少了传动部件，同时也能和混动系统更好地搭配。在平稳起步等经济工况下，比亚迪 · 唐可以使用后桥单独驱动；而在急加速等情况下，前后轮的驱动电机加上发动机同时作用，让动力充分释放，从而实现提速较快的动力性能。比亚迪 · 唐动力系统结构如图 4-30 所示。

图 4-30　比亚迪 · 唐动力系统结构示意图

在不同路况、不同需求下，比亚迪·唐可以实现不同的行驶模式。如图4-31所示，在强劲模式下，前后驱动电机都启动，发动机也参与驱动，前轮主要由发动机加上前轮驱动电机来驱动，四驱输出最强动力，由此实现百公里加速时间5s以内，最高车速180km/h。在此混合动力模式下，三个“引擎”同时发力，可迸发出371kW的最大功率和720N·m的峰值转矩。

同理，根据不同的行驶情况，该车辆还能够在经济模式、行车发电模式、怠速发电模式等工况下选择运行，以确保系统的运行效率最优化。

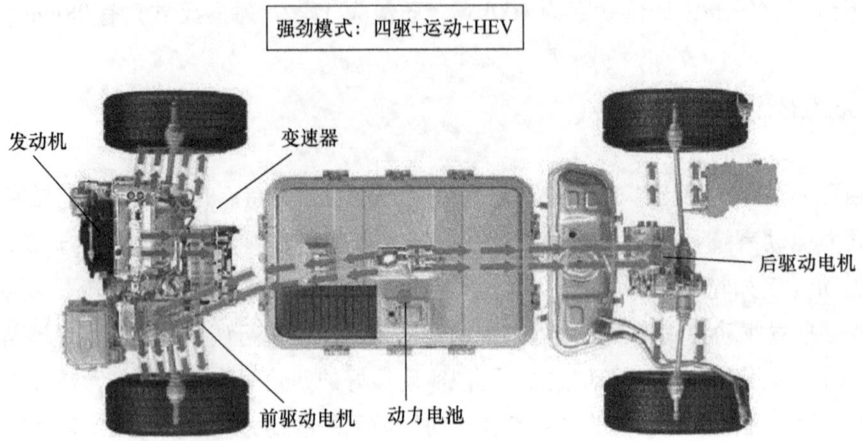

图4-31　比亚迪·唐强劲模式的示意图

第五节　电机耦合驱动

目前受车载能源的限制，高功率密度、高效率的大功率动力驱动系统成为电动汽车着重研究的关键技术之一。单台电机加变速器的驱动形式要求电机具有较大的转速和转矩，而电机大转矩要求传动轴变粗。电机的高转速使旋转部件线速度大大提高，这样就对电机、机械传动的轴承、密封、油封提出了新的技术挑战。采用双电机与机械耦合传动形式，可以降低单台电机容量，有利于电机和机械传动向高转速发展，进一步提高电驱动系统的功率密度，有利于实现电动汽车动力驱动系统机电高效集成和高功率密度。

动力耦合的方式主要有固定轴齿轮耦合式及行星轮耦合式。固定轴齿轮耦合结构简单、控制难度低、造价低，但是体积大，接合平顺性差；行星轮耦合结构紧凑，且接合平顺性好，但是控制难度大。目前国外动力耦合驱动系统大多采用行星轮耦合方式，工作模式多样、变化灵活、功能完备、结构复杂、控制先进。我国许多汽车企业及科研单位已经开展了动力耦合驱动技术的开发工作，发展比较成熟的是固定轴齿轮耦合式动力耦合装置。我国动力耦合驱动系统的发展目前还处于初级阶段，当前的动力耦合驱动系统结构简单、模式单一、效率优化的空间有限。从长远来看，研制动力切换平顺、耦合效率高的行星轮耦合驱动系统是一种必然趋势。

一、多动力耦合系统

日本丰田 THS 由发动机、发电机、驱动电机通过行星轮机构实现转速与转矩的耦合，发动机转速与车速没有直接联系，在行驶过程中能使发动机始终处于最佳工况，其结构如图 4-32 所示。丰田 THS 经过十几年的发展，已从注重经济油耗为主的第一代发展为注重高效率和高安全性的第五代 THS，丰田普锐斯轿车成功推向市场说明混合动力技术已经逐渐成熟。福特公司开发的 FHS 机电耦合传动总成结构相当于丰田 THS 并联了一个齿轮啮合机构，实现了驱动电机转速和齿圈转速的匹配，充分利用了驱动电机转速，其结构如图 4-33 所示。

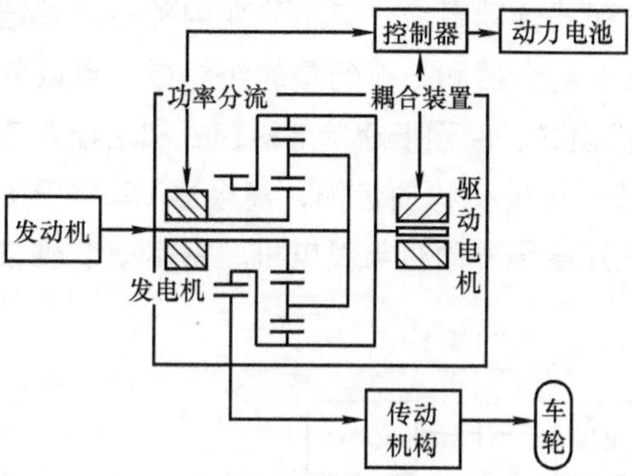

图 4-32　丰田 THS 的结构

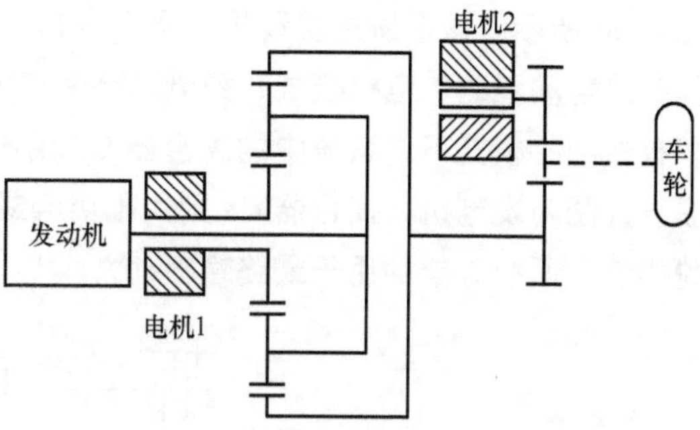

图 4-33　福特 FHS 机电耦合传动总成的结构

美国通用汽车公司提出的 AHS-2 双排双模式机电耦合传动总成主要由发动机、两台电机、两个行星排机构、两组离合器和一个制动器组成，其结构如图 4-34 所示。该总成通过两个离合器和一个制动器协调控制可以有效地扩大输出转速范围，同时对输出转矩和输出功率起到一定的调节作用，该总成主要应用于美国通用汽车公司的中型和重型车辆上。

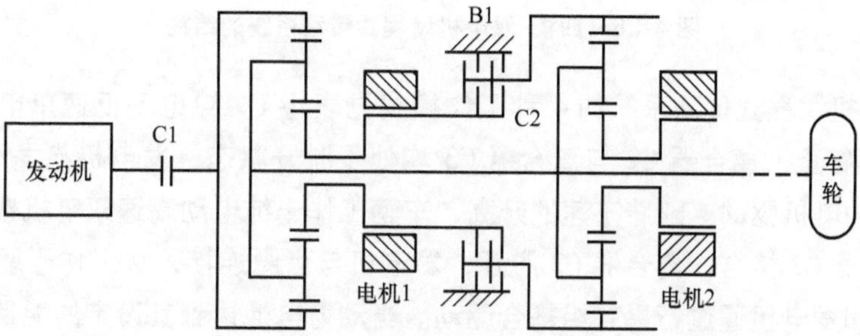

图 4-34　通用 AHS-2 双排双模式机电耦合传动总成的结构

铁姆肯公司开发的双排行星传动机电耦合传动总成结构与通用 AHS-2 双模式结构相近，其结构如图 4-35 所示，主要通过两个离合器和两个制动器来实现工作模式转换，从而满足车辆实际工作需要。

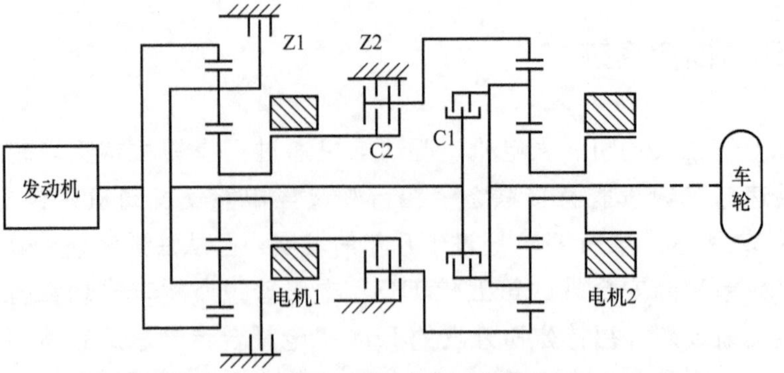

图 4-35　铁姆肯公司的双排行星传动机电耦合传动总成的结构

美国通用汽车公司提出的新型四模-双电机增程式传动系统一直备受业内关注，其结构如图 4-36 所示。该系统由发动机、两个电机、三个离合器和一个行星轮组组成，可以分别工作在纯电动低速单电机模式、纯电动高速双电机模式、增程低速单电机模式和增程高速双电机模式四种模式下。系统中的离合器 C1 用于锁止行星机构的齿圈，离合器 C2 用于接合或脱开齿圈与发电机，离合器 C3 则用于接合或脱开增程发动机与发电机。主驱动电机与太阳轮相连，而行星架则用于最终输出动力。

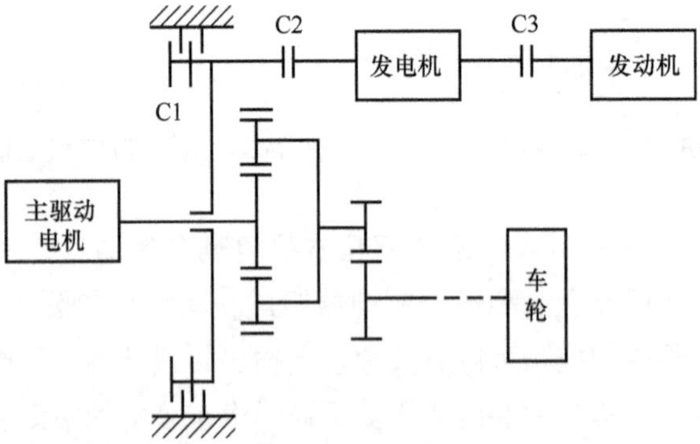

图 4-36　四模-双电机增程式传动系统的结构

四模-双电机增程式传动系统的 4 种工作模式见表 4-1。纯电动低速单电机模式下，离合器 C1 将齿圈锁止，离合器 C2 与离合器 C3 均处于脱开状态，发电机与发动机都不工作，车辆仅由主驱动电机驱动。随着车速的升高，车辆工作于纯电动高速双电机模式下，离合器 C1 脱开，离合器 C2 接合，离合器 C3 脱开，发电机与齿圈连接，且工作于驱动状态，车辆由主驱动电机和发电机通过行星轮组耦合驱动。当动力电池达到其设定的能量下限时，将启动增程模式。在增程低速单电机模式下，离合器 C2 脱开，离合器 C1 将齿圈锁止，离合器 C3 接合，将发动机与发电机组合成增程模块，主驱动电机从动力电池以及增程模块获取能量驱动车辆。在增程高速双电机模式下，离合器 C1 锁止，离合器 C2 和离合器 C3 接合，发电机处于发电状态，同时车辆由主驱动电机与发动机共同驱动。

表 4-1　四模-双电机增程式传动系统的 4 种工作模式

模式	子模式	能量源	离合器
纯电动模式	低速单电机	动力电池	C1 锁止，C2、C3 脱开
	高速双电机	动力电池	C1 锁止，C2、C3 脱开
增程模式	低速单电机	动力电池（由发电机补充能量）	C1 锁止，C2 脱开，C3 接合
	高速双电机	动力电池（由发电机补充能量） 增加的转矩由电机和发动机提供	C1 锁止，C2、C3 接合

由吉林大学等单位联合开发的双行星机构动力耦合无级变速系统，其结构如图 4-37 所示，系统由发动机、电机、动力耦合器和无级变速器（Continuously Variable Transmission，CVT）组成，其中动力耦合器由一组双行星轮机构、两组离合器和一组制动器构成。整个系统构成比较复杂，不仅需要协调控制发动机与电机、离合器及制动器的状态，还需要合理地控制 CVT 的速比。离合器和三组制动器的接合/分离控制整车的工作模式和模式切换过程。

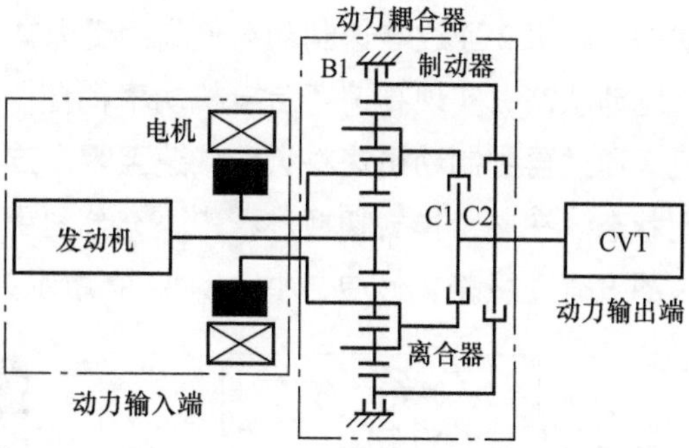

图 4-37　双行星机构动力耦合无级变速系统的结构

由北京理工大学和华沙工业大学合作开发的混合动力电动汽车行星齿轮耦合装置，其结构如图 4-38 所示。该耦合装置利用一组行星齿轮将发动机和电机的动力进行耦合，通过三组离合器和三组制动器的接合/分离控制整车的工作模式和模式切换过程。

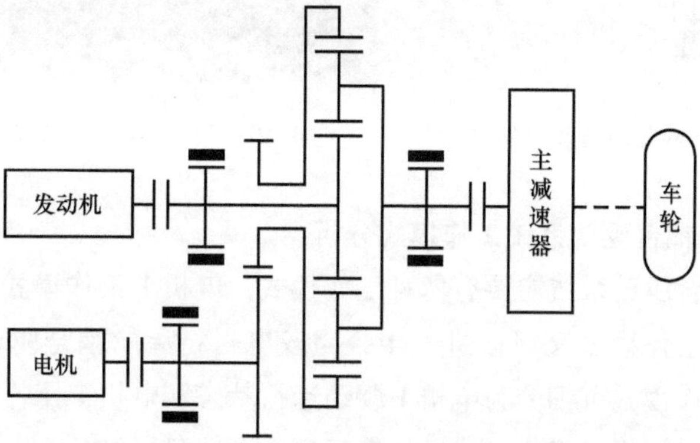

图 4-38　混合动力电动汽车行星齿轮耦合装置的结构

二、双电机耦合驱动

电动汽车市场的迅速发展以及国家对发展新能源汽车的重视也带动了对大功率动力驱动系统的需求。多动力耦合传动技术的出现为大功率动力驱动系统技术的发展提供了新的解决途径，利用多个小功率电机耦合驱动代替单个大功率驱动电机集中式驱动，可以突破当前大功率电机驱动系统及传动系统的限制，扩大小功率电机的应用范围。

1. 基本结构

双电机行星轮耦合驱动系统由一组简单行星轮机构、两台电机和一个制动器组成。图 4-39 所示为一种双电机行星轮耦合驱动结构。在车辆低速时，电机 1 与行星机构太阳轮相连，通过制动器制动齿圈、行星架输出，实现大变比减速后大转矩输出，以满足车辆低速爬坡；在车辆高速时，齿圈解锁，电机 2 与行星机构齿圈相连，与电机 1 通过行星机构实现功率耦合，共同驱动车辆；在车辆由低速模式切换到高速模式的过程中，电机 1 一直处于驱动状态，电机 2 通过零速制动可使齿圈受力减小，方便制动器解除，制动器解除后电机 2 再转为驱动状态，实现高速两台电机功率耦合；在车辆由高速模式切换到低速模式的过程中，电机 2 通过再生制动迅速将齿圈减速至零，方便制动器将齿圈锁止，齿圈锁止后电机 2 处于关闭状态。在整个模式切换过程中，充分利用了电机 2 零速制动实现柔性模式切换，制动器与齿圈没有速度差，且冲击小。图 4-40 所示为其耦合结构外形图。

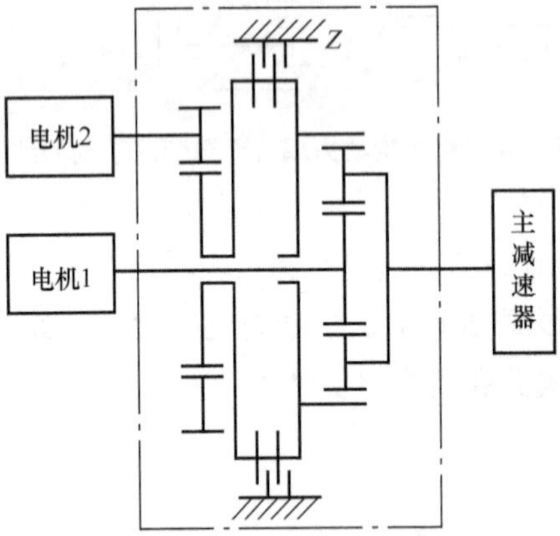

图 4-39　双电机行星轮耦合驱动结构

图 4-40　双电机行星轮耦合驱动结构外形图

2. 双电机行星轮耦合驱动系统工作模式分析

双电机行星轮耦合驱动系统主要有两种工作模式：电机 1 工作模式、电机 1 与电机 2 耦合工作模式。这两种工作模式又可以进一步分为双电机行星轮耦合驱动系统的多种运行状态。例如，电机 1 工作模式可细分为电机 1 驱动运行状态和电机 1 用作发电机进行制动能量回馈的运行状态，同时电机 1 工作模式下的车辆运行工况又可细分为车辆前进工况和车辆倒车工况；电机 1 与电机 2 耦合工作模式也可分为以上运行状态。不同运行状态下的控制方法是不同的，因此，确定双电机行星轮耦合驱动系统的运行状态是进行控制研究的必要基础。

经分析，双电机行星轮耦合驱动系统可细分为 5 种工作模式，两个电机以及制动器 B 的工作状态共同决定双电机行星轮耦合驱动系统的工作模式。制动器 B 的状态决定了动力传递的路线，电机 1 与电机 2 的工作状态决定了动力的传递方向，它们相互配合实现了双电机行星轮耦合驱动系统的 5 种工作模式，分别为：空档模式、电机 1 驱动模式、电机 1 与电机 2

行星轮耦合驱动模式、电机 1 制动能量回收模式、电机 1 与电机 2 联合制动能量回收模式。

（1）空档模式 当双电机行星轮耦合驱动系统遇到红灯或需要临时停车时，驾驶人将变速杆置于 N（或 P）位，切断动力源与车轮的机械连接。车辆停在水平路面上，整车对外没有动力输出，电机 1 和电机 2 均关闭，行星轮耦合机构的制动器 B 分离，系统对外没有动力输出，如图 4-41 所示。

此时，电机 1 和电机 2 均关闭，电机转子转速为零，因此太阳轮和齿圈的转速保持为零，行星架的转速也为零。同时为了防止纵向力作用于车身而导致车辆滑行，设计了驻车制动机构。

（2）电机 1 驱动模式 当汽车低速加速或爬坡需要大转矩时，制动器 B 将齿圈锁止，电机 2 关闭，电机 1 把电能转化为机械能传递给行星齿轮机构的太阳轮，经行星轮由行星架输出，动力经过主减速器等传递给车轮，最终转化为整车行驶的动能，如图 4-42 所示。

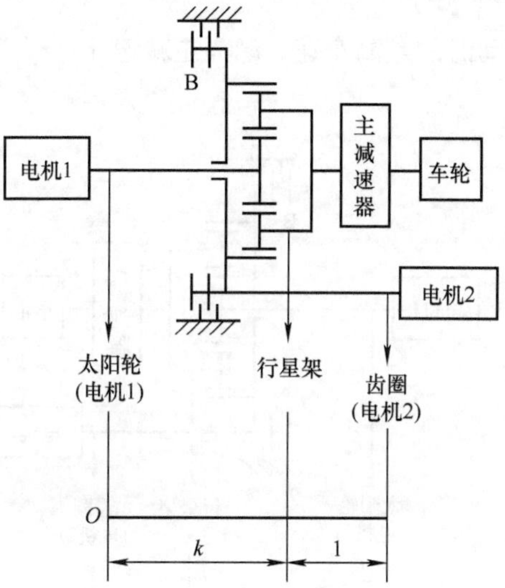

图 4-41 空档模式

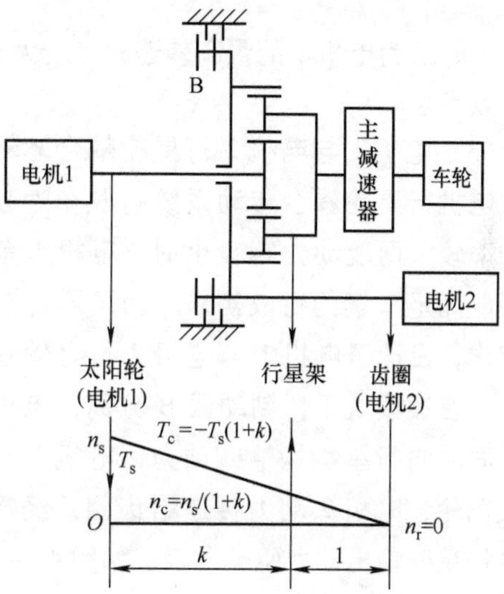

图 4-42 电机 1 驱动模式

电机 1 驱动模式的约束条件有

$$T_B = -T_r = -kT_s$$

$$n_2 = 0$$

$$T_2 = 0$$

此时双电机行星轮耦合驱动系统的数学模型可以表示为

$$I_{1s}\frac{\pi}{30}\frac{dn_1}{dt} = T_1 - T_s \tag{4-21}$$

$$I_{oc}\frac{\pi}{30}\frac{dn_o}{dt} = -T_c - T_o \tag{4-22}$$

$$\frac{dn_1}{dt} = (1+k)\frac{dn_o}{dt} \tag{4-23}$$

整理得

$$[I_{oc}+I_{1s}(1+k)^2]\frac{\pi}{30}\frac{dn_o}{dt}=T_1(1+k)-T_o \tag{4-24}$$

式中，I_{1s}为等效到电机 1 转子轴上的转动惯量；I_{oc}为等效到驱动轴上的转动惯量；T_1 为电机 1 转矩；T_o 为驱动轴转矩；n_1 为电机 1 转速；n_o 为驱动轴转速；T_s 为太阳轮转矩；T_c 为行星架转矩；k 为行星轮系数，$k=\frac{z_r}{z_s}$，z_r 为齿圈齿数，z_s 为太阳轮齿数。

上述微分方程表示了电机 1 驱动模式在非稳态时各构件的转矩与运动关系，当系统达到稳态时，可得转矩关系为 $T_s(1+k)-T_o=0$，即电机 1 输出转矩经过行星轮驱动车辆前进。这种模式下驱动轴的转速由电机 1 的转速确定：$n_1=(1+k)n_o$。由等效杠杆可得电机 1 单独驱动的最高车速为

$$v_{1max}=0.377r_d\frac{n_{1max}}{i_o(1+k)} \tag{4-25}$$

式中，n_{1max}为电机 1 的最高转速；v_{1max}为电机 1 驱动时的最高车速；i_o 为主减速比；r_d 为车轮有效半径。

（3）电机 1 与电机 2 行星轮耦合驱动模式

当双电机行星轮耦合传动系统行驶车速较高，驱动功率较大而驱动力矩较小时，电机 1 单独驱动已不能满足车辆的行驶需求。为了满足车辆的功率需求，设计了电机 1 与电机 2 行星轮耦合驱动模式。在该模式下，制动器 B 分离，电机 1 和电机 2 同时向行星机构输入动力，电机 1 动力传递给太阳轮，电机 2 动力传递给齿圈，经行星轮传递给行星架输出动力驱动车辆，如图 4-43 所示。

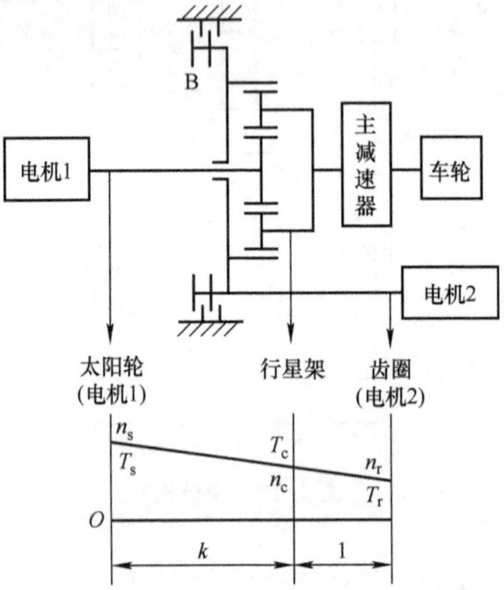

图 4-43　电机 1 与电机 2 行星轮耦合驱动模式

该模式的约束条件是

$$T_B=0$$

代入双电机行星耦合驱动系统的数学模型可得

$$I_{1s}\frac{\pi}{30}\frac{dn_1}{dt}=T_1-T_s \tag{4-26}$$

$$I_{2r}\frac{\pi}{30}\frac{dn_2}{dt}=T_2-T_r \tag{4-27}$$

式中，I_{2r}为等效到电机 2 转子轴上的转动惯量；T_2 为电机 2 转矩；T_r 为外齿圈转矩；n_2 为电机 2 转速。

$$I_{oc}\frac{\pi}{30}\frac{dn_o}{dt}=-T_c-T_o \tag{4-28}$$

$$\frac{dn_1}{dt}+k\frac{dn_2}{dt}=(1+k)\frac{dn_o}{dt} \tag{4-29}$$

通过上述微分方程可知电机 1 与电机 2 行星轮耦合驱动模式下，在非稳态时双电机行星轮耦合驱动系统各构件的转矩传递和运动关系。当电机 1 与电机 2 行星轮耦合驱动模式达到稳态时，有

$$\frac{\mathrm{d}n_1}{\mathrm{d}t}=\frac{\mathrm{d}n_2}{\mathrm{d}t}=\frac{\mathrm{d}n_o}{\mathrm{d}t} \tag{4-30}$$

可以通过式（4-30）求得双电机行星轮耦合驱动系统各构件的转矩传递关系为

$$\begin{aligned}T_1&=T_s\\T_2&=T_r\\T_o&=-T_c\end{aligned} \tag{4-31}$$

驱动车辆的力来自电机 1 和电机 2。这种模式下驱动轴的转速由电机 1 和电机 2 的转速共同确定：

$$n_1+kn_2=(1+k)n_o \tag{4-32}$$

由等效杠杆可得电机 1 与电机 2 耦合驱动时的最高车速为

$$v_{12\max}=0.377r_d\frac{n_{1\max}+kn_{2\max}}{i_o(1+k)} \tag{4-33}$$

式中，$n_{2\max}$为电机 2 的最高转速；$v_{12\max}$为电机 1 与电机 2 耦合驱动时的最高车速，它决定了双电机行星轮耦合驱动车辆的最高车速值，且由电机 1 与电机 2 工作的最高转速共同决定。

（4）电机 1 制动能量回收（再生制动）模式

当双电机行星轮耦合驱动系统制动时，可将制动能量以电机 1 或电机 2 发电的形式回收。当车速较小时，以电机 1 发电制动模式进行能量回收；当车速较高时，则以电机 1 与电机 2 共同发电的模式进行能量回收。在电机 1 制动能量回收模式下，动力从驱动轮到电机的传递经过简单行星齿轮机构的行星架、行星轮、太阳轮，此时要求齿圈锁止，制动器 B 接合，如图 4-44 所示。

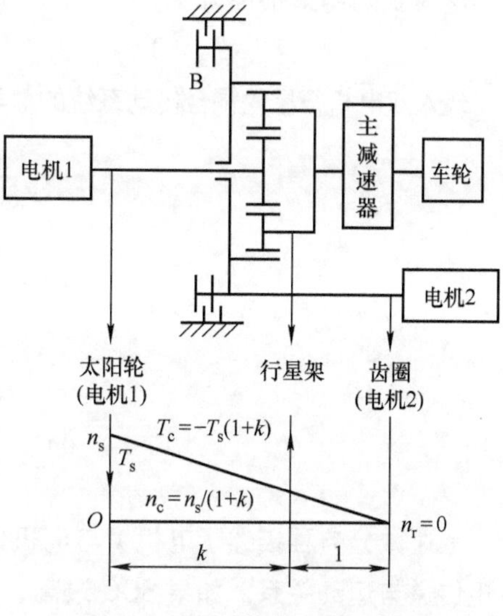

图 4-44　电机 1 制动能量回收模式

电机 1 再生制动的约束条件有

$$\begin{aligned}T_B&=-T_r=-kT_s\\n_2&=0\\T_2&=0\end{aligned}$$

将这些约束条件代入双电机行星轮耦合驱动系统的数学模型，同时把 T_o 看成主动力矩，把 T_1 看成阻力矩，于是再生制动的演化方程变成

$$I_{1s}\frac{\pi}{30}\frac{\mathrm{d}n_1}{\mathrm{d}t}=-T_1+T_s \tag{4-34}$$

$$I_{oc}\frac{\pi}{30}\frac{dn_o}{dt}=T_c+T_o \tag{4-35}$$

$$\frac{dn_1}{dt}=(1+k)\frac{dn_o}{dt} \tag{4-36}$$

整理得

$$[I_{oc}+I_{1s}(1+k)^2]\frac{\pi}{30}\frac{dn_o}{dt}=-T_1(1+k)+T_o \tag{4-37}$$

再生制动模式也是非稳态过程，因为在制动过程中车速一直在降低，则行星架的转速及电机 1 的转速也在变化。如果荷电状态（State of Charge, SOC）过高，为了保护电池，双电机行星轮耦合驱动系统不再实施再生制动，车辆完全依靠机械制动。

（5）电机 1 与电机 2 联合制动能量回收（再生制动）模式　当车辆在车速较高的情况下制动时，需要由电机 1、电机 2 联合发电制动。动力从驱动轮到电机的传递经过简单行星齿轮机构的行星架和行星轮，到太阳轮（电机 1）和齿圈（电机 2），此时制动器 B 分离，如图 4-45 所示。

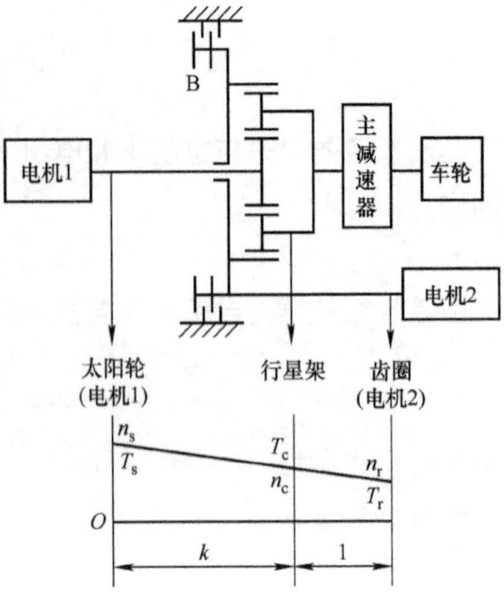

图 4-45　电机 1 与电机 2 联合制动能量回收模式

该模式的约束条件为

$$T_B=0$$

代入双电机行星轮耦合传动系统的数学模型可得

$$I_{1s}\frac{\pi}{30}\frac{dn_1}{dt}=-T_1+T_s \tag{4-38}$$

$$I_{2r}\frac{\pi}{30}\frac{dn_2}{dt}=-T_2+T_r \tag{4-39}$$

$$I_{oc}\frac{\pi}{30}\frac{dn_o}{dt}=T_c+T_o \tag{4-40}$$

$$\frac{dn_1}{dt}+k\frac{dn_2}{dt}=(1+k)\frac{dn_o}{dt} \tag{4-41}$$

上述微分方程描述了电机 1 与电机 2 联合再生制动过程中双电机行星轮耦合驱动系统的转矩传递与运动关系。如果 SOC 过高，为了保护电池，双电机行星轮耦合驱动系统就不再实施再生制动，此时车辆完全依靠机械制动。

三、双机械端口电机

2002 年，瑞典皇家理工学院的 Chandur Sadarangani 教授提出了四象限能量转换器（Four-Quadrant Energy Transducer，4QT）这种新型电磁机构的概念。这种电磁机构是一种以永磁同心式双转子电机为核心，应用于混合动力汽车的机电能量转换器件，整个系统达到混联式混合动力汽车的运行指标模式，并且以其独特的设计与结构，开创了混合动力汽车驱动控制领域的一个新篇章。

2004 年，荷兰代尔夫特工业大学的 Martin J. Hoeij makers 教授提出了基于感应电机为原型的双转子机电能量转换器（Electrical Variable Transmission，EVT）。该装置的设计思想由分体式电机组合演变而来，这种结构的提出为双转子结构电机的分析带来了方便，因为在这种模型中，双转子电机可以看成两个简单电机的叠加。当这种电机由感应电机叠加而成时，那么它的控制方式就与单体感应电机没什么区别，只是两个电机的控制条件有了一些耦合，这种耦合仅仅是机械上的耦合；当这种电机由永磁电机叠加而成时，其分析方法同样可以借鉴单体永磁同步电机。分体式电机结构示意图如图 4-46 所示。

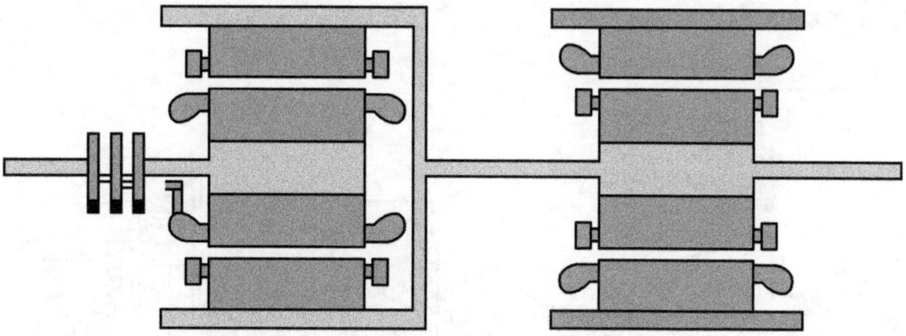

图 4-46　分体式电机结构示意图

2005 年，美国俄亥俄州立大学的 Longya Xu 教授提出了双机械端口电机（Dual Mechanical Port Electric Ma-chines，DMP）的概念。此概念也是基于 4QT、EVT 技术而提出的。他指出，DMP 的三个部件（定子、外转子、内转子）中只要有任意两个部件可以旋转，就可以归为 DMP 概念模型。为此他还专门设计了 DMP 实验样机。该样机有两个机械端口和两个电气端口，其中内转子与发动机相连，外转子与输出轴相连，通过对电气端口进行控制可以实现行星齿轮混合动力总成的全部功能，并具有结构简单、紧凑的特点，有希望成为先进深度混合动力系统的另一种形式。

新型电力无级变速系统由一套“背靠背”逆变器、一台发动机和一台双机械端口电机构成，如图 4-47 所示。在混合动力汽车应用中，双机械端口电机的内转子与发动机相连，外转子与输出轴相连。当发动机工作在燃油高效区 A 点时，发动机输出的一部分能量（图 4-47b 中 S_1 区域）通过内外转子间电磁场耦合直接传递到输出轴，发动机的另一部分能量（图 4-47b 中 S_3 区域）通过内转子电机给动力电池充电；同时外转子电机从动力电池吸收电能（图 4-47b 中 S_2 区域）提供给定子，产生附加助力转矩 $T_{m1} \sim T_{m2}$，从而完成了发动机工作点不变（在高效区），而输出轴工作点可任意改变的电力无级变速功能。

假定外转子的输出转矩为 T_1、转速为ω_1，内转子的输出转矩为 T_2、转速为ω_2，分析永磁式双机械端口电机的工作模式其实就是分析（T_1，ω_1，T_2，ω_2）组合代表的能量流向及其在混合动力应用中的意义。内、外转子的转速和转矩的关系见表 4-2。表中所述 9 种工作

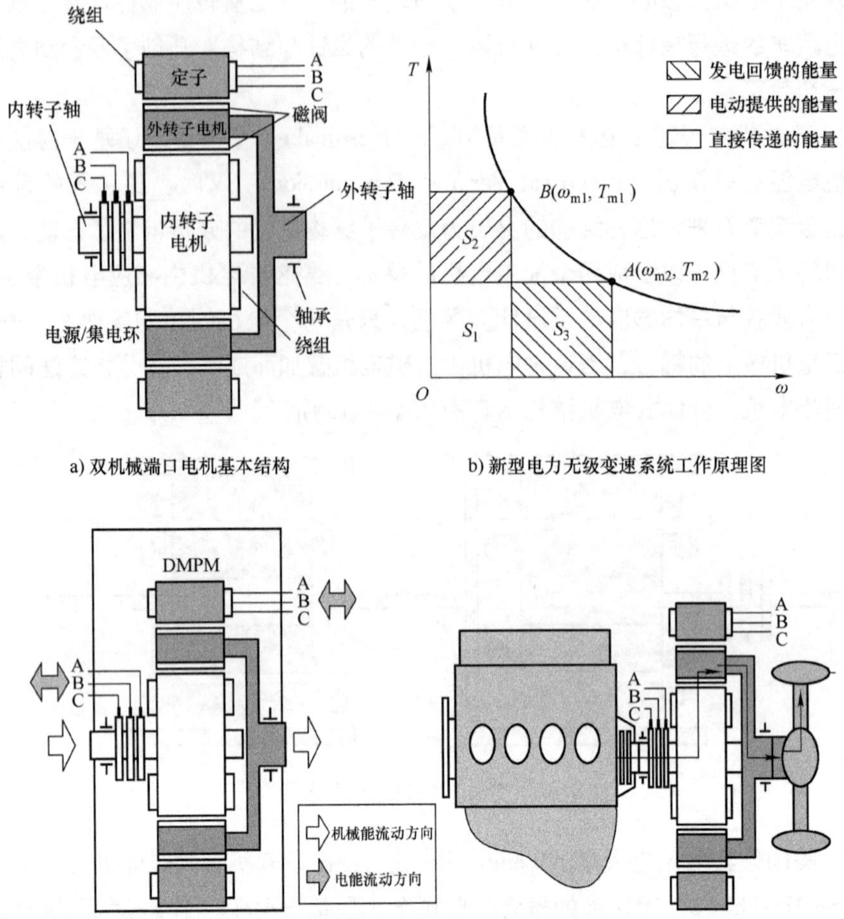

a) 双机械端口电机基本结构

b) 新型电力无级变速系统工作原理图

c) 双机械端口电机的能量流动

d) 双机械端口电机DMPM的系统连接

图 4-47　双机械端口电机

表 4-2　内、外转子的转速和转矩的关系

序号	转矩、转速关系	
1	$T_1=T_2$，$\omega_1=\omega_2$	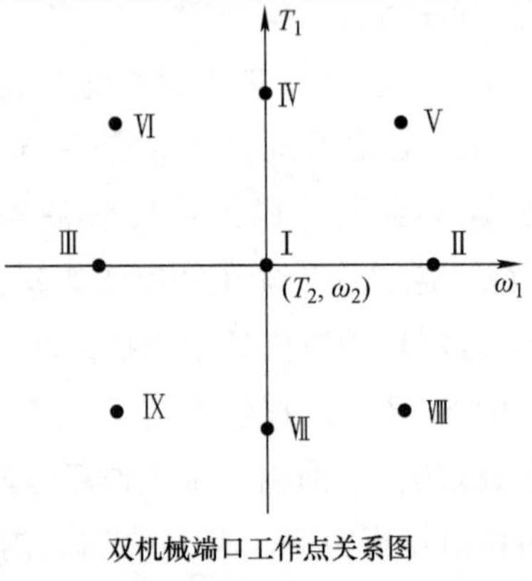 双机械端口工作点关系图 左半平面内电机发电，右半平面内电机电动运行；上半平面外电机电动运行，下半平面外电机发电运行
2	$T_1=T_2$，$\omega_1>\omega_2$	
3	$T_1=T_2$，$\omega_1<\omega_2$	
4	$T_1>T_2$，$\omega_1=\omega_2$	
5	$T_1>T_2$，$\omega_1>\omega_2$	
6	$T_1>T_2$，$\omega_1<\omega_2$	
7	$T_1<T_2$，$\omega_1=\omega_2$	
8	$T_1<T_2$，$\omega_1>\omega_2$	
9	$T_1<T_2$，$\omega_1<\omega_2$	

模式中的5、6、8、9分别对应了这种基于双机械端口电机的新型电力变速系统的电力无级变速混合动力的不同工况。其中工作模式5对应了“电动助力”工况；工作模式9对应了“内、外电机发电”工况；工作模式6对应了“无级减速升矩”工况；工作模式8对应了“无级升速减矩”工况。

第六节 全向系统结构

一、结构

一般来说，前轮转向足以满足大多数车辆的要求。对于前轮转向的汽车，为了便于对车辆的运动学和动力学模型进行分析，一般可采用基于四轮模型简化的单轨模型。

但是，当汽车需要在一个狭小空间中行驶时，转向性能就变得尤为重要。全向系统结构的电动车辆通过改变前后轮耦合关系来实现车辆转向性能的提高，该车辆有三种驾驶模式，分别为ZRT（转动独立于平移）、LP（平移独立于转动）和2FWS（正常车辆运动）。在不同的模式下，前后车轮的耦合关系是不同的，但都符合阿克曼定律。

图4-48所示为车辆绕任意瞬时中心旋转的运动学模型，该瞬时中心由［x_{ICRb}，y_{ICRb}］来表示。OXY 和 $O_bX_bY_b$ 分别为全局坐标系和车辆坐标系。车辆运动状态为［x_v，y_v，θ］。［x_{ib}，y_{ib}］为车轮中心点在全局坐标系中的坐标，$i=1,2,3,4$ 分别表示左前、左后、右后、

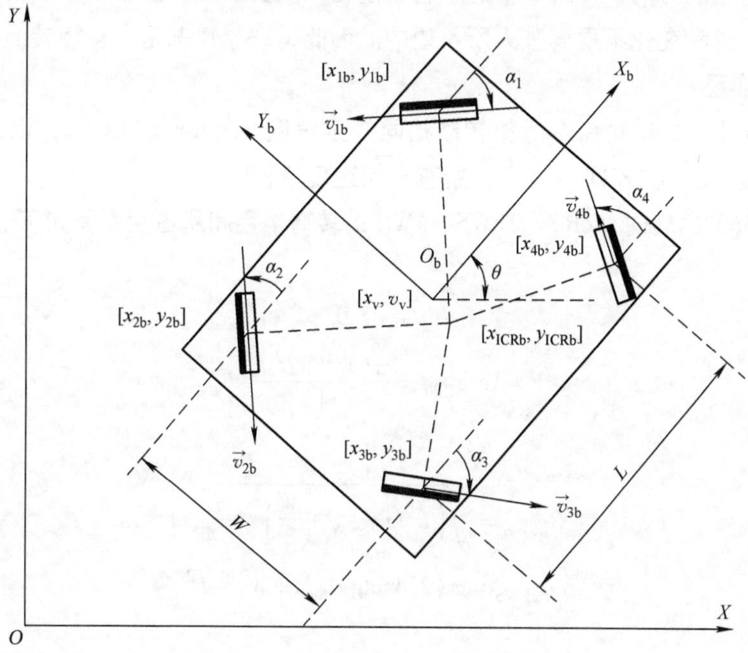

图4-48 车辆绕任意瞬时中心旋转的运动学模型

右前车轮。图中车轮上的黑色部分为车轮的外侧，α_i为车轮初始转向角，$i=1,2,3,4$。所有的旋转运动以逆时针方向为正，v_{ib}是车轮在车辆坐标系中的速度矢量，$i=1,2,3,4$，W 和 L 分别是轮距和轴距。

通过阿克曼定律可知，在车辆转向过程中，所有车轮轴线的延长线必相交于瞬时中心点。因此，车轮的转向角受式（4-42）约束，该公式表明每个车轮中心到瞬时中心的连线都应垂直于该车轮运动的方向。因此，汽车的转向自由度从 4 个降为 2 个。

$$[\cos(\alpha_i),\sin(\alpha_i)]([x_{ib},y_{ib}]^{\mathrm{T}}-[x_{\mathrm{ICRb}},y_{\mathrm{ICRb}}]^{\mathrm{T}})=0 \tag{4-42}$$

式中，$i=1,2,3,4$；[· ， ·] 表示一个 2 维行向量。

此外，因为所有四个车轮在相同的瞬时中心有相同的旋转速度，在假设没有摩擦力的情况下，线速度方程可用下列等式来表示

$$\frac{([x_{\mathrm{ICRb}},y_{\mathrm{ICRb}}]^{\mathrm{T}}-[x_{1b},y_{1b}]^{\mathrm{T}})v_{1b}}{|[x_{\mathrm{ICRb}},y_{\mathrm{ICRb}}]^{\mathrm{T}}-[x_{1b},y_{1b}]^{\mathrm{T}}|^2}=\frac{([x_{\mathrm{ICRb}},y_{\mathrm{ICRb}}]^{\mathrm{T}}-[x_{2b},y_{2b}]^{\mathrm{T}})v_{2b}}{|[x_{\mathrm{ICRb}},y_{\mathrm{ICRb}}]^{\mathrm{T}}-[x_{2b},y_{2b}]^{\mathrm{T}}|^2} \tag{4-43}$$

$$=\frac{([x_{\mathrm{ICRb}},y_{\mathrm{ICRb}}]^{\mathrm{T}}-[x_{3b},y_{3b}]^{\mathrm{T}})v_{3b}}{|[x_{\mathrm{ICRb}},y_{\mathrm{ICRb}}]^{\mathrm{T}}-[x_{3b},y_{3b}]^{\mathrm{T}}|^2} \tag{4-44}$$

$$=\frac{([x_{\mathrm{ICRb}},y_{\mathrm{ICRb}}]^{\mathrm{T}}-[x_{4b},y_{4b}]^{\mathrm{T}})v_{3b}}{|[x_{\mathrm{ICRb}},y_{\mathrm{ICRb}}]^{\mathrm{T}}-[x_{4b},y_{4b}]^{\mathrm{T}}|^2} \tag{4-45}$$

在全向运动中有三种特殊情况：ZRT、LP 和 2FWS。图 4-49 所示为这三种情况车轮转向动力的分配。

1. 零半径转向

为了改变车辆的方向，传统车辆通过转动前轮来改变。旋转会带来中心位置的变化，但在狭窄的空间，这种变化不是驾驶人所希望的。因此，理想情况是车辆旋转而不移动，这可以通过 ZRT 来实现。

在图 4-49a 中，右前轮和左后轮转动相同的正角度 $\alpha=\arctan(L/W)$，而剩下的两轮转动相同的负角度 $-\alpha$。在 ZRT 模式下，所有车轮速度值相同。

对于一个 360°的转向，ZRT、2FWS、4WS 的转弯半径和所占用空间如下。

ZRT：

$$R_{\mathrm{ZRT}}=0 \tag{4-46}$$

$$\mathrm{Area}_{\mathrm{ZRT}}=\frac{\pi(W^2+L^2)}{4} \tag{4-47}$$

2FWS：

$$R_{\mathrm{2FWS}}=\sqrt{\left(L\mathrm{ctg}\,\alpha_{\max}+\frac{W}{2}\right)^2+\frac{L^2}{4}} \tag{4-48}$$

$$\mathrm{Area}_{\mathrm{2FWS}}=\pi(2LW\mathrm{ctg}\,\alpha_{\max}+W^2+L^2) \tag{4-49}$$

4WS：

$$R_{\mathrm{4WS}}=\frac{L}{2}\mathrm{ctg}\,\alpha_{\max}+\frac{W}{2} \tag{4-50}$$

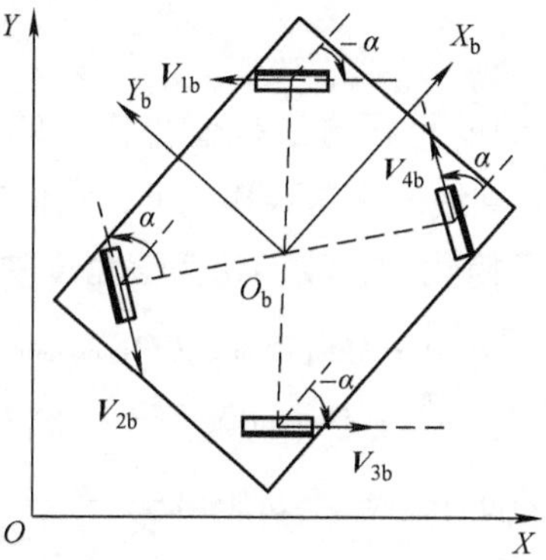

a) ZRT

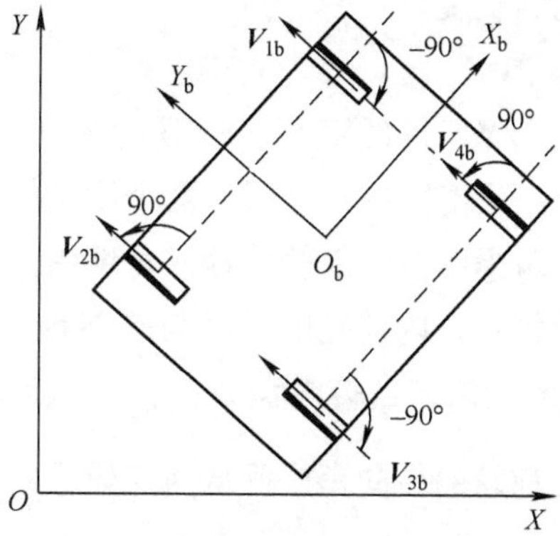

b) LP

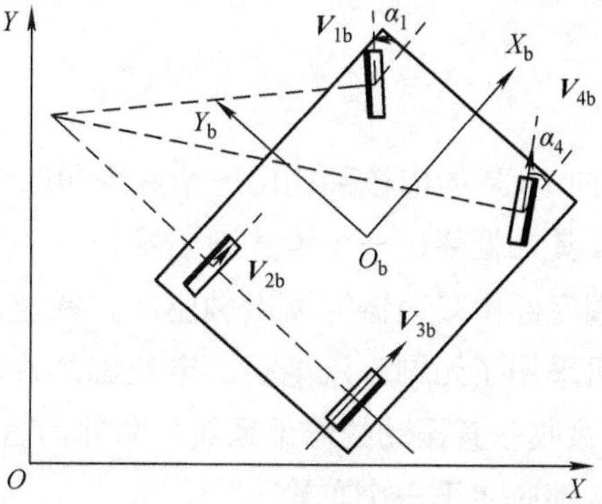

c) 2FWS

图 4-49　车轮转向动力的分配

$$\mathrm{Area}_{4\mathrm{WS}} = \pi\left(LW\mathrm{ctg}\,\alpha_{\max} + W^2 + \frac{L^2}{4}\right) \tag{4-51}$$

表 4-3 表明在 ZRT、2FWS 和 4WS 中，最节省空间的运动是 ZRT。

表 4-3　空间要求的比较

类型	转向半径/m	转向区域/m^2
ZRT	0	3.76
2FWS	3.91	33.97
4WS	1.90	16.22

2. 横向泊车

除了旋转，平移也可以直接和独立地操作。对于单纯的移动，即在运动过程中车辆方向不变，所有四个车轮应该转动相同的角度。这可以通过在阿克曼模型的瞬时中心相交到无穷大来表示。为了简化车辆操纵，LP 是最可取的功能，因为在大多数情况下停车，停车点只有平行于当前车辆位置 1 ~ 2m 的距离。如图 4-49b 所示，左前和右后车轮转向达到 −90°，而另外两个车轮转向达到 +90°。4 个速度矢量是平行的。并且在自动制动功能的假设下，它们具有相同的长度。

3. 前轮转向

由于传统 2FWS 依然流行，一般情况下，运动的可行方法是值得保留的。在图 4-49c 中，瞬时中心不是随意的，必须与两个后轮的轴线共线。在这种模式下，我们要将转向盘输入转角的映射考虑到两个前轮的输入角度中。为了简化它，我们认为该角度映射是分段的。在任何转向操纵中，内前轮的转角与转向盘输入成正比，$\alpha_{\text{innerfront}} = K\phi_{\text{steeringwheel}}$。考虑在传统车辆中的 35°约束，当转向盘 $\phi_{\text{steeringwheel}}$ 转动到最大时，$\alpha_{\text{innerfront}} = 35°$。因此，增益 K 可以被确定。外前轮的转向角应服从阿克曼原则，因此$\alpha_{\text{outerfront}} = \arctan\left(\dfrac{L}{W + L\text{ctg}\alpha}\right)$。

二、系统设计

1. 机械结构

如图 4-50 所示，全向 HEV 的内核架构由一个底盘和四个独立的转向机构组成。该转向机构包括一个轮毂电机及其外框架、一个盘式制动器、一个上下臂以及被旋转轴围绕的两个弹簧转向阻尼器，其上端底部由减速器的输出轴驱动。减速器输入口与一个直流电机连接。其中用于驱动的轮毂电机采用了无刷直流电机，电机由加速踏板上的电压信号控制。另外，全向 HEV 还保留了用于吸收垂直振动的悬架系统。总体而言，全向 HEV 有四个这样独立的转向机构，每个转向机构都应用于一个车轮。

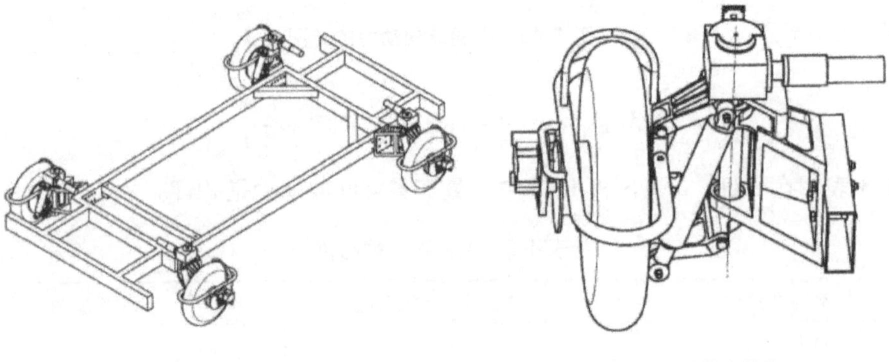

a) 底盘　　　　b) 转向机构

图 4-50　底盘和转向机构

2. 电气系统

图 4-51 所示是一个全向 HEV 电气设计原理框图，其中含有五个部分：控制系统、转向系统界面、驾驶界面、转向执行器和驱动执行器。

转向系统界面有一个转向盘，转向盘上有变速杆以及用于方向和模式选择的按钮。系统安装了一个液晶显示器、一个键盘和鼠标用于调试和测试。驾驶界面有两个踏板：一个电子加速踏板和一个用于液压制动系统的制动踏板。转向执行器包括四个无刷直流电机和相对位置编码器。驱动执行器包括四个驱动电机，即无刷直流轮毂电机。控制系统由两个子系统组成：一个用于转向控制，另一个用于驱动控制。两个系统通过 CAN 通信建立连接。

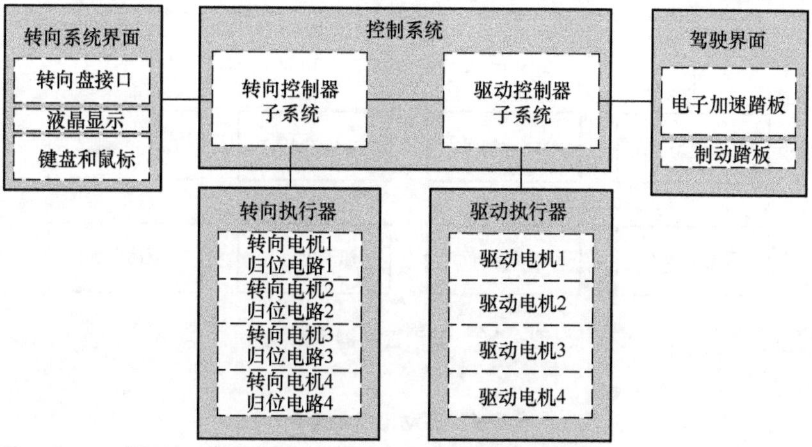

图 4-51 全向 HEV 电气设计原理框图

（1）转向控制器子系统　图 4-52 所示为转向控制器子系统。一台 PC104 配置了一个英特尔奔腾 M1.1GHz 处理器、1GB 存储器和一个 1GB 的 CF 卡作为硬盘。PC104 为转向控制器子系统的核心控制器，采用 Linux2.4 操作系统。

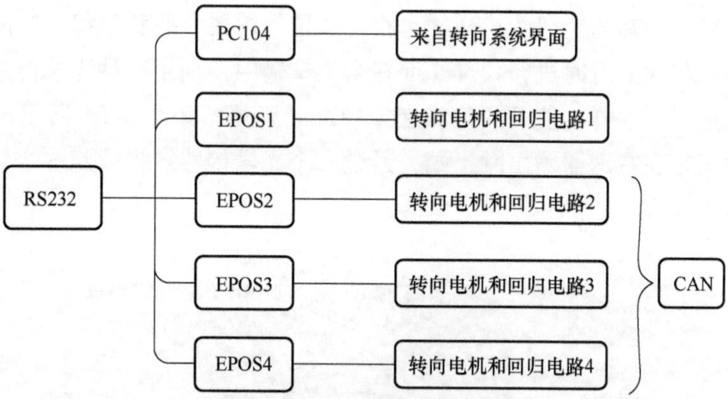

图 4-52 转向控制器子系统

PC104 直接发送命令到转向电机控制器，转向控制器采用 Maxon 公司的 EPOS 控制器，控制转向电机的位置，EPOS 通过 CAN 总线或 RS232 与车辆主控制器连接。

（2）驱动控制器子系统　在驱动控制器子系统中，如图 4-53 所示，主要包括一个 DSP 核心控制器和四个直流无刷电机控制器。

DSP 从电子加速踏板获得电压信号，按照六种工作方式计算得到驱动电机控制信号，发送给四个驱动电机控制器。四个驱动电机控制器按照控制信号控制电机运行在不同方式下，具体见表 4-4。

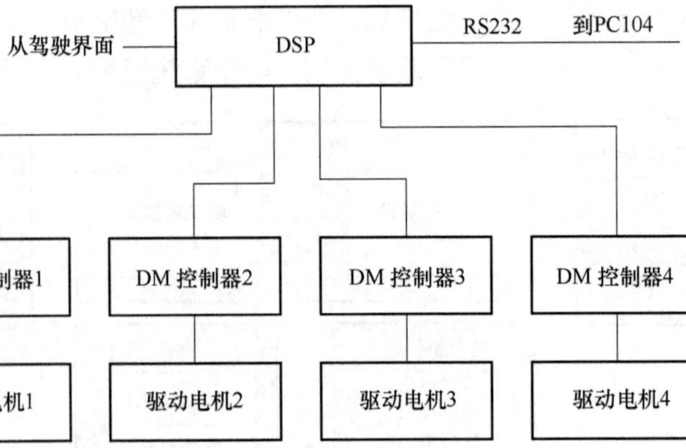

图 4-53　驱动控制器子系统

表 4-4　驱动电机的方向

类型	向前 （#1 #2 #3 #4）	向后 （#1 #2 #3 #4）
2FWS	(B B F F)	(F F B B)
ZRT	(F FFF)	(B BBB)
LP	(F B B F)	(B F F B)

3. 转向角定位

在转向子系统中，转向电机的编码器为相对位置传感器，要获得每个转向机构的转向角的绝对位置，必须每次上电时进行校准。而在全向车辆中，利用一种光学传感器作为每个转向电机的归位传感器，这样就能解决每次上电校准的麻烦，如图 4-54 所示。将一个边缘切断的圆板阻塞件固定在减速器输出轴上端，通过一个光学传感器来检测这个信号，进而校准转向角的绝对位置。

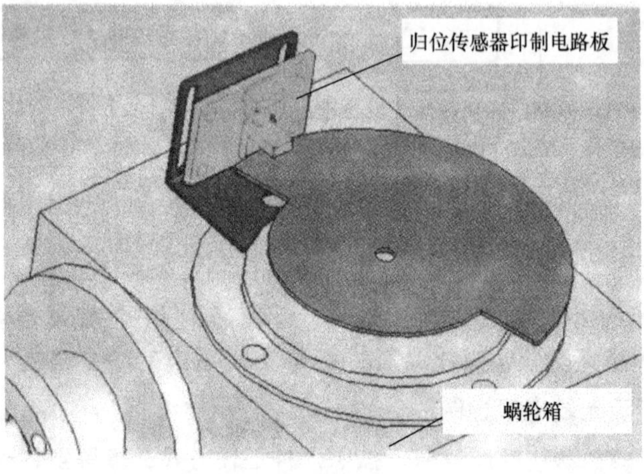

图 4-54　归位传感器

思考题

1. 简述智能车辆电驱动系统的参数匹配准则。
2. 简述多电机独立驱动的构型及特点。
3. 简述全向系统结构中三种特殊情况的车轮转向动力的分配。

第五章

永磁电机结构及原理

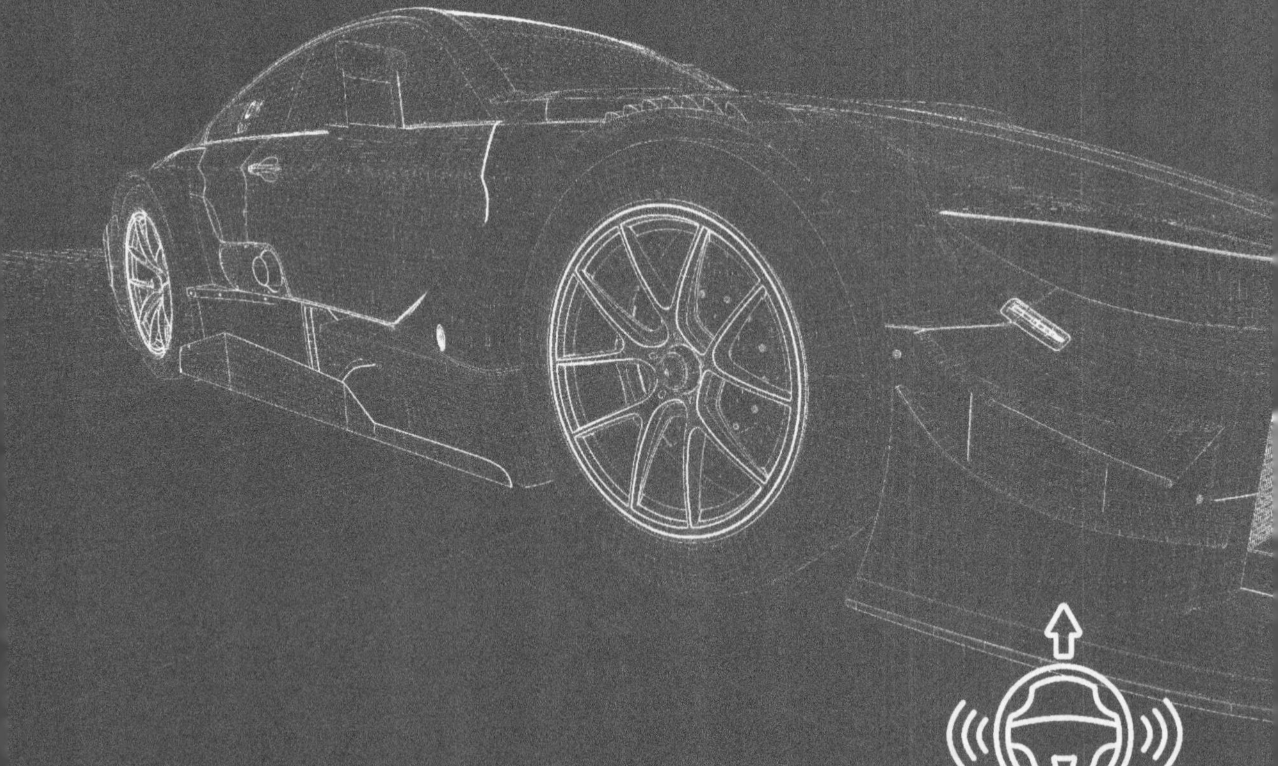

第一节　永磁同步电机

一、永磁同步电机结构

根据转子和定子的相对位置，可以分为内转子和外转子两种永磁同步电机（PMSM）。一种内转子永磁同步电机结构示意图如图 5-1 所示，主要包括机座、定子铁心、定子绕组、转子铁心、永磁体、转子轴、轴承及端盖等，此外还有转子支撑部件、通风孔或者冷却水道、外部接线盒等。

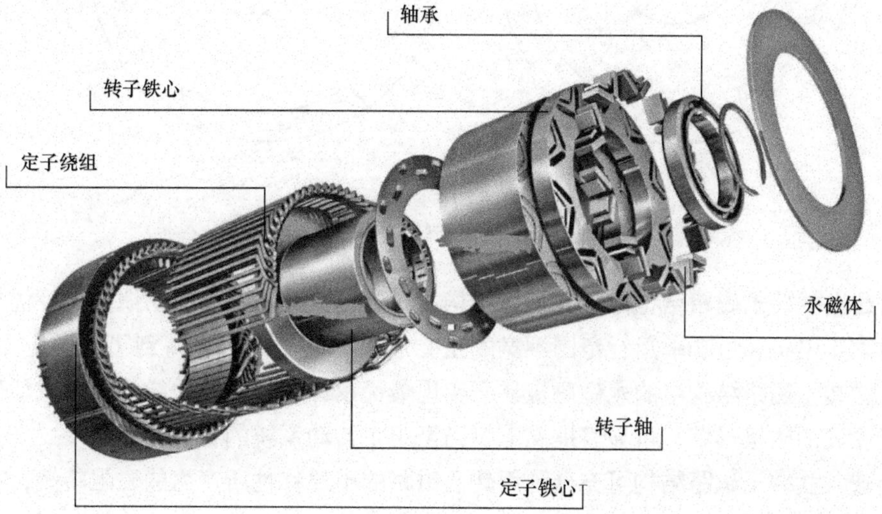

图 5-1　一种内转子永磁同步电机结构示意图

1. 转子

转子磁路结构不同，则电机的运行性能、控制系统、制造工艺和适用场合也不同。近年来，外转子永磁同步电机在一些领域得到了广泛的应用。外转子永磁同步电机的主要优点是其转动惯量比常规永磁同步电机大，且电枢铁心直径可以做得较大，从而提高了在不稳定负载下电机的效率和输出功率。外转子永磁同步电机除了结构与常规永磁同步电机不同之外，其他均相同，本书不再对其详细讨论。按照永磁体在转子上位置的不同，永磁同步电机的转子磁路结构一般可分为 3 种：表面式、内置式和爪极式。

（1）表面式转子磁路结构　在这种结构中，永磁体通常呈瓦片形，位于转子铁心的外表面上，永磁体提供磁通的方向为径向，且永磁体外表面与定子铁心内圆之间一般仅安装起保护作用的非磁性圆筒，或在永磁磁极表面包以无纬玻璃丝带作保护层。图 5-2 所示为表面式转子磁路结构的典型代表。有的调速永磁同步电机的永磁磁极用许多矩形小条拼装成瓦片形，能降低电机的制造成本。

表面式转子磁路结构又分为凸出式（又称表贴式，如图 5-2a 所示）和嵌入式（图 5-2b）两种。对采用稀土永磁体的电机来说，由于永磁材料的相对回复磁导率接近 1，所以表面凸出式转子在电磁性能上属于隐极转子结构；而表面嵌入式转子的相邻两永磁磁极间有着磁导率很大的铁磁材料，故在电磁性能上属于凸极转子结构。

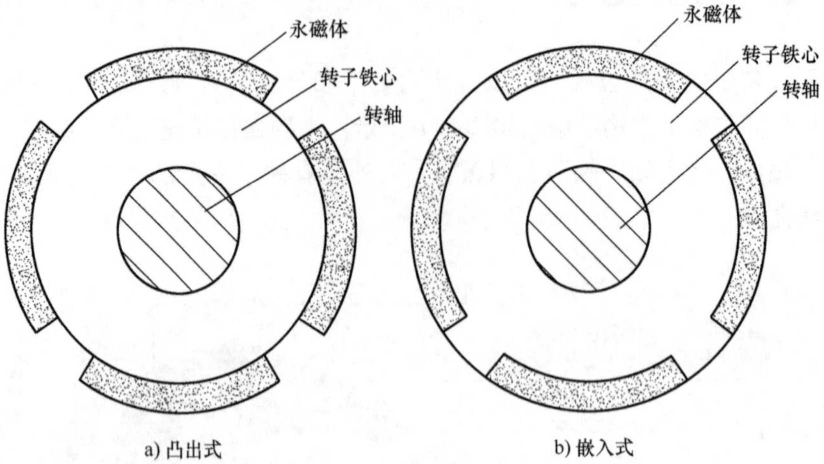

图 5-2　表面式转子磁路结构

表面凸出式转子磁路结构由于其具有结构简单、制造成本低、转动惯量小等优点，在矩形波永磁同步电机和恒功率运行范围不宽的正弦波永磁同步电机中得到了广泛应用。此外，表面凸出式转子磁路结构中的永磁磁极易于实现最优设计，使之成为能使电机气隙磁密波形趋近于正弦波的磁极形状，可显著提高电机乃至整个传动系统的性能。

表面嵌入式转子磁路结构可充分利用转子磁路的不对称性所产生的磁阻转矩，提高电机的功率密度。其动态性能较凸出式有所改善，制造工艺也较简单，常用于某些调速永磁同步电机。但其漏磁系数和制造成本都较凸出式大。

总之，表面式转子磁路结构的制造工艺简单、成本低，应用较为广泛，尤其适用于矩形波永磁同步电机。但因表面式转子磁路结构的转子表面无法安放起动绕组，故无异步起动能力，不能用于异步起动永磁同步电机。

（2）内置式转子磁路结构　这类结构的永磁体位于转子内部，永磁体外表面与定子铁心内圆之间（对外转子磁路结构则为永磁体内表面与转子铁心外圆之间）有铁磁物质制成的极靴，极靴中可以放置铸铝笼或铜条笼，起阻尼或起动作用，动、稳态性能好，广泛用于要求有异步起动能力或动态性能高的永磁同步电机上。内置式转子内的永磁体受到极靴的保护，其转子磁路结构的不对称性所产生的磁阻转矩也有助于提高电机的过载能力和功率密度，而且易于“弱磁”扩速。

按永磁体磁化方向与转子旋转方向的相互关系，内置式转子磁路结构又可分为径向式、切向式和混合式三种。

1）径向式结构。如图 5-3 所示，这类结构的优点是漏磁系数小、转轴上无须采取隔磁措施、极弧系数易于控制、转子冲片机械强度高、安装永磁体后转子不易变形等。图 5-3a 是早期采用的转子磁路结构，现已较少采用。图 5-3b 和图 5-3c 中，永磁体轴向插入永磁体槽孔并通过隔磁磁桥限制漏磁通，其结构简单、运行可靠、转子机械强度高，因此应用较为广泛。图 5-3c 中的转子磁路结构比图 5-3b 中的转子磁路结构提供了更大的永磁体空间。图 5-3d 属于外转子结构，它也属于内置径向式转子磁路结构。

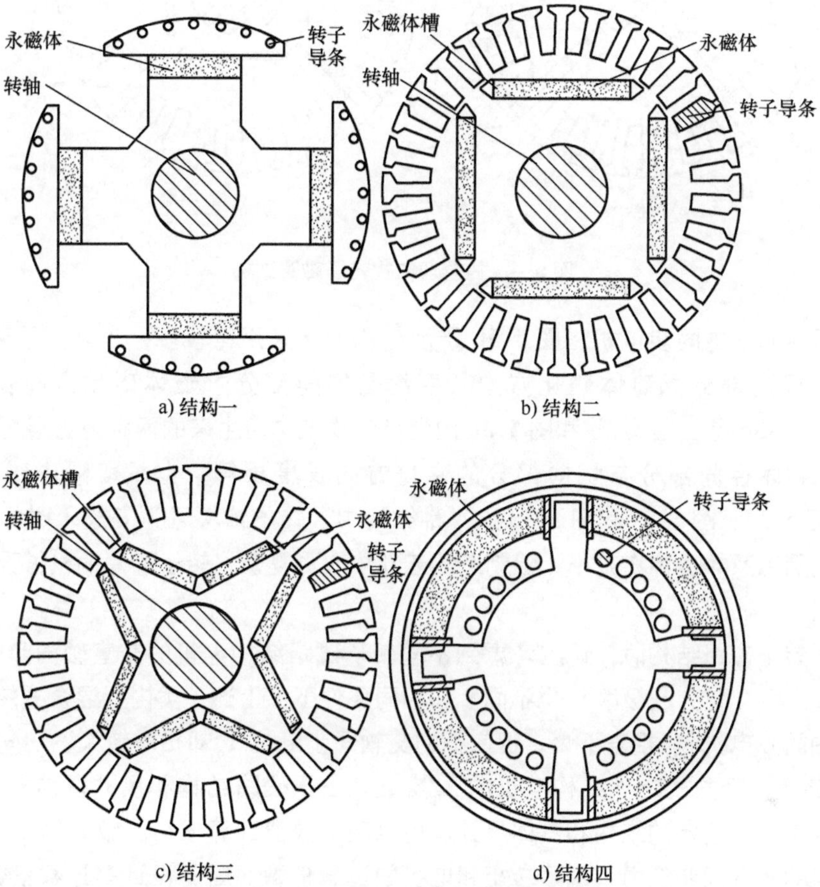

图 5-3　内置径向式转子磁路结构

2）切向式结构。如图 5-4 所示，这类结构的漏磁系数较大，并且需采用相应的隔磁措施，电机的制造工艺和制造成本较径向式结构有所增加。其优点在于一个极距下的磁通由相邻两个磁极并联提供，可得到更大的每极磁通。尤其当电机极数较多、径向式结构不能提供足够的每极磁通时，这种结构的优势便显得更为突出。此外，采用切向式转子磁极结构的永磁同步电机的磁阻转矩在电机总电磁转矩中的比例可达 40%，这对充分利用磁阻转矩，提高电机功率密度和扩展电机的恒功率运行范围都是很有利的。

3）混合式结构。如图 5-5 所示，这类结构集中了径向式和切向式转子结构的优点，但其结构和制造工艺均较复杂，制造成本也比较高。图 5-5a 所示是由德国西门子公司发明的混合式转子磁路结构，需采用非磁性转轴或采用隔磁铜套，主要应用于采用剩磁密度较低的

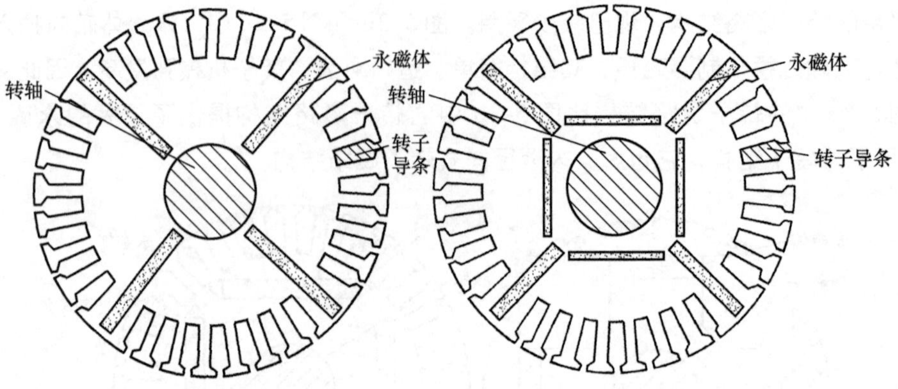

a) 结构一　　b) 结构二

图 5-4　内置切向式转子磁路结构

铁氧体永磁体的永磁同步电机。图 5-5b 所示结构近年来用得较多，也采用隔磁磁桥隔磁。这种结构的径向部分永磁体磁化方向长度约是切向部分永磁体磁化方向长度的一半。图 5-5c 和图 5-5d 是由图 5-3b 和图 5-3c 内置径向式结构衍生来的两种内置混合式转子磁路结构。其永磁体径向部分与切向部分的磁化方向长度相等，也采取隔磁磁桥隔磁。在图 5-3b和图 5-3c、图 5-5c 和图 5-5d 这 4 种结构中，转子依次可为安放永磁体提供更多的空间，空载漏磁系数也依次减小，但制造工艺却依次更复杂，转子冲片的机械强度也依次有所下降。

在选择转子磁路结构时，还应考虑到不同转子磁路结构电机的交直轴同步电抗 X_q、X_d 及其比例 X_q/X_d（称为凸极率）也不同。在相同条件下，上述 3 类内置混合式转子磁路结构电机的直轴同步电抗 X_d 相差不大，但它们的交轴同步电抗 X_q 却相差较大。切向式转子结构电机的 X_q 最大，径向式转子结构电机的 X_q 次之。由于磁路结构和尺寸多种多样，X_q 和 X_d 的大小需要根据所选定的结构和具体尺寸运用电磁场数值计算求得。较大的 X_q 和凸极率可以提高电机的牵入同步能力、磁阻转矩和电机的过载倍数。因此设计高过载倍数的电机时，可充分利用大凸极率所产生的磁阻转矩。

（3）爪极式转子磁路结构　爪极式转子磁路结构通常由两个带爪的法兰盘和一个圆环形的永磁体构成，图 5-6 所示为其结构示意图。左右法兰盘的爪数相同，且两者的爪极互相错开，沿圆周均匀分布。永磁体轴向充磁，因而左右法兰盘的爪极分别形成极性相异、相互错开的永磁同步电机的磁极。爪极式转子结构永磁同步电机的性能较低，又不具备异步起动能力，但结构和工艺较为简单。

2. 定子

PMSM 定子主要包括电枢绕组和定子铁心两部分。一般采用表面绝缘的铜材料先绕制成多匝线圈，将线圈放置在合适的定子槽中，然后将某一相绕组的线圈连接起来，最后将不同磁极下同一相绕组的线圈连接在一起，从而构成一相绕组，并将其从内部与电机接线盒中的对应端子相连。

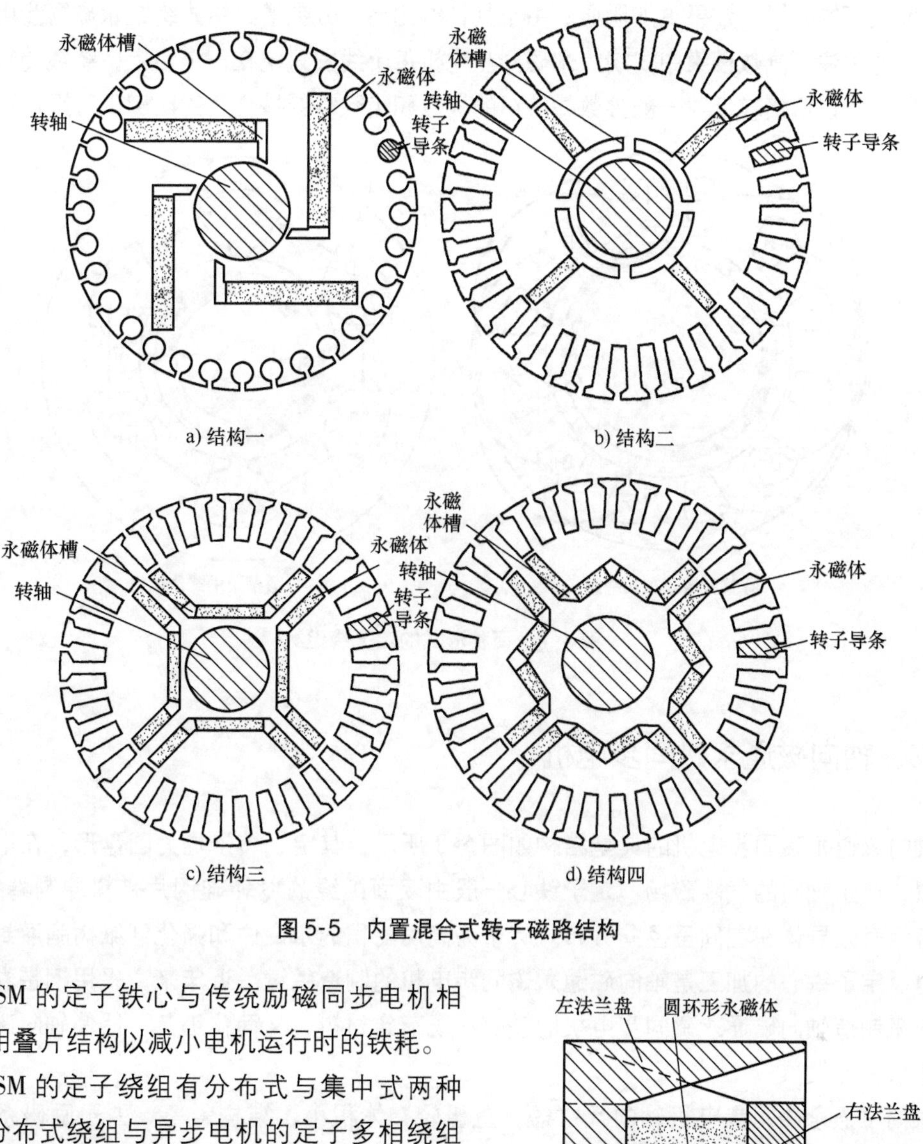

图 5-5 内置混合式转子磁路结构

PMSM 的定子铁心与传统励磁同步电机相同，采用叠片结构以减小电机运行时的铁耗。

PMSM 的定子绕组有分布式与集中式两种结构。分布式绕组与异步电机的定子多相绕组相似，一般希望分布在定子槽中的定子绕组产生的磁通势为理想正弦波。每极每相槽数定义为

$$q = Z/2n_pm \tag{5-1}$$

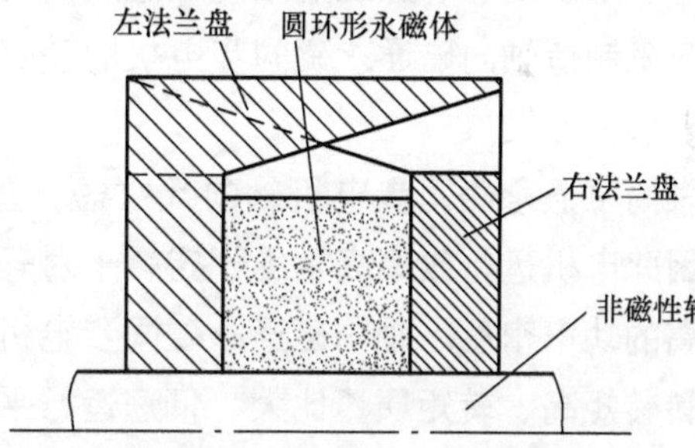

图 5-6 爪极式转子磁路结构

式中，Z 为定子槽数，n_p 为电机极对数，m 为电机定子绕组相数。

采用双层短距绕组（即线圈的跨距小于一个极距）可以改善电动势的波形，但是，极数多的电机和 q 值大的电机在制造工艺上比较难以实现，并且端部较长的电机也会增加铜耗。

如图 5-7 所示，与采用分布式绕组的传统电机相比而言，集中式绕组的端部较短，工艺相对简单，结构更加紧凑。采用集中式绕组后，绕组端部的铜耗量可以显著减少，特别是电机的

轴向长度很短的时候，效果更加明显。由于其性价比高，分数槽集中式绕组永磁同步电机受到越来越多的关注。分数槽集中式绕组永磁同步电机每个线圈只绕在一个齿上，绕线简单且可以自动绕线，所以价格较低。一般分数槽绕组的极数和齿数需要按合适的比例进行组合。

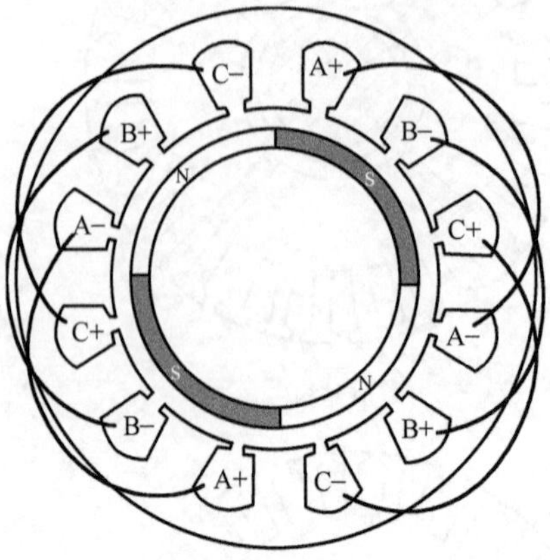

a) 整数槽分布式绕组

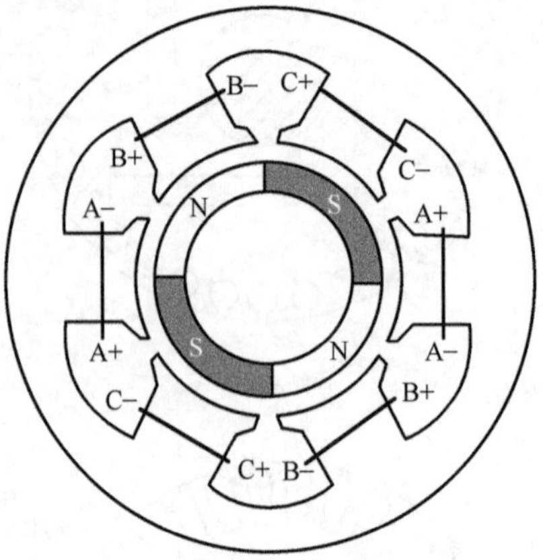

b) 分数槽集中式绕组

图 5-7　两种形式的定子绕组

二、轴向磁通永磁同步电机

轴向磁通永磁同步电机的典型结构如图 5-8 所示，其定、转子均为圆盘形，在电机中对等放置，产生轴向的气隙磁场。定子铁心一般由双面绝缘的冷轧硅钢片带料冲制卷绕而成，定子绕组有效导体在空间呈径向分布。转子为高磁能积的永磁体和强化纤维树脂灌封而成的薄圆盘。定子铁心的加工是轴向磁通永磁同步电机的制造关键。近年来，采用钢带卷绕的冲卷机床来制造轴向磁通永磁同步电机的铁心，既节省材料，又简化工艺，促使轴向磁通永磁同步电机快速发展。

轴向磁通永磁同步电机轴向尺寸短、重量轻、体积小、结构紧凑。由于励磁系统无损耗，因此电机运行效率高。由于定转子对等排列，使得定子绕组具有良好的散热条件，可获得很高的功率密度。轴向磁通永磁同步电机转子的转动惯量小、机电时间常数小、峰值转矩和堵转转矩高、转矩质量比大、低速运行平稳、具有优越的动态性能。

以轴向磁通永磁同步电机为执行元件的伺服传动系统是新一代机电一体化组件，具有不用齿轮、精度高、响应快、加速度大、转矩波动小、过载能力高等优点，可应用于数控机床、机器人、雷达跟踪等高精度系统中。

轴向磁通永磁同步电机有多种结构形式，按照定转子数量和相对位置可大致分为以下 4 种。

（1）中间转子结构　如图 5-8 所示，这种结构可使电机获得最小的转动惯量和最优的散热条件。它由双定子和单转子组成双气隙，其定子铁心分有齿槽和无齿槽两种，有齿槽定子加工时采用专用的冲卷床，使铁心的冲槽和卷绕一次成形，这样既提高了硅钢片的利用率，又可降低电机损耗。

（2）单定子、单转子结构　如图 5-9 所示，这种结构最为简单，但由于其定子同时作为旋转磁极的磁回路，需要推力轴承以保证转子不发生轴向窜动。而且转子磁场在定子中交变，会引起损耗，导致电机的效率降低。

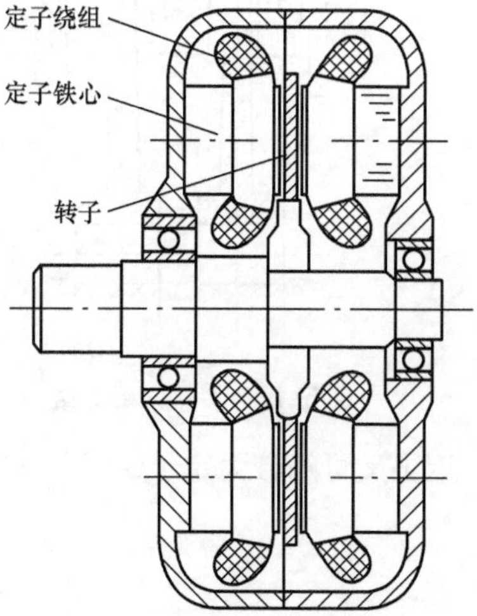

图 5-8　轴向磁通永磁同步电机中间转子结构

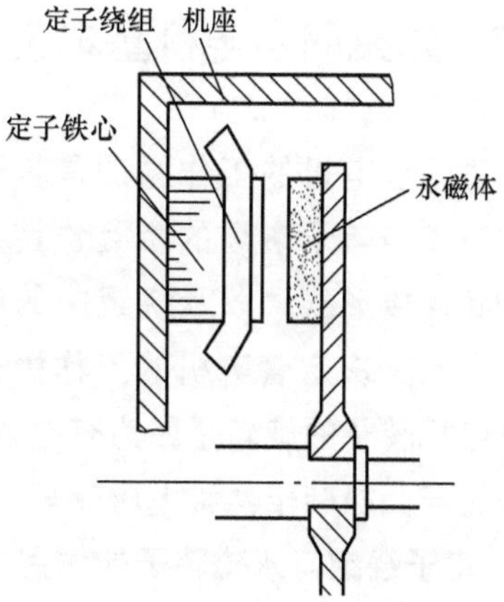

图 5-9　单定子、单转子结构

（3）中间定子结构　该结构由双转子和单定子组成双气隙，如图 5-10 所示。定子铁心一般不开槽，定子绕组既可以黏结在铁心上，也可以均匀环绕于铁心上，形成环形绕组定子。转子为高性能永磁材料，黏结在实心钢构成的圆盘上，如图 5-11 所示。所以中间定子结构电机的转动惯量比中间转子结构电机的转动惯量要大。

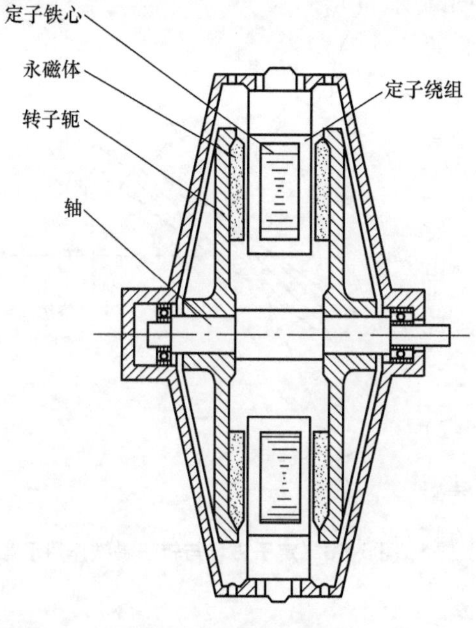

图 5-10　中间定子结构

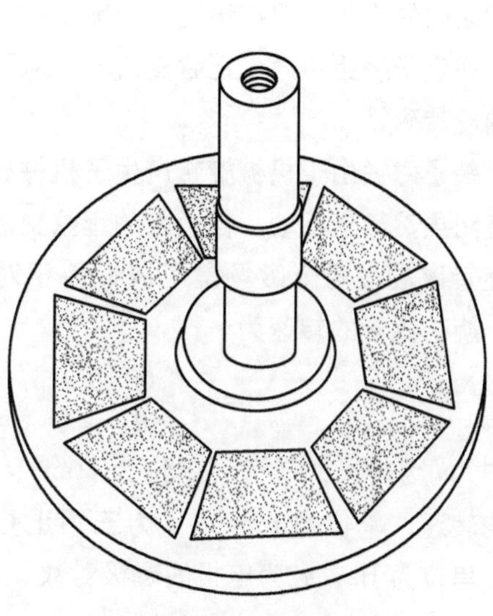

图 5-11　盘形转子

（4）多轴向磁通结构　该结构由多定子和多转子交错排列组成多气隙，如图 5-12 所示。采用多轴向磁通结构可进一步提高轴向磁通永磁同步电机的转矩，特别适合用于大转矩直接传动装置。

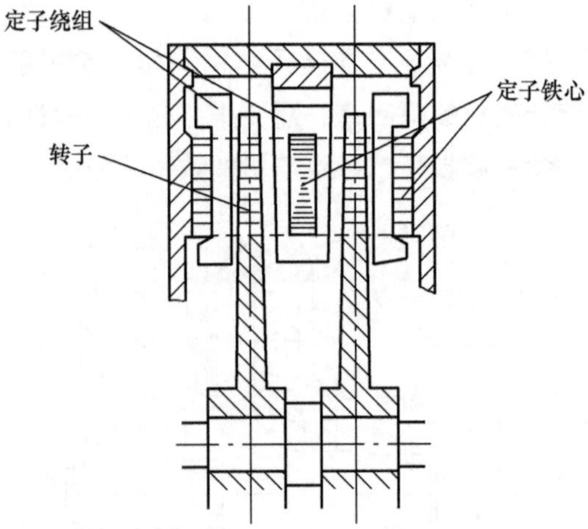

图 5-12　多轴向磁通结构

三、永磁同步电机基本工作原理

永磁同步电机的工作原理是基于定子绕组中的电流与转子磁场的相互作用，定子绕组结构和连接形式，以及绕组中的电流和产生的反电动势决定着电机的工作模式和电机形式。电机转子的旋转是因为有电磁转矩的作用，这里又可细分为定子绕组与永磁转子以及定子绕组与凸极转子两种电磁转矩。

1. 定子绕组与永磁转子的作用力

如图 5-13 所示，当电机转子静止时，永磁体产生的磁场是直流磁场，方向沿 d 轴（如图 5-13 中 N、S 所示)，该磁场在空间内是不会旋转的。当三相定子绕组通入直流电时，也可以产生直流磁场。如果合理地控制各相绕组电流大小，则定子绕组产生的合成直流磁场的位置（可以近似认为是图 5-13 中合成电流 i_s 的位置）也是不同的。两个直流磁场就如同两块磁铁，它们之间可以产生相互作用力。定子绕组由于固定在定子槽中不能运动，所以转子磁铁受到作用力后就会旋转。

当两块磁铁的相对位置发生变化时，它们之间的作用力将会随之变化，而不能够保持恒定。如果希望它们之间的作用力保持恒定，就需要在转子磁铁旋转时，在定子绕组中通入正弦交流电，从而产生一个等效的旋转磁铁。

转子磁铁由于机械旋转产生了机械旋转磁场。定子绕组虽然静止不动，但通入的正弦交流电产生了电气旋转磁场，两个磁场是可以保持相对静止的。此时，旋转磁场的转速为

$$n = n_1 = \frac{60f}{n_p} \tag{5-2}$$

式中，n 为转子的转速，单位为 r/min；n_1 为旋转磁场的转速，单位为 r/min；f 为三相正弦交流电的频率，单位为 Hz；n_p 为电机的磁极对数。

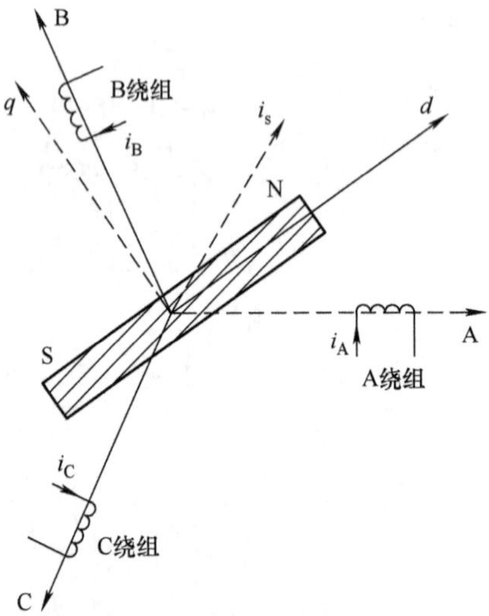

图 5-13　定子磁场与转子磁铁作用示意图

2. 定子绕组与凸极转子的作用力

PMSM 转子凸极的存在使电机的磁场复杂化。为了便于说明，在图 5-14 中，假定凸极转子铁心的磁场分布在两个轴线上，即 d 轴与 q 轴，定子绕组也被替换成一个 d 轴绕组（图中的 D_1 与 D_2 两个端子，图中电流方向为正方向）和一个 q 轴绕组（图中的 Q_1 与 Q_2 两个端子，图中电流方向为正方向）。当定子绕组的 d 轴电流 i_d 与 q 轴电流 i_q 分别在 d 轴、q 轴的磁路中励磁，将会分别产生 d 轴的磁通 Φ_d 与 q 轴的磁通 Φ_q。定子绕组与凸极转子之间的作用力是相互的，可以通过分析定子绕组的受力来计算转子的受力。

定子绕组 d 轴电流 i_d 与 q 轴磁路中的磁通 Φ_q 产生作用力 f_1，定子绕组 q 轴电流 i_q 与 d 轴磁路中的磁通 Φ_d 产生作用力 f_2，即

$$f_1 \propto B_q i_q l \propto N \frac{N i_q \Lambda_q}{S} i_q l \propto L_q i_d i_q \tag{5-3}$$

$$f_2 \propto L_d i_d i_q \tag{5-4}$$

凸极转子的受力与定子绕组的受力相反。如图 5-14 所示，按照转子逆时针方向旋转为正方向，转子受到的电磁转矩可以简单地描述为

$$T_e = R(f_2 - f_1) = K(L_d - L_q) i_d i_q \tag{5-5}$$

由于 d 轴磁路的磁导小于 q 轴磁路的磁导，所以 $L_d < L_q$。当 $L_q > 0$ 时，如果希望有正向的电磁转矩产生，那么必须有 $i_d < 0$。即图 5-14 中第二象限内的定子绕组合成电流可以牵引凸极转子逆时针旋转，第一象限内的定子绕组合成电流则不能够实现这一点。

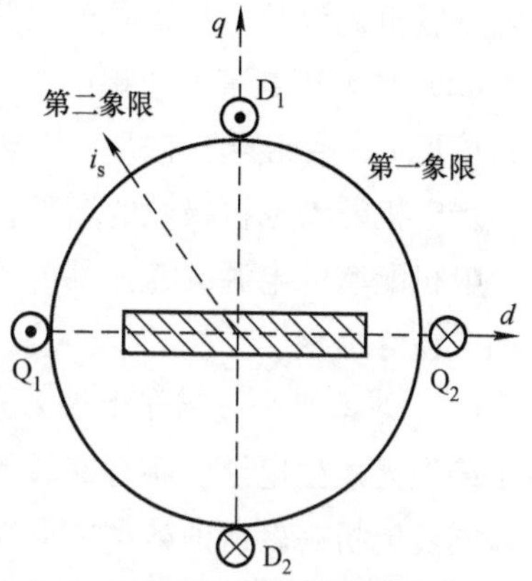

图 5-14 定子磁场与凸极转子相互作用的示意图

上面分析的结果也可以说明，只要定子绕组 d 轴、q 轴电流不变，那么转矩也是恒定的。

实际上，电机三相定子绕组的对称正弦波电流产生的总电流可以用电流矢量来描述，此时的电流矢量是一个幅值恒定、匀速旋转的矢量，该电流矢量的旋转速度等于正弦电流的电角速度，当该速度与转子电角速度相等时，电机转子受到的作用力保持恒定，这通常是我们希望的，电机调速系统通常需要恒定的转矩对机械系统进行加速或制动。电流矢量的旋转速度通常称为同步速度，电机稳定运行时的转速也是该速度，这就是我们称这种电机为“同步”电机的原因。

3. 电机的基本控制模式

根据电机的基本运行原理，可以考虑两种方式来控制电机，使其产生恒定的电磁转矩。一种情况是在不知道电机转子位置的情况下，给定子绕组通入旋转的电流矢量，利用该电流与转子的相互作用力驱动电机旋转。条件合适的话，电机转子可以与电流矢量保持同步旋转，这种情况下称电机处于他控模式。另一种情况是首先需要知道电机的转子位置，然后根据该信息控制定子绕组的通电方式和各相绕组的电流值，从而保持定子电流矢量与转子的同步，这种情况下称电机处于自控模式。

当电机处于他控模式下时，可能会出现定子电流矢量与转子位置关系非常不协调的情况。此时不能产生合适的电磁转矩驱动转子同步旋转，那么电机就不能进入稳定运行的状态。另外，当电机稳定运行时，如果转子受到某种扰动使其位置发生变化，那么电机的电磁转矩就会直接受到影响。如果电机转矩不能及时驱动转子进入同步状态，那么电机将可能会发生失步，不再稳定运行。相比之下，自控模式下的电机电流矢量可以根据转子位置进行实时控制，因此自控模式下电机的工作稳定性可以大大提高。

四、永磁同步电机的特点

1. 优点

（1）损耗低、温升低　由于永磁同步电机的磁场是由永磁体产生的，从而避免了通过励磁电流来产生磁场而导致的励磁损耗，即励磁绕组的铜耗。转子在运行时无电流，可以显著降低电机的温升，在相同负载情况下，温升低 20K 左右。

（2）功率因数高　永磁同步电机功率因数高，且与电机极数无关，电机满负载时功率因数接近 1。相比异步电机，其电机电流更小，相应地电机的定子铜耗更小，效率也更高。而异步电机随着电机极数的增加，功率因数也越来越低。并且，因为永磁同步电机功率因数高，电机配套的电源（变压器）容量理论上是可以降低的，同时还可以降低配套的开关设备和电缆等规格。

（3）效率高　在转子上嵌入永磁体后，当电机正常工作时，转子与定子磁场同步运行，转子绕组无感生电流，不存在转子电阻和磁滞损耗，从而提高了电机效率。相比异步电机，永磁同步电机在轻载时效率值要高很多，其高效运行范围宽，在 25% ~120% 范围内效率高于 90%。永磁同步电机额定效率可达现行国标的 1 级能效要求，这是其在节能方面相比异步电机最大的一个优势。在电机实际运行中，电机在驱动负载时很少以满功率运行。其原因有两方面：一方面，设计人员在电机选型时，一般是依据负载的极限工况来确定电机的功率，而极限工况出现的机会是很少的。同时，为防止在异常工况时烧损电机，设计时也会进一步给电机的功率留裕量。另一方面，电机制造商为保证电机的可靠性，通常会在用户要求的功率基础上，进一步留有一定的功率裕量。这样就导致实际运行的电机，大多数工作在额定功率的 70% 以下，特别是驱动风机或泵类负载，电机通常工作在轻载区。

（4）体积小、质量小、耗材少　同容量的永磁同步电机的体积、质量、所用材料相比异步电机可以减小 30% 左右。

（5）电枢反应小，抗过载能力强　永磁同步电机还具有高起动转矩、起动时间较短、高过载能力的优点。可以根据实际轴功率降低设备驱动电机的装机容量，节约能源的同时减少固定资产的投资。永磁同步电机控制方便，转速恒定，不随负载的波动、电压的波动而变化，只决定于频率，运行平稳可靠。由于转速严格同步，动态响应性能好，适合变频控制。永磁同步电机的安装外形尺寸符合 IEC 标准，可以直接替换三相异步电机，防护等级可以做到 IP54 和 IP55。

2. 缺点

永磁材料在受到振动、高温和过载电流作用时，其导磁性能可能会下降，严重时会发生退磁现象。另外，稀土永磁同步电机要用到稀土材料，制造成本不太稳定。

第二节　开关磁阻电机

一、开关磁阻电机的结构

开关磁阻电机的基本组成部件有转子、定子和电子开关，如图 5-15 所示。

a) 转子　　b) 定子

图 5-15　开关磁阻电机的主要部件结构图

1. 转子

开关磁阻电机的转子由导磁性能良好的硅钢片叠压而成，转子的凸极上无绕组。开关磁阻电机转子的作用是构成定子磁场磁通路，并在磁场力的作用下转动，产生电磁转矩。转子的凸极个数为偶数。实际应用的开关磁阻电机的转子凸极最少有 4 个（2 对），最多有 16 个（8 对）。

2. 定子

开关磁阻电机的定子铁心也是由硅钢片叠压而成的，成对的凸极上绕有两个串联的绕组。定子的作用是定子绕组按顺序通电，产生的电磁力牵引转子转动。定子凸极的个数也是偶数，最少的有 6 个，最多的有 18 个。

定子和转子的极数常用组合见表 5-1，目前应用较多的是四相 8/6 极结构和三相 6/4 极结构。

表 5-1 开关磁阻电机定子和转子的极数常用组合

项目	参数						
相数	3	4	5	6	7	8	9
定子极数	6	8	10	12	14	16	18
转子极数	4	6	8	10	12	14	16
步进角/(°)	30	15	9	9	4.25	3.21	2.5

二、开关磁阻电机的原理

与其他类型的电机相比，开关磁阻电机的结构和工作原理都有很大的不同。开关磁阻电机的定子和转子均为双凸极结构，依据磁路磁阻最小原理产生电磁转矩，使转子转动。开关磁阻电机的定子凸极上绕有集中绕组，转子凸极上没有绕组。

图 5-16 所示为四相 8/6 极开关磁阻电机的结构示意图。图 5-16 中仅画出其中一相绕组（A 相）的连接情况。当定子、转子凸极正对时，磁阻最小；当定子、转子凸极完全错开时，磁阻最大。当 B 相绕组施加电流时，由于磁通总是选择磁阻最小的路径闭合，为减少磁路的磁阻，转子将顺时针旋转，直到转子凸极 2 与定子凸极 B 的轴线重合。

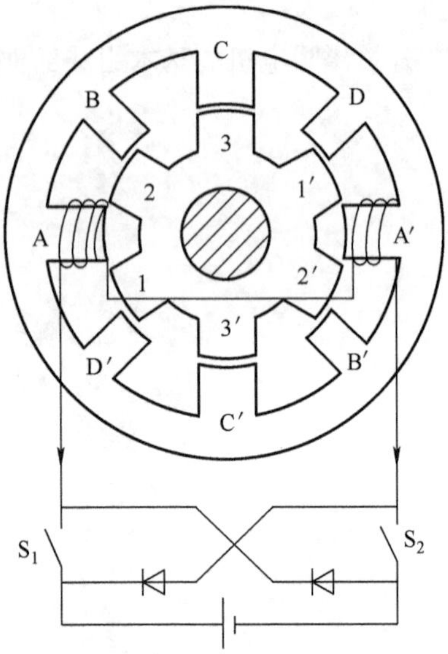

图 5-16 四相 8/6 极开关磁阻电机的结构示意图

当各电子开关依次控制 A、B、C、D 四个定子绕组通电时，转子就会不断受电磁力的作用而持续转动。如果定子绕组按 D→A→B→C 的顺序通电，则转子就会逆着励磁顺序以逆时针方向连续旋转。反之，若按 B→A→D→C 的顺序通电，则电机转子就会沿顺时针方向旋转。

根据定子、转子凸极对数的配比，开关磁阻电机可以设计成不同的结构，如图 5-17 所示。

三、开关磁阻电机与永磁体结合

随着开关磁阻电机的逐步应用以及功率电子学和微电子学的飞速发展，在 20 世纪 90 年代出现了一种新型的机电一体化可控交流调速系统。美国著名电机专家 T. A. Lipo 等人于 1992 年将开关磁阻电机与永磁体结合，提出了一种双凸极永磁电机（Doubly Salient Perma-

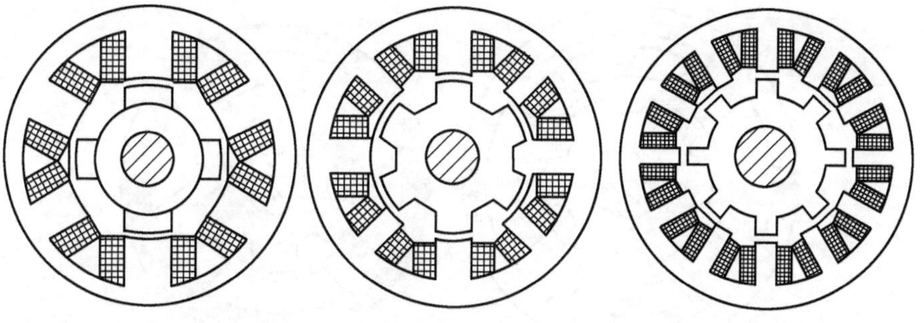

a) 6/4极　　b) 8/6极　　c) 12/8极

图 5-17　开关磁阻电机的不同凸极配比

nent Magnet motor，简称 DSPM motor)，并对其进行了初步的理论和实验研究，同时于 1995 年首次提出这种新结构电机，如图 5-18 所示。

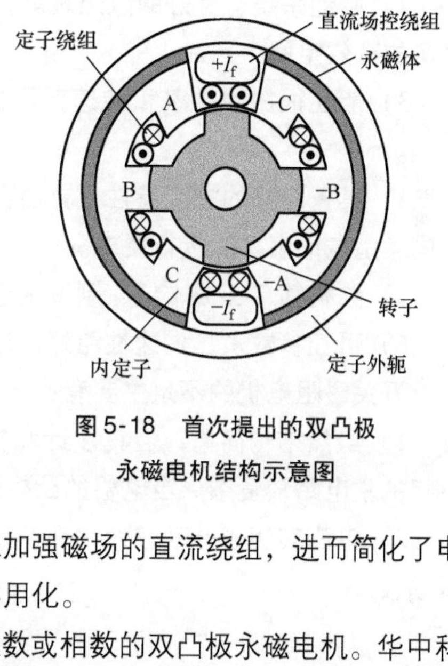

图 5-18　首次提出的双凸极永磁电机结构示意图

电机中永磁体采用铁氧体，直流场控绕组产生磁通与永磁体产生磁通方向相同。可以看出，只要改变各相定子绕组电流方向，就可使气隙磁场增加或减弱，从而产生电磁转矩。与开关磁阻电机相比，该电机最大的特点是绕组的电流是交变的。但是由于受当时条件所限，永磁体材料选用为铁氧体。铁氧体永磁材料剩磁较少，因此要获得较大的气隙磁通密度，需增加直流场控绕组，以此来产生磁通增大磁密，从而使电机结构变得复杂，并导致铜损增加，且效率降低。

随着稀土永磁材料的迅速发展，其优点不断涌现。采用稀土永磁材料的双凸极永磁电机可以摆脱用来加强磁场的直流绕组，进而简化了电机结构，降低了铜损，从而使双凸极永磁电机走向了实用化。

与开关磁阻电机类似，人们开始提出并研究各种极数或相数的双凸极永磁电机。华中科技大学的边敦新教授提出了一种单相双凸极结构的永磁电机，结构如图 5-19a 所示。当绕组电流与永磁体同时作用时，由图 5-19b 中磁力线分布可以看出，在极 2 下的气隙磁密增强，而极 1 下的气隙磁密削弱，因而使转子顺时针方向转动。单相双凸极永磁电机具有单相绕组，结构简单牢固，降低了电机的用铜量及铜耗；阶梯气隙的安排使电机可以可靠起动，并能双方向转动。但是阶梯气隙的使用使得电机气隙长度增加，从而增大了气隙磁阻及漏磁。

四、开关磁阻电机的特点

开关磁阻电机作为一种新型调速电机，在电动汽车领域应用的主要优势如下：

1）通过合理的控制策略和系统设计，开关磁阻电机能满足电动汽车四象限运行的要

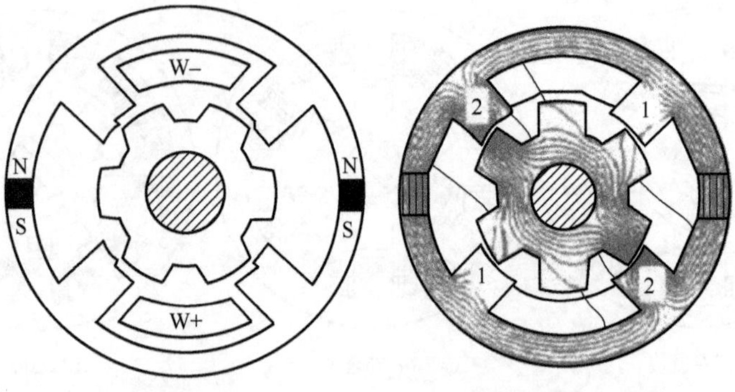

a) 结构示意图　　b) 磁力线分布示意图

图 5-19　单相双凸极结构的永磁电机

求，具有较强的再生制动能力，并在高速运行区域内能保持较强的制动能力。

2）驱动系统有良好的散热性能，功率密度大，减小了电机的体积和质量，节省了电动汽车的有效空间。

3）能在很宽的功率和转速范围内保持高效率，能有效提高电动汽车一次充电的续驶里程。

4）具备良好的控制特性，更易实现智能化，从而能通过编程和替换电路元器件，满足不同类型电动汽车的运行要求。

5）结构简单、成本低、制造工艺简单。

6）可控参数多，调速性能好，适于频繁起动、停止以及正反转运行。

开关磁阻电机的不足主要有：

1）虽然结构简单，但其设计和控制较复杂。开关磁阻电机设计和控制要求非常精细，电机的主电路较复杂。当电机的凸极数较多时，主接线数就多。

2）电磁转矩的脉动较大，在特定频率下会产生谐振，这些都使得开关磁阻电机噪声和振动较大。

思考题

1. 简述永磁同步电机的工作原理。
2. 简述轴向磁通永磁同步电机的优缺点。
3. 简述开关磁阻电机的工作原理。

第六章

电驱动控制电路

第一节　车用电力电子器件

电力电子技术对改进汽车动力性、燃油经济性、排放及安全性、舒适性起着越来越重要的作用。功率半导体器件被广泛应用于汽车电力电子系统，并常常决定了这些系统的效率、成本和体积。有源功率半导体开关如 MOSFET 和 IGBT，常用于电机（从 75kW 的交流牵引电机到 1W 的直流电机）、电磁阀、点火线圈、继电器、加热器、灯具以及其他汽车负载的驱动。二极管在汽车系统中常用于对发电机产生的交流电流进行整流，为 DC/AC 逆变器和 DC/DC 变换器中的 IGBT 和 MOSFET 提供续流路径以及抑制电压瞬变等。现如今，每辆汽车平均拥有超过 50 个驱动单元，这些驱动单元往往由 MOSFET 或者其他功率半导体器件控制。据统计，在 2000 年，一辆中档乘用车所需要的功率半导体器件成本为 100 ~ 200 美元，而在电动汽车或混合动力汽车中，功率半导体器件的成本要增加 3 ~ 5 倍。

功率半导体器件的应用十分广泛，它们在汽车系统中的使用可分成三种基本结构：低边开关、高边开关和半桥式开关，如图 6-1 所示。在低边开关结构中，功率开关位于负载和电池负极之间，通过打开或关闭电源电路来控制能量流。电池的负极通常连接到汽车底盘形成了汽车电气系统的地，由于控制端以地为参考点，所以功率开关的控制简单而直接。在高边开关结构中，功率开关位于负载和电池正极之间，通过打开或关闭电源供应路径来控制能量流。高边开关结构提供了一个独特的优势，即可以防止因疏忽而导致的负载对地（车辆的底盘）短路事件。由于功率开关位于上游，负载短路不会造成在低边开关结构情况下出现的电池短路这种灾难性的后果。但是，功率开关在高边结构下的控制复杂度和成本远大于低边结构。因为这时功率开关的控制端是以负载为参考点，而不是以地为参考点。打开和关闭功率开关需要的控制电压高于电池电压，有两种解决方法：一种解决方法是采用某些电荷泵或者电平转换电路；另一种解决方法是采用互补型功率开关，如 P 沟道 MOSFET。但这两种方法都会增加功率半导体器件的成本。半桥结构用于构成 H 桥或三相桥式电路。H 桥电路通常用于直流电机的双向控制和单相 DC/AC 逆变器，三相桥式逆变器则应用于电驱动和电动助力转向电机的控制。

一个理想的功率半导体开关应具有以下特点。

1）关闭时能阻隔正向或反向高电压。

2）导通时允许大电流通过。

3）瞬间完成开关操作，没有开关损耗。

4）易于控制。

5）坚固可靠。

6）开关动作时电磁辐射低。

7）成本低。

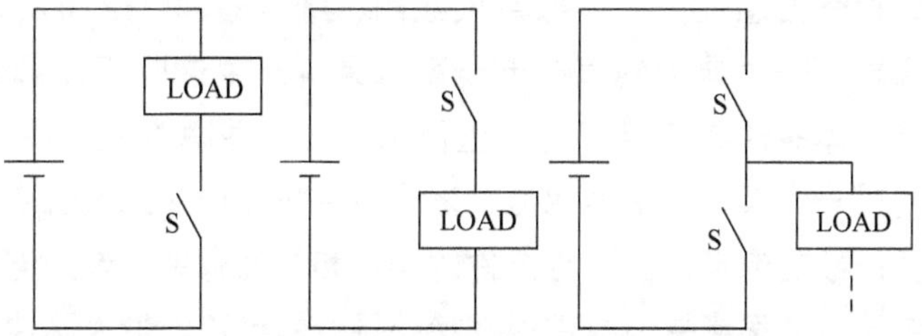

a) 低边开关　b) 高边开关　c) 半桥式开关

图 6-1　汽车系统中三种基本的开关结构

但实际上没有一个功率半导体器件具备全部的理想特性。在实际运用中，在特定的电压、电流和开关频率范围内，会有一种或几种类型的功率半导体器件特性非常接近这些理想特性。正是这些实际功率半导体器件与理想功率开关的偏差，即非理想特性，在本质上决定了电力电子系统的性能和成本效益。所有实际功率半导体器件的工作状态，都受到被定义为功率半导体器件工作范围的一系列额定值的限制，这些额定值包括最大正向和反向电压、最大峰值电流和连续电流、最大功率损耗和功率半导体器件最大结温。

一个功率半导体器件的额定电压主要与该器件在汽车电力电子电路中能承受的最大正向或反向电压有关。常规乘用车的发动机通常使用 12V 铅酸蓄电池为所有的车载电子/电气元器件提供电力。直流母线电压实际上接近 14V，通常被称为 14V 电气系统。14V 电气系统的最大工作电压规定为 24V，以应对双电池跨接线起动的情况。对于一些重型货车，电池的电压是 24V，电源母线电压是 28V。28V 电气系统的最大工作电压规定为 34V，以应对发电机电压调节器故障的情况。近年来，为了满足不断增加的车载电力需求，出现了采用 36V 电池的 42V 电气系统。42V 电气系统的最大工作电压规定为 50V，这也是考虑了发电机系统的因素。混合动力汽车直流母线电压的典型值为 150 ~ 200V，而纯电动汽车或燃料电池汽车的直流母线电压为 300 ~ 400V。各种不同车辆动力系统的功率半导体器件典型额定电压要求见表 6-1。

表 6-1　各种不同车辆动力系统的功率半导体器件典型额定电压要求

车辆动力系统	电池电压/V	标准工作电压/V	最大工作电压/V	最大动态过电压/V	功率半导体器件的额定电压/V
14V 轿车/轻型货车	12	14	24（跨接线起动）		30 ~ 60
28V 重型货车	24	28	34（调节器故障）		75
42V	36	42	50	58（负载突降）	75 ~ 100
混合动力汽车	150 ~ 200	150 ~ 200			600
电动或燃料电池汽车	300 ~ 400	300 ~ 400			600

需要注意的是，功率半导体器件的额定电压应高于电力系统中规定的最大工作电压或电池电压。这是因为汽车功率半导体器件的额定电压，主要由在汽车环境下这些器件承受瞬态过电压的能力决定，而非最大工作电压。汽车供电系统的瞬态既有由发电机/稳压源子系统

产生的高能量瞬变，也有由感性负载（如点火线圈、继电器、电磁阀及直流电机等）的开关所产生的低水平噪声。一个典型的汽车电子系统具有产生这些不良瞬变所需要的所有条件，所以汽车功率半导体器件具有足够的耐压值来应对这些瞬变是至关重要的（后面将讨论功率半导体器件的另一个属性：雪崩能力，来维持相对较低的能量瞬变）。

功率半导体器件的额定电流值主要与器件的功耗和结温有关。最大连续工作电流通常被定义为不超过最高结温时功率半导体器件能够持续导通的电流。最大脉冲电流通常被定义为功率半导体器件在10μs脉冲条件下能够安全承受的峰值电流，这个值明显比连续工作电流高。随着半导体工艺及功率半导体器件技术的进步，功率半导体器件的连续电流和脉冲电流有时不再受结温的限制，而是受到器件封装的限制（主要是受引线键合的电流承载能力限制）。

最大功耗是指在环境温度为25℃时，保持结温在最大允许值时的功率损耗。最高结温是指功率半导体器件正常工作时允许的最大结温，这是基于长期可靠性数据得出的，超过这个值将缩短器件的使用寿命。目前，大多数功率半导体器件的最高结温为150℃。目前，市场上有少数半导体制造商可以提供为数不多的结温在175℃甚至200℃的汽车功率半导体器件。

功率半导体器件可分为几个基本类型，如二极管、晶闸管、双极结型晶体管（BJT）、金属氧化物半导体场效应晶体管（MOSFET）、绝缘栅双极型晶体管（IGBT）和门极关断（GTO）晶闸管。此外，还有一些功率集成电路（IC）和智能功率半导体器件（在单片上集成了具有逻辑/模拟控制、诊断和保护功能的功率开关）。本章中，我们将重点讨论汽车电力电子技术中最常用的三种功率半导体器件：二极管、低压MOSFET和高压IGBT。另外，我们也会简要介绍功率集成电路和智能功率半导体器件以及两个新兴的功率半导体器件技术——硅超结功率半导体器件和碳化硅功率半导体器件（SiC）。

一、二极管

二极管是最简单的功率半导体器件，由一个PN结或肖特基结以及两个外接端子构成，主要用于要求电流单向流动的电路中。在汽车应用中，二极管主要可以实现以下功能。

1）将发电机输出的交流电整流成直流电，用于对电池充电。

2）与用在逆变器或变换器的IGBT或MOSFET反向并联，为负载电流续流。当主IGBT或MOSFET关闭时，续流二极管为感性负载的电流提供了一个替代回路，以防止Ldi/dt产生的尖峰电压损坏主开关器件。

3）反向偏置时抑制电压瞬变（稳压二极管）。

为了改善二极管的静态和动态性能，人们开发出了各种不同类型的二极管。对于不同的汽车应用，需要选择合适的二极管类型。

1. 整流二极管

二极管在汽车中应用的第一种类型是整流。图6-2给出了一个简化的汽车整流电路，它能够把汽车发电机（三相的交流发电机）产生的交流电转换成直流电，给电池充电并为车载电子装置供电。在交流发电机输出整流器的应用中，二极管的基本特征参数为正向最大平均整流电流、正向峰值浪涌电流、最大阻断电压（反向耐压）、额定电流下的正向压降、负载突降保护时的反向雪崩能量能力。高温时的最大输出整流电流的降低率也是值得考虑的因素。发电机输出整流器具有良好的可靠性和耐用性，是一种非常成熟的半导体产品。

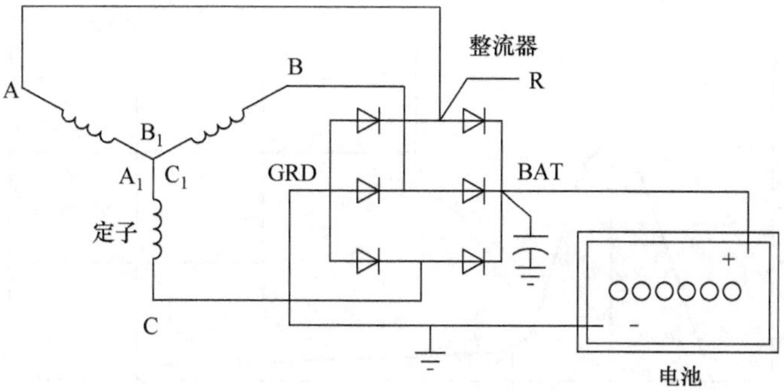

图6-2　简化的汽车整流电路

2. 续流二极管

二极管在汽车中应用的第二种类型是续流。快恢复二极管用于配合各类功率变换器的功率半导体器件（如 IGBT 或 MOSFET），起续流的作用。除了额定电压、额定电流和正向压降外，续流二极管的恢复性能也是高速开关电路功率半导体器件的选型指标。功率二极管需要在有限的时间内从关闭状态（反向偏置）切换到导通状态（正向偏置），反之亦然。两者的恢复时间和波形都受到二极管的内部性能和外部电路影响。

图6-3 给出了一个功率二极管从阻断状态切换到导通状态，随后又切换回阻断状态的过程。在二极管制造商数据手册中，二极管的开关特性通常由在给定测试装置上二极管电流变化率随时间的变化曲线给出。图6-4 给出了一个测试二极管恢复特性的典型电路。由于时间常数 L/R 比测试中二极管的瞬态恢复时间长得多，所以在测试的时间窗口里负载电流可视为常数。一个可控的开关（通常是功率 MOSFET）用于对负载电流预充电和使二极管进入正向和反向恢复的过程。电源电感 L 连同其自带的续流二极管用于决定二极管电流的变化率 $\mathrm{d}i/\mathrm{d}t$。这个测试电路再现了 DC/DC 的 BUCK 变换器或全桥和三相逆变器的续流二极管工作状态。

二极管从截止（关断）到导通的恢复过程，被称为“正向恢复”。在此期间，在二极管两端可以观察到一个可见的过冲电压V_{FP}，如图6-3 所示。这个过冲电压通常为几十伏，足可以加强反向的静电应力并降低主功率半导体器件的关断损耗。在正向恢复测试中，$t<0$ 时开关 SW 是闭合的，负载电流稳步上升，二极管 VD 的反向偏置电压为 $-V_R$（关闭状态）。在 $t=0$ 时，开关断开，该二极管变为正向偏置，为 R 和 L 的负载电流提供路径。经过一个很短的时间t_1（上升时间），二极管的电流 i_D上升到峰值 I_F。随后，二极管两端电压经过t_2时间（下降时间）下降到稳态值V_{on}。二极管的正向恢复时间$t_{fr}=t_1+t_2$，是二极管中的电荷

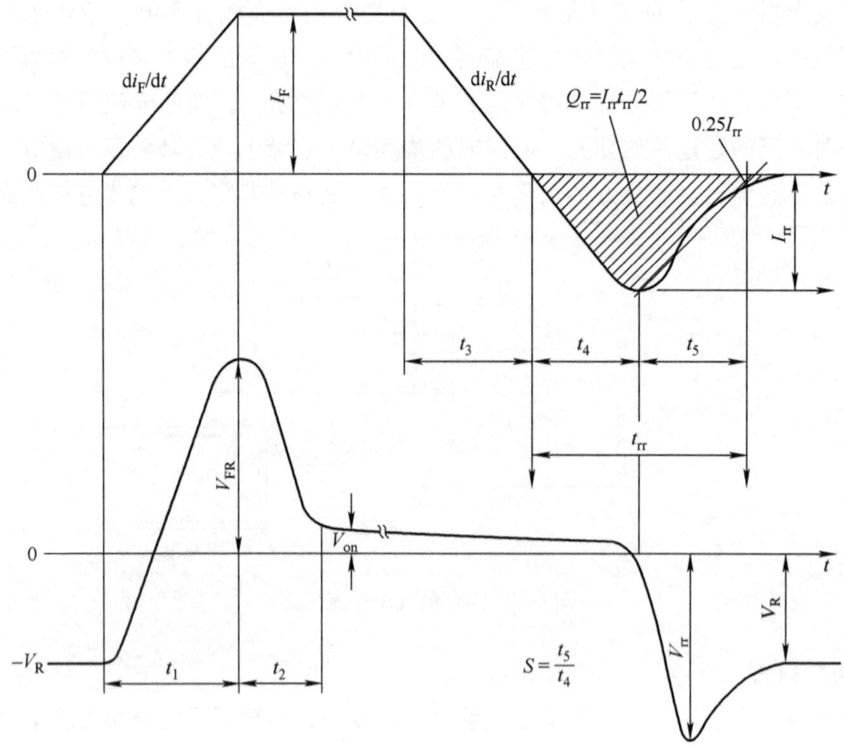

图 6-3　二极管的开关波形

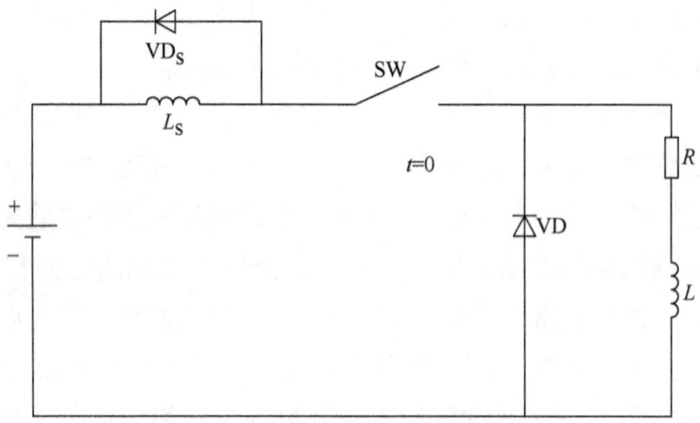

图 6-4　二极管正向和反向恢复测试电路

从一个平衡状态（关）转变到另一平衡状态（开）所需的时间。在此期间，二极管的耗尽层先放电，然后进入正向偏置。由于过剩载流子的增加伴随着串联电阻的减小，于是在二极管中产生了电导率调制效应。因二极管在完全进入电导率调制之前，较大的串联电阻产生的过冲电压V_{FP}将会逐渐下降到稳定状态时二极管的正向压降V_{on}。

二极管从导通到截止的恢复过程，称为反向恢复过程。在反向恢复特性测试中，开关SW 先闭合一段时间为负载充电，负载电流稳步上升，二极管 VD 反向偏置。接着开关断开，二极管 VD 为负载电流提供了续流的路径。在二极管达到低压降的稳定状态后，开关再次闭合，这就是二极管的反向恢复过程。二极管电流 i_D 将逐渐减小，而电压源的电流 i_S 将逐渐增大。该二极管电流变化率如 di_r/dt（与源电流的 di_S/dt 相反）随时间的变化主要取决于电源电感 L_S。在时间间隔 t_3 内，随着正向电流的减小，在漂移区中存储的过剩载流子数量通过重组而减少。然而，即使二极管电流 i_D 变为零，漂移区也仍会存在过剩载流子，二极管仍然有一个低的正向压降。在时间间隔 t_4，过剩载流子被完全消除，二极管变成无偏置状态。注意到在此过程中形成了一个明显的反向恢复电流 i_{rr}，这个反向恢复电流在时间间隔 t_5 继续清除 PN 结中的电荷并形成耗尽层。当二极管处在关闭状态时，需要有耗尽层来支撑施加于二极管的反向电压。在这段时间内，因为残留的载流子极少，分布的过剩载流子不能维持外部电路杂散电感所需的二极管反向电流，二极管反向电流停止增加，并迅速下降到零。反向电流在时间间隔 t_4 的末端达到最大值 i_{rr}。

如图 6-3 所示，时间间隔 $t_{rr}=t_4+t_5$ 通常被称为二极管的反向恢复时间。反向电流 i_{rr} 在时间 t_{rr} 内的积分被称为反向恢复电荷 Q_{rr}，并常用 $Q_{rr}=I_{rr}t_{rr}/2$ 来估计。二极管的数据手册中经常会给出有关 t_{rr}、Q_{rr} 和 I_{rr} 的详细信息。这些参数在所有用到续流二极管的电力电子电路中都很重要。例如，三相逆变器续流二极管的反向恢复电流要加在同一臂上需要导通的 IGBT 或MOSFET 在其开启过程的负载电流中。在许多情况下，续流二极管的反向恢复特性决定了开关导通的损耗，并在很大程度上决定了一个逆变器功率模块的总功率损耗。

此外，正偏恢复系数 S 通常被定义为 t_5 和 t_4 的比（$S=t_5/t_4$），如图 6-3 所示。参数 S 是衡量二极管开关柔缓或快捷特性的一个重要指标。人们希望二极管的开关特性是柔缓的，以尽量减少由电力电子电路产生的电磁干扰（EMI）。需要注意的是，所有这些反向恢复参数和功率半导体器件的其他参数（如击穿电压和导通压降）是相互关联的，而且往往与功率半导体器件的设计和制造要求相冲突。对这些功率半导体器件参数做不同权衡的各种类型快恢复二极管在市场上都有销售，表 6-2 给出了某个商业化的快恢复二极管的主要参数作为示例。电路设计人员需要仔细选择最适合其应用的二极管。

表 6-2 某个商业化的快恢复二极管的主要参数

参数	数值	单位	条件
最大平均正向电流 I_F(AV)	20	A	@ T_c = 79℃，半正弦波
最大反向电压 V_{RRM}	600	V	
正向压降 V_F	1.2	V	@20A，T_J = 25℃
反向恢复时间 t_{rr}	160	ns	I_F@20A
反向恢复电流 I_{rr}	10	A	@100A/μs
反向恢复电荷 Q_{rr}	125	μC	@25℃
快捷因子 S	0.6	—	

3. 稳压二极管

二极管在汽车中应用的第三种类型是抑制电压瞬变和钳位电子模块的总线电压。这种类型的二极管工作在反向雪崩模式，通常被称为稳压二极管。正如前面提到的，它对保护汽车电子设备来说很重要，能够有效抑制发电机/稳压子系统产生的高强度能量瞬变，以及点火线圈、继电器、电磁阀和直流电机等感性负载在开关过程中产生的低幅噪声干扰。在汽车环境中，最严重的瞬态是所谓的负载突降，典型的负载突降会产生一个指数衰减电压。指数衰减电压发生在电池断开而交流发电机仍然产生充电电流的情况。负载突降的电压幅值取决于发电机转速和发电机在电池断开时的励磁水平，在 14V 系统中很容易产生 25～125V 的尖峰电压。负载突降瞬变的持续时间范围是几毫秒到几百毫秒不等，这取决于发电和调节系统的配置。一种方法是采用一个稳压二极管作为整车主要的瞬态抑制器件。在这种情况下，稳压二极管直接连接在主电源和地上，它必须吸收全部负载突降的能量和承受最大工作电压。另一种方法是所谓的分布式瞬态抑制方案，在这个方案中，一个或多个稳压二极管被用在每个电子模块与电源总线连接的地方。本地产生的瞬变，也可以用这种方法来抑制。

对于钳位和瞬态抑制应用，二极管的基本参数包括：在不同电流下（如 100mA 和 90A）的击穿电压、重复的反向浪涌电流峰值以及反向雪崩的能量。图 6-5 给出了一个简化的负载突降测试电路和一个典型的负载突降脉冲电流。此外，由于该二极管在汽车应用中置于发动机盖下，工作的环境温度范围是 -40～125℃，所以功率半导体器件参数随温度的变化应加以考虑。

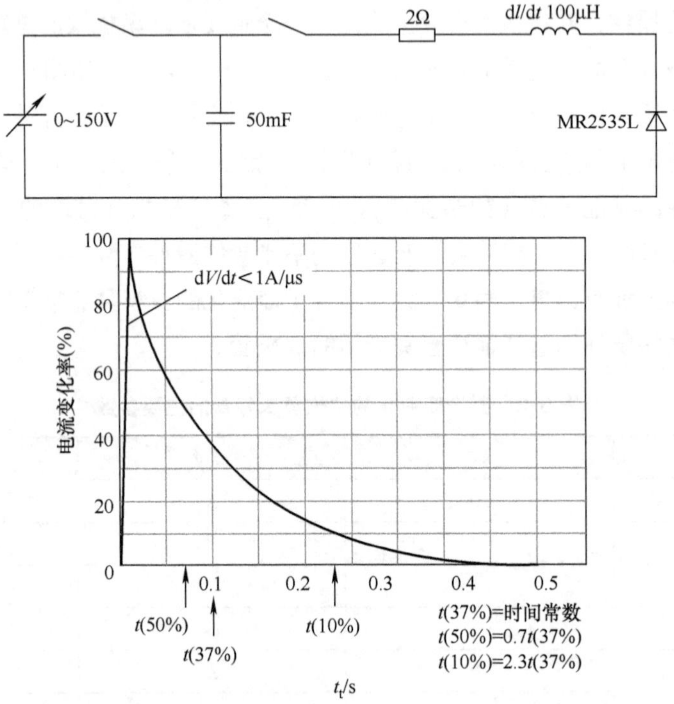

图 6-5　简化的负载突降测试电路和典型的负载突降脉冲电流

4. 肖特基二极管

肖特基二极管作为 PN 结二极管的替代品，在一些汽车应用中被采用也是一种可行的解决方案。与传统 PN 结二极管相比，肖特基二极管有几个独特的优势：较低的正向压降（肖特基二极管为0.3~0.6V，PN结二极管为0.7~1V)，无反向恢复电荷。然而，硅肖特基二极管击穿电压比较低（通常小于200V)，漏电流较高，尤其是在高温情况下。肖特基二极管可能会用在车载开关式电源、电池反接保护电路以及其他低电压的汽车应用中。高压肖特基二极管，可能由非硅材料制成，非常适用于高功率逆变模块的续流，以降低开关损耗。

二、母线支撑电容器

支撑电容器是直交牵引逆变器、交直交牵引变流器（以下简称牵引变流器）中不可或缺的重要部件之一。其主要作用是稳定中间直流电压，提供瞬时能量交换，与电源及负载交换无功功率，对于IGBT（IPM）牵引变流器，支撑电容器通过低感母排与IGBT（IPM）并联，还可省掉元器件两端的过电压吸收电路，使电路更加简洁。

从储能效果的角度出发，即稳定中间直流电压的能力方面来看，支撑电容器电容值取得越大越好，然而从成本与体积方面考虑，则希望电容值能取得尽可能小些。此外，支撑电容器盲目增大，将引起直流回路短路时能量释放巨大，增加故障时的破坏力，降低设备的安全性。因此，为使系统达到最优的性价比，支撑电容器电容值的合理选择，成了变流器设计中的一个重要环节。此外，对于应用了四象限脉冲整流的交直交变流器，直流输出存在一个两倍电网频率的谐波（简称二次谐波)。该谐波可用一个由电抗与电容串联组成的二次谐振电路来滤除，如CRH动车组的牵引变流器。在电压波动范围允许的条件下也可不加该回路，不加该回路时可通过增加支撑电容器电容值的方法来抑制纹波电压幅值（还可通过优化逆变器的控制策略来减少中间电压纹波对逆变器输出的影响)，如CRH动车组的牵引变流器。因此研究二次谐振电路对支撑电容器选型的影响是非常有意义的，该方向主要研究牵引变流器中支撑电容器的参数选择理论依据及方法，其基本原理也可为其他变流器中支撑电容器的参数选择提供参考。

1. 支撑电容器的类型及特点

可以用作支撑电容器的电容器主要有电解电容器和薄膜电容器，两者各有特点，各有优势。

（1）电解电容器　电解电容器是电容的一种，金属箔为正极（铝或钽)，与正极紧贴的金属氧化膜（氧化铝或五氧化二钽）是电介质。阴极由导电材料、电解质（电解质可以是液体或固体）和其他材料共同组成。电解质是阴极的主要部分，电解电容器因此而得名，同时电解电容器正负极不可接错。

1）内部主体结构。通常铝电解电容器的基本结构是箔式卷绕型的结构，如图6-6所示。结构材料的特点如下：

① 正极铝箔/阳极导针。先将高纯光铝箔在特定的腐蚀液中进行电化学腐蚀处理，以扩大其表面积，接着在特定的溶液中加上相当于额定电压140%~200%的电压进行化成处理，使铝箔的表面形成电化学介质（Al_2O_3)，这种介质是非常薄且致密的氧化膜，约20~30Å/V($1Å = 10^{-10}m$)，并且具有很高的工作电场强度（600kV/mm)。对阳极导针采取化成处理，其目的是

将阳极上积蓄的正电荷引出外部电路。

② 负极铝箔/负极导针。与正极箔一样进行表面腐蚀处理，一般产品不进行化成处理。因此表面只有自然氧化膜，耐压为0.2~1V。负极导针将负极上积蓄的负电荷引出外部电路。

③ 电解液/电解纸。电解液是离子型导电液体，腐蚀后形成介质的箔浸在电解液中，电解液起到负极的作用并且具有修补氧化膜的作用。因此，负极箔只是起到电解液与外部端子连接的电极作用。为了保持电解液的均匀性及持久性，防止正极和负极的机械接触造成短路，多使用电解纸。

④ 外壳/胶塞（或胶盖）。为了保持电容器芯组的密封性，需要用铝外壳和胶塞（或胶盖）封装。目前，胶塞材料分为三元乙丙胶（用于插件品）与丁基胶（用于片式品）。

⑤ 热缩套管（插件产品专用）。为了使外壳绝缘，便于印标志，现在多使用两种材料，一种为PVC材料，另一种为PET材料。

⑥ 底座板（片式产品专用）。它是构成V-CHIP产品的必要部件，将特制电容器组装在底座板上构成表面贴装元器件。

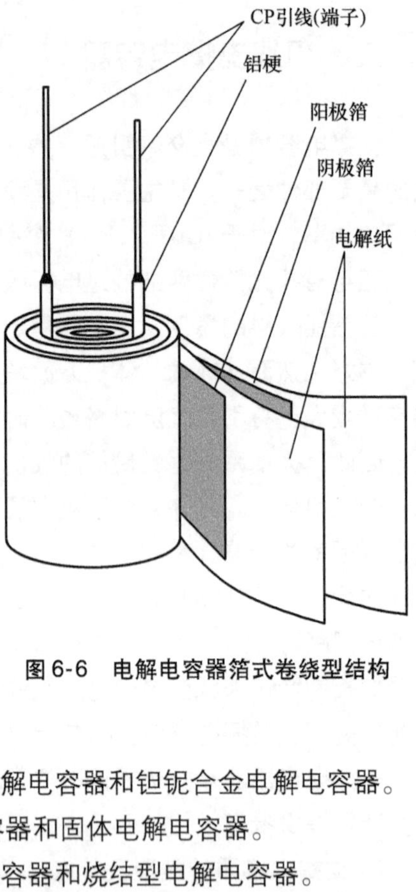

图6-6 电解电容器箔式卷绕型结构

2）电解电容器的分类。

按阀门金属种类分类，可分为铝电解电容器、钽电解电容器和钽铌合金电解电容器。

按电解质状态分类，可分为液体（湿式）电解电容器和固体电解电容器。

按阳极呈现的状态分类，可分为箔式卷绕型电解电容器和烧结型电解电容器。

按正负极引出方式分类，可分为引线型、牛角型、焊片型、螺栓型和表面贴状型（V-CHIP）。

按特性分类，可分为通用型、宽温型、长寿命型、双极型、低漏电流型、低阻抗型（LOWESR）、高频特低阻抗型、耐高纹波型和缩体型。

按高度分类，可分为5mm高度产品（微型）、7mm高度产品（超小型）和11mm高度以上产品。

按用途分类，可分为通常用途电容器、节能灯整流器用电容器、闪光灯用电容器、电机起动用电容器、音频网络用电容器、校正用电容器、高保真音响用电容器、空调器用电容器、变频器用电容器、功率因数校正（P. F. C）线路用电容器、逆变器用电容器和充电器/充磁器用电容器等。

3）铝电解电容器的特点。

① 结构特点。两个电极有正、负极性之分。它的介质是利用电化学技术在金属铝的表

面形成一层极薄的氧化膜（Al_2O_3），不同于薄膜电容器，电解电容器的阴极是电解液（它附着在铝箔表面），没有它电容器就没有容量。

② 电气性能。

比率容量大：意味着在同容量的情况下它的体积小。

耐压高：Al_2O_3介质膜能承受极高的工作电场强度。一般 $E_{Al}=600kV/mm$，$E_{纸介}=200\sim300kV/mm$，$E_{陶瓷}=20\sim30kV/mm$。

有自愈作用：铝电解电容器内部含有电解液，它提供的氧离子（O^{2-}）能在通电状态下自动修补Al_2O_3膜中的疵点和缺陷，可以提高电容器的绝缘电阻和耐压，并降低漏电流。

③ 缺点。由于Al_2O_3膜的厚度有一定的限制，决定了其耐压最高为500V左右；有单相导电性，使用过程中需保证正负极不能接反；绝缘质量差，主要表现在漏电流方面；寿命有一定限制，因为电容器长时间使用后，电解液会受电容器密封程度的影响而干枯。

4）铝电解电容器的选用。电路设计师在电路设计时正确选择铝电解电容器是确保线路正常工作的必要条件。如何利用价值工程理论选择好铝电解电容器，做到既经济又可靠，需要综合考虑多方面因素。

① 线路工作的环境温度。线路工作的环境温度要考虑电容器承受负载的大小、周围是否有发热源、满载时电容器的温升有多高、机芯通风散热状况等条件。通常选用85℃电容器，温度高时可以考虑选用105℃或125℃电容器。关于铝电解电容器的选用要结合整机使用寿命要求和电容器在各种实际使用温度下的寿命来综合考虑。

② 电容器在电路上承受的纹波电流。电容器在电路中起滤波、旁路、耦合作用，使用过程中电容器的电压状态是在直流电压上叠加有交流脉冲电压（纹波电压），在这种情况下流过电容器两端的交流电称为脉冲电流，即纹波电流。当工作温度小于额定温度时，额定纹波电流可以加大，但过大的纹波电流会大大缩短电容器的耐久性。当纹波电流超过额定值时，它所引起的内部发热每升高5℃，电容器的寿命将减少50%。因此当要求电容器具有长寿命性能时，控制与降低纹波电流尤其重要。但在实际设计过程中，电解电容器的纹波电流由于受变频器输入/输出各物理量变化以及控制方式等的影响，很难直接计算得到。一般多根据实际经验估算其大小，如每微法电容器要求20mA纹波电流之类的经验值，或者通过计算机仿真来估算。

下式可以用来初步推算电容器的纹波电流：

$$I_{c,rms}^2=\left\{I_{o,rms}\sqrt{2m\left[\frac{\sqrt{3}}{4\pi}+\cos^2\phi\left(\frac{\sqrt{3}}{\pi}-\frac{9}{16}m\right)\right]}\right\}^2+\left[aC\sqrt{2}U\sqrt{f_R\left(\frac{1}{t_c}+\frac{1}{t_{dc}}\right)}\right]^2 \tag{6-1}$$

式中，$I_{o,rms}$为流经电容器的有效电流值；m为调制比；ϕ为逆变器输出电压与电流的相角差；定义直流母线电压的脉动率为$a=\Delta U/U_{max}\times100\%$；$f_R$为整流输出脉动频率；$t_c$和$t_{dc}$分别代表母线电容的充、放电时间。

由此可见，直流母线电容电流的纹波与变频器输入电压和频率、输出电流、负载功率因数、PWM调制比、电容量、允许直流电压脉动率等因素密切相关。

③ 寿命。铝电解电容器的寿命是有限的，所谓元器件寿命是指元器件在规定条件下工

作到某一时刻时其性能超过规定的允许值，此时刻称为寿命时间。

加速寿命推算方法：10℃两倍法则，也就是说温度每升高10℃，电容器寿命将缩短一半，此法则的适用范围是35℃至最高使用温度。

推算公式为

$$L_2 = L_1 A^{T_1 - T_2/10} \tag{6-2}$$

式中，L_1 为 T_1 时寿命小时数；L_2 为 T_2 时寿命小时数；T_1 为最高使用温度叠加纹波电流发热引起的温升之和（℃）；T_2 为推算寿命的环境温度加纹波电流发热引起的温升之和（℃）；A 为加速系数，$A \approx 2$（35℃至最高环境温度范围内适用）。

④ 电容器工作电压。电容器必须在标称工作电压下使用，超压使用会使电容器的寿命缩短。这里有两方面的考虑，首先是发热因素，其次是内部打火击穿。

⑤ 脉冲电压频率的考虑。脉冲电压频率通常在40kHz以下，高频一般在100kHz左右，特高频在200kHz。在高频情况下使用时必须选用耐高频的电容器，如高频低阻抗电容器，要选用最低谐振频率高的电容器。

如果脉冲电压过高，则会导致电容器阴极容量衰减。同时电容器的容量也会衰减，还会使阴极打火导致击穿。

⑥ 电容器尺寸方面的考虑。在空间允许的情况下尽可能选体积大一些的电容器（它可以做得耐压高些，阻抗小些，同时散热面积也大）对电容器寿命有好处；在直径受限制的情况下尽可能选高度大一些的电容器（高度大的电容器内部箔片长度将缩短，损耗角变小），这样电容器高频特性好。

⑦ 特殊要求。当线路工作环境特殊或有其他特殊要求时，可与电容器设计师沟通，以开发满足特殊要求的特规电容器。

（2）薄膜电容器　薄膜电容器是以金属箔当电极，将它和聚乙酯、聚丙烯、聚苯乙烯或聚碳酸酯等塑料薄膜从两端重叠后，卷绕成圆筒状结构的电容器。而根据塑料薄膜种类的不同又被分别称为聚乙酯电容（又称Mylar电容）、聚丙烯电容（又称PP电容）、聚苯乙烯电容（又称PS电容）和聚碳酸电容。图6-7所示为一种比较典型的薄膜电容器结构图。

1）薄膜电容器的分类比较。薄膜电容器由介质、电极、电极过渡、引出线、封装和印章标志等部分组成。

按介质分类，可分为聚酯膜和聚丙烯膜等。

按结构分类，可分为卷绕式、叠片式和内串式。

按电极分类，可分为金属箔、金属化（铝金属化、铝锌金属化）和膜箔复合结构。

按电极引出方式分类，可分为径向和轴向。

按封装方式分类，可分为盒式和浸渍型。

按用途分类，可分为通用（直流）、脉冲、抑制电源电磁干扰和精密等。

2）选择薄膜电容器时需考虑的因素。

① 电压。薄膜电容器的选用取决于施加的最高电压，并受施加的电压波形、电流波形、频率、环境温度（电容器表面温度）和电容量等因数的影响。使用前应先检查电容器两端

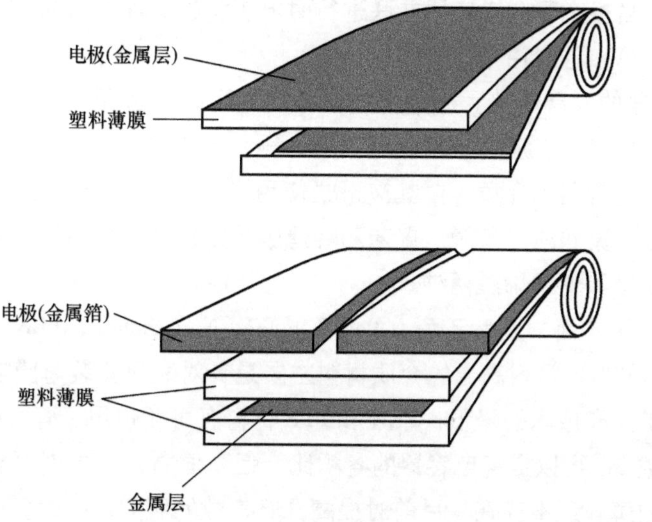

图 6-7　典型薄膜电容器结构图

的电压波形、电流波形和频率（在高频场合，允许电压随着电容器类型的不同而改变，详细资料可参阅说明书）是否在额定值内，特别要注意偶发性的脉冲电压。当环境温度大于额定温度、小于上限温度时，电压应降额使用，降额幅度为：

聚酯电容：1.25% ×额定电压/摄氏温度。

聚丙烯电容：(2.0% ~2.5%) ×额定电压/摄氏温度。

② 工作电流。通过电容器的脉冲（或交流）电流等于电容量 C 与电压上升速率的乘积，即 $I=C\mathrm{d}u/\mathrm{d}t$。由于电容器存在损耗，在高频或高脉冲条件下使用时，通过电容器的脉冲（或交流）电流会使电容器自身发热而有温升，将会有热击穿（冒烟、起火）的危险。因此，电容器安全使用条件不仅受额定电压（或类别电压）的限制，还受额定电流的限制。额定电流被认为是由击穿模式决定的脉冲电流（即由 $\mathrm{d}u/\mathrm{d}t$ 指标所限制的）和连续电流（以峰-峰值或有效值表示）组成的。当使用薄膜电容器时，必须确信这两个电流都在允许范围之内。

③ 阻燃性。除 PPS 材料外，目前使用的有机薄膜电介质不是阻燃材料，尽管在薄膜电容器外封装中使用了耐火性阻燃材料——阻燃环氧树脂或阻燃塑壳（UL94V-O 级），但外部的持续高温或火焰仍可使电容器芯变形而使外封装破裂，导致电容器芯熔化或燃烧。

④ 抑制电源电磁干扰用电容器。当在电源线路中使用电容器来消除噪声时，不仅仅只有正常电压，还会有异常脉冲电压（如闪电）发生，这可能会导致电容器冒烟或者起火。所以，跨线电容器的安全标准在不同国家有严格规定。应使用经过安全认证的 MKP62、MKP61、CBB62 型电容器，不推荐将直流电容器用作跨线电容器。

⑤ 电容器充放电。由于电容器充放电电流取决于电容量和电压上升速率的乘积，即使是低电压充放电，也可能产生大的瞬间充放电电流，这可能会损害电容器性能，比如短路或开路。当进行充放电时，应串联一个 20 ~ 1000Ω/V 或更高的限流电阻，将充放电电流限制

在规定的范围内。当多个薄膜电容器并联进行耐电压测试或寿命测试时，应为每个电容器串联一个 20 ~ 1000Ω/V 或更高的限流电阻。

3）薄膜电容器的发展趋势。薄膜电容器按用途可分为通用（直流）、交流与脉冲、抑制电源电磁干扰、精密和交流（电机起动、电力等）五大类。

塑料薄膜作为电容器的介质，自其被正式使用以来已有 40 年以上的历史。最初用于电子设备的聚酯薄膜、聚碳酸酯薄膜、聚苯乙烯薄膜是以代替纸介的形式进入实用化的。目前常用的薄膜有聚酯膜和聚丙烯膜两种。

在新型薄膜材料方面，聚萘乙酯（Poly Ethylene Naphthalate，PEN）和聚苯酰硫（Poly Phenylene Sulfide，PPS）等耐高温的介质材料主要是针对表面安装薄膜电容器而开发的，但随着生产规模的扩大和成本的降低，PEN 和 PPS 材料有可能也用于有引线的产品中。

提高介电常数 ε，可以提高电容器的容积比。但 ε 值高，且机械性能、电气性能、价格等都能达到平衡的薄膜还不存在，目前对提高介电常数的研究没有太多进展。

在降低电极厚度 t 方面，从箔式结构电容器的 5 ~ 7μm，减薄到金属化电容器的 0.03 ~ 0.05μm。在减薄介质厚度 d 方面，对于低电压系列电容器，减小 d 可明显提高容积比。虽然 PET 已做到 0.9μm（商品化）和 0.6μm（实验室）的水平，但制约介质厚度减薄的瓶颈仍集中在金属化膜的蒸镀及电容器的制造工艺方面。目前较为经济、较为实用的薄膜厚度为 1.2μm。对于中高电压系列的电容器，可通过提高薄膜介质本身的介电强度（单位厚度可承受的击穿电压），并选用较薄介质厚度来提高容积比。

① 通用类薄膜电容器的发展趋势。薄膜电容器是最古老的电子元器件之一，它经历了有感式、无感式、金属化、叠片式、表面安装等几个发展历程。

通用类薄膜电容器在小型化方面是最为活跃的一类，除了使用较薄的介质材料外，叠片式结构的开发对提高容积比也有贡献。此外，薄膜电容器的表面安装化也是一个未来的发展方向。

叠片式薄膜电容器由于其体积小、抗脉冲能力强（du/dt 值高）等优点，正在取代卷绕式薄膜电容器，并逐步成为薄膜电容器的主流产品。

表面安装薄膜电容器采用高温聚酯（Polyester 或 Poly-Ethylene Terephthalate，PET）、PEN、PPS 等耐高温的介质材料，并采用叠片式结构，目前已有商品出售。但由于材料价格及制造技术的开发费用较高等因素，与表面安装陶瓷电容器（MLCC）相比，目前只在高电压系列和大容量系列中有优势，可以同 MLCC 竞争。

② 交流与脉冲类薄膜电容器的发展趋势。交流与脉冲类电容器是薄膜电容器的优势产品，除了部分高电压小容量陶瓷电容器外，交流与脉冲类电容器几乎全部采用薄膜电容器。交流与脉冲类薄膜电容器以聚丙烯膜电容器为主，部分高温场合采用叠片式聚酯膜电容器。

交流与脉冲类薄膜电容器的发展趋势是专用化，可根据用途进行专门设计。此外，高频率、高电压、大功率也是其发展趋势。

③ 抑制电源电磁干扰电容器的发展趋势。抑制电源电磁干扰电容器分 X 类和 Y 类两种。

X 类以薄膜电容器为主，这类电容器的发展趋势是：体积越做越小，电容量范围越做越宽。在小型化方面，采用安全金属化膜可以提高容积比，但成本较高，目前更倾向于提高薄膜的介电强度和改善工艺来减薄介质厚度。Y 类以瓷介电容器为主，部分高性能的整机产品采用薄膜电容器。

④ 精密类电容器的发展趋势。精密类电容器以聚丙烯膜精密电容器为主，其中小容量采用箔式电极，大容量采用金属化电极，有塑壳封装和轴向等多种形式。该类电容器的发展趋势是提高电容器的性能，使电容器更精密、更稳定、更可靠。

⑤ 交流电容器的发展趋势。交流电容器以聚丙烯膜电容器为主，该类电容器的发展趋势是提高电容器的可靠性和安全性。

总之，薄膜电容器的发展方向是小型化、片式化、低成本、高电压、大功率、高精密、高可靠。

（3）电容器的性能对比 不同的电容器，由于其结构和材料的不同，在电机控制器中作为支撑电容的应用特点也各不相同。表 6-3 中列举了其应用的优缺点。

表 6-3 电容器应用的优缺点

材质		优点	缺点
无机介质电容	云母电容	容量稳定，精度高，耐热，高频性能好，通常用作精密的标准电容，用于高频电路	性能依赖于原料，价格昂贵，容量范围小
	Ⅰ类瓷（高频瓷）	可制作系列线性温度系数，易于片式化，商频性能好，用于高频及温度补偿电路	抗机械和热冲击差，容量范围小
	Ⅱ类瓷（低频瓷）	体积小，容量大，价格低，易于片式化，用于对 $\tan\delta$ 值和容量稳定性要求不高的电路	抗机械和热冲击差，有压电效应，容量与温度、电压呈非线性关系
	Ⅲ类瓷（半导体瓷）	体积小，容量大，介质色散频率高，可用于微波电路中	容量随电压变化敏感，因此工作电压低
电解电容	铝电解	电容量大，价格便宜，广泛应用于低频旁路、耦合和电源滤波等场合	容量偏差大，稳定性差，损耗和漏电流大，耐温差，有极性，可靠性差，寿命短，有搁置效应
	钽电解	工作温度范围较宽，性能比铝电解有很大的改善，已实现表面安装，在较高性能要求的电路中可代替铝电解电容	工作电压范围窄，为 6.3 ~ 160V，容量偏差大，价格较贵，有极性，有搁置效应
薄膜电容	聚酯膜电容器	容量范围宽，绝缘电阻高，工作电压范围极宽，工作温度范围宽；稳定性好，损耗小，抗脉冲能力强，可靠性高，已实现表面安装，可实现金属化，具有自愈特性，可代替陶瓷电容器，在高性能要求的电路中得到广泛应用	价格比陶瓷电容器高，体积比陶瓷电容器大
	聚丙烯膜电容器	容量范围宽，绝缘电阻高，工作电压范围极宽，工作温度范围宽；性能接近理想电容器；可实现金属化，具有自愈特性；特别适合用于高频、高压、高稳定、高脉冲以及交流场合	价格比陶瓷电容器高，体积比陶瓷电容器大

2. 支撑电容器的选用与设计

（1）支撑电容器的主要技术参数　支撑电容器的选型首先应确定电容器的种类，如牵引变流器一般选择金属化薄膜电容器，因此仅按该方案进行考虑；然后，根据具体的应用条件进行计算、仿真或凭经验确定电容器的各项主要技术参数；再根据技术参数去选购或定制合适的产品。

支撑电容器的主要技术参数包括直流额定电压 U_{DC}、额定电流 I_N、电容值、等效串联电感值、耐压、损耗角、工作温度等。

支撑电容器的工作电压为变流器直流电路的工作电压。因此设计选型时，额定工作电压一般选直流回路的最高工作电压即可；耐压与工作温度可由牵引变流器系统应用条件确定；电感值与损耗角由电容器本身的结构决定，设计选型时只需确定这两项参数能满足使用要求即可。因此，对支撑电容器的选型而言，重点是确定支撑电容器的额定工作电流与电容值。

（2）支撑电容器的选取方法　从理论上计算在未考虑网侧阻抗情况下，允许直流母线电压波动范围内支撑电容器的容值大小，计算过程如下：

1）计算相位角 δ 为

$$\sin\delta = l - x \tag{6-3}$$

式中，x 为直流母线电压波动与最大值之比；δ 为相位角。

2）计算出导电角 θ 大小，可利用公式

$$l - x = \sin(\delta + \theta) e \frac{\pi/6 - \theta}{\omega RC} \tag{6-4}$$

然后，计算出电容值 C 的大小，可利用公式

$$\tan(\delta + \theta) = -R\omega C \tag{6-5}$$

式中，R 为等效的直流环节负载电阻。

3）搭建系统主回路仿真模型，该模型应包括网侧变压器（以及进线电抗器或滤波器）及负载。

4）用第2）条计算出来的电容值作为初始值进行仿真，仿真过程可适当调整电容值大小，得到电压波动、容值和电容电流大小的系列表格。

5）以此表格作为电容器选取的依据。在电压波动允许的范围内选取电容值，然后查电容器数据手册，得到该电容器允许的纹波电流要大于第4）条表格中的值。

6）根据电容器数据手册的参数，计算每个电容器的损耗为

$$P_C = \left(\frac{I_{max}}{\sqrt{2}n}\right)^2 \mathrm{ESR} \tag{6-6}$$

式中，I_{max} 为由仿真模型所得到的电容器电流的最大值；ESR 为电容器等效串联电阻；n 为并联的电容器数量。

7）根据损耗设计电容器的散热方案。

三、MOSFET：低压负载驱动

在额定电压低于200V的电力电子应用中，MOSFET是首选的功率半导体器件。因为MOSFET具有导通电阻低、开关速度高、易于控制、安全工作区（SOA）宽和坚固耐用的优点，在包括汽车系统的许多应用中，MOSFET作为负载开关已经取代了传统的功率双极型晶体管（BJT）。此外在200～600V电路的应用中，当需要开关速度快、功率水平中等时，MOSFET更受欢迎。图6-8所示的是一个使用MOSFET作为负载驱动器的低边和H桥直流电机驱动电路。

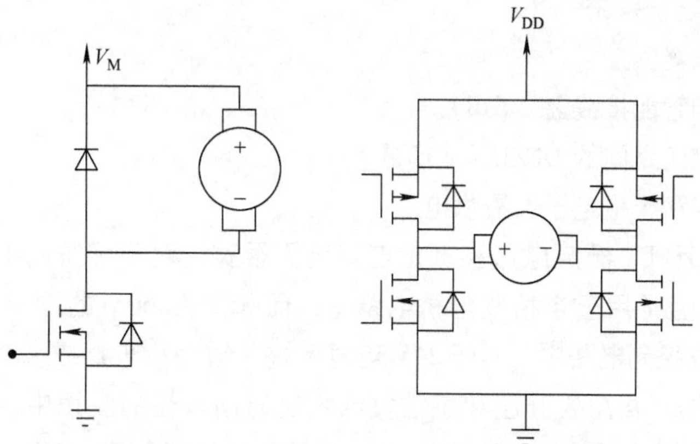

a) 低边直流电机驱动　　b) H桥直流电机驱动

图6-8　MOSFET在低边和H桥直流电机驱动电路

MOSFET可用于各种各样的汽车子系统中，列举如下。

（1）动力传动子系统

1）燃油喷射电磁阀的驱动。

2）电子节气门控制。

3）变速器换档电磁阀驱动。

4）巡航控制。

5）散热器电子风扇的电机控制。

6）集成起动机发电机（ISG）控制。

7）发动机可变正时气门控制。

8）柴油发动机预热塞电流开关。

（2）底盘和安全子系统

1）电动助力转向系统（EPS）和线控转向系统的电机控制。

2）防抱死制动系统（ABS）和牵引力控制系统（TCS）的电磁阀驱动。

3）线控制动系统的电机控制。

4）安全气囊激活开关。

5）主动悬架电机控制。

（3）车身/舒适性/便利性子系统

1）空调温度控制系统的电机和电磁阀驱动。

2）灯光控制开关。

3）高压气体放电前照灯（HID）控制电路。

4）电动门/窗电机控制。

5）电动座椅电机控制。

6）刮水器控制。

7）风窗玻璃和后视镜加热器。

（4）发电和配电子系统

1）开关型稳压器。

2）多路传输和智能接线盒（SJB）。

3）不同总线电压之间的 DC/DC 变换器。

4）给车载数字和模拟电子装置供电。

汽车使用的 MOSFET 额定电压和额定电流范围很宽。对于传统的 14V 电气系统，30V 和 40V 的 MOSFET 通常用于半桥或全桥电路中，而 55V 和 60V 的 MOSFET 通常用于单端（高边或低边）负载控制电路中。对于 24V 电气系统（重型货车）或 42V 电气系统，75V 功率半导体器件是首选。在需要升压和感性负载恢复时间较短的应用中，可使用 100～150V 的 MOSFET。击穿电压大于 400V 的 MOSFET 可用于发动机驱动、HID 灯控制电路和某些 DC/DC 变换器。汽车使用的 MOSFET 额定电流的范围从几百 mA 到超过 100A，开关频率的范围通常在 10～100kHz。

1. MOSFET 基础

MOSFET 是一种三端功率半导体器件，栅极（即控制端）控制流动于漏极和源极的主电流。源极端通常是栅极和漏极的共有端。MOSFET 的输出特性是指漏极电流 i_D 是以栅源电压 V_{GS} 为参数的漏源电压 V_{DS} 的函数，如图 6-9 所示。在电力电子应用中，MOSFET 用于在截止区（关闭状态）和欧姆区（导通状态）之间来回切换。当栅源电压 V_{GS} 小于阈值电压 $V_{GS(th)}$ 时，该 MOSFET 处于关闭状态。MOSFET 要有足够高的击穿电压 BV_{DSS}，以抗衡在恶劣的汽车环境下母线电压发生瞬变的情况。当 MOSFET 被一个大的电压 V_{GS} 驱动进入 MOSFET 的欧姆区时，其作用就像一个电阻。MOSFET 的导通电阻通常用 $R_{DS(on)}$ 表示，导通电阻是 MOSFET 最重要的参数。$R_{DS(on)}$ 基本上决定了 MOSFET 的通态功率损耗、最大电流和额定功率。

MOSFET 主要有两种类型：N 沟道和 P 沟道 MOSFET。N 沟道 MOSFET，由于其尺寸小、成本低，几乎用于汽车的所有应用中。P 沟道 MOSFET，由于在高边开关电路中控制简单，可以应用到许多地方，如仪表板和传输控制模块。N 沟道和 P 沟道 MOSFET 的电气符号，如图 6-10 所示。如果源极 PN 结是正向偏置的，则箭头表示的是电流流动的方向。N 沟道 MOSFET 的箭头指向 MOS 沟道内，而 P 沟道 MOSFET 的箭头指向沟道外。MOSFET 的符号也包括一个二极管，它是功率 MOSFET 不可分割的一部分，通常被称为体二极管。

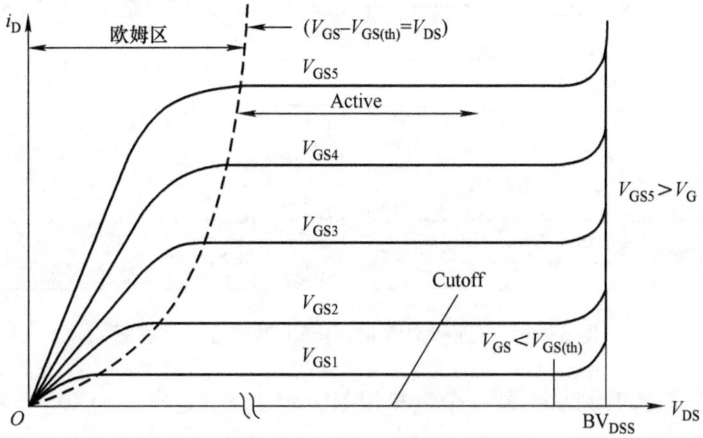

图 6-9　MOSFET 的输出特性

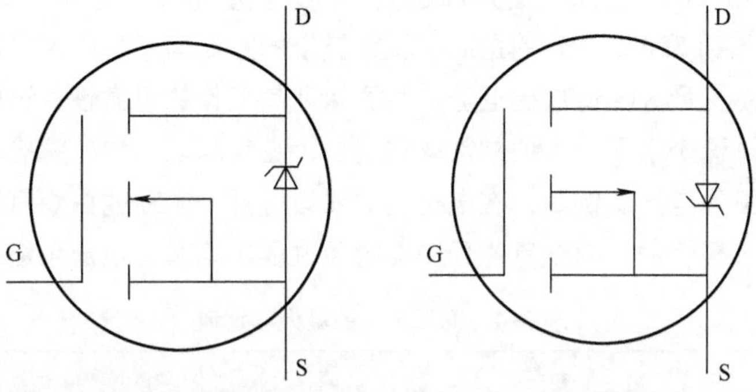

a) N沟道功率MOSFET　　b) P沟道功率MOSFET

图 6-10　N 沟道与 P 沟道功率 MOSFET 的电气符号

低压的 MOSFET 可以使用平面或沟槽工艺制造。图 6-11 所示为平面和沟槽 MOSFET 的横截面示意图。在平面 MOSFET 中，漏电极在硅片的底部成形，而源极和栅极在其顶部表面成形，MOS 沟道在平面多晶硅栅下的 P 型体区和 N + 源扩散区之间成形。平面 MOSFET 工艺是一种成熟的工艺，有着固有的宽 SOA 特性、优良的耐用性以及高雪崩能量。然而，平面 MOSFET 单位面积硅片的导通电阻，即通态比电阻，通常比沟槽 MOSFET 要大。在沟槽 MOSFET 中，多晶硅栅极位于垂直的沟槽内，而 MOS 沟道则沿着沟槽侧壁成形，这构成了两者技术之间主要的结构性差异。沟槽 MOSFET 工艺的单元密度高、通态比电阻低，所以比平面 MOSFET 工艺做成的器件尺寸更小、成本更低。沟槽 MOSFET 过去有 SOA 减小和耐用性差的缺点，但是如今在这些方面已经有了巨大的改善。现在，沟槽 MOSFET 在汽车应用中已相当普遍。

2. MOSFET 特性

接下来，我们通过分析一个已经商业化的 MOSFET 的数据手册，来熟悉 MOSFET 的特

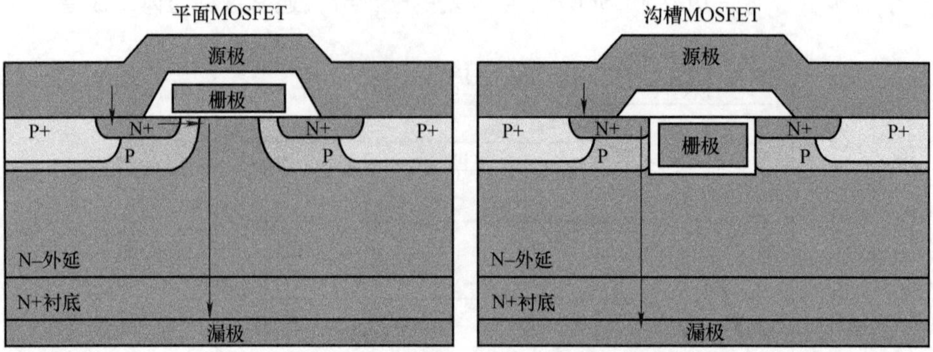

图 6-11　平面和沟槽 MOSFET 的横截面示意图

性。国际整流器公司的 IRF2804 是一个汽车用 MOSFET，额定电压为 40V，额定电流为 75A，可以采用标准的 TO-220 封装、表面贴片的 D2PAK 封装或 TO-262 封装。在汽车应用中其他常用的封装包括 TO-247、DPAK、Micro-8 和 SOT-223，可以适用于不同大小的硅芯片。

表 6-4 列出了 IRF2804 全部的最大额定值。在这些参数中，室温为 25℃时，最大连续漏极电流 i_D 的额定值为 75A，受到的是封装引线键合的限制而不是受到硅的结温限制。所有功率晶体管都有规定的最大峰值额定电流。为了保证其工作的可靠性，该电流通常设置得比较保守并且不能超过这个水平。人们常常忽略的是，在实际电路中的瞬态峰值电流可能很容易超出预期的正常工作电流。例如，在电机起动或者打开一个冷的白炽灯时可产生很高的浪涌电流，由于续流二极管的反向恢复作用，在导通过程中高瞬态电流可能经过 MOSFET。

表 6-4　IRF2804 的最大额定值

	参数	最大值	单位
I_D@ T_C = 25℃	连续漏电流，V_{GS}@ 10V（硅限制）	280	A
I_D@ T_C = 100℃	连续漏电流，V_{GS}@ 10V（如图 6-12 所示）	200	A
I_D@ T_C = 25℃	连续漏电流，V_{GS}@ 10V（封装限制）	75	A
I_{DM}	脉冲漏电流	1080	A
P_D@ T = 25℃	最大功耗	330	W
—	线性降额因子	2.2	W/℃
V_{GS}	栅源电压	±20	V
E_{AS}	单脉冲雪崩能量（热限制）	670	mJ
E_{AS}（测试）	单脉冲雪崩能量测试值	1160	mJ
I_{AR}	雪崩电流	如图 6-13、图 6-14 所示	A
E_{AR}	重复雪崩能量	—	mJ
T_J，T_{STG}	工作结温和存储温度范围	–55 ~ +175	℃
—	焊接温度，持续 10s	300（1.6mm）	℃
—	安装转矩，6 ~ 32 或 M3 螺钉	1.1	N · m

最高栅源电压的额定值是±20V，如果电压在这个限制外可能会损害栅极氧化层，造成对 MOSFET 永久的破坏。在测试和封装 MOSFET 产品时应注意避免静电放电（ESD）的损害，ESD 瞬间产生的电压可高达几千伏。MOSFET 应放在防静电的运输袋或者导电泡沫海绵中，或者放在金属容器或导电手提箱中，在需要测试或需要连接到电路时再拿出来。接触这些功率半导体器件的工作人员最好带一个合适的接地腕带。功率半导体器件应该带着包装拿放，而不是直接拿放。工作站或测试仪器应该放在具有良好接地的台上或垫上。

单脉冲雪崩能量E_{AS}和重复雪崩能量E_{AR}表明了 MOSFET 承受汽车环境中通常遇到的瞬态过电压的生存能力。雪崩能量的能力，也称为非钳位感应开关（UIS）的能力，是汽车应用中另一个重要的功率半导体器件参数（可以说是第二重要的功率半导体器件参数，仅次于导通电阻$R_{DS(on)}$）。

图 6-13 所示给出了一个测量E_{AS}和E_{AR}的 UIS 检测电路，类似于实际的具有感性负载的低边负载开关电路，如电磁阀或直流电机。另外，图 6-14 所示是被测器件（DUT）MOSFET 的源漏电流和电压的典型 UIS 波形，在 UIS 测试电路中用到 0.24mH 的负载电感 L 和 25Ω 的栅极电阻R_G。

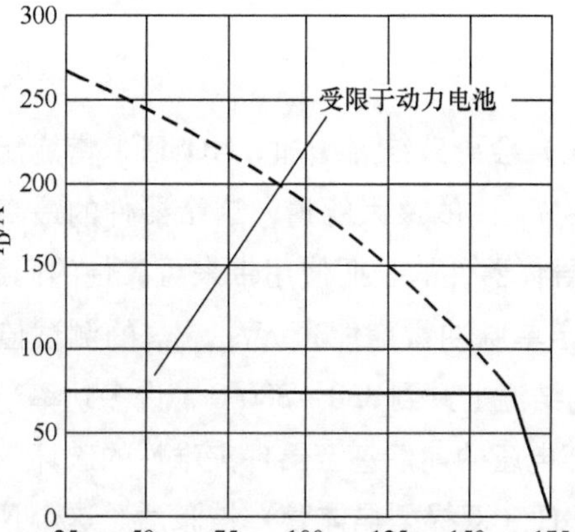

图 6-12 最大漏极电流与外壳温度

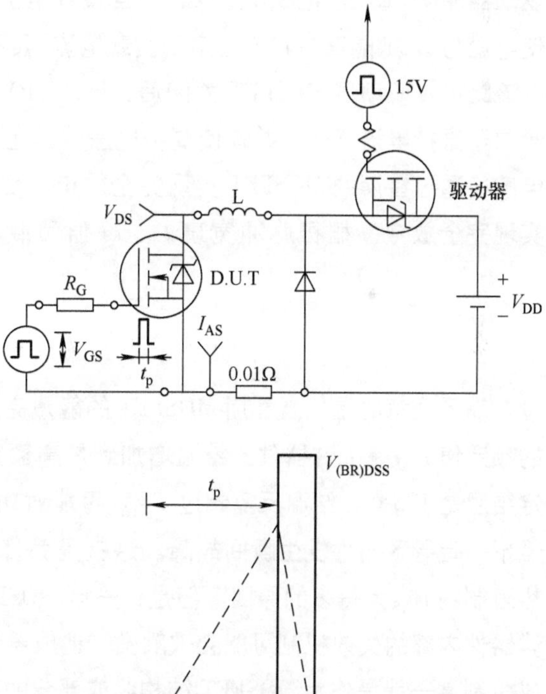

图 6-13 MOSFET UIS 检测电路和典型波形

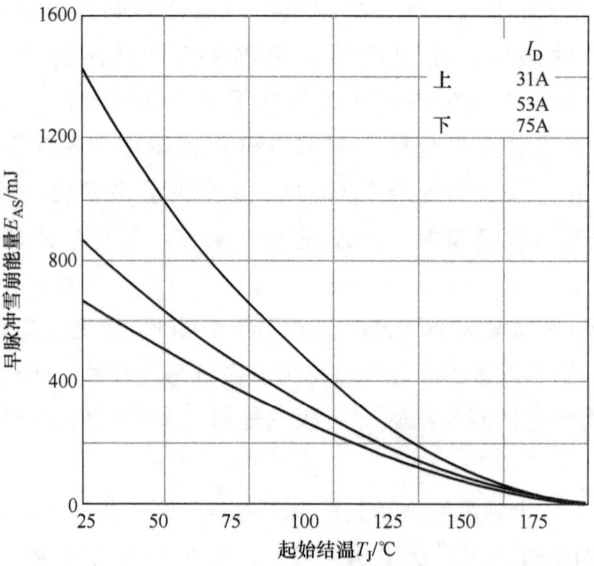

图 6-14　三种不同负载电流下，雪崩能量 E_{AS}与起始结温的关系曲线

脉冲电压信号发送到 DUT MOSFET 的栅极使它导通。电源电压 V_{DD}通过已在导通状态的驱动器 MOSFET 对电感 L 充电。一旦负载电流 I_{AS}达到一定值，驱动器 MOSFET 首先关闭，使电源与 DUT 隔离。我们注意到负载电流 I_{AS}不能瞬间改变，续流二极管提供了一个替代的电流路径。驱动器 MOSFET 关闭后，DUT MOSFET 立即被关闭。储存在电感中的电磁能量倾向于维持电流不变，并迫使漏极电压快速上升，超过 DUT MOSFET 的击穿电压 $V_{(BR)DSS}$。电感将通过雪崩的 MOSFET 实现完全放电，更准确地说是通过 MOSFET 雪崩的体二极管来实现完全放电。栅极脉冲宽度 t_p、峰值负载电流 I_{AS}升高，储存在电感中总的电磁能量 E_{AS}为

$$E_{AS} = \frac{1}{2}LI_{AS}^2 \tag{6-7}$$

需要注意的是，当雪崩 MOSFET 的能量完全消失，会导致结温增加。MOSFET 雪崩能量的额定值 E_{AS}是允许器件的结温增加到最高额定结温 T_{JMAX}的最大能量，这个器件的最高额定结温是 175℃。结温反复超过 T_{JMAX}可能对功率半导体器件的长期使用带来可靠性的问题，但不一定导致器件发生瞬间故障。这就是为什么额定单脉冲雪崩能量 $E_{AS(tested)}$的测试值比热限制的 E_{AS}大得多的原因。但是，一旦 MOSFET 的结温上升到 330～380℃，许多功率半导体器件内部的失效机制可能会被触发，造成器件击穿电压的崩溃甚至器件灾难性的破坏。失效机制之一就是作为 MOSFET 结构组成部分的寄生 BJT（双极型晶体管）被激活。这个 NPN 型寄生双极型晶体管在 N+源区（“发射极”）、P-体区（“基极”）和 N-漏区（“集电极”）中形成。在 MOSFET 正常工作的情况下，BJT 是无效的，因为它的基极和发射极是由 MOSFET 的源极金属短接的。但是，当处于 MOSFET 的漏区和 P-体区之间的体二极管进入雪崩模式后，一个大的雪崩电流会通过 MOSFET 的 P-体区，导致在 P-体区电阻（“基极电阻”）

上产生一个电压降。如果这个电压降超过 0.7V，发射极-基极的 PN 结将会在某些特定的位置发生正向偏置，则 BJT 被激活。BJT 一旦被激活，将表现出负阻转折特性，使 MOSFET 的击穿电压崩溃，随后会导致电流集中于某些区域，并在这些“热点”熔融硅或使金属互连。

另一种失效机制是，当结温上升到 360～380℃时，固有载流子会集中于 P 和 N 的掺杂区，PN 结体二极管将彻底失去它的电压阻隔能力。热生载流子会产生极高的漏电流，导致电压转折、局部电流拥挤甚至器件的灾难性破坏，类似于寄生 BJT 激活时的情况。

热产生于雪崩过程中，但同时又通过硅和封装的热传导机制从半导体结中散出。这两个相互竞争的过程，最终决定了实际的结温温升。因为通常有一个非常大的时间常数，当雪崩能量脉冲时间较短时（高功率脉冲），散热过程中没有足够的时间散热，可能使结温上升。负载电感、负载电流、击穿电压和起始结温（UIS 测试的开始结温）的不同，MOSFET 可能承受的雪崩能量也不同。因此，未指定测试条件时不能只简单地引用 UIS 能量。图 6-14 所示为在三种不同负载电流下，雪崩能量 E_{AS} 与起始结温的关系曲线。在实际的电力电子电路中，当 MOSFET 关闭时可产生自己造成的过电压瞬变，类似上述 UIS 的测试条件。图 6-15 所示为在功率半导体器件关闭时电压尖峰是如何因电路中的电感而产生的。功率半导体器件的开关速度越快，过电压就越高。

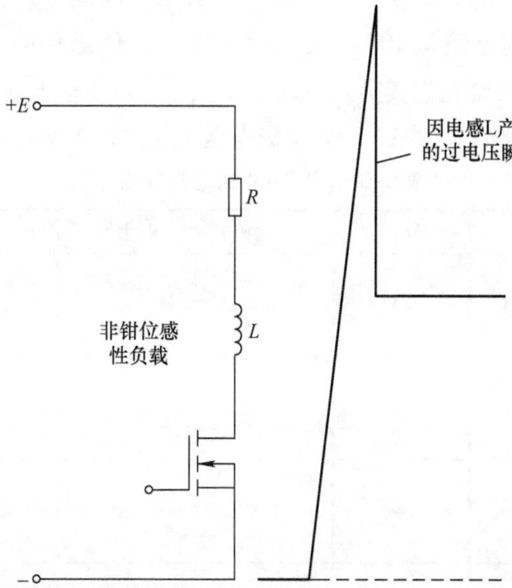

图 6-15　关闭带有非钳位感性负载 MOSFET 时的漏-源极过电压瞬态图

通常情况下，负载中的主要感性元件通过续流二极管进行电压钳制，具体如图 6-16 所示。然而，MOSFET 仍然受电路杂散电感的影响产生过电压瞬变。此外，由于续流二极管的正向恢复特性，也许不能提供瞬间钳位。

车用 MOSFET 拥有的雪崩能量额定值，允许它们承受这些感性尖峰而不会超过数据手册中的能量和温度限值。但是，设计电路板时仍应该精心布局，尽量减少电路的杂散电感以减小瞬变电压。

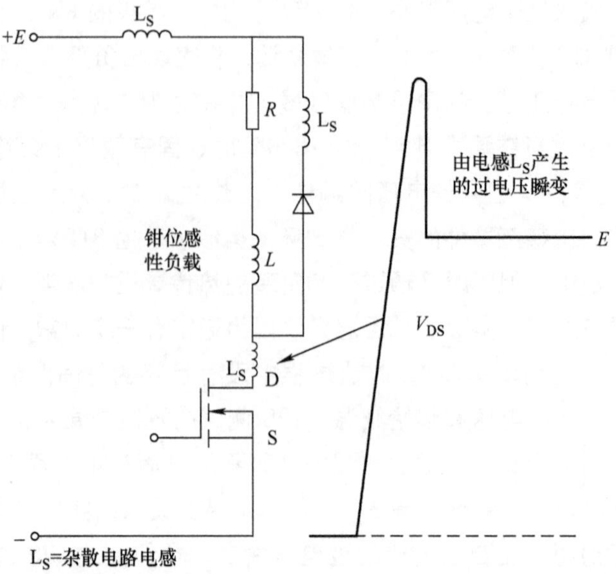

图 6-16　关闭带有由续流二极管钳位的感性负载的 MOSFET 时，漏-源极过电压瞬态图

表 6-5 列出了 IRF2804 的电气规范。在这些参数中，在漏电流为 250μA 时漏极到源极的击穿电压 $V_{(BR)DSS}$最小额定值是 40V。大多数功率半导体器件的击穿电压是在涌电流为 250μA 的情况下给出的，无论它们实际尺寸多大。$V_{(BR)DSS}$具有正温度系数，典型的漏极到源极导通电阻 $R_{DS(on)}$为 1.8mΩ，是在 10V 栅极电压 V_{GS}和 75A 漏极电流 I_{GS}下测得的。

表 6-5　IRF2804 的电气规范

	参数	最小值	典型值	最大值	单位	条件
$V_{(BR)DSS}$	漏-源的击穿电压	40	—	—	V	$V_{(GS)}=0V$ $I_D=250\mu A$
$\Delta BV_{DSS}/\Delta T_J$	击穿电压温度系数	—	0.031	—	V/℃	以 20℃为参考， $I_D=1mA$
$R_{DS(on)}$ SMD	静态漏-源电阻	—	1.5	2.0	mΩ	$V_{(GS)}=10V$ $I_D=75A$
$R_{DS(on)}$ TO-220	静态漏-源电阻	—	1.8	2.3	mΩ	$V_{(GS)}=10V$ $I_D=75A$
$V_{GS(th)}$	栅极阈值电压	2.0	—	4.0	V	$V_{(DS)}=V_{(GS)}$ $I_D=250\mu A$
gfs	正向跨导	130	—	—	S	$V_{(DS)}=10V$ $I_D=75A$
I_{DSS}	漏-源漏电流	—	—	20	μA	$V_{(DS)}=40V$ $V_{(GS)}=0V$

（续）

	参数	最小值	典型值	最大值	单位	条件
I_{DSS}	漏-源漏电流	—	—	250	μA	$V_{(DS)}=40V$ $V_{(GS)}=0V$ $T_{(J)}=125℃$
I_{GSS}	栅-源前向漏电流	—	—	200	nA	$V_{(GS)}=20V$
	栅-源反向漏电流	—	—	-200	nA	$V_{(GS)}=-20V$
Q_g	总栅极电荷	—	160	240	nc	$I_D=75A$
Q_{gs}	栅-源电荷	—	41	62	nc	$V_{(DS)}=32V$
Q_{gd}	栅-漏（米勒）电荷	—	66	99	nc	$V_{(GS)}=10V$
$t_{d(on)}$	导通延迟时间	—	13	—	ns	$V_{(DD)}=20V$
t_r	上升时间	—	120	—	ns	$I_D=75A$
$t_{d(off)}$	关闭延迟时间	—	130	—	ns	$R_G=2.5\Omega$
t_t	下降时间	—	130	—	ns	$V_{(GS)}=10V$
L_D	内部漏电极电感	—	4.5	—	nH	引线之间，从外封装到芯片引线中心距离为6mm
L_S	内部源电极电感	—	7.5	—	nH	
C_{iss}	输入电容	—	6450	—	pF	$V_{(GS)}=0V$
C_{oss}	输出电容	—	1690	—	pF	$V_{(DS)}=25V$
C_{rss}	反向传输电容	—	840	—	pF	$f=1.0MHz$
C_{oss}	输出电容	—	5350	—	pF	$V_{(GS)}=0V$ $V_{(DS)}=1.0V$ $f=1.0MHz$
C_{oss}	输出电容	—	1520	—	pF	$V_{(GS)}=0V$ $V_{(DS)}=32V$ $f=1.0MHz$
C_{oss}eff.	有效输出电容	—	2210	—	pF	$V_{(GS)}=0V$ $V_{(DS)}=0\sim32V$

注：$T_J=25℃$（除非另有规定）。

和其他大多数载流子器件一样，MOSFET 在击穿电压和导通电阻之间有一个折中的关系。这是因为需要一个低掺杂浓度的 N 型外延区为 PN 体二极管提供一个高击穿电压，也就是在 MOSFET 总导通电阻上增加了一个大的串联电阻。随着额定电压的增加，导通电阻也在急剧增大，如图 6-17 所示。这种折中的关系通常用一个简单的方程来表示：$R_{DS(on)} \propto V_{(BD)DSS}^{2.7}$。出于这个原因，MOSFET 限于低电压应用或者高电压但必须是低功率的应用。这也是 IGBT 作为少数载流子功率器件在高电压、高功率应用中占主导地位的原因，具体内容我们将在下一节讨论。$V_{GS(th)}$是指漏极电流增加到250μA时的栅极-源极电压值，这个参数是负温度系数的。

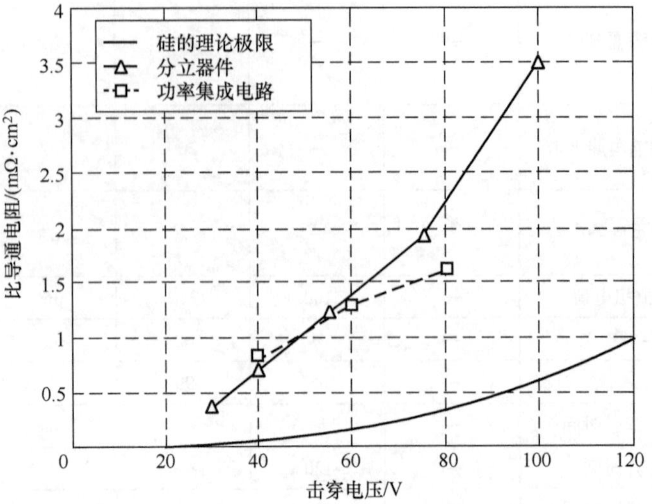

图6-17 MOSFET在导通电阻和击穿电压之间的折中关系

MOSFET的内部有三个端到端的寄生电容，如图6-18所示。C_{gs}是多晶硅栅极和源极之间的介质电容；C_{dg}是多晶硅栅极和漏极之间的反馈电容，通常被称为米勒电容；C_{ds}是漏极和P-体区之间的体二极管电容。但是，MOSFET数据手册中通常会用输入电容C_{iss}、输出电容C_{oss}和反向传输电容C_{rss}来替代C_{gs}、C_{dg}和C_{ds}。C_{iss}是栅极和源极之间的电容，在交流时漏极与源极短路。C_{oss}是漏极和源极之间的电容，在交流电时栅极与源极短路。C_{rss}是漏极和栅极之间的电容，源极与三端电容桥的保护端相连，C_{iss}、C_{oss}、C_{rss}与C_{gs}、C_{dg}、C_{ds}的关系如下

$$\left.\begin{aligned}C_{iss}&=C_{gs}+C_{gd}\\C_{rss}&=C_{dg}\\C_{oss}&=C_{ds}+C_{gd}\end{aligned}\right\}\tag{6-8}$$

注意到所有MOSFET的电容都不是常量，而是依赖于电压。图6-19给出的是C_{iss}、C_{oss}和C_{rss}与漏-源电压V_{DS}的函数关系，其中各电容值是通过1MHz的电容桥测量的。

MOSFET的导通或关断基本上是一个内部电容充电或者放电的过程。MOSFET的数据手册通常给出对于阻性负载开关电路的导通延迟时间$t_{d(on)}$、上升时间t_r、关断延迟时间$t_{d(off)}$和下降时间t_f，如图6-20所示。这些时间参数的定义由如图6-21所示的波形图给出。

但是这些开关时间的参数很难用于实际的MOSFET驱动电路设计中。栅极电荷能更好地表征功率MOSFET的切换能力。这就是表6-5中还给出了总栅极电荷量Q_g、栅-源电荷量Q_{gs}和栅-漏电荷量Q_{gd}的原因。Q_g定义为要向MOSFET输入电容C_{iss}充电以达到实施的栅极电压所需的总栅极电荷量；Q_{gs}定义为要向MOSFET输入电容C_{iss}充电以使栅极电压达到能传递规定漏极电流的栅极电荷量。Q_{gd}定义为要向电容C_{rss}充电以达到与C_{iss}电压相同时的栅

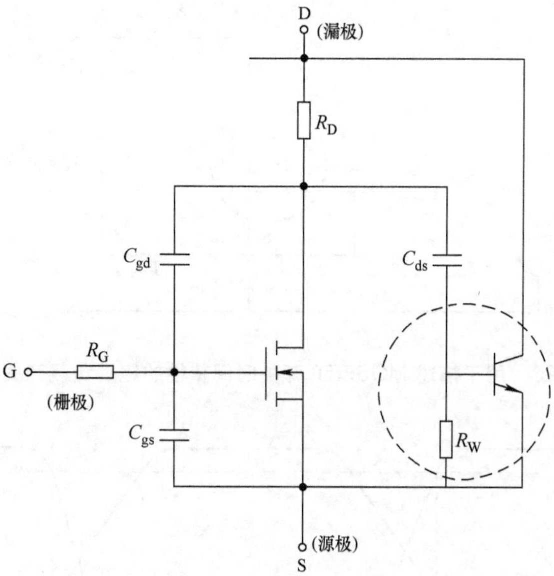

图 6-18　含有寄生电容和寄生 NPN 型晶体管的 MOSFET 等效电路

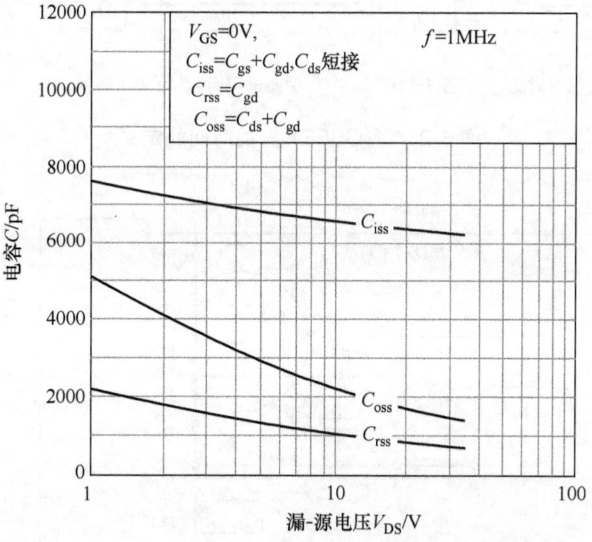

图 6-19　MOSFET 电容与漏-源电压的函数关系

极电荷量。图 6-22 和图 6-23 分别给出了栅极电荷测试电路和相应的栅极电荷波形。

此外，MOSFET 数据手册还包括体二极管的特性。在某些应用中，体二极管有时也用作 MOSFET 的续流二极管。但是在很多情况下，通常用一个外部续流二极管来代替体二极管，这是因为“免费”的体二极管的反向恢复特性通常不是那么令人满意。研究人员一直在努力提高体二极管的性能，使其更加“实用”。此外，数据手册中也提供了热阻和瞬态热阻抗的信息，这将在本节后续内容中讨论。

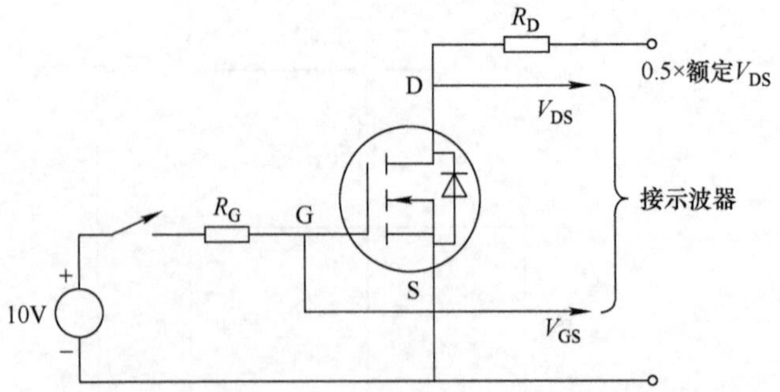

图 6-20　用于描述 MOSFET 开关时间特性的阻性负载开关电路

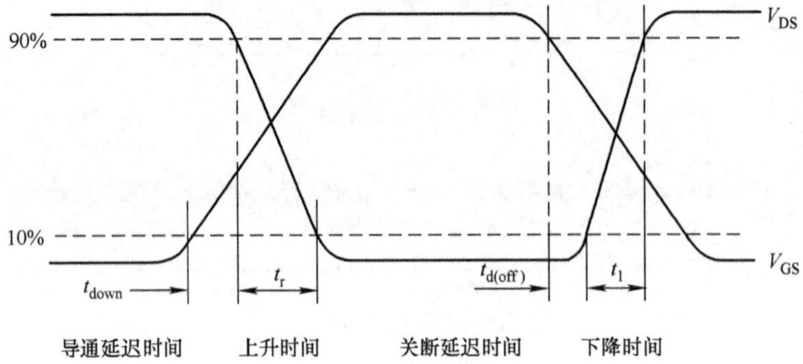

图 6-21　MOSFET 开关时间的定义

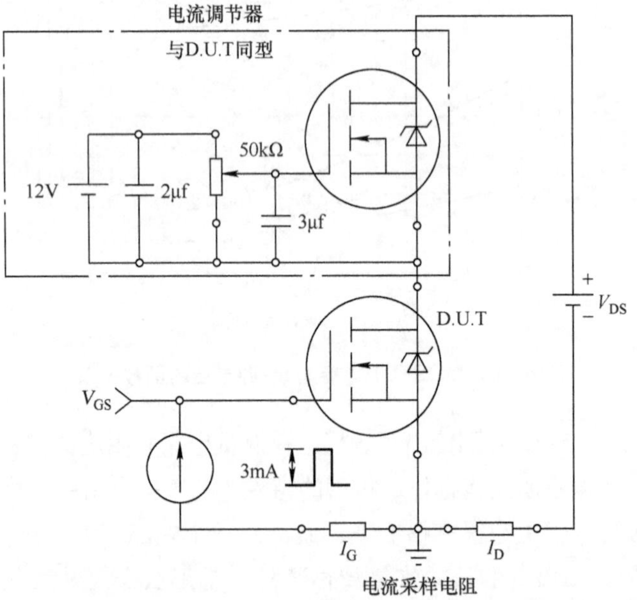

图 6-22　MOSFET 栅极电荷测试电路

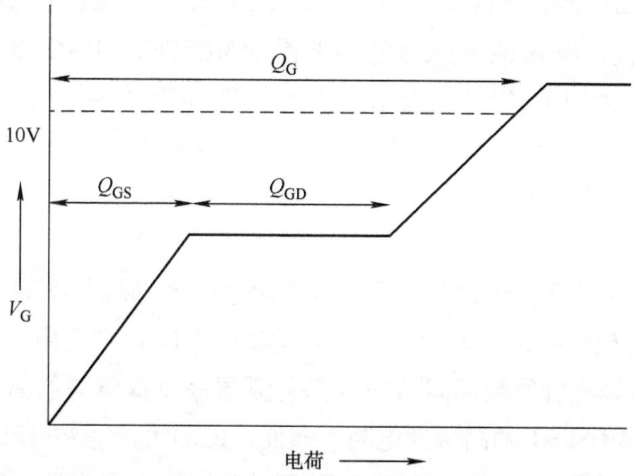

图 6-23　MOSFET 栅极电荷波形

四、高压功率开关

IGBT 是高电压（400～1200V）和中高电流（10～1000A）的汽车功率半导体器件的首选，因为它们比高压 MOSFET 有着更优越的电流传导能力。600～900V 的 IGBT 逆变功率模块用于额定功率大于 20kW 的电动和混合动力驱动系统中。图 6-24 给出的是一个驱动交流电机的三相 IGBT 逆变器。在发动机驱动的传统汽车动力系统中，400～600V 的分立 IGBT 也广泛用作点火线圈的驱动器。未来，IGBT 还可能应用于内部母线的 DC/DC 变换器以及电动汽车、混合动力汽车和燃料电池电动汽车上的非驱动电机的驱动器。

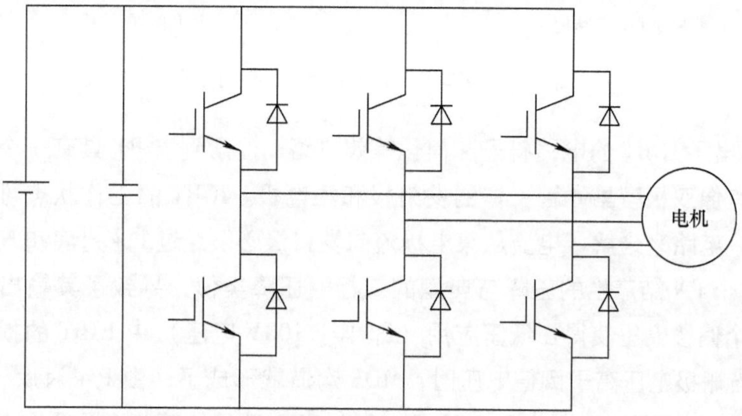

图 6-24　驱动交流电机的三相 IGBT 逆变器

IGBT 是一个由施加于栅极的电压所控制的开关晶体管。它的工作状态和结构与功率 MOSFET 相似，主要区别是 IGBT 靠电导调制来降低导通损耗。IGBT 像 MOSFET 一样具有高输入阻抗和快速的开启速度，而其导通压降和电流承载能力与双极型晶体管相同但开关速度更快。在传导损耗必须保持较低的高压应用中，IGBT 与 MOSFET 相比有明显的优势。尽管两者的导通速度都很快，但 IGBT 的关断速度要慢于 MOSFET。IGBT 呈现出的电流下降时间也称为“拖尾”，拖尾限制了 IGBT 仅能用于传统的 PWM 的中频（不超过 50kHz）。由于大多数汽车的电机驱动器工作在此频率范围内，并且芯片的面积和成本降低了两三倍，因此 IGBT 比高压 MOSFET 更具优势。

1. IGBT 基础

IGBT 的结构类似于功率 MOSFET，但有一个明显的区别就是两者衬底使用的晶圆材料不同。N 沟道的 IGBT 使用的是 P 型衬底，而 N 沟道的 MOSFET 采用 N 型衬底制作而成，如图 6-25 所示。这两种器件都需要高阻值的 N 型外延层来支撑所需的高击穿电压，正是这种高阻值外延区决定了 MOSFET 的高导通电阻。然而，IGBT 的 N 型外延区被放在 P + 衬底上，形成一个 PN 结。正向偏置时，这个 PN 结对 N 型外延区注入了大量的空穴，使得 N 型外延区拥有过量的电子和空穴，电导率因此而增加了几个数量级。这个过程被称为电导调制，这也是 IGBT 为何能比 MOSFET 提供更高的电流导通能力的原因。

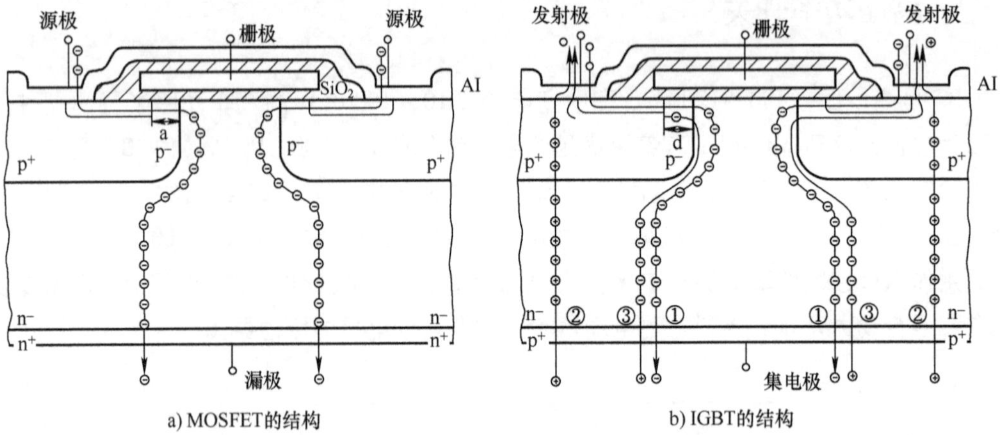

图 6-25 MOSFET 和 IGBT 的结构比较

图 6-26 给出了 IGBT 的电路符号和简化等效电路，注意到 IGBT 具有一个像 MOSFET 的栅极，但是却有像双极型晶体管一样的发射极和集电极。IGBT 的工作状态可以通过器件的横截面和其等效电路来理解。电流从集电极流向发射极必须经过 P + 衬底和 N 外延区之间的 PN 结，通过这个 PN 结产生的压降与典型的二极管压降类似，导致了其输出特性中有一个偏移电压。这个偏移电压使得在低压应用（即小于 100V 电压）中 IGBT 的损耗并不低于功率 MOSFET。当栅极电压高于阈值电压时，MOS 沟道就形成了，由 P + 衬底（发射极）、N- 外延（基极）和 P 型体区（集电极）形成的寄生 PNP 型晶体管将会导通，与内部 MOSFET 匹配成达林顿结构，PNP 型晶体管的基极电流由 MOS 沟道电流提供。基区被电导调制，IGBT的正向压降 $V_{CE(on)}$ 接近于 PNP 型管的集电极-发射极压降。在电源开关应用中，$V_{CE(on)}$ 是一个关键参数，它决定了通态损耗。当额定电压为 600V 时，假设这两种器件传导的电流密度都是 $100A/cm^2$，IGBT 的 $V_{CE(on)}$ 大约是 MOSFET 的 $V_{DS(on)}$ 的 1/3。IGBT 的 $V_{CE(on)}$ 是一

个与集电极电流、栅极-发射极电压和结温有关的参数。

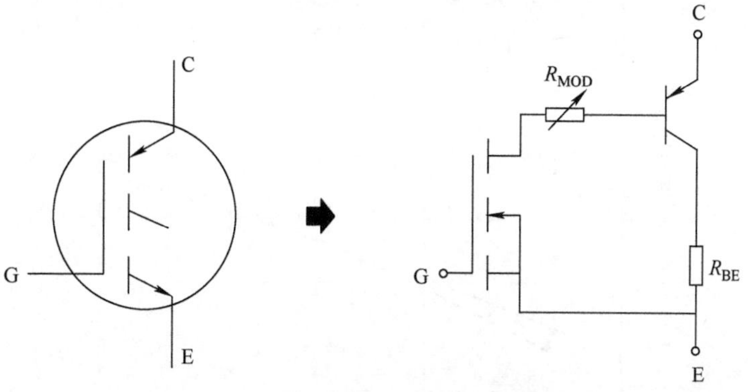

图 6-26 IGBT 的电路符号和简化等效电路

图 6-27 所示为 IGBT 在不同栅极电压下的典型输出特性。图 6-28 所示分别为结温 25℃和 125℃时 IGBT 的 $V_{CE(on)}$ 与集电极电流的关系。需要注意的是，在集电极电流较小的时候，$V_{CE(on)}$ 的温度系数为负，而当集电极电流变大后，其温度系数为正。

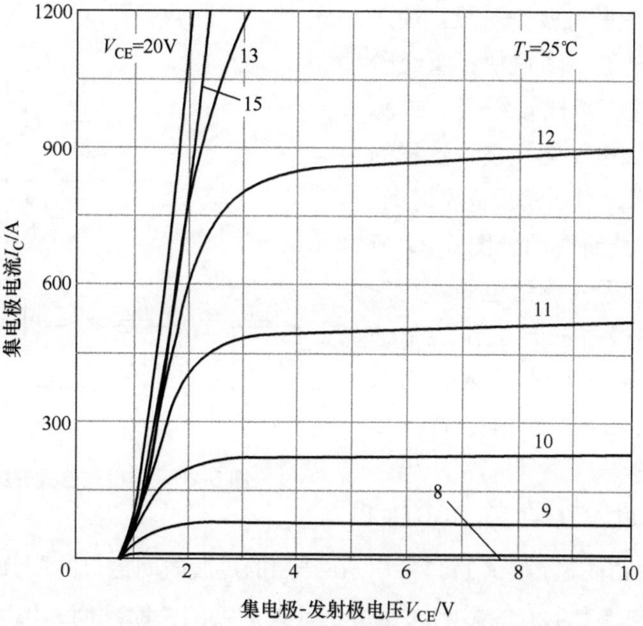

图 6-27 IGBT 在不同栅极电压下的典型输出特性

当栅极电压低于阈值电压时，MOS 沟道消失，提供给 PNP 型晶体管基极的电流被切断。随着 PNP 型晶体管被关断，在 N-外延区过量的电子和空穴或者被扫出外延区或者重组，IGBT随后处于关闭状态，反向电压被 P 型体区和 N-外延区之间形成的 PN 二极管阻断。IGBT的关断时间是缓慢的，因为大量的载流子储存在 N 型外延区。当栅极电压低于阈值电压的最初时刻，N-外延区电子浓度很大，在 P + 衬底和 N-外延区之间的结处有大量的电子和空穴注入。随着 N 型外延区电子浓度的下降，注入电流降低，剩下的电子与空穴重新结

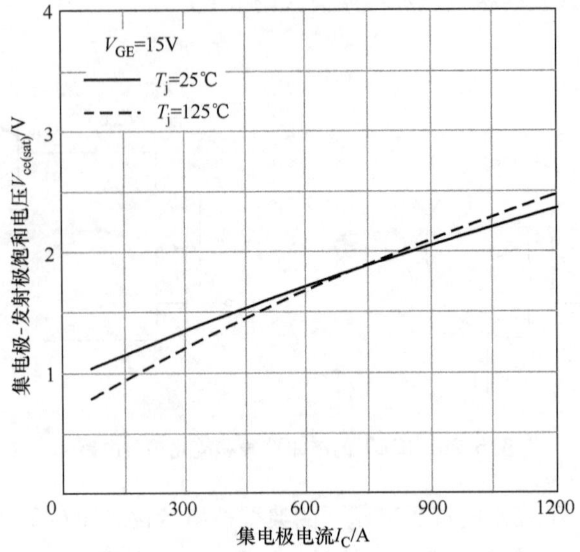

图 6-28　在结温为 25℃和 125℃时，集电极电流与 IGBT 的 $V_{CE(on)}$ 关系曲线

合。因此，IGBT 的关断有两个阶段：注入阶段，此时集电极电流下降很快；重组阶段，此时集电极电流下降比较缓慢（或称为“拖尾”）。采用如电子辐照技术这样的载流子寿命控制技术，可以缩短拖尾时间，实现 100～300ns 的关断时间。图 6-29 所示为一个半桥电感式开关测试电路，用来测试与上边续流二极管一起工作的下边 IGBT 开关特性。图 6-30 给出了典型 IGBT 的集电极电流 $i_C(t)$ 和集电极电压 $V_{CE}(t)$ 的导通和关断的波形。

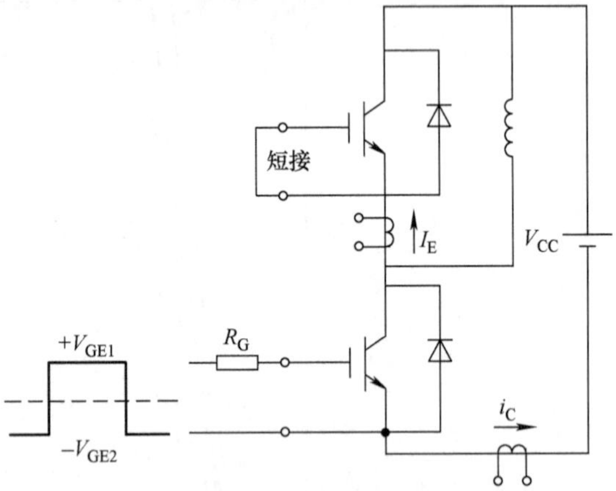

图 6-29　半桥电感式开关测试电路

在每个开关周期的开启期间，IGBT 的能量损失 E_{on} 可以由功耗 $p(t)=i_C(t)V_{CE}(t)$ 在开启的过渡时间窗口的积分决定，开启能量包括续流二极管的反向恢复电流的影响。在每个开关周期的关断期间，IGBT 的关断能量损失 E_{off} 由瞬时功耗 $p(t)=i_C(t)V_{CE}(t)$ 在关断的过渡时间窗口的积分决定。关断能量 E_{off} 在很大程度上是由 IGBT 的拖尾电流决定的。IGBT 的 E_{on} 和 E_{off} 是集电极电流、集电极电压、栅极串联电阻和结温的函数，如图 6-31 所示，典型值通常由数据手册提供。开关的平均功耗可以用开关频率与 E_{on} 和 E_{off} 的乘法来计算。

在硬开关的应用中，如进行电机控制的逆变器，IGBT 的 SOA（安全工作区）是保护 IGBT 应对瞬变中过电压或过电流非常重要的因数。SOA 被定义为在开关操作过程中允许同时发生的最大集电极电流和集电极-发射极电压的点轨迹。对于一个典型的逆变桥电路，开

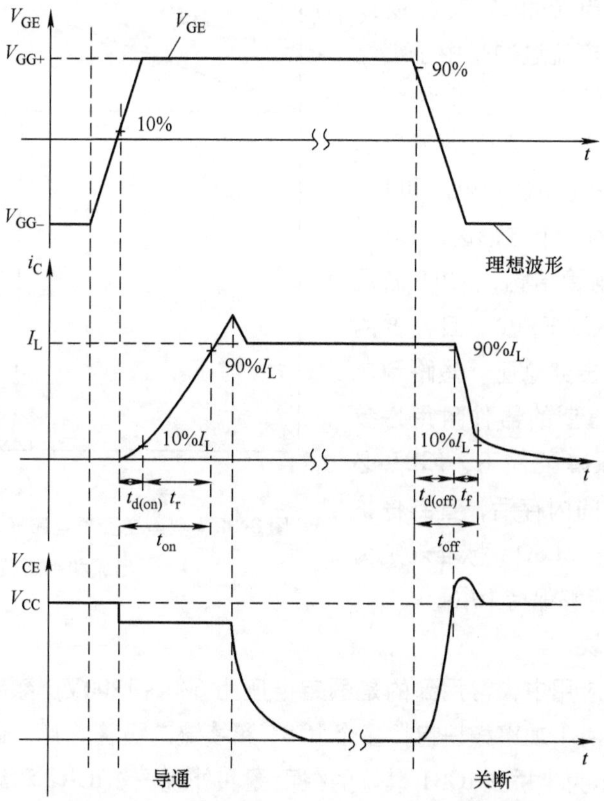

图 6-30 典型 IGBT 的集电极电流和集电极电压导通和关断波形

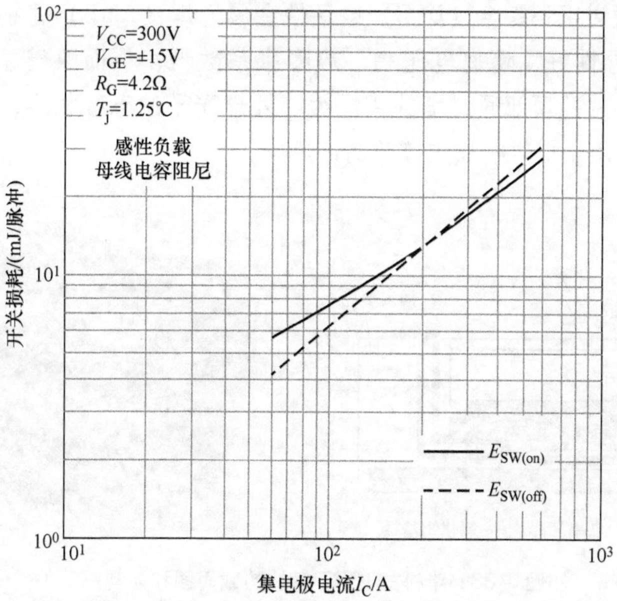

图 6-31 IGBT 的开关损耗与集电极电流的关系曲线

关操作过程产生的电流和电压轨迹如图6-32所示。导通的电流过冲是由于续流二极管的反向恢复特性引起的，而关断的电压过冲主要是由IGBT的寄生电感引起的。IGBT的SOA通常是由额定电压和1～2倍的额定电流围成的一个方形区。然而，由于寄生PNP型晶闸管结构，IGBT表现出的雪崩能量要比MOSFET少，且需要的钳位电压远低于额定击穿电压。短路SOA（SCSOA）是另一个重要的器件耐用性参数，在负载短路等故障条件下，IGBT必须能在一段有限的时间内存活，直到保护电路发觉并关闭系统。SCSOA标准规定为在起始结温125℃时能够保持10μs。

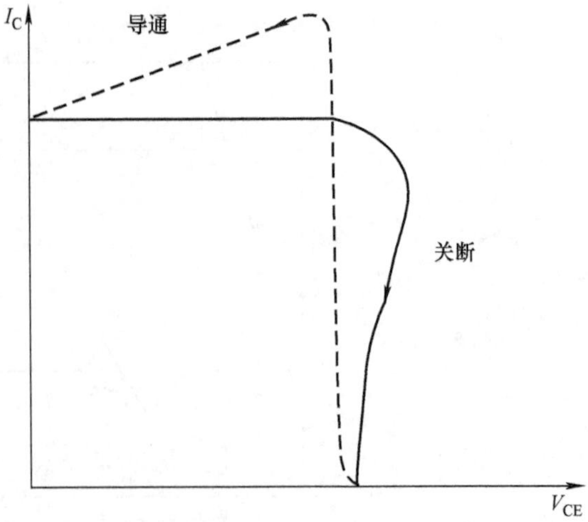

图6-32　典型逆变桥电路开关操作过程产生的电流和电压轨迹

2. IGBT功率模块

在电驱动系统的应用中，常用到的是额定电压为600～1200V、额定电流为50～1000A的IGBT功率模块。IGBT功率模块包括多个IGBT和续流二极管芯片，通常是半桥或三相桥的结构。图6-33所示为半桥式IGBT模块的截面图和外观图。IGBT和续流二极管芯片都被焊接在隔离衬底的金属表面上，后者则焊接在铜散热底座上。绝缘衬底把硅片从模块的基座中隔离出来，同时提供了优良的导热性。功率模块常用的隔离衬底包括陶瓷材料如Al_2O_3、AlN、BeO和SiC，通过铜瓷键合（DCB）或活性金属钎焊（AMB）将铜膜键合到两边。这些衬底材料的热传导性好、隔离电压高、热膨胀系数低，从而改善了局部的放电能力。IGBT和续流二极管芯片的顶部通过细的铝焊线与外部端子的电极相连，被装在环氧树脂模壳中用硅凝胶固定，用于提供机械支撑并防止污染。

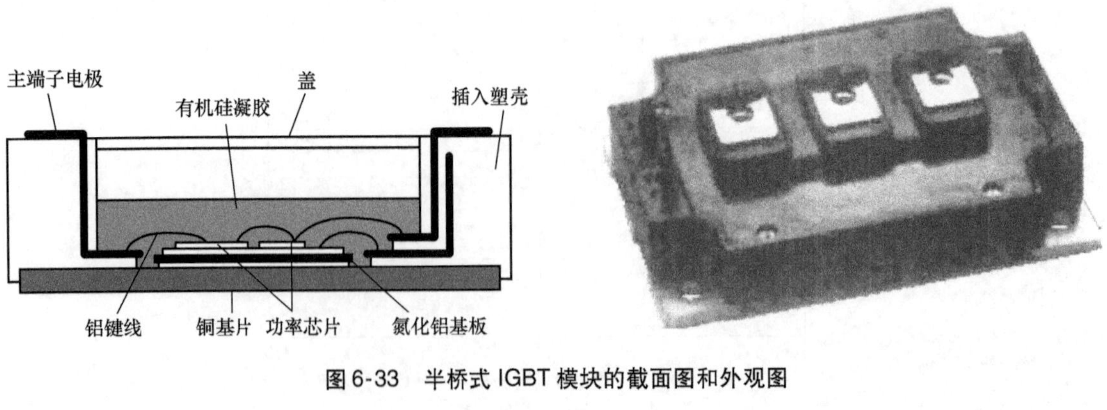

图6-33　半桥式IGBT模块的截面图和外观图

此外，栅极电阻、电流传感器或者温度传感器等无源器件也可以集成到模块中。更进一步，驱动、保护和检测电路也都能被集成到功率模块中，使之变成一个智能功率模块。

由于硅芯片、铝连接线、铜金属薄膜、陶瓷基板、焊点及铜底板的热膨胀系数的差异，IGBT 功率模块在生产和工作时会产生热应力。在电机控制应用中，热应力有可能导致热机械疲劳，最终导致 IGBT 功率模块的损坏。目前，人们已经开发出来了各种类型的压力触点功率模块以解决可靠性问题。

在车辆动力传动系统的应用中，IGBT 功率模块的选择基本上是基于电压、电流、SOA、开关速度和可靠性的考虑。在任何情况下，IGBT 功率模块的电压、电流和结温都不能超过最大额定值。大多数电动、混合动力或燃料电池电动汽车工作在 150 ~ 300V 的直流电源母线上，然而，需要考虑由寄生电感和 di/dt 引起的瞬态过电压。在应用中通常使用 600V 的 IGBT 功率模块以提供足够的设计余量。电流额定值的选择要确保 IGBT 和功率模块续流二极管的总功耗不会导致结温超过其最大额定值。此外，出于 SOA 考虑，负载电流和二极管反向恢复电流的总和不应超过 IGBT 的最大额定电流。对于车辆驱动系统的应用，IGBT 功率模块的选择应基于峰值负载电流，这个峰值负载电流会高出平均电流数倍，以应对不经常发生但在实际应用中会遇到的情况（如发动机起动和再生制动）。

3. 点火装置的 IGBT

集成了集电极-栅极钳位二极管的分立 IGBT（自钳位 IGBT）广泛应用于传统燃油车的点火线圈驱动器中。与传统的达林顿双极型功率晶体管相比，IGBT 作为点火开关器件有许多优点，如驱动电路设计简单、内置电池反向保护和更好的 SOA。图 6-34 所示为一个专门为汽车应用而设计的带有内部钳位 IGBT 的高压点火线圈驱动器。该 IGBT 采用了多晶硅二极管来钳位其集电极和栅极之间的电压，为点火线圈驱动提供了高性价比的解决方案。

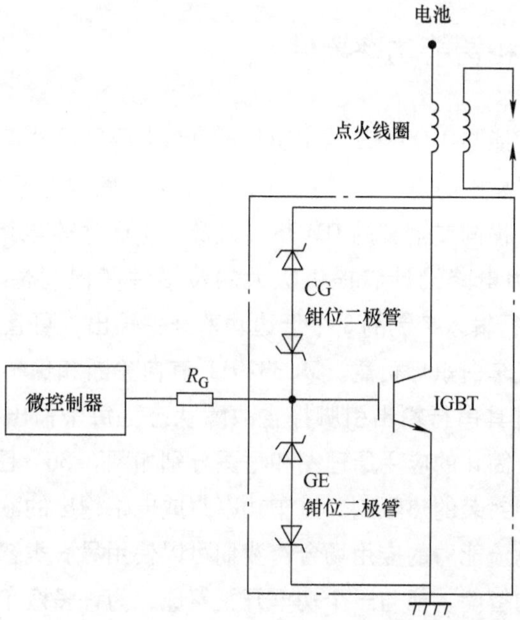

图 6-34　带有内部钳位 IGBT 的高压点火线圈驱动器

图 6-35 所示为在开关操作中 IGBT 的集电极电流和电压的波形。首先，IGBT 导通，电

流倾斜上升到一次线圈的预设值（如 7～12A）。然后 IGBT 关断，储存在一次侧的能量产生一个几百伏的尖峰电压，致使二次线圈的电压升到 20～40kV，并在火花塞上产生电弧点燃燃料混合物。由于集成了集电极-栅极钳位二极管，IGBT 能够在火花塞断开（“二次侧开路”）的状态下保持可观的能量。对于大多数点火系统，集电极-栅极钳位电压通常在 350～400V。

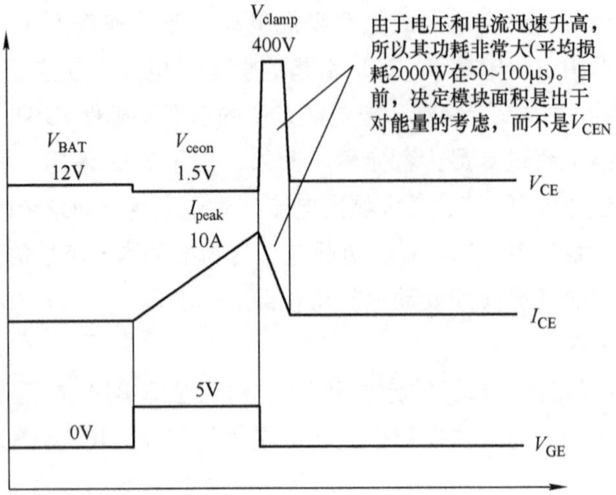

图 6-35　在开关操作中 IGBT 的集电极电流和电压的波形

五、功率集成电路和智能功率器件

将控制、诊断和保护功能与 MOSFET 或 IGBT 等功率半导体器件集成在一起是非常可取的，这样可以降低成本、提高电力电子系统的可靠性。功率集成电路技术（如摩托罗拉的 SMARTMOS）把 MOSFET（横向或垂直的 DMOS）以及 CMOS 逻辑电路和双极/MOS 模拟电路集成到同一块芯片上，为电路设计者提供极大的灵活性和便利性。例如，摩托罗拉的 MC33291L 是一个由 8 位串行输入控制的 8 个低边功率开关输出，可直接与微控制器连接来控制各种汽车感性负载或汽车白炽灯负载。MC33291L 有自诊断和保护功能，如过电压、过电流和过热时关机以及通过其串行输出引脚报告故障状态。每个输出都有一个内部的 53V 电压钳位，可以单独关闭。简化的应用原理图和框图分别如图 6-36、图 6-37 所示。

出于对性价比的考虑和封装的热限制，汽车功率集成电路输出的额定电流通常被限制在几个安培。对于需要更高电流能力的应用场合，我们可以使用另一类智能产品：智能功率器件。智能功率器件将有限的智能功能与一个功率开关集成，为许多汽车应用提供了非常经济有效的解决方案，如替代机电式的继电器和车上配电系统的熔丝。一些半导体制造商提供不同商标的智能功率产品，如英飞凌公司的 PROFET 和飞利浦半导体公司的 TOPFET。英飞凌的 BTS441R 是一个 20mΩ、单通道、高边智能功率开关，它将电荷泵、引入接地参考点的

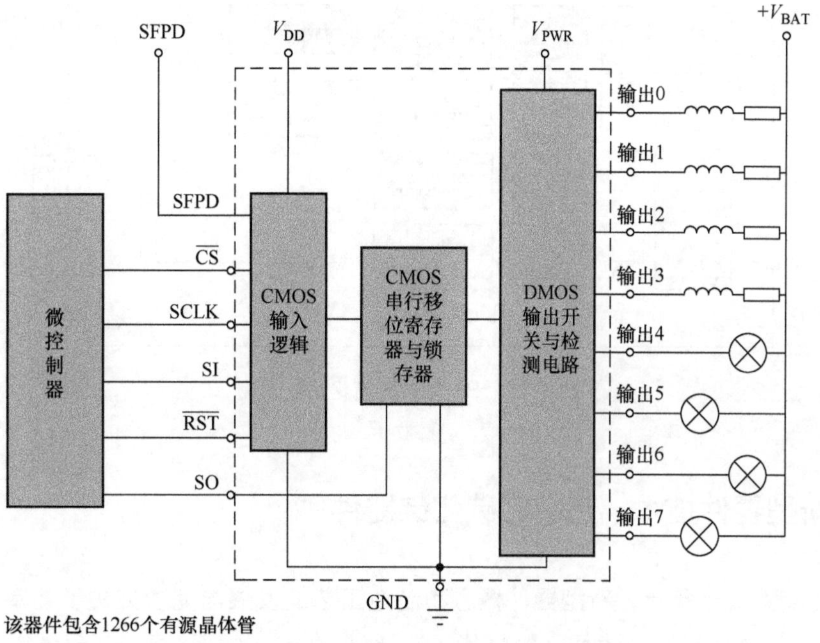

图 6-36　简化的 MC33291L 应用原理图

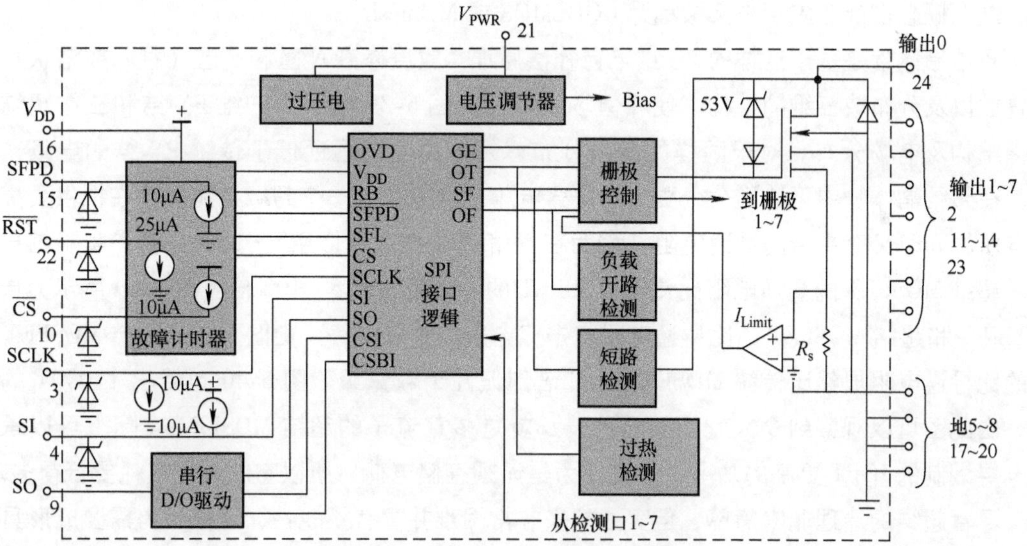

图 6-37　MC33291L 简化功能框图

CMOS 电路与一个垂直导电结构的功率 MOSFET 集成。BTS441R 具有短路保护、过电流保护、过载保护、热关断、过电压保护（包括负载突降）、电池反接保护、地断开或电池断开保护、ESD 保护，它还能在负载开路检测和热关断时提供诊断反馈。BTS441R 的标称额定电流为 21A，其简化功能框图如图 6-38 所示。

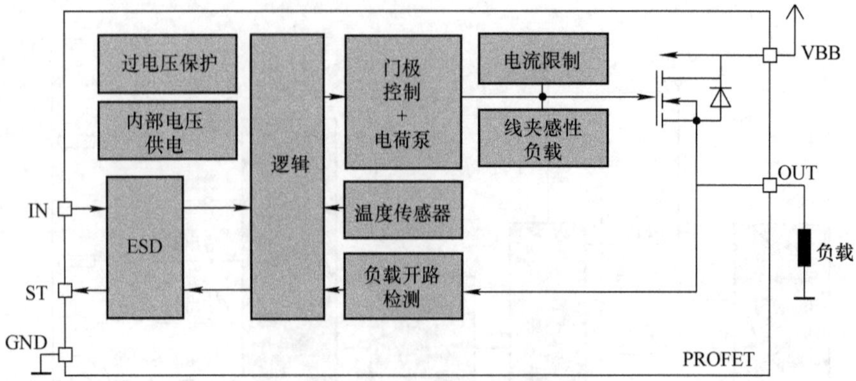

图 6-38 BTS441R 简化功能框图

六、新型器件技术：超结和碳化硅器件

在 20 世纪八九十年代，新型器件概念和制造工艺的发展与完善促进了功率半导体技术的巨大进步。但是功率半导体器件的性能正在迅速接近硅的理论极限。虽然 MOSFET 的开关性能表现出色，但仍受到电流导通能力的限制。目前有一个性能更优越的器件——超结（SJ）晶体管，有报道称其突破了传统 MOSFET 在通态电阻和击穿电压之间折中的理论限制。这个概念在商业应用中又被称为 COOLMOS 或 MDmesh。

超结晶体管是基于这样的 PN 结电荷补偿原理：重度掺杂 N 区和 P 区（柱状或塔状）交替叠放以及分布成三维的结构，使峰值场强降低。图 6-39 所示为一维 PN 结和三维超结的器件结构及电场分布。对于同样的掺杂分布，超结的电场远远低于传统 PN 结的电场，因此，在超结晶体管中可达到一个更高的击穿电压。换言之，一个超级结晶体管在提供更高击穿电压的同时又有更低的导通电阻（因为在 N 和 P 支柱大量掺杂）。理论分析和实验结果表明，超结 MOSFET 的导通电阻比传统 MOSFET 的导通电阻低 5～100 倍。图 6-40 所示为传统 MOSFET 和超结 MOSFET 的比导通电阻与击穿电压的关系曲线。由图可知，超结 MOSFET 具有的比导通电阻显然比传统 MOSFET 低几倍到低几个数量级。图 6-40 也给出了 IGBT 的数据，由此图可以观察到令人吃惊的结论，那就是多载流子的超结 MOSFET 实际上可以承受比电导调制的 IGBT 更高的功率，并且因为是无须存储电荷，所以它的开关损耗要低得多。

尽管超结的原理非常简单，但实践起来非常困难并富有挑战性，这是因为需要成形具有特殊高宽比的三维器件结构（例如，深度为几十微米和宽度为几微米的 N 或 P 的支柱）。迄今为止，唯一报道成功的商业化制造技术是采用埋层、多外延工艺成形所需要的 P 支柱和 N 支柱。图 6-41 所示为采用多外延工艺制造的 MOSFET 的横截面示意图。

多外延工艺要求许多额外的光掩模，导致单位硅面积的成本非常高。超结 MOSFET 目前仅限于使用在开关频率非常高的功率电子应用中。如果它们的成本在未来变得更具竞争力的话，超结 MOSFET 在电力传动变频器、内部母线 DC/DC 变换器、非驱动电机的控制以及

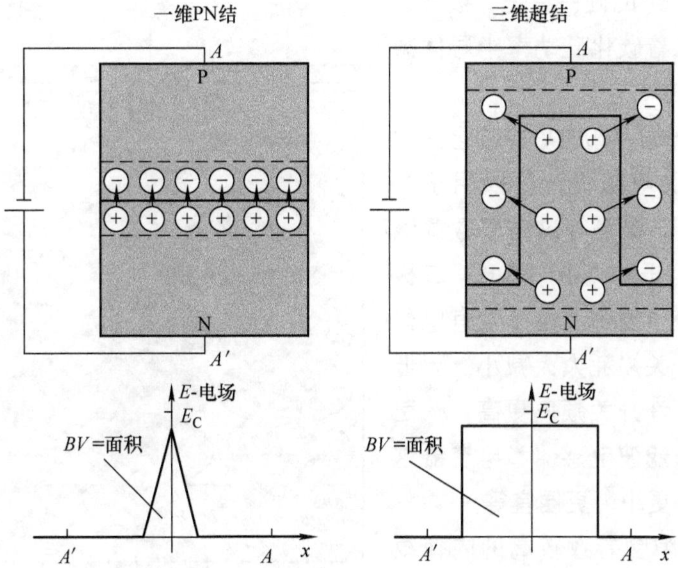

图 6-39　一维 PN 结和三维超结的器件结构及电场分布的比较

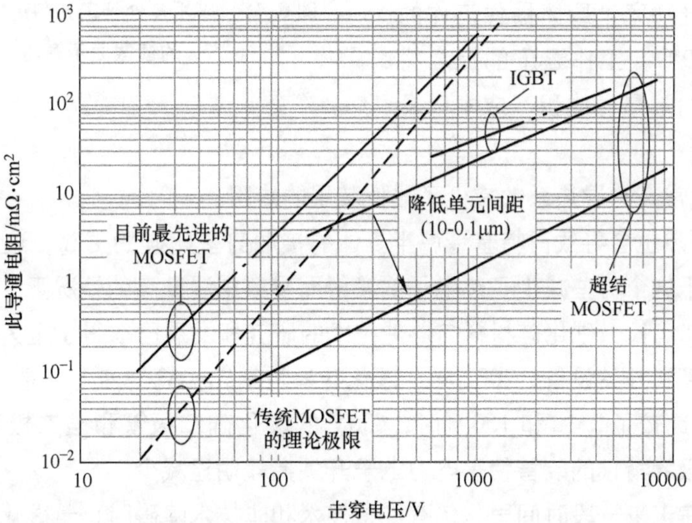

图 6-40　传统 MOSFET、超结 MOSFET 和 IGBT 的比导通电阻与击穿电压的关系

其他汽车应用中会有一定优势。超结 MOSFET 在这些应用中将使得开关损耗更低，使用的热管理元件也会更简单、更轻、更便宜。

另一个新型的器件技术是以碳化硅为基础的功率半导体器件。碳化硅通常被认为是最有前途的半导体材料，能够在未来的电力电子系统芯片中取代硅。相比于硅功率半导体器件，碳化硅功率半导体器件拥有以下优点：

1）与其他硅功率半导体器件相比，碳化硅的高击穿电场强度使得它的漂移区更窄，因而它的比导通电阻更小。例如，一个 600V 的碳化硅肖特基二极管比导通电阻是 $1.4\text{m}\Omega \cdot \text{cm}^2$，

远远低于 $73m\Omega \cdot cm^2$ 的硅肖特基二极管的导通电阻。这意味着碳化硅功率半导体器件尺寸更小。

2）耐压值为 600～2000V 的碳化硅功率半导体器件导通电阻低，可以用于如 MOSFET 和肖特基二极管等这些多数载流子器件，而不是用于如 IGBT 和 PiN 二极管等这些少数载流子器件。由于没有电荷存储效应，因此开关损耗大大减小。更低的开关损耗，将允许开关频率更高，随之带来好处的还有如滤波电感器和电容器这样的无源元件可以更小、更便宜等。

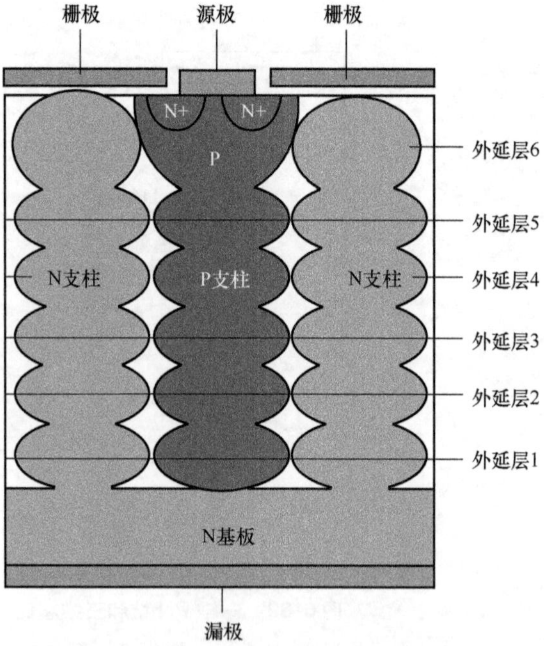

图 6-41　采用多外延工艺制造的 MOSFET 的横截面示意图

3）较大的带隙会导致较高的内在载流子浓度和较高的工作结温。原则上，碳化硅功率半导体器件可以在高达 300℃ 的结温下工作，而硅功率半导体器件工作的最高结温只有 150℃。工作温度的提高将减少热管理系统的重量、体积、成本以及复杂性。

4）碳化硅非常高的导热系数减少了器件装置的热阻。

5）较高的带隙也会导致肖特基金属半导体的接触势垒比硅的更高，这会使得漏电流非常低，即使在由于这个势垒减少了热电子的发射而导致结温升高的情况下。

在 20 世纪 90 年代，碳化硅材料与器件技术的研究和发展已取得了重大进步，开发出了各类碳化硅二极管和开关设备。2002 年，碳化硅肖特基二极管的商业化是一个重要里程碑。如图 6-42 所示，比较了 25℃ 和 150℃ 时，600V 的碳化硅二极管和硅二极管的反向恢复特性。这种续流二极管特性的改善使得电力电子开关损耗明显减少。

另一方面，在未来一段时间里，仍有许多技术和非技术障碍阻止着碳化硅材料和器件的大规模商业化，其中技术障碍包括碳化硅晶圆的缺陷密度高与成本高等。目前，碳化硅器件的成本是具有相同额定电压和额定电流硅器件的 5～10 倍。据预测，在 3～5 年内碳化硅和硅的成本比将下降至 3，最终在 8～12 年内下降为 1。与军事或空间应用不同，汽车应用对元器件成本是非常敏感的。一个关键的问题是，如何充分利用这些优势，在系统水平上实现重量、尺寸、效率、性能的优化，以及可能实现电力电子系统的整体成本改善。换句话说，引入碳化硅器件使得组件成本大幅增加必须有充分理由。我们必须重新思考电力电子在电动汽车中的设计和建造方法，包括但不限于变换器的拓扑结构、开关频率、最大操作温度、散热管理、系统划分和封装/组装技术。

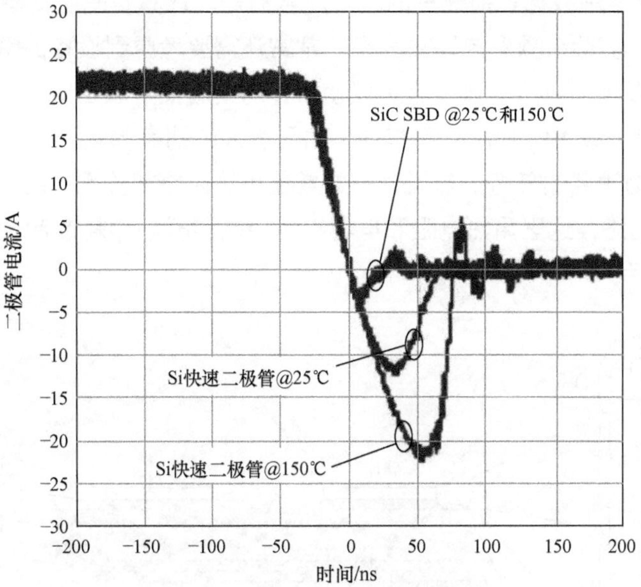

图 6-42 25℃和 150℃时，600V 的碳化硅二极管和硅二极管的反向恢复特性的比较

七、功率损耗及热管理

由于受热的限制，功率半导体器件必须安装在散热器上，以使其结温在最大功耗和最高环境温度的“最坏情况”下保持在额定值限制之内。

在开关的应用中，总功率取决于通态损耗和开关损耗。功率 MOSFET 的开关时间和开关损耗基本上与温度无关，但通态损耗随温度的增加而增加，这是因为 $R_{DS(on)}$ 随着温度的增加而增加。相反，IGBT 的开关损耗是高度依赖于温度的，而通态损耗对温度变化相对不敏感。当估算散热片的大小或其他热管理设计时，必须考虑这些特点。

晶体管的通态功率 P_C 可近似表达为

$$P_C = I_{on} V_{on} \tag{6-9}$$

开关的能量损失取决于被切换的电压和电流以及负载的类型。总的开关损耗 P_S 是每次开关能量总损失 E_S 乘以开关频率 f：

$$P_S = E_S f \tag{6-10}$$

式中，E_S 是在每个开关周期中功率晶体管的导通能量 E_{on} 和关断能量 E_{off} 的总和。

总功耗 P_T 是传导功率 P_C 和开关功率 P_S 的总和：

$$P_T = P_C + P_S \tag{6-11}$$

结温 T_J 的计算公式为

$$T_J = P_T R_{\theta JA} + T_A \tag{6-12}$$

式中，$R_{\theta JA}$ 是功率器件的结点到环境的热阻，它通常是由器件的数据手册提供的。例如，当不使用任何散热片时，D2PAK 封装的 IRF2804 MOSFET 上的 $R_{\theta JA}$ 等于 62℃/W。内部结点到

外壳的热阻 R_{JC} 同样是由数据手册提供的。要注意的是，计算是基于简单的稳态假设，只能作为第一级的估计。实际装置和电路更复杂，常常还需要考虑到设备的瞬态热阻。对于分立的功率器件，通常简单的风冷散热器就足以使器件的结温低于额定值。

然而，对于 IGBT 或 MOSFET 功率模块，由于有大的功率损耗和模块封装的复杂性，因此热管理是一个更为艰巨的任务。热管理中经常使用液体冷却技术。图 6-43 所示为 IGBT 功率模块等效热 RC 网络，这里用热电阻和电容描述静态和瞬态热耗散和传递特性。决定热电阻和阻抗的因素包括：

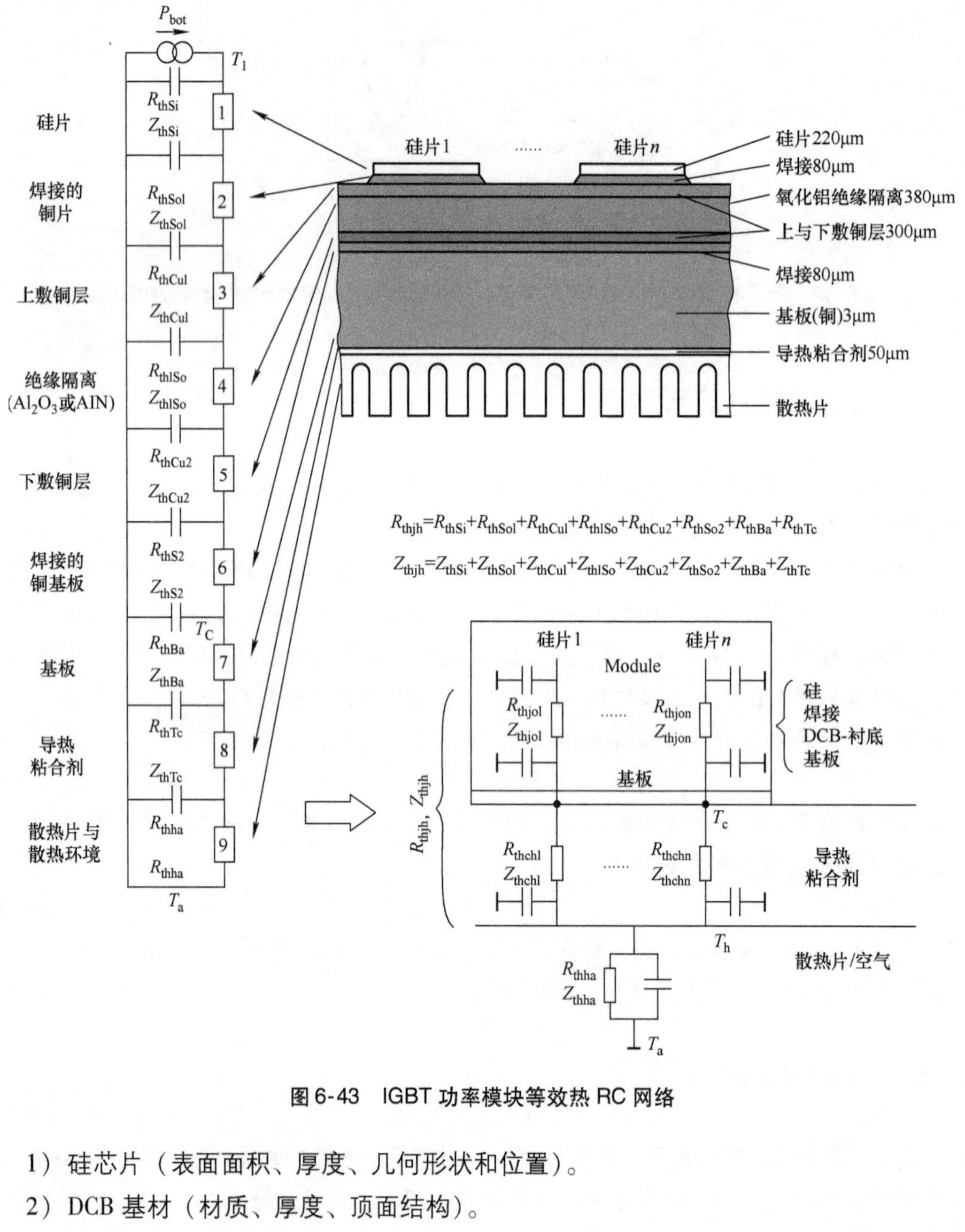

图 6-43　IGBT 功率模块等效热 RC 网络

1）硅芯片（表面面积、厚度、几何形状和位置）。

2）DCB 基材（材质、厚度、顶面结构）。

3）芯片到基片的连接（焊接或粘接）。

4）底板（材质、厚度）。

5）模块组装（表面质量、与散热片的热接触、导热油脂质量和厚度）。

总热阻中最主要的首先是绝缘基板（56%），其次是铜基板（20%）和焊接（10%）。IGBT模块有着大量的功耗，通常用液体冷却技术（用水冷却或乙二醇为基础的冷却剂冷却）保持结温低于额定值。典型的液体冷却系统由冷板、循环泵、换热器以及连接软管构成。冷却液温度通常保持在70℃以下。

第二节 整流电路

许多电驱动系统的功率输入来自于恒电压、恒频率电源，而其输出必须向电机提供变压及变频功率。一般来说，这样的系统按两个阶段来转换功率：输入交流首先被整流为直流，然后将直流转换为所期望的交流输出波形。下面先讨论整流电路，然后在第三节讨论逆变器（逆变器将直流转换为交流）。

一、单相半波可控整流电路

单相半波可控整流电路实际应用较少，但该电路简单，调整容易，且便于理解可控整流的原理，所以从它开始进行分析。

1. 具有电阻性负载的单相半波可控整流电路

单相半波可控整流电路的主电路，如图6-44a所示。设图中变压器二次电压为u_2，负载R_L为电阻性负载，则分析其工作原理如下：

（1）工作原理　若晶闸管的门极上未加正向触发电压，那么根据晶闸管的导通条件，不论正弦交流电压u_2是正半周还是负半周，晶闸管都不会导通。这时，负载端电压$U_0=0$、负载电流$I_0=0$，因而电源的全部电压都由晶闸管承受，即$U_T=U_2$。

当u_2由零进入正半周，设a点电位高于b点电位，晶闸管承受正向电压，如果在$\omega t=\alpha$时，如图6-44b所示，在门极加上适当的触发脉冲电压，晶闸管将立即导通。电路中电流流向为$a \to VT \to R_L \to b$。晶闸管导通后，其管压降约为1V。若忽略此管压降，则电源电压全部加在负载R_L上，即$U_0=U_2$，从而负载电流$i_0=u_0/R_L$。此后，尽管触发电压随即消失，晶闸管仍然继续导通，直到电源电压u_2从正半周转入负半周过零的时候，晶闸管才自行关断。

当u_2在负半周时，因为晶闸管承受的是反向电压，所以即使门极上加触发电压，晶闸管也不会导通。这时，负载电压、电流都为零，晶闸管承受u_2的全部电压。在以后各个周期，均重复上述过程。

从整流电路的工作波形图来看，u_2、i_0均是一个不完整的半波整流波形（阴影部分）。

在晶闸管承受正向电压的半周内，加上触发脉冲电压，使晶闸管开始导通的相位角 α 称为触发延迟角，而晶闸管从开始导通到关断所经历的电角度 θ 称为导通角，故 $\theta=\pi-\alpha$。显然，α 的大小是由加上触发脉冲的时刻来控制的。改变 α 的大小称为移相。α 的变化范围称为移相范围。因此，改变 α 就可以方便地获得可调节的整流电压和电流。比较图 6-44a 与图 6-44b，可知触发延迟角 α 越小，则输出电压、电流的平均值越大。

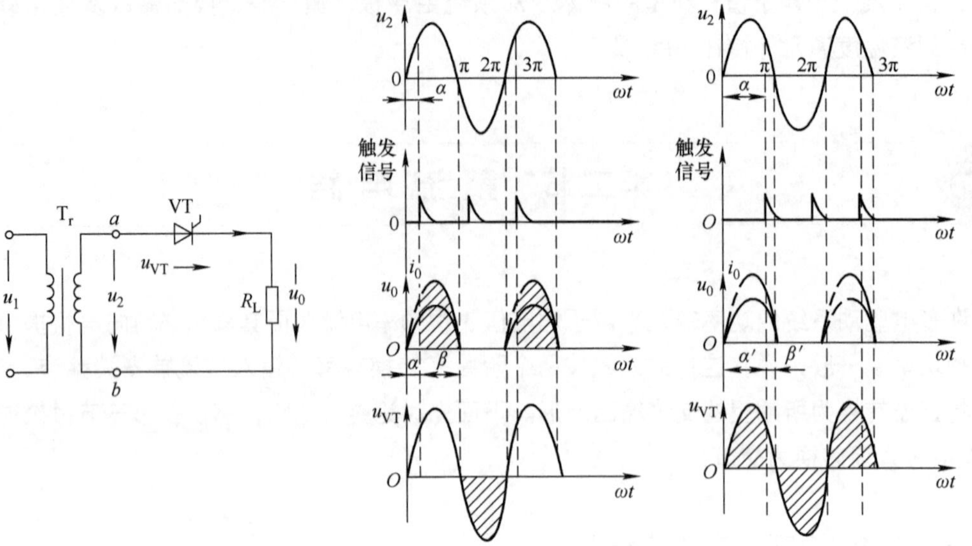

a) 单相半波可控整流电路的主电路　b) 导通角较小时电压电流波形　c) 导通角较大时电压电流波形

图 6-44　带电阻负载的单相半波可控整流电路及其工作波形

（2）负载电压和电流　单相半波可控整流电路的负载电压和电流的平均值，可以用触发延迟角 α 为变量的函数来表示。由图 6-44 可知，负载电压 u_0 是正弦半波电压的一部分，一个周期的平均值为

$$U_0=\frac{1}{2\pi}\int_{\alpha}^{\pi}\sqrt{2}U_2\sin\omega t\mathrm{d}(\omega t)=\frac{\sqrt{2}}{2\pi}U_2(1+\cos\alpha)=0.45\frac{1+\cos\alpha}{2}U_2 \tag{6-13}$$

而负载电流的平均值为

$$I_0=\frac{U_0}{R_L}=0.45\frac{U_2}{R_L}\frac{1+\cos\alpha}{2} \tag{6-14}$$

在单相半波可控整流电路中，触发脉冲的移相范围为 0°～180°。当 $\alpha=0°$、$\theta=180°$时，晶闸管在正半周内全导通，输出电压平均值最高，其值为 $U_0=0.45U_2$；当 $\alpha=180°$、$\theta=0°$时，晶闸管全关断，输出电压、电流都为零。可见，输出电压的可控范围为 0～$0.45U_2$。

（3）晶闸管的电压和电流　在单相半波可控整流电路中，晶闸管在工作时承受的最大反向电压和可能承受的最大正向电压都等于交流电源电压 U_2 的最大值（$2U_2$），即 $UM=2U_2$。通过晶闸管的电流 i_T和流经负载的电流 i_0相等，即 $i_T=i_0$。

2. 具有电感性负载的单相半波可控整流电路

上面所介绍的是具有电阻性负载的单相半波可控整流电路，实际上有很多负载是电感性负载，如直流电机的绕组、电磁离合器的线圈、电磁铁等。它们既含有电阻又含有电感，且电感量较大。

图 6-45a 所示为具有电感性负载的单相半波可控整流电路。为了便于分析，图中把电感性负载等效为由电感 L 和电阻 R 串联的电路。

由于电磁感应作用，当通过电感 L 的电流发生变化时，在电感中产生阻碍电流变化的感应电动势，将使电流的变化总是滞后于外加电压的变化。因此，可控整流电路带有电感性负载时，其工作情况与电阻性负载不同。现对照图 6-45b 所示的电压和电流波形，分析该电路的工作情况。

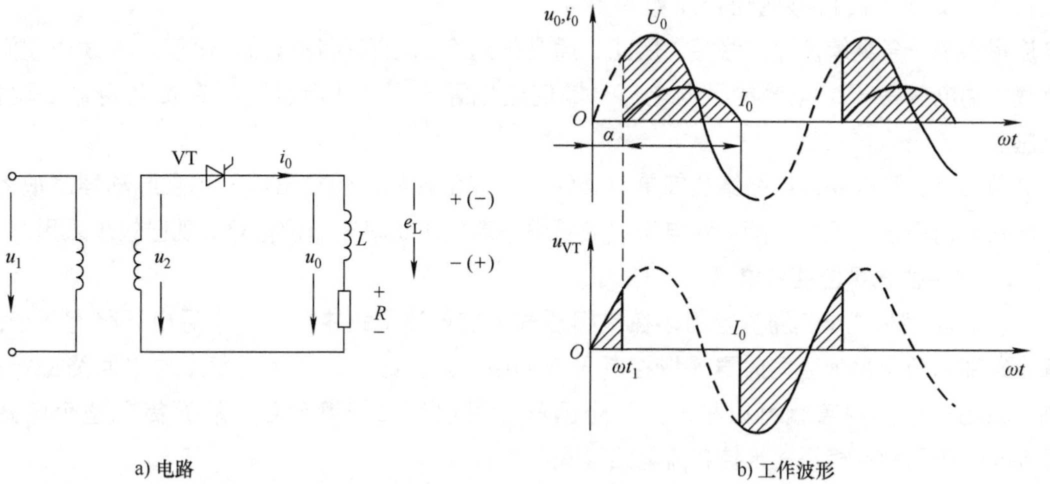

图 6-45　带电感性负载的单相半波可控整流电路及其工作波形

当变压器二次电压 u_2 为正半周时，晶闸管在门极未加触发脉冲之前，处于正向阻断状态，这时，负载电压 $u_0=0$，晶闸管承受正向电压，$u_T=u_2$。在 $\alpha=\omega t$ 时刻，门极加上触发脉冲电压，晶闸管即刻导通，其管压降迅速下降到接近于零，而负载的端电压则立即从零突变到接近于 u_2，即 $u_0=u_2$。这时流过负载的电流又将如何变化呢？由于电感中反电动势 e_L 的阻碍作用（这时，e_L的极性为上“－”下“＋”），负载电路 I_0不可能突变，只能逐渐变大，所以在 u_0达到最大值后又逐渐减小时，I_0却继续增大，但增大速度变缓。当 i_0开始变小时，电感中的感应电动势将随着 I_0的下降而变换其极性（这时，e_L的极性为上“＋”下“－”），它的方向与电流方向一致，阻碍 I_0的减小。因此，在 u_2 经过零值变为负值的一段时间内，由于电感中的自感电动势 e_L仍为正值，且大于 u_2，所以晶闸管继续承受正向电压（e_L-u_2）>0 而维持导通。只要电流 I_0不小于维持电流 I_H，晶闸管就不会关断。因此，在这段时间内，负载的端电压 u_0仍等于 u_2（忽略管压降），却为负值。当电流下降到维持电流 I_H以下时，晶闸管会自行关断，并且开始承受反向电压，负载的端电压 u_0才等于零。

综上所述，单相半波可控整流电路具有电感性负载时，晶闸管的导通角 θ 将大于 $\pi-\alpha$。在 α 一定的条件下，若负载的电感越大，则导通角也越大，晶闸管延迟关断的时间就长。同时，在一个周期中，负载端的负电压所占比重便越大，输出电压的平均值也就越小。因此，可控整流电路具有电感性很强的负载时，必须采取适当措施以避免负载上出现负电压。

为了便于解决上述问题，可以在电感性负载的两端并联一个二极管，其阴极与晶闸管的阴极相对，如图 6-46 所示。这样在变压器二次电压 u_2 由正经过零变负时，二极管随即导通。一方面 u_2 通过二极管给晶闸管加上反向电压，促使晶闸管及时关断；另一方面，这个二极管又为负载上由自感电动势所维持的电流提供了一条继续流通的路径。因此，通常把这个二极管叫作续流二极管。在续流期间，负载的端电压等于二极管的正向电压，其值近似等于零，从而避免了在负载两端出现负电压。

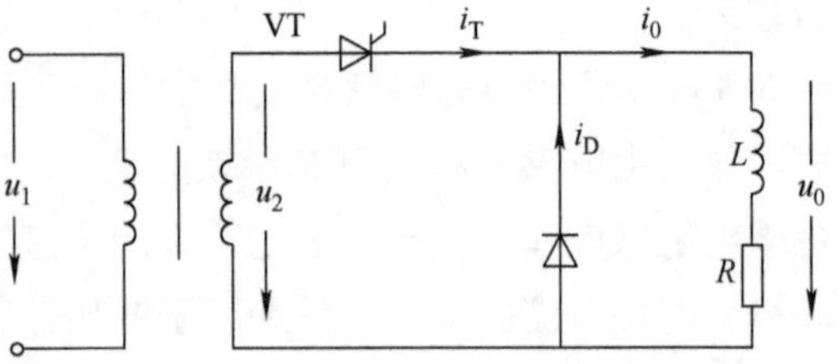

图 6-46　接有续流二极管的感性负载可控整流电路

单相半波可控整流电路结构简单、器件少、调整容易，但输出电压小且脉动程度很大，变压器利用率低，因此，除了对电压波形要求不高的小功率整流设备外，现已较少采用。

3. 单相桥式可控整流电路

（1）单相桥式半控整流电路　在单相桥式全控整流电路中，每一个导电回路有两个晶闸管，即用两个晶闸管同时导通以控制导电的回路。实际上，为了对每个导电回路进行控制，只用一个晶闸管就可以了，另一个晶闸管可以用二极管代替，从而简化整个电路。图 6-47a 所示为单相桥式半控整流电路（先不考虑 VD_R）。

半控整流电路与全控整流电路在电阻负载时的工作情况相同，这里不再赘述。以下针对电感负载进行讨论。

与全控整流电路相似，假设负载中电感很大，且电路已工作于稳态。在 u_2 正半周，触发延迟角 α 处给晶闸管 VT_1 加触发脉冲，u_2 经 VT_1 和 VD_4 向负载供电。u_2 过零变负时，因电感作用使电流连续，VT_1 继续导通。但因 a 点电位低于 b 点电位，使得电流从 VD_4 转移至 VD_2，VD_4 关断，电流不再流经变压器二次绕组，而是由 VT_1 和 VD_2 续流。此阶段，忽略器件的通态压降，则 $u_d=0$，不像全控整流电路那样出现 u_d 为负的情况。

在 u_2 负半周，触发延迟角 α 时触发 VT_3，VT_3 导通，则向 VT_1 加反压使之关断，u_2 经 VT_3 和 VD_2 向负载供电。u_2 过零变正时，VD_4 导通，VD_2 关断，VT_3 和 V_4 续流，u_d 又为零。此后重复以上过程。

单相桥式半控整流电路在使用中需加设续流二极管 VD_R，以避免可能发生的失控现象。实际运行中，若无续流二极管，则当 α 突然增大至 180°或触发脉冲丢失时，由于电感储能不经变压器二次绕组释放，只是消耗在负载电阻上，所以会发生一个晶闸管持续导通而两个二极管轮流导通的情况。这使 u_d 成为正弦半波，即半周期 u_d 为正弦，另外半周期 u_d 为零，其平均值保持恒定，相当于单相半波不可控整流电路时的波形，称为失控。例如，当 VT_1 导通时切断触发电路，则当 u_2 变负时，由于电感的作用，负载电流 VT_1 和 VD_2 续流；当 u_2 又为正时，因 VT_1 是导通的，u_2 又经 VT_1 和 VD_4 向负载供电，出现失控现象。

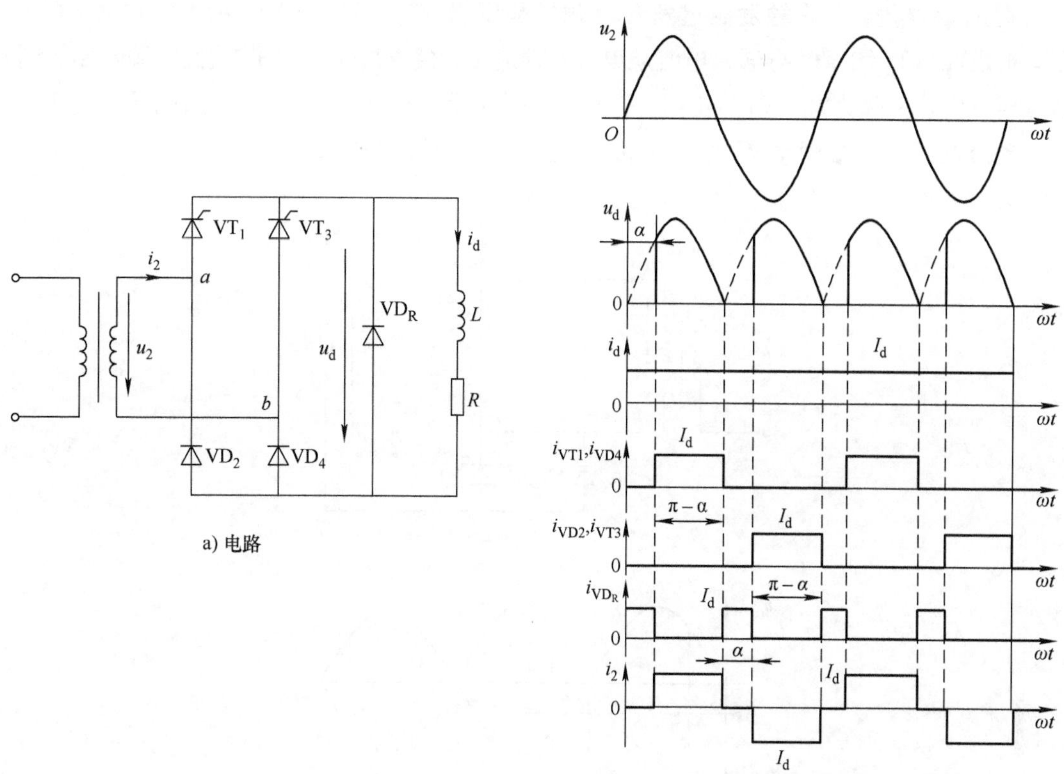

a) 电路

b) 有续流二极管且阻感负载时的工作波形

图 6-47 单相桥式半控整流电路及工作波形

有续流二极管 VD_R 时，续流过程由 VD_R 完成，在续流阶段晶闸管关断，这就避免了某一个晶闸管持续导通从而导致失控现象。同时，续流期间导电回路中只有一个管压降，少了一次管压降，有利于降低损耗。有续流二极管时电路中各部分的波形，如图 6-47b 所示。

单相桥式半控整流电路的另一种接法如图 6-48所示，相当于把单相桥式全控整流电路中的 VT_3 和 VT_4 换为二极管 VD_3 和 VD_4，这样可以省去续流二极管 VD_R，续流由 VD_3 和 VD_4 来实现。这种接法的两个晶闸管阴极电位不同，二者的触发电路需要隔离。

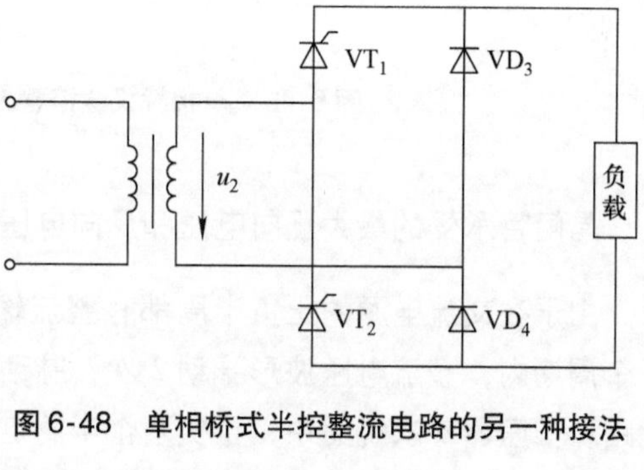

图 6-48 单相桥式半控整流电路的另一种接法

（2）单相桥式全控整流电路 在单相桥式全控整流电路中，晶闸管 VT_1 和 VT_4 组成一对桥臂，VT_2 和 VT_3 组成另一对桥臂。在 u_2 正半周（即 a 点电位高于 b 点电位），若 4 个晶闸管均不导通，负载电流 i_d 为零，u_d 也为零，VT_1、VT_4 串联承受电压 u_2。设 VT_1 和 VT_4 的漏电阻相等，则各承受 u_2 的一半。若在触发延迟角 α 处给 VT_1 和 VT_4 加触发脉冲，VT_1 和 VT_4 即导通，电流从电源 a 端经 VT_1、R、VT_4 流回电源 b 端。当 u_2 过零时，流经晶闸管的电流也降到零，VT_1 和 VT_4 关断。

在 u_2 负半周，仍在触发延迟角 α 处触发晶闸管 VT_2、VT_3（VT_2 和 VT_3 的 $\alpha=0$ 位于 $\omega t=\pi$ 处），VT_2 和 VT_3 导通，电流从电源 b 端流出，经 VT_3、R、VT_2 流回电源 a 端。到 u_2 过零时，电流又降为零，VT_2 和 VT_3 关断。此后又是 VT_1 和 VT_4 导通，如此循环地工作下去，整流电压 u_d 和晶闸管 VT_1、VT_4 两端电压波形如图 6-49b 所示。

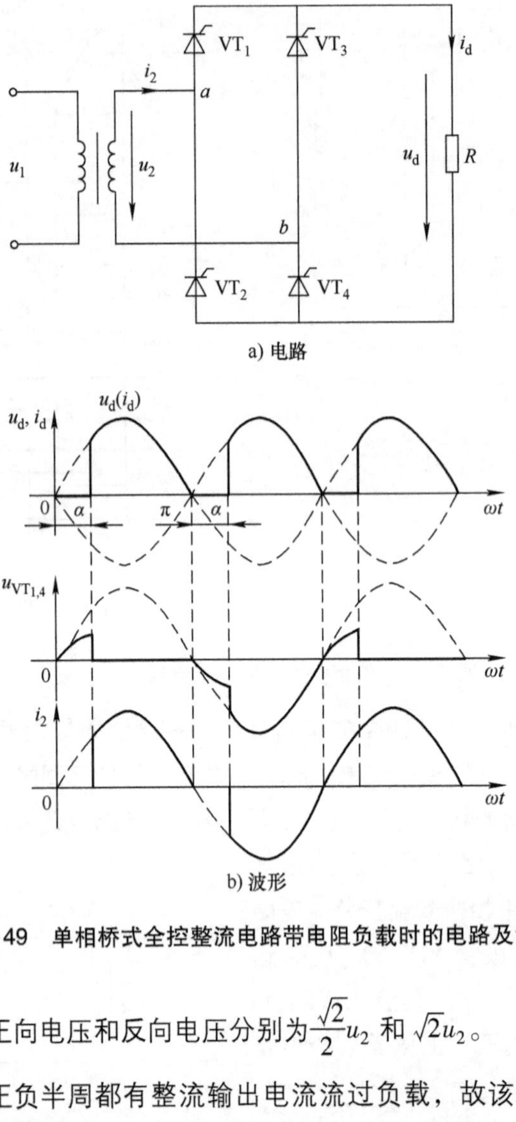

图 6-49　单相桥式全控整流电路带电阻负载时的电路及波形

晶闸管承受的最大正向电压和反向电压分别为 $\frac{\sqrt{2}}{2}u_2$ 和 $\sqrt{2}u_2$。

由于在交流电源的正负半周都有整流输出电流流过负载，故该电路为全波整流。在 u_2 一个周期内，整流电压波形脉动 2 次，脉动次数多于半波整流电路，该电路属于双脉波整流电路。变压器二次绕组中，正负两个半周电流方向相反且波形对称，平均值为零，即直流分量为零，如图 6-49 所示，不存在变压器直流磁化问题，且变压器绕组的利用率也高。

整流电压平均值为

$$u_d=\frac{1}{\pi}\int_{\alpha}^{\pi}\sqrt{2}u_2\sin\omega t\mathrm{d}(\omega t)=\frac{2\sqrt{2}u_2}{\pi}\frac{1+\cos\alpha}{2}=0.9u_2\frac{1+\cos\alpha}{2} \tag{6-15}$$

当 $\alpha=0°$ 时，$u_d=u_{d0}=0.9u_2$；当 $\alpha=180°$ 时，$u_d=0$。可见，α 角的移相范围为

0°～180°。

向负载输出的直流电流平均值为

$$I_{\mathrm{d}}=\frac{u_{\mathrm{d}}}{\pi}=\frac{2\sqrt{2}u_2}{\pi R}\frac{1+\cos\alpha}{2}=0.9\frac{u_2(1+\cos\alpha)}{2R} \tag{6-16}$$

晶闸管 VT_1、VT_4 和 VT_2、VT_3 轮流导电，流过晶闸管的电流平均值只有输出直流电流的一半，即

$$I_{\mathrm{dvt}}=\frac{I_{\mathrm{d}}}{2}=0.45\frac{u_2(1+\cos\alpha)}{2R} \tag{6-17}$$

为选择晶闸管、变压器容量、导线截面积等定额，需考虑发热问题，因此需计算电流有效值。流过晶闸管的电流有效值为

$$I_{\mathrm{vt}}=\sqrt{\frac{1}{2\pi}\int_{\alpha}^{\pi}\left(\frac{\sqrt{2}u_2}{R}\sin\omega t\right)^2\mathrm{d}(\omega t)}=\frac{u_2}{\sqrt{2}R}\sqrt{\frac{1}{2\pi}\sin2\alpha+\frac{\pi-\alpha}{\pi}} \tag{6-18}$$

变压器二次电流有效值 I_2 与输出直流电流有效值 I 相等，为

$$I=I_2=\sqrt{\frac{1}{\pi}\int_{\alpha}^{\pi}\left(\frac{\sqrt{2}u_2}{R}\sin\omega t\right)^2\mathrm{d}(\omega t)}=\frac{u_2}{R}\sqrt{\frac{1}{2\pi}\sin2\alpha+\frac{\pi-\alpha}{\pi}} \tag{6-19}$$

由式（6-18）和式（6-19）可知

$$I_{\mathrm{vt}}=\frac{1}{\sqrt{2}}I \tag{6-20}$$

当不考虑变压器的损耗时，要求变压器的容量为

$$S=u_2/2 \tag{6-21}$$

（3）带阻感负载的单相桥式全控整流电路　带阻感负载的单相桥式全控整流电路如图 6-50a 所示。为便于讨论，假设该电路已工作于稳态。

1）工作原理。在 u_2 正半周期，触发延迟角 α 处给晶闸管 VT_1 和 VT_4 加触发脉冲使其开通，$u_{\mathrm{d}}=u_2$，负载中有电感存在使负载电流不能突变，电感对负载电流起平波作用。假设负载电感很大，负载电流 i_{d} 连续且波形近似为一条水平线，其波形如图 6-50b 所示。当 u_2 过零变负时，由于电感的作用晶闸管 VT_1 和 VT_4 中仍流过电流 i_{d} 并不关断。至 $\omega t=\pi+\alpha$ 时刻，给 VT_2 和 VT_3 加触发脉冲，因 VT_2 和 VT_3 本已承受正电压，故两管导通。VT_2 和 VT_3 导通后，u_2 通过 VT_2 和 VT_3 分别向 VT_1 和 VT_4 施加反压使 VT_1 和 VT_4 关断，流过 VT_1 和 VT_4 的电流迅速转移到 VT_2 和 VT_3 上，此过程称为换相，亦称换流。至下一周期重复上述过程，如此循环下去。

2）负载电压和电流。u_{d} 波形如图 6-50b 所示，其平均值为

$$u_{\mathrm{d}}=\frac{1}{\pi}\int_{\alpha}^{\alpha+\pi}\sqrt{2}u_2\sin\omega t\mathrm{d}(\omega t)=\frac{2\sqrt{2}}{\pi}u_2\cos\alpha=0.9u_2\cos\alpha \tag{6-22}$$

当 $\alpha=0°$ 时，$u_{\mathrm{d0}}=0.9u_2$；当 $\alpha=90°$ 时，$u_{\mathrm{d}}=0$。α 角的移相范围为 0°～90°。

单相桥式全控整流电路带阻感负载时，晶闸管 VT_1、VT_4 两端的电压波形如图 6-50b 所示，晶闸管承受的最大正反向电压均为 $\sqrt{2}u_2$。

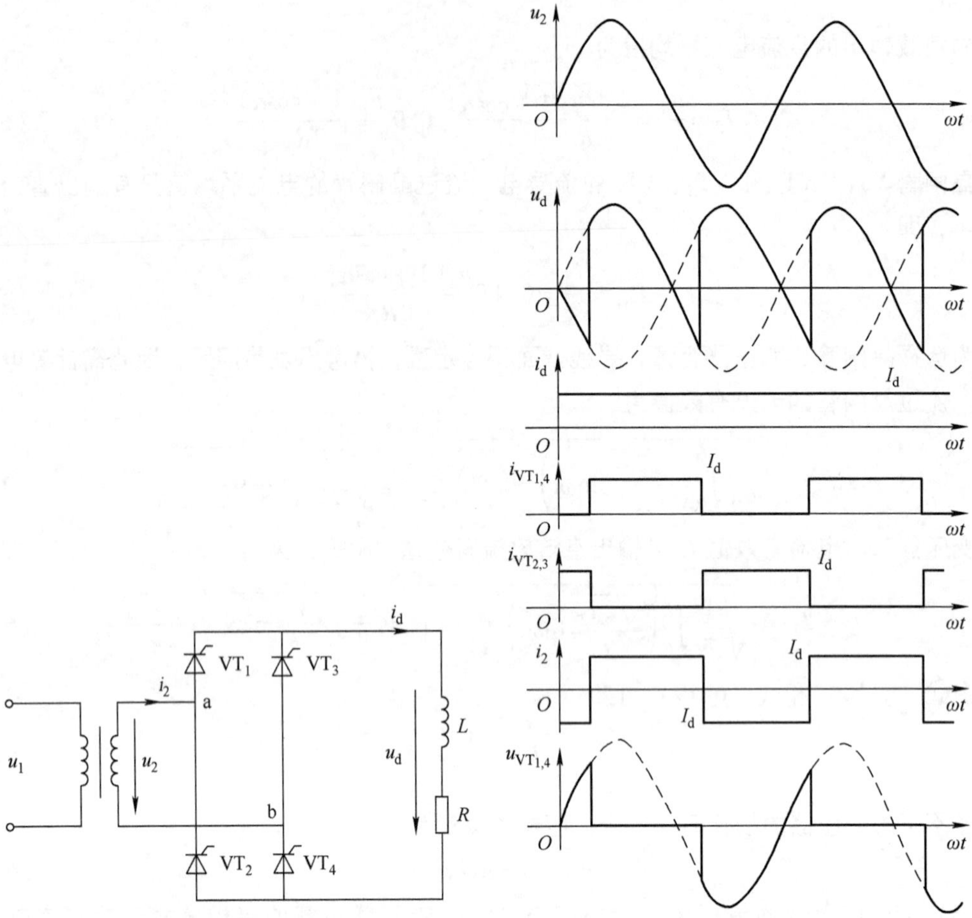

a) 电路　　b) 波形

图 6-50　单相桥式全控整流电路带阻感负载时的电路及波形

晶闸管导通角 θ 与 α 无关，均为 180°，其电流波形如图 6-50b 所示，平均值和有效值分别为

$$I_{\mathrm{dvt}}=\frac{1}{2}I_{\mathrm{d}} \tag{6-23}$$

$$I_{\mathrm{vt}}=\frac{1}{2}I_{\mathrm{d}}=0.707I_{\mathrm{d}} \tag{6-24}$$

变压器二次电流 i_2 的波形为正负各 180°的矩形波，其相位由 α 决定，有效值 $i_2=i_{\mathrm{d}}$。

（4）带反电动势负载时的单相桥式全控整流电路　当负载为蓄电池、直流电机的电枢（忽略其中的电感）等时，负载可看成一个直流电压源，对于整流电路，它们就是反电动势负载。单相桥式全控整流电路接反电动势-电阻负载时的电路如图 6-51a 所示，下面重点分析反电动势-电阻负载时的情况。

当忽略主电路各部分的电感时，只有在 u_2 瞬时值的绝对值大于反电动势，即 $u_2>E$ 时，才使得晶闸管承受正电压，才有导通的可能。晶闸管导通之后，$u_2=u_{\mathrm{d}}$，$i_{\mathrm{d}}=(u_{\mathrm{d}}-E)/R$，

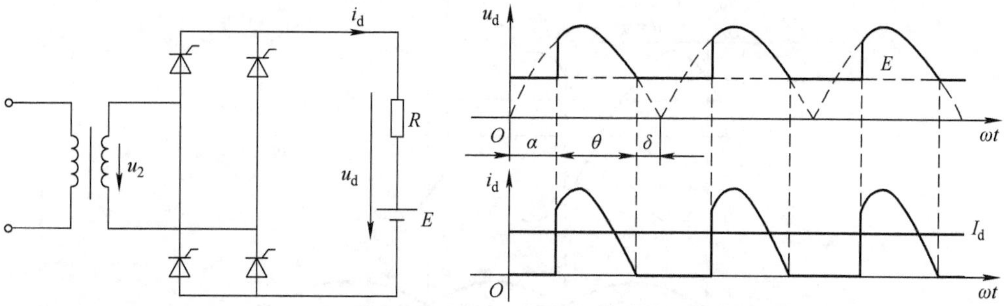

a) 电路　　b) 工作波形

图 6-51　单相桥式全控整流电路接反电动势-电阻负载时的电路及工作波形

直至 $u_2=E$，i_d即降至零使得晶闸管关断，此后 $u_d=E$。与电阻负载时相比，晶闸管提前了电角度 δ 停止导电，u_d和 i_d的波形如图 6-51b 所示，δ 称为停止导电角。

$$\delta=\arcsin\frac{E}{\sqrt{2}U_2} \tag{6-25}$$

在 α 角相同时，整流输出电压比电阻负载时大。

如图 6-51b 所示，i_d波形在一周期内有部分时间为 0 的情况，称为电流断续。与此对应，若 i_d波形不出现为零的情况，则称为电流连续。当 $\alpha<\delta$ 时，触发脉冲到来时，晶闸管承受负电压，不可能导通。为了使晶闸管可靠导通，要求触发脉冲有足够的宽度，保证当 $\omega t=\delta$ 时刻晶闸管开始承受正电压时，触发脉冲仍然存在。这样，相当于触发延迟角被推迟为 δ，即 $\alpha=\delta$。

当负载为直流电机时，如果出现电流断续，则电机的机械特性将很软。从图 6-51b 可看出，导通角 θ 越小，则电流波形的底部就越窄。电流平均值是与电流波形的面积成比例的，因而为了增大电流平均值，必须增大电流峰值，这要求较多地降低反电动势。因此，当电流继续时，随着 i_d的增大，转速 n（与反电动势成比例）降落较大，机械特性较软，相当于整流电源的内阻增大。较大的电流峰值在电机换向时容易产生火花。同时，对于相等的电流平均值，若电流波形底部越窄，则其有效值越大，要求电源的容量也越大。

为了克服以上缺点，一般在主电路中直流输出侧串联一个平波电抗器，用来减少电流的脉动并延长晶闸管导通的时间。当有了电感，当 $u_2<E$ 时，甚至 u_2 值变负时，晶闸管仍可导通。只要电感量足够大就能使电流连续，晶闸管每次导通 180°，这时整流电压 u_d的波形和负载电流 i_d的波形与电感负载电流连续时的波形相同，u_d的计算公式亦一样。针对电机在低速轻载运行时电流连续的临界情况，给出 u_d和 i_d的波形如图 6-52 所示。为了保证电流连续所需的电感量 L，L 可由下式求出

$$L=\frac{2\sqrt{2}u_2}{\pi\omega I_{\mathrm{dmin}}}=2.87\times10^{-3}\frac{u_2}{I_{\mathrm{dmin}}} \tag{6-26}$$

式中，ω 为工频角速度，单位为 rad/s；L 为主电路总电感量，单位为 H。

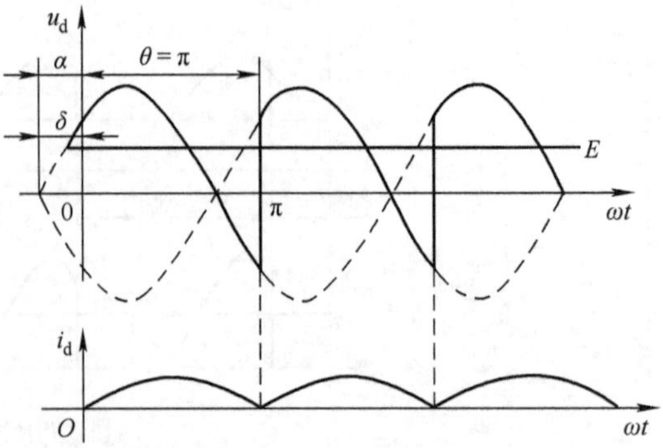

图 6-52 单相桥式全控整流电路带反电动势负载串平波电抗器电流连续临界情况

二、三相半波可控整流电路

1. 电阻负载

（1）工作原理　三相半波可控整流电路如图 6-53a 所示。为得到中性线，变压器二次侧必须接成星形，而一次侧接成三角形，可避免 3 次谐波电流流入电网。三个晶闸管分别接入 a、b、c 三相电源，它们的阴极连接在一起，称为共阴极接法。这种接法触发电路有公共端，连线方便。

假设将电路中的晶闸管换为二极管，并用 VD 表示，该电路就成为三相半波不可控整流电路，下面分析其工作情况。此时，三个二极管对应的相电压中哪一个的值最大，则该相所对应的二极管导通，并使另两相的二极管承受反向电压关断，输出整流电压即为该相的最高相电压，VD_1 导通，$u_d=u_a$；在 $\omega t_2 \sim \omega t_3$ 期间，b 相电压最高，VD_2 导通，$u_d=u_b$；在 $\omega t_3 \sim \omega t_4$ 期间，c 相电压最高，VD_3 导通，$u_d=u_c$。此后，在下一个周期相当于 ωt_1 的位置，即 ωt_4 时刻，VD_1 又导通，重复前一周期的工作情况。如此，一个周期中 VD_1、VD_2、VD_3 轮流导通，每管各导通 120°。u_d波形为三个相电压在正半周期的包络线。

在相电压的交点 ωt_1、ωt_2、ωt_3 处，均出现了二极管换相，即电流由一个二极管向另一个二极管转移，这些交点称为自然换相点。对三相半波可控整流电路而言，自然换相点是各相晶闸管能触发导通的最早时刻，将其作为计算各晶闸管触发延迟角 α 的起点，即 $\alpha=0°$。要改变触发延迟角，只能是在此基础上增大，即沿时间坐标轴向右移。若在自然换相点处触发相应的晶闸管导通，则电路的工作情况与以上分析的二极管整流工作情况一样。由单相可控整流电路可知，各种单相可控整流电路的自然换相点是变压器二次电压 u_2 的过零点。

当 $\alpha=0°$时，变压器二次侧 a 相绕组和晶闸管 VT_1 的电流波形如图 6-53 所示，另两相电流波形形状相同，相位依次滞后 120°，可见变压器二次绕组电流有直流分量。

图 6-53 中 u_{VT_1}是 VT_1 两端的电压，该电压波形由 3 段组成：第 1 段，VT_1 导通期间，为一管压降，可近似为 $u_{VT_1}=0$；第 2 段，在 VT_1 关断后，VT_2 导通期间，$u_{VT_1}=u_a-u_b=u_{ab}$，为一段线电压；第 3 段，在 VT_3 导通期间，$u_{VT_1}=u_a-u_c=u_{ac}$为另一段线电压，即晶

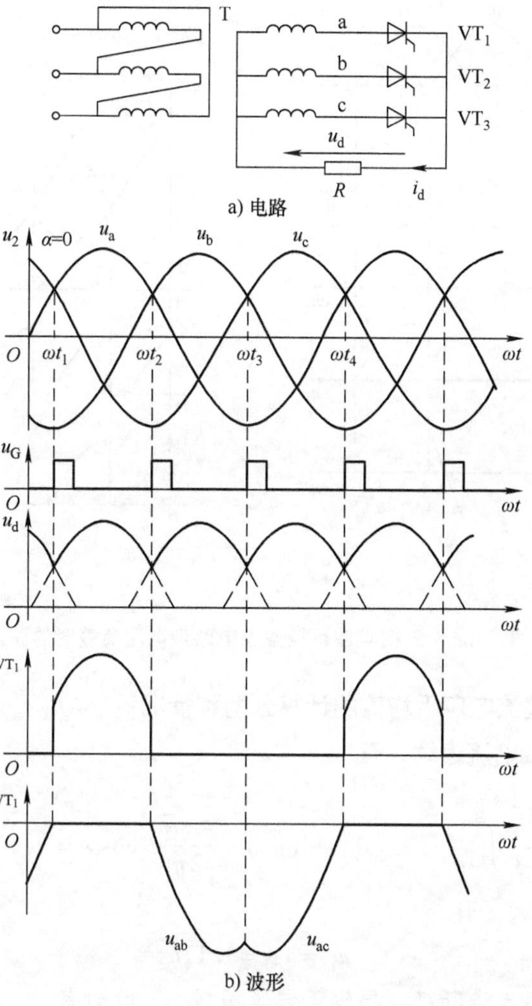

图 6-53　三相半波可控整流电路共阴极接法电阻负载时的电路及 $\alpha=0°$ 时的波形

闸管电压由一段管压降和两段线电压组成。由图 6-52 可知，当 $\alpha=0°$ 时，晶闸管承受的两段线电压均为负值；随着 α 增大，晶闸管承受的电压中正的部分逐渐增多。其他两管上的电压波形形状相同，相位依次差 120°。

当增大 α 值，将脉冲后移，整流电路的工作情况会相应地发生变化。

图 6-54a 是 $\alpha=30°$ 时的波形。从输出电压、电流的波形可看出，这时负载电流处于连续和断续的临界状态，各相相位依次差 120°。

如果 $\alpha>30°$，如 $\alpha=60°$ 时，整流电压的波形如图 6-54b 所示，当导通一相的相电压过零变负时，该相晶闸管关断。此时下一相晶闸管虽承受正电压，但它的触发脉冲还未到，不会导通。因此输出电压电流均为零，直到触发脉冲出现为止。在这种情况下，负载电流断续，各晶闸管导通角为 90°，均小于 120°。

若 α 继续增大，整流电压将越来越小，当 $\alpha=150°$ 时，整流电压输出为零。故电阻负载时，α 的移相范围为 0° ~150°。

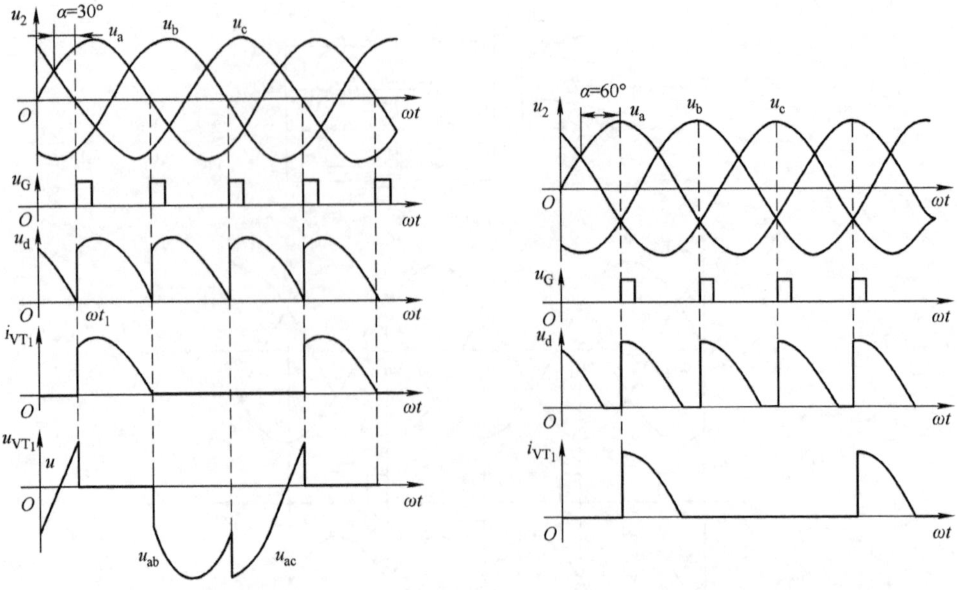

a) α=30°的波形　　b) α=60°的波形

图 6-54　三相半波可控整流电路带电阻负载时的波形

（2）负载电压　整流电压平均值的计算分两种情况：

当 α≤30°时，负载电流连续，有

$$u_d = \frac{1}{\frac{2\pi}{3}}\int_{\frac{\pi}{6}+\alpha}^{\frac{5\pi}{6}+\alpha} \sqrt{2}u_2\sin\omega t\,d(\omega t) = \frac{3\sqrt{6}}{2\pi}u_2\cos\alpha = 1.17u_2\cos\alpha \tag{6-27}$$

当 α = 0°时，u_d最大，有

$$u_d = u_{d0} = 1.17u_2$$

当 α > 30°时，负载电流断续，晶闸管导通角减小，此时有

$$u_d = \frac{1}{\frac{2\pi}{3}}\int_{\frac{\pi}{6}+\alpha}^{\pi} \sqrt{2}u_2\sin\omega t\,d(\omega t) = \frac{3\sqrt{6}}{2\pi}u_2\left[1+\cos\left(\frac{\pi}{6}+\alpha\right)\right] = 0.675u_2\left[1+\cos\left(\frac{\pi}{6}+\alpha\right)\right] \tag{6-28}$$

u_d/u_2 随 α 的变化规律如图 6-55 中的曲线 1 所示。

负载电流平均值为

$$I_d = \frac{u_d}{R} \tag{6-29}$$

晶闸管承受的最大反向电压为变压器二次线电压峰值，即

$$u_{RM} = \sqrt{2}\times\sqrt{3}u_2 = \sqrt{6}u_2 = 2.45u_2 \tag{6-30}$$

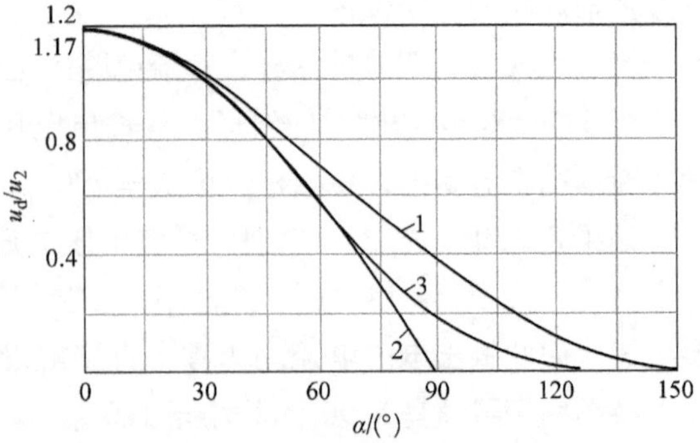

图 6-55　三相半波可控整流电路 u_d/u_2 与α 的关系

1—电阻负载　2—电感负载　3—电阻电感负载

晶闸管阴极与零线间的电压即为整流输出电压 u_d，其最小值为零。晶闸管阳极与阴极间的最大正向电压等于变压器二次相电压的峰值。

2. 感性负载

如果负载为感性负载，且 L 值很大，则如图 6-56 所示，整流电流 i_d 的波形基本是平直的，流过晶闸管的电流接近矩形波。

当 $\alpha \leqslant 30°$ 时，整流电压波形与电阻负载时相同，因为在这两种负载情况下，负载电流均连续。

当 $\alpha > 30°$ 时，例如 $\alpha = 60°$，其波形如图 6-56 所示。当 u_2 过零时，由于电感的存在，阻止电流下降，因而 VT_1 继续导通，直到下一相晶闸管 VT_2 的触发脉冲到来，才发生换流，由 VT_2 导通向负载供电，同时向 VT_1 施加反向电压使其关断。在这种情况下，u_d 波形中出现负的部分，若 α 增大，u_d 波形中负的部分将增多，至 $\alpha = 90°$ 时，u_d 波形中正负面积相等，u_d 的平均值为零。可见阻感负载时 α 的移相范围为 0°~90°。

由于负载电流连续，可求出 u_d，即

$$u_d = 1.17 u_2 \cos\alpha \tag{6-31}$$

u_d/u_2 成余弦关系，如图 6-55 中的曲线 2 所示。如果负载中的电感量不是很大，则当 $\alpha > 30°$ 后，与电感量足够大的情况相比较，u_d 中负的部分将会减小，整流电压平均值 u_d 略为增加，u_d/u_2 与 α 的关系将介于图 6-55 中的曲线 1 和 2 之间，例如曲线 3。

$$u_{FM} = \sqrt{2} u_2 \tag{6-32}$$

变压器二次电流即晶闸管电流的有效值为

$$I_2 = I_{VT} = \frac{1}{\sqrt{3}} I_d = 0.577 I_d \tag{6-33}$$

由此可求出晶闸管的额定电流为

$$I_{VT(AT)} = \frac{I_{VT}}{1.57} I_d = 0.368 I_d \tag{6-34}$$

晶闸管两端的电压波形如图 6-56 所示。由于负载电流连续，因此晶闸管最大正反向电压峰值均为变压器二次线电压峰值，即

$$U_{FM} = U_{RM} = 2.45 U_2 \tag{6-35}$$

图 6-56 中所给 i_d 波形有一定的脉动，与分析单相整流电路阻感负载时的 i_d 波形有所不同，这是电路工作的实际情况，因为负载中电感量不可能也不必非常大，往往只要能保证负载电流连续即可，这样的 i_d 实际上是有波动的，不是完全平直的水平线。通常情况下，为简化分析及定量计算，可以将 i_d 近似为一条水平线，这样的近似对分析和计算的准确性并不会产生很大的影响。

三相半波可控整流电路的主要缺点在于其变压器二次电流含有直流分量，为此其应用较少。

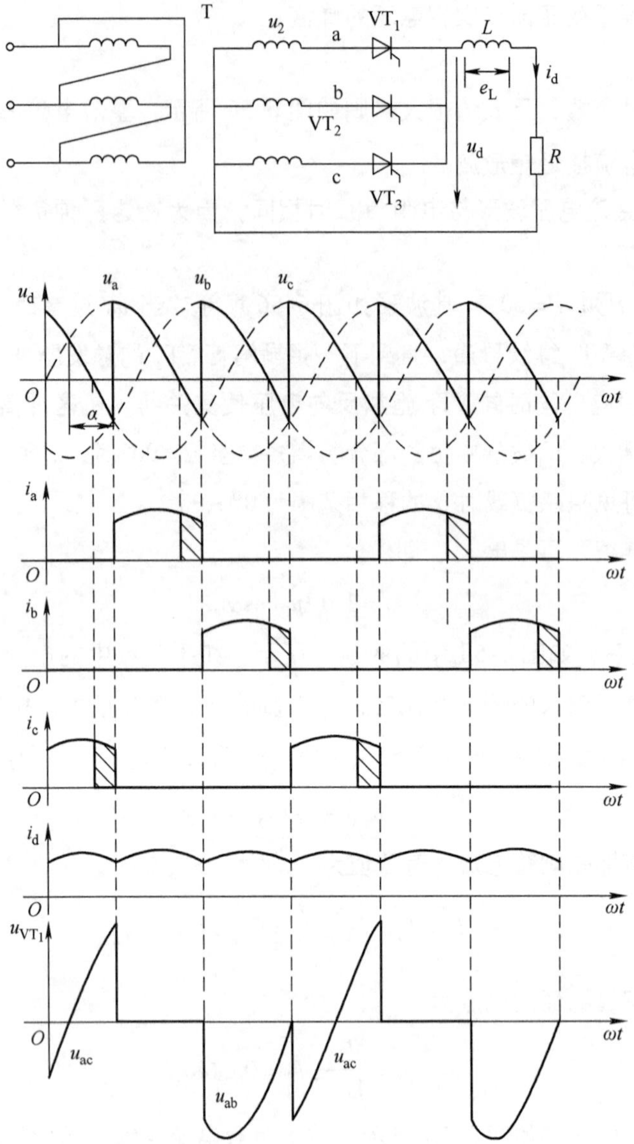

图 6-56　三相半波可控整流电路带感性负载时的电路及$\alpha=60^\circ$时的波形

三、三相桥式全控整流电路

在各种整流电路中，目前应用最为广泛的是三相桥式全控整流电路，其原理图如图 6-57所示，习惯将其中阴极连接在一起的 3 个晶闸管（VT_1、VT_3、VT_5）称为共阴极组；阳极连接在一起的 3 个晶闸管（VT_4、VT_6、VT_2）称为共阳极组。此外，习惯上希望晶闸管按从 1→6 的顺序导通，为此将晶闸管按图示的顺序编号，即共阴极组中的 a、b、c 三相电源相接的 3 个晶闸管分别为 VT_1、VT_3、VT_5，共阳极组中与 a、b、c 三相电源相接的 3 个晶闸管分别为 VT_4、VT_6、VT_2。从下文的分析可知，按此编号，晶闸管的导通顺序为 $VT_1-VT_2-VT_3-VT_4-VT_5-VT_6$。下面分析带电阻负载时的工作情况。

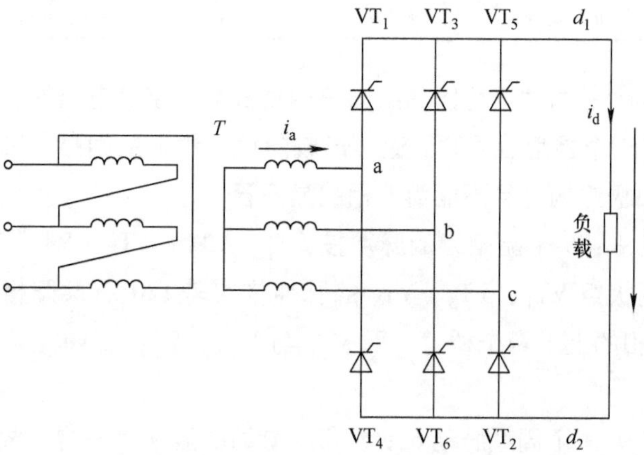

图 6-57　三相桥式全控整流电路原理图

可以采用与分析三相半波可控整流电路时类似的方法，假设将电路中的晶闸管换作二极管，即相当于晶闸管触发延迟角 $\alpha=0°$时的情况。此时，对于共阴极组的 3 个晶闸管，阳极所接交流电压值最高的一个导通。而对于共阳极组的 3 个晶闸管，则是阴极所接交流电压值最低（或者说负得最多）的一个导通。因此，任意时刻共阳极组和共阴极组中各有 1 个晶闸管处于导通状态，施加于负载上的电压为某一线电压。此时电路工作波形如图 6-58 所示。

当 $\alpha=0°$时，各晶闸管均在自然换相点处换相。由图 6-58 中变压器二绕组相电压与线电压波形的对应关系看出，各自然换相点既是相电压的交点，同时也是线电压的交点。在分析 u_d 的波形时，既可从相电压波形分析，也可以从线电压波形分析。

从相电压波形看，以变压器二次侧的中点 n 为参考点，共阴极组晶闸管导通时，整流输出电压 u_{d1} 为相电压在正半周的包络线；共阳极组导通时，整流输出电压 u_{d2} 为相电压在负半周的包络线，总的整流输出电压 $u_d=u_{d1}-u_{d2}$ 是两条包络线间的差值，将其对应到线电压波形上，即为线电压在正半周的包络线。

直接从线电压波形看，由于共阴极组中处于通态的晶闸管对应的是最大（正得最多）的相电压，而共阳极组中处于通态的晶闸管对应的是最小（负得最多）的相电压，输出整流电压 u_d 为这两个相电压相减，是线电压中最大的一个，因此输出整流电压 u_d 波形为线电压在正半周的包络线。

为了说明各晶闸管的工作的情况，将波形中的一个周期等分为 6 段，每段为 60°，每一段中导通的晶闸管及输出整流电压的情况见表 6-6。由该表可知，6 个晶闸管的导通顺序为 $VT_1-VT_2-VT_3-VT_4-VT_5-VT_6$。

表 6-6 三相桥式全控整流电路触发延迟角 $\alpha=0°$ 时晶闸管工作情况

时段	Ⅰ	Ⅱ	Ⅲ	Ⅳ	Ⅴ	Ⅵ
共阴极组中导通的晶闸管	VT_1	VT_1	VT_3	VT_3	VT_5	VT_5
共阳极组中导通的晶闸管	VT_6	VT_2	VT_2	VT_4	VT_4	VT_6
整流输出电压 u_d	$u_a-u_d=u_{ad}$	$u_a-u_c=u_{ac}$	$u_b-u_c=u_{bc}$	$u_b-u_a=u_{ba}$	$u_c-u_a=u_{ca}$	$u_c-u_b=u_{cb}$

从触发延迟角 $\alpha=0°$ 时的情况可以总结出三相桥式全控整流电路的一些特点。

1）每个时刻均需 2 个晶闸管同时导通，形成向负载供电的回路，其中 1 个晶闸管是共阴极组的，1 个是共阳极组的，且不能为 1 相的晶闸管。

2）对触发脉冲要求：6 个晶闸管的脉冲按 $VT_1-VT_2-VT_3-VT_4-VT_5-VT_6$ 的顺序，相位依次差 60°；共阴极组 VT_1、VT_3、VT_5 的脉冲依次差 120°，共阳极组 VT_4、VT_6、VT_2 也依次差 120°；同一相的上下两个桥臂，即 VT_1 与 VT_4、VT_3 与 VT_6、VT_5 与 VT_2，脉冲相差 180°。

3）整流输出电压 u_d 一个周期脉动 6 次，每次脉动的波形都一样，故该电路为 6 脉波整流电路。

4）在整流电路合闸启动过程中或电流断续时，为确保电路的正常工作，需保证同时导通的两个晶闸管均有触发脉冲。为此，可采用两种方法：一是使脉冲宽度大于 60°（一般取 80°～100°），称为宽脉冲触发；另一种方法是，在触发某个晶闸管的同时，给序号前的一个晶闸管补发脉冲，即用两个窄脉冲代替宽脉冲，两个窄脉冲的前沿相差 60°，脉宽一般为 20°～30°，称为双脉冲触发。双脉冲电路较复杂，但其触发电路输出功率小。宽脉冲触发电路虽然可少输出一半脉冲，但为了不使脉冲变压器饱和，需将铁心体积做得较大，绕组匝数较多，会导致漏感增大，脉冲前沿不够陡，这对于晶闸管串联使用不利。虽然可用去磁绕组改善这种情况，但又会使触发电路复杂化。因此，常用的是双脉冲触发。

5）当 $\alpha=0°$ 时，晶闸管承受的电压波形如图 6-58a 所示。图中仅给出 VT_1 的电压波形。将此波形与三相半波中的 VT_1 电压波形比较，可见两者是相同的，晶闸管承受最大正向、反向电压的关系也与三相半波时一样。

图 6-58a 还给出了晶闸管 VT_1 流过电流 i_{VT} 的波形。由此波形可以看出，晶闸管一个周期中有 120°处于通态，240°处于断态。由于负载为电阻，故晶闸管处于通态时的电流波形与相应时段的 u_d 波形相同。

当触发延迟角 α 改变时，电路的工作情况将发生变化。

图 6-58b 给出了 $\alpha=30°$ 时的波形。从 ωt_1 角开始把一个周期等分为 6 段，每段为 60°。与 $\alpha=0°$ 时的情况相比，一个周期中 u_d 波形仍由 6 段线电压构成，每一段导通晶闸管的编号仍符合表 6-6 中的规律。但区别在于，晶闸管起始导通时刻推迟了 30°，组成 u_d 的每一段线电压又因此推迟 30°，u_d 平均值降低，晶闸管电压波形也相应发生了变化。图中同时给出了变压器二次侧 a 相电流 i_a 的波形。该波形的特点是，在 VT_1 处于通态的 120°期间，i_a 为正。i_a 波形的形状与同时段的 u_d 波形相同。在 VT_4 处于通态的 120°期间，i_a 波形的形状也与同时

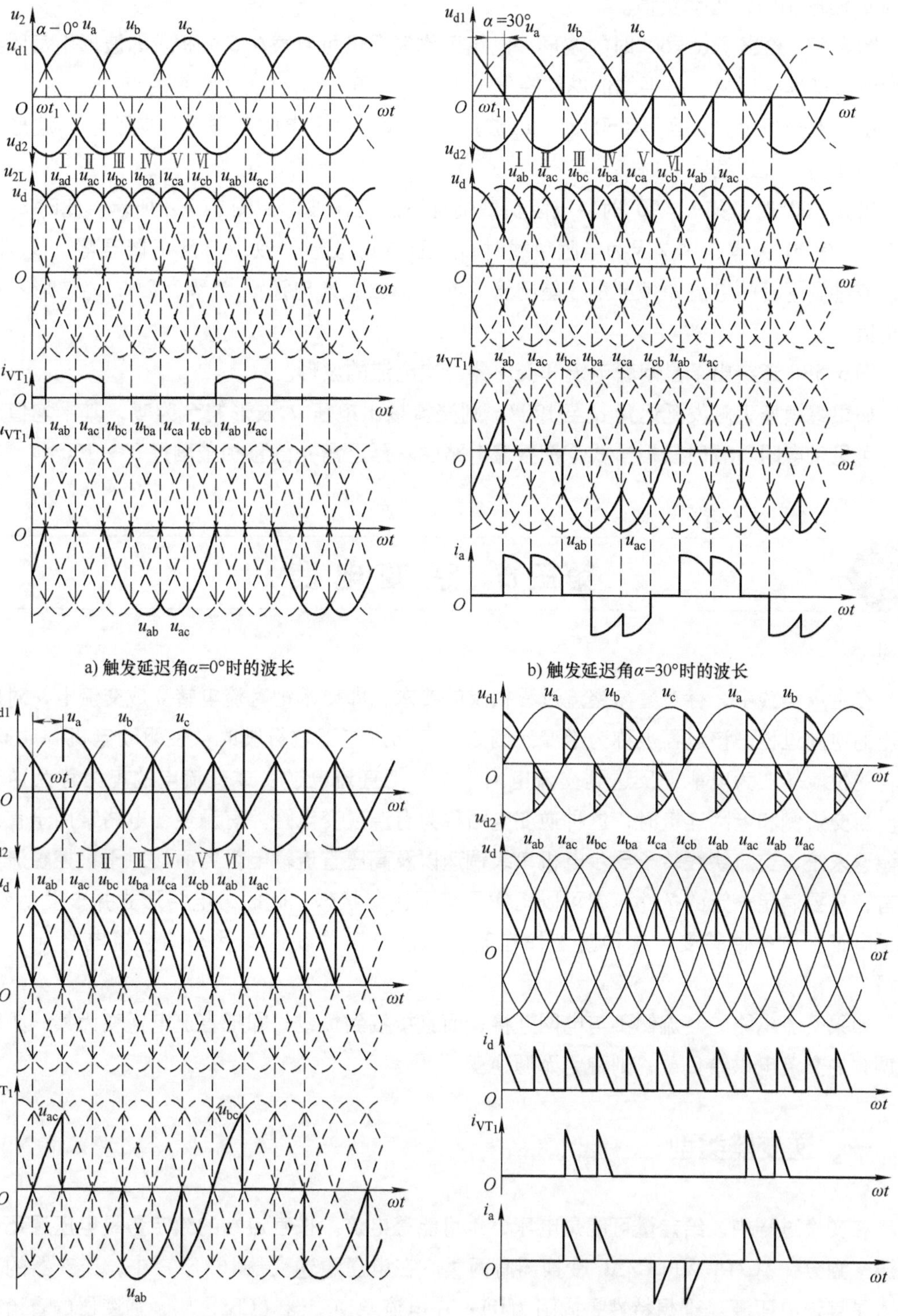

a) 触发延迟角α=0°时的波长

b) 触发延迟角α=30°时的波长

c) 触发延迟角α=60°时的波长

d) 触发延迟角α=90°时的波长

图 6-58　三相桥式全控整流电路工作波形

段的 u_d 波形相同，但为负值。

图 6-58c 给出了 $\alpha=60°$ 时的波形，电路工作情况仍可对表 6-6 分析。u_d 波形中每段线电压的波形继续向后移，u_d 平均值继续降低。当 $\alpha=60°$ 时，u_d 出现了为零的点。

由以上分析可见，当 $\alpha \leqslant 60°$ 时，u_d 波形均连续。对于电阻负载，i_d 波形与 u_d 波形的形状是一样的，也连续。

当 $\alpha>60°$ 时，如 $\alpha=90°$ 时，电阻负载情况下的工作波形如图 6-58d 所示。此时 u_d 波形每 60° 中有 30° 为零，这是因为电阻负载时 i_d 波形与 u_d 波形一致，一旦 u_d 降至零，i_d 也降至零，流过晶闸管的电流即降至零，晶闸管关断，输出整流电压 u_d 为零，因此 u_d 波形不能出现负值。

图 6-58d 还给出了晶闸管电流和变压器二次电流的波形。

如果继续增大触发延迟角 α 至 120°，则整流输出电压 u_d 波形将全为零，其平均值也为零，可见带电阻负载时三相桥式全控整流电路触发延迟角 α 的移相范围是 0°～120°。

第三节　逆变电路

在生产实践中，存在着与整流过程相反的要求，即要求把直流电转变成交流电，对应于整流的逆向过程，该过程被称为逆变。例如，电动汽车下坡行驶时，使驱动电机制动运行，车辆的位能转变为电能，反送到交流电网中去。把直流电逆变成交流电的电路称为逆变电路。当交流侧和电网连接时，这种逆变电路称为有源逆变电路。有源逆变电路常用于直流可逆调速系统、交流绕线转子异步电机串级调速以及高压直流输电等方面。对于可控整流电路而言，只要满足一定的条件，就可以工作于有源逆变状态。此时，电路形式并未发生变化，只是电路工作条件转变。这种既工作在整流状态又工作在逆变状态的整流电路称为变流电路。

如果交流电路的交流侧不与电网连接，而直接接到负载，即把直流电逆变为某一频率或可调频的交流电供给负载，则称为无源逆变。

一、逆变器类型

在变换过程中，给定量可能是电压，也可能是电流。按直流端的给定量是电压源还是电流源来划分，AC/DC 和 DC/AC 变换器有两类。在电压源逆变器（VSI）中，逆变器的直流输入是直流电压源（理想特性是内阻为 0）；在电流源逆变器（CSI）中，逆变器的直流输入为直流电流源（理想特性是内阻为无穷大）。由于功率流是可逆的，因此以上两类逆变器的直流端都能在两个象限里工作：电流源变换器是单向电流双向电压，电压源变换器是单向电压双向电流。

逆变器输出的相数可以做成任意多相。在实际中经常使用的是单相逆变器和三相逆变器。逆变器的基本单元是功率半导体开关。以前，在大功率和中等功率逆变器中常常使用可控硅（SCR）。使用 SCR 的逆变器需要换向电路来关断 SCR。但换向电路增加了逆变器的体积和成本，降低了可靠性和开关频率。目前，在逆变器中基本上都使用 MOSFET/IGBT（中低功率逆变器）和 GTO（高功率逆变器）这样的全控型半导体功率开关。

逆变器由直流电源供电，输出电压和电流主要基波成分的频率和幅值都可调。考虑到交流电机的需要，必须满足以下基本要求：

1）能够根据希望的转速调节频率。

2）在恒转矩区能够调整输出电压保持气隙磁通不变。

3）在任何频率下能够连续提供额定的电流。

二、电压源逆变器

电压源逆变器是最常用的功率电子变换器。电压源逆变器的输入可以通过不受控的二极管整流器得到，也可以从其他的直流电源得到，如蓄电池、燃料电池或者太阳光伏电池。

大部分汽车使用的是由 12V 蓄电池支撑的 14V 直流电气系统，轿车的平均用电功率是 1.2kW。目前 14V 电力系统已达到了其能力极限。现代汽车日益增长的功率需求达到了 4kW 左右，由更强大的 42V 直流系统支撑。而电驱动汽车功率则达到上百千瓦，电压可以达到 800V。逆变器开关的额定电压和电流都将相应增加，MOSFET/IGBT 开关更适合用于这样的逆变电路。

图 6-59 所示为由不受控的二极管整流器供电的电压源逆变器。直流侧电容构建了实际的电压源，因为它的电压不能突变。

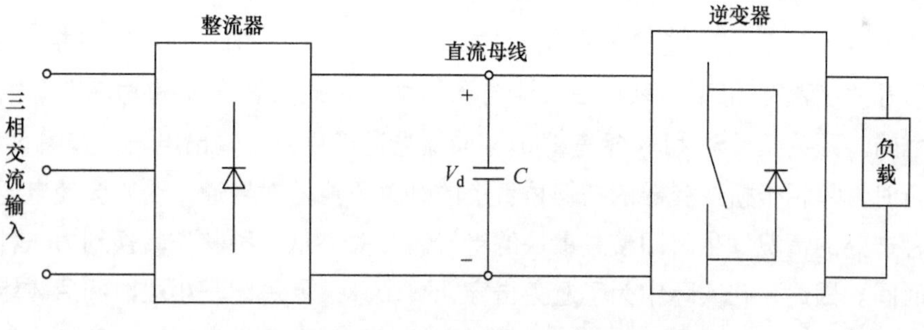

图 6-59　由二极管整流器供电的电压源逆变器

逆变器的输出可以是单相或者多相，可以是方波、正弦波、脉宽调制波、阶梯波，也可以是准方波。电压型变换器的应用非常广泛，用途如下：

1）交流电机驱动器。

2）交流不间断电源（UPS）。

3）感应加热。

4）从电池、光伏电池或燃料电池中获得交流电。

5）静止无功发生器（SVG）和静止无功补偿器（SVC）。

6）有源谐波滤波器。

由于直流供电，电压型变换器中的功率半导体器件总是保持正向偏置，因此，正向自控或非对称阻断的器件都是可用的，如 GTO、BJT、IGBT 和 IGCT。过去使用的强迫换向晶闸管现在已经很少应用了。开关器件的两端接有一个续流二极管，反向电流可以自由地流过。

1. 单相逆变器

在 DC/AC 变换过程中，逆变器的功率流是在感性负载上呈现的。图 6-60a 所示为单相电压源逆变器。逆变器的输出经过滤波，电压 V_o 可以认为是正弦曲线。就交流电机这样的感性负载而言，负载电流 i_o 滞后于负载电压 V_o，如图 6-60b 所示。图 6-60b 中的输出波形显示，在区间 1 中 V_o 和 i_o 都是正的，而在区间 3 中 V_o 和 i_o 都是负的。因此在区间 1 和区间 3，瞬时功率流 P_o 是从直流侧到交流侧，对应于逆变的运行模式。相反，在区间 2 和区间 4，V_o 和 i_o 的符号是相反的，因此 P_o 是从逆变器的交流侧流向直流侧，对应于整流器的运行模式。

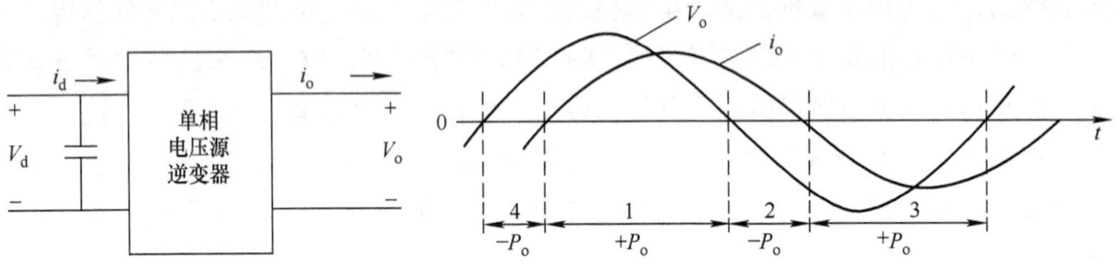

a) 单相电压源逆变器

b) 输出波形

图 6-60 单相电压源逆变器及其输出波形

（1）单相半桥逆变器 逆变器最简单的结构之一是图 6-61a 所示的单相半桥逆变器。电路由一对开关装置 S_1 和 S_2 串联接在直流电源两端，负载接在点 a 和功率电源的分相电容中心点 o 之间。开关装置 S_1 和 S_2 相差 180°，轮流导通产生方波输出电压，如图 6-61b 所示。

当运行时，单相半桥逆变器的任何桥臂上的开关不能同时导通，否则会使电源短路，应该避免这种击穿的情况发生。即使是最快的半导体开关，从一种状态转换到另一种状态也需要一定的时间。因此，在实际中为了避免击穿，一个开关要关闭一小段时间后才能打开同一个桥臂上的其他开关。关断信号与打开信号之间的时间被称为消隐时间或死区时间。

负载通常是感性的。假设滤波很充分，正弦波负载电流落后于电压基波的角度为 ϕ，如图 6-60b 所示。当电源电压和负载电流极性相同时，这种方式是有源的，意味着功率被负载吸收了。反过来，当电压和电流的极性相反时，二极管导通，功率反馈回电源。然而，平均功率是从电源流向负载的。

（2）单相 H 桥逆变器 图 6-62a 所示给出的是单相 H 桥逆变器，在介绍这个电路的原理时假设消隐时间为零。当运行时，逆变器的每个桥臂可以假设为只有两种状态：上边开关

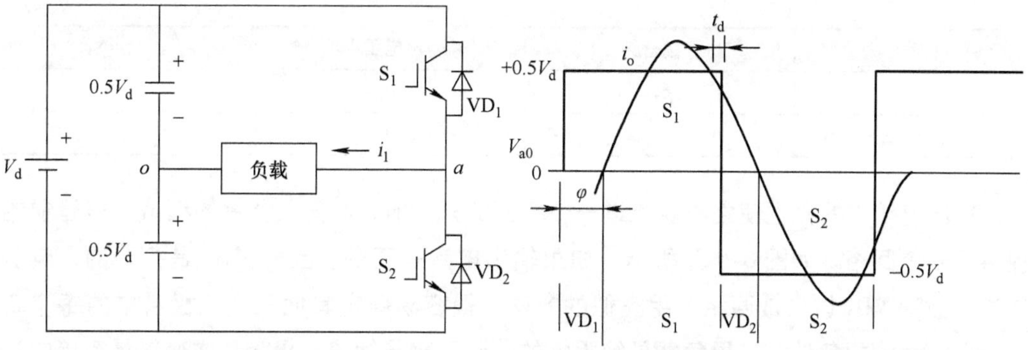

a) 单相半桥逆变器　　b) 方波模式下的输出电压和电流波形

图 6-61　单相半桥逆变器及其输出波形

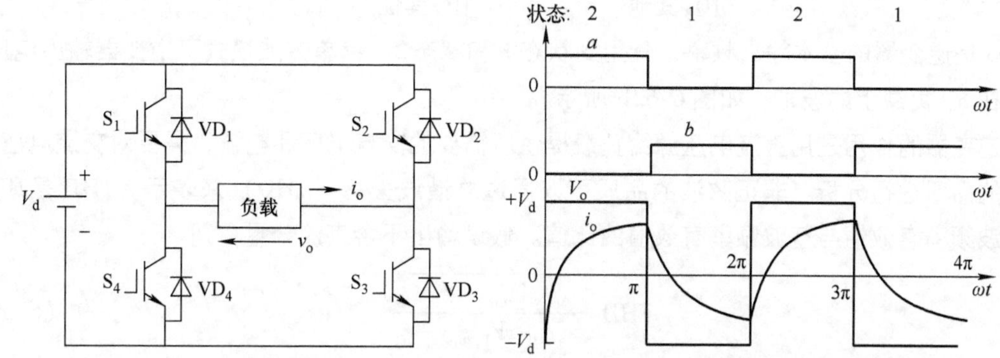

a) 单相H桥逆变器　　b) 方波模式下的开关变量、输出电压和电流波形

图 6-62　单相 H 桥逆变器及其相关波形

（与正极连接）打开且下边开关（与负极连接）关闭，或者反过来。这样，设 a 和 b 是逆变器不同桥臂的开关变量，定义如下

$$a=\begin{cases}1,\text{当 } S_1 \text{ 打开 } S_4 \text{ 关断}\\0,\text{当 } S_1 \text{ 关断 } S_4 \text{ 打开}\end{cases}\quad b=\begin{cases}1,\text{当 } S_2 \text{ 打开 } S_3 \text{ 关断}\\0,\text{当 } S_3 \text{ 关断 } S_2 \text{ 打开}\end{cases}\tag{6-36}$$

当给定的开关变量的值为 1 时，则逆变器相应的输出端与电源的正极连接。如果开关变量的值为零，则表示逆变器相应的输出端与电源的负极连接。因此，逆变器的输出电压 V_o 可以被表示成

$$V_o=V_d(a-b)\tag{6-37}$$

在这种结构的逆变器中，共有（$2^2=4$）种状态。这四种状态从 0 到 3，电压值只有三个：0、$-V_d$、$+V_d$，分别对应着状态 0 和 3、状态 2、状态 1，见表 6-7。

表 6-7　单相 H 桥逆变器开关状态及对应输出电压

开关	闭合	输出电压 V_d	状态
S_1	S_3	$+V_d$	2
S_2	S_4	$-V_d$	1

（续）

开关	闭合	输出电压 V_d	状态
S_1	S_2	0	0
S_3	S_4	0	3

当输出电流 i_o 的极性使之不能流过一个打开的开关时，与开关并联的续流二极管便给电流提供了一个回路。如图 6-62b 所示，如果输出电流是正的，且开关 S_2 是打开的，电流被迫通过二极管 VD_2 以形成回路。用类似的方法，很容易确定其他三个二极管中的每个二极管输出电流续流的条件。如果负载是纯阻性的，则不需要续流二极管。逆变器最简单的运行模式（即方波运行模式）的控制律如下

$$a=\begin{cases}1,0\leqslant\omega t\leqslant\pi\\0,\text{其他}\end{cases}\qquad b=\begin{cases}1,\text{当 }\pi\leqslant\omega t\leqslant2\pi\\0,\text{其他}\end{cases}\tag{6-38}$$

ω 是逆变器的基本输出频率，只用到状态 1 和状态 2。简单方波模式下逆变器输出电压、电流在 R_L 负载上的波形，如图 6-62b 所示。

逆变器的作用是用直流电压源给负载提供所需要的交流电压和电流，需要对交流电压或电流的品质进行分析。非正弦波的品质可以通过总谐波失真（THD）来表示。THD 是所有非基波频率有效值与基波频率有效值的比值。假设输出不含直流分量，则

$$\text{THD}=\frac{\sqrt{(V_{\text{rms}}^2-V_{1,\text{rms}}^2)}}{V_{1,\text{rms}}}\tag{6-39}$$

式中，V_{rms} 为总电压的有效值；$V_{1,\text{rms}}$ 为基波电压的有效值，单位均为 V。

负载电流的 THD 比输出电压的 THD 更受人们关注，把式（6-39）中电压换成电流就可以得到负载电流的 THD。另一个用于描述逆变器输出电流波形失真的量是失真度（DF），失真度定义为基波的有效值和总的有效值的比值，即

$$\text{DF}=\frac{I_{1,\text{rms}}}{I_{\text{rms}}}=\sqrt{\frac{1}{1+(\text{THD})^2}}\tag{6-40}$$

在图 6-62b 中输出电压波形基波的有效值 $V_{1,\text{rms}}$ 是

$$V_{1,\text{rms}}=\frac{V_{1,\text{rms},\text{p}}}{\sqrt{2}}=\frac{2\sqrt{2}}{\pi}V_{\text{d}}=0.9V_{\text{d}},V_{\text{rms}}=V_{\text{d}}\tag{6-41}$$

把以上各值代入式（6-39），输出电压的 THD 变为 0.483。这些量对输出电流也同样重要。在实际逆变器中，如果 THD 不超过 0.05（即 5%），就说明输出电流质量非常高。

通过电压和电流波形的基波可以分析逆变器的性能。评价逆变器性能的指标如下。

1）逆变器的功率效率 η，定义为

$$\eta=\frac{P_0}{P_{\text{i}}}\tag{6-42}$$

式中，P_{i} 和 P_0 分别表示逆变器的输入功率和输出功率，单位为 kW。

2）逆变器的转换效率 η_{c}。对于交流输出的逆变器，η_{c} 定义为

$$\eta_c = \frac{P_{0,1}}{P_i} \tag{6-43}$$

式中，$P_{0,1}$是输出电压和电流的基波分量所携带的交流输出功率，单位为kW。

3）逆变器的输入功率因数F_p，定义为

$$F_p = \frac{P_i}{S_i} \tag{6-44}$$

式中，P_i为视在输入功率，单位为kW。

功率因数还可以写为

$$F_p = k_d k_\varphi \tag{6-45}$$

式中，k_d为失真度，在式（6-40）中有定义；k_φ为位移因数，也是输入电压和电流基波相位差θ的余弦值。

在理想逆变器中，以上三个品质因数几乎都等于1。

在时域中，采用在状态0和3之间交替安排状态1、状态2的方案，可以减小输出电压的总谐波失真，如图6-63所示。

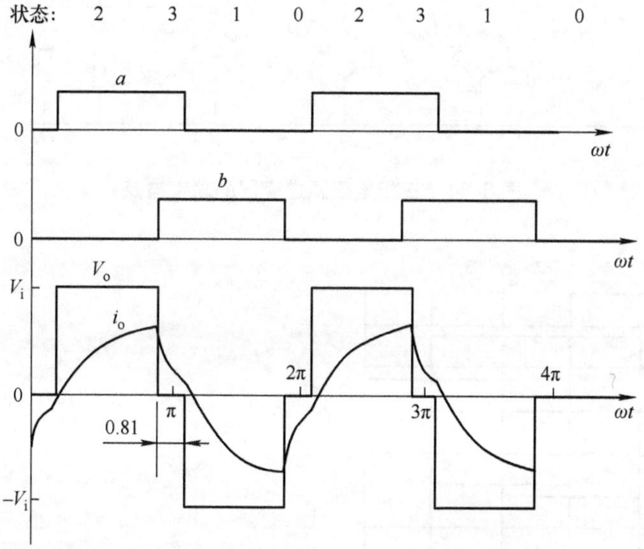

图6-63 单相电压源逆变器最优方波模式下的开关变量和输出电压、电流波形

最佳方波运行模式下的控制律为

$$a = \begin{cases} 1, 当\ \alpha_d < \omega t \leqslant (\pi + \alpha_d) \\ 0, 其他 \end{cases} \qquad b = \begin{cases} 1, 当(\pi + \alpha_d) < \omega t \leqslant (2\pi - \alpha_d) \\ 0, 其他 \end{cases} \tag{6-46}$$

最佳方波模式下的α_d等于23.2°。这使得输出的基波电压减少8%，但总谐波减少了40%，降低到了0.29。当前已有很多种方法可以提高逆变器输出波形的THD，以满足电源质量标准的要求。

逆变器的运行品质可以通过脉冲宽度调制技术（PWM）进一步得到提高。目前这些PWM技术都应用于车辆控制策略中。

2. 三相逆变器

（1）六步法　三相逆变器通常用于给三相负载供电。用三个单独的输出相位差为 120°的单相逆变器给三相负载供电的方案尽管在一定条件下是可行的，但是它需要一个三相输出变压器或者需要分别连接到三相负载的每一个相上。实际上这个方法需要 12 个开关来完成，因而是不可取的。

三相电压源逆变器的功率电路是由单相逆变器增加一个第三桥臂得到的，如图 6-64 所示。与前面一样假设，逆变器每个桥臂（相）上的两个功率开关有且仅有一个总是打开的，即忽略两个开关同时关断的时间（消隐时间），因而逆变器有三个开关变量 a、b、c（0 或 1）。逆变器的状态总共有（$2^3=8$）种，从状态 0（所有的输出端和直流电源的负极相连）到状态 7（所有输出端和电源的正极相连）。操作状态如图 6-65a 所示。

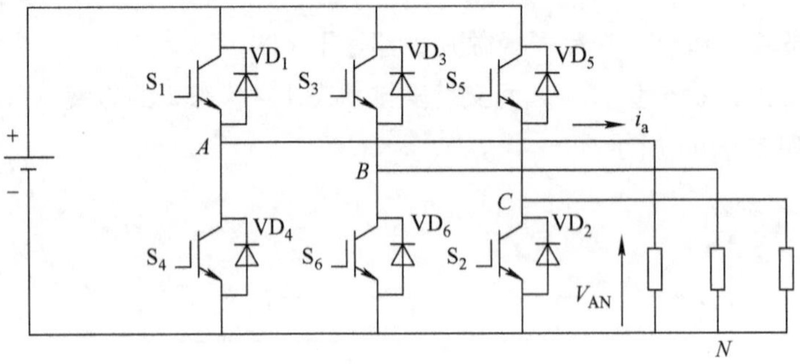

图 6-64　三相电压源逆变器的功率电路

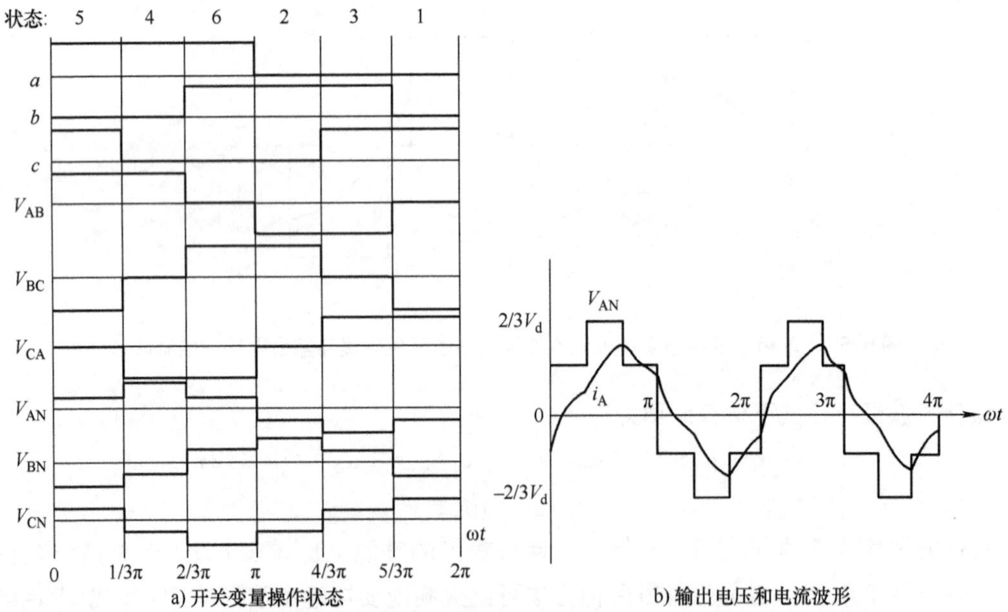

图 6-65　方波模式下三相电压源逆变器的开关变量、输出电压及输出电流波形

很容易得到瞬时的线电压 V_{AB}、V_{BC}、V_{CA} 为

$$\begin{bmatrix} V_{AB} \\ V_{BC} \\ V_{CA} \end{bmatrix} = V_d \begin{bmatrix} 1 & -1 & 0 \\ 0 & 1 & -1 \\ -1 & 0 & 1 \end{bmatrix} \begin{bmatrix} a \\ b \\ c \end{bmatrix} \tag{6-47}$$

在平衡的三相系统中，瞬时的输出相电压 V_{AN}、V_{BN}、V_{CN} 为

$$\begin{bmatrix} V_{AN} \\ V_{BN} \\ V_{CN} \end{bmatrix} = V_d \begin{bmatrix} 1 & 0 & -1 \\ -1 & 1 & 0 \\ 0 & -1 & 1 \end{bmatrix} \begin{bmatrix} V_{AB} \\ V_{BC} \\ V_{CA} \end{bmatrix} \tag{6-48}$$

由式（6-47）和式（6-48）可以得到

$$\begin{bmatrix} V_{AN} \\ V_{BN} \\ V_{CN} \end{bmatrix} = \frac{V_d}{3} \begin{bmatrix} 2 & -1 & -1 \\ -1 & 2 & -1 \\ -1 & -1 & 2 \end{bmatrix} \begin{bmatrix} a \\ b \\ c \end{bmatrix} \tag{6-49}$$

如果一个逆变器的状态顺序为 5-4-3-2-1…，每一个状态持续输出电压基波期望周期的 1/6，每个线电压和每个相电压的波形如图 6-65a 所示。在这种方波工作模式下，逆变器的每一个开关在输出电压的一次周期内打开和关断一次。三相电压源逆变器的工作状态和输出电压见表 6-8。

表 6-8 三相电压源逆变器的工作状态和输出电压

状态	开关变量	V_{AB}/V_d	V_{BC}/V_d	V_{CA}/V_d
0	000	0	0	0
1	001	0	−1	1
2	010	−1	1	0
3	011	−1	0	1
4	101	1	0	1
5	110	1	1	0
6	111	1	1	1

逆变器中一相的输出电压和电流波形如图 6-65b 所示。这些波形与相同工作模式的单相逆变器的输出波形类似，并且都含有除了三次谐波以外的低次谐波。典型的输入电流波形如图 6-66所示，可以看出它的基频是输出电流基频的 6 倍。输入电流 i_i 与输出电流 i_A、i_B、i_C 的关系为

$$i_i = ai_A + bi_B + ci_C \tag{6-50}$$

（2）电压和频率控制　通常，逆变器的输出电压和频率是连续可控的。对于电机驱动方面的应用，电压和频率的控制范围都很大。对于可调交流电源方面的应用，频率不变，电压因电源和负载的变化而需要进行控制。逆变器的频率控制非常简单，频率的要求可能是确定的也可能是变化的，它可以由微处理器通过查表、硬件/软件计数器或数模变换器产生。频率要求也可以由一个稳定的直流电压表示，通过电压控制振荡器（VCO）、计数器和逻辑电路可以转换出一个与之成比例的频率。逆变器频率的稳定性是由参考信号频率的稳定性决

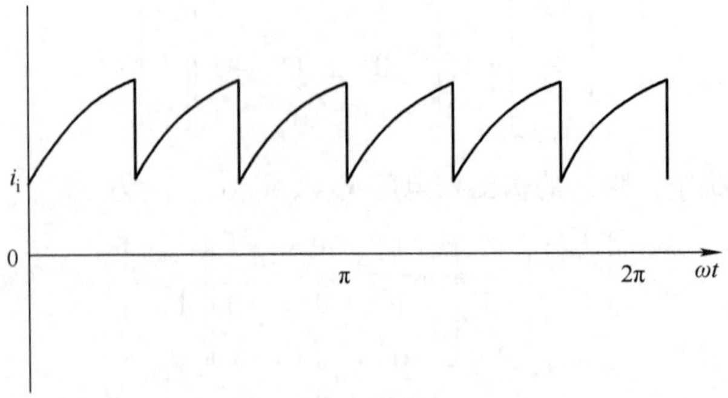

图 6-66 逆变器的输入电流波形

定的，它不受负载和电源变化影响。一般来说，逆变器的输出电压可以通过以下两种方法控制：

1）逆变器的输入电压控制（脉冲幅度调制，PAM）。

2）逆变器内部的电压 PWM 控制。

这些方法各有利弊。然而，逆变器电压 PWM 控制的方法是最常用的。

这些逆变器可进一步分成以下三大类：

1）方波逆变器。

2）采用电压消除法的单相逆变器。

3）脉宽调制逆变器。

（3）驱动和再生模式 逆变器在通常的逆变模式（即驱动模式）下可以给负载提供平均功率，如图 6-67a 所示。假设相电流 i_a 的波形经过负载很好地滤波，那么它的滞后相角是 $\varphi=\pi/3$。在第一段，相电压为正，但是相电流是负的，流过二极管 VD_1，表明功率反馈回电源。在下一段里，IGBT 的S_1 传输有功负载电流。之后半个循环是对称的，VD_4 和S_4 的各自导通区间如图 6-67 所示。可以推测，如果负载是纯阻性的或者有着单位位移功率因数（$\varphi=0$），则每一个 IGBT 的导通角都是 π。

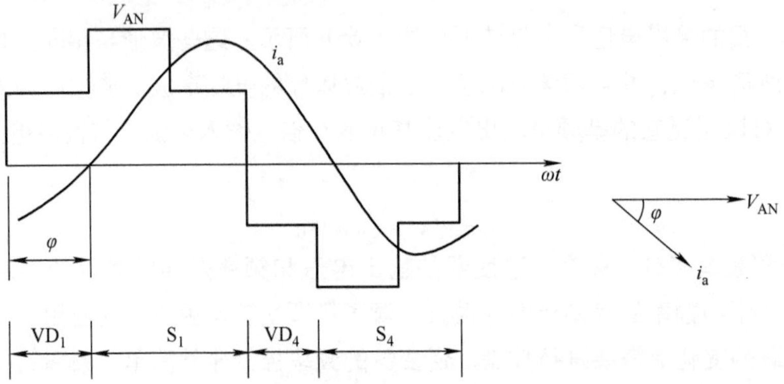

a) 驱动模式波形

图 6-67 逆变器的驱动模式及再生模式波形

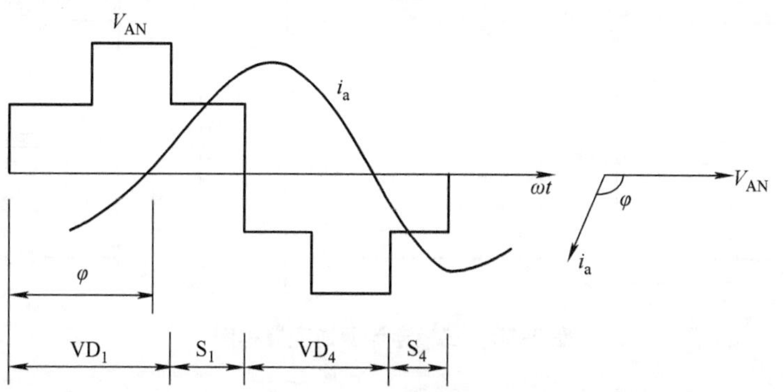

b) 再生模式波形

图 6-67　逆变器的驱动模式及再生模式波形（续）

逆变器还可以工作在整流或者回馈模式，把交流边的平均功率传送到直流边。图 6-67b 给出的是 $\varphi=2\pi/3$ 时再生模式的波形，可以看出回馈时间比有功时间长得多。在 $\varphi=\pi$ 的极端情况下，逆变器只有二极管导通，表现为二极管整流器。

三、电流源逆变器

可变电流源可以通过可变电压源串联大电感以及由反馈电流控制电压来实现。可变直流电压可以由动力电源经相控整流器获得，也可以由励磁控制的旋转交流发电机经二极管整流器获得，或者由电池型的电源经 DC/DC 变换器获得。对于一个标准直流电流源来说，输出的交流电流波形不受负载状态的影响。电流型逆变器中的功率半导体器件要能承受住反向电压。因此，标准的非对称电压阻断器件，如功率 MOSFET、BJT、IGBT、MCT 和 GTO 等都不能使用，必须使用对称阻断电压的 GTO 和 SCR。正向阻断器件可以和二极管串联使用。三相电流源逆变器框图如图 6-68 所示。电流源逆变器不需要续流二极管，因为逆变器任何半臂的电流方向都不能改变，它只能流过半导体功率开关。电流源逆变器的一个重要功能就是可以防止逆变器短路或负载短路情况时的过电流。电流源逆变器更适合于中等功率和大功率的驱动。在很多方面，电流型逆变器和电压型逆变器是对偶的。

电流型逆变器的典型应用有：

1）大功率感应电机和同步电机的速度控制。

2）电励磁同步电机的变频起动。

3）高频感应加热。

4）超导磁储能（SMES）。

5）直流电机驱动。

6）VAR 静止补偿器。

7）有源谐波滤波器。

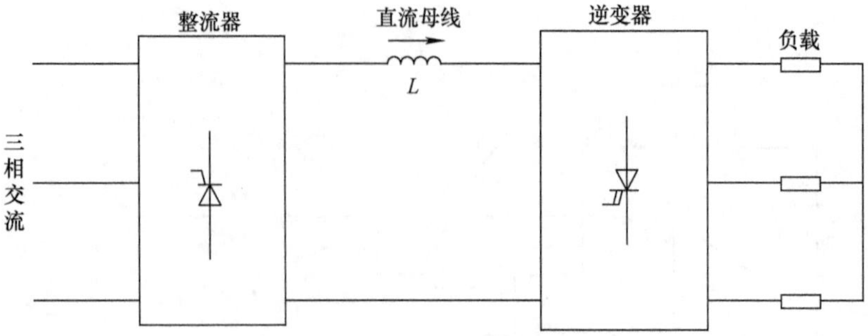

图 6-68　三相电流源逆变器框图

第四节　DC/DC 功率变换器

功率变换器可分为直流/直流（DC/DC）变换和直流/交流（DC/AC）变换两类。电动汽车电气系统中的功率变换器主要是 DC/DC 变换器，有降压、升压、双向三种形式，是实现电气系统电能变换和传输的重要电气设备。DC/DC 变换器可以将一个固定的直流电压变换为可变的直流电压，也称为直流斩波器。这种技术被广泛应用于无轨电车、地铁列车、电动汽车的无级变速和控制，同时使上述控制具有加速平稳、快速响应的性能。用直流斩波器代替变阻器可节约电能 20% ~30% 。直流斩波器不仅能起调压的作用（开关电源），还能起到有效地抑制电网侧谐波电流噪声的作用。DC/DC 变换器将原直流电通过调整其占空比（PWM）来控制输出有效电压的大小。DC/DC 变换器又可以分为硬开关和软开关两种。DC/AC称为反用换流器，也称逆变器、变流器、反流器，或称电压转换器，是一个可将直流电变换成交流电的电路。这种技术被广泛应用于不间断电源、电动车辆及轨道交通系统、变频器等。电动汽车中的交流驱动电机的 DC/AC 一般集成于电机控制器中。

在各种电动汽车中，功率变换器主要可以实现以下功能：

1）不同电源之间的特性匹配。例如，可利用 DC/DC 变换器实现燃料电池和动力电池之间的特性匹配。

2）驱动辅助系统中的直流电机。在小功率（一般小于 5kW）直流电机驱动的转向、制动等辅助系统中，一般直接采用 DC/DC 变换器供电。

3）给低压辅助蓄电池充电。在电动汽车中，需要高压电源通过降压变换器给辅助电池充电。

一般来说，电动汽车电源系统输出的是直流能量，而电机驱动系统输入的也是直流能量。因此，电源系统和驱动系统的功率变换问题，实际上就是一个直流功率的变换问题，即 DC/DC 的变换问题。

一般电动汽车动力电源系统的输出特性偏软，难以直接与电机驱动器匹配。在电源系统加负载的起始阶段，输出电压下降较快，但随着负载的增加，电流增大，电压下降，下降的斜率会出现一个特定的曲线。这种特性会使电源系统的输出功率波动，进而导致车辆整体效能的下降。

在电池系统与汽车驱动系统之间加入 DC/DC 变换器，使电池系统和 DC/DC 变换器共同组成电源系统来对驱动系统供电，从而增强驱动系统的稳定性。因此，合理的 DC/DC 变换器的设计对电动汽车电源系统也具有重要的意义。

一般电动汽车功率变换器要求具有如下特点：

1）变换功率大。电动汽车电机系统在起动、爬坡、加速时要求的功率较大，为保证车辆的动力性能，功率转换器一般功率较大，采用大电流电力电子器件，进行双路或多路设计。

2）输出响应快捷。电动汽车在行驶过程中对驱动系统的动力响应提出了很高的要求。其实也是对功率变换器提出了很高的要求。功率变换器的输出响应必须跟上车辆路况等因素对驱动电机输出功率变化的要求，否则会影响整车性能。

3）工作稳定，抗电磁干扰。电动汽车行驶的安全性，要求功率变换器要具有很强的稳定性，特别是在电动汽车这个相对比较恶劣的电磁环境下，抗电磁干扰性能尤其重要。

4）控制方便、准确。从整体上看，电动汽车的功率变换器不仅仅是一个功率变换的过程，实际上也是一个动力系统能量输出的控制过程。因此，要想使功率变换器具有良好的可控性，在设计功率变换器时，明确其控制策略是很重要的环节。

5）具有能量回馈功能。电动汽车能量回收系统是电动汽车有限能量高效率使用的一个重要措施。作为连接动力系统和电源系统的桥梁，功率变换器还必须具有能量回馈功能，以满足能量回收的需要。因此，电动汽车的功率变换器一般为双向设计。

一、降压功率变换器

1. 直流斩波（Buck）式降压功率变换器

图 6-69 所示为 Buck 式降压功率变换器的基本电路，其中：U_i是输入电压；L、C 分别为电感器与电容器，对输出电压和电流进行滤波；VT 为功率开关；VD 为续流二极管。当 VT 导通时，输出电压 U_0等于输入电压 U_i；当 VT 关断时，输出电压等于 0。通过 VT 的交替导通与关断获得给定可调的输出电压，达到降压的目的。其输入电压与输出电压的关系

$$U_0 = U_i D \tag{6-51}$$

式中，D 为开关占空比，$0 \leqslant D \leqslant 1$。

因此，$U_0 < U_i$。

Buck 电路是非隔离式的，一般用在输入、输出电压相差不大的场合，如用于车载小功率高压直流电机的调速。

2. 单端正激式降压功率变换器

如图 6-70 所示，单端正激式降压变换器由 Buck 电路衍生而来，在变压器 TR 的一次

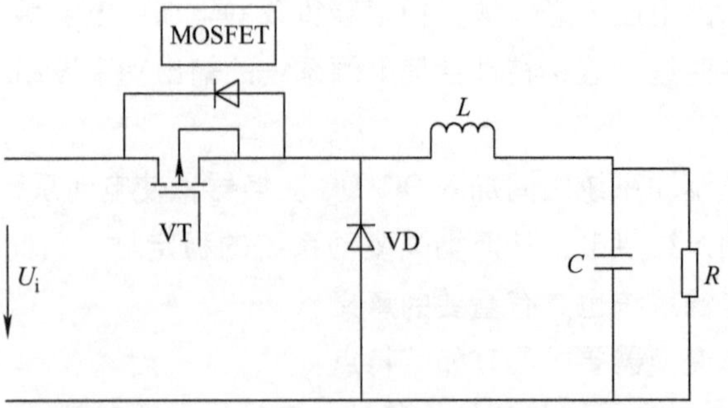

图 6-69　Buck 式降压功率变换器的基本电路

侧，通过开关管 VT 的交替导通与关断，在绕组N_1 上产生占空比可调的电压脉冲，通过变压器的电磁耦合作用，变压器二次绕组N_2 的输出经过整流和滤波后输出直流电压 U_0。输入电压与输出电压的关系为

$$U_0 = U_i D \frac{N_2}{N_1} \tag{6-52}$$

式中，D 为开关占空比，$0 \leqslant D \leqslant 1$。

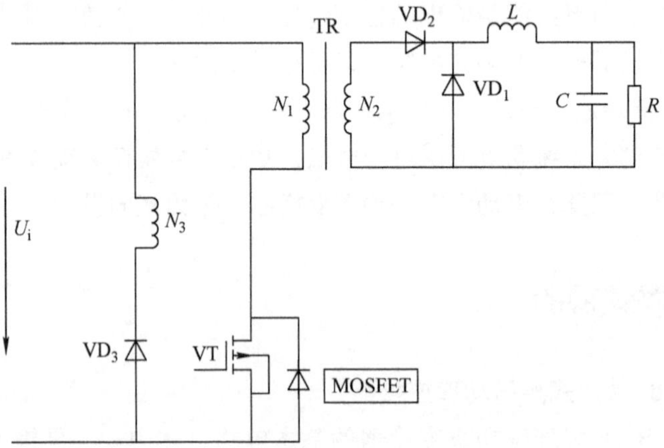

图 6-70　单端正激式降压功率变换器的电路原理

与 Buck 电路相比，该公式多了变压器二次、一次的匝数比。通过选择合适的变压器降压匝数比，可以输出平稳的电压。同时，由于输入、输出电压的隔离性质，单端正激式功率变换器广泛应用于车载 24V 辅助电池的充电电源。图 6-71 所示为降压功率变换器实物及示意。

如图 6-72 所示，功率回路以控制回路的驱动信号为基础，打开、关闭晶闸管输入直流电，并供给变压器交流电压。在变压器中变压后的交流电压经整流二极管整流，整流后的断续直流电压经平滑电路平滑后对辅助电池充电。控制回路除了完成以上功能外，还具有输出限流、输入过电压保护、过热保护和警告功能。

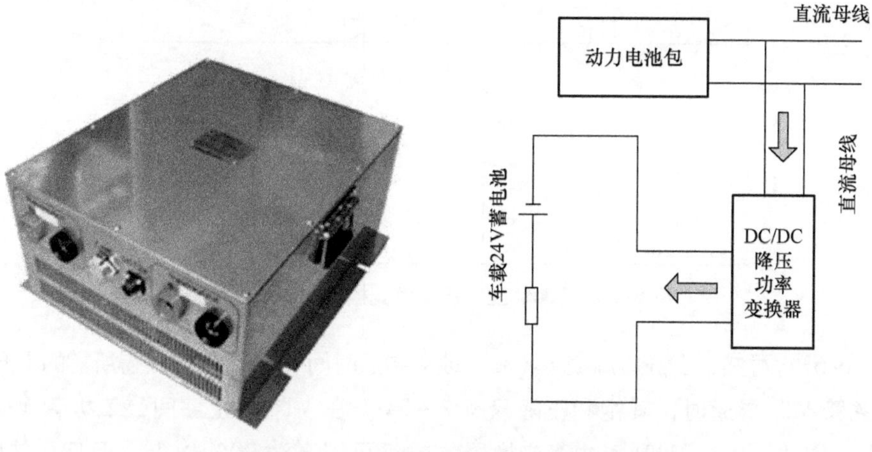

图 6-71 降压功率变换器实物及示意

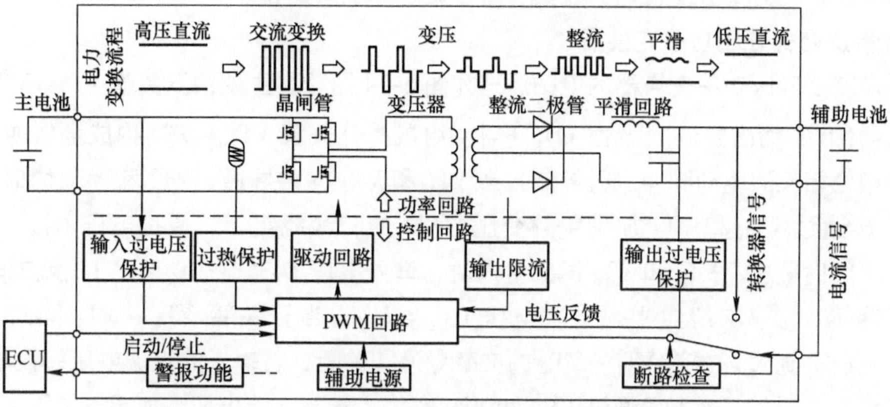

图 6-72 降压功率变换器内部结构组成示意

二、升压功率变换器

升压功率变换器一般有两种类型：Boost 型和全桥逆变式。

1. Boost 型升压功率变换器

Boost 型变换器也称为并联开关变换器，其电路原理如图 6-73 所示，由开关管 VT_1、二极管 VD_1、储能电感L_1 和输出滤波电容 C_1 组成。当 VT_1 导通时，能量从输入端流入并储存于电感L_1 中，由于 VT_1 导通期间正向饱和管压降很小，二极管 VD_1 反偏，变换器输出由滤波电容 C_1 提供能量。当 VT_1 截止时，电感L_1 中电流不能突变，它所产生的感应电动势阻止电流减小，感应电动势的极性为右正左负，二极管 VD_1 导通，电感中储存的能量经二极管 VD_1 流入电容 C_1，并供给输出端。如果开关管 VT_1 周期性地导通和截止，开关周期为 T，其中导通时间为 t_{on}，截止时间为 $T-t_{on}$，则 Boost 型变换器输出电压 U_0和输入电压 U_i之间的关系为

$$U_0 = U_i\frac{T}{T-t_{on}} \tag{6-53}$$

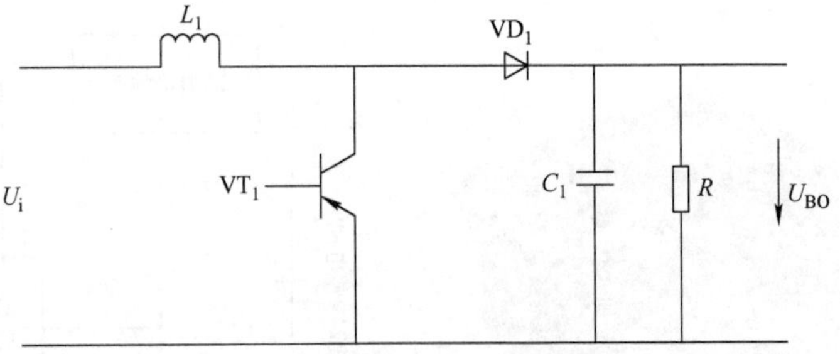

图 6-73　Boost 型升压功率变换器的电路原理

由式（6-53）可知，当开关周期 T 不变、改变导通时间 t_{on}时，就能获得所需的上升电压值。

当开关管 VT_1 导通时，其饱和压降只有 2～3V。在 VT_1 截止期间，二极管 VD_1 的压降为 1V 左右，因此，Boost 型升压功率变换器的效率可以高达 90% 以上；而且，其电路结构简单、器件少，作为车载变换器，还具有重量轻、体积小的特点。

2. 全桥逆变式升压功率变换器

全桥逆变式升压功率变换器的电路原理如图 6-74 所示，主要由开关管 VT_1～VT_4、中频升压变压器 TR 和输出整流二极管 VD_1、VD_2 组成。开关管 VT_1～VT_4 构成全桥逆变电路，需要两组相位相反的驱动脉冲进行控制：当 VT_1 和 VT_4 同时导通、VT_2 和 VT_3 同时截止时，输入电压 U_i通过 VT_1 和 VT_4 加到中频变压器 TR 的一次绕组上，原边电压 $U_{TR}=U_{v1}$；当 VT_1 和 VT_4 同时截止、VT_2 和 VT_3 同时导通时，输入电压 U_i通过 VT_2 和 VT_3 反方向地加到中频变压器 TR 的一次绕组上，一次电压 $U_{TR}=U_{v1}$；当开关管 VT_1～VT_4 同时截止时，$U_{TR}=0$。这样，通过开关管 VT_1～VT_4 的交替导通和关断，将输入的直流电压转换成交流电压加到变压器上，其二次电压通过 VD_1 和 VD_2 整流，输出直流电压。如果开关管 VT_1～VT_4 开关周期为 $2T$，导通时间为 t_{on}，变压器二次、一次变比为 n，则全桥逆变式升压功率变换器输出电压 U_0和输入电压 U_i之间的关系为

$$U_0 = U_i n \frac{t_{on}}{T} \tag{6-54}$$

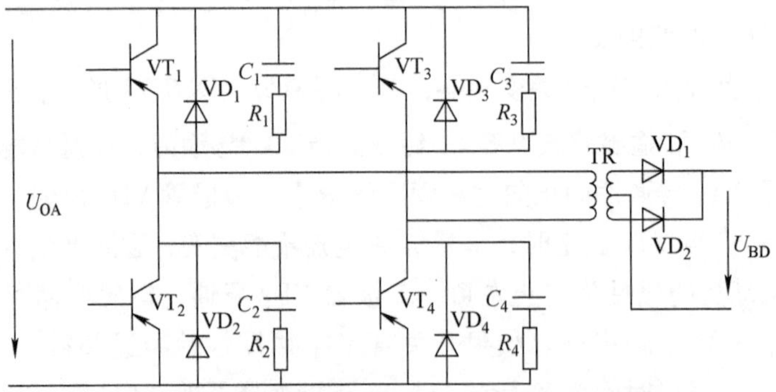

图 6-74　全桥逆变式升压功率变换器的电路原理

由式（6-54）可知，当采用升压变压器时，$n>1$，可获得变换器的升压特性。当开关

周期 T 不变、改变导通时间 t_{on} 时，就能调节输出的电压值。

与 Boost 电路相比，全桥逆变式升压功率变换器的输入和输出是通过中频变压器隔离的，由于变压器具有一定的频率响应带宽，在变换器输入端和变压器一次电路产生的部分高频干扰信号不能传输到变换器的输出端。因此，作为车载变换器，全桥逆变式结构具有较好的电磁兼容性。

三、双向功率变换器

在混合动力电动汽车中，动力电池通过双向功率变换器连接到直流母线上，以实现动力电池和燃料电池或发电机的功率混合。当燃料电池或发电机对动力电池进行充电时，功率变换器起到降压作用；当动力电池通过总线释放能量时，功率变换器起到升压作用。

双向功率变换器采用 Buck-Boost 复合电路结构，如图 6-75 所示。在 Boost 工作模式下，电池端电压为 U_1，总线电压为 U_h，U_1 通过升压电感 L、开关管 VT_2 的升压变换经二极管 VT_1 接到总线电压，和燃料电池或发电机实行功率混合。在 Buck 工作模式下，总线电压 U_h 通过开关管 VT_1 的斩波降压，经电感 L、电容 C_2 的滤波作用输出电压 U_1 对动力电池进行充电，二极管 VD_2 在降压过程中实现输出电流的续流作用。

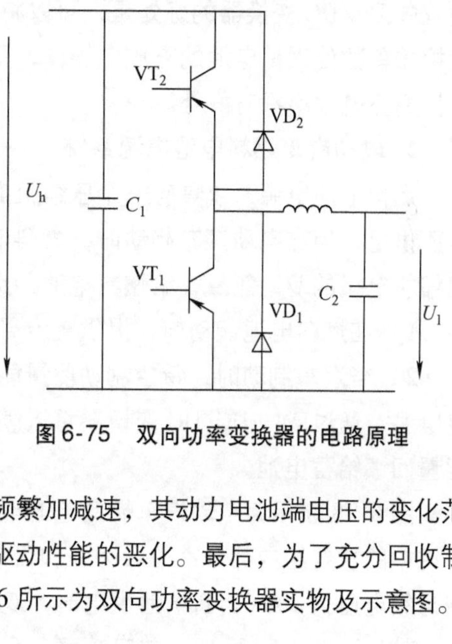

图 6-75 双向功率变换器的电路原理

混合动力电动汽车中通常将电机作为运动执行机构，而将动力电池等储能元件作为输入电源。电动汽车中电机的转速工作范围很广，且在行驶过程中频繁加减速，其动力电池端电压的变化范围也很大。若用动力电池直接驱动电机，会造成电机驱动性能的恶化。最后，为了充分回收制动或减速能量，必须采用双向 DC/DC 变换器。图 6-76 所示为双向功率变换器实物及示意图。

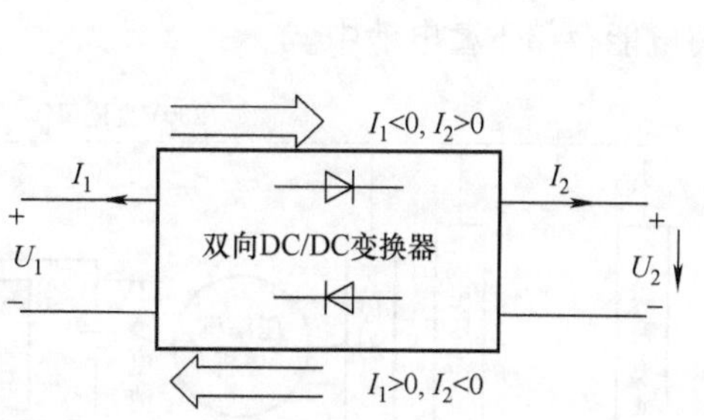

图 6-76 双向功率变换器实物及示意图

1. 直流不停电电源系统（DC-UPS）

图 6-77 所示是一种 DC-UPS 的结构框图，由 AC/DC 变换器、电池包 BA 和双向 DC/DC

变换器构成。其工作原理是：当供电正常时，AC/DC 变换器将直流母线电压调整到稳态电压，对直流母线上的负载供电，同时经双向 DC/DC 变换器给动力电池 BA 充电。若 BA 已充足电，则双向变换器不进行功率转换；当供电电源掉电或出现故障时，双向直流变换器将动力电池电压转变成直流母线负载所需电压，给负载供电，使负载不断电。

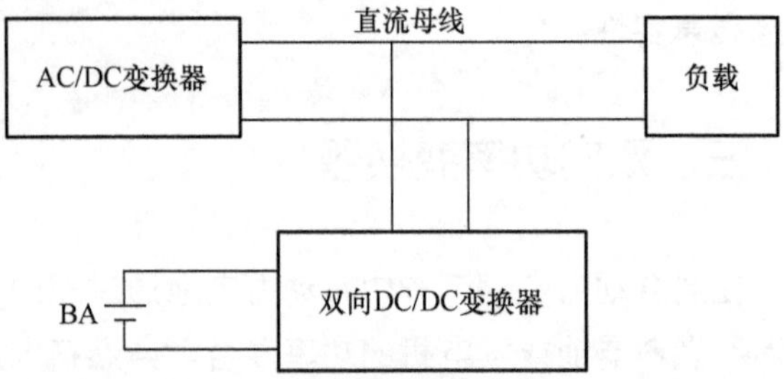

图 6-77　DC-UPS 结构框图

双向 DC/DC 变换器的功能：供电正常时作为动力电池的充电器，保持动力电池电量充足状态；在供电故障后将动力电池电压转变为直流母线电压，给负载供电。通常，动力电池充电时的功率较小，放电时的功率较大，因此对双向 DC/DC 变换器的功率等级应以放电功率为准。使用双向 DC/DC 变换器的好处是，可以将动力电池的充放电工作分离出来，运用双向 DC/DC 变换器单独处理蓄电池的充放电操作，更容易优化充放电过程，对于延长蓄电池的使用寿命并提高充电效率都有好处。

2. 电动汽车燃料电池电源系统

燃料电池电源系统具有一个压缩机电机，正常运转情况下，该压缩机可由燃料电池输出电压供电，但在电动汽车起动时，燃料电池电压尚未建立起来，需要辅助电源来供电，提供压缩机电机的驱动能量，给燃料电池创造起动条件。辅助电源有两个作用：

1）在燃料电池起动前，提供直流母线电压。

2）当汽车制动时，希望制动能量能够回馈并得到合理的应用。采用蓄电池作为辅助供电电源，通过双向 DC/DC 变换器可以满足这两个方面的要求：快速起动燃料电池、将制动能量回馈给蓄电池。

图 6-78 所示为电动汽车燃料电池电源系统结构框图，双向 DC/DC 变换器是此电源管理系统中的重要组成部分之一。为了和目前的汽车负载保持兼容，蓄电池电压一般为 12V，直流母线电压为 288V。蓄电池供电时，双向 DC/DC 变换器工作在放电模式，输入电池电压波动，输出稳定电压 288V，放电功率 1.5kW；蓄电池储能时，双向 DC/DC 变换器工作在充电模式，将电能存储于蓄电池中。

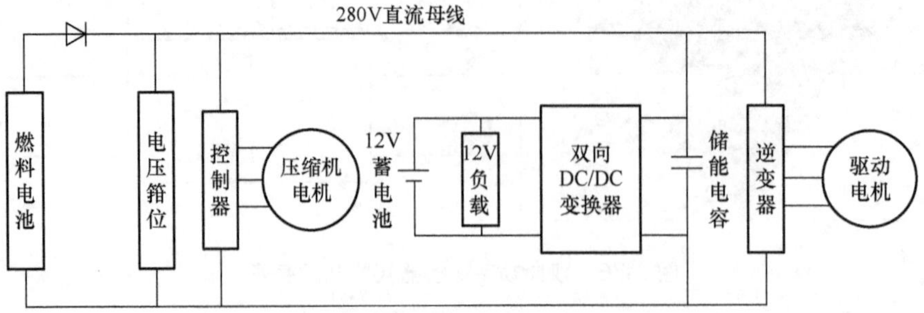

图 6-78　电动汽车燃料电池电源系统结构框图

思考题

1. 简述碳化硅功率半导体器件的特点。
2. 简述三相桥式全控整流电路的工作过程。
3. 简述电压源逆变器的工作原理。
4. 简述双向功率变换器的工作原理。

第七章

电机控制

第一节 无刷直流电机控制

一、无刷直流电机的数学模型

与永磁同步电机类似，无刷直流电机的三相定子电压用矩阵表示如下：

$$\begin{bmatrix} u_A \\ u_B \\ u_C \end{bmatrix} = R_S \begin{bmatrix} i_A \\ i_B \\ i_C \end{bmatrix} + \begin{bmatrix} L_{AA} & L_{AB} & L_{AC} \\ L_{BA} & L_{BB} & L_{BC} \\ L_{CA} & L_{CB} & L_{CC} \end{bmatrix} \frac{d}{dt} \begin{bmatrix} i_A \\ i_B \\ i_C \end{bmatrix} + \begin{bmatrix} e_A \\ e_B \\ e_C \end{bmatrix} \tag{7-1}$$

式中，L_{AA}、L_{BB}、L_{CC}是相绕组的自感；L_{AB}、L_{BA}、L_{BC}、L_{CB}、L_{CA}、L_{AC}是对应相绕组之间的互感；e_A、e_B、e_C 为三相定子反电动势；R_S 为相电阻。

假设无刷直流电机三相完全对称，忽略永磁体和空气的磁导率差别，则可以近似认为转子永磁体面贴式安装的无刷直流电机的等效气隙长度为常数，三相绕组之间的互感也为常数，与转子位置无关，即

$$L_{AA} = L_{BB} = L_{CC} = L_S \tag{7-2}$$

$$L_{AB} = L_{BA} = L_{BC} = L_{CB} = L_{AC} = L_{CA} = L_M \tag{7-3}$$

由无中性点引出的三相星形联结结构可得

$$i_A + i_B + i_C = 0$$

将以上条件代入三相定子电压表达式（7-1），化简可得

$$\begin{bmatrix} u_A \\ u_B \\ u_C \end{bmatrix} = R_S \begin{bmatrix} i_A \\ i_B \\ i_C \end{bmatrix} + L \frac{d}{dt} \begin{bmatrix} i_A \\ i_B \\ i_C \end{bmatrix} + \begin{bmatrix} e_A \\ e_B \\ e_C \end{bmatrix} \tag{7-4}$$

式中，$L = L_S - L_M$。无刷直流电机的等效电路如图 7-1 所示。

电磁转矩表达式为

$$T_e = \frac{e_A i_A + e_B i_B + e_C i_C}{w_m} \tag{7-5}$$

式中，w_m为转子机械角速度（rad/s）。

由电磁转矩表达式可知，无刷直流电机要产生稳定的转矩，方波电流的相位要与无刷直流电机的反电动势相位保持一致。梯形波反电动势的平顶部分为 120°电角度，因此，无刷直流电机的控制应该采用两两导通的控制方法，即后面所讲的六步换相控制方案。

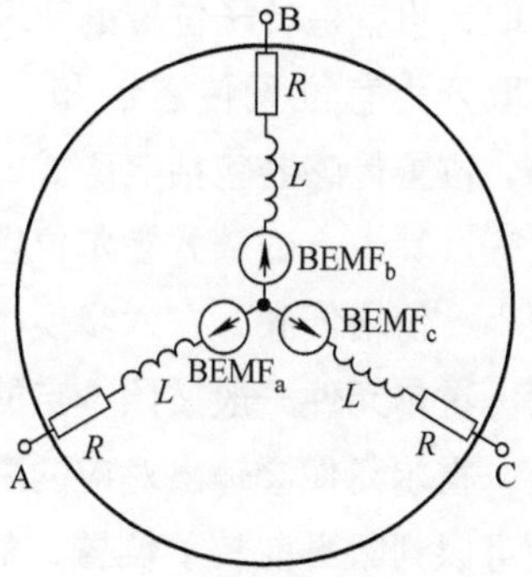

图 7-1 无刷直流电机等效电路

考虑在任意时刻只有两相绕组导通，电磁转矩表达式可

以转换为式（7-6），其中E_m为导通相反电动势的幅值，I_m为导通相电流的幅值。

$$T_e = \frac{2E_m I_m}{w_m} \tag{7-6}$$

根据法拉第电磁感应定律，无刷直流电机反电动势幅值为

$$E_m = K_e \psi_{pm} n \tag{7-7}$$

其中，K_e 为反电动势系数；ψ_{pm}为转子永磁体磁链；n 为电机转速，$n = w_m/2\pi$。

将式（7-7）代入电磁转矩表达式（7-6）中可得

$$T_e = \frac{K_e \psi_{pm} I_m}{\pi} \tag{7-8}$$

由式（7-8）可以看出，无刷直流电机的电磁转矩与转子永磁体磁链和导通相电流幅值大小成正比，因此，控制两两导通相的电流幅值就可以控制无刷直流电机的电磁转矩。电磁转矩表达式结合电机的机械运动方程就构成了完整的无刷直流电机的数学模型：

$$\frac{d}{dt} w_m = \frac{T_e - T_1 - Bw_m}{J} \tag{7-9}$$

式中，J 是整个系统的转动惯量（$kg \cdot m^2$）；B 是阻尼系数（$N \cdot m \cdot s$）；T_1是负载转矩（$N \cdot m$）。

二、六步换相控制

1. 无刷直流电机六步换相控制的基本原理

无刷直流电机三相绕组及逆变器电路如图 7-2 所示，通过控制三相逆变器桥臂上下功率开关器件的开关状态来实现六步换相控制。

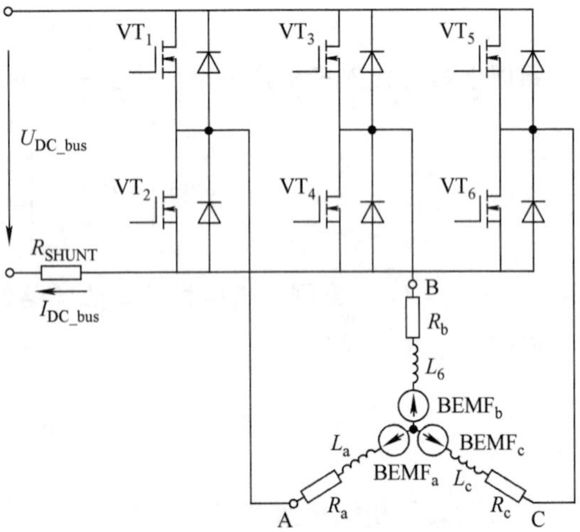

图 7-2　无刷直流电机三相绕组及逆变器电路

无刷直流电机三相逆变器桥臂的开关状态与梯形波反电动势的对应关系如图 7-3 所示。

无刷直流电机控制的核心是换相时刻的获取，也就是转子位置的获取。转子位置的获取分为有位置传感器和无位置传感器两种。位置传感器包括电磁式、光电式和磁敏式等。其中，磁敏式霍尔位置传感器因为体积小、价格低廉，在六步换相控制中最为常用。霍尔元件一般按照一定的角度嵌入在无刷直流电机定子绕组中，根据转子当前磁极的极性，霍尔元件会输出对应的高电平或低电平，这样只要根据 3 个霍尔元件产生的电平的时序就可以判断当前转子位置，然后根据霍尔元件的状态进行换相控制。三个霍尔元件一般有 120°空间间隔和 60°空间间隔两种安装方式，其主要区别在于 60°空间间隔安装的三个霍尔

元件会产生 111 和 000 两个状态。图 7-4 所示为按 60°空间间隔安装霍尔元件的无刷直流电机示意图。

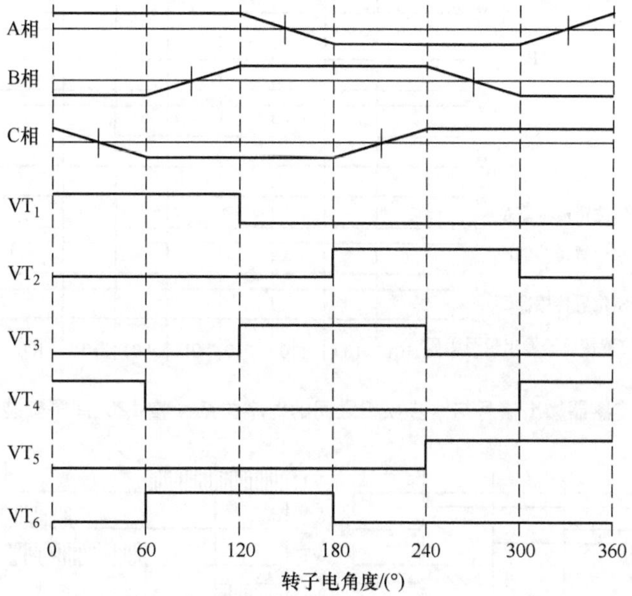

图 7-3 无刷直流电机三相逆变器桥臂开关状态与梯形波反电动势的对应关系

霍尔位置传感器的输出信号和六步换相之间的时序关系如图 7-5 所示。

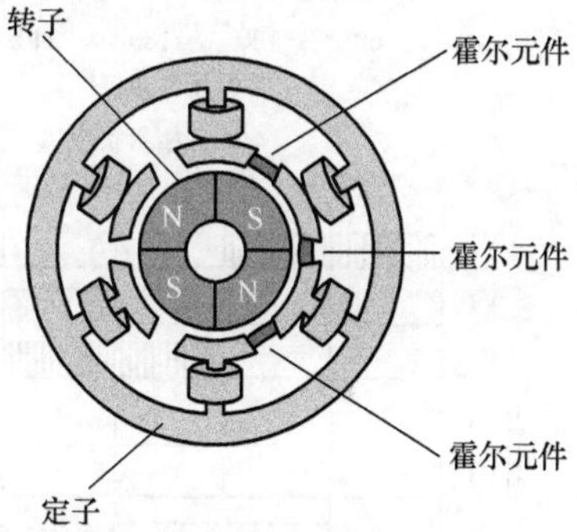

图 7-4 按 60°空间间隔安装霍尔元件的无刷直流电机示意图

2. 六步换相 PWM 调制方式及其对电压和电流的影响

由图 7-3 可知，在无刷直流电机的 6 个扇区内，逆变器桥臂有不同的开关状态，这些开关状态是通过 PWM 调制来实现的。PWM 的调制方式分双斩式和单斩式，如图 7-6 所示。

1）双斩式 PWM 调制又称 H_PWM-L_PWM 调制，即无刷直流电机两相导通期间，一相的上桥臂进行 PWM 调制，而另一相的下桥臂以同样的占空比进行 PWM 调制。

2）单斩式 PWM 调试有四种。

① H_PWM-L_ON：一相的上桥臂进行 PWM 调制，另一相的下桥臂功率开关器件保持恒通。

② H_ON-L_PWM：一相的上桥臂功率开关器件保持恒通，另一相的下桥臂进行 PWM 调制。

③ PWM-ON：PWM 调制每 60°电角度交替加在一相的上桥臂与另一相的下桥臂上。在功率开关器件导通的 120°区间里，前 60° PWM 调制，后 60°保持恒通。

④ ON-PWM：PWM 调制每 60°电角度交替加在一相的上桥臂与另一相的下桥臂上。在

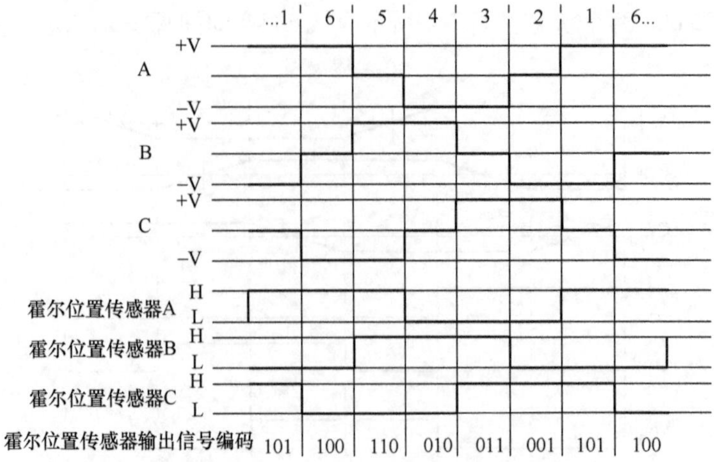

图 7-5 霍尔位置传感器输出信号与六步换相之间的时序关系（按 120°间隔安装霍尔位置传感器）

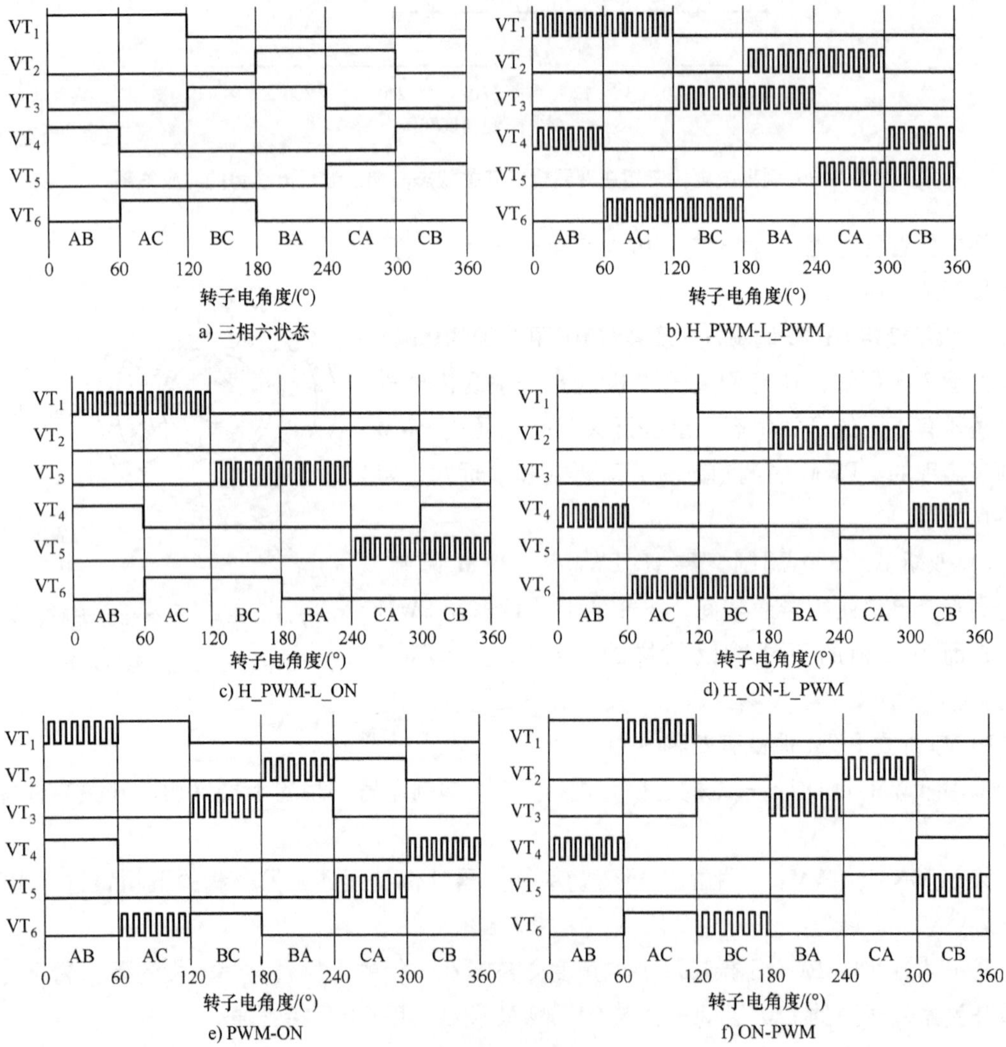

图 7-6 PWM 调制方式

功率开关器件导通的 120°区间，前 60°保持恒通，后 60°PWM 调制。

无刷直流电机可以看作一个感性负载，电感电流是无法突变的，因此，换相后非导通相电流会有一个续流过程。在不同 PWM 调制方式下，相绕组端电压及续流通路会有所不同。

下面以 H_PWM-L_ON 调制方式下的 A 相为例说明续流对相电压的影响。图 7-7 中在 300°～360°，A 相为非导通相，上、下功率开关器件都被关闭，但是此时 A 相端电压并不等于 A 相反电动势，而是在开始一段时间内幅值等于母线电压，随后一段时间呈现出一个随着 PWM 调制逐步上升的阶梯状脉冲，如图 7-7 所示。下面根据电机电压表达式来分析产生如此相电压波形的原因。

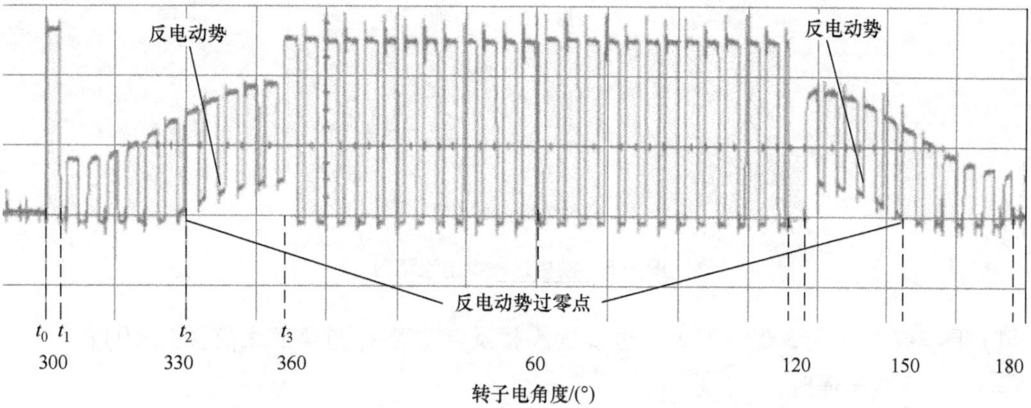

图 7-7　H_PWM-L_ON 调制方式下 A 相相电压波形

在 300°～360°，电机 C、B 相导通。功率开关器件 VT_5 由 PWM 调制、VT_4 恒通。当 VT_5 进行 PWM 调制期间，电机 B、C 相的端电压表达式为

$$U_{BN} = U_{Bg} - U_{Ng} = Ri_B + L\frac{di_B}{dt} + e_B \tag{7-10}$$

$$U_{CN} = U_{Cg} - U_{Ng} = Ri_C + L\frac{di_C}{dt} + e_C \tag{7-11}$$

以 B 相为例，U_{BN} 为 B 相端口与中心点 N 之间的电压；U_{Bg} 为 B 相端口与逆变桥地之间的电压；U_{Ng} 为中心点与逆变桥地之间的电压。CB 导通期间，忽略 VT_4、VT_5 及续流二极管导通压降，$U_{Bg} = 0V$，$U_{Cg} = SU_{DC\_bus}$。

其中，S 代表功率开关器件 VT_5 的开关状态，$S = 0$ 代表 VT_5 关断，$S = 1$ 代表 VT_5 导通。若以 B 相电流为正方向，则 $i_C = i_B$，将式（7-10）与式（7-11）相加可得

$$SU_{DC\_bus} - 2U_{Ng} = e_B + e_C \rightarrow U_{Ng} = \frac{1}{2}SU_{DC_{bus}} + \frac{e_A}{2} \tag{7-12}$$

由于此时 A 相为非导通相，A 相绕组对逆变桥地的电压为

$$U_{Ag} = e_A + U_{Ng} = \frac{1}{2}SU_{DC\_bus} + \frac{3e_A}{2} \tag{7-13}$$

在 300°换相时刻，电机导通相由 CA 切换为 CB。VT_2 关断后，A 相电流通过与 VT_1 反并

联的二极管 VD_1续流，流回母线电容，电流流向如图 7-8 所示，续流持续时间为图 7-7 中 $t_0 \sim t_1$时间段。A 相电流续流结束后，A 相成为非导通相。

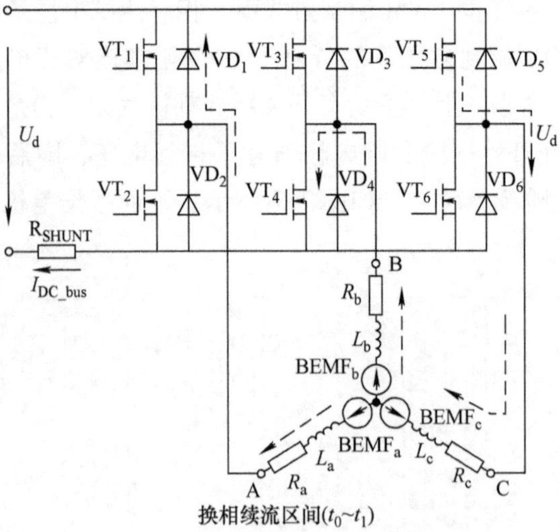

图 7-8　换相过程中电流流向

1）图 7-7 中，在 300°~330°，也就是 A 相反电动势 e_A 过零点之前（$e_A<0$）：
当 $S=1$，即 VT_5导通时，

$$U_{Ag}=\frac{U_{DC\_bus}}{2}+\frac{3e_A}{2}<\frac{U_{DC\_bus}}{2}$$

当 $S=0$，即 VT_5关闭时，$U_{Ag}=\dfrac{3e_A}{2}<0$。

续流二极管 VD_2将 A 相绕组端电压 U_{Ag}钳位至一个很小的负电压（二极管前向导通压降的负值）。

2）图 7-7 中，在 330°~360°，也就是 A 相反电动势 e_A 过零点之后（$e_A>0$）：
当 $S=1$，即 VT_5导通时，

$$U_{Ag}=\frac{U_{DC\_bus}}{2}+\frac{3e_A}{2}>\frac{U_{DC\_bus}}{2}$$

当 $S=0$，即 VT_5关闭时，

$$U_{Ag}=\frac{3e_A}{2}>0$$

U_{Ag}不受续流二极管 VD_2钳位。于是呈现出 A 相端电压随着 PWM 调制一高一低，且低电压并未被拉低到 0 的波形。

其他 PWM 调制方式下的电机相反电动势波形也可按照此方法分析，各个 PWM 调制方式下电机某一相的反电动势波形如图 7-9 所示。

常用的 5 种 PWM 调制方式各有优缺点，从对逆变器的损耗角度来看，双斩式 PWM 调制的功率开关器件的开关损耗为单斩式的 2 倍，增大了逆变器的损耗。其优点是可以四象限

运行，且非导通相的反电动势不与 PWM 调制关联在一起，可以直接测量，有利于无位置传感器控制的实现；单斩式 PWM 调制中 H_PWM-L_ON、H_ON-L_PWM 调制方式分别被称为上桥臂调制方式和下桥臂调制方式，其实现方式比较简单，每次换相只需对一个桥臂进行操作。但是这样会造成逆变器上下功率开关器件损耗不同，进而影响逆变器的寿命。PWM-ON、ON-PWM 的调制方式实现稍微复杂，但是能保证功率开关器件损耗和应力一致。为了描述方便，下面介绍的典型无位置传感器方案，如不做特殊说明，均采用 H_PWM-L_ON 上桥臂调制方式。

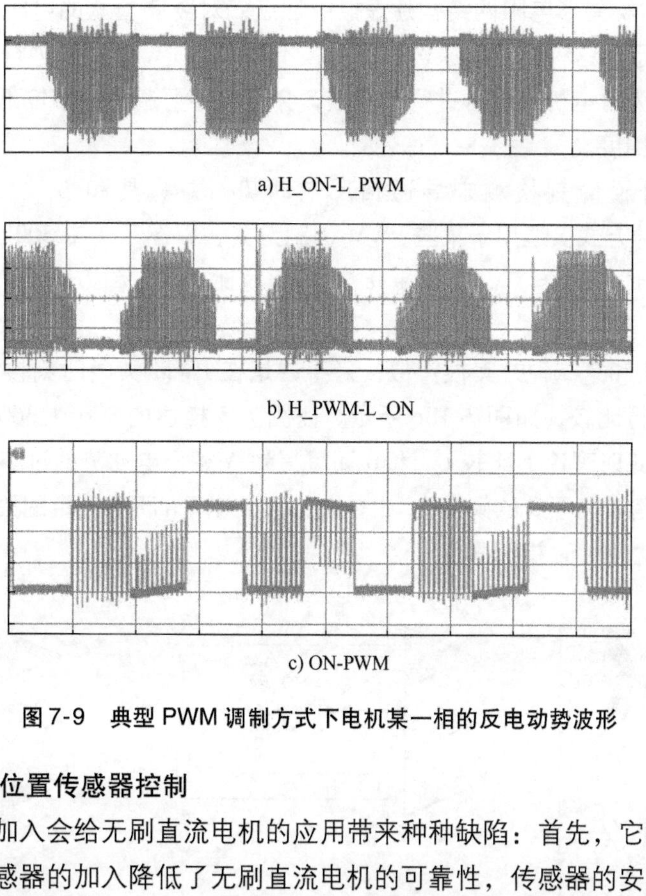

a) H_ON-L_PWM

b) H_PWM-L_ON

c) ON-PWM

图 7-9 典型 PWM 调制方式下电机某一相的反电动势波形

3. 六步换相无位置传感器控制

位置传感器的加入会给无刷直流电机的应用带来种种缺陷：首先，它增加了电机的体积和成本；其次，传感器的加入降低了无刷直流电机的可靠性，传感器的安装精度也会影响无刷直流电机的性能；最后，一般的位置传感器不适合某些特殊应用场合，如密封的空调压缩机内部的强腐蚀性和高温高压的环境。因此，近一二十年，无位置传感器的无刷直流电机控制的研究已经成为主流。

截至目前，根据不同的应用场合和性能要求，无位置传感器的无刷直流电机的控制策略主要分为反电动势法、续流二极管法、电感法、磁链函数法和定子三次谐波法等。随着现代控制理论的发展，目前卡尔曼滤波法、扰动观测器法、神经网络法、涡流法等也在逐步发展。在以上方案中，反电动势法及其改进方案是应用最广、技术最成熟的方案。下面主要介绍反电动势法在无刷直流电机中的应用。

当无刷直流电机的转子直轴与某相绕组轴线重合时，该相绕组的反电动势为零，因此，只要检测各相绕组的反电动势过零点，就能在一个电周期内得到转子的 6 个关键位置。由图 7-3 可知，相反电动势过零点延时 30°电角度即为换相控制点。这种通过检测相绕组反电动势过零点来实现无刷直流电机无位置传感器六步换相控制的算法就是反电动势法。

反电动势法检测就是通过检测不导通相的端电压，与无刷直流电机中性点电压进行比较。一般无刷直流电机中性点无法引出，且在有些 PWM 调制方式下，中性点和电机端电压随着 PWM 调制规律脉动，因此，需要特殊的处理方式来检测反电动势过零点。目前，反电动势过零点检测主要有以下 4 种方法。

1）使用三相对称星形电阻网络构建虚拟中性点，对需要检测的电机端电压进行低通滤波，如图 7-10a 所示。这种方法的原理很简单，不需要与 PWM 调制进行同步，因此使用广泛。但是此方案因为对电机端电压进行了滤波，会导致不可避免的相位延时，从而影响反电动势过零点检测的精度。

2）在 PWM 开通时刻检测未导通相反电动势，并将其和 $U_{\text{DC\_bus}}/2$ 进行比较，如图 7-10b所示。这种方式仅适用于某些 PWM 调制方式，以图 7-7 中 300°～360°为例，PWM 开通（VT_5 导通）时，$U_{Ag}=U_{\text{DC\_bus}}/2+3e_A/2$。此时比较 U_{Ag}和 $U_{\text{DC\_bus}}/2$ 即可得到 A 相反电动势的过零点。

3）第三种方案和第二种方案很类似，只不过是在 PWM 关闭时刻检测未导通相反电动势，并将其和 0 进行比较，如图 7-10c 所示。以图 7-7 描述的 300°～360°为例，PWM 关闭时，$U_{Ag}=3e_A/2$。此时理论上比较 U_{Ag}和 0 即可得到 A 相反电动势的过零点（实际操作时通常比较 U_{Ag}和一个稍微高于 0 的阈值）。但是此方案要求 PWM 有一定的关闭时间，在无刷直流电机 PWM 占空比较大时并不适用。

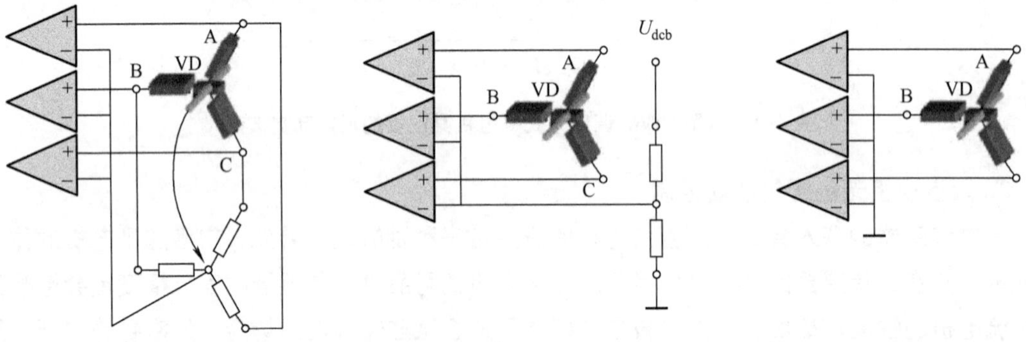

a) 虚拟中性点比较法　　b) 二分之母线电压比较法　　c) 零点比较法

图 7-10　三种无刷直流电机无位置传感器控制过零点检测方法

4）第四种方案的原理也基于第二种方案，只不过利用了数字控制微控制器 ADC 采样将电机端电压转换为数字信号计算出来，取代模拟比较器来实现过零点检测。此方案减少了模拟比较器的使用，但是对微控制器的 ADC 采样精度和速度及计算能力都有要求。电机转速较高时转子转过 60°电角度所需的时间很短，然而，进行一次 ADC 采样转换所需的时间是固定的，那么一个 60°区间能够采集到的相反电动势点数比较有限，可能会导致无法准确检测到过零点。

以上 4 种方案各有优缺点，使用中需要根据实际应用需求及成本综合考虑，选取最合适的方案。不管使用哪种方案，都需要规避换相续流对反电动势检测带来的影响。

第二节 永磁同步电机控制

一、永磁同步电机数学模型

1. 三相永磁同步电机数学模型

三相绕组的永磁同步电机的电压方程用矩阵表示如下：

$$\begin{bmatrix} u_A \\ u_B \\ u_C \end{bmatrix} = R_S \begin{bmatrix} i_A \\ i_B \\ i_C \end{bmatrix} + \frac{d}{dt} \begin{bmatrix} \psi_A \\ \psi_B \\ \psi_C \end{bmatrix} \tag{7-14}$$

式中，每相的总磁链ψ_A、ψ_B、ψ_C 可以表示为

$$\begin{bmatrix} \psi_A \\ \psi_B \\ \psi_C \end{bmatrix} = \begin{bmatrix} L_{AA} & L_{AB} & L_{AC} \\ L_{BA} & L_{BB} & L_{BC} \\ L_{CA} & L_{CB} & L_{CC} \end{bmatrix} \begin{bmatrix} i_A \\ i_B \\ i_C \end{bmatrix} + \psi_{pm} \begin{bmatrix} \cos\theta_e \\ \cos\left(\theta_e - \frac{2}{3}\pi\right) \\ \cos\left(\theta_e + \frac{2}{3}\pi\right) \end{bmatrix} \tag{7-15}$$

式中，L_{AA}、L_{BB}、L_{CC}是相绕组的自感；$L_{AB} = L_{BC}$、$L_{BC} = L_{CB}$、$L_{CA} = L_{AC}$，是对应相绕组之间的互感；ψ_{pm}是转子永磁体磁链；θ_e 是转子电角度。

式（7-14）和式（7-15）是对表贴式和内嵌式同样适用的永磁同步电机的电压和磁链方程，不同之处在于电感矩阵 $\boldsymbol{L}$ 中对应的每个元素有不同的特性。内嵌式永磁同步电机的自感可以表示为

$$\begin{aligned} L_{AA} &= L_{A0} + L_2\cos(2\theta_e) \\ L_{BB} &= L_{B0} + L_2\cos\left(2\theta_e - \frac{2}{3}\pi\right) \\ L_{CC} &= L_{C0} + L_2\cos\left(2\theta_e + \frac{2}{3}\pi\right) \end{aligned} \tag{7-16}$$

同样，互感可以表示为

$$\begin{aligned} L_{AB} &= L_{AB0} + L_2\cos\left(2\theta_e + \frac{2}{3}\pi\right) \\ L_{BC} &= L_{BC0} + L_2\cos(2\theta_e) \\ L_{CA} &= L_{CA0} + L_2\cos\left(2\theta_e - \frac{2}{3}\pi\right) \end{aligned} \tag{7-17}$$

式中，$L_{B0}=L_{A0}=L_{C0}$，$L_{AB0}=L_{BC0}=L_{CA0}$，且自感和互感中的电感变换的幅度L_2是相等的。

表贴式永磁同步电机不具凸极性，所以，式（7-16）和式（7-17）中的L_2的值很小或者等于0。因此，其自感和互感分别简化为

$$L_{AA}=L_{BB}=L_{CC}=L_{A0} \tag{7-18}$$

$$L_{AB}=L_{BC}=L_{CA}=L_{AB0} \tag{7-19}$$

与直流电机类似，当电枢电流方向垂直磁链时，永磁同步电机产生最大转矩。如果只考虑定子磁动势基波分量，永磁同步电机的电磁转矩的矢量方程为

$$\boldsymbol{T}_e=\frac{3}{2}n_p\boldsymbol{\psi}_s\times\boldsymbol{i}_s \tag{7-20}$$

式中，n_p是极对数；常数3/2是因为使用了非功率守恒的变换。

电机的机械运动方程为

$$J\frac{d}{dt}w_m(t)+Bw_m(t)=T_e-T_1 \tag{7-21}$$

式中，J表示整个系统的转动惯量（$kg\cdot m^2$）；B是阻尼系数（$N\cdot m\cdot s$）；T_1是负载转矩（$N\cdot m$）。

2. 两相静止坐标系的数学模型

两相静止坐标系是沿着定子定向的坐标系。将式（7-15）代入式（7-14），并将矢量$\boldsymbol{u}$、$\boldsymbol{i}$和$\boldsymbol{\psi}$分解到两相静止坐标系，化简得到

$$\begin{bmatrix}u_\alpha\\u_\beta\end{bmatrix}=R_s\begin{bmatrix}i_\alpha\\i_\beta\end{bmatrix}+\begin{bmatrix}L_0+\Delta L\cos2\theta_e & \Delta L\sin2\theta_e\\\Delta L\sin2\theta_e & L_0-\Delta L\cos2\theta_e\end{bmatrix}\cdot\frac{d}{dt}\begin{bmatrix}i_\alpha\\i_\beta\end{bmatrix}+\frac{d\theta_e}{dt}\left(2\Delta L\begin{bmatrix}-\sin2\theta_e & \cos2\theta_e\\\cos2\theta_e & \sin2\theta_e\end{bmatrix}\begin{bmatrix}i_\alpha\\i_\beta\end{bmatrix}+\psi_{pm}\begin{bmatrix}-\sin\theta_e\\\cos\theta_e\end{bmatrix}\right) \tag{7-22}$$

式中，

$$L_0=\frac{L_d+L_q}{2},\Delta L=\frac{L_d-L_q}{2} \tag{7-23}$$

式中，L_0是电机的平均电感；ΔL是转子空间各向异性的d、q轴电感差，又称凸极电感。表贴式电机的ΔL值很小或者等于0。电机的电磁转矩可以分为两个部分：由转子永磁体磁链ψ_{pm}产生的同步转矩（又称励磁转矩）和由转子凸极性产生的磁阻转矩，即：

$$T_e=T_{syn}+T_{rel} \tag{7-24}$$

在静止坐标系下，它们分别为

$$T_{syn}=\frac{3}{2}n_p[\psi_{pm}i_\beta\cos\theta_e-\psi_{pm}i_\alpha\sin\theta_e] \tag{7-25}$$

$$T_{rel}=\frac{3}{2}n_p\left[-(L_d-L_q)i_\alpha i_\beta-\frac{1}{2}(i_\alpha^2+i_\beta^2)\sin2\theta_e\right] \tag{7-26}$$

尽管相比三相电机模型，两相静止坐标系下的电机模型已经简化了，但是在它的电感矩阵中仍然含有位置变化信息，并且其电感和电压仍然是交流变量，这样难以对它们进行控制。因此，需要另一个简单且易于控制的正交模型来表示永磁同步电机。

3. 两相转子同步坐标系的数学模型

转子同步坐标系的一个轴（d 轴）和转子磁场方向一致，且整个坐标系保持和转子转速一致的旋转（图 7-11），又称旋转坐标系。该坐标系下的永磁同步电机模型在磁场定向控制中广泛应用。因为在此坐标系下被控对象，如电流和电压都是直流量，所以，采用简单的控制器就可以将电机电流控制到期望的状态。此外，由于对磁链和转矩控制完全解耦，因此可以对转矩、转速和位置进行动态控制。

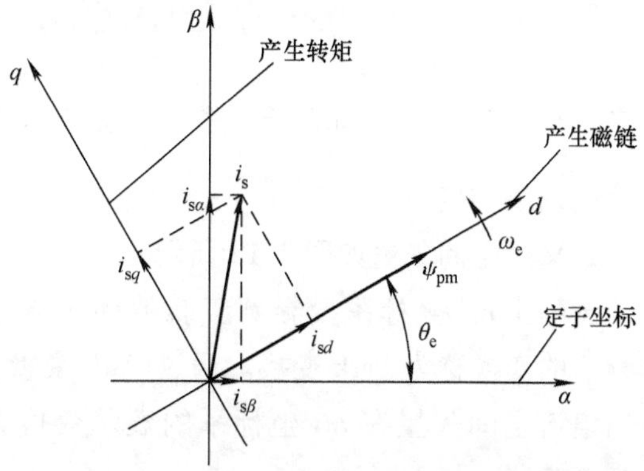

图 7-11　静止坐标系和旋转坐标系及电流沿着两个坐标系的分解

将式（7-22）进行变换分解到旋转坐标系（图 7-11）并进行数学化简，得到新的电机电压方程：

$$\begin{bmatrix}u_d\\u_q\end{bmatrix}=R_s\begin{bmatrix}i_d\\i_q\end{bmatrix}+\begin{bmatrix}L_d&0\\0&L_q\end{bmatrix}\frac{\mathrm{d}}{\mathrm{d}t}\begin{bmatrix}i_d\\i_q\end{bmatrix}+w_e\begin{bmatrix}-L_qi_q\\L_di_d\end{bmatrix}+w_e\psi_{pm}\begin{bmatrix}0\\1\end{bmatrix}$$

$$=\begin{bmatrix}R_s&-w_eL_q\\w_cL_d&R_s\end{bmatrix}\begin{bmatrix}i_d\\i_q\end{bmatrix}+\begin{bmatrix}L_d&0\\0&L_q\end{bmatrix}\frac{\mathrm{d}}{\mathrm{d}t}\begin{bmatrix}i_d\\i_q\end{bmatrix}+\begin{bmatrix}0\\w_e\psi_{pm}\end{bmatrix} \tag{7-27}$$

式（7-27）是一个非线性交叉耦合系统。如果用一个电压矢量 $u_{d_{comp}}$、$u_{q_{comp}}$ 来补偿，就会得到一个完全解耦的磁链和转矩的控制系统。此外，q 轴电压包含反电动势等效电压，它随着电机转子的角速度而变化。在高速情况下，反电动势会变大到不能简单把它作为扰动因素来通过控制器消除，这时也可以用一个前馈的电压 $u_{emf_{comp}}=w_e\psi_{pm}$ 来补偿反电动势。所以，总的前馈补偿电压矢量为

$$\begin{bmatrix}u_{d_{comp}}\\u_{q_{comp}}\end{bmatrix}=\begin{bmatrix}-w_eL_qi_q\\w_eL_di_d+w_e\psi_{pm}\end{bmatrix} \tag{7-28}$$

同理，电磁转矩式（7-24）可以表示为同步转矩和磁阻转矩之和：

$$T_e=\frac{3}{2}n_p[\psi_{pm}i_q+(L_d-L_q)i_di_q] \tag{7-29}$$

4. 坐标变换

对应三相星形联结的电机，三相电磁物理量（电压、电流和磁链）具有一定的相关性，这种冗余的相关性使得三相系统可以转换为对应的两相系统。参考图 7-11，三相到两相的变换（Clarke 变换）如下：

$$\begin{bmatrix}i_\alpha\\i_\beta\end{bmatrix}=\frac{2}{3}\begin{bmatrix}1&\cos\left(\frac{2\pi}{3}\right)&\cos\left(\frac{4\pi}{3}\right)\\0&\sin\left(\frac{2\pi}{3}\right)&\sin\left(\frac{4\pi}{3}\right)\end{bmatrix}\begin{bmatrix}i_a\\i_b\\i_c\end{bmatrix}=\frac{2}{3}\begin{bmatrix}1&-\frac{1}{2}&-\frac{1}{2}\\0&\frac{\sqrt{3}}{2}&-\frac{\sqrt{3}}{2}\end{bmatrix}\begin{bmatrix}i_a\\i_b\\i_c\end{bmatrix} \tag{7-30}$$

相应的定子电流空间矢量定义为如下形式：

$$\boldsymbol{i}=\frac{2}{3}(i_{A}+i_{B}\boldsymbol{a}+i_{C}\boldsymbol{a}^{2}) \tag{7-31}$$

式中，$\boldsymbol{a}=\mathrm{e}^{-i\frac{2}{3}\pi}$为空间算子；系数$\frac{2}{3}$是为了保持变换的幅值不变。

定义的空间矢量如图7-12所示。

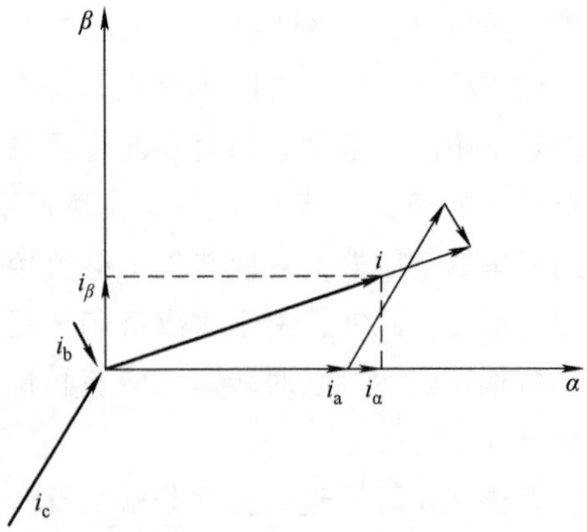

图7-12 静止坐标系与三相物理量的关系

将静止$\alpha\beta$坐标系投影到旋转的转子同步dq坐标系的变换称为Park变换。通过Park变换，可以将电流空间矢量在$\alpha\beta$坐标系的表示变换为dq坐标系表示，如下所示：

$$\begin{bmatrix} i_d \\ i_q \end{bmatrix}=\begin{bmatrix} \cos\theta & \sin\theta \\ -\sin\theta & \cos\theta \end{bmatrix}\begin{bmatrix} i_\alpha \\ i_\beta \end{bmatrix} \tag{7-32}$$

很明显，这种变换是正交变换，其对应的逆变换（Park逆变换）如下：

$$\begin{bmatrix} i_\alpha \\ i_\beta \end{bmatrix}=\begin{bmatrix} \cos\theta & \sin\theta \\ -\sin\theta & \cos\theta \end{bmatrix}\begin{bmatrix} i_d \\ i_q \end{bmatrix}，矢量形式为\ \boldsymbol{i}_{\alpha\beta}=\boldsymbol{e}^{j\theta_c}\cdot\boldsymbol{i}_{dq} \tag{7-33}$$

二、永磁同步电机的磁场定向控制

设计永磁同步电机控制系统结构的理论依据就是磁场定向控制。接下来关于磁场定向控制的内容都是基于式（7-27）所描述的dq坐标系下的永磁同步电机模型展开的。

电机控制要想取得高的动态性能，必须满足高效的转矩控制需求。磁场定向控制正是基于这个需求而发展起来的一种电机控制方法。由式（7-19）可知，当转子磁链矢量和定子电流矢量垂直时，产生的转矩最大。这和标准的直流电机产生转矩的方法是等效的。然而，在直流电机中，转子磁链和定子电流的垂直是通过机械换相实现的。永磁同步电机中没有机械换相装置，必须通过控制电流来实现电子换相功能。这也说明了电机的定子电流应该沿着某个方向定向，从而使得产生转矩的电流分量和产生磁化磁链的电流分量彼此隔离。为了实现这个定向，通过选择转子磁链矢量的瞬时转速作为旋转坐标系的转速，并锁定旋转坐标系的相位，使d轴和转子磁链矢量重合（图7-11）。这就要求不停地更新旋转坐标系的相位，使得其d轴始终和转子磁链矢量轴线重合。因为转子磁链矢量的轴线锁定于转子位置，可以通过位置传感器得到转子磁链轴线的位置。因为旋转坐标系的相位设置满足d轴和转子磁链矢量重合的条件，所以q轴上的电流仅仅表示产生转矩的电流分量。同时旋转坐标系的旋转速度设置为和转子磁链转速同步，这使得用旋转坐标系表示的d轴电流和q轴电流都是直流值，从而可以用简单的PI控制器来控制电机的转矩和弱磁，简化了控制结构的设计。

1. 电流控制环

图7-13所示为永磁同步电机的磁场定向控制的电流控制环结构。当采用磁场定向控制（FOC）时，式（7-27）中的交叉耦合项和反电动势感应电压项用前馈电压 $u_{d_{comp}}$ 和 $u_{emf_{comp}}$ 分别补偿后，可以得到完全解耦的 d 轴和 q 轴电流环路。这允许对 d 轴和 q 轴分量进行独立控制，式（7-27）可以简化为

$$u_d = R_s i_d + L_d \frac{di_d}{dt} \tag{7-34}$$

$$u_q = R_s i_q + L_q \frac{di_q}{dt} \tag{7-35}$$

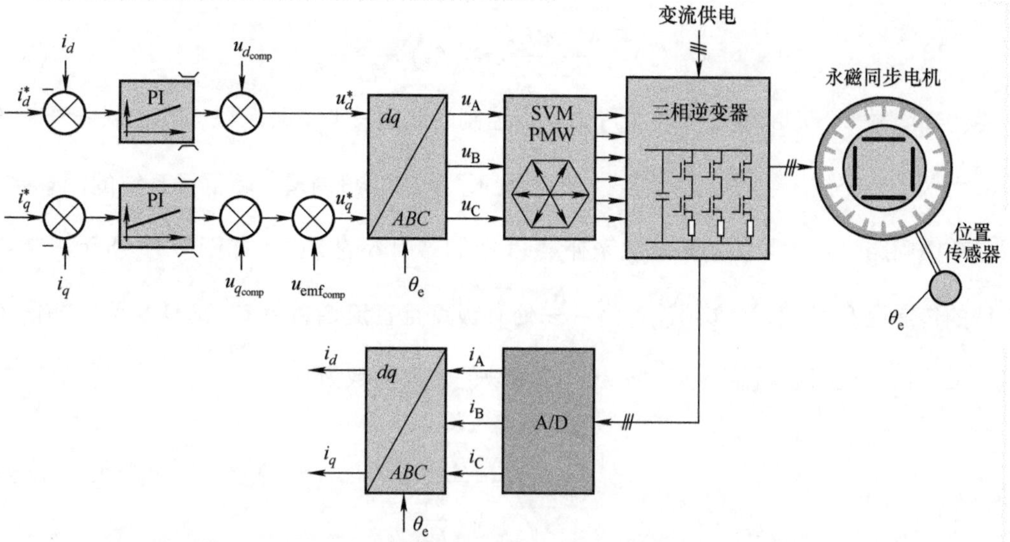

图7-13 永磁同步电机的磁场定向控制的电流控制环结构

式（7-34）和式（7-35）描述了 d 轴和 q 轴电流环路的控制系统模型，两者具有相同的结构。因此，可以对 d 轴和 q 轴电流控制器采用相同的设计方法。如果采用标准的PI控制器，唯一的区别就是两者模型中的 L_d 和 L_q 参数不同，也就是最终控制器的比例增益 K_P 和积分增益 K_I 不同。如果要准确表达电流控制环子系统，ADC转换器和电压源逆变器的传递函数也须计算进来，此外，采样保持时间和控制器的离散化也要考虑。为了简化PI控制器的设计，这里忽略ADC转换器和逆变器传输延时的影响。图7-14所示为简化后的经过交叉耦合和反电动势补偿后的电流控制环。

这是一个用PI控制器来控制RL模型对象的通用闭环系统，其闭环传递函数可以表示为如下形式：

$$G(s) = \frac{I(s)}{I^*(s)} = \frac{G_{PI}(s)G_{RL}(s)}{1 + G_{PI}(s)G_{RL}(s)} = \frac{\frac{K_P}{L}s + \frac{K_I}{L}}{s^2 + \frac{K_P + K_I}{L} + \frac{K_I}{L}} \tag{7-36}$$

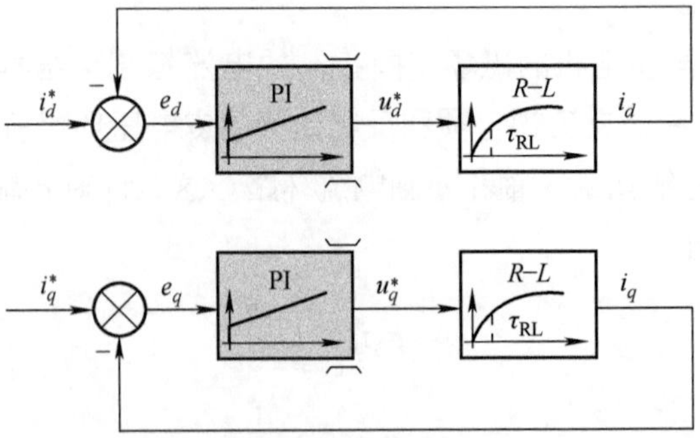

图 7-14　简化后的经过交叉耦合和反电动势补偿后的电流控制环

$$G_{PI}(s)=\frac{K_P s+K_I}{s},G_{RL}(s)=\frac{1}{Ls+R} \tag{7-37}$$

由传递函数 $G(s)$ 的特征多项式可知电流控制闭环是一个二阶系统。PI 控制器给闭环传递函数引入了一个位于 $-\frac{K_I}{K_P}$处的零点，零点增加了系统的超调量，降低了系统的闭环带宽。可以在前馈回路中加入零点消除功能来补偿 PI 控制器引入的零点，如图 7-15 所示。零点消除模块的传递函数 $G_{ZC}(s)$ 必须设计为 $-\frac{K_I}{K_P}$处有极点且直流增益为 1，这样既可以补偿闭环零点，又可以保证闭环增益不变。零点消除模块的传递函数为

$$G_{ZC}(s)=\frac{\frac{K_I}{K_P}}{s+\frac{K_I}{K_P}} \tag{7-38}$$

最后得到带零点消除功能的闭环传递函数为

$$G(s)=\frac{\frac{K_I}{K_P}}{s+\frac{K_I}{K_P}}\cdot\frac{\frac{K_P}{L}s+\frac{K_I}{L}}{s^2+\frac{K_P+R}{L}+\frac{K_I}{L}}=\frac{\frac{K_I}{L}}{s^2+\frac{K_P+R}{L}+\frac{K_I}{L}} \tag{7-39}$$

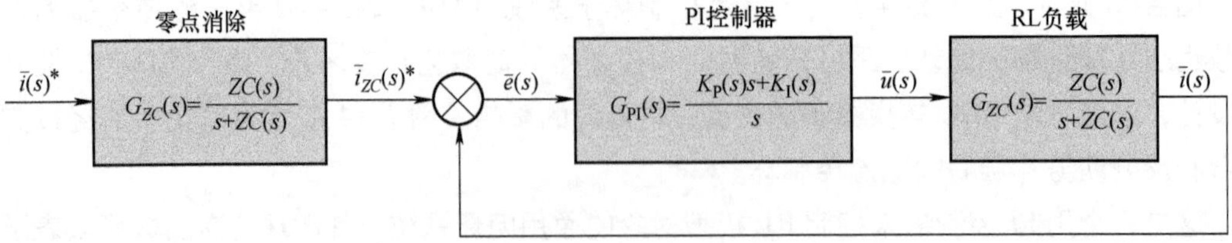

图 7-15　带前馈零点消除功能的电流控制闭环

式（7-39）将经过零点消除的闭环特征多项式和标准的二阶系统特征多项式比较：

$$s^2+\frac{K_P+R}{L}+\frac{K_I}{L}=s^2+2\xi w_0 s+w_0^2 \tag{7-40}$$

式中，w_0 是系统的自然角频率；ξ 是系统的衰减系数。

通过比较特征多项式，可以计算得到 PI 控制器的比例增益和积分增益：

$$K_P = 2\xi w_0 L - R \tag{7-41}$$

$$K_I = w_0^2 L \tag{7-42}$$

式（7-41）和式（7-42）是在连续时域的结果，实际应用中电流控制环的计算都是离散的，所以，PI 控制器要离散化。要使离散控制器满足连续控制器的性能要求，离散控制器的采样率至少应是闭环系统带宽的 20 倍。降低采样率或者增加环路带宽都会导致控制性能下降从而引起系统振荡。在数字域实现控制系统，采样保持电路也会增加控制环路的传输延时，影响控制性能。如果采用零阶保持器的离散化方法，数字 PI 控制器参数按照式（7-43）和式（7-44）来计算。

$$K_P(z) = K_P \tag{7-43}$$

$$K_I(z) = K_I T_S \tag{7-44}$$

式中，T_S 是系统的采样周期。

用式（7-43）和式（7-44）表示的后向欧拉方法代入式（7-38），从而得到离散域的零点消除传递函数：

$$S \approx \frac{1 - Z^{-1}}{T_S} \tag{7-45}$$

$$Z\{G_{ZC}(S)\} = \frac{\dfrac{K_I T_S}{K_P + K_I T_S}}{1 - \dfrac{K_P}{K_P + K_I T_S} z^{-1}} \tag{7-46}$$

由式（7-46）得到零点消除的离散实现：

$$y(k) = \frac{K_I T_S}{K_P + K_I T_S} x(k) + \frac{K_P}{K_P + K_I T_S} y(k-1) \tag{7-47}$$

式（7-46）具有一阶无限冲击响应（IIR）数字低通滤波器形式。所以，零点消除相当于一个低通滤波器，对输入量起到平滑作用，从而增加了闭环系统的带宽。

2. 转速控制环

转速控制环控制对象模型可以从电机的机械运动方程式（7-21）得到，其传递函数为

$$G_M(s) = \frac{k_T}{Js + B} \tag{7-48}$$

式中，k_T 为转矩常数，表示电机的转矩与通过电机绕组电流之比。与电流控制环类似，通过一个 PI 控制器得到转速闭环，可以实现无稳态误差转速控制。转速控制器的输出直接作为电流控制环的电流给定值，因此，应将控制器的传递函数乘以k_T。由于电机机械时间常数比电气时间常数要大，转速控制环的采样时间间隔比电流控制环长，在两个转速采样点之间可以认为电流控制环的调节已经完成，因此，可以用一阶惯性系统来代替电流控制环。电机机械时间常数和电气时间常数的差异也使转速控制器大部分时间内处于饱和状态，因为电流通过 PI 调节到达给定值的时间要比转速调节时间快，这就要求转速控制器要实现抗饱和

(Anti-windup)功能。图 7-16 所示为永磁同步电机带电流控制环的转速控制环的级联结构。

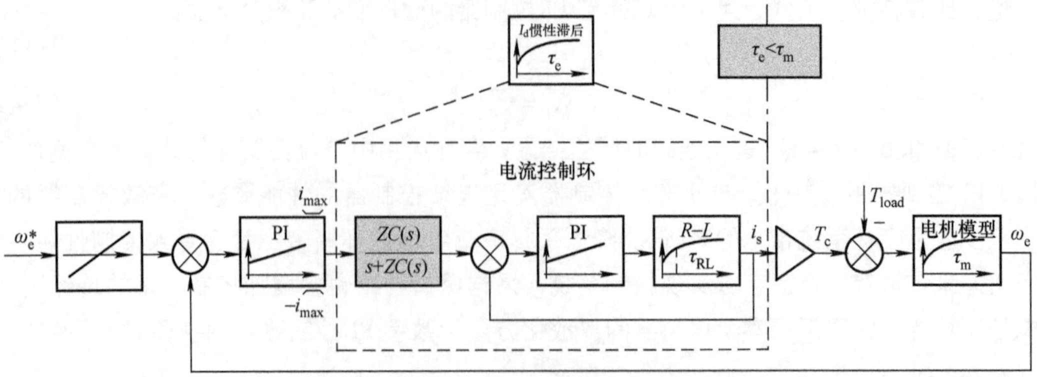

图 7-16　永磁同步电机带电流控制环的转速控制环的级联结构

与电流控制环相比，因为电机系统的每个机械装置的集中转动惯量是不一样的，所以转速控制环的对象模型的参数很难确定。此外，电机转轴上的负载作为转速控制环的扰动也会造成环路特性非线性。虽然这些都使得转速控制器的增益很难用数学方法推导出来，但是还可以通过实验的方法来确定转速控制环的带宽。在实际工作中，一般通过手动调节转速控制器的阶跃瞬态响应来对转速控制环的 PI 参数进行调节。

三、最大转矩电流比和弱磁控制

在实际的应用中，总是对电机的输出特性有特定要求，所以要以某种标准来控制永磁同步电机的定子电流。当永磁同步电机运行在恒转矩区时，转速随逆变器输出的电压值增大而增加。如果转矩一定并要求控制效率最高，可以将定子电流值控制到最小，也就是控制定子电流使固定矢量长度的定子电流产生的转矩最大。在恒转矩区，当转速达到转折转速时，进入恒功率区，此时要继续增加转速，必须控制定子电流使其产生和永磁体相反的磁场，从而使整个气隙磁场磁链变小，进入弱磁控制。

1. 最大转矩电流比控制

由式（7-20）可知，电机的转矩等于定子磁链和定子电流的矢量积。当磁链矢量和定子电流矢量垂直时，产生的转矩值最大。在磁场定向控制中，q 轴电流和 d 轴磁链相互作用产生转矩，同样，d 轴电流和 q 轴磁链相互作用产生转矩。如果永磁同步电机表现出空间凸极性，即 $L_d \neq L_q$，沿着 d 轴和 q 轴的定子感应磁链 $L_d i_d$ 和 $L_q i_q$ 分别和其正交的 i_q 和 i_d 相互作用产生磁阻转矩。

$$T_{rel} = (L_d - L_q) i_d i_q \tag{7-49}$$

式（7-49）旋转坐标系下的正交电机模型的磁阻转矩表达式。表贴式电机空间各向平滑，其 $L_d \approx L_q$，产生的磁阻转矩可以忽略不计。实际上，表贴式永磁同步电机的基于 FOC 的控制策略是让 $i_d = 0$，控制 i_q 来产生所要求的转矩。相反，凸极性高的 IPMSM 的磁阻转矩比较突出，继续保持$i_d=0$的控制策略不能有效利用电机的磁阻转矩性能。通常 IPMSM 的结构使得$L_d<L_q$，所以，d轴电流必须是负值，这样才能使磁阻转矩的效果是增大转矩值。最终的电机转矩包括同步转矩和磁阻转矩［式（7-29）］，如图 7-17 所示。

在满足$i_d<0$，$i_q\neq0$且电流幅值$|i_{dq}|=\sqrt{i_d^2+i_q^2}<I_{\mathrm{ph_max}}$（极限电流）条件下，对于给定的转矩值，式（7-29）有无数个解。最大转矩电流比（MTPA）的控制方法是对于给定的转矩值，要求d、q轴电流分量使得定子电流矢量的幅值$|i_{dq}|$最小。也就是对于给定的电流矢量的幅值$|i_{dq}|$，要求产生最大的转矩。根据式（7-29）画出网格图（图 7-18），可见转矩是电流i_d、i_q的函数。对应每一个转矩值，找出满足式（7-29）的所有（i_d，i_q）中离原点（0，0）最近的点，连接这些点就是 MTPA 曲线。当 IPMSM 工作在恒转矩区时，可以完全利用最大转矩电流比（MTPA）来控制定子电流，以输出最大转矩；当工作在恒功率区时，最大输出转矩值是由电机的转速和弱磁控制的输出（d轴电流给定值）共同决定的。从图 7-17 可以看出，MTPA 曲线是非线性的，为了优化利用电压源逆变器，当转矩值较低时，同步转矩占主导作用，随着转矩值增加，磁阻转矩逐渐增加，所起作用变大。

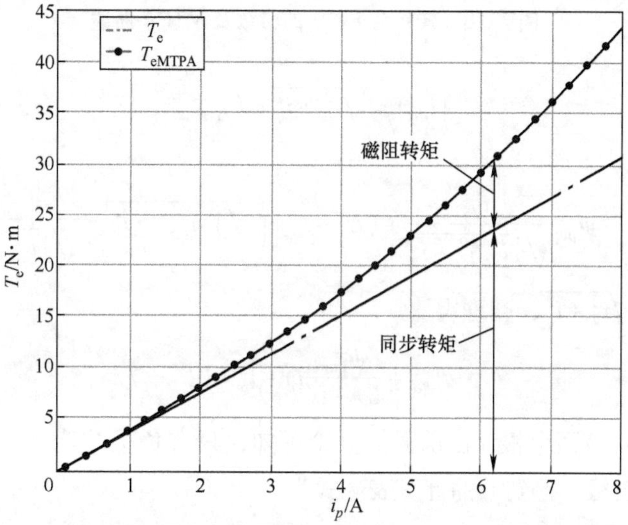

图 7-17 最大转矩电流比控制获得磁阻转矩和同步转矩

MTPA 是用给定的电流幅值产生最大转矩值，基于这个条件可以得到 MTPA 特性的数学描述。如果电流控制环外面还有控制环（如转速控制环），则 MTPA 的推导可以简化为i_q由转速控制环输出，i_d从i_q计算得到。可知，IPMSM 的转矩如下：

$$T_e=\frac{3}{2}n_p[\psi_{pm}i_q+(L_d-L_q)i_di_q] \tag{7-50}$$

当i_q已知时，T_e对应的i_d的极小值可通过求解下面的方程得到

$$\frac{dT_e}{di_d}=0 \tag{7-51}$$

又因为电流幅值满足

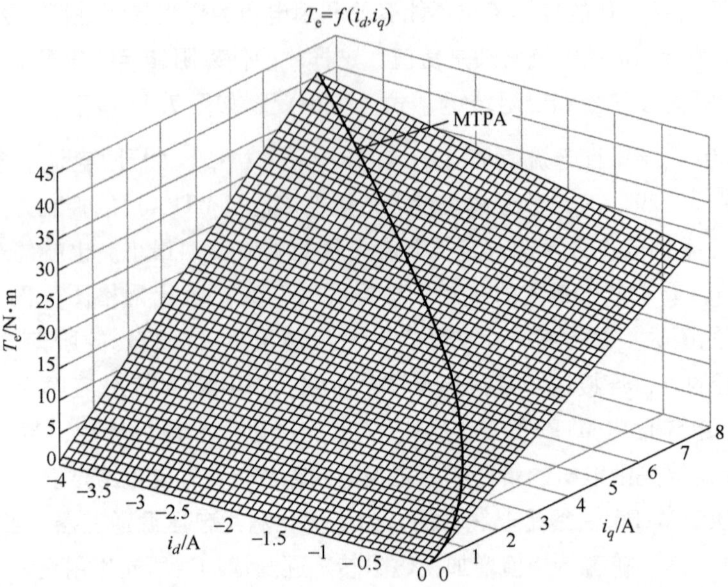

图 7-18　转矩为 i_d和 i_q的函数及 MTPA 曲线

$$|i_{dq}| = \sqrt{i_d^2 + i_q^2} < I_{\text{ph\_max}} \tag{7-52}$$

代入式（7-50）得

$$\frac{\mathrm{d}T_e}{\mathrm{d}i_d} = \frac{3}{2}n_p\left[-\psi_{\text{pm}}\frac{i_d}{\sqrt{|i_{dq}|^2 - i_d^2}} + (L_d - L_q)\left(\sqrt{|i_{dq}|^2 - i_d^2} - \frac{i_d^2}{\sqrt{|i_{dq}|^2 - i_d^2}}\right) = 0\right] \tag{7-53}$$

注意到 $|i_{dq}| = \sqrt{i_d^2 + i_q^2}$，整理得

$$i_d^2 + \frac{\psi_{\text{pm}}}{L_d - L_q}i_d - i_q^2 = 0 \tag{7-54}$$

方程式（7-54）有两个根，由前面的讨论可知，只有负根才能产生增强效果的磁阻转矩。解方程并舍弃正根，得到 i_d的计算表达式为

$$i_d = -\frac{\psi_{\text{pm}}}{2(L_d - L_q)} - \sqrt{\left[\frac{\psi_{\text{pm}}}{2(L_d - L_q)}\right]^2 + \frac{i_q^2}{2}} \tag{7-55}$$

式（7-55）给出了如何根据 MTPA 特性和转速控制器的输出 i_q来计算 d 轴电流 i_d。可用得到的 i_q和 i_d值作为电流 PI 控制器的给定值。

2. 弱磁控制

永磁同步电机每一相可以看作串联一个电压源的 R-L 模型。电压源代表由转子永磁体旋转产生的反电动势。因此，该模型可以表示为

$$u_{\text{ph}} = Ri_{\text{ph}} + L\frac{\mathrm{d}i_{\text{ph}}}{\mathrm{d}t} + \psi_{\text{pm}}w_e \tag{7-56}$$

由式（7-56）可以看出，随着转速增加，反电动势增大，逆变器提供的电压一部分用来抵消反电动势。逆变器的输出相电压和反电动势的电压差作用在电机的 R-L 上产生电流。

由于逆变器输出相电压和电机的额定电压限制，要维持最大相电流，电机转速需要达到一定的速度，定义这个速度为基值转速，简称基速。如果转速超过基速，电机的相电压达到逆变器输出的极限，不能继续增加，相电压将无法补偿随转速增大而增加的反电动势，也就无法维持所需的相电压和反电动势之间的电压差，即无法维持相应的最大相电流，最后导致用MTPA 得到最大转矩的控制策略失效。进一步增加转速，最终将导致反电动势接近或等于定子电压，这意味着电流接近零，最后将完全失去控制。转速超过基速且保持电流可控的唯一方法就是让定子电流在 d 轴负方向上产生和转子永磁体相反的磁链，使合成的 d 轴磁链变小，从而降低反电动势的值。内嵌式永磁同步电机由于气隙小、L_d大，定子电流的弱磁能力较强。同时 L_d和 L_q 差值大，可以有效利用磁阻转矩，弱磁降低了同步转矩，同时增加了磁阻转矩。因此，内嵌式永磁同步电机的弱磁能力比表贴式永磁同步电机的强。

基值转速将整个运行转速区分为两个部分：恒转矩区和恒功率区，如图 7-19 所示。在恒转矩区，输出最大转矩，输出功率随着转速增加而增加。相电压随着转速线性增加，电流维持在额定值对应的最大电流值。在恒功率区，输出转矩随着转速的增加而快速下降，输出恒功率基本保持不变。相电压达到逆变器输出极限，相电流随着转速增加相应地减小。

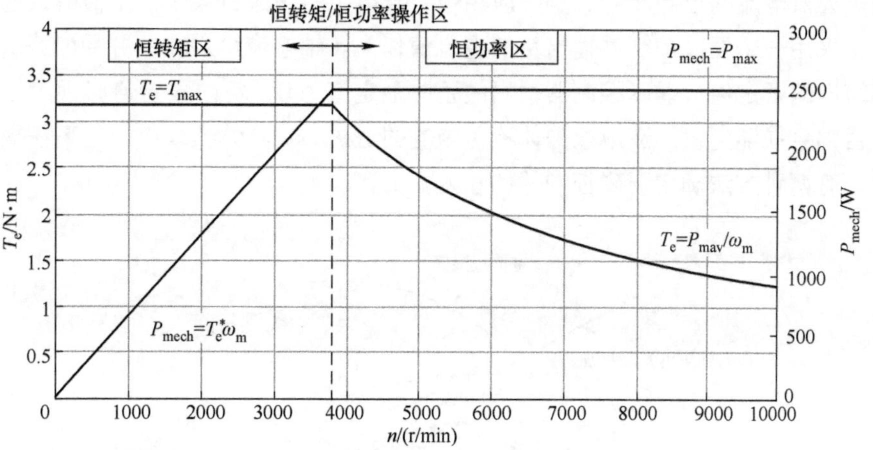

图 7-19　恒转矩和恒功率控制区域

当转速大于基速时，反电动势的值远大于 R-L 电路上的电压降，所以，在稳态时，旋转坐标系下的电压表达式（7-26）简化为

$$\begin{bmatrix} u_d \\ u_q \end{bmatrix} = w_e \begin{bmatrix} 0 & -L_q \\ L_d & 0 \end{bmatrix} \begin{bmatrix} i_d \\ i_q \end{bmatrix} + w_e \psi_{pm} \begin{bmatrix} 0 \\ 1 \end{bmatrix} \tag{7-57}$$

则电压矢量的幅值为

$$|\boldsymbol{u}_{dq}| = \sqrt{(-w_e L_q i_q)^2 + w_e^2 (\psi_{pm} + L_d i_d)^2} \tag{7-58}$$

整理得到电压极限椭圆表达式为

$$\frac{|\boldsymbol{u}_{dq}|^2}{w_e^2} = (L_q i_q)^2 + (\psi_{pm} + L_d i_d)^2 \tag{7-59}$$

由式（7-59）可以看出，电压极限椭圆的中点位于$\left(0,-\frac{\psi_{PM}}{L_d}\right)$，长轴随着转速的增大逐渐变小。电压矢量的幅值不能超过最大相电压的极限，也就是逆变器输出极限值 $U_{ph\_lim}=\frac{U_{DC\_bus}}{\sqrt{3}}$（在空间矢量调制时）。电压极限椭圆定义了可实现的定子电流矢量的范围。同时由前面讨论可知，定子电流矢量的最大幅值被限定在式（7-52）定义的电流极限圆内。对于表贴式永磁同步电机，电压极限椭圆变为电压极限圆。在图 7-20 中，当基速为ω_{e3}时，定子电流被限制在 0ABC 范围内。当电机的电流给定和转子转速ω_{e2}对应操作点 D 时，如果增大转子转速到ω_{e3}，电压极限椭圆收缩，使得点 D 变为在允许的操作范围之外。由于逆变器输出电压的限制，电流控制器将达到饱和状态，失去对定子电流的控制能力。因此，q 轴电流给定i_q^*必须降低到操作点 E，从而恢复对定子电流的控制能力。可以看到，通过将i_q^*到降低 E 点处的输出转矩仍然比在转子转速为ω_{e3}的条件下运用 MTPA 控制策略得到的操作点 A 处的输出转矩大。当电机参数（L_d、L_q和ψ_{pm}）已知时，利用式（7-59）可以计算出进入弱磁控制时的i_d^*和i_q^*的值。但是实际中电感等参数受电枢反应的影响，会造成计算不准确，最终会导致失去对电流的控制能力。实际应用中，当电机转速超过某个设定值时，弱磁控制开始工作。常采用一个弱磁控制器输出负的电流值作为 d 轴电流给定i_d^*，并用i_d^*来计算 q 轴电流控制器输出的限定值。弱磁控制器输出的正向限定值为 0，负向限定值必须大于电机的退磁电流，否则会损坏电机，造成永磁体不可恢复的退磁。在具体实现中，当系统需要进入弱磁控制时，有两种方法确定弱磁控制器的输入。

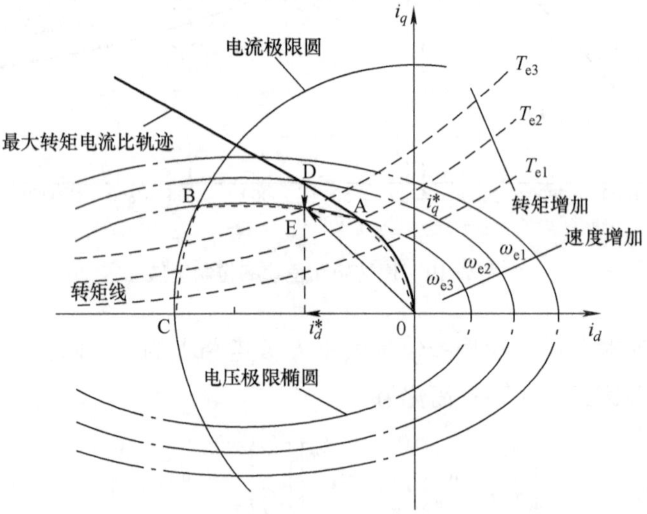

图 7-20　转速为ω_{e3}时电机的操作区域（0—A—B—C）

第一种方法是预先定义一个小于逆变器输出极限的电压值 $U_{limit}<\frac{U_{DC_bus}}{\sqrt{3}}$差值 $U_{\triangle}=\frac{U_{DC_bus}}{\sqrt{3}}-U_{limit}$要小且能够保证电流正常的动态调节。将 $U_{limit}-|\boldsymbol{u}_s^*|$作为弱磁控制器的输

入，$|\boldsymbol{u}_s^*| = \sqrt{u_d^{*2} + u_q^{*2}}$，其中$u_d^*$和$u_q^*$分别为$d$轴和$q$轴定子电流控制器的输出，如图7-21所示。当空间矢量调制的电压矢量幅值大于U_{limit}时，弱磁控制器输出负的i_d^*，并由i_d^*来计算q轴电流控制器输出的限定值。由于电流控制器的自动调节功能，最终定子电流矢量被调节到允许的工作区域。当空间矢量调制的电压矢量幅值小于U_{limit}时，控制器的输入为正，进入退弱磁阶段，直到输出为0，退出弱磁控制。

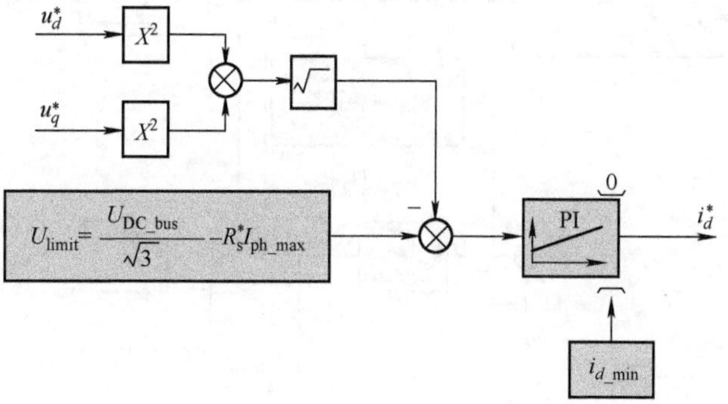

图7-21 弱磁控制的实现

第二种方法是用式（7-60）定义的$F_{w_{err}}$作为弱磁控制器的输入。其中$|\boldsymbol{u}_{dq}^*|$和$|\boldsymbol{i}_{dq}^*|$分别为电流环控制器输出电压矢量的幅值和电流矢量给定的幅值。$|\boldsymbol{i}_{dq}^{feed_back}|$为电机实测电流矢量的幅值。

$$F_{w_{err}} = (U_{ph\_lim} - |\boldsymbol{u}_{dq}^*|)\frac{I_{max}}{U_{max}} - (|\boldsymbol{i}_{dq}^*| - |\boldsymbol{i}_{dq}^{feed\_back}|) \qquad (7\text{-}60)$$

当转速持续增加时，受逆变器的输出电压限制，电流控制器达到饱和状态，定子电流矢量幅值的实测值要小于定子电流控制器的电流给定的幅值。此时，$|\boldsymbol{u}_{dq}^*| \approx U_{ph\_lim}$，$|\boldsymbol{i}_{dq}^*| > |\boldsymbol{i}_{dq}^{feed\_back}|$，$F_{w_{err}} < 0$，弱磁控制器输出负值作为$d$轴电流的给定$i_d^*$，进入弱磁控制。当转速持续减小时，定子电流矢量给定幅值$|\boldsymbol{i}_{dq}^*|$变小，电流环控制器的输出电压矢量幅值$|\boldsymbol{u}_{dq}^*|$变小。此时$U_{ph_lim} > |\boldsymbol{u}_{dq}^*|$，$|\boldsymbol{i}_{dq}^*| \approx |\boldsymbol{i}_{dq}^{feed_back}|$，$F_{w_{err}} > 0$。控制器的输入为正，进入退弱磁阶段，输出$i_d^*$由负值逐渐增加直到0，退出弱磁控制。

由于电流环的控制频率远大于弱磁控制频率，因此d、q轴的电压含有高频谐波成分。另外，弱磁控制中的相关电压极限值总是基于直流母线电压的实测值并与之成比例关系，而实测值中含有各种信号噪声引起的采样误差。因此，弱磁控制器的输入误差应先经过低通滤波处理，以增加弱磁控制的性能。

对于IPMSM电机，一种包括最大转矩电流比控制和弱磁控制的优化控制方案如图7-22所示，该图给出了d轴电流给定i_d^*选择的控制策略。如果弱磁控制得到的i_{dFW}^*的值小于MTPA控制得到的i_{dMTPA}^*（$i_{dFW}^* < i_{dMTPA}^*$），选择i_{dFW}^*作为d轴电流给定i_d^*；否则选择i_{dMTPA}^*作为d轴电流给定i_d^*。

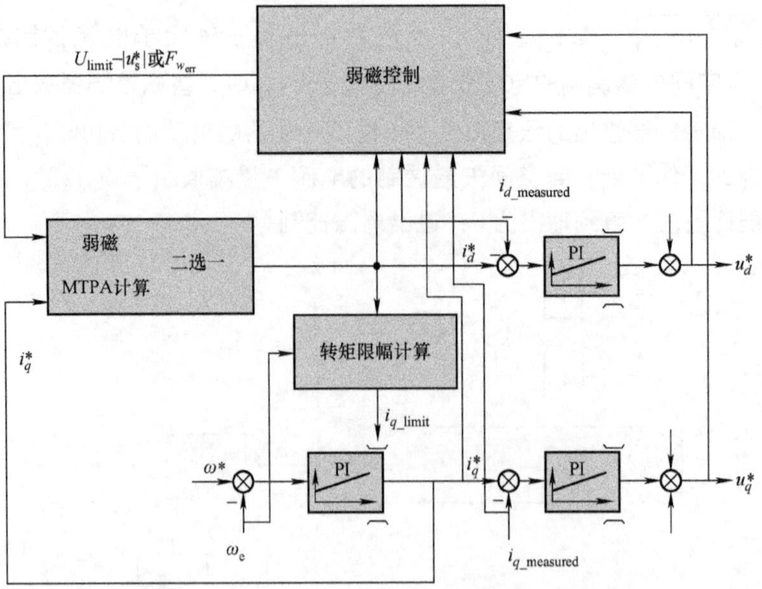

图 7-22　带 MTPA 和弱磁控制的一种优化控制方案

四、无位置传感器控制

1. 基于反电动势的位置估计

在式（7-22）中，令 $L=L_d=L_q$，$\Delta L=0$，可以得到表贴式永磁同步电机在两相静止坐标系的电压表达式为

$$\begin{bmatrix} u_\alpha \\ u_\beta \end{bmatrix} = R_s \begin{bmatrix} i_\alpha \\ i_\beta \end{bmatrix} + L\frac{\mathrm{d}}{\mathrm{d}t}\begin{bmatrix} i_\alpha \\ i_\beta \end{bmatrix} + \frac{\mathrm{d}\theta_e}{\mathrm{d}t}\left(\psi_{pm}\begin{bmatrix} -\sin\theta_e \\ \cos\theta_e \end{bmatrix}\right) = R_s\begin{bmatrix} i_\alpha \\ i_\beta \end{bmatrix} + L\frac{\mathrm{d}}{\mathrm{d}t}\begin{bmatrix} i_\alpha \\ i_\beta \end{bmatrix} + w_e\psi_{pm}\begin{bmatrix} -\sin\theta_e \\ \cos\theta_e \end{bmatrix} \tag{7-61}$$

式中，最后一项是由于转子旋转产生的反电动势，里面有转子的电角度位置信息。如果电机的定子电压和定子电流可测得，并且电机的参数已知，可以通过式（7-61）估算当前的转子位置信息。

将电压表达式（7-22）重写成式（7-62），可知凸极永磁同步电机的常规反电动势、磁阻反电动势和定子电感中都有转子位置信息。为了集中提取这些位置信息，需要进行一些数学变换处理。

$$\begin{cases} \begin{bmatrix} u_\alpha \\ u_\beta \end{bmatrix} = R_s\begin{bmatrix} i_\alpha \\ i_\beta \end{bmatrix} + L(2\theta)\frac{\mathrm{d}}{\mathrm{d}t}\begin{bmatrix} i_\alpha \\ i_\beta \end{bmatrix} + 2\omega_e\Delta L\begin{bmatrix} -\sin2\theta_e & \cos2\theta_e \\ \cos2\theta_e & \sin2\theta_e \end{bmatrix}\begin{bmatrix} i_\alpha \\ i_\beta \end{bmatrix} + \psi_{pm}\omega_e\begin{bmatrix} -\sin2\theta_e \\ \cos2\theta_e \end{bmatrix} \\ L(2\theta) = \begin{bmatrix} L_0+\Delta L\cos2\theta_e & \Delta L\sin2\theta_e \\ \Delta L\sin2\theta_e & L_0-\Delta L\cos2\theta_e \end{bmatrix} \end{cases} \tag{7-62}$$

由旋转坐标系电压表达式（7-27）并改写电感矩阵，使得主对角线的元素相同，得到式（7-63），式中 p 是微分算子，i_q'是 i_q的微分。

$$\begin{bmatrix} u_\alpha \\ u_\beta \end{bmatrix} = \begin{bmatrix} R_s + pL_d & -\omega_e L_d \\ \omega_e L_d & R_s + pL_q \end{bmatrix} \begin{bmatrix} i_d \\ i_q \end{bmatrix} + \begin{bmatrix} 0 \\ \omega_e \psi_{pm} \end{bmatrix}$$
$$= \begin{bmatrix} R_e + pL_d & -\omega_e L_q \\ \omega_e L_q & R_s + pL_d \end{bmatrix} \begin{bmatrix} i_d \\ i_q \end{bmatrix} + \begin{bmatrix} 0 \\ (L_d - L_q)(\omega_e i_d - i_q') + \omega_e \psi_{pm} \end{bmatrix} \tag{7-63}$$

通过坐标旋转变换，将对应的电压和电流矢量变换到两相静止坐标系，可得：

$$\begin{bmatrix} u_\alpha \\ u_\beta \end{bmatrix} = R_s \begin{bmatrix} i_\alpha \\ i_\beta \end{bmatrix} + \begin{bmatrix} pL_d & \omega_{e(L_d+L_q)} \\ -\omega_{e(L_d+L_q)} & pL_d \end{bmatrix} \begin{bmatrix} i_\alpha \\ i_\beta \end{bmatrix} + \begin{bmatrix} e_\alpha \\ e_\beta \end{bmatrix} \tag{7-64}$$

定子电压矢量　绕组压降矢量　扩展电感电压矢量　　扩展反电动势

$$\begin{bmatrix} e_\alpha \\ e_\beta \end{bmatrix} = [(L_d - L_q)(\omega_e i_q - i_q') + \omega_e \psi_{pm}] \begin{bmatrix} -\sin\theta_e \\ \cos\theta_e \end{bmatrix} \tag{7-65}$$

式（7-65）为扩展反电动势的定义，它不仅包括转子永磁体产生的反电动势，还包括与凸极相关的电压分量。扩展反电动势的位置信息包含电动势和电感中的所有位置信息。将式（7-64）改写成虚拟的表贴式电机的电压表达式为

$$\begin{bmatrix} u_\alpha \\ u_\beta \end{bmatrix} = R_s \begin{bmatrix} i_\alpha \\ i_\beta \end{bmatrix} + L_d \frac{\mathrm{d}}{\mathrm{d}t} \begin{bmatrix} i_\alpha \\ i_\beta \end{bmatrix} + \begin{bmatrix} \omega_e (L_d - L_q) i_\beta \\ -\omega_e (L_d - L_q) i_\alpha \end{bmatrix} + \begin{bmatrix} e_\alpha \\ e_\beta \end{bmatrix} \tag{7-66}$$

如果用式（7-66）中等号右边的前两项来观测表贴式电机的电流，则后两项可看作系统的扰动。最后一项扩展反电动势由式（7-65）定义，式中有电流的微分项，所以，电流是扩展反电动势的一阶惯性延时，可以用 PI 控制器来控制扩展反电动势，控制器的输入为电流真实值和估计值的误差，输出为扩展反电动势。虚拟的表贴式电机的电流观测器可以用 R-L 模型来实现。因此，可以得出图 7-23 所示的扩展反电动势观测器的框图。该观测器实质是龙贝格（Luenberger）类型的闭环电流观测器，它对扩展反电动势估计项起到状态滤波作用。扩展反电动势估计值的 s 域表达式为

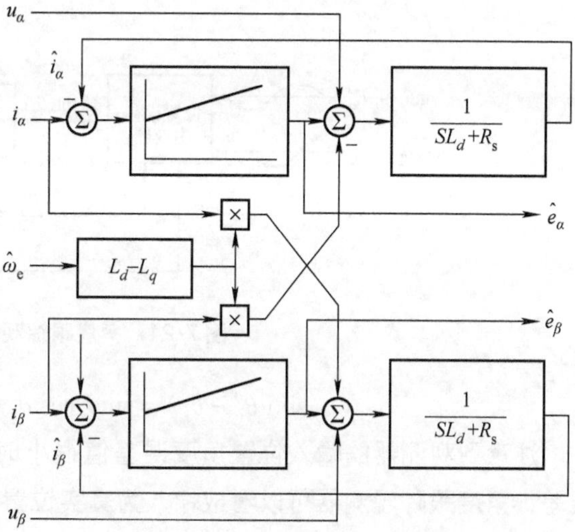

图 7-23　扩展反电动势的观测器框图

$$\hat{E}_{\alpha\beta}(s) = \mathrm{PI}(s)[\boldsymbol{I}_{\alpha\beta}(s) - \hat{\boldsymbol{I}}_{\alpha\beta}(s)] \tag{7-67}$$

式中，PI(s) 是 PI 控制器的传递函数。将 $\boldsymbol{I}_{\alpha\beta}(s)$ 和 $\hat{\boldsymbol{I}}_{\alpha\beta}(s)$ 根据式（7-66）描述的数学模型分别用理论和观察表达式代入，假设电机参数估计值和真实值一致，且电机的相电压就是

逆变器桥臂输出电压，可得

$$\hat{E}_{\alpha\beta}(s) = -E_{\alpha\beta}(s)\left[\frac{\mathrm{PI}(s)}{sL_d + R_s + \mathrm{PI}(s)}\right] = -E_{\alpha\beta}(s)\frac{sk_P + k_1}{s^2L_d + sR_s + sk_P + k_1} \tag{7-68}$$

当整个系统稳定时，扩展反电动势观测器的估计值逐渐收敛于真实值。由式（7-68）得到扩展反电动势的等效闭环（单位反馈系数）传递函数为

$$-\frac{\hat{E}_{\alpha\beta}(s)}{E_{\alpha\beta}(s)}\frac{sk_P + k_1}{s^2L_d + sR_s + sk_P + k_1} \tag{7-69}$$

比较其闭环特征多项式和标准的二阶系统特征多项式，可以计算得到 PI 控制器的比例增益和积分增益，方法和前面电流控制环所述一致。

$$s^2 + s\frac{R_s + K_P}{L_d} + \frac{K_1}{L_d} = s^2 + 2\xi\omega_0 s + \omega_0^2 \tag{7-70}$$

在得到扩展反电动势的观测值后，可以计算当前的电角度位置值为

$$\hat{\theta}_e = \arctan\left(-\frac{\hat{e}_\alpha}{e_\beta}\right) \tag{7-71}$$

这种方法中有除法运算，对误差敏感，此外，还需要估算转速值。更通用的方法是用角度跟踪观测器来估算转速和位置。图 7-24 所示为角度跟踪观测器的基本原理。利用角度跟踪观测器可以在系统带宽内滤除位置估计的噪声且没有相位延迟。工程中可以用图 7-25 来实现角度跟踪观测器。

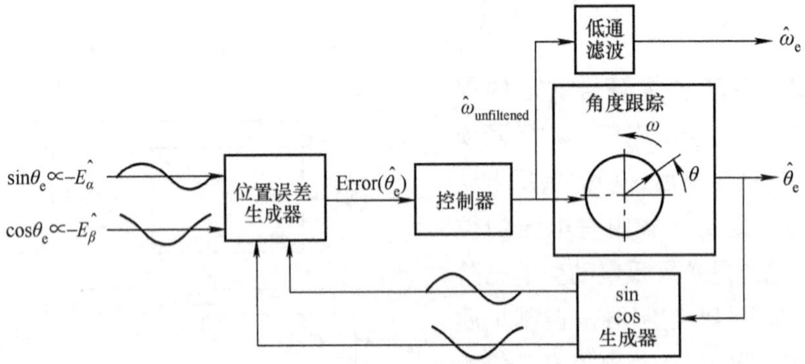

图 7-24 角度跟踪观测器的基本原理

$$\sin(\theta_e - \hat{\theta}_e) = \sin\theta_e\cos\hat{\theta}_e - \cos\theta_e\sin\hat{\theta}_e \approx \theta_e - \hat{\theta}_e \tag{7-72}$$

注意到观测器的输入位置角度误差值很小时，误差可以由式（7-72）确定。根据角度误差，角度跟踪观测器可以看成输入为真实位置角度、输出为估计位置角度、反馈系数是 1 的控制系统。其传递函数为

$$\frac{\hat{\theta}(s)}{\theta(s)} = \frac{k_1(1 + k_2 s)}{s^2 + k_1 k_2 s + k_1} \tag{7-73}$$

将其特征多项式设计成标准的二阶系统特征多项式，可以计算k_1、k_2的值。

由于位置信息包含在反电动势中，而反电动势的值随着转速的降低而减小，因此当转子

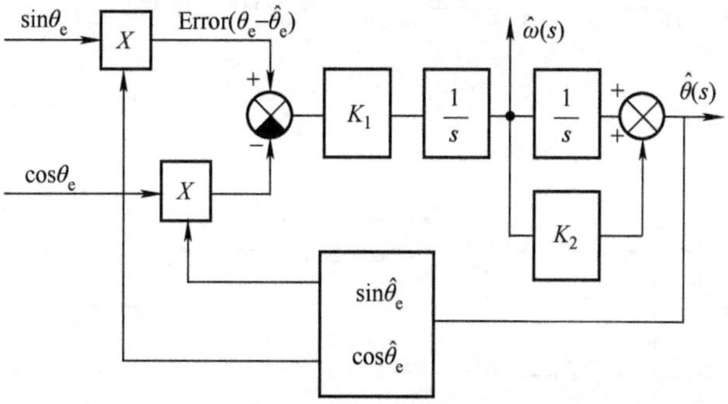

图 7-25　角度跟踪观测器的基本实现框图

转速很小或者静止时，反电动势太小或等于零，无法再用来估计位置。针对低速和静止条件下的位置估计，下面提出了基于高频信号注入的位置估计算法。

2. 基于高频信号注入的位置估计

（1）静止坐标系下的旋转高频电压注入法

因为 IPMSM 的凸极性，式（7-72）中的电感矩阵 $\boldsymbol{L}(2\theta)$ 有转子位置信息。IPMSM 的转子的位置信息可以通过注入高频电压信号，然后测量电机的电流来得到。在注入高频电压信号时，如果注入电压的频率相比电机转速足够大，且电机的绕组阻值忽略不计，则电机电压的高频部分可以近似为

$$\begin{bmatrix} u_{\alpha\mathrm{h}} \\ u_{\beta\mathrm{h}} \end{bmatrix} \approx \boldsymbol{L}(2\theta)\frac{\mathrm{d}}{\mathrm{d}t}\begin{bmatrix} i_{\alpha\mathrm{h}} \\ i_{\beta\mathrm{h}} \end{bmatrix} \tag{7-74}$$

假设注入的旋转高频电压为

$$\boldsymbol{u}_{\alpha\beta\mathrm{h}} = V_{\mathrm{inj}}\begin{bmatrix} -\sin\omega_{\mathrm{h}}t \\ \cos\omega_{\mathrm{h}}t \end{bmatrix} \tag{7-75}$$

式中，V_{inj}和ω_{h}分别为注入信号的幅值和频率。

由注入的旋转高频电压可以得到对应的电流方程为

$$\begin{bmatrix} i_{\alpha\mathrm{h}} \\ i_{\beta\mathrm{h}} \end{bmatrix} = \int L^{-1}(2\theta)\begin{bmatrix} u_{\alpha\mathrm{h}} \\ u_{\beta\mathrm{h}} \end{bmatrix}\mathrm{d}t = \frac{V_{\mathrm{inj}}}{L_0^2 - \Delta L^2}\begin{bmatrix} \dfrac{L_0}{\omega_{\mathrm{h}}}\cos\omega_{\mathrm{h}}t + \dfrac{\Delta L}{2w_{\mathrm{e}} - \omega_{\mathrm{h}}}\cos(2\theta_{\mathrm{e}} - \omega_{\mathrm{h}}t) \\ \dfrac{L_0}{\omega_{\mathrm{h}}}\sin\omega_{\mathrm{h}}t + \dfrac{\Delta L}{2w_{\mathrm{e}} - \omega_{\mathrm{h}}}\sin(2\theta_{\mathrm{e}} - \omega_{\mathrm{h}}t) \end{bmatrix} \tag{7-76}$$

通过对电流表达式（7-76）做外差法信号解调处理，得到的解调信号再经过低通滤波。定义转子位置的估计误差为 $\tilde{\theta}_{\mathrm{e}} = \theta_{\mathrm{e}} - \hat{\theta}_{\mathrm{e}}$，则低通滤波器的输出为

$$\varepsilon_{\mathrm{f}} = \frac{-V_{\mathrm{inj}}\Delta L}{\omega_{\mathrm{h}}(L_0^2 - \Delta L^2)}\sin\tilde{\theta}_{\mathrm{e}} \approx \frac{-V_{\mathrm{inj}}\Delta L}{\omega_{\mathrm{h}}(L_0^2 - \Delta L^2)}\tilde{\theta}_{\mathrm{e}} \approx K_{\mathrm{err}}\tilde{\theta}_{\mathrm{e}} \tag{7-77}$$

如果注入信号的频率和转子转速相比足够大（$w_{\mathrm{h}} \gg w_{\mathrm{e}}$），估计的转子位置和真实位置的直接误差会非常小，即 $\sin 2\tilde{\theta}_{\mathrm{e}} \approx 2\tilde{\theta}_{\mathrm{e}}$。$\varepsilon_{\mathrm{f}}$ 可以作为龙贝格观测器或者状态滤波器的输入，通过将ε_{f}控制为零，观测器或者状态滤波器可以使得转子位置估计值跟随转子位置真实值。

图7-26所示为静止坐标系下的旋转电压注入法的位置和转速估计框图。

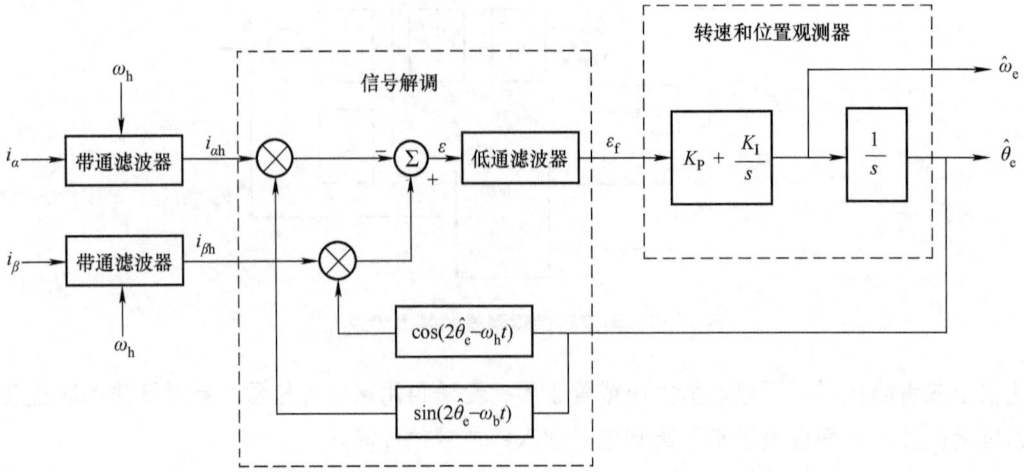

图7-26　静止坐标系下的旋转电压注入法的位置和转速估计框图

（2）旋转坐标系下的脉动高频电压注入法

由式（7-27）可知，在高频条件下，主对角线含有正比于高频电流的成分，如果注入高频的频率远大于电机的转速，则交叉项的电压部分可以忽略不计。稳态时的高频电压表达式为

$$\begin{bmatrix} u_{dh} \\ u_{qh} \end{bmatrix} = \begin{bmatrix} R_{dh}+\mathrm{j}\omega_h L_{dh} & 0 \\ 0 & R_{dh}+\mathrm{j}\omega_h L_{qh} \end{bmatrix} \begin{bmatrix} i_{dh} \\ i_{qh} \end{bmatrix} = \begin{bmatrix} z_{dh} & 0 \\ 0 & z_{qh} \end{bmatrix} \begin{bmatrix} i_{dh} \\ i_{qh} \end{bmatrix} \tag{7-78}$$

式中，z_{dh}和z_{qh}分别为旋转坐标系下的 d 轴和 q 轴的高频阻抗值。

在实际操作中，总是由估计的旋转坐标系来代替真实的旋转坐标系，可以得到估计旋转坐标系下的高频电压表达式为

$$\begin{bmatrix} u_{\tilde{d}h} \\ u_{\tilde{q}h} \end{bmatrix} \begin{bmatrix} \cos\tilde{\theta}_e & \sin\tilde{\theta}_e \\ -\sin\tilde{\theta}_e & \cos\tilde{\theta}_e \end{bmatrix} \begin{bmatrix} z_{dh} & 0 \\ 0 & z_{qh} \end{bmatrix} \begin{bmatrix} \cos\tilde{\theta}_e & \sin\tilde{\theta}_e \\ -\sin\tilde{\theta}_e & \cos\tilde{\theta}_e \end{bmatrix} \begin{bmatrix} i_{\tilde{d}h} \\ i_{\tilde{q}h} \end{bmatrix} =$$

$$\begin{bmatrix} z_{h0}+\Delta z_h\cos 2\tilde{\theta}_e & \Delta z_h \sin 2\theta_e \\ \Delta z_h \sin 2\tilde{\theta}_e & z_{h0}-\Delta z_h\cos 2\tilde{\theta}_e \end{bmatrix} \begin{bmatrix} i_{\tilde{d}h} \\ i_{\tilde{q}h} \end{bmatrix} \tag{7-79}$$

式中，

$$z_{h0}=\frac{z_{dh}+z_{qh}}{2}, \Delta z_h=\frac{z_{dh}-z_{qh}}{2} \tag{7-80}$$

由此很容易得到对应的高频电流表达式为

$$\begin{bmatrix} i_{\tilde{d}h} \\ i_{\tilde{q}h} \end{bmatrix} = \begin{bmatrix} z_{h0}+\Delta z_h\cos 2\tilde{\theta}_e & \Delta z_h \sin 2\tilde{\theta}_e \\ \Delta z_h \sin 2\tilde{\theta}_e & z_{h0}-\Delta z_h\cos 2\tilde{\theta}_e \end{bmatrix}^{-1} \begin{bmatrix} u_{\tilde{d}h} \\ u_{\tilde{q}h} \end{bmatrix} \tag{7-81}$$

由式（7-81）可以看出，阻抗矩阵的交叉项中含有转子的位置信息。在估计旋转坐标系下，可以沿着$\hat{d}$轴方向注入高频电压，然后检测$\hat{q}$轴的高频电流，提取转子位置信息；也可

以沿着$\hat{q}$轴方向注入高频电压，然后检测$\hat{d}$轴的高频电流，提取转子位置信息。比较两种方法，沿着$\hat{d}$轴方向注入高频电压的方法较好，因为从$\hat{q}$轴方向注入高频电压会对转矩产生较大的影响。当沿着估计旋转坐标系的$\hat{d}$轴方向注入如式（7-82）所示的脉动高频电压时，$\hat{q}$轴方向的高频电流值如式（7-82）所示。

$$\begin{bmatrix} u_{\widetilde{d}\mathrm{h}} \\ u_{\widetilde{q}\mathrm{h}} \end{bmatrix} = \begin{bmatrix} v_{\widetilde{d}\mathrm{h}}\cos\omega_{\mathrm{h}}t \\ 0 \end{bmatrix} \tag{7-82}$$

$$i_{\widetilde{q}\mathrm{h}} \approx \frac{V_{\mathrm{inj}}}{2}\left[\frac{(R_{d\mathrm{h}}-R_{q\mathrm{h}})\cos\omega_{\mathrm{h}}t}{\omega_{\mathrm{h}}^{2}L_{d\mathrm{h}}L_{q\mathrm{h}}}-\frac{(L_{d\mathrm{h}}-L_{q\mathrm{h}})\sin\omega_{\mathrm{h}}t}{\omega_{\mathrm{h}}L_{d\mathrm{h}}L_{q\mathrm{h}}}\right]\sin2\widetilde{\theta}_{\mathrm{e}} \tag{7-83}$$

因为 d、q 轴的高频阻值差近似为 0，所以，式（7-82）中第一项可以忽略不计。对式（7-82）中的高频电流进行图 7-27 所示的信号处理，低通滤波器的输出为

$$\varepsilon_{\mathrm{f}} = \frac{V_{\mathrm{inj}}(L_{d\mathrm{h}}-L_{q\mathrm{h}})}{4\omega_{\mathrm{h}}L_{d\mathrm{h}}L_{q\mathrm{h}}}\sin\widetilde{\theta}_{\mathrm{e}} \approx \frac{V_{\mathrm{inj}}(L_{d\mathrm{h}}-L_{q\mathrm{h}})}{2\omega_{\mathrm{h}}L_{d\mathrm{h}}L_{q\mathrm{h}}}\widetilde{\theta}_{\mathrm{e}} \approx K_{\mathrm{err}}\widetilde{\theta}_{\mathrm{e}} \tag{7-84}$$

低通滤波得到的转子位置角度误差可以用前面的龙贝格观测器或者状态滤波器的方法，得到转子位置和转速的估计值。旋转坐标系下的脉动电压注入法的位置和转速估计框图如图 7-27 所示。

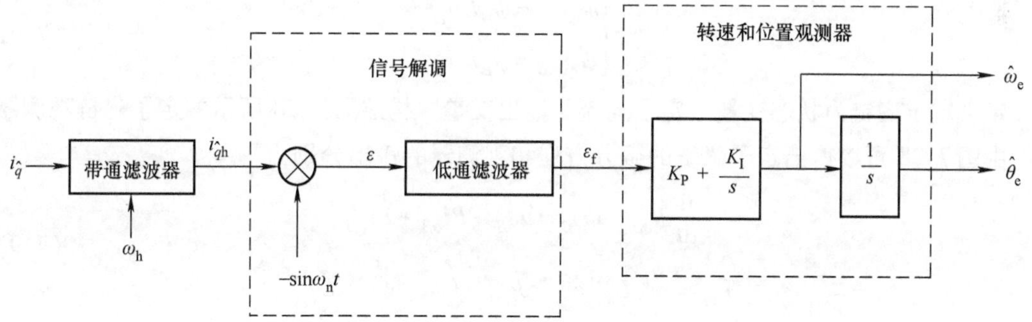

图 7-27 旋转坐标系下的脉动电压注入法的位置和转速估计框图

比较旋转高频电压注入和脉动高频电压注入两种方法，可以看出，d 轴和 q 轴高频阻抗的差值是高频注入位置估计算法有效性的基础。当沿着旋转坐标轴注入脉动高频电压时，由于转子永磁体使得 d 轴和 q 轴方向的定子线圈的饱和程度不同，即使是表贴式永磁同步电机，其 d 轴和 q 轴高频阻抗也是不同的。所以，旋转坐标系下的脉动高频电压注入法对表贴式永磁同步电机也是有效的。与基于反电动势的转子位置估计算法相反，高频信号注入法的数学模型是基于低转速推导的。所以，当转速增加时，算法效果逐渐变差甚至失效。

3. 基于定子磁链的位置估计

将两相旋转坐标系下的电磁转矩表达式（7-29）重写为式（7-84）。定义ψ_{ext}为扩展转子磁链，可以看出ψ_{ext}和转子永磁体磁场方向一致，都沿着 d 轴方向。

$$T_{\mathrm{e}} = \frac{3}{2}p[\psi_{\mathrm{pm}}i_q+(L_d-L_q)i_di_q]\frac{3}{2}p\psi_{\mathrm{ext}}i_q \tag{7-85}$$

$$\psi_{\text{ext}} = \psi_{\text{pm}} + (L_d - L_q)\, i_d \tag{7-86}$$

ψ_{ext}在两相静止坐标系中的分量为

$$\begin{cases} \psi_{\text{ext},\alpha} = \psi_{\text{ext}} \cos\theta_{\text{e}} \\ \psi_{\text{ext},\beta} = \psi_{\text{ext}} \sin\theta_{\text{e}} \end{cases} \tag{7-87}$$

如果估计出ψ_{ext}，则可以计算转子位置的电角度为

$$\theta_{\text{e}} = \arctan\left(\frac{\psi_{\text{ext}} \cos\theta_{\text{e}}}{\psi_{\text{ext}} \sin\theta_{\text{e}}}\right) \tag{7-88}$$

两相转子同步坐标系下的定子磁链表达式为

$$\begin{bmatrix} \psi_d \\ \psi_q \end{bmatrix} = \begin{bmatrix} L_d & 0 \\ 0 & L_q \end{bmatrix} \begin{bmatrix} i_d \\ i_q \end{bmatrix} + \begin{bmatrix} \psi_{\text{pm}} \\ 0 \end{bmatrix} = \begin{bmatrix} L_q & 0 \\ 0 & L_q \end{bmatrix} \begin{bmatrix} i_d \\ i_q \end{bmatrix} + \begin{bmatrix} \psi_{\text{pm}} + (L_d - L_q) i_d \\ 0 \end{bmatrix} = \begin{bmatrix} L_q & 0 \\ 0 & L_q \end{bmatrix} \begin{bmatrix} i_d \\ i_q \end{bmatrix} + \begin{bmatrix} \psi_{\text{ext}} \\ 0 \end{bmatrix} \tag{7-89}$$

由式（7-89）得到同步坐标系下的电流表达式为

$$\begin{bmatrix} i_d \\ i_q \end{bmatrix} = \begin{bmatrix} L_d^{-1} & 0 \\ 0 & L_q^{-1} \end{bmatrix} \begin{bmatrix} \psi_d \\ \psi_q \end{bmatrix} - \begin{bmatrix} L_d^{-1} \psi_{\text{pm}} \\ 0 \end{bmatrix} \tag{7-90}$$

将式（7-89）两边的磁链和电流矢量运用 Park 逆变换到静止坐标系下，并化简得

$$\begin{cases} \psi_{\text{ext},\alpha} = \psi_\alpha L_q i_\alpha \\ \psi_{\text{ext},\beta} = \psi_\beta L_q i_\beta \end{cases} \tag{7-91}$$

定义定子磁链为状态变量，定子电流为输出变量，构建图 7-28 所示的定子磁链观测器。由图 7-28 可以得出定子磁链的微分方程和观测器的输出分别为

$$\begin{gathered} \frac{\mathrm{d}}{\mathrm{d}t}\hat{\boldsymbol{\psi}}_{\alpha\beta} = \dot{\hat{\boldsymbol{\psi}}}_{\alpha\beta} = \boldsymbol{u}_{\alpha\beta} - R\boldsymbol{i}_{\alpha\beta} + \tilde{K}\boldsymbol{i}_{\alpha\beta} \\ \tilde{\boldsymbol{i}}_{\alpha\beta} = \mathrm{e}^{\mathrm{j}\hat{\theta}_{\text{e}}} \boldsymbol{L}_{dq}^{-1} \mathrm{e}^{-\mathrm{j}\hat{\theta}_{\text{e}}} \hat{\boldsymbol{\psi}}_{\alpha\beta} - (\psi_{\text{pm}} \mathrm{e}^{\mathrm{j}\hat{\theta}_{\text{e}}}) / L_d \end{gathered} \tag{7-92}$$

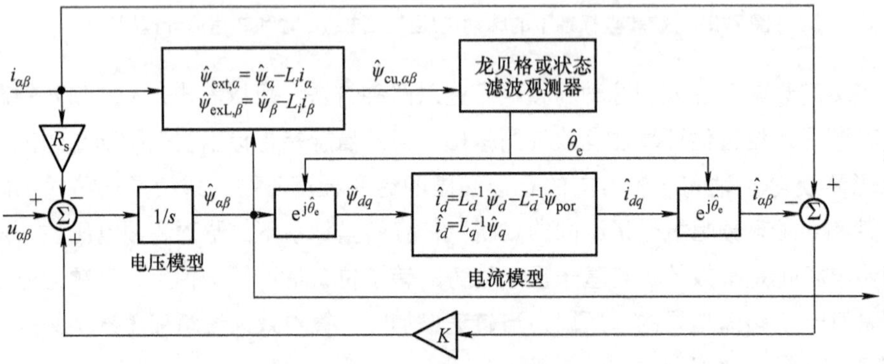

图 7-28　基于定子扩展磁链的转子位置和转速估计框图

如果转子位置估计值和真实值相等，电流估计误差为

$$\tilde{\boldsymbol{i}}_{\alpha\beta} = \boldsymbol{i}_{\alpha\beta} - \tilde{\boldsymbol{i}}_{\alpha\beta} = \mathrm{e}^{-\mathrm{j}\theta_{\text{e}}} \boldsymbol{L}_{dq}^{-1} \mathrm{e}^{-\mathrm{j}\theta_{\text{e}}} (\boldsymbol{\psi}_{\alpha\beta} - \hat{\boldsymbol{\psi}}_{\alpha\beta}) = \mathrm{e}^{\mathrm{j}\theta_{\text{e}}} \boldsymbol{L}_{dq}^{-1} \mathrm{e}^{-\mathrm{j}\theta_{\text{e}}} \hat{\boldsymbol{\psi}}_{\alpha\beta} \tag{7-93}$$

定子磁链估计值误差的微分为

$$\dot{\tilde{\psi}}_{\alpha\beta}=\frac{\mathrm{d}}{\mathrm{d}t}(\boldsymbol{\psi}_{\alpha\beta}-\hat{\boldsymbol{\psi}}_{\alpha\beta})=-\boldsymbol{K}\tilde{\boldsymbol{i}}_{\alpha\beta} \tag{7-94}$$

定义正定二次型李雅普诺夫候选函数 $\boldsymbol{V}$ 为

$$\boldsymbol{V}=\frac{1}{2}\tilde{\boldsymbol{\psi}}_{\alpha\beta}^{\mathrm{T}}\mathrm{e}^{\mathrm{j}\theta_{\mathrm{e}}}\boldsymbol{L}_{dq}^{-1}\mathrm{e}^{-\mathrm{j}\theta_{\mathrm{e}}}\hat{\boldsymbol{\psi}}_{\alpha\beta} \tag{7-95}$$

如果 $\mathrm{d}V/\mathrm{d}t<0$，根据李雅普诺夫稳定性第二定理可知观测系统是全域渐近稳定性的。对式（7-95）微分，并将式（7-93）和式（7-95）代入，化简得

$$\frac{\mathrm{d}}{\mathrm{d}t}\boldsymbol{V}=-(\tilde{\boldsymbol{i}}_{\alpha\beta})^{\mathrm{T}}\mathrm{e}^{\mathrm{j}\theta_{\mathrm{e}}}(\boldsymbol{K}-\omega_{\mathrm{e}}\boldsymbol{J}\boldsymbol{L}_{dq})\mathrm{e}^{-\mathrm{j}\theta_{\mathrm{e}}}\tilde{\boldsymbol{i}}_{\alpha\beta}=-(\tilde{\boldsymbol{i}}_{\alpha\beta})^{\mathrm{T}}\mathrm{e}^{\mathrm{j}\theta_{\mathrm{e}}}[\boldsymbol{K}_1\boldsymbol{I}+\boldsymbol{J}(\boldsymbol{K}_2\boldsymbol{I}+\omega_{\mathrm{e}}\boldsymbol{L}_{dq})]\mathrm{e}^{-\mathrm{j}\theta_{\mathrm{e}}}\tilde{\boldsymbol{i}}_{\alpha\beta} \tag{7-96}$$

式中，

$$\boldsymbol{K}=k_1\boldsymbol{I}+k_2\boldsymbol{J},\boldsymbol{J}=\begin{bmatrix}0 & -1\\1 & 0\end{bmatrix},\quad \omega_{\mathrm{e}}=\frac{\mathrm{d}\theta_{\mathrm{e}}}{\mathrm{d}t} \tag{7-97}$$

如果矩阵$[k_1\boldsymbol{I}+\boldsymbol{J}(k_2\boldsymbol{I}-w_{\mathrm{e}}\boldsymbol{L}_{dq})]$为正定矩阵，则 $\mathrm{d}V/\mathrm{d}t<0$ 成立。系统逐渐稳定，转子位置估计值逐渐收敛于真实值。要使$[k_1\boldsymbol{I}+\boldsymbol{J}(k_2\boldsymbol{I}-w_{\mathrm{e}}\boldsymbol{L}_{dq})]$为正定矩阵，下式必须成立：

$$\begin{cases}k_1>0\\(2k_1)^2-\omega_{\mathrm{e}}^2(L_d-L_q)^2>0\end{cases} \tag{7-98}$$

根据上述条件，选定适当的反馈系数矩阵 $\boldsymbol{k}_0$ 在观测器得到转子扩展磁链的估计值后，可以基于反电动势的位置估计方法来估算转子位置和转速，用龙贝格观测器或者状态滤波器进一步得到转子位置和转速的估计值。从图 7-28 可以看出，该观测器的定子电流估计使用了旋转坐标系下的电流模型，定子磁链估计使用了静止坐标系下的电压模型，其充分利用了低速时电流模型的优点和高速时电压模型的优点。同时整个观测器没有用到任何转速反馈，可以有效消除转速估计的误差，从而使该观测器在非常低的转速条件下仍然有效。

第三节 开关磁阻电机控制

一、开关磁阻电机控制原理

开关磁阻电机（SRM）采用双凸极结构，即定子和转子上都有凸极。定子绕组由几组线圈组成，每组线圈都绕在一个极上。转子上没有永磁体，也没有励磁线圈。不同 SRM 的区别在于定子和转子的极数组合。图 7-29 所示为一个典型的有 6 个定子极和 4 个转子极的三相 SRM 的横截面，这种配置的 SRM 称为 6/4 SRM。

当某一相的定子极与一个转子极完全对齐时，这一相称为处于对齐位置，此时该相的相电感达到最大值，如图 7-29 中的 A 相所示。当某一相的定子极与转子极间轴线对齐时，这

一相称为处于非对齐位置，此时该相的相电感达到最小值。不考虑磁路饱和时，SRM 的任一相相电感相对于转子位置的波形是一个三角波，电感值在对齐位置时最大，非对齐位置时最小。图 7-30 给出了 6/4 SRM 的理想相电感波形，并以 A 相为例给出了电机在正确激励下的电流波形。A、B、C 三相在空间上互差 120°电角度。当给某一相激励时，激励的起始位置称为打开角（θ_{on}），激励结束的位置称为关断角（θ_{off}），这两者之间的角度称为驻留角（θ_{dwell}）。

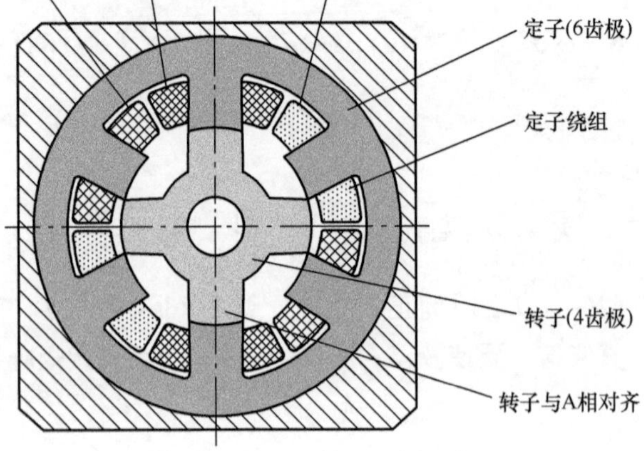

图 7-29　三相 6/4 SRM 的横截面

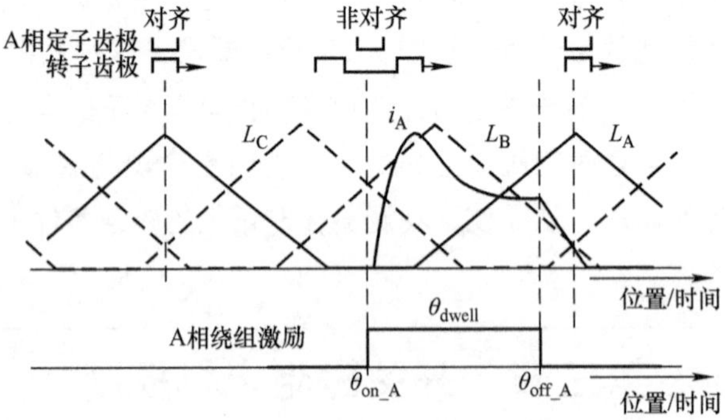

图 7-30　6/4 SRM 的理想相电感波形

1. 电磁转矩

根据机电能量转换原理，当 SRM 中只有一相绕组施加激励时，该相产生的电磁转矩可以由磁共能来计算：

$$T_e = \left.\frac{\partial W'(\theta,i)}{\partial \theta}\right|_i \tag{7-99}$$

其中，$W'(\theta,i)$ 是当该相绕组中电流大小为 i、转子位置处于 θ 时的磁共能：

$$W'(\theta,i) = \int_0^i \psi(i',\theta)\mathrm{d}i' \tag{7-100}$$

当绕组没有饱和时，绕组磁链为

$$\psi(i',\theta)=L(\theta)i'$$

故 $W'(\theta,i)=\frac{1}{2}L(\theta)i^2$，那么有

$$T_e=\frac{1}{2}\frac{dL(\theta)}{d\theta}i^2 \tag{7-101}$$

式（7-99）和式（7-101）表明电磁转矩使得转子向磁共能增加的方向运动。对于单相激励的绕组而言，电磁转矩使得转子向该绕组电感增加的方向运行，从而减小与该绕组相交链的磁路的磁阻。由此可见，必须根据转子所处的位置顺序给定子绕组正确的激励才能使电机运行起来。控制 SRM 时要保证每个时刻所有相绕组产生的电磁转矩的总和为正。

对于机械结构对称且气隙均匀的 4/2 SRM 而言，存在一些无法产生任何电磁转矩的转子位置，如两相绕组同时处于对齐位置或非对齐位置时，两相电感的$\frac{dL(\theta)}{d\theta}$都为 0。事实上，对于一个对称的 SRM，只要定子极数能被转子极数整除或转子极数能被定子极数整除，该电机就存在电磁转矩为 0 的位置。电机起动时，若转子处于这些位置，将导致电机无法起动。实际应用中可以通过设计非对称的转子结构来解决这个问题，如图 7-31 所示。这种转子结构产生了一种步进气隙，从而使得不论转子处于什么位置都能通过某相产生正的电磁转矩，并保证起动时的旋转方向。

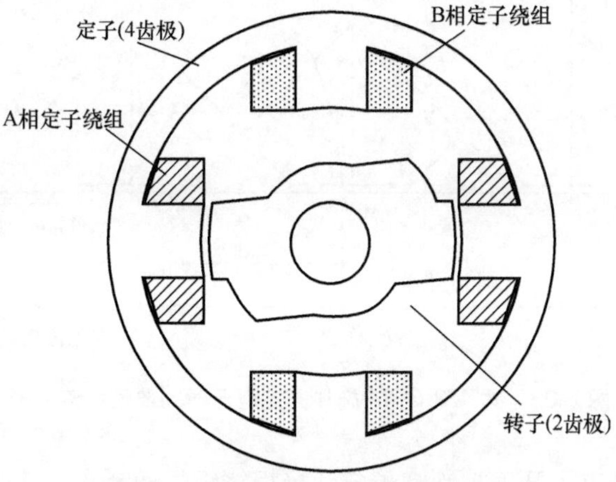

图 7-31　典型两相 4/2 SRM 的横截面

2. 绕组反电动势

以 4/2 SRM 为例，磁路非饱和时，由于电机机械机构上的对称性，以及定子和转子铁心中可忽略的磁阻，绕组间的互感可以忽略不计。忽略绕组相电阻时，可以得到某一相的反电动势（以 A 相为例）：

$$e_A=\frac{d\psi_A(\theta,i)}{dt}=\frac{dL(\theta)i(t)}{dt}=\frac{dL(\theta)}{d\theta}wi(t)+L(\theta)\frac{di(t)}{dt} \tag{7-102}$$

当给某相施加电压时，产生的电磁转矩会使转子向增加该相电感值的方向旋转。那么，

当某相处于电感最小值位置时，给该相施加电压，转子会向最近的能够增大该相电感值的方向旋转。当 A 相处于非对齐位置时，图 7-32 给出了对一个 4/2 SRM（转子结构完全对称以便于分析）施加固定电压时的典型电流波形。在转子齿极与 A 相齿极交叠之前开始给 A 相施加电压，由于此时相电感很小且电感变化率$\frac{\mathrm{d}L(\theta)}{\mathrm{d}\theta}$也很小，故电流迅速上升。当转子齿极与定子齿极刚开始交叠时，由于$\frac{\mathrm{d}L(\theta)}{\mathrm{d}\theta}$突然增大，$\frac{\mathrm{d}L(\theta)}{\mathrm{d}\theta}wi(t)$的大小超出了 A 相施加的电压，故 A 相电流开始减小，$L(\theta)\frac{\mathrm{d}i(t)}{\mathrm{d}t}$变为负值以维持反电动势 e_A 与外部施加的电压相等。所以，相电流在转子齿极与定子齿极刚开始交叠时达到峰值。撤掉 A 相的电压后，在逆变桥的控制下，电流通过二极管流回母线，相当于在绕组上施加 $-U_{DC\_bus}$，由于$\frac{\mathrm{d}L(\theta)}{\mathrm{d}\theta}wi(t)$依然为正，为了维持反电动势 e_A 与外部施加的 $-U_{DC\_bus}$ 相等，电流迅速减小以产生很小的$L(\theta)\frac{\mathrm{d}i(t)}{\mathrm{d}t}$。相电感减小的区域内会产生负的电磁转矩，因此，需要通过调整施加的电压大小、打开角和关断角来控制电磁转矩。

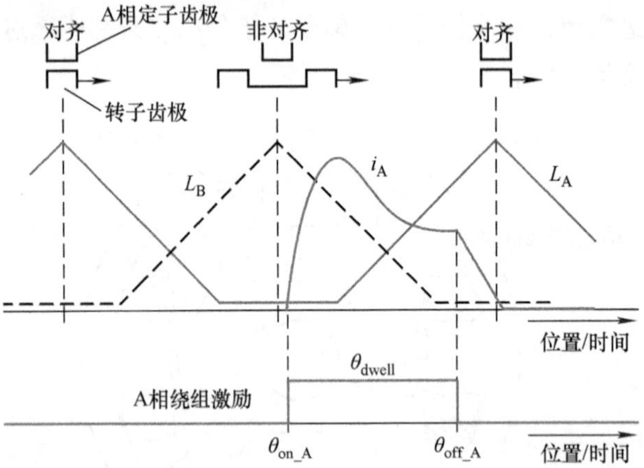

图 7-32　对 4/2 SRM 施加固定电压时的典型电流波形

开关磁阻电机通过电子开关控制定子各凸极相绕组的通断和电流的大小，转子本身不产生磁场，只起导磁的作用。在工作中，定子绕组的电流为方波，磁极磁通处于高饱和状态。

开关磁阻电机的运行不是单纯的发电或者电动，而是将两者有机结合在一起的控制过程。开关磁阻电机控制系统的可控参数主要有控制绕组通断晶体管的导通角度（开通角和关断角）、相电流幅值以及相绕组的端电压。常用的控制方法有角度控制法（APC）、电流斩波控制法（CCC）和电压控制法（VC）三种。

（1）角度控制法（APC）

APC 是电压保持不变，对开通角和关断角进行控制。改变开通角，可以改变电流的波形宽度、电流波形的峰值和有效值大小以及改变电流波形与电感波形的相对位置。改变关断角，可以影响电流波形宽度以及与电感曲线的相对位置，电流有效值也随之变化。一般情况下采用固定关断角、改变开通角的控制模式，但固定关断角的选取也很重要。

其优点是：转矩调节范围大、转矩脉动小，可实现效率最优控制和转矩最优控制，但是不适合于低速工况。

（2）电流斩波控制法（CCC）

电流斩波控制方式中，开通角和关断角保持不变，而主要靠控制斩波电流限的大小来调节电流的峰值，从而起到调节电机转矩和转速的目的。

电流斩波控制适用于低速和制动运行工况，可限制电流峰值的增长，并起到良好有效的调节作用，转矩也比较平稳，转矩脉动一般也比其他控制方式要小。

（3）电压控制法（VC）

电压控制法是在某相绕组导通阶段，在主开关的控制信号中加入 PWM 信号，调节占空比来调节绕组端电压的大小，从而改变相电流值。

电压控制法实现容易且成本较低，缺点在于功率元件开关频率高、开关损耗大，不能精确控制相电流。

二、两相 SRM 的数字控制

SRM 的驱动需要结合转子位置来给定子绕组施加电压脉冲，产生的转矩和转速由相电流波形和绕组的磁路特性决定。因此，用数字控制的方式来驱动 SRM 是一个很好的选择。用两个独立的功率开关器件来控制一个绕组是现在比较常用的功率拓扑，图 7-33 所示为控制一个 4/2 SRM 的功率拓扑。其中电机的每一相都能完全独立控制而不受其他相的影响，从而给予控制最大的自由度。有一些拓扑结构出于节省成本的目的，让几个相绕组共用一些功率开关器件，这些拓扑结构无法完全独立地控制每一相。不同于常规的 ACIM、PMSM 的功率拓扑，图 7-33 中的拓扑不存在功率开关器件直通的风险。

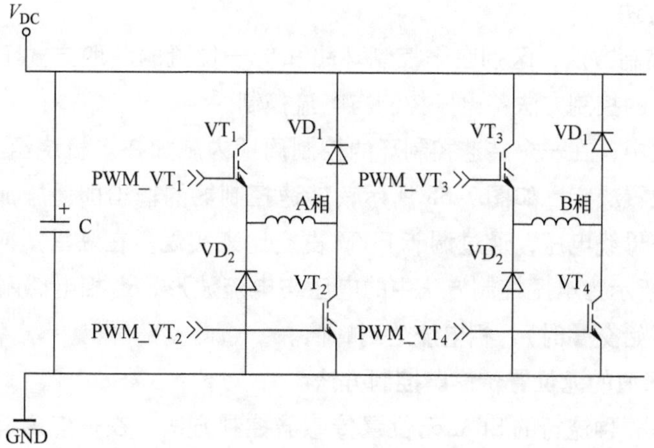

图 7-33 控制一个 4/2 SRM 的功率拓扑

图 7-32 中，在θ_{on_A}位置，处于非对齐位置时打开 VT_1 和 VT_2，此时正的母线电压施加在 A 相绕组上，电流迅速上升。在θ_{off_A}位置，关闭 VT_1 和 VT_2，电流通过 VD_1 和 VD_2 续流，于是负的母线电压施加在 A 相绕组上，电流迅速下降。当低转速运行时，通过 PWM 来控制 VT_1 或 VT_2 以达到调压的目的。

1. PWM 控制下的绕组导通模式

PWM 控制下每相绕组都有 3 种导通模式，如图 7-34 所示。

1）PWM 控制：上桥臂开关器件 PWM 控制，下桥臂开关器件常开。电流由直流母线流出至相绕组，再返回至母线地。忽略功率开关器件的导通压降，此时施加在绕组上的电压为“UDC_bus × PWM 占空比”。

2）绕组续流（Freewheeling）：上桥臂开关器件关闭，下桥臂开关器件常开。相绕组电流靠下桥臂开关器件和二极管续流，忽略功率开关器件和二极管的导通压降，此时施加在绕组上的电压为 0。

3）PWM 关闭：上、下桥臂开关器件都关闭。相绕组电流经由二极管流回母线电容。忽略二极管的导通压降，此时施加在绕组上的电压为 $-U_{DC\_bus}$。

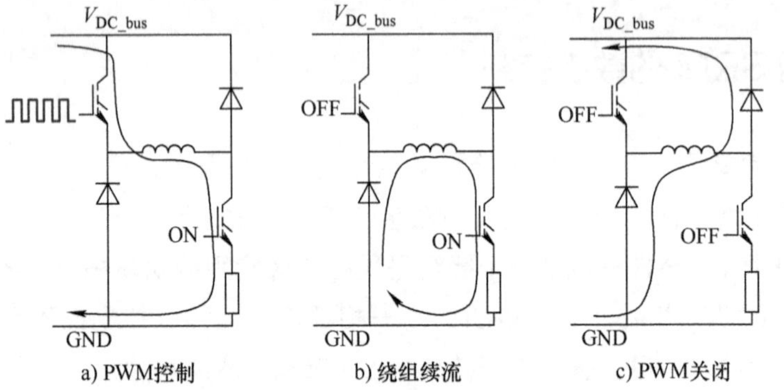

图 7-34　绕组导通模式

2. 电压控制方法

SRM 有多种控制方法，区别在于控制环路和转子位置的获取方式不同。根据电机被控参数，有两种基本的控制方法：电压控制与电流控制。

电压控制方法中，在一个转速控制环的控制周期内施加在电机绕组上的电压是恒定的，换相时刻由转子位置决定。如图 7-35 所示，转速控制器的输出即为施加的相电压，而该相电压根据当前直流母线电压，通过调节 PWM 占空比来实现。在驻留角期间施加的相电压是不变的。图 7-36 所示为电压控制方法中的电压与电流波形，当相电感刚刚开始增加时（定子与转子齿极刚开始交叠时），相电流达到峰值。

3. 检测电流峰值的无位置传感器控制方法

磁链估测法是一种流行的 SRM 无位置传感器控制方法。在很多磁链估测的方法中，利用计算出的磁链值与参考值之间的关系来估计转子位置。这种方法的缺点在于其需要精确的相电阻值，然而，相电阻值随着温度变化会有明显的变化，从而会带来积分误差，特别是在

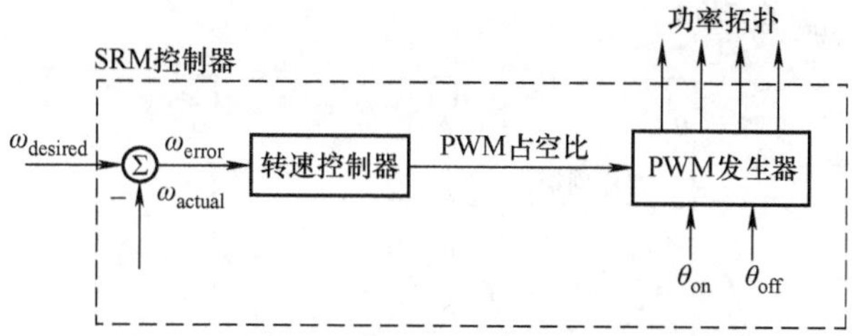

图 7-35 电压控制方法

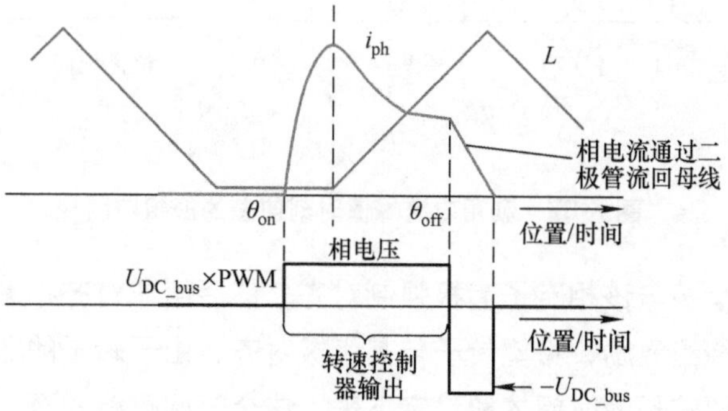

图 7-36 电压控制方法中的电压与电流波形

低转速运行时，这些积分误差会导致明显的位置估计误差。

另一种 SRM 无位置传感器控制方法是峰值电流检测法，其控制的基本原理如图 7-37 所示。在转子与 B 相定子齿极交叠之前给 B 相定子绕组激励，从而使相电流迅速增加，直到转子与定子齿极交叠，此时该相电流达到峰值。记录下峰值电流对应的时刻 t_1。假设已知转子转过 90°所需的时间 T_C（这里称为换相时间），结合 t_1 可以决定给 A 相绕组的激励时刻。当 A 相绕组电流达到峰值时，记录下对应的时刻 t_2，利用 t_2-t_1 的值更新 T_C，由更新之后的 T_C 值及 t_2 时刻可以确定接下来给 B 相绕组的激励时刻，如此往复。有如下 3 个因素可以影响一个电流脉冲（Stroke）中产生的平均电磁转矩的大小。

1）PWM 占空比。决定了给绕组激励电压的大小，从而影响相电流的大小。

2）从绕组开始激励到转子与定子齿极开始交叠之间的时间，如图 7-37 中 θ_{on_B} 与 t_1 之间的时间。这段时间越长，意味着电流峰值越高。

3）在正 $\frac{dL_\theta}{d\theta}$ 下绕组的激励时间。如图 7-37 中 θ_{off_B} 与 t_1 之间的时间，实际控制中这段时间一般会小于 T_c 的持续时间，这段时间内产生的电磁转矩为正。

以 B 相为例，实际应用中在 PWM 占空比达到 100% 之后，会通过调整 θ_{on_B} 和 θ_{off_B} 的位置来进一步调整电磁转矩，从而达到调速的目的。

4. 电机从静止开始起动

当 SRM 转子静止时，转子所处位置未知，所以无法确定应该给哪相绕组激励以产生足够大的起动电磁转矩。一般做法是给某相激励，将绕组置于“PWM 控制”模式，施加一个

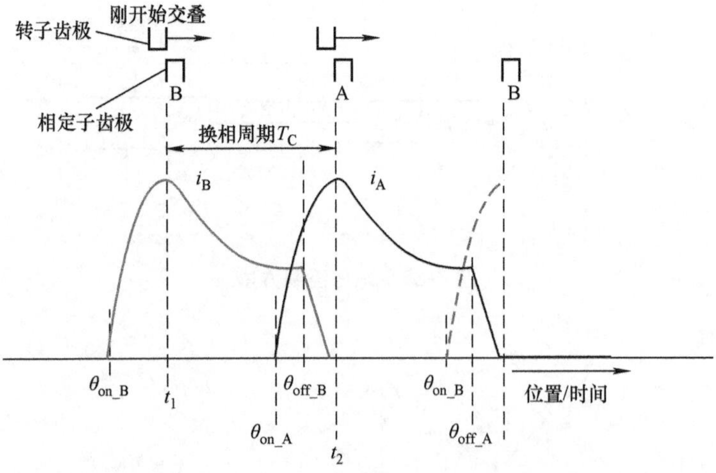

图 7-37　利用电流峰值时刻信息的换相控制

较小的电压，将转子齿极与该相定子齿极强制对齐，然后给非对齐相激励以起动电机。

如果固定给某相绕组激励，希望转子与其齿极对齐，由于转子的非对称性，对齐过程中转子会产生振荡且需要较长的时间才能稳定下来，这个时间可能长至秒级。这种方法的优点是明确知道转子与哪相绕组齿极对齐了，接下来起动时应该给哪相激励；缺点是稳定对齐花费的时间太长，很多应用场合都不适合。

很多 SRM 的应用中希望电机起动后能立即达到最高转速，为了解决对齐需时过长的问题，可以同时给 A、B 两相施加同样的激励电压，如此转子总会很快（几百毫秒）与某相绕组齿极稳定对齐。在这种对齐方法下，转子可能与 A 相绕组齿极对齐，也可能与 B 相绕组齿极对齐，如图 7-38 所示。

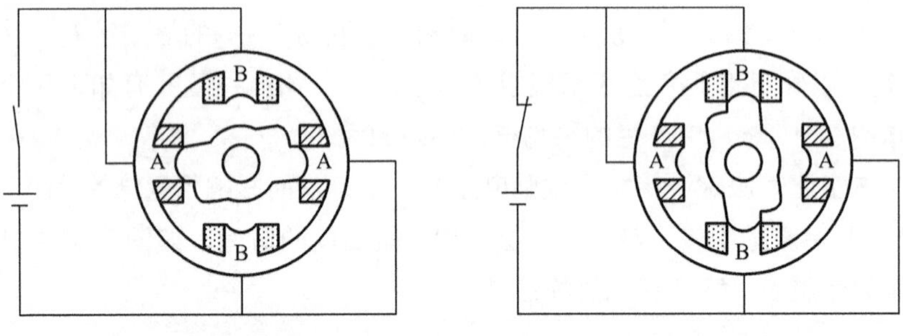

a) 转子与A相绕组齿极对齐　　b) 转子与B相绕组齿极对齐

图 7-38　两相同时激励的对齐结果

激励施加一段时间之后，A、B 两相的电流应该大致相等了，且转子已对齐到 A 相或 B 相的定子齿极。这时将 A、B 两个绕组的上桥臂开关器件关闭，下桥臂开关器件保持打开，即将两相绕组置于“绕组续流”模式，如图 7-34b 所示。由于对齐相绕组的电感会明显大于非对齐相绕组，因此可以通过检测 A、B 两相电流来确定转子与哪相对齐了。如果 A 相电流先下降至指定的阈值，说明 A 相电感小，转子与 B 相对齐，接下来需要给 A 相激励以起动电机；反之亦然。图 7-39 所示为在不同对齐结果下“绕组续流”时两相电流的衰减波形。

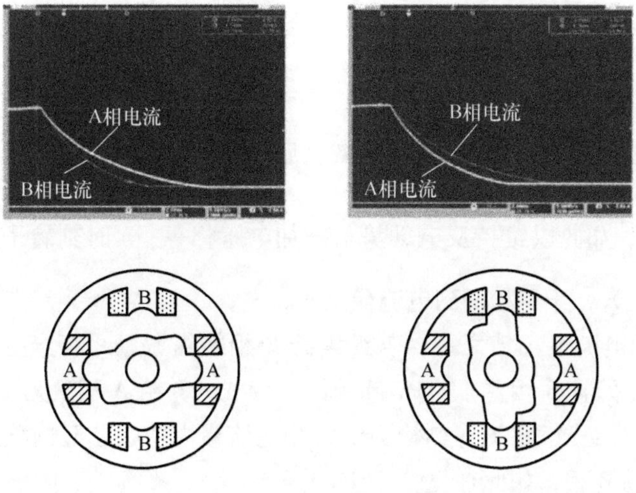

图 7-39 两相激励对齐“绕组续流”时两相电流的衰减波形

当两个相对齐过程结束之后，给非对齐相激励可以起动电机。转子的非对称性保证了旋转方向。转子开始旋转后，检测到的第一个绕组电流尖峰不足以提供足够的信息来确定本绕组应该何时关断，以及下一个绕组应何时激励。因此，起动时的控制方法与图 7-37 所示的方法有所不同。图 7-40 所示为利用电流峰值和最小值进行换相控制，具体流程如下：

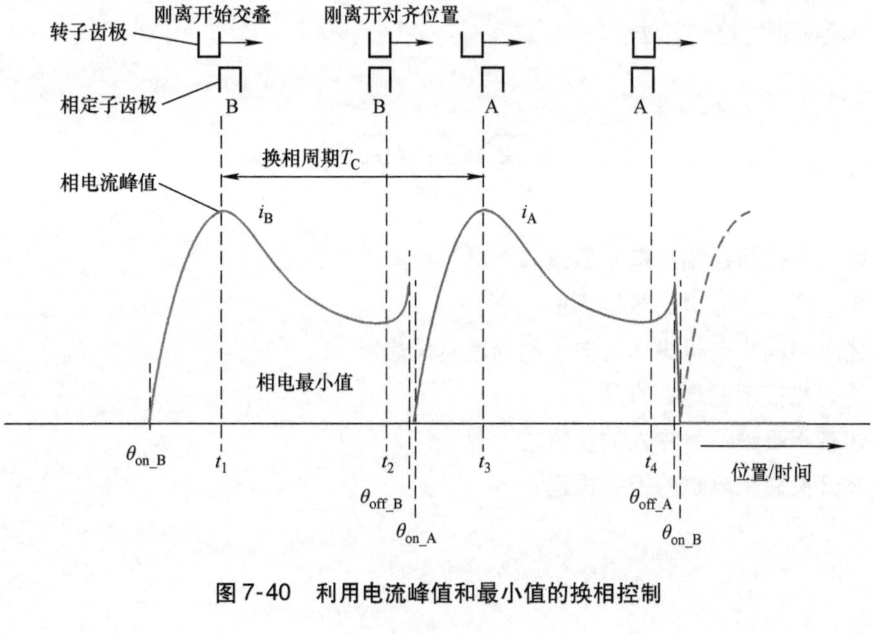

图 7-40 利用电流峰值和最小值的换相控制

1）检测到转子与 A 相对齐之后，给 B 相绕组激励。

2）t_1时刻转子齿极与 B 相定子齿极开始交叠，B 相电流迅速下降，t_1时刻检测到了 B 相电流峰值。

3）保持激励不变，由于施加的激励电压不大，且$\frac{\mathrm{d}L_B(\theta)}{\mathrm{d}\theta}$为正，所以 B 相电流继续下降。

4）当转子齿极与 B 相定子齿极完全对齐之后，$\frac{\mathrm{d}L_B(\theta)}{\mathrm{d}\theta}$变为负值，B 相电流开始迅速增大以产生一个正的$\frac{\mathrm{d}i_B}{\mathrm{d}t}$如此以维持反电动势与施加电压相等。$t_2$时刻转子齿极刚离开对齐位置，B 相电流开始上升，于是检测到电流最小值。

5）检测到 B 相电流最小值之后，若继续给 B 相绕组激励，将产生负的电磁转矩，所以，t_2 时刻之后应立即将 B 相置于“PWM 关闭”模式，并给 A 相激励。

6）同理，A 相绕组激励在t_3时刻检测到 A 相电流最大值、t_4 时刻检测到 A 相电流最小值。于是又开始激励 B 相，如此往复。

可以看到，这种驱动方法完全依赖于当前相电流给出的信息，而不需要历史数据。图 7-40 中t_3和t_1之间的时间间隔就是转子转过 90°所需的时间（换相周期 T_C）。可以看到，每个电流脉冲中电流从最小值往上升的部分会产生负电磁转矩，且每一相开始激励的时刻一定在转子与上一相完全对齐之后，即从绕组开始激励到转子与定子齿极开始交叠之间的时间受到了限制，无法产生更高的电流峰值。所以，这种换相方式效率不高，仅用于起动。如图 7-40 所示，当检测到足够数量的电流脉冲（或电流尖峰）后，再根据最新的换相周期切换到峰值电流检测的控制方法。

思考题

1. 简述六步换相控制的基本原理。
2. 写出永磁同步电机的数学模型。
3. 简述永磁同步电机磁场定向控制的基本思想。
4. 简述弱磁控制的基本原理。
5. 简述基于高频信号注入的位置估计算法。
6. 简述开关磁阻电机的控制原理。

第八章

智能车辆运动学与动力学建模

第一节　概　述

车辆运动学与动力学是基于经典力学建立在驾驶员或其他控制输入的作用下，描述车辆动态运动特性的数学模型，是研究给定道路环境下车辆对驾驶员或控制系统输入动态响应的学科，也是汽车电子电控系统和智能驾驶等领域技术与产品研发和测试的重要基础。

智能驾驶车辆运动规划与控制都需要充分考虑车辆运动学和动力学约束，才能取得较好的运动状态跟踪控制性能。建立合理的车辆系统模型不仅是设计智能驾驶车辆控制系统的前提，也是实现车辆智能驾驶功能的基础。因此，在建立智能车辆控制系统时，必须根据智能驾驶车辆的具体行驶工况，通过选取合适的控制变量，建立能够准确描述智能驾驶车辆运动关系约束的运动学模型和描述动力学状态约束的动力学模型。

车辆在地面运动的动力学过程是非常复杂的，为了尽量准确描述车辆的运动特性，需要建立复杂的微分方程组，并用多个状态变量来描述车辆纵向、横向以及垂向的运动。从控制理论的角度来说，用于控制系统设计的模型只要能够准确表现出车辆运动学与动力学特性，就可以使车辆控制系统高效实现预定控制的目的。特别是在车辆运动规划阶段，为了保证规划算法的实时性，约束简化和近似就是一种非常重要的手段，例如轮胎摩擦圆约束和点质量模型。因此，对于智能驾驶车辆的动力学控制问题，过于复杂的模型并不是研究的重点。本章从智能驾驶车辆运动规划和轨迹跟踪控制的角度对车辆系统进行建模，建立能够尽量准确反映车辆运动学与动力学特性，并且有利于控制系统设计的简化车辆运动学模型和动力学模型。

第二节　常用坐标系

智能驾驶车辆环境感知、决策规划和动力学控制中一个必不可少的前提条件，就是计算车辆自身的位置、航向以及车辆与道路、其他车辆、行人等交通参与者之间的相对位置关系和速度关系，因此，需要建立一套时空坐标体系来描述这些复杂的时空关系。一般三维空间坐标系用三个正交轴 XYZ 表示所处位置，用绕 XYZ 轴的旋转角度-侧倾角、俯仰角和横摆角表示姿态。下面将介绍几种最常用的坐标系。

一、全球地理位置坐标系

全球地理位置坐标系可以用来表示高精地图（HD Map）中诸多元素的几何位置，通常包括纬度、经度和海拔。全球地理位置坐标系一般采用地理信息系统（GIS）中用到的

WGS-84 坐标系，如图 8-1 所示。WGS-84 坐标系采用大地经度、纬度和大地高程来描述地球上任意一点的位置，经纬线相互交织构成经纬网，用经度、纬度表示地面上点的位置就是地理坐标，其中海拔定义为椭球体高程。

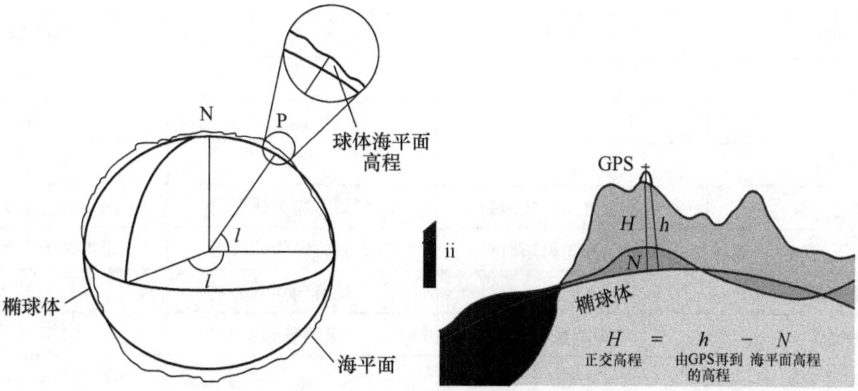

图 8-1　WGS-84 坐标系

在车辆实际控制过程中，一般应用局部坐标系表示车辆位置以及地图，即依赖于在地球表面上建立的三维（3D）笛卡儿坐标系。局部坐标系通过地图映射后，可将地球表面上的经纬度位置简化成二维投影坐标系来描述，进而使用二维（2D）笛卡儿坐标系来给出地球表面点的位置，以方便车辆路径跟踪控制。

GPS 经纬度与二维笛卡儿坐标 *XY* 的转换关系如图 8-2 所示。假设 *A* 点的经纬度坐标为（β，α），由图可见，*A* 点在二维笛卡儿坐标系下的横坐标为 *AB* 的弧长，纵坐标为 *AD* 的弧长，因此，映射后 *A* 点的二维笛卡儿坐标为

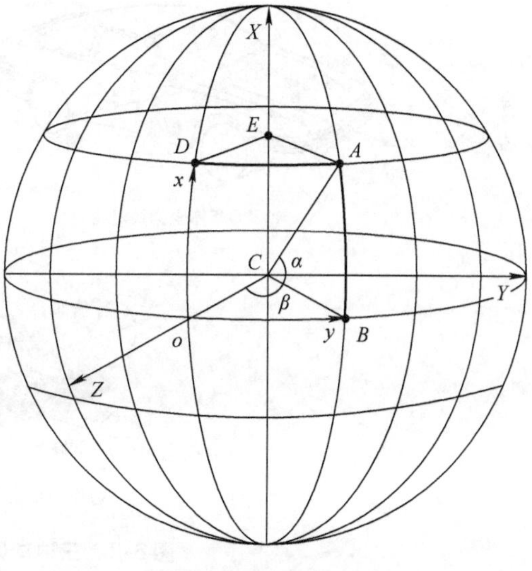

图 8-2　GPS 经纬度与二维笛卡儿坐标 *XY* 的转换关系

$$\begin{cases} x_A = \dfrac{1}{180}\alpha\pi R \\ y_A = \dfrac{1}{180}\cos\left(\dfrac{1}{180}\alpha\pi\right)\beta\pi R \end{cases} \tag{8-1}$$

式中，R 为地球半径；α 为纬度；β 为经度。

二、车辆坐标系

车辆坐标系用来描述车辆运动姿态以及周围的物体和本车之间的相对位置关系。目前学

术界和工业界有几种比较常用的车辆坐标系定义方式，分别是ISO定义、SAE定义和基于惯性测量单元（IMU）的定义，如表8-1和图8-3所示。

表8-1　三种常见的车辆坐标系定义

坐标系定义	ISO定义	SAE定义	IMU定义
X正方向	前	前	右
Y正方向	左	右	前
Z正方向	上	下	上
横摆正方向	沿Z轴方向为顺时针	沿Z轴方向为顺时针	沿Z轴方向为顺时针
俯仰正方向	沿Y轴方向为顺时针	沿Y轴方向为顺时针	沿Y轴方向为顺时针
侧倾正方向	沿X轴方向为顺时针	沿X轴方向为顺时针	沿X轴方向为顺时针
中心	车辆重心	车辆重心	IMU位置
是否为右手坐标系	是	是	是

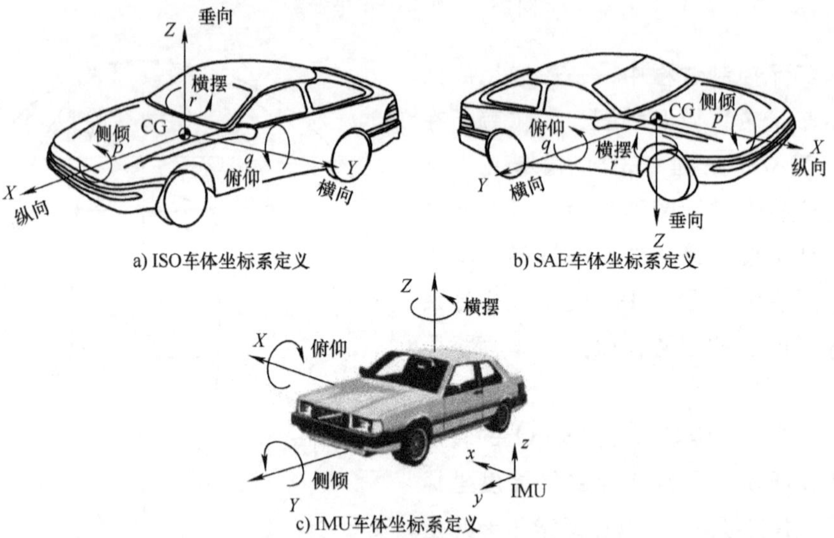

图8-3　三种常见的车辆坐标系定义

在车辆动力学分析中，ISO定义的车体坐标系较为常见。SAE定义的车体坐标系与航空航天领域常用的机体坐标系相一致。基于IMU定义的车体坐标系则在IMU的相关应用中较为常见。无论使用哪一种坐标系定义，只要使用正确，就都可以完成对车身位姿的描述以及确定周围物体和本车间的相对位置关系。

三、Frenét坐标系

Frenét坐标系是由BMW公司的MoritzWerling提出的，有时也会将基于Frenét坐标系的动力学问题求解方法简称为Werling方法。基于Frenét坐标系描述车辆运动轨迹仅与参考线的选取有关，与车辆的绝对位置无关。采用Frenét坐标系可以很好地描述车辆与行驶环境之间的局部相对关系，车辆相对行驶道路或参考线的位姿将表达得更清晰。因此，基于 Frenét 坐标系，将车辆运动轨迹分解成与道路几何结构相关的两个方向，可降低车辆动力学建模的复杂度，系统求解效率更高，满足智能驾驶实时性要求。如图 8-4 所示，使用参考线的切线向量和法线向量建立 Frenét 坐标系，将智能车任意时刻的位置状态在 s 和 d 两个方向上进行分解来在车辆运动轨迹曲线拟合时，可减少处理坐标信息的工作量。

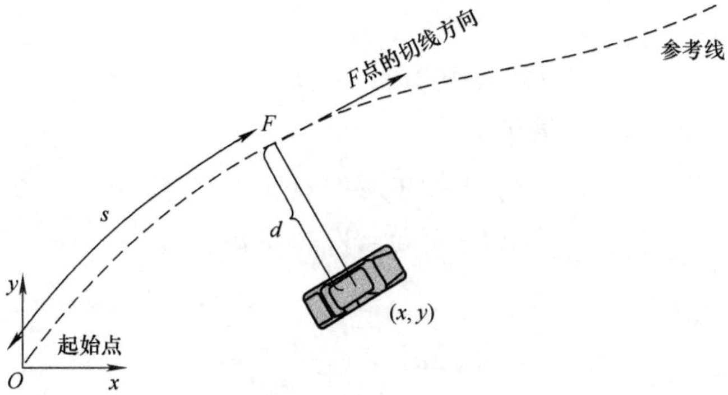

图 8-4　Frenét 坐标系

将车辆在全球地理坐标系统中的位置映射到二维平面内，则车辆的位置可用相对于全局坐标系的（x,y）来表示，即全局笛卡儿坐标系。根据图 8-4 所示的坐标系，将车辆从当前位置（x,y）投影到参考路线上，其投影的距离为 d，车辆投影点 F 距离起点的纵向行驶累计里程为 s，则车辆在笛卡儿坐标系下的坐标（x,y）映射到 Frenét 坐标系下的坐标位置为（s,d）。

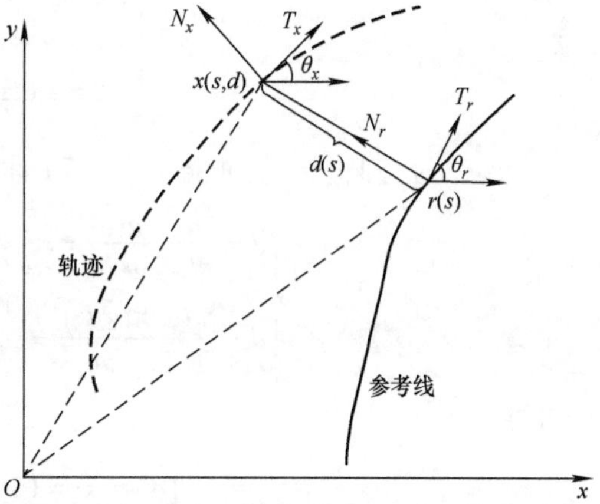

图 8-5　Frenét 坐标系与笛卡儿坐标系的影射关系

如图 8-5 所示，假设车辆在 Frenét 坐标系下的行驶轨迹为($s(t),d(t)$)，为了获得 Frenét 坐标系下的运动状态（$s,\dot{s},\ddot{s},d,\dot{d},\ddot{d}$）映射到笛卡儿坐标系下的运动状态（$\theta,\kappa,V_{\mathrm{ego}},a_{\mathrm{ego}}$），其中，$\theta$ 和 κ 分别为本车的航向角与行驶轨迹的曲率，V_{ego} 和 a_{ego} 分别为本车纵向行驶车速和加速度，定义偏微分运算符 $z' = \partial z/\partial s$，参考线的航向角为 θ_r，车辆相对参考线的航向角偏差为 $\Delta\theta = \theta - \theta_r$，参考线的曲率及曲率的导数为

$$
\begin{cases}
\kappa_r = \theta_r' = \dfrac{\dot{s}\ddot{d} - \ddot{s}\dot{d}}{(\dot{s}^2 + \dot{d}^2)^{\frac{3}{2}}} \\
\kappa_r' = \theta_r'' = \dfrac{(\dot{s}\dddot{d} - \dddot{s}\dot{d})(\dot{s}^2 + \dot{d}^2) - 3(\dot{s}\ddot{d} - \ddot{s}\dot{d})(\dot{s}\ddot{s} + \dot{d}\ddot{d})}{\dot{s}(\dot{s}^2 + \dot{d}^2)^{\frac{5}{2}}}
\end{cases}
\tag{8-2}
$$

假设车辆始终沿着参考线运动，即与参考线的偏差较小：

$$|\Delta\theta| < \frac{\pi}{2}, 1-\kappa_r d > 0 \tag{8-3}$$

则根据 Frenét- Serret 公式可得

$$\begin{cases} \dot{d} = V_{\text{ego}}\sin(\Delta\theta) \\ V_{\text{ego}} = \sqrt{\dot{s}^2(1-\kappa_r d)^2 + \dot{d}^2} \end{cases} \tag{8-4}$$

则

$$V_{\text{ego}}^2\cos^2(\Delta\theta) = \dot{s}^2(1-\kappa_r d)^2 \tag{8-5}$$

根据式（8-3），式（8-4）等价于

$$\begin{cases} \dot{d} = V_{\text{ego}}\sin(\Delta\theta) \\ \dot{s}(1-\kappa_r d) = V_{\text{ego}}\cos(\Delta\theta) \end{cases} \tag{8-6}$$

且航向角偏差满足

$$\tan(\Delta\theta) = \frac{\dot{d}}{\dot{s}(1-\kappa_r d)} \tag{8-7}$$

则车辆航向角和航向角偏差分别为

$$\begin{cases} \theta = \Delta\theta + \arctan\dfrac{\dot{d}}{\dot{s}} \\ \Delta\theta = \arctan\dfrac{\dot{d}}{\dot{s}(1-\kappa_r d)} \end{cases} \tag{8-8}$$

车辆运动时有 $V_{\text{ego}} \neq 0$，根据式（8-7）和

$$\begin{cases} \dot{d} = \dfrac{\partial d}{\partial t} = \dfrac{\partial d}{\partial s}\dfrac{\partial s}{\partial t} = \dot{s}d' \\ \ddot{d} = \dfrac{\partial \dot{d}}{\partial t} = \dfrac{\partial(\dot{s}d')}{\partial t} = \ddot{s}d' + \dot{s}\dfrac{\partial d'}{\partial s}\dfrac{\partial s}{\partial t} = \ddot{s}d' + \dot{s}^2 d'' \end{cases} \tag{8-9}$$

可得

$$\begin{cases} d' = \dfrac{\dot{d}}{\dot{s}} = (1-\kappa_r d)\tan(\Delta\theta) \\ d'' = \dfrac{\ddot{d} - \ddot{s}d'}{\dot{s}^2} = \dfrac{\dot{s}\ddot{d} - \ddot{s}\dot{d}}{\dot{s}^3} \end{cases} \tag{8-10}$$

另一方面

$$\begin{aligned} d'' &= \frac{\partial d'}{\partial s} = \frac{\partial}{\partial s}[(1-\kappa_r d)\tan(\Delta\theta)] \\ &= -(\kappa_r d' + \kappa_r' d)\tan(\Delta\theta) + \frac{1-\kappa_r d}{\cos^2(\Delta\theta)}\frac{\partial(\Delta\theta)}{\partial s} \end{aligned} \tag{8-11}$$

根据式（8-10）和式（8-11）可得航向角偏差满足

$$\frac{\partial(\Delta\theta)}{\partial s} = \frac{\dot{s}\ddot{d} - \ddot{s}\dot{d}}{\dot{s}^2\dot{d}}\sin(\Delta\theta)\cos(\Delta\theta) + \frac{\kappa_r\dot{d} + \dot{s}\kappa_r' d}{\dot{d}}\sin^2(\Delta\theta) \tag{8-12}$$

车辆行驶轨迹曲率为

$$\kappa = \frac{\partial\theta}{\partial s_x} = \frac{\partial\theta\partial s}{\partial s}\frac{\partial t}{\partial t\partial s_x} = \frac{\dot{s}}{V_{ego}}\frac{\partial\theta}{\partial s} = \frac{\cos(\Delta\theta)}{1-\kappa_r d}\theta' \tag{8-13}$$

由于

$$\frac{\partial(\Delta\theta)}{\partial s} = \frac{\partial\theta}{\partial s} - \frac{\partial\theta_r}{\partial s} = \theta' - \kappa_r \tag{8-14}$$

根据式（8-12）~式（8-14），可得车辆行驶轨迹的曲率为

$$\kappa = \frac{\dot{s}}{\dot{d}}\kappa_r\sin(\Delta\theta) + \frac{\dot{s}\ddot{d}-\ddot{s}\dot{d}}{\dot{s}\dot{d}^2}\sin^2(\Delta\theta)\cos(\Delta\theta) + \frac{\dot{s}\dot{d}\kappa_r + \dot{s}^2 d\kappa_r'}{\dot{d}^2}\sin^3(\Delta\theta) \tag{8-15}$$

根据式（8-6）和式（8-12），则车辆行驶加速度为

$$\begin{aligned} a_{ego} = \dot{V}_{ego} &= \frac{\partial}{\partial t}\frac{\dot{s}(1-\kappa_r d)}{\cos(\Delta\theta)} = \frac{\ddot{s}(1-\kappa_r d)}{\cos(\Delta\theta)} + \dot{s}\frac{\partial s}{\partial t}\frac{\partial}{\partial s}\frac{(1-\kappa_r d)}{\cos(\Delta\theta)} \\ &= \frac{\ddot{s}(1-\kappa_r d) - (\dot{s}\dot{d}\kappa_r + \dot{s}^2 d\kappa_r') + \dot{s}\dot{d}\frac{\partial}{\partial s}(\Delta\theta)}{\cos(\Delta\theta)} \\ &= (\ddot{s} - \ddot{s}d\kappa_r - \dot{s}\dot{d}\kappa_r - \dot{s}^2 d\kappa_r')\cos(\Delta\theta) + \ddot{d}\sin(\Delta\theta) \end{aligned} \tag{8-16}$$

综上所述，则车辆在 Frenét 坐标系下的运动状态（$s,\dot{s},\ddot{s},d,\dot{d},\ddot{d}$）到笛卡儿坐标系下的运动状态（$\theta,\kappa,V_{ego},a_{ego}$）的映射关系如式（8-4）、式（8-8）、式（8-15）、式（8-16）所示。

为了实现车辆在 Frenét 坐标系下的运动状态反馈控制，定义车辆相对参考线的横向误差为 e_1、横向速度误差为 $\dot{e}_1$、航向误差为 e_2、航向误差率为 $\dot{e}_2$，根据式（8-4）可得

$$\ddot{d} = a_{ego}\sin(\Delta\theta) + V_{ego}\cos(\Delta\theta)\cdot\Delta\dot{\theta} \tag{8-17}$$

则状态反馈信息为

$$\begin{cases} e_1 = d \\ \dot{e}_1 = V_{ego}\sin(\Delta\theta) \\ e_2 = \Delta\theta \\ \dot{e}_2 = \dfrac{\ddot{d} - a_{ego}\sin e_2}{V_{ego}\cos e_2} \end{cases} \tag{8-18}$$

以一个典型的换道场景为例，车辆存在一个较大的初始航向角偏差，利用 5 次多项式规划出的换道路径，在笛卡儿坐标系和 Frenét 坐标系下的轨迹曲线分别如图 8-6 和图 8-7 所示。

四、环境感知坐标系

为了提高智能驾驶系统可靠性和多目标跟踪（MTT）性能，进而建立交通场景模型和动力学控制问题的可行域模型，需要采用多源异构传感器形成冗余感知。以某车型 ADAS 功能传感器冗余方案为例，采用 1 个前向毫米波雷达、4 个角雷达和 1 个前视摄像头形成冗余，其多传感器冗余感知示意图如图 8-8 所示。

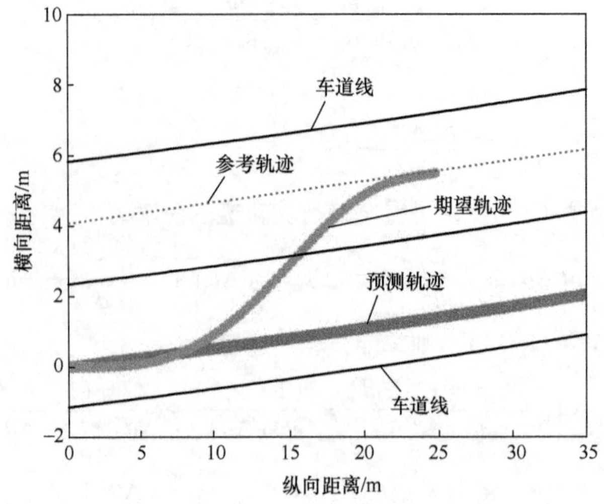

图 8-6　局部笛卡儿坐标系下的轨迹曲线

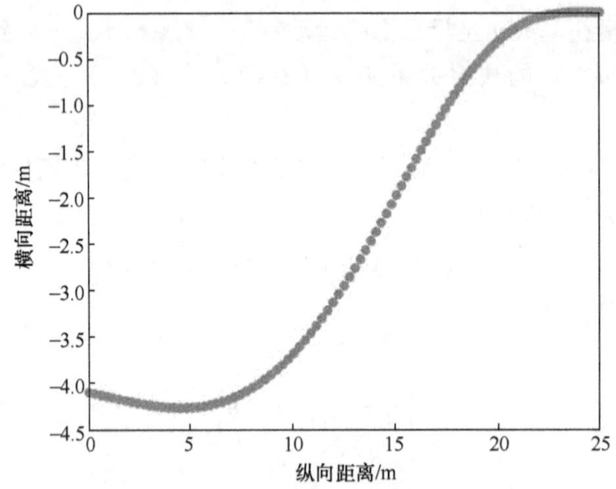

图 8-7　Frenét 坐标系下的轨迹曲线

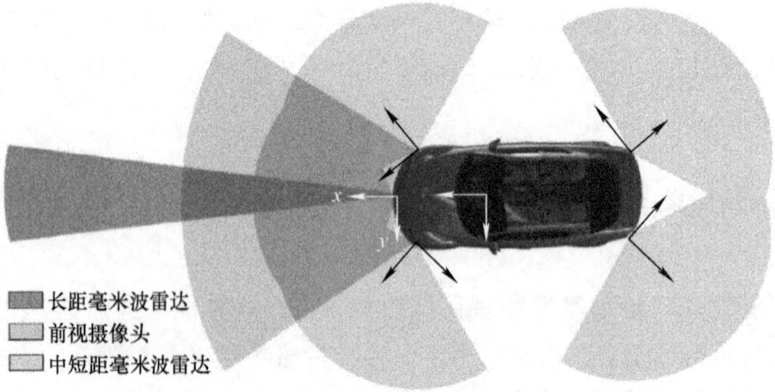

图 8-8　多传感器冗余感知示意图

（一）相机坐标系

摄像头的作用是把三维世界中的形状、颜色信息压缩到一张二维图像上；基于摄像头的感知算法则是从二维图像中提取并还原三维世界中的元素和信息，如车道线、车辆、行人等，并计算它们与本车的相对位置。

图像坐标系：计算机处理的图像一般以左上角为原点，向右为 X 正方向，向下为 Y 正方向，单位以“像素”最为常用。图像坐标系为二维坐标系，标记为（X_i, Y_i）。

摄像机坐标系：由于图像坐标系向右为 X 正方向，向下为 Y 正方向，因此摄像机坐标系以镜头主光轴中心为原点，一般向右为 X 正方向，向下为 Y 正方向，向前为 Z 正方向。这样，X、Y 方向与图像坐标系吻合，Z 方向即为景深，同时符合右手坐标系的定义，便于算法中的向量计算。摄像机坐标系记为（X_c, Y_c, Z_c）。

像平面坐标系：为了能够定量描述三维空间到二维图像的映射关系，图形学里引入了像平面坐标系。它是摄像机坐标系的一个平移，中心仍在摄像机主光轴上，距离光轴中心的武距离等于摄像机的焦距。

由于摄像机会在光轴中心后方的底片上成一个缩小的倒像，是真正的像平面（X_f', Y_f'）。但是为了分析和计算方便，一般会在光轴中心前方设立一个虚拟像平面（X_f, Y_f），如图 8-9 所示。虚拟像平面上的成像为正像，大小与真实倒像相同。

从摄像机坐标系到像平面坐标系存在以下映射关系：

$$x_f = f\left(\frac{X_c}{Z_c}\right),\ y_f = f\left(\frac{Y_c}{Z_c}\right) \tag{8-19}$$

式中，f 为摄像机的焦距。

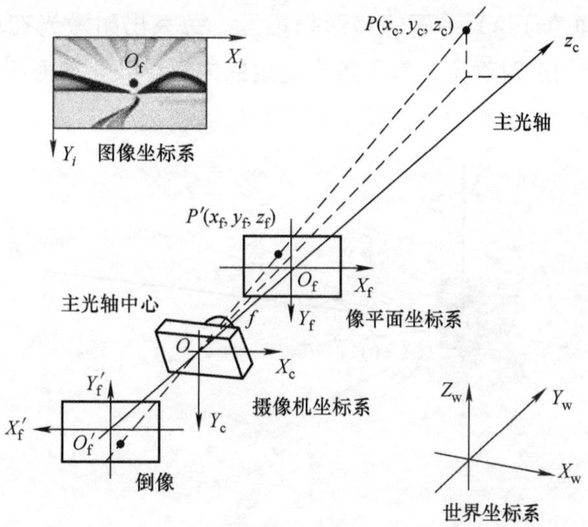

图 8-9　相机坐标系示意图

从以毫米为单位的像平面坐标系到以像素为单位的图像坐标系，存在线性转换关系：

$$\begin{bmatrix} x_i \\ y_i \\ 1 \end{bmatrix} = \begin{bmatrix} s_x & 0 & c_x \\ 0 & s_y & c_y \\ 0 & 0 & 1 \end{bmatrix} \begin{bmatrix} x_f \\ y_f \\ 1 \end{bmatrix} \tag{8-20}$$

式中，s_x和s_y是图像上每个像素在像平面上所对应的物理尺寸，单位是像素/mm；(c_x, c_y)是像平面中心在图像中的位置，单位是像素。

相机的焦距、像素尺寸和图像中成像中心的位置被称为相机的内部参数。它们用来确定相机从三维空间到二维图像的投影关系。实际应用中相机的内部参数会更为复杂，还包括图像的畸变率等。在自动驾驶应用中，相机的内部参数为常数，在使用过程中一般不会发生变化，但需要在使用前做好标定工作。相机的拍摄过程可以抽象成是从三维相机坐标系映射到二维像平面坐标系，再映射到图像坐标系的过程。图像感知算法则是这一过程的逆过程，通过二维图像推断物体在三维相机坐标系中的位置，例如获得障碍物的横纵向相对距离信息。

（二）激光雷达坐标系统

激光雷达是自动驾驶中最重要的传感器之一。目前世界上几乎所有的 L4 级别以上的自动驾驶测试车都配备了不同型号的激光雷达。

多线激光雷达可以看作是按一定角度绑在一起并且不停旋转的高速激光测距仪。以 Velodyne 公司的 64 束激光雷达 HDL 64 为例，其在垂直方向上可以同时以 64 个不同角度发射激光，根据反射回来的激光在空中的飞行时间（TOF）就可以计算出激光雷达距离物体表面的距离。这 64 束垂向分布的激光随雷达机体一起旋转，从而完成对环境 360°的扫描。大量的数据点绘制在三维空间中，形成了云状分布，被称为激光点云（Point Cloud）。

如图 8-10 所示，旋转式激光雷达一般选择激光发射中心作为坐标系原点，向上为 Z 轴正方向，X 轴、Y 轴构成水平平面。图中红色线条为激光雷达发出的激光束，在任意静止时刻形成平行于 Z 轴、垂直于 XY 平面的扇形扫描区。每束出射激光在竖直方向上的俯仰角 θ_i；为固定值，在设计制造时确定，属于激光雷达的内部参数。扇形扫描平面绕 Z 轴旋转的角度 $\varphi(t)$ 随时间变化，并会在原始测量数据中给出。

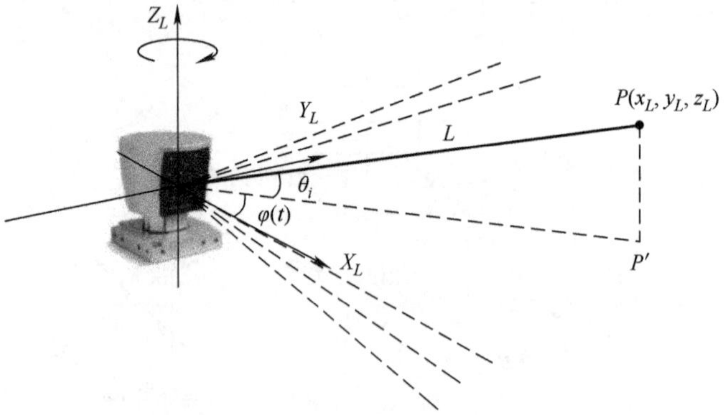

图 8-10　旋转式激光雷达坐标系

用正交坐标系表示的点云数据在实际中最为常用。例如，第 i 束激光在某 t 时刻照射到

某物体表面的 P 点，测距结果显示 P 点与激光雷达间的距离为 L，则该测量点 P 的原始测量数据可以极坐标形式 $(\varphi(t_0),\theta_i,L)$ 来表示。同时，P 点在激光雷达的正交坐标系 (X_L,Y_L,Z_L) 中表示为 $P(x_L,y_L,z_L)$，存在如下转换关系：

$$\begin{cases} x_L = L\cos(\theta_i)\cos(\varphi(t_0)) \\ y_L = L\cos(\theta_i)\sin(\varphi(t_0)) \\ z_L = L\sin(\theta_i) \end{cases} \tag{8-21}$$

（三）毫米波雷达坐标系

假设前向雷达装在车辆中轴线上且位于前保险杠前方。如图 8-11所示，以前向雷达安装位置中心点为坐标原点，x 轴平行于主车轴线以车辆运动方向为正方向，y 轴垂直于 x 轴方向，且假定车道线检测结果以车辆右侧为正方向，而目标检测结果以车辆左侧为正方向。

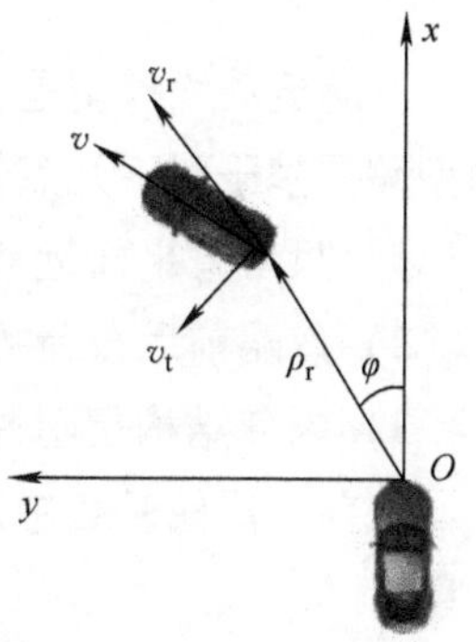

图 8-11　环境感知坐标系

（四）坐标系变换

在实际应用中，智能驾驶汽车一般都装有多个传感器，每个传感器安装的位置、方向都不一样。同一个交通参与者（如车辆、行人等）在各个传感器视野中的位置与姿态也都有所不同。因此，需要通过不同传感器确定障碍物与智能驾驶汽车间的相对位置，同时需要知道智能驾驶汽车在世界坐标系和高精地图中的位置与姿态。这就需要将不同的传感器坐标系关联起来，并建立它们之间的转换关系，这就是坐标系变换问题。

为了将不同传感器间彼此独立的感知结果关联起来，建立统一的环境模型，需要找到各个传感器与车体间的位置关系，这也是自动驾驶环境感知中多传感器融合算法的最基本步骤。传感器在车体上的安装位置一旦确定，在运行中就会保持固定，所以可以采用离线标定的方法确定各传感器相对车体的精确位置。

以前向毫米波雷达的坐标系作为全局环境感知坐标系，其他环境感知传感器的监测数据信息都通过坐标系变换后与环境感知坐标系对齐。假设环境感知传感器 i 在全局坐标系中的位置为 (x_i,y_i)，其局部坐标系相对于全局坐标系的旋转角度为 θ_i（以逆时针方向为正），则传感器 i 检测到目标的坐标 (x_0,y_0) 在全局坐标系下的坐标 (x,y) 满足坐标系变换关系

$$\begin{bmatrix} x \\ y \end{bmatrix} = \boldsymbol{R}_i \begin{bmatrix} x_0 \\ y_0 \end{bmatrix} + \boldsymbol{T}_i \tag{8-22}$$

式中，$\boldsymbol{T}_i$ 为平移向量；$\boldsymbol{R}_i$ 为旋转矩阵，且表达式为

$$\boldsymbol{T}_i = \begin{bmatrix} x_i \\ y_i \end{bmatrix}, \boldsymbol{R}_i = \begin{bmatrix} \cos\theta_i & -\sin\theta_i \\ \sin\theta_i & \cos\theta_i \end{bmatrix} \tag{8-23}$$

同理，该目标被传感器 i 检测到的横纵向速度 (V_{x0},V_{y0}) 在全局坐标系下的横纵向速度 (V_x,V_y) 也满足坐标系变换关系

$$\begin{bmatrix} V_x \\ V_y \end{bmatrix} = \boldsymbol{R}_i \begin{bmatrix} V_{x0} \\ V_{y0} \end{bmatrix} \tag{8-24}$$

第三节 车辆运动学模型

车辆运动学模型是根据车辆的几何关系建立的，不考虑影响车辆运动的力。建立运动学模型需要基于以下几点假设。

1）只考虑平面运动，不考虑车辆垂向的运动。

2）忽略前后载荷的转移，速度变化较为平缓。

3）内部结构是刚性的。

以前、后轮轴线中点作为研究对象，将车辆运动学模型简化成如图 8-12 所示的自行车模型。

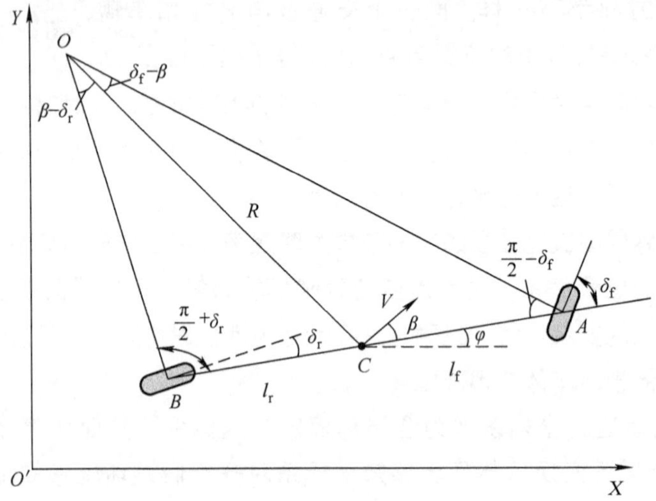

图 8-12 自行车模型

在该模型中，左右车轮由其前、后轴中心处的简化车轮代替，用 A、B 表示，车辆质心位于 C 点处，车辆瞬时旋转中心点为 O，它由前、后轮速度方向的垂线交点确定。前、后轮转角分别用δ_f和δ_r表示，前后轮轴距为 L，质心到前后轴的距离分别为l_f和l_r。

在惯性坐标系 $O'XY$ 下，车辆运动用质心坐标（X_C，Y_C）和车身横摆角 φ 来描述，V 为质心处的速度，其速度方向用与 X 轴的夹角（即航向角 γ）表示，且速度方向垂直于线段 OC。质心处速度方向与车身方向形成的夹角为车辆侧偏角，用 β 表示，三个参数之间的关系为

$$\gamma = \varphi + \beta \tag{8-25}$$

根据图 8-12 中转向半径 R 的几何关系可得

$$\begin{cases} R\sin(\delta_f-\beta)=l_f\sin\left(\dfrac{\pi}{2}-\delta_f\right) \\ R\sin(\beta-\delta_r)=l_r\sin\left(\dfrac{\pi}{2}+\delta_r\right) \end{cases} \tag{8-26}$$

将其展开可得

$$\begin{cases} R\sin\delta_f\cos\beta-R\cos\delta_f\sin\beta=l_f\cos\delta_f \\ R\cos\delta_r\sin\beta-R\sin\delta_r\cos\beta=l_r\cos\delta_r \end{cases} \tag{8-27}$$

进而可得转向半径的表达式为

$$R=\frac{L}{\cos\beta(\tan\delta_f-\tan\delta_r)} \tag{8-28}$$

以及车辆侧偏角满足关系式

$$\begin{cases} \tan\beta=\dfrac{l_f\tan\delta_r+l_r\tan\delta_f}{L} \\ \cos\beta=\dfrac{L\cos\delta_f\cos\delta_r}{\sqrt{l_r^2\cos^2\delta_r+l_f^2\cos^2\delta_f+2l_fl_r\cos\delta_f\cos\delta_r\cos(\delta_f-\delta_r)}} \end{cases} \tag{8-29}$$

假设车辆在曲率缓慢变化的道路上行驶，车辆的横摆角速度为

$$\dot{\varphi}=\frac{V}{R} \tag{8-30}$$

即

$$\dot{\varphi}=\frac{V}{L}\cos\beta(\tan\delta_f-\tan\delta_r) \tag{8-31}$$

则在惯性坐标系 OXY 下，车辆的二自由度运动学模型为

$$\begin{cases} \dot{X}_C=V\cos(\varphi+\beta) \\ \dot{Y}_C=V\sin(\varphi+\beta) \\ \dot{\varphi}=\dfrac{V\cos\beta}{L}(\tan\delta_f-\tan\delta_r) \end{cases} \tag{8-32}$$

其中，$\dot{X}_C$ 和$\dot{Y}_C$ 分别为车辆质心 C 点处的纵向和横向速度。车辆二自由度运动学模型的输入是质心速度 V 以及前、后轮转角δ_f和δ_r。

特别地，针对前轮转向车辆时，可假设$\delta_r=0$，此时的车辆运动学模型为

$$\begin{cases} \dot{X}_C=V\cos(\varphi+\beta) \\ \dot{Y}_C=V\sin(\varphi+\beta) \\ \dot{\varphi}=\dfrac{V\sin\delta_f}{\sqrt{l_r^2+l_f^2\cos^2\delta_f+2l_fl_r\cos^2\delta_f}} \\ \dot{V}=a \\ \beta=\arctan\dfrac{l_r\tan\delta_f}{L} \end{cases} \tag{8-33}$$

此时的控制输入是纵向加速度 a 和前轮转角δ_f，分别是纵向控制系统（驱动与制动）和

横向控制系统（转向盘）的控制输入。

第四节　车辆动力学模型

动力学主要研究作用于物体的力与物体运动的关系，车辆动力学模型一般用于分析车辆的平顺性和车辆操纵的稳定性。对于车来说，研究车辆动力学，主要是研究车辆轮胎及其相关部件的受力情况。比如，纵向速度控制通过控制轮胎转速实现；横向航向控制通过控制轮胎转角实现。

如图 8-13 所示，车辆上的作用力沿着 3 个不同的轴分布：纵轴上的力包括驱动力和制动力，以及滚动阻力和拖拽阻力，汽车绕纵轴作侧倾运动；横轴上的力包括转向力、离心力和侧向力，汽车绕横轴作俯仰运动；立轴上的力包括车辆上下振荡施加的力，汽车绕立轴作横摆运动。而在单车模型假设的前提下，再作如下假设即可简单搭建车辆的动力学模型。

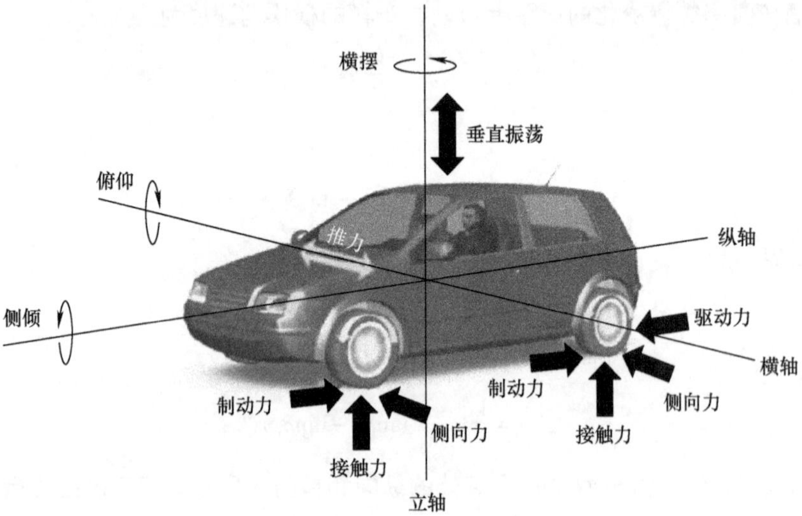

图 8-13　车辆动力学模型

1）只考虑纯侧偏轮胎特性，忽略轮胎力的纵横向耦合关系。

2）用单车模型描述车辆的运动，不考虑载荷的左右转移。

3）悬架系统是刚性的，忽略悬架运动的影响。

4）忽略横纵向空气动力学。

5）假设车辆转向盘转角与前轮转角之间为线性关系，忽略转向系的惯性和阻尼等。

在智能车的横向控制过程中，把车辆的横向控制模型转化为线性二自由度汽车模型，仅考虑车辆的横向速度和横摆角速度，如图 8-14 所示。其中，车辆坐标系的原点 C 与车辆的重心重合，车辆横向速度为 V_y，纵向速度为 $V_x = V_{ego}$，横摆角速度为ω_r。

由车辆运动学知识和牛顿第二定律可得，二自由度模型的方程为

$$m(\dot{V}_y + V_{ego}\omega_r) = \sum F_y \tag{8-34}$$

$$I_z\dot{\omega}_r = \sum M_z \tag{8-35}$$

设车辆前、后轴两轮胎的侧向合力为F_{yf}和F_{yr}，忽略回正力矩且假设轮胎侧偏角较小，则

$$m(\dot{V}_y + V_{ego}\omega_r) = F_{yf} + F_{yr} \tag{8-36}$$

$$I_z\dot{\omega}_r = l_f F_{yf} - l_r F_{yr} \tag{8-37}$$

在二自由度模型中，前轮的横向速度为

$$v_f = V_y + l_f\omega_r \tag{8-38}$$

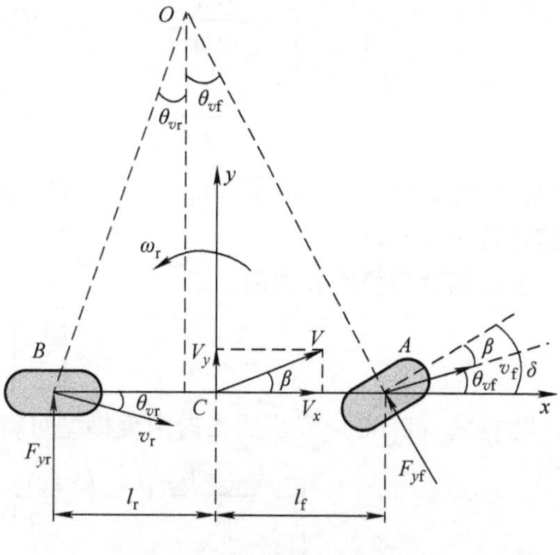

图8-14　车辆二自由度模型

后轮的横向速度为

$$v_r = V_y - l_r\omega_r \tag{8-39}$$

由于轮胎的侧偏角α很小，且车辆的后轴不作为转向轴，因此后轮的侧偏角为

$$\alpha_r = \frac{V_y - l_r\omega_r}{V_{ego}} \tag{8-40}$$

设前轮的转向角为δ，则

$$\tan(\alpha_f + \delta) = \frac{v_f}{V_{ego}} \tag{8-41}$$

前轮的侧偏角可近似为

$$\alpha_f = \frac{V_y + l_f\omega_r}{V_{ego}} - \delta \tag{8-42}$$

前、后轮的侧向力为

$$F_{yf} = -C_{\alpha f}\alpha_f \tag{8-43}$$

$$F_{yr} = -C_{\alpha r}\alpha_r \tag{8-44}$$

根据式（8-36）~式（8-44）可得

$$m(\dot{V}_y + V_{ego}\omega_r) = C_{\alpha f}\delta - \frac{C_{\alpha f} + C_{\alpha r}}{V_{ego}}V_y - \frac{C_{\alpha f}l_f - C_{\alpha r}l_r}{V_{ego}}\omega_r \tag{8-45}$$

$$I_z\dot{\omega}_r = C_{\alpha f}l_f\delta - \frac{C_{\alpha f}l_f - C_{\alpha r}l_r}{V_{ego}}V_y - \frac{C_{\alpha f}l_f^2 + C_{\alpha r}l_r^2}{V_{ego}}\omega_r \tag{8-46}$$

对式（8-45）和式（8-46）进行变换可得

$$\begin{bmatrix} m & 0 \\ 0 & I_z \end{bmatrix}\begin{bmatrix} \dot{V}_y \\ \dot{\omega}_r \end{bmatrix} = \begin{bmatrix} -\dfrac{C_{\alpha f} + C_{\alpha r}}{V_{ego}} & -\dfrac{C_{\alpha f}l_f - C_{\alpha r}l_r}{V_{ego}} - mV_{ego} \\ -\dfrac{C_{\alpha f}l_f - C_{\alpha r}l_r}{V_{ego}} & -\dfrac{C_{\alpha f}l_f^2 + C_{\alpha r}l_r^2}{V_{ego}} \end{bmatrix}\begin{bmatrix} V_y \\ \omega_r \end{bmatrix} + \begin{bmatrix} C_{\alpha f} \\ C_{\alpha f}l_f \end{bmatrix}\delta \tag{8-47}$$

对式（8-47）进行化简可得

$$\begin{bmatrix}\dot{V}_y\\ \dot{\omega}_r\end{bmatrix}=\begin{bmatrix}-\dfrac{C_{\alpha f}+C_{\alpha r}}{mV_{ego}} & -\dfrac{C_{\alpha f}l_f-C_{\alpha r}l_r}{mV_{ego}}-V_{ego}\\ -\dfrac{C_{\alpha f}l_f-C_{\alpha r}l_r}{I_zV_{ego}} & -\dfrac{C_{\alpha f}l_f^2+C_{\alpha r}l_r^2}{I_zV_{ego}}\end{bmatrix}\begin{bmatrix}V_y\\ \omega_r\end{bmatrix}+\begin{bmatrix}\dfrac{C_{\alpha f}}{m}\\ \dfrac{C_{\alpha f}l_f}{I_z}\end{bmatrix}\delta \tag{8-48}$$

式中，I_z 为车辆的转动惯量（$kg\cdot m^2$）；$C_{\alpha f}$和$C_{\alpha r}$分别为车辆前后轮的侧偏刚度（N/rad）；δ 为前轮转角（rad）。

当车辆达到稳态转向时，即

$$\begin{bmatrix}\dot{V}_y\\ \dot{\omega}_r\end{bmatrix}=\begin{bmatrix}0\\ 0\end{bmatrix} \tag{8-49}$$

根据式（8-48）表示的二自由度模型可得

$$\begin{cases}-\dfrac{C_{\alpha f}+C_{\alpha r}}{mV_{ego}}V_y-\left(\dfrac{C_{\alpha f}l_f-C_{\alpha r}l_r}{mV_{ego}}+V_{ego}\right)\omega_r+\dfrac{C_{\alpha f}}{m}\delta=0\\ -\dfrac{C_{\alpha f}l_f-C_{\alpha r}l_r}{I_zV_{ego}}V_y-\dfrac{C_{\alpha f}l_f^2+C_{\alpha r}l_r^2}{I_zV_{ego}}\omega_r+\dfrac{C_{\alpha f}l_f}{I_z}\delta=0\end{cases} \tag{8-50}$$

求解可得车辆的稳态侧偏和横摆特性为

$$\begin{cases}\left.\dfrac{\omega_r}{\delta}\right|_s=\dfrac{V_{ego}/L}{1+\dfrac{m}{L^2}\left(\dfrac{l_r}{C_{\alpha f}}-\dfrac{l_f}{C_{\alpha r}}\right)V_{ego}^2}=\dfrac{V_{ego}/L}{1+KV_{ego}^2}\\ \left.\dfrac{V_y}{\omega_r}\right|_s=l_r-\dfrac{ml_f}{C_{\alpha r}L}V_{ego}^2\end{cases} \tag{8-51}$$

其中，稳定性因数为

$$K=\frac{m}{L^2}\left(\frac{l_r}{C_{\alpha f}}-\frac{l_f}{C_{\alpha r}}\right) \tag{8-52}$$

第五节　轮 胎 模 型

轮胎是汽车的重要部件，它的结构参数和力学特性决定着汽车的主要行驶性能。因为除空气作用力外，汽车行驶所需的所有外力都是由轮胎与路面之间的相互作用产生的。轮胎所受的法向力、纵向力、侧向力和回正力矩对汽车操纵稳定性有重要影响，是研究汽车系统动力学和智能驾驶车辆运动规划与运动控制的基础。特别是对汽车正向操纵稳定性的仿真研究，如何匹配合适的轮胎模型是至关重要的。

轮胎模型用于研究轮胎六分力（纵向力、侧向力、垂向力、翻转力矩、滚动阻力矩、回正力矩）与轮胎结构参数和使用参数的关系如图 8-15 所示。由于轮胎动力学模型对汽车操纵稳定性仿真计算结果有很大的影响，所以轮胎动力学模型的精度必须与汽车操纵稳定性模型精度相匹配。由于轮胎具有结构的复杂性和力学性能的非线性，因此选择既符合实际又便于使用的轮胎动力学模型是研究汽车操纵稳定性的关键。轮胎动力学模型根据建模方法的不同，主要分为理论模型、经验模型和半经验模型。轮胎理论模型可以利用解析表达式描述轮胎的受力，便于建立汽车操纵稳定性线性模型和理论分析；轮胎经验模型应用较少；轮胎半经验模型精度较高，用于汽车操纵稳定性仿真效果好。

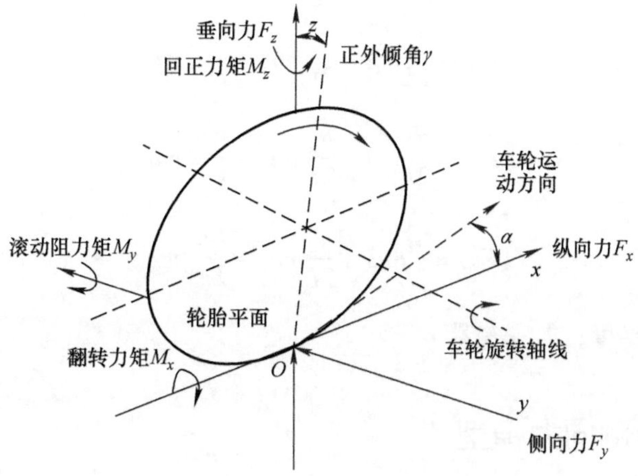

图 8-15 轮胎六分力示意图

一、低滑移率纵向力模型

在低滑移率时的轮胎纵向力与滑移率成正比。如图 8-16 所示，轮胎滑移率用来衡量车轮相对于纯滚动（或纯滑动）状态的偏离程度，是影响轮胎产生纵向力的一个重要因素。轮胎的纵向滑移率定义如下：

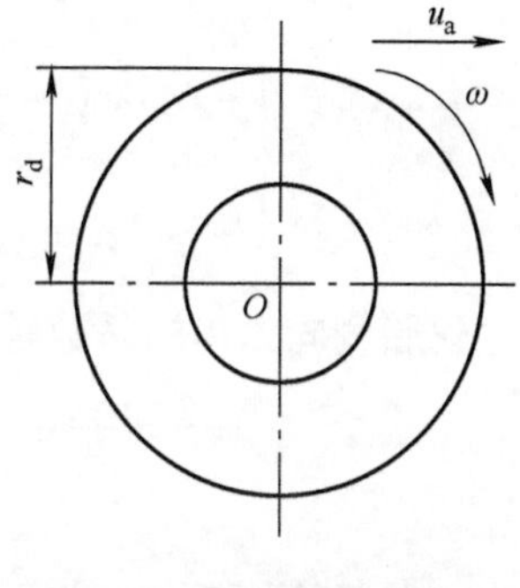

图 8-16 轮胎转动示意图

$$\lambda_x=\begin{cases}\dfrac{\omega r_d-u_a}{\omega r_d}\times 100\%，驱动工况\\ \dfrac{u_a-\omega r_d}{u_a}\times 100\%，制动工况\end{cases} \tag{8-53}$$

式中，u_a为实际车轮轴心的纵向速度；ω为车轮旋转速度；r_d为车轮转动半径。

由试验结果建立由每个轮胎产生的轮胎纵向力模型，其中，纵向力由轮胎地面法向力和路面附着系数决定，而路面的附着系数与滑移率有关，其典型变化如图 8-17 所示。

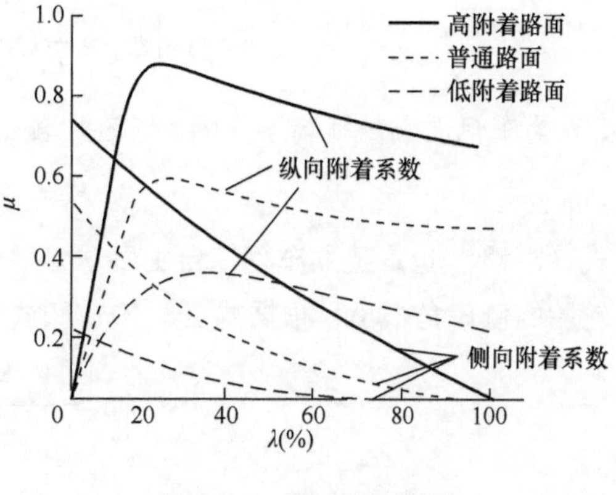

图 8-17 轮胎线性模型

对于安装有防抱死系统（ABS）的车辆，其轮胎滑移率一般较低（在干路面上小于 20%），由图 8-17 可知，轮胎纵向力与滑移率成正比，因此，纵向力

模型为

$$
\begin{cases}
F_{\mathrm{zfl}} = \dfrac{l_{\mathrm{r}}}{2L}mg - \dfrac{h_{\mathrm{g}}}{2L}ma_x - \dfrac{l_{\mathrm{r}}h_{\mathrm{g}}}{Lw_{\mathrm{b}}}ma_y \\
F_{\mathrm{zfr}} = \dfrac{l_{\mathrm{r}}}{2L}mg - \dfrac{h_{\mathrm{g}}}{2L}ma_x + \dfrac{l_{\mathrm{r}}h_{\mathrm{g}}}{Lw_{\mathrm{b}}}ma_y \\
F_{\mathrm{zrl}} = \dfrac{l_{\mathrm{f}}}{2L}mg + \dfrac{h_{\mathrm{g}}}{2L}ma_x - \dfrac{l_{\mathrm{f}}h_{\mathrm{g}}}{Lw_{\mathrm{b}}}ma_y \\
F_{\mathrm{zrr}} = \dfrac{l_{\mathrm{f}}}{2L}mg + \dfrac{h_{\mathrm{g}}}{2L}ma_x + \dfrac{l_{\mathrm{f}}h_{\mathrm{g}}}{Lw_{\mathrm{b}}}ma_y
\end{cases}
\tag{8-54}
$$

式中，h_{g}是车辆质心高度；w_{b}是轮距。

二、小侧偏角侧向力模型

基于轮胎模型可得侧向力与侧偏角的关系为

$$
F_y = \begin{cases}
-C_\alpha \tan\alpha + \dfrac{C_\alpha^2}{3\eta\mu F_z}|\tan\alpha|\tan\alpha - \dfrac{C_\alpha^3}{27\eta^2\mu^2F_z^2}\tan^3\alpha，当 |\alpha| \leqslant \arctan\dfrac{3\eta\mu F_z}{C_\alpha} \\
-\eta\mu F_z \mathrm{sgn}\alpha，其他
\end{cases}
\tag{8-55}
$$

轮胎侧向力中的系数是为了保证轮胎横纵向力不超过轮胎的附着极限，其表达式为

$$
\eta = \frac{\sqrt{\mu^2F_z^2 - F_x^2}}{\mu F_z} \tag{8-56}
$$

其中，前后轮的垂向力分别为

$$
\begin{cases}
F_{\mathrm{zf}} = \dfrac{1}{L}(mgl_{\mathrm{r}} - hF_x) \\
F_{\mathrm{zr}} = \dfrac{1}{L}(mgl_{\mathrm{f}} + hF_x)
\end{cases}
\tag{8-57}
$$

式中，h 为车辆质心离地高度。因此，在小侧偏角时的轮胎侧向力与轮胎侧偏角成正比，即

$$
F_y = -C_\alpha \alpha \tag{8-58}
$$

式（8-58）也是建立车辆二自由度动力学模型的重要假设条件。

轮胎的侧偏角很小，根据式（8-40）和式（8-42）可得前、后轮的侧偏角为

$$
\begin{cases}
\alpha_{\mathrm{f}} = \dfrac{V_y + l_{\mathrm{f}}\omega_{\mathrm{r}}}{V_{\mathrm{ego}}} - \delta \\
\alpha_{\mathrm{r}} = \dfrac{V_y - l_{\mathrm{r}}\omega_{\mathrm{r}}}{V_{\mathrm{ego}}}
\end{cases}
\tag{8-59}
$$

其中，前轮的转向角为δ，则前、后轮的侧向力为

$$\begin{cases} F_{yf} = -C_{\alpha f}\left(\dfrac{V_y + l_f\omega_r}{V_{ego}} - \delta\right) \\ F_{yr} = -C_{\alpha r}\dfrac{V_y - l_r\omega_r}{V_{ego}} \end{cases} \tag{8-60}$$

三、联合轮胎力模型

前面已经讨论了在只有低滑移率和小侧偏角存在时轮胎的纵向力和侧向力，但在侧偏和滑移同时耦合作用时，轮胎力的公式需要考虑其合力矢量不能超过轮胎摩擦极限 μF_z。

在侧偏角和纵向滑移率都存在的情况下，基于抛物线分布的地面法向作用力的轮胎联合模型，轮胎合力的数学模型如下：

$$F = \begin{cases} \mu F_z[3\lambda\theta - 3(\lambda\theta)^2 + (\lambda\theta)],\ \lambda \leqslant \dfrac{1}{\theta} \\ \mu F_z,\ \lambda > \dfrac{1}{\theta} \end{cases} \tag{8-61}$$

式中，$\lambda = \sqrt{\lambda_x^2 + \lambda_y^2}$为总的滑移率，且横、纵向滑移率为

$$\lambda_x = \begin{cases} \dfrac{\omega r_d - u_a}{\omega r_d} \times 100\%\text{，驱动工况} \\ \dfrac{u_a - \omega r_d}{u_a} \times 100\%\text{，制动工况} \end{cases} \tag{8-62}$$

$$\lambda_y = \frac{u_a}{\omega r_d}\tan\alpha$$

轮胎参数和地面法向力函数参数为

$$\theta = \frac{4a^2 bk}{3\mu F_z} \tag{8-63}$$

式中，a、b、k 是与轮胎有关的常参数。轮胎纵向力和侧向力为

$$\begin{cases} F_x = \dfrac{\lambda_x}{\lambda}F \\ F_y = \dfrac{\lambda_y}{\lambda}F \end{cases} \tag{8-64}$$

四、魔术公式轮胎模型

轮胎魔术公式是典型的轮胎半经验模型，是目前应用最广泛的轮胎模型之一。轮胎魔术公式是用三角函数的组合公式拟合轮胎试验数据，仅用一套形式相同的公式就可以完整且较好地表达轮胎的纵向力、侧向力、回正力矩以及纵向力、侧向力的联合作用工况。轮胎魔术公式有多种模型，如 Pacejka89 模型、Pacejka94 模型、MF-Tvre 轮胎模型、PAC2002 轮胎模型等，本节将重点介绍 Pacejka89 模型。

Pacejka89 轮胎模型采用 SAE 标准轮胎坐标系，遵守的符号协议为：纵向力与纵向滑动率符号一致；侧向力与侧偏角符号一致；小侧偏角时，回正力矩与侧偏角符号相反。Pacejka89 轮胎模型是将纵向特征量描述为垂直载荷的函数，侧向特征量描述为垂直载荷与外倾角的函数。垂直载荷与外倾角一定时，Pacejka89 轮胎纵向力模型为纵向滑动率的正弦函数，侧向力与回正力矩为侧偏角的正弦函数，且纵向力、侧向力与回正力矩求解函数是相互独立的。Pacejka89 轮胎模型采用的单位制有别于国际单位制，垂直载荷单位为 kN，纵向滑动率单位为%，侧偏角单位为（°），纵向力与侧向力单位为 N，回正力矩单位为 N · m。

Pacejka89 轮胎模型可统一描述为

$$
\begin{aligned}
Y(x) &= y(x) + S_v \\
y(x) &= D\sin\left\{C\arctan\{Bx - E[Bx - \arctan(Bx)]\}\right\} \\
x &= X + S_h
\end{aligned} \tag{8-65}
$$

式中，$Y(x)$ 为轮胎纵向力、侧向力或回正力矩；x 为考虑水平偏移因子时的自变量；$y(x)$ 为不考虑垂直偏移因子的纵向力、侧向力或回正力矩；X 为纵向滑动率或侧偏角；D 为峰值因子，表征 $y(x)$ 曲线的峰值；C 为形状因子，表征 $y(x)$ 曲线的形状；B 为刚度因子，决定 $y(x)$ 曲线原点处的斜率；E 为曲率因子，表征 $y(x)$ 曲线峰值和渐进线附近的曲率；S_v 为垂直偏移因子，表征 $y(x)$ 曲线的垂直偏移程度；S_h 为水平偏移因子，表征 $y(x)$ 曲线的水平偏移程度。S_v 和 S_h 是由轮胎的帘布层转向效应、轮胎的圆锥度效应、滚动阻力矩和外倾角引起的，用来描述特性曲线相对原点的偏移；B、C、D 决定 $x=0$ 处的斜率。Pacejka89 轮胎模型如图 8-18 所示。

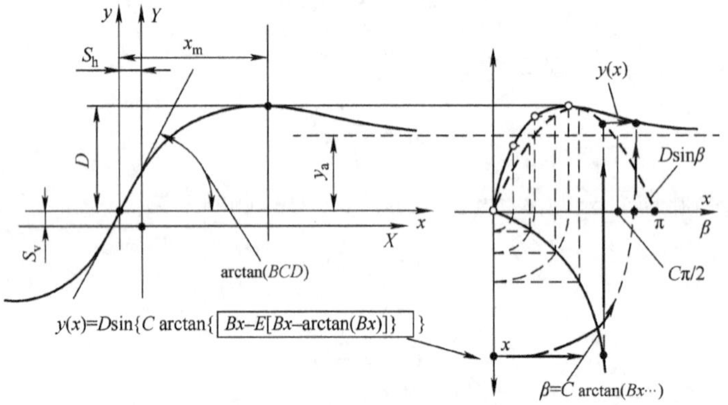

图 8-18 Pacejka89 轮胎模型

第六节 轮胎侧偏刚度估计

车身侧偏角或侧向运动速度在车辆横向控制中常用作状态反馈量，但是无法利用车载传感器直接测量，故需要设计状态观测器重构车辆横向运动状态。另外，对于不同道路条件，轮胎侧偏刚度不同，给车辆模型引入了一定的不确定性与非线性特性。考虑到轮胎侧偏刚度在车辆横向动力学模型中起着重要作用，因此，首先在线辨识轮胎的侧偏刚度信息，再基于车辆二自由度模型设计横向运动状态观测器。

一、横摆角速度法

假设车辆稳态行驶且轮胎的侧偏角很小，此时，根据式（8-50）可得横向速度和横摆稳态转向特性为

$$\left.\frac{V_y}{\omega_r}\right|_s = l_r - \frac{m l_f V_{ego}^2}{C_{\alpha r} L} \tag{8-66}$$

则根据式（8-48）可得横摆角速度响应为

$$\omega_r(k+1) = \left[1 - \frac{1+KV_{ego}^2}{I_z V_{ego}} C_{\alpha f} L l_f T\right]\omega_r(k) + \frac{C_{\alpha f} l_f}{I_z} T\delta(k) \tag{8-67}$$

式中，T 为采样周期。该响应特性等价于

$$\omega_r(k+1) - \omega_r(k) = \left[-\frac{V_{ego} L l_f T}{I_z}\omega_r(k), \frac{l_f T}{I_z}\delta(k) - \frac{L l_f T}{I_z V_{ego}}\omega_r(k)\right]\begin{bmatrix} KC_{\alpha f} \\ C_{\alpha f}\end{bmatrix} \tag{8-68}$$

假设轮胎侧偏刚度在过去 n 个采样周期内是近似相等的，则定义

$$\boldsymbol{\theta}(k) = \begin{bmatrix} K(k-1)C_{\alpha f}(k-1) \\ C_{\alpha f}(k-1)\end{bmatrix}, \ \boldsymbol{y}(k) = \begin{bmatrix} \omega_r(k) - \omega_r(k-1) \\ \omega_r(k-1) - \omega_r(k-2) \\ \omega_r(k-2) - \omega_r(k-3) \\ \vdots \\ \omega_r(k-n+1) - \omega_r(k-n)\end{bmatrix}$$

$$\boldsymbol{\varphi}(k) = \begin{bmatrix} -\frac{V_{ego} L l_f T}{I_z}\omega_r(k-1) & \frac{l_f T}{I_z}\delta(k-1) - \frac{L l_f T}{I_z V_{ego}}\omega_r(k-1) \\ -\frac{V_{ego} L l_f T}{I_z}\omega_r(k-2) & \frac{l_f T}{I_z}\delta(k-2) - \frac{L l_f T}{I_z V_{ego}}\omega_r(k-2) \\ -\frac{V_{ego} L l_f T}{I_z}\omega_r(k-3) & \frac{l_f T}{I_z}\delta(k-3) - \frac{L l_f T}{I_z V_{ego}}\omega_r(k-3) \\ \vdots & \vdots \\ -\frac{V_{ego} L l_f T}{I_z}\omega_r(k-n) & \frac{l_f T}{I_z}\delta(k-n) - \frac{L l_f T}{I_z V_{ego}}\omega_r(k-n)\end{bmatrix} \tag{8-69}$$

则式（8-68）可写成如下所示的参数递推辨识形式：

$$\boldsymbol{y}(k) = \boldsymbol{\varphi}(k)\boldsymbol{\theta}(k) + \boldsymbol{e}(k) \tag{8-70}$$

式中，$\boldsymbol{\theta}(k)$ 为待辨识的参数矢量；$\boldsymbol{\varphi}(k)$ 为输入递推矢量；$\boldsymbol{e}(k)$ 为辨识误差。可采用递推最小二乘法（RLS）对未知矢量 $\boldsymbol{\theta}(k)$ 进行在线辨识。

对于每个采样周期，使用历史采样数据，通过反复迭代辨识未知矢量 $\boldsymbol{\theta}(k)$。RLS 迭代

算法以模型误差的最小方差为目标，具体的迭代步骤如下。

1）构造系统输出递推矢量 $\boldsymbol{y}(k)$ 和输入递推矢量 $\boldsymbol{\varphi}(k)$，给定参数初值 $\boldsymbol{\theta}(k)$ 和协方差矩阵初值 $\boldsymbol{K}_e(k)$；

2）计算辨识误差：

$$\boldsymbol{e}(k)=\boldsymbol{y}(k)-\boldsymbol{\varphi}(k)\boldsymbol{\theta}(k) \tag{8-71}$$

3）计算增益校正矢量和协方差矩阵：

$$\boldsymbol{K}_e(k)=\boldsymbol{P}(k-1)\boldsymbol{\varphi}^{\mathrm{T}}(k)[\lambda+\boldsymbol{\varphi}(k)\boldsymbol{P}(k-1)\boldsymbol{\varphi}^{\mathrm{T}}(k)]^{-1} \tag{8-72}$$

$$\boldsymbol{P}(k)=\frac{1}{\lambda}\boldsymbol{P}(k-1)-\frac{1}{\lambda}\boldsymbol{P}(k-1)\boldsymbol{\varphi}^{\mathrm{T}}(k)\boldsymbol{\varphi}(k)\boldsymbol{P}(k-1)[\lambda+\boldsymbol{\varphi}(k)\boldsymbol{P}(k-1)\boldsymbol{\varphi}^{\mathrm{T}}(k)]^{-1} \tag{8-73}$$

4）更新估计参数矢量：

$$\boldsymbol{\theta}(k)=\boldsymbol{\theta}(k-1)+\boldsymbol{K}_e(k)\boldsymbol{e}(k) \tag{8-74}$$

式中，λ 为遗忘因子，能够有效减小与模型相关的历史数据带来的影响，其取值范围一般为 $0.9\leqslant\lambda\leqslant1$。通过迭代实现参数矢量 $\boldsymbol{\theta}(k)$ 的辨识后，可得前后车轮的侧偏刚度分别为

$$C_{\alpha f}=\theta_2(k),C_{\alpha r}=\frac{ml_f\theta_2(k)}{ml_r-L^2\theta_1(k)} \tag{8-75}$$

二、侧向-横摆综合法

在上述方法中利用了车辆侧向和横摆运动的稳态响应特性，忽略了车辆的瞬态过程。考虑到侧向速度不可测，但是侧向加速度可测，则根据式（8-48），可得侧向加速度和横摆角速度响应分别为

$$\begin{cases}a_y(k)=-\dfrac{C_{\alpha f}+C_{\alpha r}}{mV_{ego}}V_y(k)-\left(\dfrac{C_{\alpha f}l_f-C_{\alpha r}l_r}{mV_{ego}}+V_{ego}\right)\omega_r(k)+\dfrac{C_{\alpha f}}{m}\delta(k)\\[2ex]\omega_r(k+1)=-\dfrac{C_{\alpha f}l_f-C_{\alpha r}l_r}{I_zV_{ego}}TV_y(k)+\left(1-\dfrac{C_{\alpha f}l_f^2+C_{\alpha r}l_r^2}{I_zV_{ego}}T\right)\omega_r(k)+\dfrac{C_{\alpha f}l_f}{I_z}T\delta(k)\end{cases} \tag{8-76}$$

消去侧向速度可得

$$\begin{aligned}\omega_r(k+1)-\omega_r(k)=&\left[\frac{Tm}{I_z}a_y(k)-\frac{TmV_{ego}^2}{V_{ego}I_z}\omega_r(k)\right]\frac{C_{\alpha f}l_f-C_{\alpha r}l_r}{C_{\alpha f}+C_{\alpha r}}+\\&\left[\frac{TL}{I_z}\delta(k)-\frac{TL^2}{V_{ego}I_z}\omega_r(k)\right]\frac{C_{\alpha f}C_{\alpha r}}{C_{\alpha f}+C_{\alpha r}}\end{aligned} \tag{8-77}$$

与上述方法相类似，假设轮胎侧偏刚度在过去 n 个采样周期内是近似相等的，定义

$$\boldsymbol{\theta}(k)=\begin{bmatrix}\dfrac{l_fC_{\alpha f}(k-1)-l_rC_{\alpha r}(k-1)}{C_{\alpha f}(k-1)+C_{\alpha r}(k-1)}\\[2ex]\dfrac{C_{\alpha f}(k-1)C_{\alpha r}(k-1)}{C_{\alpha f}(k-1)+C_{\alpha r}(k-1)}\end{bmatrix},\ \boldsymbol{y}(k)=\begin{bmatrix}\omega_r(k)-\omega_r(k-1)\\\omega_r(k-1)-\omega_r(k-2)\\\omega_r(k-2)-\omega_r(k-3)\\\vdots\\\omega_r(k-n+1)-\omega_r(k-n)\end{bmatrix}$$

$$\boldsymbol{\varphi}(k)=\begin{bmatrix}\frac{Tm}{I_z}a_y(k-1)-\frac{TmV_{ego}^2}{V_{ego}I_z}\omega_r(k-1) & \frac{TL}{I_z}\delta(k-1)-\frac{TL^2}{V_{ego}I_z}\omega_r(k-1)\\ \frac{Tm}{I_z}a_y(k-2)-\frac{TmV_{ego}^2}{V_{ego}I_z}\omega_r(k-2) & \frac{TL}{I_z}\delta(k-2)-\frac{TL^2}{V_{ego}I_z}\omega_r(k-2)\\ \frac{Tm}{I_z}a_y(k-3)-\frac{TmV_{ego}^2}{V_{ego}I_z}\omega_r(k-3) & \frac{TL}{I_z}\delta(k-3)-\frac{TL^2}{V_{ego}I_z}\omega_r(k-3)\\ \vdots & \vdots\\ \frac{Tm}{I_z}a_y(k-n)-\frac{TmV_{ego}^2}{V_{ego}I_z}\omega_r(k-n) & \frac{TL}{I_z}\delta(k-n)-\frac{TL^2}{V_{ego}I_z}\omega_r(k-n)\end{bmatrix} \tag{8-78}$$

则可得如下所示的参数递推辨识形式：

$$\boldsymbol{y}(k)=\boldsymbol{\varphi}(k)\boldsymbol{\theta}(k)+\boldsymbol{e}(k) \tag{8-79}$$

式中，$\boldsymbol{\theta}(k)$ 为待辨识的参数矢量，可采用递推最小二乘法（RLS）对未知矢量 $\boldsymbol{\theta}(k)$ 进行在线辨识。

对于每个采样周期，使用历史采样数据，通过反复迭代辨识未知矢量 $\boldsymbol{\theta}(k)$。RLS 迭代算法以模型误差的最小方差为目标，具体的迭代步骤与横摆角速度估计法相类似，在此不再赘述。则通过迭代实现参数矢量 $\boldsymbol{\theta}(k)$ 的辨识后，可得前后车轮的侧偏刚度分别为

$$C_{\alpha f}=\frac{L\theta_2(k)}{l_f-\theta_1(k)},C_{\alpha r}=\frac{L\theta_2(k)}{l_r+\theta_1(k)} \tag{8-80}$$

思考题

1. 简述智能车辆几种常用坐标系及原理。
2. 简述车辆运动学模型建模思想。
3. 简述车辆动力学建模思想。
4. 简述几种常用轮胎模型建模思想。

第九章

现代控制理论基础

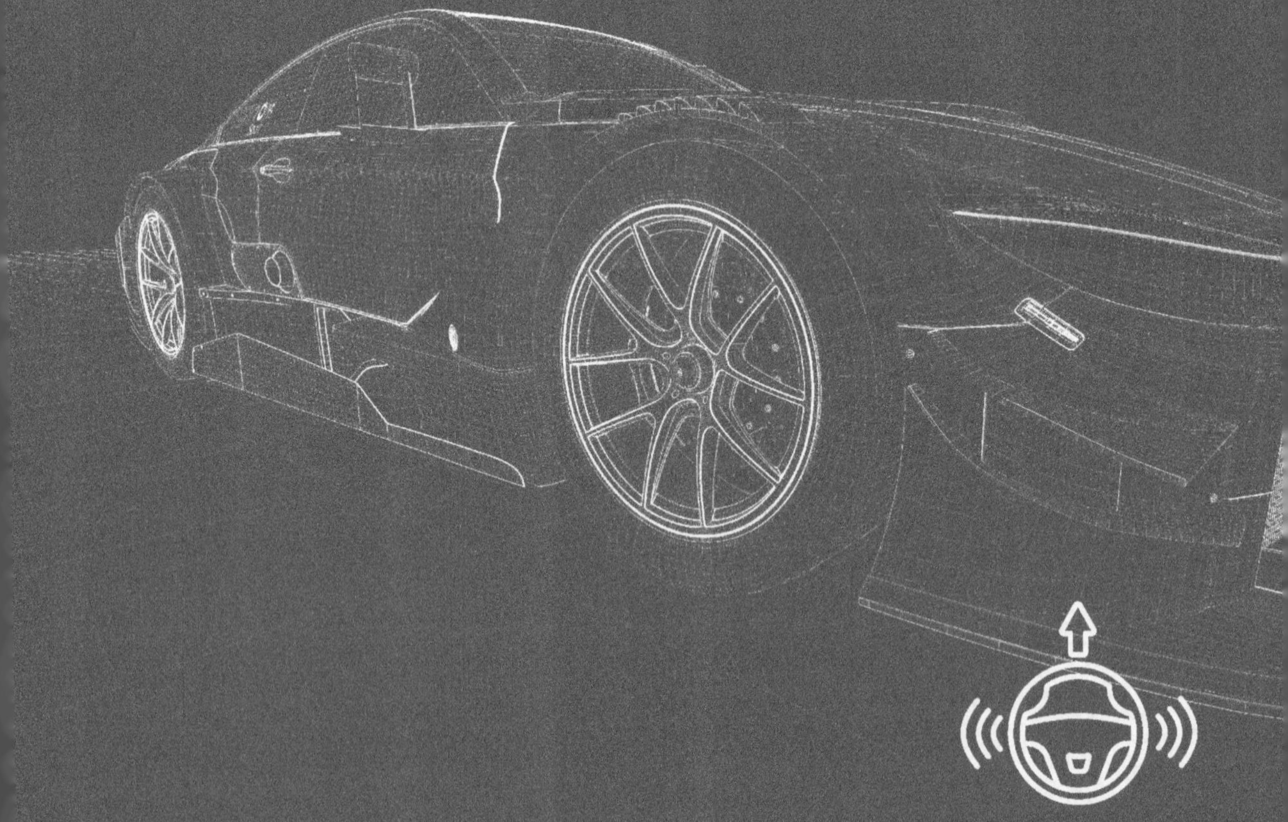

第一节　概　述

目前，虽然经典控制理论应用比较广泛，但是该理论有它的局限性，主要表现在以下几个方面。

1）经典控制理论只适合于单输入单输出的线性定常系统的研究。经典控制理论的研究方法是传递函数法（频率法），只讨论系统外部输入量与输出量之间的关系，因此当系统的内部特性中含有的某些因素在外部特性中反映不出来时，这种方法就可能失效。

2）经典控制理论是以传递函数法为基础的，在复数域内对控制系统进行研究，只能判断系统运动的主要特性，得不出系统运动的精确时域响应曲线，因此难以实现实时控制。

3）随着工业技术的发展，控制系统的复杂性及对其性能的要求也越来越高，经典控制理论难以实现最优控制。以状态空间法为基础的现代控制理论克服了经典控制理论的局限性，使控制理论的发展达到了一个新阶段。

20 世纪 90 年代以来，现代控制理论在汽车主动悬架系统、自动变速系统、制动防抱死系统、4 轮转向系统等方面已经有了广泛的应用实例。将现代控制理论应用于智能车辆动力学控制的优越性主要表现在以下方面。

1）由于智能车辆动力学系统是典型的多输入多输出系统，具有非线性、时变、不确定的特点，而现代控制理论采用了状态空间法，利用微分方程组来描述车辆系统的运动特性，因此，现代控制理论可以应用于车辆复杂动力学控制系统的研究。

2）智能车辆动力学控制系统对实时性有较高的要求，而现代控制理论的研究是在时间域内进行的，这就允许对车辆运动过程在整个时间域内进行实时控制。

3）状态空间法与优化理论相结合后，现代控制理论有利于设计人员根据给定的性能指标设计出最优控制系统，这正好满足了智能车辆多目标协同优化控制的需求。现代控制理论主要包括两方面的内容：一是控制对象的研究即系统理论，包括系统建模、系统辨识以及系统的稳定性、可控性和可观性分析等；二是系统规律的研究，即状态估计与控制系统设计等。因此，本章结合智能车辆动力学控制系统的应用特点，围绕现代控制理论的两个核心内容，对其中的关键基础理论知识进行系统梳理和回顾。

第二节　状态空间模型

经典控制理论是建立在系统的输入/输出关系或传递函数基础上的，而现代控制理论以状态空间模型来描述系统，非常适合用来分析类似于车辆动力学这样的复杂系统。状态空间模型在系统的描述中引入可以完整反映系统内部结构和内部信息的一组变量 $x_1(t),x_2(t),\cdots,x_n(t)$，这组变量称为状态变量，其中 t 表示时间，并同时用两个数学方程来表征系统的运动特性。其中一个是状态方程，由一个微分方程组或差分方程组来描述状态变量与输入变量之间的动态因果关系；另一个是输出方程，由一个代数方程组来描述系统输出变量与状态变量、输入变量之间的代数关系。

一、状态空间描述方法

首先，定义 $x_1,x_2,\cdots,x_n$ 是表征系统动态行为的状态变量；$u_1,u_2,\cdots,u_m$ 是系统的输入变量，是外部环境作用于系统上并引起系统运动的变量；$y_1,y_2,\cdots,y_p$ 是系统的输出变量，是系统影响外部环境的变量。在状态空间描述方法中，包括两个过程：输入引起状态变化的动态过程以及状态和输入的变化决定输出的瞬态过程。

（一）动态过程

输入引起状态变化的动态过程通常用微分方程或差分方程来表征。对连续时间系统来说，表示每个状态变量的一阶导数与所有状态变量和输入变量之间关系的数学方程即为状态方程。考虑最一般的情况，连续时间系统的状态方程描述为

$$\begin{cases}\dot{x}_1(t)=f_1(x_1,x_2,\cdots,x_n;u_1,u_2,\cdots,u_m;t)\\ \dot{x}_2(t)=f_2(x_1,x_2,\cdots,x_n;u_1,u_2,\cdots,u_m;t)\\ \vdots\\ \dot{x}_n(t)=f_n(x_1,x_2,\cdots,x_n;u_1,u_2,\cdots,u_m;t)\end{cases} \tag{9-1}$$

令状态向量和输入向量为

$$\boldsymbol{x}=[x_1,x_2,\cdots,x_n]^{\mathrm{T}},\boldsymbol{u}=[u_1,u_2,\cdots,u_m]^{\mathrm{T}} \tag{9-2}$$

以及向量函数

$$\boldsymbol{f}(x,u,t)=\begin{bmatrix}f_1(x,u,t)\\ f_2(x,u,t)\\ \vdots\\ f_n(x,u,t)\end{bmatrix} \tag{9-3}$$

则可将状态方程简写成向量的形式，即

$$\dot{\boldsymbol{x}}(t)=\boldsymbol{f}(x,u,t) \tag{9-4}$$

（二）瞬态过程

由于系统的状态已完全表征了系统的动态行为，故系统输出与状态、输入的关系可以用代数方程来描述，即

$$\begin{cases}y_1(t)=g_1(x_1,x_2,\cdots,x_n;u_1,u_2,\cdots,u_m;t)\\ y_2(t)=g_2(x_1,x_2,\cdots,x_n;u_1,u_2,\cdots,u_m;t)\\ \vdots\\ y_p(t)=g_p(x_1,x_2,\cdots,x_n;u_1,u_2,\cdots,u_m;t)\end{cases} \tag{9-5}$$

定义输出向量为

$$\boldsymbol{y} = [y_1, y_2, \cdots, y_p]^{\mathrm{T}} \tag{9-6}$$

定义向量函数为

$$\boldsymbol{g}(x,u,t) = \begin{bmatrix} g_1(x,u,t) \\ g_2(x,u,t) \\ \vdots \\ g_p(x,u,t) \end{bmatrix} \tag{9-7}$$

则可将输出方程简写成向量的形式，即

$$\boldsymbol{y}(t) = \boldsymbol{g}(x,u,t) \tag{9-8}$$

（三）状态空间描述

系统的状态空间描述由状态方程和输出方程组成，即

$$\begin{cases} \dot{\boldsymbol{x}}(t) = \boldsymbol{f}(x,u,t) \\ \boldsymbol{y}(t) = \boldsymbol{g}(x,u,t) \end{cases} \tag{9-9}$$

当函数$\boldsymbol{f}(x,u,t)$和$\boldsymbol{g}(x,u,t)$具有线性形式时，则系统的状态空间描述可表示为更简明的一般形式，即

$$\begin{cases} \dot{\boldsymbol{x}}(t) = \boldsymbol{A}(t)\boldsymbol{x}(t) + \boldsymbol{B}(t)\boldsymbol{u}(t) \\ \boldsymbol{y}(t) = \boldsymbol{C}(t)\boldsymbol{x}(t) + \boldsymbol{D}(t)\boldsymbol{u}(t) \end{cases} \tag{9-10}$$

其中，$\boldsymbol{A}(t)$ 是系统矩阵；$\boldsymbol{B}(t)$ 是输入矩阵；$\boldsymbol{C}(t)$ 是输出矩阵；$\boldsymbol{D}(t)$ 是前馈矩阵。该模型称为线性时变系统。当参数矩阵分段连续，且只与系统的参数有关时，系统状态空间模型可以简化成如下形式

$$\begin{cases} \dot{\boldsymbol{x}}(t) = \boldsymbol{A}(\theta)\boldsymbol{x}(t) + \boldsymbol{B}(\theta)\boldsymbol{u}(t) \\ \boldsymbol{y}(t) = \boldsymbol{C}(\theta)\boldsymbol{x}(t) + \boldsymbol{D}(\theta)\boldsymbol{u}(t) \end{cases} \tag{9-11}$$

该模型称为线性变参数模型。当模型的参数矩阵变成常数时，该模型将变成更简单的线性定常系统

$$\begin{cases} \dot{\boldsymbol{x}}(t) = \boldsymbol{A}x(t) + \boldsymbol{B}u(t) \\ \boldsymbol{y}(t) = \boldsymbol{C}x(t) + \boldsymbol{D}u(t) \end{cases} \tag{9-12}$$

（四）建模实例

通常可以通过两种方法建立系统的状态空间描述：一种是对于结构和参数已知的系统，先直接运用相应的物理、化学定律等，建立描述系统运动的微分方程或差分方程，然后通过选取合适的状态变量组，进一步将系统原始方程转换为标准的状态空间描述形式，该方法称为机理建模；另一种是对于具有复杂结构的系统，或是结构和参数难于看清楚的系统，可以采用实验的方法获取系统在不同输入激励下的输入输出数据，通过系统辨识的方法，确定系统的状态空间模型，该方法称为数据建模。

【例 9-1】 RC 电路的状态空间描述，RC 电路模型如图 9-1 所示。

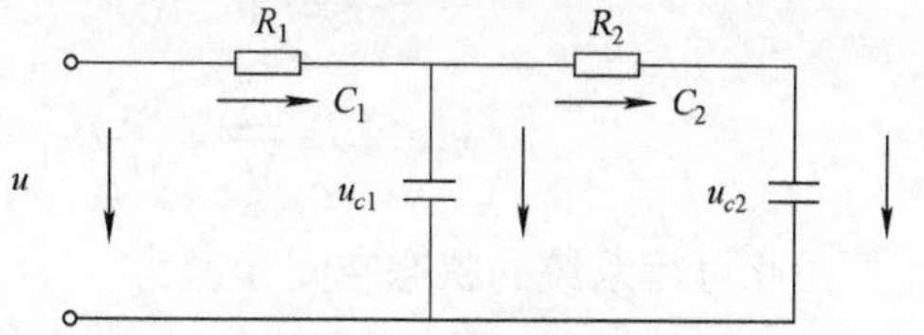

图 9-1 RC 电路模型

在该 RC 电路模型中，选择 u_{c1} 和 u_{c2} 作为状态变量，u_{c2} 作为输出变量，根据电路定律可得方程

$$\begin{cases} C_1\dot{u}_{c1} = -\dfrac{R_1+R_2}{R_1R_2}u_{c1} + \dfrac{u_{c2}}{R_2} + \dfrac{u}{R_1} \\ C_2\dot{u}_{c2} = \dfrac{u_{c1}}{R_2} - \dfrac{u_{c2}}{R_2} \end{cases} \tag{9-13}$$

将其写成状态空间形式

$$\begin{cases} \dot{\boldsymbol{x}} = \begin{bmatrix} -\dfrac{R_1+R_2}{C_1R_1R_2} & \dfrac{1}{C_1R_2} \\ \dfrac{1}{C_2R_2} & -\dfrac{1}{C_2R_2} \end{bmatrix} x + \begin{bmatrix} \dfrac{1}{C_1R_1} \\ 0 \end{bmatrix} u \\ \boldsymbol{y} = [0 \quad 1] x \end{cases} \tag{9-14}$$

其中，状态向量和输出变量为 $x=[u_{c1}, u_{c2}]^{\mathrm{T}}$，$\boldsymbol{y}=u_{c2}$。

【例 9-2】 考虑如图 9-2 所示的双车系统，设 z_1 和 z_2 分别为两个小车相对于平面坐标系中原点沿 x 轴的位移，M_1 和 M_2 分别为两个小车的质量，K_1 和 K_2 分别为弹簧的刚度，D_1 和 D_2 分别为阻尼系数。

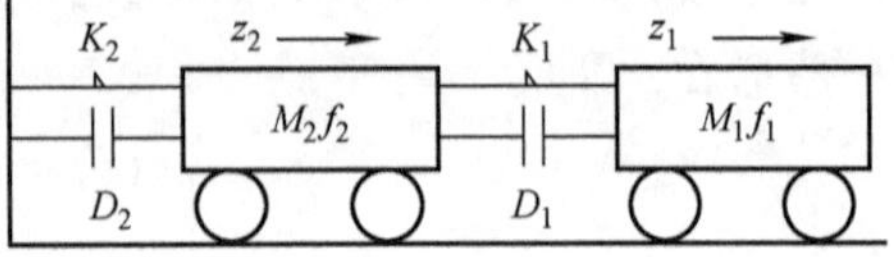

图 9-2 双车系统

根据牛顿第二定律，对第一个小车分析受力可得

$$M_1\ddot{z}_1 = f_1 - K_1(z_1 - z_2) - D_1(\dot{z}_1 - \dot{z}_2) \tag{9-15}$$

对第二个小车分析受力

$$M_2\ddot{z}_2 = f_2 + K_1(z_1 - z_2) + D_1(\dot{z}_1 - \dot{z}_2) - K_2z_2 - D_2\dot{z}_2 \tag{9-16}$$

该动态系统由两个相互耦合的二阶微分方程组描述，因此有 4 个状态变量。f_1 和 f_2 是系统输入，z_1 和 z_2 是系统输出，选取状态变量为

$$x_1 = z_1, x_2 = \dot{z}_1, x_3 = z_2, x_4 = \dot{z}_2 \tag{9-17}$$

则

$$\begin{aligned} \dot{x}_1 &= \dot{z}_1 = x_2 \\ \dot{x}_2 &= \ddot{z}_1 = \frac{f_1}{M_1} - \frac{K_1}{M_1}(x_1 - x_3) - \frac{D_1}{M_1}(x_2 - x_4) \\ \dot{x}_3 &= \dot{z}_2 = x_4 \\ \dot{x}_4 &= \ddot{z}_2 = \frac{f_2}{M_2} + \frac{K_1}{M_2}(x_1 - x_3) + \frac{D_1}{M_2}(x_2 - x_4) - \frac{K_2}{M_2}x_3 - \frac{D_2}{M_2}x_4 \end{aligned} \tag{9-18}$$

由此可得系统的状态空间模型为

$$\dot{\boldsymbol{x}}=\begin{bmatrix}0 & 1 & 0 & 0\\ -\dfrac{K_1}{M_1} & -\dfrac{D_1}{M_1} & \dfrac{K_1}{M_1} & \dfrac{D_1}{M_1}\\ 0 & 0 & 0 & 1\\ \dfrac{K_1}{M_2} & \dfrac{D_1}{M_2} & -\dfrac{K_1+K_2}{M_2} & -\dfrac{D_1+D_2}{M_2}\end{bmatrix}x+\begin{bmatrix}0 & 0\\ \dfrac{1}{M_1} & 0\\ 0 & 0\\ 0 & \dfrac{1}{M_2}\end{bmatrix}\begin{bmatrix}f_1\\ f_2\end{bmatrix} \tag{9-19}$$

定义输出向量为 $\boldsymbol{y}=[x_1,x_2]^{\mathrm{T}}$，则输出方程为

$$\boldsymbol{y}=\begin{bmatrix}1 & 0 & 0 & 0\\ 0 & 0 & 1 & 0\end{bmatrix}x \tag{9-20}$$

【例 9-3】 直流电机与负载平衡的状态空间描述。如图 9-3 所示，直流电机通过一个柔性连接与惯性负载相连，R 和 L 分别为电机电枢绕组的电阻与电感，k 与 b 分别为柔性连接的弹性系数与阻尼系数，J_{m} 和 J_1 分别为直流电机和负载的转动惯量，θ_{m} 和 θ_1 分别为电机和负载的角位移。电机电枢绕组上的电压 u 是系统输入，负载角位移 θ_1 为系统输出。

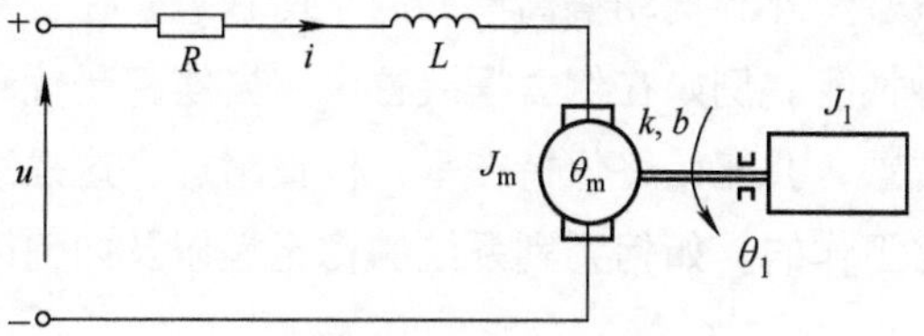

图 9-3 直流电机与负载平衡

根据牛顿第二定律可得

$$\begin{cases}J_{\mathrm{m}}\ddot{\theta}_{\mathrm{m}}=K_{\mathrm{a}}i+k(\theta_1-\theta_{\mathrm{m}})+b(\dot{\theta}_1-\dot{\theta}_{\mathrm{m}})-b_{\mathrm{m}}\dot{\theta}_{\mathrm{m}}\\ J_1\ddot{\theta}_1=-k(\theta_1-\theta_{\mathrm{m}})-b(\dot{\theta}_1-\dot{\theta}_{\mathrm{m}})-b_1\dot{\theta}_1\end{cases} \tag{9-21}$$

式中，K_{a} 为直流电机的转矩常数；b_{m} 和 b_1 分别为电机和负载轴承的阻尼系数。针对直流电机可得电枢电路方程为

$$u=Ri+L\frac{\mathrm{d}i}{\mathrm{d}t}+K_{\mathrm{e}}\dot{\theta}_{\mathrm{m}} \tag{9-22}$$

式中，K_{e} 是电机电枢绕组的感应系数。

选取状态变量为 $\boldsymbol{x}=[i,\theta_{\mathrm{m}},\dot{\theta}_{\mathrm{m}},\theta_1,\dot{\theta}_1]^{\mathrm{T}}$，则

$$\begin{aligned}\dot{x}_1&=-\frac{R}{L}x_1-\frac{K_{\mathrm{e}}}{L}x_3+\frac{1}{L}u\\ \dot{x}_2&=x_3\\ \dot{x}_3&=\frac{K_{\mathrm{a}}}{J_{\mathrm{m}}}x_1-\frac{k}{J_{\mathrm{m}}}x_2-\frac{b+b_{\mathrm{m}}}{J_{\mathrm{m}}}x_3+\frac{k}{J_{\mathrm{m}}}x_4+\frac{b}{J_{\mathrm{m}}}x_5\\ \dot{x}_4&=x_5\\ \dot{x}_5&=\frac{k}{J_1}x_2+\frac{b}{J_1}x_3-\frac{k}{J_1}x_4-\frac{b+b_1}{J_1}x_5\end{aligned} \tag{9-23}$$

则系统的状态空间描述为

$$\dot{\boldsymbol{x}} = \begin{bmatrix} -\dfrac{R}{L} & 0 & -\dfrac{K_e}{L} & 0 & 0 \\ 0 & 0 & 1 & 0 & 0 \\ \dfrac{K_a}{J_m} & -\dfrac{k}{J_m} & -\dfrac{b+b_m}{J_m} & \dfrac{k}{J_m} & \dfrac{b}{J_m} \\ 0 & 0 & 0 & 0 & 1 \\ 0 & \dfrac{k}{J_1} & \dfrac{b}{J_1} & -\dfrac{k}{J_1} & -\dfrac{b+b_1}{J_1} \end{bmatrix} x + \begin{bmatrix} \dfrac{1}{L} \\ 0 \\ 0 \\ 0 \\ 0 \end{bmatrix} u \tag{9-24}$$

$$\boldsymbol{y} = [0 \quad 0 \quad 0 \quad 1 \quad 0]x$$

二、系统稳定性

系统稳定性是当系统遭受外界扰动偏离原来的平衡状态，在扰动消失后系统自身能否恢复到原来平衡状态的一种性能。例如在倒立摆装置中，当摆杆受扰动而偏离垂直位置后，系统仍能使摆杆回到垂直位置，并能始终保持在垂直位置附近，这是系统稳定的基本含义。一个不稳定系统是不能正常工作的。如何判别系统的稳定性以及如何改善系统的稳定性是系统分析与设计的首要问题。

（一）一平衡点与 Lyapunov 稳定性

对于一个给定的控制系统，稳定性分析通常是最重要的。如果系统是线性定常的，则有许多稳定性判据可以用来分析系统的稳定性，如劳斯-赫尔维茨稳定性判据和奈奎斯特稳定性判据等。然而，如果系统是非线性的，或是线性时变的，则上述稳定性判据将不再适用。1892 年，Lyapunov 提出了著名的 Lyapunov 稳定性判别准则，非常适用于非线性系统和时变系统的稳定性分析。

Lyapunov 间接法：通过求解系统的动态方程，再根据解的性质判断系统的稳定性。但是求解动态方程比较困难甚至求解不出，因此该方法受到很大限制。例如针对线性定常系统，通过求解系数矩阵 $\boldsymbol{A}$ 的特征值（也称系统极点）来判断系统的稳定性，如果 $\boldsymbol{A}$ 的特征值均有负实部则系统稳定。

Lyapunov 直接法：不通过求解系统的动态方程，只通过构造 Lyapunov 标量函数 $V(x)$ 直接判定系统的稳定性。该方法针对复杂系统的稳定性分析时显示出了极大的优越性。

考虑如下非线性系统

$$\dot{x}(t) = f[x(t)] \tag{9-25}$$

若存在某一状态点 x_e，使得对所有的时间 t，状态 $x(t)$ 均不随时间变化，则状态 x_e 即为非线性系统的平衡状态（平衡点），即

$$\dot{x}_e(t) = f(x_e) = 0 \tag{9-26}$$

线性定常系统的唯一平衡点在原点，非线性系统不一定存在平衡点，但有时又可能有多

个平衡点。平衡点大多数在状态空间的原点 $x_e=0$，若平衡点不在原点，而是状态空间的孤立点，则可以通过坐标变换将平衡点移到原点。

由力学经典理论可知，对于一个振动系统，当系统总能量（正定函数）连续减小（这意味着总能量对时间的导数必然是负定的），直到平衡状态为止，则振动系统是渐近稳定的。Lyapunov 直接法针对更普遍的情况构造了一个应用也更广泛的虚构的能量函数，称为 Lyapunov 函数，用 $V(x,t)$ 来表示。如果系统有一个渐近稳定的平衡状态 x_e，则当其运动到平衡状态 x_e 的吸引域内时，系统存储的能量 $V(x,t)$ 随着时间的增长而衰减，即 $\mathrm{d}V(x,t)/\mathrm{d}t<0$，直到在平稳状态达到极小值为止。在 Lyapunov 直接法中，通过 $V(x,t)$ 及其对时间的导数 $\mathrm{d}V(x,t)/\mathrm{d}t$ 的符号特征，提供了判断平衡状态 x_e 处的临界稳定性、渐近稳定性或不稳定性的准则，该方法既适用于线性系统，也适用于非线性系统。

对于给定的系统，若可构造一个正定的能量函数 $V(x)$，并使其沿轨迹对时间的导数总为负值，则随着时间的增加，$V(x)$ 将取越来越小的值，因此该系统是渐近稳定的。Lyapunov 稳定性定理就是前述事实的普遍化，它给出了渐近稳定的充要条件。

【定理 9-1】　考虑连续非线性系统 $\dot{x}=f(x,t)$，针对其平衡状态 $x_e=0$ 即系统的平衡点在原点处，如果存在一个对所有 x 都有连续的一阶偏导数的正定的标量函数 $V(x)>0$，且其导函数满足 $\dot{V}(x)<0$，则在原点处的平衡状态是渐近稳定的。进一步地，若当 $\|x\|\to\infty$ 时，满足 $V(x)\to\infty$，则系统是全局渐近稳定的。

【例 9-4】　分析如下非线性系统的稳定性

$$\begin{cases}\dot{x}_1=x_2-ax_1(x_1^2+x_2^2)\\ \dot{x}_2=-x_1-ax_2(x_1^2+x_2^2)\end{cases}\tag{9-27}$$

首先，求系统的平衡态，令

$$\begin{cases}\dot{x}_1=x_2-ax_1(x_1^2+x_2^2)=0\\ \dot{x}_2=-x_1-ax_2(x_1^2+x_2^2)=0\end{cases}\tag{9-28}$$

可得 $x_1=x_2=0$ 是唯一平衡点。构造 Lyapunov 函数 $V(x)=x_1^2+x_2^2\geqslant0$，求导可得

$$\dot{V}(x)=2x_1\dot{x}_1+2x_2\dot{x}_2=-a(x_1^2+x_2^2)^2\tag{9-29}$$

当 $a>0$ 时，系统渐近稳定；当 $a=0$ 时，系统临界稳定；当 $a<0$ 时，系统不稳定。同理可得针对离散系统的 Lyapunov 稳定性定理。

【定理 9-2】　考虑离散非线性系统 $x(k+1)=f[x(k)]$，如果存在一个正定的标量函数 $V[x(k)]>0$，其差分满足 $\Delta V[x(k)]=V[x(k+1)]-V[x(k)]<0$，则在平衡点处的平衡状态是渐近稳定的。进一步，若当 $\|x\|\to\infty$ 时，$V[x(k)]\to\infty$，则系统是全局渐近稳定的。

（二）线性定常系统的稳定性

考虑如下连续线性定常系统

$$\dot{x}(t)=\boldsymbol{A}x(t)\tag{9-30}$$

假设 $\boldsymbol{A}$ 为非奇异矩阵，则系统有唯一的平衡状态 $x_e=0$。

定义二次型 Lyapunov 函数

$$V(t)=\boldsymbol{x}^{\mathrm{T}}(t)\boldsymbol{P}\boldsymbol{x}(t) \tag{9-31}$$

其中，$\boldsymbol{P}$ 为正定实对称矩阵。对 Lyapunov 函数求导可得

$$\dot{V}(t)=\dot{\boldsymbol{x}}^{\mathrm{T}}(t)\boldsymbol{P}\boldsymbol{x}(t)+\boldsymbol{x}^{\mathrm{T}}(t)\boldsymbol{P}\dot{\boldsymbol{x}}(t)=\boldsymbol{x}^{\mathrm{T}}(t)(\boldsymbol{A}^{\mathrm{T}}\boldsymbol{P}+\boldsymbol{P}\boldsymbol{A})\boldsymbol{x}(t) \tag{9-32}$$

若存在正定矩阵 $\boldsymbol{Q}$ 满足

$$-\boldsymbol{Q}=\boldsymbol{A}^{\mathrm{T}}\boldsymbol{P}+\boldsymbol{P}\boldsymbol{A} \tag{9-33}$$

则

$$\dot{V}(t)=-\boldsymbol{x}^{\mathrm{T}}(t)\boldsymbol{Q}\boldsymbol{x}(t)\leqslant 0 \tag{9-34}$$

此时，系统渐近稳定。类似地，针对如下离散线性定常系统

$$\boldsymbol{x}(k+1)=\boldsymbol{A}\boldsymbol{x}(k) \tag{9-35}$$

定义二次型 Lyapunov 函数

$$V(k)=\boldsymbol{x}^{\mathrm{T}}(k)\boldsymbol{P}\boldsymbol{x}(k) \tag{9-36}$$

其中，$\boldsymbol{P}$ 为正定实对称矩阵。沿系统的任意状态轨迹，Lyapunov 函数的前向差分为

$$\Delta V(x(k))=V(\boldsymbol{x}(k+1))-V(\boldsymbol{x}(k))=\boldsymbol{x}^{\mathrm{T}}(k)(\boldsymbol{A}^{\mathrm{T}}\boldsymbol{P}\boldsymbol{A}-\boldsymbol{P})\boldsymbol{x}(k) \tag{9-37}$$

若存在正定矩阵 $\boldsymbol{Q}$ 满足

$$-\boldsymbol{Q}=\boldsymbol{A}^{\mathrm{T}}\boldsymbol{P}\boldsymbol{A}-\boldsymbol{P} \tag{9-38}$$

则

$$\Delta V(x(k))=-\boldsymbol{x}^{\mathrm{T}}(k)\boldsymbol{Q}\boldsymbol{x}(k)\leqslant 0 \tag{9-39}$$

可见，系统渐近稳定。因此，可建立如下定理。

【定理 9-3】 连续线性定常系统 $\dot{x}=\boldsymbol{A}x$ 在平衡点 $x_e=0$ 处渐近稳定的充分必要条件是：又对于 $\exists\boldsymbol{Q}>0$，$\exists\boldsymbol{P}>0$ 满足如下 Lyapunov 方程

$$-\boldsymbol{Q}=\boldsymbol{A}^{\mathrm{T}}\boldsymbol{P}+\boldsymbol{P}\boldsymbol{A} \tag{9-40}$$

此时，Lyapunov 函数满足

$$\boldsymbol{V}(t)=\boldsymbol{x}^{\mathrm{T}}(t)\boldsymbol{P}\boldsymbol{x}(t),\dot{\boldsymbol{V}}(t)=-\boldsymbol{x}^{\mathrm{T}}(t)\boldsymbol{Q}\boldsymbol{x}(t) \tag{9-41}$$

【定理 9-4】 离散线性定常系统 $\boldsymbol{x}(k+1)=\boldsymbol{A}\boldsymbol{x}(k)$ 在平衡点 $x_e=0$ 处渐近稳定的充分必要条件是：对于 $\exists\boldsymbol{Q}>0$，$\exists\boldsymbol{P}>0$ 满足如下 Lyapunov 方程

$$-\boldsymbol{Q}=\boldsymbol{A}^{\mathrm{T}}\boldsymbol{P}+\boldsymbol{P}\boldsymbol{A} \tag{9-42}$$

此时，Lyapunov 函数满足

$$\boldsymbol{V}(k)=\boldsymbol{x}^{\mathrm{T}}(k)\boldsymbol{P}\boldsymbol{x}(k),\Delta\boldsymbol{V}(k)=-\boldsymbol{x}^{\mathrm{T}}(k)\boldsymbol{Q}\boldsymbol{x}(k) \tag{9-43}$$

【例 9-5】 用求解 Lyapunov 方程方法分析如下系统平衡点的稳定性。

$$\dot{\boldsymbol{x}}=\begin{bmatrix}0 & 1\\ -1 & -1\end{bmatrix}x \tag{9-44}$$

设对称矩阵 $\boldsymbol{P}=\begin{bmatrix}p_{11} & p_{12}\\ p_{21} & p_{22}\end{bmatrix}$，$\boldsymbol{Q}=\boldsymbol{I}$，求解 Lyapunov 方程 $\boldsymbol{A}^{\mathrm{T}}\boldsymbol{P}+\boldsymbol{P}\boldsymbol{A}=-\boldsymbol{I}$ 确定 $\boldsymbol{P}$。

$$\boldsymbol{A}^{\mathrm{T}}\boldsymbol{P}+\boldsymbol{P}\boldsymbol{A}=\begin{bmatrix}-2p_{12} & p_{11}-p_{12}-p_{22}\\ p_{11}-p_{12}-p_{22} & 2p_{12}-2p_{22}\end{bmatrix}=\begin{bmatrix}-1 & 0\\ 0 & -1\end{bmatrix}\rightarrow$$

$$\begin{cases}2p_{12}=1\\ p_{11}-p_{12}-p_{22}=0\\ 2p_{12}-2p_{22}=-1\end{cases} \tag{9-45}$$

解得：$\boldsymbol{P}=\frac{1}{2}\begin{bmatrix}3 & 1\\ 1 & 2\end{bmatrix}$，以下计算 $\boldsymbol{P}$ 的顺序主子式的符号，以确定 $\boldsymbol{P}$ 的正定性。

奇数主子式：$\Delta_1=p_{11}=\frac{3}{2}>0$

偶数主子式：$\Delta_2=\begin{bmatrix}p_{11} & p_{12}\\ p_{21} & p_{22}\end{bmatrix}=\frac{5}{2}>0$

根据 Hurwitz 判据，有 $\boldsymbol{P}>0$，即 $\boldsymbol{P}$ 是正定对称矩阵，则系统是渐近稳定的。系统的一个 Lyapunov 函数为

$$V(x)=\boldsymbol{x}^{\mathrm{T}}\boldsymbol{P}\boldsymbol{x}=[x_1\quad x_2]\frac{1}{2}\begin{bmatrix}3 & 1\\ 1 & 2\end{bmatrix}\begin{bmatrix}x_1\\ x_2\end{bmatrix}=\frac{1}{2}(x_1+x_2)^2+x_1^2+\frac{1}{2}x_2^2>0 \tag{9-46}$$

且

$$\dot{V}(x)=-x_1^2-x_2^2 \tag{9-47}$$

【例 9-6】　分析如下线性时不变离散系统在原点处的渐近稳定条件

$$x(k+1)=\begin{bmatrix}\lambda_1 & 0\\ 0 & \lambda_2\end{bmatrix}x(k) \tag{9-48}$$

对称矩阵 $\boldsymbol{P}=\begin{bmatrix}p_{11} & p_{12}\\ p_{21} & p_{22}\end{bmatrix}$，$\boldsymbol{Q}=\boldsymbol{I}$，求解 Lyapunov 方程 $-\boldsymbol{Q}=\boldsymbol{A}^{\mathrm{T}}\boldsymbol{P}\boldsymbol{A}-\boldsymbol{P}$ 确定 $\boldsymbol{P}$。

$$\begin{bmatrix}\lambda_1 & 0\\ 0 & \lambda_2\end{bmatrix}\begin{bmatrix}p_{11} & p_{12}\\ p_{12} & p_{22}\end{bmatrix}\begin{bmatrix}\lambda_1 & 0\\ 0 & \lambda_2\end{bmatrix}-\begin{bmatrix}p_{11} & p_{12}\\ p_{12} & p_{22}\end{bmatrix}=\begin{bmatrix}-1 & 0\\ 0 & -1\end{bmatrix} \tag{9-49}$$

求得

$$\boldsymbol{P}=\begin{bmatrix}\dfrac{1}{1-\lambda_1^2} & 0\\ 0 & \dfrac{1}{1-\lambda_2^2}\end{bmatrix} \tag{9-50}$$

则 $\boldsymbol{P}$ 为正定的充要条件为 $|\lambda_1|<1$，$|\lambda_2|<1$，即系统的极点均在复平面上的单位圆内。

（三）基于 Lyapunov 稳定性的控制器设计

应用 Lyapunov 稳定性理论可以设计使得闭环系统稳定的控制器，这是经典控制理论的稳定性分析所不能及的，首先看一个简单的例子，关于应用 Lyapunov 稳定性理论设计 H_∞ 控制器可参见后文相关章节内容。

【例 9-7】　如图 9-4 所示，采用输出反馈（比例 P 控制）的双积分系统仍然是“临界稳定”而不是渐近稳定的，构造一个控制律，通过状态反馈（也可以视为 $\dot{x}_1=\dot{x}_2$ 微分 D 控制）使其成为一个渐近稳定的系统。

该双积分系统的状态空间模型为

$$\begin{bmatrix}\dot{x}_1\\ \dot{x}_2\end{bmatrix}=\begin{bmatrix}0 & 1\\ -1 & 0\end{bmatrix}\begin{bmatrix}x_1\\ x_2\end{bmatrix}+\begin{bmatrix}0\\ 1\end{bmatrix}u \quad (9\text{-}51)$$

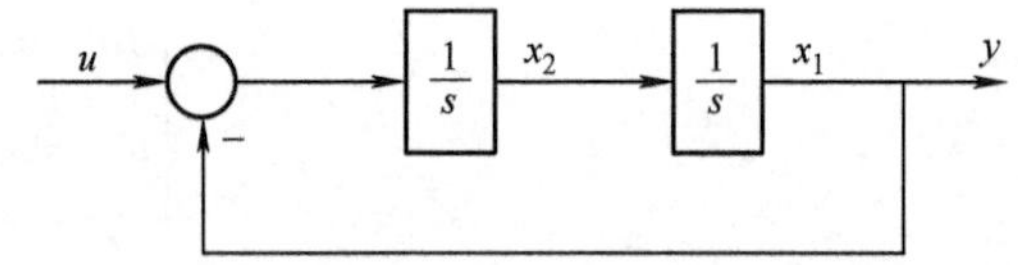

图 9-4　采用输出反馈的双积分系统

其唯一平衡点为 $x_1=x_2=0$。同时，原开环系统临界稳定，不是渐近稳定的。选取 Lyapunov 函数为 $V(x)=\frac{1}{2}(x_1^2+x_2^2)$，其导数为

$$\frac{\mathrm{d}V(x)}{\mathrm{d}t}=x_1\dot{x}_1+x_2\dot{x}_2=x_1x_2+x_2(-x_1+u)=x_2u \quad (9\text{-}52)$$

设计适当的控制律 u，使得$\frac{\mathrm{d}V(x)}{\mathrm{d}t}=x_2u$ 是负定的或半负定的。显然，满足此要求的控制器 u 是很多的。特别地，选取 $u=-kx_2$，$k>0$（$u=-k\dot{x}_1$，微分控制），$\frac{\mathrm{d}V(x)}{\mathrm{d}t}=-kx_2^2$是半负定的；进一步，若不是恒为零，它是渐近稳定的。

讨论：

1）由图 9-5 可知，原系统实际上是一个输出反馈的比例 P 控制，它仍然只能使系统"临界稳定"，$u=-kx_2$，一方面可以看成"输出变化 D 控制" $-kx_2=-k\dot{x}_1=-k\dot{y}$，就是速度负反馈补偿措施，它能增加系统的阻尼，有利于系统的稳定。

2）控制器 $u=-kx_2$，另一方面可以看成"状态反馈"，可见"状态反馈"比"输出反馈"能使系统性能更加"优化"。

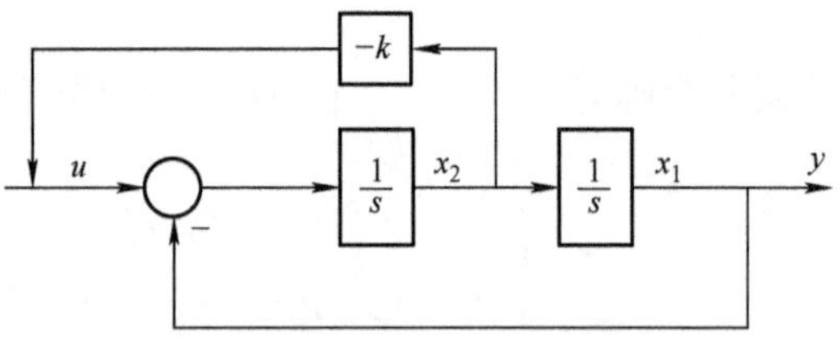

图 9-5　双积分系统的改进

因此，在利用 Lyapunov 稳定性理论设计控制器时的步骤为：①选取一个正定的标量函数 $V(x)$（线性时不变系统可以选为二次型）；②通过使$\frac{\mathrm{d}V(x)}{\mathrm{d}t}\leqslant 0$（负定的或半负定的）确定稳定化控制律 u。

三、系统可控性

系统可控性揭示了系统的内部结构关系，在现代控制理论的研究与实践中具有重要的意义。例如，在极点配置问题中，系统的可控性决定了状态反馈的存在性。

如果在有限时间内施加一个无约束的控制输入，使得系统由初始状态，$x(t_0)$转移到任意状态，则称该系统状态在时刻 t_0是可控的。由于非线性系统的可控性分析较难，因此一般将其在平衡点处线性化后，转而分析其线性化得到的线性定常系统的可控性，虽然原始非线性系统的可控性与线性化后的线性定常系统的可控性不完全等价，但是这种近似分析还是具有非常重要的参考意义的。针对线性定常系统可控性的判据较多，在此重点介绍秩判据。

针对如下线性定常系统

$$\begin{cases}\dot{\boldsymbol{x}}(t)=\boldsymbol{A}\boldsymbol{x}(t)+\boldsymbol{B}\boldsymbol{u}(t)\\ \boldsymbol{y}(t)=\boldsymbol{C}\boldsymbol{x}(t)+\boldsymbol{D}\boldsymbol{u}(t)\end{cases} \tag{9-53}$$

构造系统状态可控性矩阵

$$\boldsymbol{Q}=[\boldsymbol{B},\boldsymbol{AB},\boldsymbol{A}^2\boldsymbol{B},\cdots,\boldsymbol{A}^{n-1}\boldsymbol{B}] \tag{9-54}$$

如果可控性矩阵 $\boldsymbol{Q}$ 满秩，则该系统是状态可控的。

在控制系统的实际设计中，往往要求对输出实现控制，而状态完全可控的系统并非输出一定是可控的，因此，有必要讨论系统的输出可控性问题。如果在有限时间内施加一个无约束的控制输入，使得系统由初始输出 $y(t_0)$ 转移到任意输出，则称该系统输出在时刻 t_0 是可控的。针对系统（9-53）的输出可控性矩阵为

$$\boldsymbol{Q}=[\boldsymbol{CB},\boldsymbol{CAB},\boldsymbol{CA}^2\boldsymbol{B},\cdots,\boldsymbol{CA}^{n-1}\boldsymbol{B},\boldsymbol{D}] \tag{9-55}$$

如果可控性矩阵 Q 满秩，则该系统是输出可控的。

【例 9-8】 试确定如下线性定常系统的状态可控性与输出可控性。

$$\begin{aligned}\begin{bmatrix}\dot{x}_1\\ \dot{x}_2\end{bmatrix}&=\begin{bmatrix}1&0\\2&1\end{bmatrix}\begin{bmatrix}x_1\\x_2\end{bmatrix}+\begin{bmatrix}0\\1\end{bmatrix}u\\ y&=[0\quad 1]\begin{bmatrix}x_1\\x_2\end{bmatrix}\end{aligned} \tag{9-56}$$

1）状态可控性矩阵的秩为

$$\operatorname{rank}[\boldsymbol{B}\quad \boldsymbol{AB}]=\operatorname{rank}\begin{bmatrix}0&0\\1&1\end{bmatrix}=1<2 \tag{9-57}$$

则该系统状态不完全可控。

2）输出可控性矩阵的秩为

$$\operatorname{rank}[\boldsymbol{CB}\quad \boldsymbol{CAB}]=\operatorname{rank}[1\quad 1]=1 \tag{9-58}$$

则该系统输出完全可控。

四、系统可观性

与可控性类似，系统的可观性决定了系统观测器和最优估计的存在性，对现代控制理论的应用具有重要的研究意义。事实上，系统的可控性与可观性通常决定了最优控制问题的存在性。

如果系统状态 $x(t)$ 在有限时间内可由系统的输入值和输出值确定，则称该系统在时刻 t 处是可观的。与可控性判据类似，本书重点介绍秩判据。

（一）非线性系统

考虑如下非线性系统

$$\begin{cases}\dot{x}(t)=f[x(t)]\\ y(t)=h[x(t)]\end{cases} \tag{9-59}$$

其中，f 和 h 分别为系统的状态方程和观测方程。构造非线性系统的观测矩阵为

$$Q=\begin{bmatrix} dL_f^0h(x) \\ dL_f^1h(x) \\ \vdots \\ dL_f^{n-1}h(x) \end{bmatrix} \tag{9-60}$$

其中，n 是系统状态 x 的维数，k 阶李导数的定义为

$$\begin{aligned} &L_f^0h(x)=h(x) \\ &L_f^kh(x)=\frac{\partial L_f^{k-1}h(x)}{\partial x}f(x),\ k=1,2,\cdots,n-1 \end{aligned} \tag{9-61}$$

以及

$$dL_f^kh(x)=\frac{\partial L_f^kh(x)}{\partial x},\ k=0,1,2,\cdots,n-1 \tag{9-62}$$

如果观测矩阵 $Q(x_0)$ 的秩等于系统维数 n，则非线性系统在 x_0 点处是可观的。

【例 9-9】 试分析以下非线性系统的可观性。

$$\begin{aligned} &\dot{x}_1(t)=\sin[x_1(t)]-x_2(t) \\ &\dot{x}_2(t)=x_1(t)-x_2^2(t) \\ &y(t)=[1\quad 0]\begin{bmatrix} x_1(t) \\ x_2(t) \end{bmatrix} \end{aligned} \tag{9-63}$$

首先，这是一个二阶的非线性系统，计算李导数可得

$$\begin{aligned} &L_f^0h(x)=x_1(t) \\ &L_f^1h(x)=\frac{\partial L_f^0h(x)}{\partial x}f(x)=\sin[x_1(t)]-x_2(t) \\ &dL_f^0h(x)=[1\quad 0] \\ &dL_f^1h(x)=[\cos[x_1(t)]\quad -1] \end{aligned} \tag{9-64}$$

则可观性矩阵为

$$Q=\begin{bmatrix} dL_f^0h(x) \\ dL_f^1h(x) \end{bmatrix}=\begin{bmatrix} 1 & 0 \\ \cos[x_1(t)] & -1 \end{bmatrix} \tag{9-65}$$

显然，矩阵 Q 满秩，该非线性系统可观。

(二) 线性系统

针对如下线性定常系统

$$\begin{cases} \dot{x}(t)=\boldsymbol{A}x(t) \\ y(t)=\boldsymbol{C}x(t) \end{cases} \tag{9-66}$$

参考非线性系统可观性的秩判据，计算 k 阶李导数为

$$L_f^kh(x)=\boldsymbol{CA}^kx(t),dL_f^kh(x)=\boldsymbol{CA}^k,k=0,1,2,\cdots,n-1 \tag{9-67}$$

可得线性定常系统的可观性矩阵为

$$Q=\begin{bmatrix} C \\ CA \\ \vdots \\ CA^{n-1} \end{bmatrix} \tag{9-68}$$

如果观测矩阵 Q 的秩等于系统维数 n，则线性系统是可观的。

【例 9-10】 判断如下线性定常系统是否可观。

$$\dot{x}=\begin{bmatrix} 1 & 1 \\ -2 & -1 \end{bmatrix}x+\begin{bmatrix} 0 \\ 1 \end{bmatrix}u \tag{9-69}$$

$$y=\begin{bmatrix} 1 & 0 \end{bmatrix}x \tag{9-70}$$

计算可观性矩阵为

$$Q=\begin{bmatrix} C \\ CA \end{bmatrix}=\begin{bmatrix} 1 & 0 \\ 1 & 1 \end{bmatrix} \tag{9-71}$$

显然，矩阵 Q 满秩，该系统可观。

第三节　系统辨识

为了设计出令人满意的控制器和解决状态不可测问题，绝大多数情况下都需要利用系统的模型信息，换句话说，一个好的模型对系统的分析与设计至关重要。对有些对象如化学反应过程等，由于其复杂性，很难用理论分析的方法推导出其数学模型，有时只知道数学模型的一般形式及部分参数，有时甚至连数学模型的一般形式都不知道。因此，怎样确定系统的数学模型及参数，这就是系统辨识问题。

在第二节中，已经介绍了如何使用基本的物理原理建立系统模型；然而，这往往是不够的，因为系统的参数是不确定的，或基本过程可能根本不知道。在这种情况下，必须依靠实验测量和统计技术来建立系统模型，这一过程称为系统辨识。系统辨识是根据系统的实验数据来确定系统的数学模型，所以，必须通过实验测得实际系统的输入输出数据，如图 9-6 所示。

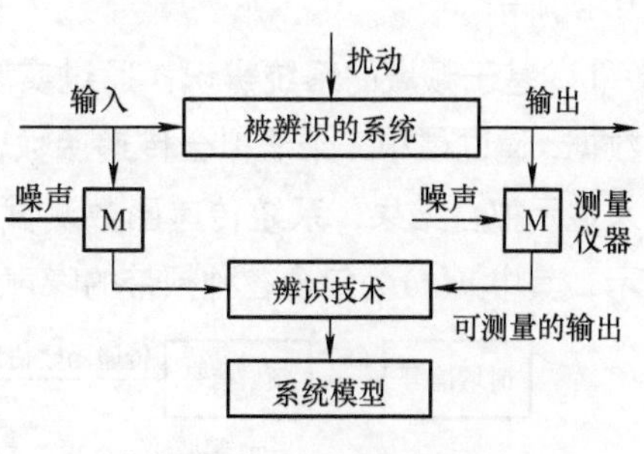

图 9-6　系统辨识原理

一、系统辨识简介

系统辨识的分类方法很多，根据描述系统数学模型的不同，可分为线性系统辨识和非线性系统辨识；根据系统结构的不同，可分为开环系统辨识与闭环系统辨识；根据参数估计方法的不同，可分为离线辨识和在线辨识等。另外，还有系统结构辨识和系统参数辨识等分类。其中离线辨识与在线辨识是系统辨识中常用的两个基本概念。

如果系统的模型结构已经选好，阶数也已确定，在获得全部数据之后，用最小二乘法、极大似然法或其他估计方法对数据进行集中处理后，得到模型参数的估计值，这种方法称为离线辨识。离线辨识的优点是参数估计值的精度较高；缺点是需要存储大量数据，运算量也大，难以适用于实时任务。

在线辨识时，系统的模型结构和阶数是事先确定好的。当获得一部分新的输入输出数据后，在线采用递归的估计方法进行处理，从而得到模型的新的估计值。在线辨识的优点是所要求的计算机存储量较小，辨识计算时运算量较小，适合于实时控制；缺点是参数估计的精度较差。为了实现自适应控制，必须采用在线辨识，要求在很短的时间内把参数辨识出来。

系统辨识的一般步骤为：①明确辨识目的和实验知识：目的不同，对模型的精度和形式要求不同；事先对系统的理解程度；②实验设计：变量的选择，输入信号的形式、大小数据采样速率，辨识允许的时间及确定量测仪器等；③确定模型结构：选择一种适当的模型结构；④参数估计：在模型结构已知的情况下，用实验参数数值；⑤模型校验：验证模型的有效性。

系统辨识步骤如图 9-7 所示。

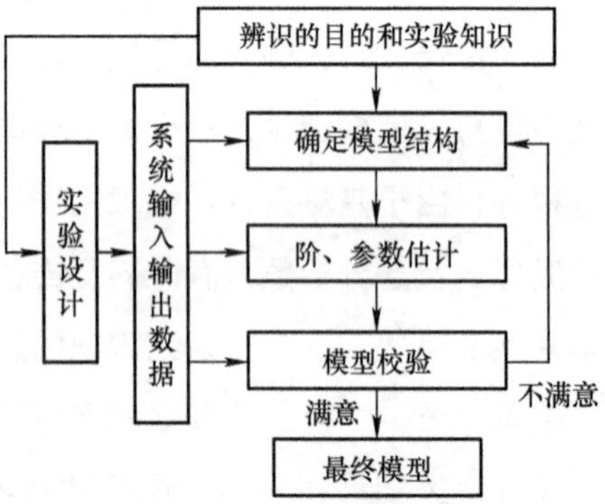

图 9-7　系统辨识步骤

系统辨识经常采用时域或频域数据进行系统辨识。时域是描述数学函数或物理信号对时间的关系。例如，一个信号的时域波形可以表达信号随着时间的变化。频域是描述信号在频率方面特性时用到的一种分析方法。系统辨识的时域与频域方法比较如图 9-8 所示。

1）基于频域的系统辨识：通过实验获得扫频测试数据，通过最小二乘法拟合传递函数，并采用 Bode 图来显示拟合结果，系统传递函数测试框图如图 9-9 所示，其中 $u(t)$ 为包含各种频带的噪声信号或正弦信号，$y(t)$ 为实际测量的输出信号。

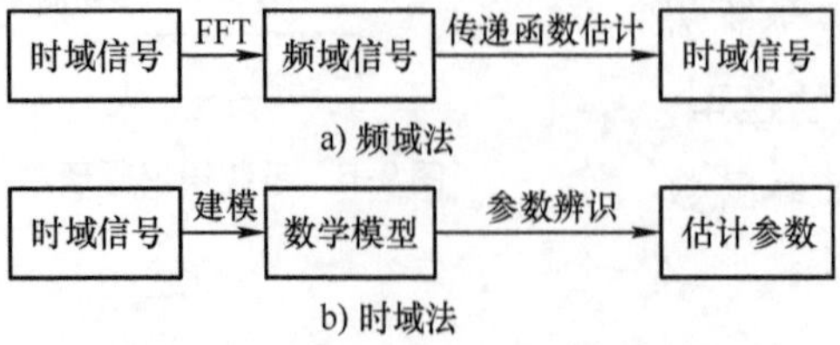

图 9-8　系统辨识的时域和频域方法比较

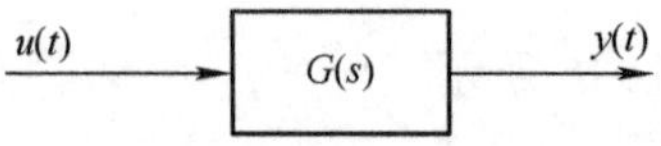

图 9-9　系统传递函数测试框图

根据测试的系统频域信息，通过最小二乘法，可实现系统传递函数的辨识，拟合的 Bode 图如图 9-10 所示。

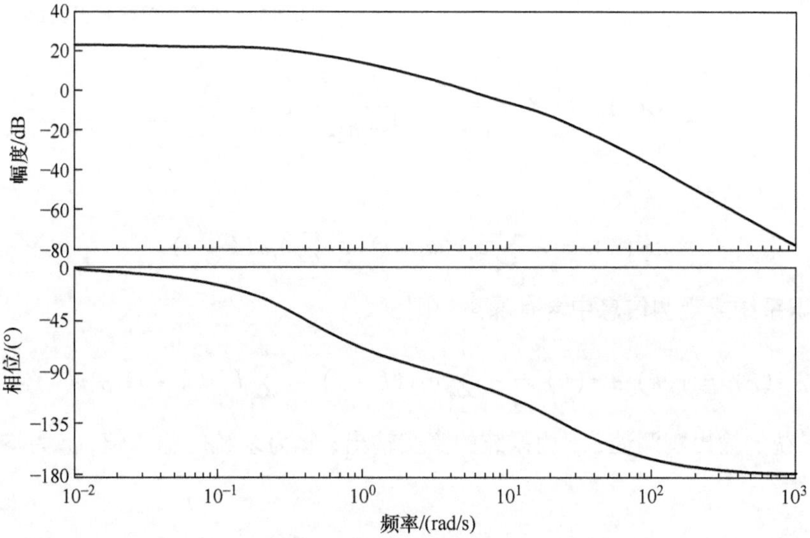

图 9-10 某实际对象与拟合传递函数的 Bode 图

2）基于时域的系统辨识：与基于频域的系统辨识相类似，只不过是其用于辨识的数据是时域测试数据。

辨识时所采用的误差准则是辨识问题的 3 个要素之一，是用来衡量模型接近实际系统的标准。误差准则常被表示为误差的泛函数，即

$$J(\theta) = \sum_{k=1}^{N} f[\varepsilon(k)] \tag{9-72}$$

二、最小二乘法

当辨识时所采用的误差准则为

$$J(\theta) = \sum_{k=1}^{N} [y(k) - y_{\mathrm{m}}(k)]^{\mathrm{T}}[y(k) - y_{\mathrm{m}}(k)] \tag{9-73}$$

利用最小二乘法求解如下所示的非线性优化问题即可实现参数辨识

$$\hat{\theta} = \mathrm{argmin} J(\theta) \tag{9-74}$$

最小二乘法是最常用的参数辨识方法，其原理根据自身情况可不掌握，但是一定要会运用，在本节后的例子中将结合实例进一步介绍。

当系统的测量噪声是均值为 0 的白噪声时，则最小二乘估计是无偏估计、有效估计且是一致估计，即满足无偏性、有效性和一致性，具体证明过程可参见相关文献，在此不再赘述。

(一) 最小二乘法简介

考虑图 9-11 所示的“灰箱”结构。

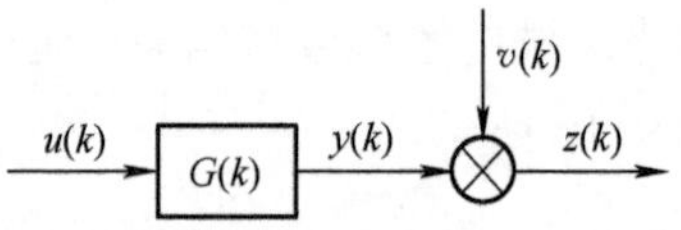

图 9-11 单输入单输出系统的“灰箱”结构

假设其模型为

$$G(z)=\frac{y(z)}{u(z)}=\frac{b_1z^{-1}+b_2z^{-2}+\cdots+b_nz^{-n}}{1+a_1z^{-1}+a_2z^{-2}+\cdots+a_nz^{-n}} \tag{9-75}$$

或

$$y(k)=-\sum_{i=1}^{n}a_iy(k-i)+\sum_{i=1}^{n}b_iu(k-i) \tag{9-76}$$

若考虑被辨识系统或观测信息中含有噪声，则

$$z(k)=y(k)+v(k)=-\sum_{i=1}^{n}a_iy(k-i)+\sum_{i=1}^{n}b_iu(k-i)+v(k) \tag{9-77}$$

其中，z 为系统的输出观测值；y 为系统的真实输出；u 为系统的输入值；v 为均值为 0 的随机噪声。

定义

$$\begin{cases}\boldsymbol{h}(k)=[-y(k-1),-y(k-2),\cdots,-y(k-n),u(k-1),u(k-2),\cdots,u(k-n)]\\ \boldsymbol{\theta}=[a_1,a_2,\cdots,a_n,b_1,b_2,\cdots,b_n]^{\mathrm{T}}\end{cases} \tag{9-78}$$

则可得线性回归模型

$$z(k)=\boldsymbol{h}(k)\boldsymbol{\theta}+\boldsymbol{v}(k) \tag{9-79}$$

其中，$\boldsymbol{\theta}$ 为待辨识参数。

令 $k=n+1,n+2,n+3,\cdots,m$，则

$$\boldsymbol{Z}_m=[z(n+1)\quad z(n+2)\quad\cdots\quad z(m)]^{\mathrm{T}},\ \boldsymbol{V}_m=[v(n+1)\quad v(n+2)\quad\cdots\quad v(m)]^{\mathrm{T}} \tag{9-80}$$

$$\boldsymbol{H}_m=\begin{bmatrix}h(n+1)\\h(n+2)\\\vdots\\h(m)\end{bmatrix}=\begin{bmatrix}-y(n)&\cdots&-y(1)&u(n)&\cdots&u(1)\\-y(n+1)&\cdots&-y(2)&u(n+1)&\cdots&u(2)\\\vdots&&\vdots&\vdots&&\vdots\\-y(m-1)&\cdots&-y(m-n)&u(m-1)&\cdots&u(m-n)\end{bmatrix} \tag{9-81}$$

式 (9-79) 可写为

$$\boldsymbol{Z}_m=\boldsymbol{H}_m\boldsymbol{\theta}+\boldsymbol{V}_m \tag{9-82}$$

最小二乘法的思想就是寻找 $\boldsymbol{\theta}$ 的一个估计值$\hat{\boldsymbol{\theta}}$，使得各次测量值 $z(k)(k=1,2,3,\cdots,m)$ 与由估计值$\hat{\theta}$确定的量测估计$\hat{z}(k)=h(k)\hat{\boldsymbol{\theta}}$之差的平方和最小，即

$$\min J(\hat{\boldsymbol{\theta}})=(\boldsymbol{Z}_m-\boldsymbol{H}_m\hat{\boldsymbol{\theta}})^{\mathrm{T}}(\boldsymbol{Z}_m-\boldsymbol{H}_m\hat{\boldsymbol{\theta}}) \tag{9-83}$$

由极小值原理可得

$$\left.\frac{\partial J}{\partial \boldsymbol{\theta}}\right|_{\boldsymbol{\theta}=\hat{\boldsymbol{\theta}}} = -2\boldsymbol{H}_m^{\mathrm{T}}(\boldsymbol{Z}_m - \boldsymbol{H}_m\hat{\boldsymbol{\theta}}) = 0 \tag{9-84}$$

即

$$\boldsymbol{H}_m^{\mathrm{T}}\boldsymbol{H}_m\hat{\boldsymbol{\theta}} = \boldsymbol{H}_m^{\mathrm{T}}\boldsymbol{Z}_m \tag{9-85}$$

得 $\boldsymbol{\theta}$ 的最小二乘估计为

$$\hat{\boldsymbol{\theta}} = (\boldsymbol{H}_m^{\mathrm{T}}\boldsymbol{H}_m)^{-1}\boldsymbol{H}_m^{\mathrm{T}}\boldsymbol{Z}_m \tag{9-86}$$

最小二乘估计使得所有偏差的平方和最小即整体误差达到最小，这对抑制测量误差 u 是有益的。则最小二乘法参数辨识流程如图 9-12 所示。

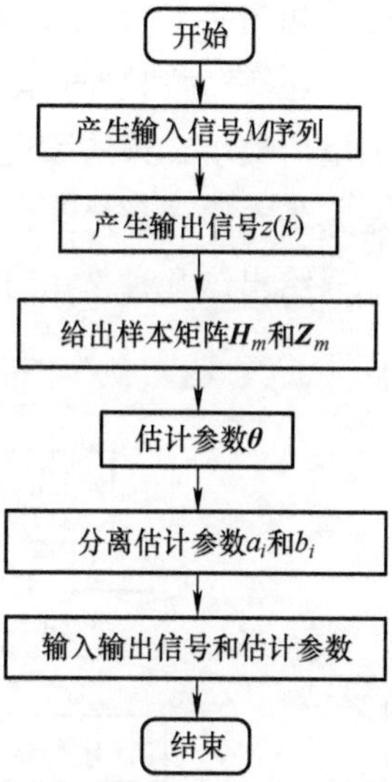

图 9-12 最小二乘法参数辨识流程

(二) 加权最小二乘法

一般最小二乘估计精度不高的原因之一是对测量数据同等对待。事实上，各次测量数据有的置信度较高，有的置信度较低。所以，对不同置信度的测量值应采用加权的办法分别对待，对置信度高的测量数据权重取得大些，而对置信度低的数据权重取得小些，这就是加权最小二乘法，其目标函数为

$$\min J(\hat{\boldsymbol{\theta}}) = (\boldsymbol{Z}_m - \boldsymbol{H}_m\hat{\boldsymbol{\theta}})^{\mathrm{T}}\boldsymbol{W}_m(\boldsymbol{Z}_m - \boldsymbol{H}_m\hat{\boldsymbol{\theta}}) \tag{9-87}$$

其中，权重 $\boldsymbol{W}_m = \mathrm{diag}[w(1), w(2), \cdots, w(m)]$。与最小二乘估计相类似，可得 $\boldsymbol{\theta}$ 的加权最小二乘估计为

$$\hat{\boldsymbol{\theta}} = (\boldsymbol{H}_m^{\mathrm{T}}\boldsymbol{W}_m\boldsymbol{H}_m)^{-1}\boldsymbol{H}_m^{\mathrm{T}}\boldsymbol{W}_m\boldsymbol{Z}_m \tag{9-88}$$

加权最小二乘法仅用于事先能估计方程误差对参数估计影响的情况，即需要事先确定权重 $\boldsymbol{W}_m$。当权重 $\boldsymbol{W}_m = \boldsymbol{I}$ 时，加权最小二乘法变为一般最小二乘法；当 $\boldsymbol{W}_m = a\lambda^{m-k}\boldsymbol{I}$（$a>0$，$0<\lambda<1$）时，加权最小二乘法又称为渐消记忆最小二乘法。

(三) 递归最小二乘法

最小二乘法或加权最小二乘法为一次完成算法或批处理算法，计算量大、存储量大、不适合在线辨识，采用参数递推估计——递归最小二乘法即可解决该问题，其基本思想如下所示：

$$\text{当前估计值}\hat{\boldsymbol{\theta}}(k) = \text{上次估计值}\hat{\boldsymbol{\theta}}(k-1) + \text{修正项}$$

根据式（9-88），利用 m 次测量数据所得到的估计值

$$\hat{\boldsymbol{\theta}}_m = (\boldsymbol{H}_m^{\mathrm{T}}\boldsymbol{W}_m\boldsymbol{H}_m)^{-1}\boldsymbol{H}_m^{\mathrm{T}}\boldsymbol{W}_m\boldsymbol{Z}_m \tag{9-89}$$

当新获得一对输入输出数据时

$$z(m+1) = \boldsymbol{h}(m+1)\boldsymbol{\theta} + \boldsymbol{v}(m+1) \tag{9-90}$$

则递推最小二乘法为

$$
\begin{cases}
\boldsymbol{P}_{m+1}=\boldsymbol{P}_m-\boldsymbol{P}_m\boldsymbol{h}^{\mathrm{T}}(m+1)[\boldsymbol{w}^{-1}(m+1)+\boldsymbol{h}(m+1)\boldsymbol{P}_m\boldsymbol{h}^{\mathrm{T}}(m+1)]^{-1}\boldsymbol{h}(m+1)\boldsymbol{P}_m \\
\boldsymbol{K}_{m+1}=\boldsymbol{P}_m\boldsymbol{h}^{\mathrm{T}}(m+1)[\boldsymbol{w}^{-1}(m+1)+\boldsymbol{h}(m+1)\boldsymbol{P}_m\boldsymbol{h}^{\mathrm{T}}(m+1)]^{-1} \\
\hat{\boldsymbol{\theta}}_{m+1}=\hat{\boldsymbol{\theta}}_m+\boldsymbol{K}_{m+1}[\boldsymbol{z}(m+1)-\boldsymbol{h}(m+1)\hat{\boldsymbol{\theta}}_m]
\end{cases}
\tag{9-91}
$$

其中，$\boldsymbol{K}$ 为修正的增益矩阵。递推最小二乘法的结构和算法流程分别如图 9-13 和图 9-14 所示。

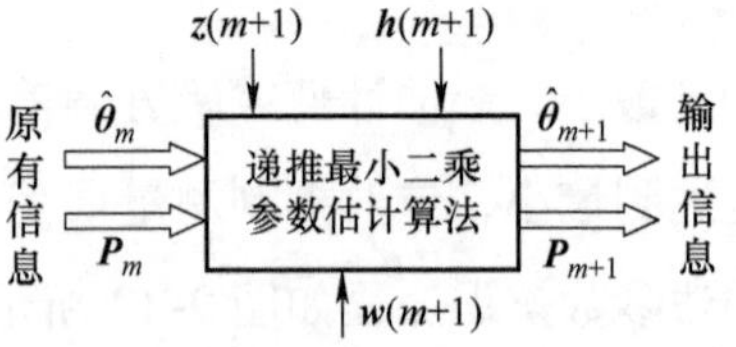

图 9-13　递推最小二乘法的结构

此外，还有一些其他类型的最小二乘法，如可辨识噪声模型的增广最小二乘法和适用于多变量系统的最小二乘法，但是其基本原理都是类似的，详细介绍可参考相关资料。在此只给出这几种常用方法的关系，如图 9-15 所示。

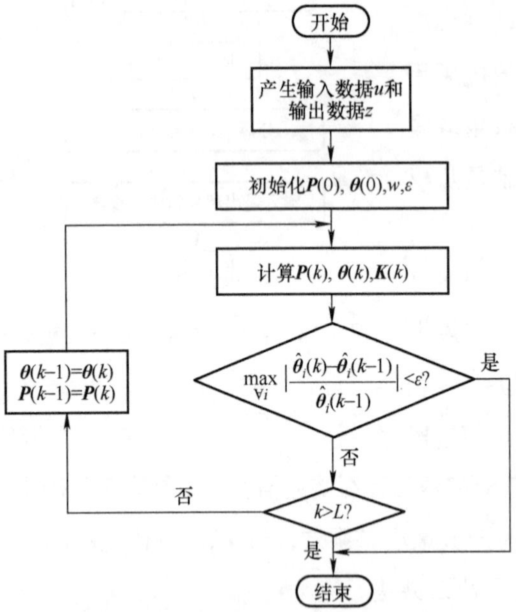

图 9-14　递推最小二乘法的算法流程

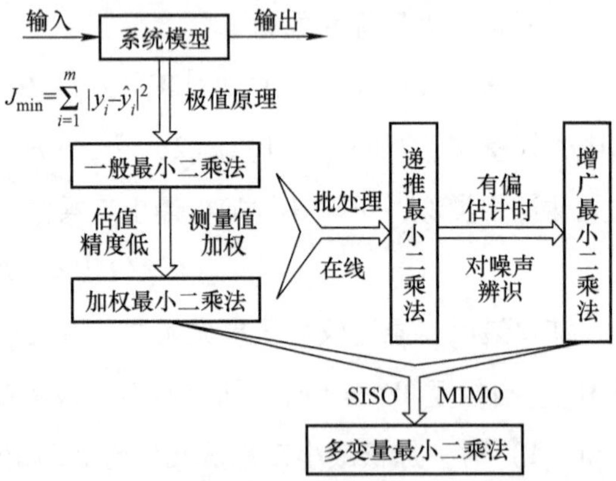

图 9-15　各种最小二乘辨识方法的关系

【例 9-11】 热敏电阻和温度关系式的辨识。为了通过实验确定一个热敏电阻的阻值 R 和温度 t 的关系，在不同的温度 t 下，对电阻 R 进行多次测量获得了一组量测数据（t_i，R_i）。由于每次测量中，不可避免地含有随机测量误差，因此想寻找一个函数 $R=f(t)$ 来真实地表达电阻 R 和温度 t 之间的关系。假设其模型结构为如下的线性形式：

$$
R=a+bt \tag{9-92}
$$

其中，a 和 b 为待辨识的参数。如果测量没有误差，只需要两个不同温度下的电阻值，便可以直接解出 a 和 b，但是由于每次测量中总存在随机误差，即

$$
y_i=R_i+v_i \quad 或 \quad y_i=a+bt+v_i \tag{9-93}
$$

其中，y_i 为量测数据；R_i 为真值；v_i 为随机误差（测量噪声）。

当采用每一次测量误差的平方的和最小时，即

$$J = \sum_{i=1}^{N} v_i^2 = \sum_{i=1}^{N} [y_i - (a + bt_i)]^2 \tag{9-94}$$

根据 J 最小来估计 a 和 b 即为最小二乘法辨识参数。利用极值存在条件

$$\begin{cases} \left.\dfrac{\partial J}{\partial a}\right|_{a=\hat{a}} = -2\sum_{i=1}^{N}(y_i - a - bt_i) = 0 \\ \left.\dfrac{\partial J}{\partial b}\right|_{b=\hat{b}} = -2\sum_{i=1}^{N}(y_i - a - bt_i)t_i = 0 \end{cases} \tag{9-95}$$

即

$$\begin{cases} N\hat{a} + \hat{b}\sum_{i=1}^{N} t_i = \sum_{i=1}^{N} y_i \\ \hat{a}\sum_{i=1}^{N} t_i + \hat{b}\sum_{i=1}^{N} t_i^2 = \sum_{i=1}^{N} y_i t_i \end{cases} \tag{9-96}$$

解方程可得

$$\begin{cases} \hat{a} = \dfrac{\sum_{i=1}^{N} y_i \sum_{i=1}^{N} t_i^2 - \sum_{i=1}^{N} y_i t_i \sum_{i=1}^{N} t_i}{N\sum_{i=1}^{N} t_i^2 - (\sum_{i=1}^{N} t_i)^2} \\ \hat{b} = \dfrac{N\sum_{i=1}^{N} y_i t_i - \sum_{i=1}^{N} y_i \sum_{i=1}^{N} t_i}{N\sum_{i=1}^{N} t_i^2 - (\sum_{i=1}^{N} t_i)^2} \end{cases} \tag{9-97}$$

由此完成了热敏电阻模型的参数辨识。通过实验测得 10 组数据，见表 9-1。

表 9-1 热敏电阻的测量值

t/℃	20.5	26	32.7	40	51	61	73	80	88	95.7
R/Ω	765	790	826	850	873	910	942	980	1010	1032

利用最小二乘法计算可得 $a=702.762$，$b=3.4344$，辨识结果如图 9-16 所示。

【例 9-12】 考虑如下仿真对象：

$$z(k) + 1.5z(k-1) + 0.7z(k-2) = u(k-1) + 0.5u(k-2) + v(k) \tag{9-98}$$

其中，$u(k)$是服从正态分布的白噪声 $N(0,1)$，输入信号采用幅值为 1 的 M 序列。选择如下辨识模型进行最小二乘参数辨识：

$$z(k) + a_1 z(k-1) + a_2 z(k-2) = b_1 u(k-1) + b_2 u(k-2) + v(k) \tag{9-99}$$

其输入和输出的图形如图 9-17 所示。

取权重 $\boldsymbol{W}_m = \boldsymbol{I}$，利用最小二乘法的辨识结果见表 9-2。

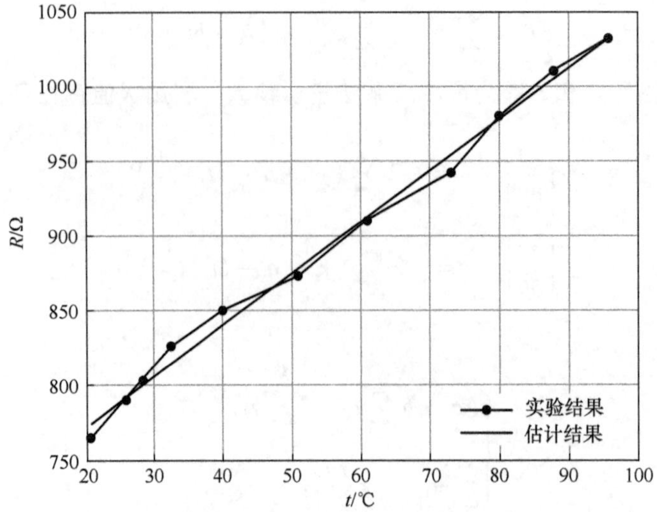

图 9-16　热敏电阻模型辨识结果

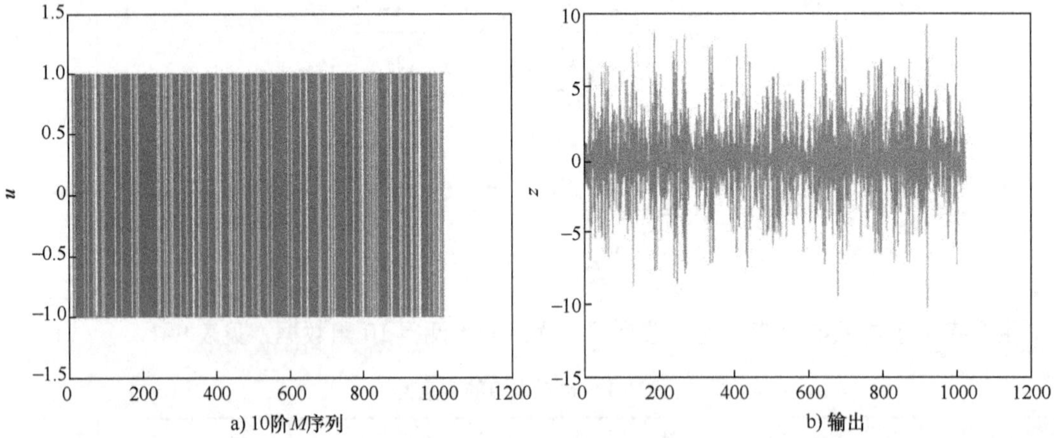

图 9-17　输入和输出的图形

表 9-2　最小二乘法的辨识

参数	a_1	a_2	b_1	b_2
真值	1.5	0.7	1.0	0.5
估计值	1.4522	0.6704	0.9725	0.4759

利用递推最小二乘法的参数辨识结果如图 9-18 所示，递推最小二乘法的辨识结果见表 9-3。

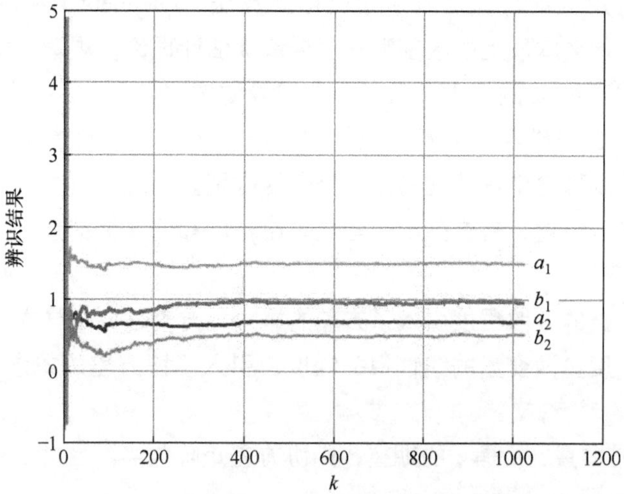

图 9-18　递推最小二乘法的参数辨识结果

表 9-3　递推最小二乘法的辨识结果

参数	a_1	a_2	b_1	b_2
真值	1.5	0.7	1.0	0.5
估计值	1.4976	0.6837	0.9529	0.5047

第四节　卡尔曼滤波算法

一、状态估计问题描述

对于一个动态系统，系统的输入和输出的测量数据只能反映系统的外部特性，而系统的动态规律则需要内部状态变量来描述，但内部状态变量往往无法直接测量，要根据获取的测量数据来估算动态系统的内部状态。换句话说，由于无法直接获得状态，故只能采用间接的方法去估计状态，这就是状态估计问题。因此，状态估计对于动态系统控制具有重要的意义。

对于状态估计问题，大多数状态重构算法可由下式统一描述

$$\dot{\hat{x}}=f(\hat{x},u)+K(z-\hat{z}) \tag{9-100}$$

其中，$f(\hat{x},u)$为系统模型；K为反馈增益；z和$\hat{z}$为测量值和估计的测量值。由于模型不能完全精确地描述系统的特性，因此需要后面的$K(z-\hat{z})$通过实际测量值来修正模型的先验预测值。其核心就是如何计算获得反馈增益K，以使得测量值更好地修正预测值带来的误差，使估计更加准确。

状态估计问题常用的估计算法有卡尔曼滤波算法、Luenberger 观测器、H_∞ 观测器等。那么上述估计算法有什么本质上的区别呢？根据最优估计理论，观测器增益的最佳选择取决于测量噪声 v_k 与过程噪声 w_k 的大小关系，而卡尔曼滤波器就是一种根据测量噪 v_k、过程噪声 w_k 以及状态估计误差来确定增益 K 的最优观测器，所以观测增益确定方法的不同就是卡尔曼滤波器与现代控制理论中其他观测器最核心的区别。

为了便于接下来的叙述，首先列出一些概率论基础知识作为铺垫。

（一）协方差矩阵

为了度量一组数据的分散程度引入了方差的概念，方差是各个样本与样本均值的差的平方和的均值，而为了度量两变量的线性相关程度，引入了协方差的概念，当两变量相同时，协方差就是方差。

设 $\boldsymbol{X}$ 是一个 n 维向量，u_i 是 x_i 的期望，则协方差矩阵为

$$\begin{aligned}\boldsymbol{P} &= \boldsymbol{E}[(\boldsymbol{X}-\boldsymbol{E}(\boldsymbol{X}))(\boldsymbol{X}-\boldsymbol{E}(\boldsymbol{X}))^{\mathrm{T}}] \\ &= \begin{bmatrix} \boldsymbol{E}[(x_1-u_1)(x_1-u_1)] & \boldsymbol{E}[(x_1-u_1)(x_2-u_2)] & \cdots & \boldsymbol{E}[(x_1-u_1)(x_n-u_n)] \\ \boldsymbol{E}[(x_2-u_2)(x_1-u_1)] & \boldsymbol{E}[(x_2-u_2)(x_2-u_2)] & \cdots & \boldsymbol{E}[(x_2-u_2)(x_n-u_n)] \\ \vdots & \vdots & & \vdots \\ \boldsymbol{E}[(x_n-u_n)(x_1-u_1)] & \boldsymbol{E}[(x_1-u_1)(x_1-u_1)] & \cdots & \boldsymbol{E}[(x_n-u_n)(x_n-u_n)] \end{bmatrix}\end{aligned} \tag{9-101}$$

其中，协方差矩阵都是对称矩阵且是半正定的；协方差矩阵的迹 $\mathrm{tr}(P)$ 是 X 的均方误差。

（二）高斯分布

设一个随机变量 x 服从高斯分布 $N(\mu,\sigma)$，那么它的概率密度函数为

$$p(x) = \frac{1}{\sqrt{2\pi\sigma}}\mathrm{e}^{\left(-\frac{1}{2}\frac{(x-\mu)^2}{\sigma^2}\right)} \tag{9-102}$$

针对事件 $\boldsymbol{X}$、$\boldsymbol{Z}$，有如下定性描述：

先验概率 $P(\boldsymbol{X})$：根据以往经验和分析得到的当下发生的概率，如果根据若干年气象局下统计的经验，某地区下雨的概率。

后验概率 $P(\boldsymbol{X}|\boldsymbol{Z})$：在相关证据或给定条件下的概率，是由因及果的概率，如根据天上有乌云，某地区下雨的概率。

似然概率 $P(\boldsymbol{Z}|\boldsymbol{X})$：根据已知结果推测固有性质的可能性，如某地区下雨的时候有乌云的概率，是对证据发生的可能性的描述。

由贝叶斯公式

$$P(\boldsymbol{X}|\boldsymbol{Y}) = \frac{P(\boldsymbol{X})P(\boldsymbol{Y}|\boldsymbol{X})}{P(\boldsymbol{Y})} \tag{9-103}$$

由于 $P(\boldsymbol{Y})$ 是一个定值，不会改变，因此后验概率分布 $P(\boldsymbol{X}|\boldsymbol{Z})$ 正比于先验概率分布 $P(\boldsymbol{X})$ 乘以似然估计 $P(\boldsymbol{Y}|\boldsymbol{X})$。

（三）数据融合思想

假设有两把尺子测量同一物体高度，第一把尺子测量高度为 z_1，测量标准差为 σ_1，第

二把尺子测量高度为之 z_1，测量标准差为 σ_2，则估计的真实值为

$$\hat{z}=z_1+K(z_2-z_1),\quad K\in[0,1] \tag{9-104}$$

可以看出，当 $K=0$ 时，$\hat{z}=z_1$；当 $K=1$ 时，$\hat{z}=z_2$。

接下来求 K 使得$\hat{z}$的方差 $\mathrm{var}(\hat{z})$ 最小。

$$\begin{aligned}\sigma_{\hat{z}}^2&=\mathrm{var}(z_1+K(z_2-z_1))\\&=\mathrm{var}((1-K)z_1+Kz_2)\\&=(1-K)^2\mathrm{var}(z_1)+K^2\mathrm{var}(z_2)\\&=(1-K)^2\sigma_1^2+K^2\sigma_2^2\end{aligned} \tag{9-105}$$

对 $\sigma_{\hat{z}}^2$ 求导，令导数$\dfrac{\mathrm{d}\sigma_{\hat{z}}^2}{\mathrm{d}K}$等于0，则

$$\frac{\mathrm{d}\sigma_{\hat{z}}^2}{\mathrm{d}K}=-2(1-K)\sigma_1^2+2K\sigma_2^2=0 \tag{9-106}$$

整理得

$$K=\frac{\sigma_1^2}{\sigma_1^2+\sigma_2^2} \tag{9-107}$$

则

$$\begin{aligned}\hat{z}&=z_1+\frac{\sigma_1^2}{\sigma_1^2+\sigma_2^2}(z_2-z_1)\\&=\frac{\sigma_2^2}{\sigma_1^2+\sigma_2^2}z_1+\frac{\sigma_1^2}{\sigma_1^2+\sigma_2^2}z_2\end{aligned} \tag{9-108}$$

二、卡尔曼滤波

卡尔曼（Kalman）滤波理论最初是由 Kalman 在 1960 年发表的论文 *A New Approach to Linear Filtering and Prediction Problems* 中提出的一种克服维纳滤波缺点的线性递推优化法。算法的本质是从被噪声污染的信号中提取真实的部分，进而估计出系统的真实状态。卡尔曼滤波不仅可用于信号的滤波和估计，而且可用于模型参数的估计，因此广泛应用于工程实践中。例如，车辆行驶过程中，单一信息源很难保证获取环境信息的快速性和准确性的要求，同时还受到传感器自身品质、性能噪声的影响，因此常常应用卡尔曼滤波对多传感器进行数据融合。

由于初学者在学习卡尔曼滤波时很容易混淆卡尔曼滤波计算式中变量含义，所以在此先给出变量说明，见表9-4。

卡尔曼滤波是一个递推滤波算法，每次递推都包括预测和更新两个部分，预测部分是使用上一时刻状态的估计做出对当前状态的预测，更新部分是利用当前状态的观测值来修正预测阶段获得的预测值，获得一个更接近真实值的估计值。卡尔曼滤波的本质是通过对下一时

表 9-4 卡尔曼滤波关键变量及含义说明

变量	含义说明
$\boldsymbol{x}_k$	k 时刻真实值
$\hat{\boldsymbol{x}}_k$	k 时刻估计值
$\boldsymbol{x}_k^-$	k 时刻预测值即先验估计
$\boldsymbol{P}_k$	k 时刻误差协方差矩阵
$\boldsymbol{P}_k^-$	k 时刻预测误差协方差矩阵
K_k	k 时刻卡尔曼增益
z_k	k 时刻测量值
$\hat{z}_k$	k 时刻估计得测量值
$\boldsymbol{A}$	状态转移矩阵
$\boldsymbol{u}_k$	k 时刻系统输入向量
$\boldsymbol{B}$	输入增益矩阵
$\boldsymbol{H}$	测量矩阵
$\boldsymbol{w}_k$	均值为 0、协方差矩阵为 $\boldsymbol{Q}$，服从正态分布的过程噪声
$\boldsymbol{v}_k$	均值为 0、协方差矩阵为 $\boldsymbol{R}$，服从正态分布的测量噪声

刻状态的先验估计与测量反馈相结合，得到该时刻相对准确的后验估计。卡尔曼滤波算法主要包括以下 5 个步骤：

1）模型预测：根据 $k-1$ 时刻的最优估计值$\hat{\boldsymbol{x}}_{k-1}$来计算 k 时刻的预测值$\boldsymbol{x}_k^-$，即先验估计。

2）预测：根据 $k-1$ 时刻的最优估计值误差办方差矩阵$\boldsymbol{P}_{k-1}$来计算 k 时刻预测值的误差协方差矩阵$\boldsymbol{P}_k^-$。

3）卡尔曼增益更新：根据 k 时刻预测值协方差矩阵$\boldsymbol{P}_k^-$和 k 时刻测量值误差来计算 k 时刻的卡尔曼增益K_k。

4）状态更新：根据 k 时刻预测值$\boldsymbol{x}_k^-$，k 时刻测量值z_k和 k 时刻卡尔曼增益K_k来计算 k 时刻最优估计值$\hat{\boldsymbol{x}}_k$，即后验估计。

5）更新：根据 k 时刻预测值的误差协方差矩阵$\boldsymbol{P}_k^-$和 k 时刻卡尔曼增益K_k来计算 k 时刻最优估计值$\hat{\boldsymbol{x}}_k$的误差协方差矩阵$\boldsymbol{P}_k$。

根据上述过程，首先要确定误差协方差矩阵和状态的初值，此时迭代为第 0 代，然后由误差协方差矩阵的初值算出第一代的预测误差协方差矩阵，再通过第一代预测误差协方差矩阵得到第一代卡尔曼增益，第一代卡尔曼增益结合观测值就能估计出第一代的状态，再利用第一代的卡尔曼增益更新第一代的误差协方差矩阵，完成第一次迭代。然后由第一代误差协方差矩阵算出第二代的预测误差协方差矩阵，以此类推，完成卡尔曼滤波去递推全过程。

上述 5 个步骤对应卡尔曼滤波的 5 个公式，通过如图 9-19 所示的流程图即可实现时间更新（预测）以及测量更新（校正），其中，式（9-109）、式（9-110）为预测部分，式（9-111）~式（9-113）为更新部分。

$$\hat{x}_k^- = A\hat{x}_{k-1} + Bu_k \tag{9-109}$$

$$P_k^- = AP_{k-1}A^T + Q \tag{9-110}$$

$$K_k = P_k^- H^T (HP_k^- H^T + R)^{-1} \tag{9-111}$$

$$\hat{x}_k = \hat{x}_k^- + K_k(z_k - H\hat{x}_k^-) \tag{9-112}$$

$$P_k = (I - K_k H)P_k^- \tag{9-113}$$

接下来详细介绍卡尔曼滤波 5 个公式的推导过程。

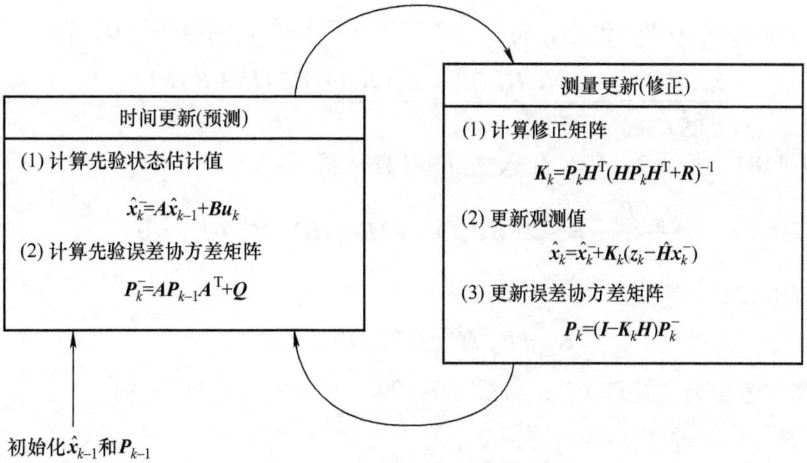

图 9-19　卡尔曼滤波算法流程

（一）最小均方差估计

设真实值与预测值之间的误差为

$$e_k^- = x_k - \hat{x}_k^- \tag{9-114}$$

那么由式（9-114）得到预测误差的协方差矩阵为

$$P_k^- = E[e_k^- (e_k^-)^T] = E[(x_k - \hat{x}_k^-)(x_k - \hat{x}_k^-)^T] \tag{9-115}$$

由式（9-100）、式（9-104）得到真实值与估计值之间的误差为

$$\begin{aligned} e_k &= x_k - \hat{x}_k \\ &= x_k - (\hat{x}_k^- + K_k \hat{z}_k) \\ &= x_k - (\hat{x}_k^- + K_k(z_k - H\hat{x}_k^-)) \\ &= x_k - (\hat{x}_k^- + K_k(Hx_k + v_k - H\hat{x}_k^-)) \\ &= (I - K_k H)(x_k - \hat{x}_k^-) - K_k v_k \end{aligned} \tag{9-116}$$

那么由式（9-116）估计误差协方差矩阵为

$$\begin{aligned} P_k &= E[e_k e_k^T] \\ &= E[[(I - K_k H)(x_k - \hat{x}_k^-) - K_k v_k][(I - K_k H)(x_k - \hat{x}_k^-) - K_k v_k]^T] \\ &= (I - K_k H)E[(x_k - \hat{x}_k^-)(x_k - \hat{x}_k^-)^T](I - K_k H)^T + K_k E[v_k v_k^T]K_k^T \end{aligned} \tag{9-117}$$

在此，不加证明地给出式（9-118）、式（9-119）两个矩阵微分公式，具体推导过程可

参看矩阵分析教材。

$$\frac{\partial_{\mathrm{tr}}(\boldsymbol{AB})}{\partial \boldsymbol{A}}=\boldsymbol{B}^{\mathrm{T}} \tag{9-118}$$

$$\frac{\partial_{\mathrm{tr}}(\boldsymbol{ABA}^{\mathrm{T}})}{\partial \boldsymbol{A}}=2\boldsymbol{AB} \tag{9-119}$$

卡尔曼滤波本质上是最小均方差估计，均方差为$\boldsymbol{P}_k$的迹，对式（9-117）求迹得

$$\mathrm{tr}(\boldsymbol{P}_k)=\mathrm{tr}(\boldsymbol{P}_k^-)-2\mathrm{tr}(\boldsymbol{K}_k\boldsymbol{HP}_k^-)+\mathrm{tr}[\boldsymbol{K}_k(\boldsymbol{HP}_k^-\boldsymbol{H}^{\mathrm{T}}+\boldsymbol{R})\boldsymbol{K}_k^{\mathrm{T}}] \tag{9-120}$$

求最优估计$\boldsymbol{K}_k$使$\mathrm{tr}(\boldsymbol{P}_k)$最小，将式（9-120）两边对$\boldsymbol{K}_k$求导等于0，得

$$\frac{\partial_{\mathrm{tr}}(\boldsymbol{P}_k)}{\partial \boldsymbol{K}_k}=\frac{\partial_{\mathrm{tr}}(2\boldsymbol{K}_k\boldsymbol{HP}_k^-)}{\partial \boldsymbol{K}_k}+\frac{\partial_{\mathrm{tr}}(\boldsymbol{K}_k(\boldsymbol{HP}_k^-\boldsymbol{H}^{\mathrm{T}}+\boldsymbol{R})\boldsymbol{K}_k^{\mathrm{T}})}{\partial \boldsymbol{K}_k}=0 \tag{9-121}$$

将式（9-118）、式（9-119）代入式（9-121）得

$$\frac{\partial_{\mathrm{tr}}(\boldsymbol{P}_k)}{\partial \boldsymbol{K}_k}=-2(\boldsymbol{HP}_k^-)^{\mathrm{T}}+2\boldsymbol{K}_k(\boldsymbol{HP}_k^-\boldsymbol{H}^{\mathrm{T}}+\boldsymbol{R})=0 \tag{9-122}$$

整理式（9-122）得

$$\boldsymbol{K}_k=\boldsymbol{P}_k^-\boldsymbol{H}^{\mathrm{T}}(\boldsymbol{HP}_k^-\boldsymbol{H}^{\mathrm{T}}+\boldsymbol{R})^{-1} \tag{9-123}$$

对于预测误差协方差矩阵$\boldsymbol{P}_k^-$，将式（9-109）代入式（9-115）得

$$\begin{aligned}\boldsymbol{P}_k^-&=\boldsymbol{E}[(\boldsymbol{x}_k-\hat{\boldsymbol{x}}_k^-)(\boldsymbol{x}_k-\hat{\boldsymbol{x}}_k^-)^{\mathrm{T}}]\\&=\boldsymbol{E}[(\boldsymbol{Ax}_{k-1}+\boldsymbol{Bu}_k+\boldsymbol{\omega}_k-\boldsymbol{A}\hat{\boldsymbol{x}}_{k-1}^--\boldsymbol{Bu}_k)(\boldsymbol{Ax}_{k-1}+\boldsymbol{Bu}_k+\boldsymbol{\omega}_k-\boldsymbol{A}\hat{\boldsymbol{x}}_{k-1}^--\boldsymbol{Bu}_k)^{\mathrm{T}}]\\&=\boldsymbol{E}[(\boldsymbol{Ae}_{k-1})(\boldsymbol{Ae}_{k-1})^{\mathrm{T}}]+\boldsymbol{E}[\boldsymbol{\omega}_k\boldsymbol{\omega}_k^{\mathrm{T}}]\\&=\boldsymbol{AP}_{k-1}\boldsymbol{A}^{\mathrm{T}}+\boldsymbol{Q}\end{aligned} \tag{9-124}$$

（二）射影定理

在几何上，卡尔曼滤波器可以看作状态变量在由观测生成的线性空间上的射影，因此可以使用射影定理推导卡尔曼滤波。

采用线性最小估计方法，利用系统输出的测量值$z(t)$来估计系统状态值$\boldsymbol{x}(t)$，即

$$\hat{\boldsymbol{x}}=\boldsymbol{b}+\boldsymbol{Az},b\in\mathbf{R}^n,\boldsymbol{A}\in\mathbf{R}^{n\times m} \tag{9-125}$$

若估值$\hat{x}$极小化性能指标为J，即期望方差为

$$\begin{aligned}\boldsymbol{J}&=\boldsymbol{E}[(\boldsymbol{x}-\hat{\boldsymbol{x}})^{\mathrm{T}}(\boldsymbol{x}-\hat{\boldsymbol{x}})]\\&=\boldsymbol{E}[(\boldsymbol{x}-\boldsymbol{Az}-\boldsymbol{b})^{\mathrm{T}}(\boldsymbol{x}-\boldsymbol{Az}-\boldsymbol{b})]\end{aligned} \tag{9-126}$$

则称$\hat{\boldsymbol{x}}$为随机变量$\boldsymbol{x}$工的线性最小方差估计。

求$\boldsymbol{J}$的极小值，令$\boldsymbol{J}$对$\boldsymbol{x}$求偏导等于0可得

$$\frac{\partial \boldsymbol{J}}{\partial \boldsymbol{x}}=-2\boldsymbol{E}(\boldsymbol{x}-\boldsymbol{b}-\boldsymbol{Az})=0 \tag{9-127}$$

则有

$$\boldsymbol{b}=\boldsymbol{E}(\boldsymbol{x})-\boldsymbol{AE}(\boldsymbol{z}) \tag{9-128}$$

将式（9-128）代入式（9-126），则

$$\boldsymbol{J}=\boldsymbol{E}\{[\boldsymbol{x}-\boldsymbol{Az}-(\boldsymbol{E}(\boldsymbol{x})-\boldsymbol{AE}(\boldsymbol{z}))]^{\mathrm{T}}[\boldsymbol{x}-\boldsymbol{Az}-(\boldsymbol{E}(\boldsymbol{x})-\boldsymbol{AE}(\boldsymbol{z}))]\} \tag{9-129}$$

这里假设两个变量 $\boldsymbol{P}_{xx}$ 和 $\boldsymbol{P}_{xz}$ 为

$$\boldsymbol{P}_{xx}=\boldsymbol{E}[(\boldsymbol{x}-\boldsymbol{E}(\boldsymbol{x}))(\boldsymbol{x}-\boldsymbol{E}(\boldsymbol{x}))^{\mathrm{T}}] \tag{9-130}$$

$$\boldsymbol{P}_{xz}=\boldsymbol{E}[(\boldsymbol{x}-\boldsymbol{E}(\boldsymbol{x}))(z-\boldsymbol{E}(z))^{\mathrm{T}}] \tag{9-131}$$

将式（9-130）和式（9-131）代入式（9-129），得

$$\begin{aligned}\boldsymbol{J}&=\boldsymbol{E}[(\boldsymbol{x}-\boldsymbol{A}z-(\boldsymbol{E}(\boldsymbol{x})-\boldsymbol{AE}(z)))^{\mathrm{T}}(\boldsymbol{x}-\boldsymbol{A}z-(\boldsymbol{E}(\boldsymbol{x})-\boldsymbol{AE}(z)))]\\&=\mathrm{tr}[P_{xx}-AP_{zx}-P_{xz}A^{\mathrm{T}}+AP_{zz}A^{\mathrm{T}}]\\&=\mathrm{tr}P_{xx}-A\mathrm{tr}P_{zx}-\mathrm{tr}P_{xz}A^{\mathrm{T}}+A\mathrm{tr}P_{zz}A^{\mathrm{T}}\end{aligned} \tag{9-132}$$

令 $\dfrac{\partial \boldsymbol{J}}{\partial \boldsymbol{A}}=\boldsymbol{0}$，由式（9-132）得

$$\frac{\partial \boldsymbol{J}}{\partial \boldsymbol{A}}=-\boldsymbol{P}_{zx}^{\mathrm{T}}-\boldsymbol{P}_{xz}+2\boldsymbol{A}\boldsymbol{P}_{zz}=\boldsymbol{0} \tag{9-133}$$

由于 $\boldsymbol{P}_{xz}=\boldsymbol{P}_{zx}^{\mathrm{T}}$，代入式（9-133）得

$$\boldsymbol{A}=\boldsymbol{P}_{xz}\boldsymbol{P}_{zz}^{-1} \tag{9-134}$$

基于以上公式推导可得到在线性最小估计下，状态估计值的表达式为

$$\hat{\boldsymbol{x}}=\boldsymbol{E}(x)+\boldsymbol{P}_{xz}\boldsymbol{P}_{zz}^{-1}(\boldsymbol{z}-\boldsymbol{E}(z)) \tag{9-135}$$

下面不加证明地给出射影定理及其推论。

【定义 9-1】 称 $\boldsymbol{x}-\hat{\boldsymbol{x}}$ 与 z 不相关为 $\boldsymbol{x}-\hat{\boldsymbol{x}}$ 与 z 正交（垂直），记为 $\boldsymbol{x}-\hat{\boldsymbol{x}}\perp z$，并称 $\hat{\boldsymbol{x}}$ 为 $\boldsymbol{x}$ 在 z 上的射影，记为 $\hat{\boldsymbol{x}}=\mathrm{proj}(\boldsymbol{x}|z)$；

【定义 9-2】 基于随机变量 $z(1),z(2),\cdots,z(k)\in\mathbf{R}^m$，对随机变量 $x\in\mathbf{R}^m$ 的线性最小方差估计 $\hat{x}$ 定义为

$$\hat{\boldsymbol{x}}=\mathrm{proj}(\boldsymbol{x}|z(1),\cdots,z(i)) \tag{9-136}$$

【定义 9-3】 设 $z(1),z(2),\cdots,z(k)\in\mathbf{R}^m$ 是存在二阶矩的随机序列，其新息序列定义为

$$\boldsymbol{\varepsilon}(k)=\boldsymbol{z}(k)-\mathrm{proj}(z(k)|z(1),z(2),\cdots,z(k-1)) \tag{9-137}$$

【定理 9-5】 设随机变量 $\boldsymbol{x}\in\mathbf{R}^n$，随机序列 $z(1),z(2),\cdots,z(k)\in\mathbf{R}^m$，且它们存在二阶矩，则有递推射影公式

$$\begin{aligned}\mathrm{proj}(\boldsymbol{x}|z(1),z(2),\cdots,z(k))=\mathrm{proj}(\boldsymbol{x}|z(1),z(2),\cdots,z(k-1))+\\\boldsymbol{E}[\boldsymbol{x}\boldsymbol{\varepsilon}^{\mathrm{T}}(k)][\boldsymbol{E}(\boldsymbol{\varepsilon}(k)\boldsymbol{\varepsilon}^{\mathrm{T}}(k))]^{-1}\boldsymbol{\varepsilon}(k)\end{aligned} \tag{9-138}$$

对于式（9-138）的证明过程省略。

现对卡尔曼滤波 5 个公式，即式（9-109）~式(9-113）进行证明。

对状态方程在观测则 $z(1),z(2),\cdots,z(k-1)$ 构成的平面空间中投影，得到

$$\hat{\boldsymbol{x}}_{k+1}=\boldsymbol{A}\hat{\boldsymbol{x}}_k+\Gamma\mathrm{proj}(\boldsymbol{\omega}(k)|z(1),z(2),\cdots,z(k)) \tag{9-139}$$

将式（9-109）状态方程迭代，有

$$\boldsymbol{x}_k\in\boldsymbol{L}[\omega(k-1),\cdots,\omega(1),\omega(0),x(0)] \tag{9-140}$$

对于式（9-110）的观测方程，有

$$\boldsymbol{z}(k)\in\boldsymbol{L}[v(k),\omega(k-1),\cdots,\omega(1),\omega(0),x(0)] \tag{9-141}$$

因此

$$\boldsymbol{L}[z(1),z(2),\cdots,z(k)]\subset\boldsymbol{L}[v(k),\cdots,v(2),v(1),\omega(k-1),\cdots,\omega(1),\omega(0),x(0)] \tag{9-142}$$

应用射影定理以及 $\boldsymbol{E}(\boldsymbol{w}(k))=0$ 可得

$$\text{proj}(\boldsymbol{\omega}(k)\,|z(1),z(2),\cdots,z(k))=0 \tag{9-143}$$

则式（9-139）将被整理成如下形式

$$\hat{\boldsymbol{x}}_{k+1}=\boldsymbol{A}\,\hat{\boldsymbol{x}}_k \tag{9-144}$$

由射影定理可知

$$\widetilde{\boldsymbol{x}}_k=\boldsymbol{x}_k-\hat{\boldsymbol{x}}_k \tag{9-145}$$

$$\boldsymbol{P}(k)=\boldsymbol{E}(\widetilde{\boldsymbol{x}}_k\,\widetilde{\boldsymbol{x}}_k^{\mathrm{T}}) \tag{9-146}$$

将式（9-145）代入式（9-146）得

$$\begin{aligned}\boldsymbol{P}_{k+1}&=\boldsymbol{E}[\widetilde{\boldsymbol{x}}_{k+1}\widetilde{\boldsymbol{x}}_{k+1}^{\mathrm{T}}]\\&=\boldsymbol{E}[(\boldsymbol{A}\boldsymbol{x}_k+\boldsymbol{\Gamma}\boldsymbol{\omega}(k)-\boldsymbol{A}\,\hat{\boldsymbol{x}}_k)(\boldsymbol{A}\boldsymbol{x}_k+\boldsymbol{\Gamma}\boldsymbol{\omega}(k)-\boldsymbol{A}\,\hat{\boldsymbol{x}}_k)^{\mathrm{T}}]\\&=\boldsymbol{E}[(\boldsymbol{A}\,\widetilde{\boldsymbol{x}}_k+\boldsymbol{\Gamma}\boldsymbol{\omega}(k))(\boldsymbol{A}\,\widetilde{\boldsymbol{x}}_k+\boldsymbol{\Gamma}\boldsymbol{\omega}(k))^{\mathrm{T}}]\\&=\boldsymbol{A}\boldsymbol{P}_k\boldsymbol{A}^{\mathrm{T}}+\boldsymbol{\Gamma}\boldsymbol{Q}\boldsymbol{\Gamma}^{\mathrm{T}}+\boldsymbol{A}\boldsymbol{E}[\widetilde{\boldsymbol{x}}_k\boldsymbol{\omega}^{\mathrm{T}}(k)]\boldsymbol{\Gamma}^{\mathrm{T}}+\boldsymbol{\Gamma}\boldsymbol{E}[\widetilde{\boldsymbol{x}}_k^{\mathrm{T}}\boldsymbol{\omega}(k)]\boldsymbol{A}^{\mathrm{T}}\\&=\boldsymbol{A}\boldsymbol{P}_k\boldsymbol{A}^{\mathrm{T}}+\boldsymbol{\Gamma}\boldsymbol{Q}\boldsymbol{\Gamma}^{\mathrm{T}}\end{aligned} \tag{9-147}$$

由射影递推公式可得

$$\hat{\boldsymbol{x}}_k=\hat{\boldsymbol{x}}_k^-+\boldsymbol{K}_k\boldsymbol{\varepsilon}_k \tag{9-148}$$

$$\boldsymbol{K}_{k+1}=\boldsymbol{E}[\boldsymbol{x}_{k+1}\boldsymbol{\varepsilon}_{k+1}^{\mathrm{T}}]\boldsymbol{E}^{-1}[\boldsymbol{\varepsilon}_{k+1}\boldsymbol{\varepsilon}_{k+1}^{\mathrm{T}}] \tag{9-149}$$

其中

$$\begin{aligned}\boldsymbol{E}[\boldsymbol{x}_k\boldsymbol{\varepsilon}_k^{\mathrm{T}}]&=\boldsymbol{E}[\boldsymbol{x}_k(\boldsymbol{y}-\boldsymbol{H}\,\hat{\boldsymbol{x}}_{k\,|\,k-1})]\\&=\boldsymbol{E}[(\hat{\boldsymbol{x}}_{k\,|\,k-1}+\widetilde{\boldsymbol{x}}_{k\,|\,k-1})(\boldsymbol{H}\,\hat{\boldsymbol{x}}_{k\,|\,k-1})^{\mathrm{T}}]\\&=\boldsymbol{P}_{k\,|\,k-1}\boldsymbol{H}^{\mathrm{T}}+\boldsymbol{E}[\hat{\boldsymbol{x}}_{k\,|\,k-1}\widetilde{\boldsymbol{x}}_{k\,|\,k-1}^{\mathrm{T}}]\\&=\boldsymbol{P}_{k\,|\,k-1}\boldsymbol{H}^{\mathrm{T}}\end{aligned} \tag{9-150}$$

$$\begin{aligned}\boldsymbol{E}[\boldsymbol{\varepsilon}_k\boldsymbol{\varepsilon}_k^{\mathrm{T}}]&=\boldsymbol{E}[(\boldsymbol{H}\,\widetilde{\boldsymbol{x}}_k^-+\boldsymbol{v}_k)(\boldsymbol{H}\,\widetilde{\boldsymbol{x}}_k^-+\boldsymbol{v}_k)^{\mathrm{T}}]\\&=\boldsymbol{H}\boldsymbol{P}_k^-\boldsymbol{H}^{\mathrm{T}}+\boldsymbol{R}\end{aligned}$$

将式（9-149）和式（9-150）代入式（9-148）得

$$\boldsymbol{K}_k=\boldsymbol{P}_k^-\boldsymbol{H}_k^{\mathrm{T}}(\boldsymbol{H}_k\boldsymbol{P}_k^-\boldsymbol{H}_k^{\mathrm{T}}+\boldsymbol{R}_k)^{-1} \tag{9-151}$$

由新息序列的定义可得

$$\begin{aligned}\boldsymbol{\varepsilon}_k&=z_k-\hat{z}_k^-\\&=z_k-\boldsymbol{H}\,\hat{\boldsymbol{x}}_k^-\end{aligned} \tag{9-152}$$

将式（9-152）代入式（9-148）得

$$\hat{\boldsymbol{x}}_k=\hat{\boldsymbol{x}}_k^-+\boldsymbol{K}_k(z_k-\boldsymbol{H}_k\,\hat{\boldsymbol{x}}_k^-) \tag{9-153}$$

由式（9-146）得

$$
\begin{aligned}
\boldsymbol{P}_k &= \boldsymbol{E}[\widetilde{\boldsymbol{x}}_k \widetilde{\boldsymbol{x}}_k^{\mathrm{T}}] \\
&= \boldsymbol{E}[(\widetilde{\boldsymbol{x}}_k^- - \boldsymbol{K}\boldsymbol{\varepsilon}_k)(\widetilde{\boldsymbol{x}}_k^- - \boldsymbol{K}\boldsymbol{\varepsilon}_k)^{\mathrm{T}}] \\
&= \boldsymbol{P}_k^- + \boldsymbol{K}(\boldsymbol{H}\boldsymbol{P}_k^- \boldsymbol{H}^{\mathrm{T}} + \boldsymbol{R})\boldsymbol{K}^{\mathrm{T}} - \boldsymbol{P}_k^- \boldsymbol{H}^{\mathrm{T}}\boldsymbol{K}^{\mathrm{T}} - \boldsymbol{K}\boldsymbol{H}\boldsymbol{P}_k^- \\
&= [\boldsymbol{I} - \boldsymbol{K}\boldsymbol{H}]\boldsymbol{P}_k^-
\end{aligned} \tag{9-154}
$$

（三）机动目标跟踪应用

假设对一辆车的运动状态作跟踪与预测，经常使用恒定速度模型（CV 模型）、恒定加速度模型（CA 模型）、匀速转弯模型（CT 模型）等运动模型来实现卡尔曼滤波。车辆的状态可以表示为（位置，速度），用一个向量来表示该状态为

$$
\boldsymbol{x} = [p_x, p_y, v_x, v_y]^{\mathrm{T}} \tag{9-155}
$$

式中，p_x、p_y 和 v_x、v_y 分别为车辆在 x、y 方向上的位置和速度分量。

假设车辆具有恒定的速度（CV 模型），应用卡尔曼滤波算法求解该跟踪问题。其离散化的运动模型为

$$
\begin{cases}
p_{x,k+1} = p_{x,k} + v_{x,k}\Delta t + v_{px} \\
p_{y,k+1} = p_{y,k} + v_{y,k}\Delta t + v_{py} \\
v_{x,k+1} = v_{x,k} + v_{vx} \\
v_{y,k+1} = v_{y,k} + v_{vy}
\end{cases} \tag{9-156}
$$

将其改写为状态方程形式：

$$
\begin{bmatrix} p_x \\ p_y \\ v_x \\ v_y \end{bmatrix}_{k+1} = \begin{bmatrix} 1 & 0 & \Delta t & 0 \\ 0 & 1 & 0 & \Delta t \\ 0 & 0 & 1 & 0 \\ 0 & 0 & 0 & 1 \end{bmatrix} \begin{bmatrix} p_x \\ p_y \\ v_x \\ v_y \end{bmatrix}_k + \boldsymbol{v} \tag{9-157}
$$

式中，v 为过程噪声；Δt 为采样周期。简记为

$$
x_{k+1} = Ax_k + v \tag{9-158}
$$

其中

$$
\boldsymbol{A} = \begin{bmatrix} 1 & 0 & \Delta t & 0 \\ 0 & 1 & 0 & \Delta t \\ 0 & 0 & 1 & 0 \\ 0 & 0 & 0 & 1 \end{bmatrix} \tag{9-159}
$$

预测部分第二步为

$$
\boldsymbol{P}_{k+1}^- = \boldsymbol{A}\boldsymbol{P}_k\boldsymbol{A}^{\mathrm{T}} + \boldsymbol{Q} \tag{9-160}
$$

式中，$\boldsymbol{Q}$ 为过程噪声的协方差矩阵，$v \sim N(\boldsymbol{0}, \boldsymbol{Q})$，则 $\boldsymbol{Q}$ 的形式为

$$
\boldsymbol{Q} = \begin{bmatrix} \sigma_{p_x}^2 & \sigma_{p_x p_y} & \sigma_{p_x p_y} & \sigma_{p_x v_y} \\ \sigma_{p_y p_x} & \sigma_{p_y}^2 & \sigma_{p_y v_x} & \sigma_{p_y v_y} \\ \sigma_{v_x p_x} & \sigma_{v_x p_y} & \sigma_{v_x}^2 & \sigma_{v_x v_y} \\ \sigma_{v_y v_x} & \sigma_{v_y p_y} & \sigma_{v_y v_x} & \sigma_{v_y}^2 \end{bmatrix} \tag{9-161}
$$

将过程噪声继续分解

$$\boldsymbol{v}=\begin{bmatrix}v_{px}\\v_{py}\\v_{vx}\\v_{vy}\end{bmatrix}=\begin{bmatrix}\dfrac{a_x\Delta t^2}{2}\\\dfrac{a_y\Delta t^2}{2}\\a_x\Delta t\\a_y\Delta t\end{bmatrix}=\begin{bmatrix}\dfrac{\Delta t^2}{2}&0\\0&\dfrac{\Delta t^2}{2}\\\Delta t&0\\0&\Delta t\end{bmatrix}\begin{bmatrix}a_x\\a_y\end{bmatrix}=\boldsymbol{Ga}\tag{9-162}$$

则过程噪声协方差矩阵 $\boldsymbol{Q}$ 可表示为

$$\boldsymbol{Q}=\boldsymbol{E}[vv^{\mathrm{T}}]=\boldsymbol{G}\begin{bmatrix}\sigma_{ax}^2&\sigma_{ax,ay}\\\sigma_{ay,ax}&\sigma_{ay}^2\end{bmatrix}\boldsymbol{G}^{\mathrm{T}}\tag{9-163}$$

由于 a_x与 a_y互不相关，则 $\sigma_{ax,ay}=0$，故过程噪声协方差矩阵 $\boldsymbol{Q}$ 可表示为

$$\boldsymbol{Q}=\boldsymbol{E}[vv^{\mathrm{T}}]=\boldsymbol{G}\begin{bmatrix}\sigma_{ax}^2&0\\0&\sigma_{ay}^2\end{bmatrix}\boldsymbol{G}^{\mathrm{T}}\tag{9-164}$$

假设可观测车辆的位置变化而无法观测车辆的速度变化，则测量矩阵可表示为

$$\boldsymbol{H}=\begin{bmatrix}1&0&0&0\\0&1&0&0\end{bmatrix}\tag{9-165}$$

测量噪声的协方差矩阵 $\boldsymbol{R}$ 为

$$\boldsymbol{R}=\begin{bmatrix}\sigma_{px}^2&0\\0&\sigma_{py}^2\end{bmatrix}\tag{9-166}$$

接下来，按照卡尔曼滤波更新部分公式更新即可。以上便是恒定速度模型的过程模型以及车辆运动状态估计的全部过程。

三、扩展卡尔曼滤波

卡尔曼滤波对于线性高斯模型能够做出最优估计，得到较好的跟踪效果。然而在工程实际中，系统一般都是非线性的，虽然有些非线性系统可以用线性系统近似表示，但如果要精确估计系统的状态，则不能用线性的微分方程来表示，必须建立适用于非线性系统的滤波算法。为了采用经典卡尔曼思想解决非线性系统中的状态估计问题，可以利用非线性函数的局部线性特性，将非线性模型局部线性化。扩展卡尔曼滤波就是基于这样的思想，将系统的非线性函数做一阶泰勒（Taylor）展开并省略高阶项，得到线性化的系统方程，从而完成对目标的线性滤波估计等处理。

离散非线性系统动态过程可以表示为

$$\boldsymbol{x}_{k+1}=\boldsymbol{f}(k,x_k)+\boldsymbol{g}_k\boldsymbol{\omega}_k\tag{9-167}$$

$$\boldsymbol{z}_k=\boldsymbol{h}(k,x_k)+\boldsymbol{v}_k\tag{9-168}$$

式中，$\boldsymbol{x}_k$为状态向量；z_k为测量向量；$\boldsymbol{f}(\cdot)$和 $\boldsymbol{h}(\cdot)$分别为非线性状态函数和观测函数，

$\boldsymbol{\omega}_k$和$\boldsymbol{v}_k$是互不相关的高斯白噪声，其均值为零，协方差矩阵为$\boldsymbol{Q}_k$和$\boldsymbol{R}_k$。

对非线性状态函数$\boldsymbol{f}(\cdot)$在$\boldsymbol{x}_k$处进行一阶泰勒展开，得

$$\boldsymbol{f}(\boldsymbol{x}_k)=\boldsymbol{f}(\hat{\boldsymbol{x}}_k)+\left.\frac{\partial \boldsymbol{f}}{\partial \boldsymbol{x}_k}\right|_{\boldsymbol{x}_k=\hat{\boldsymbol{x}}_k}(\boldsymbol{x}_k-\hat{\boldsymbol{x}}_k)+\boldsymbol{o}(\boldsymbol{x}_k-\hat{\boldsymbol{x}}_k) \tag{9-169}$$

式中，$\boldsymbol{o}(\boldsymbol{x}_k-\hat{\boldsymbol{x}}_k)$为高阶无穷小项。令$\boldsymbol{F}_k=\left.\frac{\partial \boldsymbol{f}}{\partial \boldsymbol{x}_k}\right|_{\boldsymbol{x}_k=\hat{\boldsymbol{x}}_k}(\boldsymbol{x}_k-\hat{\boldsymbol{x}}_k)+\boldsymbol{o}(\boldsymbol{x}_k-\hat{\boldsymbol{x}}_k)$，则式（9-167）可以化简为

$$\boldsymbol{x}_{k+1}=\boldsymbol{f}(\hat{\boldsymbol{x}}_k)+\boldsymbol{F}_k(\boldsymbol{x}_k-\hat{\boldsymbol{x}}_k)+\boldsymbol{\omega}_k \tag{9-170}$$

则一步状态预测为

$$\hat{\boldsymbol{x}}_{k+1}^-=\boldsymbol{E}[\boldsymbol{f}(\hat{\boldsymbol{x}}_k)+\boldsymbol{F}_k(\boldsymbol{x}_k-\hat{\boldsymbol{x}}_k)+\boldsymbol{\omega}_k]=\boldsymbol{f}(\hat{\boldsymbol{x}}_k) \tag{9-171}$$

一步预测协方差矩阵为

$$\begin{aligned}\boldsymbol{P}_{k+1}^-&=\boldsymbol{E}[(\boldsymbol{x}_{k+1}-\boldsymbol{x}_{k+1}^-)(\boldsymbol{x}_{k+1}-\boldsymbol{x}_{k+1}^-)^{\mathrm{T}}]\\&=\boldsymbol{E}\{[\boldsymbol{F}_k(\boldsymbol{x}_k-\hat{\boldsymbol{x}}_k)+\boldsymbol{\omega}_k][\boldsymbol{F}_k(\boldsymbol{x}_k-\hat{\boldsymbol{x}}_k)+\boldsymbol{\omega}_k]^{\mathrm{T}}\}\\&=\boldsymbol{F}_k\boldsymbol{P}_k\boldsymbol{F}_k^{\mathrm{T}}+\boldsymbol{Q}_k\end{aligned} \tag{9-172}$$

对非线性观测函数$\boldsymbol{h}(\cdot)$在一步状态预测$\hat{\boldsymbol{x}}_{k+1}^-$处进行一阶泰勒展开得

$$\boldsymbol{h}(\boldsymbol{x}_{k+1})=\boldsymbol{h}(\hat{\boldsymbol{x}}_{k+1}^-)+\left.\frac{\partial \boldsymbol{h}}{\partial \boldsymbol{x}_{k+1}}\right|_{\boldsymbol{x}_{k+1}=\hat{\boldsymbol{x}}_{k+1}^-}(\boldsymbol{x}_{k+1}-\hat{\boldsymbol{x}}_{k+1}^-)+\boldsymbol{o}(\boldsymbol{x}_{k+1}-\hat{\boldsymbol{x}}_{k+1}^-) \tag{9-173}$$

其中，$\boldsymbol{o}(\boldsymbol{x}_{k+1}-\hat{\boldsymbol{x}}_{k+1}^-)$为高阶无穷小项。令$\boldsymbol{H}_{k+1}=\left.\frac{\partial \boldsymbol{f}}{\partial \boldsymbol{x}_{k+1}}\right|_{\boldsymbol{x}_{k+1}=\hat{\boldsymbol{x}}_{k+1}^-}$，则式（9-168）化简为

$$\boldsymbol{z}_{k+1}=\boldsymbol{h}(\hat{\boldsymbol{x}}_{k+1}^-)+\boldsymbol{H}_{k+1}(\boldsymbol{x}_{k+1}-\hat{\boldsymbol{x}}_{k+1}^-)+\boldsymbol{v}_{k+1} \tag{9-174}$$

则观测一步预测为

$$\hat{\boldsymbol{z}}_{k+1}=\boldsymbol{E}[\boldsymbol{h}(\hat{\boldsymbol{x}}_{k+1}^-)+\boldsymbol{H}_{k+1}(\boldsymbol{x}_{k+1}-\hat{\boldsymbol{x}}_{k+1}^-)+\boldsymbol{v}_{k+1}]=\boldsymbol{h}(\hat{\boldsymbol{x}}_{k+1}^-) \tag{9-175}$$

观测量预测误差的协方差矩阵为

$$\begin{aligned}\boldsymbol{P}_{zz,k+1}^-&=\boldsymbol{E}[(\boldsymbol{z}_{k+1}-\hat{\boldsymbol{z}}_{k+1})(\boldsymbol{z}_{k+1}-\hat{\boldsymbol{z}}_{k+1})^{\mathrm{T}}]\\&=\boldsymbol{H}_{k+1}\boldsymbol{P}_{k+1}^-\boldsymbol{H}_{k+1}^{\mathrm{T}}+\boldsymbol{R}_{k+1}\end{aligned} \tag{9-176}$$

状态与量测间的协方差矩阵为

$$\begin{aligned}\boldsymbol{P}_{xz,k+1}^-&=\boldsymbol{E}[(\boldsymbol{x}_{k+1}-\hat{\boldsymbol{x}}_{k+1})(\boldsymbol{z}_{k+1}-\hat{\boldsymbol{z}}_{k+1})^{\mathrm{T}}]\\&=\boldsymbol{P}_{k+1}^-\boldsymbol{H}_{k+1}^{\mathrm{T}}\end{aligned} \tag{9-177}$$

则卡尔曼增益矩阵为

$$\boldsymbol{K}_{k+1}=\boldsymbol{P}_{xz,k+1}^-(\boldsymbol{P}_{zz,k+1}^-)^{-1}=\boldsymbol{P}_{k+1}^-\boldsymbol{H}_{k+1}^{\mathrm{T}}(\boldsymbol{H}_{k+1}\boldsymbol{P}_{k+1}^-\boldsymbol{H}_{k+1}^{\mathrm{T}}+\boldsymbol{R}_{k+1}) \tag{9-178}$$

则$k+1$时刻的状态估计值为

$$\hat{\boldsymbol{x}}_{k+1}=\hat{\boldsymbol{x}}_{k+1}^-+\boldsymbol{K}_{k+1}(\boldsymbol{z}_{k+1}-\hat{\boldsymbol{z}}_{k+1}^-) \tag{9-179}$$

状态估计误差协方差矩阵为

$$\begin{aligned}\boldsymbol{P}_{k+1}&=\boldsymbol{E}[(\boldsymbol{x}_{k+1}-\hat{\boldsymbol{x}}_{k+1})(\boldsymbol{x}_{k+1}-\hat{\boldsymbol{x}}_{k+1})^{\mathrm{T}}]\\&=(\boldsymbol{I}-\boldsymbol{K}_{k+1}\boldsymbol{H}_{k+1})\boldsymbol{P}_{k+1}^-(\boldsymbol{I}-\boldsymbol{K}_{k+1}\boldsymbol{H}_{k+1})^{\mathrm{T}}+\boldsymbol{K}_{k+1}\boldsymbol{R}_{k+1}\boldsymbol{K}_{k+1}^{\mathrm{T}}\\&=(\boldsymbol{I}-\boldsymbol{K}_{k+1}\boldsymbol{H}_{k+1})\boldsymbol{P}_{k+1}^-\end{aligned} \tag{9-180}$$

线性化后的系统根据经典卡尔曼滤波思想，可以获取预测与校正方程，扩展卡尔曼滤波算法的流程如图 9-20 所示。

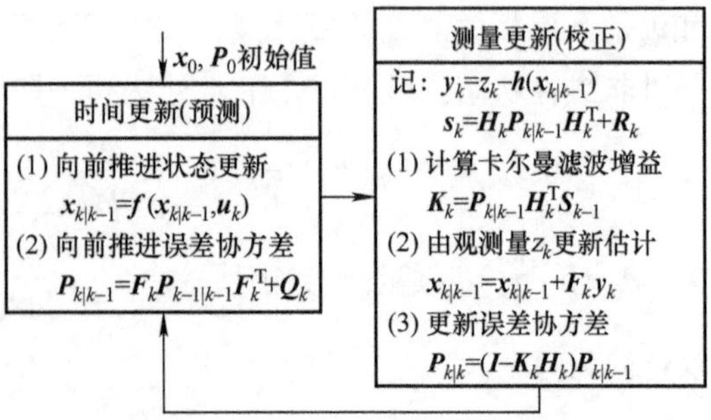

图 9-20　扩展卡尔曼滤波算法流程

由图 9-20 可见，扩展卡尔曼滤波与卡尔曼滤波之间的异同为：

1）卡尔曼滤波为高斯干扰线性系统，其后验概率是通过线性系统理论直接算出的；而扩展卡尔曼滤波为高斯干扰非线性系统，其后验概率是通过系统线性化估计出来的。

2）扩展卡尔曼滤波并不用前时刻的先验估计 $\boldsymbol{x}_k^-$ 作为线性化的参考点，而是用前一时刻的估计值$\hat{\boldsymbol{x}}_k$作为线性化的参考点。这是因为相对于先验值，前一时刻的估计值更加贴近于真实值，将估计值作为线性化参考点，可以得到一个更加贴近于实际的线性化系统模型。

四、无迹卡尔曼滤波

卡尔曼滤波应用于线性高斯噪声分布系统，并不适合非线性系统，所以引入了扩展卡尔曼滤波，通过一阶泰勒展开来用线性函数近似非线性系统，所以这种方法只能解决轻度的非线性问题。由于系统的方差仍然是通过线性化的非线性模型来传递的，因此对于高度的复杂非线性问题时，本节将介绍另一种卡尔曼滤波的改进方法——无迹卡尔曼滤波（Unscented Kalman Filter，UKF）。

无迹卡尔曼滤波是 Julier 等提出的一种非线性滤波方法，能够有效地克服扩展卡尔曼滤波估计精度低、稳定性差的问题，不对非线性方程$\boldsymbol{f}(\cdot)$和$\boldsymbol{h}(\cdot)$做线性化逼近，对于非线性分布统计量的计算精度很高。其核心思想就是使用无迹变换在估计点附近确定采样点，寻找一个与真实分布有着相同均值和协方差的高斯分布来近似真实分布。

无迹变换的核心理念：通过非线性函数概率密度分布进行近似，即使系统模型的复杂度提升也不会增加算法的实现难度，这是因为近似概率分布比近似任意的非线性函数或变换要更加容易。由此，无迹变换的主要步骤如下：

1）根据某种规则对随机变量的概率分布进行确定性采样，并为 sigma 采样点分配权重均值和方差权重。

2）将每个 sigma 点进行非线性变换，得到新的 sigma 点。

3）对非线性变换后新的 sigma 点进行加权求和，分别计算加权均值和方差，用加权均值和方差近似表征随机变量经非线性变换后的概率分布。

下面对无迹变换主要内容进行详细解释。

设一个非线性变换 $y=f(x)$，状态向量 $\boldsymbol{x}$ 为 n 维的随机变量，均值为$\bar{x}$、方差为 $\boldsymbol{P}$，则可通过无迹变换得到 $2n+1$ 个 sigma 点 X 和相应的权值 w 来计算 y 的统计特征。

$$
\begin{cases}
\boldsymbol{X}^{[0]}=\overline{\boldsymbol{X}}, & i=0 \\
\boldsymbol{X}^{[i]}=\overline{\boldsymbol{X}}+(\sqrt{(n+\lambda)\boldsymbol{P}})_i, & i=1\sim n \\
\boldsymbol{X}^{[i]}=\overline{\boldsymbol{X}}-(\sqrt{(n+\lambda)\boldsymbol{P}})_i, & i=n+1\sim 2n
\end{cases} \tag{9-181}
$$

计算这些采样点相应的权值为

$$
\begin{cases}
\omega_{\text{mean}}^{[0]}=\dfrac{\lambda}{n+\lambda} \\
\omega_{\text{cov}}^{[0]}=\dfrac{\lambda}{n+\lambda}+(1-\alpha^2+\beta) \\
\omega_{\text{mean}}^{[i]}=\omega_{\text{cov}}^{[i]}\dfrac{\lambda}{2(n+\lambda)}, \quad i=1\sim 2n
\end{cases} \tag{9-182}
$$

式中，下标 mean 表示均值；cov 表示协方差；上标表示第几个采样点；参数 $\lambda=\alpha^2(n+\kappa)-n$ 是一个缩放比例参数，其值越小，sigma 点就越靠近分布的均值，用来降低总的预测误差，其中 α 的选取控制了采样点的分布状态，κ 为待选参数，其具体取值虽然没有界限，但通常确保矩阵 $(n+\lambda)\boldsymbol{P}$ 为半正定矩阵；β 是待选参数，是一个非负的权系数。

接下来，给出可加性噪声条件下的无迹卡尔曼滤波的推导过程。所谓可加性噪声，就是过程噪声 w_k 和观测噪声 v_k 是以线性可加项的形式存在于系统的状态方程和观测方程中的。

步骤 1：初始化。选定滤波初值：根据观测量的初值 z_0 以及观测函数 $\boldsymbol{h}(\cdot)$ 计算对应的状态量初始均值 x_0，设定状态量协方差初值 $\boldsymbol{P}_0$；选定无迹变换参数：设定 κ 值；计算 sigma 点权重：根据式（9-182）计算 simga 点权重。

步骤 2：对 $k-1$ 时刻状态量 $\boldsymbol{x}_{k-1}$ 的后验概率分布进行 sigma 采样。

$$
\boldsymbol{x}_{k-1}^{[i]}=\begin{cases}
\boldsymbol{x}_{k-1}, & i=0 \\
\boldsymbol{x}_{k-1}+(\gamma\sqrt{\boldsymbol{P}_{k-1}})_i, & i=1\sim n \\
\boldsymbol{x}_{k-1}-(\gamma\sqrt{\boldsymbol{P}_{k-1}})_i, & i=n+1\sim 2n
\end{cases} \tag{9-183}
$$

其中，$\gamma=\sqrt{(n+\lambda)}$。

步骤 3：计算 $2n+1$ 个 sigma 点的一步预测。

$$
\boldsymbol{x}_k^{-[i]}=\boldsymbol{f}(\boldsymbol{x}_{k-1}^{[i]},k), \quad i=0,1,2,\cdots,2n \tag{9-184}
$$

步骤 4：计算系统状态量的一步预测与协方差矩阵。

$$
\hat{\boldsymbol{x}}_k^-=\sum_{i=0}^{2n}\boldsymbol{\omega}^{[i]}\boldsymbol{x}_k^{-[i]} \tag{9-185}
$$

$$
\boldsymbol{P}_k^-=\sum_{i=0}^{2n}\boldsymbol{\omega}^{[i]}[(\hat{\boldsymbol{x}}_k^- - \boldsymbol{x}_k^{-[i]})(\hat{\boldsymbol{x}}_k^- - \boldsymbol{x}_k^{-[i]})^{\mathrm{T}}]+\boldsymbol{Q} \tag{9-186}
$$

步骤 5：根据一步预测值，再次使用无迹变换，产生新的 sigma 点集。

$$
\boldsymbol{x}_k^{-[i]}=\begin{cases}
\hat{\boldsymbol{x}}_k, & i=0 \\
\hat{\boldsymbol{x}}_k+(\gamma\sqrt{\boldsymbol{P}_k^-})_i, & i=1\sim n \\
\hat{\boldsymbol{x}}_k-(\gamma\sqrt{\boldsymbol{P}_k^-})_i, & i=n+1\sim 2n
\end{cases} \tag{9-187}
$$

步骤 6：对式（9-187）预测的 sigma 点集代入观测方程，得到预测的观测值。

$$z_k^-[i]=\boldsymbol{h}(\boldsymbol{x}_k^{-[i]}) \tag{9-188}$$

步骤 7：对预测观测值加权求和得到系统预测的均值和协方差。

$$\begin{cases}\boldsymbol{P}_{z_kz_k}=\sum_{i=0}^{2n}\boldsymbol{\omega}^{[i]}(z_k^{-[i]}-\bar{z}_k^-)(z_k^{-[i]}-\bar{z}_k^-)^{\mathrm{T}}+\boldsymbol{R}\\\boldsymbol{P}_{x_kz_k}=\sum_{i=0}^{2n}\boldsymbol{\omega}^{[i]}(\boldsymbol{x}_k^{-[i]}-\bar{z}_k^-)(z_k^{-[i]}-\bar{z}_k^-)^{\mathrm{T}}+\boldsymbol{R}\end{cases} \tag{9-189}$$

其中

$$\bar{z}_k^-=\sum_{i=0}^{2n}\boldsymbol{\omega}^{[i]}z_k^{-[i]} \tag{9-190}$$

步骤 8：计算卡尔曼增益矩阵。

$$\boldsymbol{K}_k=\boldsymbol{P}_{x_kz_k}\boldsymbol{P}_{z_kz_k}^- \tag{9-191}$$

步骤 9：计算系统的状态更新和协方差更新。

$$\hat{\boldsymbol{x}}_k=\boldsymbol{x}_k^-+\boldsymbol{K}_k(z_k-\hat{z}_k^-) \tag{9-192}$$

$$\boldsymbol{P}_k=\boldsymbol{P}_k^--\boldsymbol{K}_k\boldsymbol{P}_{z_kz_k}\boldsymbol{K}_k^{\mathrm{T}} \tag{9-193}$$

在智能车辆动力学系统状态估计这一关键性问题中，卡尔曼滤波的本质是参数化的贝叶斯模型，只适用于线性系统并且满足服从高斯分布的假设；扩展卡尔曼滤波利用泰勒展开将非线性系统线性化，但是由于对高阶展开式的忽略，当系统状态方程为强非线性时，会存在滤波发散的风险；无迹卡尔曼滤波是无损变换和卡尔曼滤波的结合，相较于扩展卡尔曼滤波，提高了精度并省略了雅可比矩阵的求解过程。同样都是基于卡尔曼滤波的基本思想，无迹卡尔曼滤波省略了雅可比矩阵的求解过程，因此处理效率比扩展卡尔曼滤波更高。对于强非线性系统，扩展卡尔曼滤波省略了泰勒高阶项，因此无迹卡尔曼滤波在估计精度方面以及滤波效果上都比扩展卡尔曼滤波更好。

第五节　控制系统设计与分析基础

一、极点配置法

针对如下线性定常系统

$$\begin{cases}\dot{\boldsymbol{x}}(t)=\boldsymbol{A}\boldsymbol{x}(t)+\boldsymbol{B}\boldsymbol{u}(t)\\\boldsymbol{y}(t)=\boldsymbol{C}\boldsymbol{x}(t)+\boldsymbol{D}\boldsymbol{u}(t)\end{cases} \tag{9-194}$$

选取线性状态反馈控制律为

$$\boldsymbol{u}(t)=-\boldsymbol{K}\boldsymbol{x}(t) \tag{9-195}$$

其中，$\boldsymbol{K}$ 为状态反馈增益矩阵，则闭环系统为

$$\begin{cases}\dot{\boldsymbol{x}}(t)=(\boldsymbol{A}-\boldsymbol{BK})\boldsymbol{x}(t)\\ \boldsymbol{y}(t)=(\boldsymbol{C}-\boldsymbol{DK})\boldsymbol{x}(t)\end{cases} \tag{9-196}$$

该闭环系统状态方程的解为

$$\begin{cases}\boldsymbol{x}(t)=\mathrm{e}^{(\boldsymbol{A}-\boldsymbol{BK})t}\boldsymbol{x}(0)\\ \boldsymbol{y}(t)=(\boldsymbol{C}-\boldsymbol{DK})\boldsymbol{x}(t)\end{cases} \tag{9-197}$$

其中，$\boldsymbol{x}(0)$是系统的初始状态。系统的稳态响应特性由闭环系统矩阵 $\boldsymbol{A}-\boldsymbol{BK}$ 的特征值决定。如果所选取的控制器矩阵 $\boldsymbol{K}$ 使得 $\boldsymbol{A}-\boldsymbol{BK}$ 是渐近稳定的，此时当 $t\to\infty$ 时都可使 $\boldsymbol{x}(t)\to 0$。一般称 $\boldsymbol{A}-\boldsymbol{BK}$ 的特征值为闭环系统极点。如果闭环系统极点均位于 s 平面的左半平面内，则该闭环系统渐近稳定。

因此，如果将闭环系统矩阵 $\boldsymbol{A}-\boldsymbol{BK}$ 的极点任意配置到所期望的位置，进而求出满足性能需求的控制器增益 $\boldsymbol{K}$，这种方法就称为极点配置法。不过，需要特别说明的是，当且仅当原系统是状态完全可控时，该系统的任意极点配置才是存在的，其证明过程不再赘述，感兴趣的读者可查阅相关书籍。

利用极点配置法设计控制器可以非常方便地改善系统的稳定性与动态性能。在实际工作中，可以利用 MATLAB 求解极点配置问题，MATLAB 提供了两个函数用于求解该问题：

$$\begin{aligned}\boldsymbol{K}&=\mathrm{acker}(\boldsymbol{A},\boldsymbol{B},p)\\ \boldsymbol{K}&=\mathrm{place}(\boldsymbol{A},\boldsymbol{B},p)\end{aligned} \tag{9-198}$$

其中，$\boldsymbol{A}$ 和 $\boldsymbol{B}$ 是系统的参数矩阵，p 为期望的极点位置。当系统多重极点个数不超过 $\boldsymbol{B}$ 的秩时一般采用 place( ) 函数，否则采用 acker( ) 函数求解。

【例 9-13】　试求如下系统的状态反馈控制器

$$\dot{\boldsymbol{x}}(t)=\begin{bmatrix}0&1&0\\0&0&1\\-1&-5&-6\end{bmatrix}\boldsymbol{x}(t)+\begin{bmatrix}0\\0\\1\end{bmatrix}\boldsymbol{u}(t) \tag{9-199}$$

期望的闭环极点为

$$s_1=-2+4\mathrm{j},\quad s_2=-2-4\mathrm{j},\quad s_3=-10 \tag{9-200}$$

由于闭环极点没有多重极点，故选用 place( ) 函数求解，代码如下：

```
A=[0,1,0;0,0,1; -1, -5, -6];
B=[0;0;1];
p=[ -2 +4j, -2 -4j, -10];
K=place(A,B,p)
```

求得状态反馈增益矩阵为 $\boldsymbol{K}=[199,\ 55,\ 8]$。

二、隆伯格观测器

对于状态完全能控的线性定常系统，可以通过线性状态反馈任意配置闭环系统的极点。

事实上，不仅是极点配置，而且系统镇定、解耦控制、线性二次型最优控制（LQR）问题等，也都可由状态反馈实现。然而，在介绍极点配置法时，假设所有的状态变量均可有效地用于反馈。但在实际情况中，并非所有的状态变量都可直接测量并用于反馈，例如车辆的横向运动速度就是不可测量的。因此，需要估计（或称为观测）不可测量的状态变量，估计或者观测状态变量的动态系统称为状态观测器。

状态观测器基于可直接量测的输出变量和控制变量来估计状态变量，不过需要注意的是，当且仅当系统满足可观性条件时，才能设计状态观测器。如果状态观测器可观测到系统的所有状态变量，不管其是否能直接量测，这种状态观测器均称为全维状态观测器。有时，只需观测不可量测的状态变量，而不是可直接量测的状态变量。例如，由于输出变量是能量测的，并且它们与状态变量线性相关，因而无须观测所有的状态变量，而只需观测 $n-m$ 个状态变量，这里 n 为状态向量的维数，m 为输出向量的维数。估计小于 n 个状态变量的观测器称为降维状态观测器。

在实际情况中，设计观测器的目的一般有三个：①将被观测的状态向量用于状态反馈，以便产生期望的控制输入；②基于观测的系统状态变量用于评估系统的运行状态，例如估计电池的 SOC 状态用以评估电池的剩余电量；③抑制系统的各类干扰。

考虑传感器的测量误差，有时候并不是直接把测量输出用以反馈，因此，大多数情况下还是会选择设计系统的全维状态观测器，而本节要讨论的隆伯格观测器就属于一种全维状态观测器。考虑如下线性定常系统。

$$\begin{cases}\dot{\boldsymbol{x}}(t)=\boldsymbol{A}\boldsymbol{x}(t)+\boldsymbol{B}\boldsymbol{u}(t)\\ \boldsymbol{y}(t)=\boldsymbol{C}\boldsymbol{x}(t)\end{cases} \tag{9-201}$$

设计如下所示的隆伯格观测器来估计系统的状态向量

$$\begin{cases}\dot{\hat{\boldsymbol{x}}}(t)=\boldsymbol{A}\hat{\boldsymbol{x}}(t)+\boldsymbol{B}\boldsymbol{u}(t)+\boldsymbol{K}_{\mathrm{e}}[\boldsymbol{y}(t)-\hat{\boldsymbol{y}}(t)]\\ \hat{\boldsymbol{y}}(t)=\boldsymbol{C}\hat{\boldsymbol{x}}(t)\end{cases} \tag{9-202}$$

其中，$\hat{\boldsymbol{x}}(t)$ 为 $\boldsymbol{x}(t)$ 的状态估计值；$\boldsymbol{K}_{\mathrm{e}}$ 称为观测器的增益矩阵。注意，状态观测器的输入为 $\boldsymbol{y}(t)$ 和 $\boldsymbol{u}(t)$，输出为 $\hat{\boldsymbol{x}}(t)$。隆伯格观测器利用可量测输出 $\boldsymbol{y}(t)$ 与估计输出 $\hat{\boldsymbol{y}}(t)$ 之差来对先验估计值进行修正，矩阵 $\boldsymbol{K}_{\mathrm{e}}$ 起到加权修正的作用。由于引入了该加权反馈修正项，因此当此模型使用的矩阵 $\boldsymbol{A}$ 和 $\boldsymbol{B}$ 与实际系统的参数矩阵 $\boldsymbol{A}$ 和 $\boldsymbol{B}$ 之间存在差异（或不确定性、干扰）而导致动态模型和实际系统之间存在差异时，该附加修正项将减小建模误差、模型不确定性、系统干扰等带来的不利影响。图 9-21 所示为全维状态观测器的结构，其中粗线框内是系统过程，细线框内是观测器过程，$\boldsymbol{K}_{\mathrm{e}}$ 是所引入的反馈校正环节。

为了得到观测器的误差动态方程，定义跟踪误差为

$$\boldsymbol{e}(t)=\boldsymbol{x}(t)-\hat{\boldsymbol{x}}(t) \tag{9-203}$$

将式（9-201）减去式（9-202）可得

$$\dot{\boldsymbol{e}}(t)=\dot{\boldsymbol{x}}(t)-\dot{\hat{\boldsymbol{x}}}(t)=(\boldsymbol{A}-\boldsymbol{K}_{\mathrm{e}}\boldsymbol{C})\boldsymbol{e}(t)$$

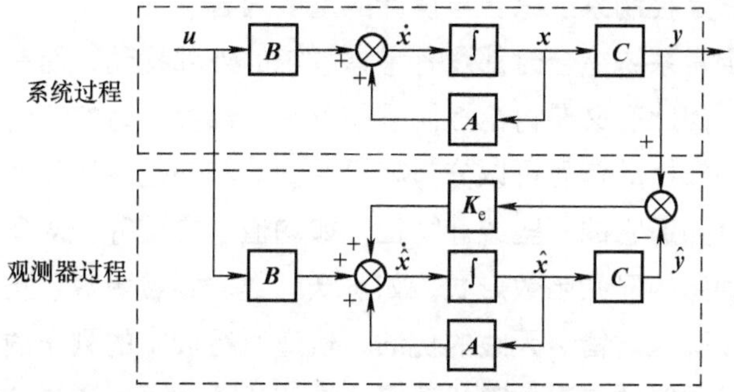

图 9-21 全维状态观测器结构

误差向量的动态特性由矩阵 $\boldsymbol{A}-\boldsymbol{K}_e\boldsymbol{C}$ 的特征值决定。如果矩阵 $\boldsymbol{A}-\boldsymbol{K}_e\boldsymbol{C}$ 渐近稳定，则对任意初始误差 $\boldsymbol{e}(0)$，误差向量 $\boldsymbol{e}(t)$ 都将趋近于 $\boldsymbol{0}$，也就是说，$\hat{\boldsymbol{x}}(t)$ 都将收敛到 $\boldsymbol{x}(t)$。如果所选的矩阵 $\boldsymbol{A}-\boldsymbol{K}_e\boldsymbol{C}$ 的特征值使得误差向量的动态特性以足够快的速度渐近稳定，则任意误差向量 $\boldsymbol{e}(t)$ 都将以足够快的速度趋近于 0，此时，称 $\hat{\boldsymbol{x}}(t)$ 是状态 $\boldsymbol{x}(t)$ 的渐近估计。

假设系统满足可观性条件（即系统的隆伯格观测器存在），根据以上分析，在选择期望的特征值后，可以用极点配置法求解观测器增益矩阵 $\boldsymbol{K}_e$。关于观测器极点的选择，隆伯格建议，观测器的期望极点比由此组成的闭环反馈系统矩阵 $\boldsymbol{A}-\boldsymbol{BK}$ 的特征值稍大一些，一般情况下，应保证状态观测器的响应速度至少比所考虑的闭环系统快 2 ~5 倍。

【例 9-14】 试求如下系统的隆伯格状态观测器：

$$\begin{cases}\dot{\boldsymbol{x}}(t)=\begin{bmatrix}0 & 1 & 0\\ 0 & 0 & 1\\ -1 & -5 & -6\end{bmatrix}\boldsymbol{x}(t)+\begin{bmatrix}0\\0\\1\end{bmatrix}\boldsymbol{u}(t)\\ \boldsymbol{y}(t)=\begin{bmatrix}1 & 0 & 0\end{bmatrix}\boldsymbol{x}(t)\end{cases} \tag{9-204}$$

期望的观测器极点为

$$s_1=-5,\ s_2=-5,\ s_3=-20 \tag{9-205}$$

由于观测器极点有多重极点，故选用 acker（）函数求解，代码如下：

```
A=[0,1,0;0,0,1;-1,-5,-6];
C=[1,0,0];
p=[-5,-5,-20];
Ke=acker(A',C',p)'
```

求得状态观测器增益矩阵为 $\boldsymbol{K}_e=[24,\ 76,\ -77]$。

三、输出跟踪控制器

在自动火炮、导弹控制和许多工业过程的控制系统设计中，通常要求闭环系统的输出以需求的精度跟踪参考输入信号，例如智能驾驶车辆高精度地沿着车道中心线行驶。这类控制问题称为跟踪问题，它是控制系统综合与设计的重要内容。

在前面讨论线性定常系统综合时都没有考虑系统的外部扰动，而在实际控制系统中，外部扰动是在所难免的，因此有必要讨论控制系统存在外部扰动时的综合问题。

从性质上来看，外部扰动信号可以分为随机性扰动和确定性扰动两大类。随机性扰动具有随机的形式，通常只知道它的一些统计特征，如均值、方差等，对随机性扰动在此暂不予讨论。确定性扰动有确定的已知函数形式，如阶跃函数、斜坡函数、正弦函数等。许多系统都存在确定性扰动，如阵风对雷达天线的扰动、轨道对行驶中的列车的纵摇或横摇扰动、智能驾驶车辆沿着车道行驶时的车道曲率扰动等，这些扰动都可以通过分析、测量或辨识的手段来获得它的函数形式或其他相关信息。

为了讨论在具有确定性扰动作用下的受控系统的跟踪问题，首先考虑同时作用有参考信号 $\boldsymbol{y}_{\mathrm{r}}(t)$ 和扰动信号 $\boldsymbol{w}(t)$ 的线性定常系统：

$$\begin{cases}\dot{\boldsymbol{x}}(t)=\boldsymbol{A}\boldsymbol{x}(t)+\boldsymbol{B}\boldsymbol{u}(t)+\boldsymbol{E}\boldsymbol{w}(t)\\ \boldsymbol{y}(t)=\boldsymbol{C}\boldsymbol{x}(t)+\boldsymbol{D}\boldsymbol{u}(t)+\boldsymbol{F}\boldsymbol{w}(t)\end{cases} \tag{9-206}$$

假设该系统完全可控和完全可观的。要求设计控制器 $\boldsymbol{u}(t)$ 使得输出向量 $\boldsymbol{y}(t)$ 跟踪参考输俞出信号 $\boldsymbol{y}_{\mathrm{r}}(t)$。定义输出跟踪误差为

$$\boldsymbol{e}(t)=\boldsymbol{y}_{\mathrm{r}}(t)-\boldsymbol{y}(t) \tag{9-207}$$

在实际工程应用中，要找到对所有的时间 t，均有 $\boldsymbol{e}(t)=\boldsymbol{0}$ 的控制输入 $\boldsymbol{u}(t)$ 几乎是不存在的。实际上，我们更关注系统跟踪误差在稳态时为 $\boldsymbol{0}$ 的情况，即渐近跟踪问题：

$$\lim_{t\to\infty}\boldsymbol{e}(t)=\lim_{t\to\infty}[\boldsymbol{y}_{\mathrm{r}}(t)-\boldsymbol{y}(t)]=\boldsymbol{0} \tag{9-208}$$

特别地，当参考输出信号 $\boldsymbol{y}_{\mathrm{r}}(t)=\boldsymbol{0}$ 时，该问题即为外扰抑制问题：

$$\lim_{t\to\infty}\boldsymbol{y}(t)=\boldsymbol{0} \tag{9-209}$$

对于渐近跟踪和外扰抑制问题，如果被控系统的状态空间模型［见式（9-207）］中各矩阵参数发生波动（即实际受控系统模型的不确定性），闭环系统仍然能保持渐近跟踪和外扰抑制的性质，则称闭环系统对外部扰动的抑制和渐近跟踪具有鲁棒性，相应的控制器称为鲁棒调节器。

在传统的控制理论中，为使闭环系统实现静态无差跟踪，常采用 PI 调节器，在系统的参考输入作用点至扰动信号作用点之间设置一个积分器，对误差 $\boldsymbol{e}(t)$ 实行比例积分控制，其中积分环节可有效保证系统的无差跟踪。将这种思想扩展到复杂多输入多输出系统，可以对误差向量 $\boldsymbol{e}(t)$ 的每一分量都引入积分器，以保证产生用于抵消外部扰动的常值静态控制作用 $\boldsymbol{u}(\infty)$，同时让误差的静态值 $\boldsymbol{e}(\infty)$ 的每一个分量都等于零。

为简便起见，将式（9-206）所示的受控系统状态空间模型简化为

$$\begin{cases}\dot{\boldsymbol{x}}(t)=\boldsymbol{A}\boldsymbol{x}(t)+\boldsymbol{B}\boldsymbol{u}(t)+\boldsymbol{w}(t)\\ \boldsymbol{y}(t)=\boldsymbol{C}\boldsymbol{x}(t)\end{cases} \tag{9-210}$$

对输出跟踪误差进行积分，可得

$$\boldsymbol{\eta}(t)=\int_0^t\boldsymbol{e}(\tau)\mathrm{d}\tau=\int_0^t[\boldsymbol{y}_{\mathrm{r}}(\tau)-\boldsymbol{y}(\tau)]\mathrm{d}\tau \tag{9-211}$$

显然有

$$\dot{\boldsymbol{\eta}}(t)=\boldsymbol{e}(t)=\boldsymbol{y}_{\mathrm{r}}(t)-\boldsymbol{C}\boldsymbol{x}(t) \tag{9-212}$$

将积分器与被控系统相串联，构造增广的被控系统

$$\begin{cases}\begin{bmatrix}\dot{\boldsymbol{x}}(t)\\ \dot{\boldsymbol{\eta}}(t)\end{bmatrix}=\begin{bmatrix}\boldsymbol{A} & \boldsymbol{0}\\ -\boldsymbol{C} & \boldsymbol{0}\end{bmatrix}\begin{bmatrix}\boldsymbol{x}(t)\\ \boldsymbol{\eta}(t)\end{bmatrix}+\begin{bmatrix}\boldsymbol{B}\\ \boldsymbol{0}\end{bmatrix}\boldsymbol{u}(t)+\begin{bmatrix}\boldsymbol{w}(t)\\ \boldsymbol{y}_{\mathrm{r}}(t)\end{bmatrix}\\ \boldsymbol{y}(t)=[\boldsymbol{C}\quad \boldsymbol{0}]\begin{bmatrix}\boldsymbol{x}(t)\\ \boldsymbol{\eta}(t)\end{bmatrix}\end{cases} \tag{9-213}$$

其中

$$\boldsymbol{W}_1=[\boldsymbol{B}\quad \boldsymbol{A}\boldsymbol{B}\quad \cdots\quad \boldsymbol{A}^{n+p-2}\boldsymbol{B}] \tag{9-214}$$

当式（9-211）所示的原系统可控时，有

$$\mathrm{rank}\boldsymbol{W}_1=\mathrm{rank}[\boldsymbol{B}\quad \boldsymbol{A}\boldsymbol{B}\quad \cdots\quad \boldsymbol{A}^{n-1}\boldsymbol{B}]=n \tag{9-215}$$

则

$$\mathrm{rank}\begin{bmatrix}\boldsymbol{0} & \boldsymbol{W}_1\\ \boldsymbol{I} & \boldsymbol{0}\end{bmatrix}=n+p \tag{9-216}$$

从而有

$$\mathrm{rank}\boldsymbol{Q}_{\mathrm{c}}=\mathrm{rank}\begin{bmatrix}\boldsymbol{A} & \boldsymbol{B}\\ -\boldsymbol{C} & \boldsymbol{0}\end{bmatrix}\begin{bmatrix}\boldsymbol{0} & \boldsymbol{W}_1\\ \boldsymbol{I} & \boldsymbol{0}\end{bmatrix}=\mathrm{rank}\begin{bmatrix}\boldsymbol{A} & \boldsymbol{B}\\ -\boldsymbol{C} & \boldsymbol{0}\end{bmatrix}=n+p \tag{9-217}$$

因此，增广系统可控的充要条件是原系统完全可控。

在增广系统可控的前提下，引入状态反馈

$$\boldsymbol{u}(t)=-\boldsymbol{K}\begin{bmatrix}\boldsymbol{x}(t)\\ \boldsymbol{\eta}(t)\end{bmatrix}=-\boldsymbol{K}_1\boldsymbol{x}(t)-\boldsymbol{K}_2\boldsymbol{\eta}(t)=-\boldsymbol{K}_1\boldsymbol{x}(t)-\boldsymbol{K}_2\int_0^t\boldsymbol{e}(\tau)\mathrm{d}\tau \tag{9-218}$$

实现闭环系统极点的任意配置。可见，增广系统的状态反馈控制器实际上是原系统的状态反馈与输出误差的积分补偿联合作用的鲁棒调节器，以保证系统的无静差渐近跟踪。根据期望的闭环系统极点，即可确定状态反馈增益矩阵 $\boldsymbol{K}=[\boldsymbol{K}_1,\boldsymbol{K}_2]$，闭环系统结构如图 9-22 所示。当被控系统状态不能直接观测时，可设计状态观测器并用重构的状态代替系统状态进行反馈。

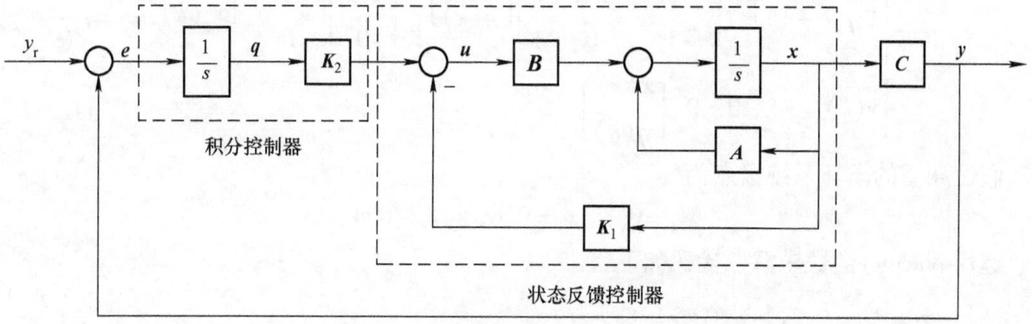

图 9-22 误差积分-状态闭环系统结构

【例 9-15】 针对如下线性连续系统设计渐近跟踪鲁棒调节器：

$$\begin{cases}\dot{\boldsymbol{x}}(t)=\begin{bmatrix}0 & 1\\ -2 & 1\end{bmatrix}\boldsymbol{x}(t)+\begin{bmatrix}0\\1\end{bmatrix}\boldsymbol{u}(t)+\boldsymbol{w}(t)\\ \boldsymbol{y}(t)=\begin{bmatrix}1 & 0\end{bmatrix}\boldsymbol{x}(t)\end{cases} \tag{9-219}$$

经过验证后发现系统是完全可控的，可设计渐近跟踪鲁棒调节器。首先引入误差反馈，令 $\dot{\boldsymbol{\eta}}(t)=\boldsymbol{e}(t)=\boldsymbol{y}_{\mathrm{r}}(t)-\boldsymbol{C}\boldsymbol{x}(t)$，构造增广系统

$$\begin{cases}\begin{bmatrix}\dot{\boldsymbol{x}}(t)\\ \dot{\boldsymbol{\eta}}(t)\end{bmatrix}=\begin{bmatrix}0 & 1 & 0\\ -2 & 1 & 0\\ -1 & 0 & 0\end{bmatrix}\begin{bmatrix}\boldsymbol{x}(t)\\ \boldsymbol{\eta}(t)\end{bmatrix}+\begin{bmatrix}0\\1\\0\end{bmatrix}\boldsymbol{u}(t)+\begin{bmatrix}\boldsymbol{w}(t)\\ \boldsymbol{y}_{\mathrm{r}}(t)\end{bmatrix}\\ \boldsymbol{y}(t)=\begin{bmatrix}1 & 0 & 0\end{bmatrix}\begin{bmatrix}\boldsymbol{x}(t)\\ \boldsymbol{\eta}(t)\end{bmatrix}\end{cases} \tag{9-220}$$

假设期望的闭环系统极点为

$$s_1=-2+\mathrm{j},\ s_2=-2-\mathrm{j},\ s_3=-5$$

由于闭环极点没有多重极点，故选用 place( ) 函数求解，代码如下：

```
A=[0,1,0;-2,1,0;-1,0,0];
B=[0;1;0];
p=[-2+j,-2-j,-5];
K=place(A,B,p)
```

求得状态反馈增益矩阵为 $\boldsymbol{K}=[23,10,-25]$。因此，所设计的鲁棒调节器为

$$\boldsymbol{u}(t)=-\begin{bmatrix}23 & 10\end{bmatrix}\boldsymbol{x}(t)+25\int_0^t\boldsymbol{e}(\tau)\mathrm{d}\tau \tag{9-221}$$

【例 9-16】 针对如下线性离散系统设计渐近跟踪控制器：

$$\begin{cases}\boldsymbol{x}(k+1)=\begin{bmatrix}1 & 0.1\\ -0.2 & 1.1\end{bmatrix}\boldsymbol{x}(k)+\begin{bmatrix}0\\0.1\end{bmatrix}\boldsymbol{u}(k)+\boldsymbol{w}(k)\\ \boldsymbol{y}(k)=\begin{bmatrix}1 & 0\end{bmatrix}\boldsymbol{x}(k)\end{cases} \tag{9-222}$$

首先引入误差反馈，令 $\boldsymbol{\eta}(k+1)=\boldsymbol{\eta}(k)+\boldsymbol{e}(k)=\boldsymbol{\eta}(k)+\boldsymbol{y}_{\mathrm{r}}(k)-\boldsymbol{C}\boldsymbol{x}(k)$，构造增广系统

$$\begin{cases}\begin{bmatrix}\boldsymbol{x}(k+1)\\ \boldsymbol{\eta}(k+1)\end{bmatrix}=\begin{bmatrix}1 & 0.1 & 0\\ -0.2 & 1.1 & 0\\ -1 & 0 & 1\end{bmatrix}\begin{bmatrix}\boldsymbol{x}(k)\\ \boldsymbol{\eta}(k)\end{bmatrix}+\begin{bmatrix}0\\0.1\\0\end{bmatrix}\boldsymbol{u}(k)+\begin{bmatrix}\boldsymbol{w}(k)\\ \boldsymbol{y}_{\mathrm{r}}(k)\end{bmatrix}\\ \boldsymbol{y}(k)=\begin{bmatrix}1 & 0 & 0\end{bmatrix}\begin{bmatrix}\boldsymbol{x}(k)\\ \boldsymbol{\eta}(k)\end{bmatrix}\end{cases} \tag{9-223}$$

假设期望的闭环系统极点为

$$s_1=0.8,\ s_2=0.6,\ s_3=-0.4$$

选用 place( ) 函数求解，代码如下：

```
A=[1,0.1,0;-0.2,1,1,0;-1,0,1];
B=[0;0.1;0];
p=[0.8,0.6,-0.4];
K=place(A,B,p)
```

求得状态反馈增益矩阵为 $\boldsymbol{K}=[90,21,-11.2]$。因此，所设计的鲁棒调节器为

$$\boldsymbol{u}(t)=-[90\quad 21]\boldsymbol{x}(t)+11.2\sum_{\tau=0}^{t}\boldsymbol{e}(\tau) \tag{9-224}$$

四、输出反馈控制器

当系统状态不可测时，需要设计输出反馈控制器实现系统的闭环反馈控制。

(一) 静态输出反馈控制器

针对如下线性定常系统：

$$\begin{cases}\dot{\boldsymbol{x}}(t)=\boldsymbol{A}\boldsymbol{x}(t)+\boldsymbol{B}\boldsymbol{u}(t)\\ \boldsymbol{y}(t)=\boldsymbol{C}\boldsymbol{x}(t)\end{cases} \tag{9-225}$$

设计静态输出反馈控制律为

$$\boldsymbol{u}(t)=-\boldsymbol{F}\boldsymbol{y}(t) \tag{9-226}$$

其中，$\boldsymbol{F}$ 为输出反馈增益矩阵。则闭环系统为

$$\begin{cases}\dot{\boldsymbol{x}}(t)=(\boldsymbol{A}-\boldsymbol{BFC})\boldsymbol{x}(t)\\ \boldsymbol{y}(t)=\boldsymbol{C}\boldsymbol{x}(t)\end{cases} \tag{9-227}$$

与式（9-195）所示的状态反馈控制器对比可见，当存在式（9-226）所示的输出反馈控制器时，一定存在一个等价的状态反馈控制器，且控制器增益为 $\boldsymbol{K}=\boldsymbol{FC}$。但是需要注意的是，针对式（9-225）所示的一般的线性系统，其控制器增益 $\boldsymbol{F}$ 求解是较难的，例如当矩阵 $\boldsymbol{B}$ 和 $\boldsymbol{C}$ 都是奇异矩阵时，根据闭环系统矩阵 $\boldsymbol{A}-\boldsymbol{BFC}$ 渐近稳定是很难求解增益矩阵 $\boldsymbol{F}$ 的。因此，设计式（9-226）所示的静态输出反馈控制器的条件是较苛刻的。接下来，以一个简单的实例分析静态输出反馈控制器的设计过程。

【例 9-17】 针对如下线性系统设计静态输出反馈控制器：

$$\begin{cases}\dot{\boldsymbol{x}}(t)=\begin{bmatrix}0 & 1\\ -2 & 1\end{bmatrix}\boldsymbol{x}(t)+\begin{bmatrix}0\\ 1\end{bmatrix}\boldsymbol{u}(t)+\boldsymbol{w}(t)\\ \boldsymbol{y}(t)=[1\quad 0]\boldsymbol{x}(t)\end{cases} \tag{9-228}$$

经过验证后发现系统是完全可控的，可设计静态输出反馈控制器如式（9-226）所示，则闭环系统矩阵为

$$\boldsymbol{A}-\boldsymbol{BFC}=\begin{bmatrix}0 & 1\\ -2-F & 1\end{bmatrix} \tag{9-229}$$

其闭环系统极点满足

$$\lambda^2-\lambda+2+F=0 \tag{9-230}$$

此时，可以看到闭环系统极点不是完全能任意配置的，这也说明静态输出反馈控制器很难像静态状态反馈控制器设计那样任意配置系统极点。因此，静态输出反馈控制器的设计是较难实现的，只有针对某些特殊的系统才有可能设计成功。

(二) 基于观测器的状态反馈控制器

考虑系统状态不可测问题，可以利用隆伯格观测器重构系统状态，进而实现系统的近似

状态反馈控制。如图 9-23 所示，基于观测器的状态反馈控制器利用输出反馈和观测器实现类似状态反馈的效果，既兼顾了状态反馈的优点，又解决了系统状态不可测问题，是一种应用较多的控制器设计方法，但是该方法的本质还是输出反馈控制。

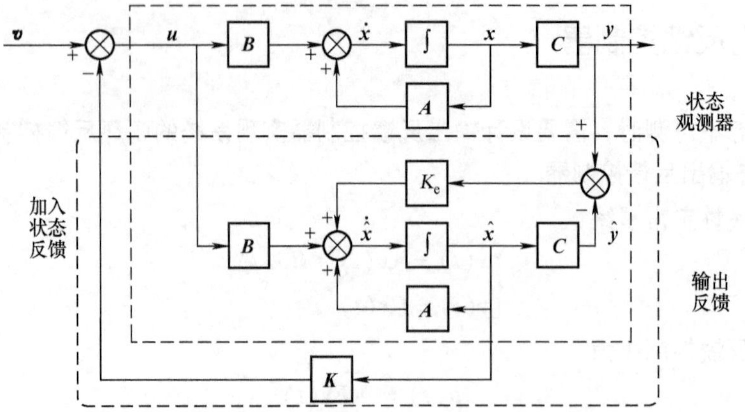

图 9-23　基于观测器的状态反馈控制器结构

针对如下线性定常系统

$$\begin{cases}\dot{\boldsymbol{x}}(t)=\boldsymbol{A}\boldsymbol{x}(t)+\boldsymbol{B}\boldsymbol{u}(t)\\ \boldsymbol{y}(t)=\boldsymbol{C}\boldsymbol{x}(t)\end{cases}\tag{9-231}$$

设计状态观测器：

$$\begin{cases}\dot{\hat{\boldsymbol{x}}}(t)=\boldsymbol{A}\hat{\boldsymbol{x}}(t)+\boldsymbol{B}\boldsymbol{u}(t)+\boldsymbol{K}_{\mathrm{e}}[\boldsymbol{y}(t)-\hat{\boldsymbol{y}}(t)]\\ \hat{\boldsymbol{y}}(t)=\boldsymbol{C}\hat{\boldsymbol{x}}(t)\end{cases}\tag{9-232}$$

以及线性状态反馈控制律为

$$\boldsymbol{u}(t)=-\boldsymbol{K}\hat{\boldsymbol{x}}(t)\tag{9-233}$$

其中，$\hat{\boldsymbol{x}}(t)$ 为 $\boldsymbol{x}(t)$ 的状态估计值；$\boldsymbol{K}_{\mathrm{e}}$ 称为观测器的增益矩阵；$\boldsymbol{K}$ 为状态反馈增益矩阵。定义跟踪误差为

$$\boldsymbol{e}(t)=\boldsymbol{x}(t)-\hat{\boldsymbol{x}}(t)\tag{9-234}$$

则闭环系统为

$$\begin{aligned}&\begin{bmatrix}\dot{\boldsymbol{x}}(t)\\ \dot{\boldsymbol{e}}(t)\end{bmatrix}=\begin{bmatrix}\boldsymbol{A}-\boldsymbol{B}\boldsymbol{K} & \boldsymbol{B}\boldsymbol{K}\\ 0 & \boldsymbol{A}-\boldsymbol{K}_{\mathrm{e}}\boldsymbol{C}\end{bmatrix}\begin{bmatrix}\boldsymbol{x}(t)\\ \boldsymbol{e}(t)\end{bmatrix}\\ &\boldsymbol{y}(t)=[\boldsymbol{C}\quad 0]\begin{bmatrix}\boldsymbol{x}(t)\\ \boldsymbol{e}(t)\end{bmatrix}\end{aligned}\tag{9-235}$$

闭环系统渐近稳定的条件是控制器闭环矩阵 $\boldsymbol{A}-\boldsymbol{B}\boldsymbol{K}$ 和观测器闭环矩阵 $\boldsymbol{A}-\boldsymbol{K}_{\mathrm{e}}\boldsymbol{C}$ 渐近稳定，因此，可以利用状态反馈控制器和观测器的设计方法依次对控制器和观测器进行设计，例如利用极点配置法分别求出控制器增益 $\boldsymbol{K}$ 和观测器增益 $\boldsymbol{K}_{\mathrm{e}}$。

【例 9-18】　已知系统的状态空间描述为

$$\boldsymbol{A}=\begin{bmatrix}0 & 1\\ 0 & -5\end{bmatrix},\boldsymbol{B}=\begin{bmatrix}0\\ 100\end{bmatrix},\boldsymbol{C}=[1\quad 0]$$

请利用状态观测器实现状态反馈控制，使闭环系统的特征值配置为 $\lambda_{1,2}=-7.07\pm j7.07$

首先判断系统的可控性和可观性。

$$\text{rank}[\boldsymbol{Q}_c]=\text{rank}[\boldsymbol{B}\ \vdots\ \boldsymbol{AB}]=\text{rank}\begin{bmatrix}0 & 100\\100 & -500\end{bmatrix}=2$$

$$\text{rank}[\boldsymbol{Q}_o]=\text{rank}\begin{bmatrix}\boldsymbol{C}\\\boldsymbol{CA}\end{bmatrix}=\text{rank}\begin{bmatrix}1 & 0\\0 & 1\end{bmatrix}=2$$

所以该系统状态完全可控，通过状态反馈，极点可任意配置；同时，系统状态完全可观，观测器存在且其极点可任意配置。

为了使观测器的响应速度稍快于系统响应速度，选择观测器特征值为 $\lambda_1=\lambda_2=-50$

则利用极点配置法设计控制器和观测器过程如下：

```
A=[0,1;0,-5];B=[0;100];C=[1,0];
K=place(A,B,[-7.07+7.07],-7.07-7.07j])
Ke=acker(A',C',[-50,-50])'
```

求得 $\boldsymbol{K}=[1,0.0914]$；$\boldsymbol{K}_e=[95,2025]$。

（三）动态输出反馈控制器

由于静态输出反馈控制器不能很好地反映系统动态特性，且效果不如状态反馈控制，因此，需要探索设计动态输出反馈控制器的方法。

针对如下线性定常系统

$$\begin{cases}\dot{\boldsymbol{x}}(t)=\boldsymbol{Ax}(t)+\boldsymbol{Bu}(t)\\\boldsymbol{y}(t)=\boldsymbol{Cx}(t)\end{cases}\tag{9-236}$$

设计动态输出反馈控制器

$$\begin{cases}\dot{\boldsymbol{x}}_c(t)=\boldsymbol{Ex}_c(t)+\boldsymbol{Fy}(t)\\\boldsymbol{u}(t)=\boldsymbol{Gx}_c(t)+\boldsymbol{Hy}(t)\end{cases}\tag{9-237}$$

其中，$\boldsymbol{x}_c(t)$是构造的虚拟控制器状态；$\boldsymbol{E}$、$\boldsymbol{F}$、$\boldsymbol{G}$、$\boldsymbol{H}$ 是控制器参数矩阵，是待求的参数。可见其设计的自由度比静态输出反馈更高，也更容易找到性能更好的反馈控制器。

根据系统模型和控制器，构造增广的闭环系统：

$$\begin{bmatrix}\dot{\boldsymbol{x}}(t)\\\dot{\boldsymbol{x}}_c(t)\end{bmatrix}=\begin{bmatrix}\boldsymbol{A}+\boldsymbol{BHC} & \boldsymbol{BG}\\\boldsymbol{FC} & \boldsymbol{E}\end{bmatrix}\begin{bmatrix}\boldsymbol{x}(t)\\\boldsymbol{x}_c(t)\end{bmatrix}\tag{9-238}$$

根据闭环系统渐近稳定即可求解出参数矩阵 $\boldsymbol{E}$、$\boldsymbol{F}$、$\boldsymbol{G}$、$\boldsymbol{H}$，即便如此，该问题的求解也不容易，以下仅分析动态输出反馈控制器的三种特殊形式。

1. 输出跟踪控制器

当控制器状态 $\boldsymbol{x}_c(t)$ 选为跟踪误差的积分时，有

$$\boldsymbol{x}_c(t)=\int_0^t \boldsymbol{e}(\tau)\mathrm{d}\tau=\int_0^t[\boldsymbol{y}_r(\tau)-\boldsymbol{y}(\tau)]\mathrm{d}\tau\tag{9-239}$$

假设期望输出 $\boldsymbol{y}_r(t)=0$，则此时的动态输出反馈控制器为

$$\begin{cases}\dot{\boldsymbol{x}}_{\mathrm{c}}(t) = -\boldsymbol{y}(t)\\ \boldsymbol{u}(t) = \boldsymbol{G}\boldsymbol{x}_{\mathrm{c}}(t) + \boldsymbol{K}\boldsymbol{x}(t)\end{cases} \tag{9-240}$$

可见，$\boldsymbol{E}=\boldsymbol{0}$，$\boldsymbol{F}=-\boldsymbol{I}$，$\boldsymbol{K}=\boldsymbol{HC}$，则闭环系统为

$$\begin{bmatrix}\dot{\boldsymbol{x}}(t)\\ \dot{\boldsymbol{x}}_{\mathrm{c}}(t)\end{bmatrix} = \begin{bmatrix}\boldsymbol{A}+\boldsymbol{BK} & \boldsymbol{BG}\\ -\boldsymbol{C} & \boldsymbol{0}\end{bmatrix}\begin{bmatrix}\boldsymbol{x}(t)\\ \boldsymbol{x}_{\mathrm{c}}(t)\end{bmatrix} \tag{9-241}$$

其中，闭环系统增益矩阵为

$$\begin{bmatrix}\boldsymbol{A}+\boldsymbol{BK} & \boldsymbol{BG}\\ -\boldsymbol{C} & \boldsymbol{0}\end{bmatrix} = \begin{bmatrix}\boldsymbol{A} & \boldsymbol{0}\\ -\boldsymbol{C} & \boldsymbol{0}\end{bmatrix} + \begin{bmatrix}\boldsymbol{B}\\ \boldsymbol{0}\end{bmatrix}\begin{bmatrix}\boldsymbol{K} & \boldsymbol{G}\end{bmatrix} \tag{9-242}$$

此时，可以有很多方法（如极点配置法）求解矩阵［$\boldsymbol{K}$，$\boldsymbol{G}$］，进而求得动态输出反馈控制器。

2. 基于观测器的状态反馈控制器

根据式（9-232）和式（9-233）可得，基于观测器的状态反馈控制器为

$$\begin{cases}\dot{\hat{\boldsymbol{x}}}(t) = (\boldsymbol{A}-\boldsymbol{BK}-\boldsymbol{K}_{\mathrm{e}}\boldsymbol{C})\hat{\boldsymbol{x}}(t) + \boldsymbol{K}_{\mathrm{e}}\boldsymbol{y}(t)\\ \boldsymbol{u}(t) = -\boldsymbol{K}\hat{\boldsymbol{x}}(t)\end{cases} \tag{9-243}$$

与式（9-237）对比可以发现，当控制器状态 $\boldsymbol{x}_{\mathrm{c}}(t)$ 选为估计的状态时，有

$$\boldsymbol{x}_{\mathrm{c}}(t) = \hat{\boldsymbol{x}}(t), \boldsymbol{E} = \boldsymbol{A}-\boldsymbol{BK}-\boldsymbol{K}_{\mathrm{e}}\boldsymbol{C}, \boldsymbol{F} = \boldsymbol{K}_{\mathrm{e}}, \boldsymbol{G} = -\boldsymbol{K}, \boldsymbol{H} = 0 \tag{9-244}$$

此时的增广闭环系统为

$$\begin{bmatrix}\dot{\boldsymbol{x}}(t)\\ \dot{\boldsymbol{x}}_{\mathrm{c}}(t)\end{bmatrix} = \begin{bmatrix}\boldsymbol{A} & -\boldsymbol{BK}\\ \boldsymbol{K}_{\mathrm{e}}\boldsymbol{C} & \boldsymbol{A}-\boldsymbol{BK}-\boldsymbol{K}_{\mathrm{e}}\boldsymbol{C}\end{bmatrix}\begin{bmatrix}\boldsymbol{x}(t)\\ \boldsymbol{x}_{\mathrm{c}}(t)\end{bmatrix} \tag{9-245}$$

参考式（9-232）~式（9-235）即可轻易求解出控制器矩阵 $\boldsymbol{K}_{\mathrm{e}}$ 和 $\boldsymbol{K}$，进而求得动态输出反馈控制器［式（9-243）］。

3. PID 控制器

PID 控制器是一种典型的动态输出反馈控制器，其控制律为

$$\boldsymbol{u}(t) = K_{\mathrm{P}}\boldsymbol{e}(t) + K_{\mathrm{I}}\int_0^t \boldsymbol{e}(\tau)\mathrm{d}\tau + K_{\mathrm{D}}\dot{\boldsymbol{e}}(t) \tag{9-246}$$

其中，K_{P}、K_{I}、K_{D} 分别为误差的比例系数、积分系数、微分系数。选取控制器状态 $\boldsymbol{x}_{\mathrm{c}}(t)$ 为

$$\boldsymbol{x}_{\mathrm{c}}(t) = \begin{bmatrix}\int_0^t \boldsymbol{e}(\tau)\mathrm{d}\tau\\ \boldsymbol{e}(t)\\ \dot{\boldsymbol{e}}(t)\end{bmatrix} \tag{9-247}$$

假设期望输出 $\boldsymbol{y}_{\mathrm{r}}(t)=0$，针对大多数系统可假设其系统模型满足 $\boldsymbol{CB}=\boldsymbol{0}$，则此时的动态输出反馈控制器为

$$\begin{cases}\dot{\boldsymbol{x}}_{\mathrm{c}}(t) = \boldsymbol{A}_{\mathrm{c}}\boldsymbol{x}_{\mathrm{c}}(t) + \boldsymbol{B}_{\mathrm{c}}\boldsymbol{x}(t)\\ \boldsymbol{u}(t) = \boldsymbol{K}_{\mathrm{c}}\boldsymbol{x}_{\mathrm{c}}(t)\end{cases} \tag{9-248}$$

其中

$$\boldsymbol{A}_0=\begin{bmatrix}0 & I & 0\\ 0 & 0 & I\end{bmatrix},\boldsymbol{A}_{\mathrm{c}}=\begin{bmatrix}A_0\\ -CABK_{\mathrm{c}}\end{bmatrix},\boldsymbol{B}_{\mathrm{c}}=\begin{bmatrix}0\\ -CA^2\end{bmatrix},\boldsymbol{K}_{\mathrm{c}}=[K_{\mathrm{I}}\quad K_{\mathrm{P}}\quad K_{\mathrm{D}}] \tag{9-249}$$

构造增广的闭环系统为

$$\begin{bmatrix}\dot{\boldsymbol{x}}(t)\\ \dot{\boldsymbol{x}}_{\mathrm{c}}(t)\end{bmatrix}=\begin{bmatrix}\boldsymbol{A} & \boldsymbol{BK}_{\mathrm{c}}\\ \boldsymbol{0} & \boldsymbol{A}_0\\ -\boldsymbol{CA}^2 & -\boldsymbol{CABK}_{\mathrm{c}}\end{bmatrix}\begin{bmatrix}\boldsymbol{x}(t)\\ \boldsymbol{x}_{\mathrm{c}}(t)\end{bmatrix} \tag{9-250}$$

其中，闭环系统增益矩阵为

$$\begin{bmatrix}\boldsymbol{A} & \boldsymbol{BK}_{\mathrm{c}}\\ \boldsymbol{0} & \boldsymbol{A}_0\\ -\boldsymbol{CA}^2 & -\boldsymbol{CABK}_{\mathrm{c}}\end{bmatrix}=\begin{bmatrix}\boldsymbol{A} & \boldsymbol{0}\\ \boldsymbol{0} & \boldsymbol{A}_0\\ -\boldsymbol{CA}^2 & \boldsymbol{0}\end{bmatrix}+\begin{bmatrix}\boldsymbol{B}\\ \boldsymbol{0}\\ -\boldsymbol{CAB}\end{bmatrix}\boldsymbol{K}_{\mathrm{c}}[\boldsymbol{0}\quad \boldsymbol{I}] \tag{9-251}$$

此时，可以很方便地求解矩阵 $\boldsymbol{K}_{\mathrm{c}}$，进而求得动态输出反馈控制器，即基于系统模型直接求得 PID 控制器而不是通过试凑法。

第六节 滑膜控制基础

滑模控制（Sliding Mode Control，SMC）是一种特殊类型的变结构控制（Variable Structure Control，VSC），因此又称为滑模变结构控制。该理论在20 世纪60 年代由苏联学者 Emelyanov 提出，经过 Utkin 等人不断完善，在 20 世纪 70 年代发展成为控制领域的一个独立的研究分支。滑模控制本质上是一种非线性控制，即控制结构随时间的变化而变化，该控制方法最大的优点是能够克服系统的不确定性，对系统参数变化、外部扰动和未建模动态具有很强的鲁棒性，非常适用于一些复杂的非线性系统。因此在航空航天、机器人控制以及化工控制等领域得到了广泛的应用。

一、滑膜的定义

假设一般情况下，在系统

$$\dot{x}=f(x),\ x\in\mathbf{R}^n \tag{9-252}$$

的状态空间中，有超曲面 $s(x)=0$，如图 9-24 所示。它将状态空间分为上下两部分：$s>0$ 和 $s<0$。在切换面的运动点有三种情况：从切换面穿过 A 点为通常点；从切换面向两边发散在切换面上的运动点 B 是起始点；从两边向切换面逼近且在切换面是上的点 C 为终止点。

在滑模变结构控制研究中，针对的大多是终止点，通常点和起始点无太大意义，假设在切换面上的某一区域内所有的点都是终止点，那么当运动点趋向于该区域时，就被“吸引”在该区域内运动。此时，就称在切换面 $s=0$ 上的所有运动点均为终止点的区域为滑模区，系统在滑模区中的运动称为滑模运动。

当运动点接近切换面 $s(x)=0$ 时，有以下关系：

$$\lim_{s\to 0^+}\dot{s}\leqslant 0\leqslant \lim_{s\to 0^-}\dot{s} \tag{9-253}$$

式（9-253）也可以写成

$$\lim_{s\to 0} s\dot{s}\leqslant 0 \tag{9-254}$$

此不等式对系统提出了一个形如

$$V(x_1,x_2,\cdots,x_n)=[s(x_1,x_2,\cdots,x_n)]^2 \tag{9-255}$$

的李雅普诺夫函数的必要条件，同时系统本身也稳定于条件 $s=0$。

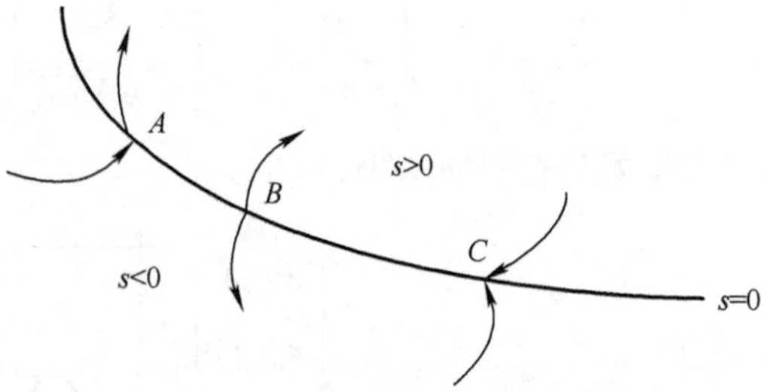

图 9-24　切换面的三种点的特性

二、滑膜控制的定义

在滑模控制中，假设控制系统为

$$\dot{\boldsymbol{x}}=f(\boldsymbol{x},\boldsymbol{u},\boldsymbol{t}),\boldsymbol{x}\in\mathbf{R}^n,\boldsymbol{u}\in\mathbf{R}^m,\boldsymbol{t}\in\mathbf{R} \tag{9-256}$$

需要确定切换函数

$$s(x),s\in\mathbf{R}^m \tag{9-257}$$

求解控制函数

$$\boldsymbol{u}=\begin{cases}\boldsymbol{u}^+(\boldsymbol{x}),s(x)>0\\ \boldsymbol{u}^-(\boldsymbol{x}),s(x)<0\end{cases} \tag{9-258}$$

其中，$u(x)\neq u-(x)$，使得：

1）稳定性条件：在 $s(x)=0$ 的滑模面上。状态是收敛的，即滑动模态存在。

2）满足可达性条件，在切换面 $s(x)=0$ 以外的运动点都将在有限时间内到达切换面。

3）保证滑模运动的稳定性，以达到控制系统的动态品质要求。以上三点为滑模控制的三个基本问题，只有满足这三个条件的控制才是滑模控制。下面对滑模观测器和滑模控制器进行介绍。

三、滑模观测器

设计观测器的目的就是根据测量的输入和输出来估计系统的不可测状态。滑模观测器也是一种常见的状态重构器，可以使输出的估计误差在有限时间内收敛到零，而观测器状态能够渐近收敛到系统状态。

假设一个可观的线性系统为

$$\begin{cases}\dot{\boldsymbol{x}}(t)=\boldsymbol{A}\boldsymbol{x}(t)+\boldsymbol{B}\boldsymbol{u}(t)\\ \boldsymbol{y}(t)=\boldsymbol{C}\boldsymbol{x}(t)\end{cases} \tag{9-259}$$

其中，$A\in\mathbf{R}^{m\times n}$，$B\in\mathbf{R}^{m\times n}$，$C\in\mathbf{R}^{m\times n}$且$C$为行满秩，即每个测量输出都是独立的。

考虑一个与可逆矩阵相关的坐标转换$\boldsymbol{x}\to\boldsymbol{T}_{\mathrm{c}}\boldsymbol{x}$：

$$\boldsymbol{T}_{\mathrm{c}}=\begin{bmatrix}\boldsymbol{N}_{\mathrm{c}}^{\mathrm{T}}\\ \boldsymbol{C}\end{bmatrix}\tag{9-260}$$

其中，子矩阵$\boldsymbol{N}_{\mathrm{c}}\in\mathbf{R}^{n\times(n-p)}$，通过构造$\det(\boldsymbol{T}_{\mathrm{c}})\neq 0$，应用坐标的转换$\boldsymbol{x}\to\boldsymbol{T}_{\mathrm{c}}\boldsymbol{x}$，$(\boldsymbol{A},\boldsymbol{B},\boldsymbol{C})$具下形式

$$\boldsymbol{T}_{\mathrm{c}}\boldsymbol{A}\boldsymbol{T}_{\mathrm{c}}^{-1}=\begin{bmatrix}A_{11} & A_{12}\\ A_{21} & A_{22}\end{bmatrix},\boldsymbol{T}_{\mathrm{c}}\boldsymbol{B}=\begin{bmatrix}B_1\\ B_2\end{bmatrix},\boldsymbol{C}\boldsymbol{T}_{\mathrm{c}}^{-1}=[\boldsymbol{0}\quad \boldsymbol{I}_{\mathrm{p}}]\tag{9-261}$$

其中，$A_{11}\in\mathbf{R}^{(n-p)\times n-p}$和$B_1\in\mathbf{R}^{(n-p)\times m}$。式（9-261）中的输出分布矩阵对接下来的内容至关重要。假设系统模型［式（9-259）］已经是式（9-261）的形式。

根据系统模型得出的观测器为

$$\begin{cases}\dot{\hat{\boldsymbol{x}}}(t)=\hat{\boldsymbol{A}}\boldsymbol{x}(t)+\boldsymbol{B}\boldsymbol{u}(t)+\boldsymbol{G}_n\boldsymbol{v}\\ \hat{\boldsymbol{y}}(t)=\hat{\boldsymbol{C}}\boldsymbol{x}(t)\end{cases}\tag{9-262}$$

其中，$(\hat{\boldsymbol{x}}(t),\hat{\boldsymbol{y}}(t))$是$(\boldsymbol{x}(t),\boldsymbol{y}(t))$的估计值，$\boldsymbol{v}$是引入的扰动项。定义$\boldsymbol{e}(t)=\hat{\boldsymbol{x}}(t)-\boldsymbol{x}(t)$估计的误差。$v$被定义为

$$v_i=\rho\operatorname{sign}(e_{y,i}),i=1,2,\cdots,p$$

其中，ρ是一个正标量；$e_{y,i}$是e_y的第i个分量。v对于滑模面$S=\{e(t):Ce(t)=0\}$是不连续的，因此使得$e(t)$的轨迹在有限的时间内落到S上面。假设系统已经处于与式（9-261）相关的坐标中，则增益$\boldsymbol{G}_n$为

$$\boldsymbol{G}_n=\begin{bmatrix}\boldsymbol{L}\\ -\boldsymbol{I}_{\mathrm{p}}\end{bmatrix}\tag{9-263}$$

其中，$\boldsymbol{L}\in\mathbf{R}^{n\times(n-p)}$表示设计的自由度。由$\boldsymbol{e}(t)$的定义和式（9-259）与式（9-262）可知，误差系统表示为

$$\dot{\boldsymbol{e}}(t)=\boldsymbol{A}\boldsymbol{e}(t)+\boldsymbol{G}_n\boldsymbol{v}\tag{9-264}$$

根据式（9-261）输出分布矩阵$\boldsymbol{C}$的结构，状态估计误差为$\boldsymbol{e}=\operatorname{col}(\boldsymbol{e}_1,\boldsymbol{e}_y)$，其中$\boldsymbol{e}_1\in\mathbf{R}^{n-p}$。因此，误差系统［式（9-264）］可以写成

$$\dot{\boldsymbol{e}}_1(t)=\boldsymbol{A}_{11}\boldsymbol{e}_1(t)+\boldsymbol{A}_{12}\boldsymbol{e}_y(t)+\boldsymbol{L}\boldsymbol{v}\tag{9-265}$$

$$\dot{\boldsymbol{e}}_y(t)=\boldsymbol{A}_{21}\boldsymbol{e}_1(t)+\boldsymbol{A}_{22}\dot{\boldsymbol{e}}_y(t)-\boldsymbol{v}\tag{9-266}$$

另外，式（9-266）也可以写成

$$\dot{e}_{y,i}(t)=A_{21,i}e_1(t)+A_{22,i}e_y(t)-\rho\operatorname{sign}(e_{y,i})\tag{9-267}$$

其中，$A_{21,i}$和$A_{22,i}$分别代表$\boldsymbol{A}_{21}$和$\boldsymbol{A}_{22}$的第i行元素。为了确定滑动发生的条件，将对可达性条件进行测试。对式（9-267）有

$$\begin{aligned}e_{y,i}\dot{e}_{y,i}&=e_{y,i}(A_{21,i}e_1+A_{22,i}e_y)-\rho|e_{y,i}|\\ &<-|e_{y,i}|(\rho-|(A_{21,i}e_1+A_{22,i}e_y)|)\end{aligned}\tag{9-268}$$

假设标量ρ足够大，有

$$\rho > |A_{21,i}e_1 + A_{22,i}e_y| + \eta \tag{9-269}$$

其中标量 $\eta \in \mathbf{R}_+$，然后有

$$e_{y,i}\dot{e}_{y,i} < -\eta |e_{y,i}| \tag{9-270}$$

根据上式可以看出，$e_{y,i}$将在有限的时间内收敛到零。当 $\boldsymbol{e}_y(t)$的每个分量收敛到零时，在曲面 S 将会发生滑动运动。

四、滑膜控制器

针对如下线性系统：

$$\dot{\boldsymbol{x}} = \boldsymbol{Ax} + \boldsymbol{Bu} \tag{9-271}$$

可以设计如下滑模面

$$s(x) = \sum_{i=1}^{n-1} c_i x_i + x_n, \boldsymbol{C} = [c_1, \cdots, c_{n-1}, 1]^{\mathrm{T}} \tag{9-272}$$

在滑模控制中，要保证多项式$p^{n-1} + c_n p^{n-2} + \cdots c_2 p + c_1$为 Hurwitz（赫尔维茨）稳定的，即为了满足状态在 $s=0$ 的滑模面上可以收敛，因此，上述多项式的特征值的实数部分在左半平面。

接下来介绍可达性条件，即状态 x 从状态空间中的任意一点出发，可以在有限时间内到达 $s=0$ 的滑模面上，此时采用李雅普诺夫间接法来分析，从前面可知切换函数 s 是状态变量 x 的函数，取以下李雅普诺夫函数

$$V = \frac{1}{2}s^2 \tag{9-273}$$

对时间求导可得

$$\dot{V} = s\dot{s} \tag{9-274}$$

为了使系统稳定，需要满足 $\dot{V}<0$ 即 $s\dot{s}<0$，此时系统对于 s 而言是渐近稳定的，不能保证其有限时间内到达 $s=0$ 的滑模面上，因此需要 $s\dot{s} < -\sigma$，其中 σ 是一个极小的正数。但是每次设计不能总是采用李雅普诺夫函数进行判断，于是提出趋近律这一概念，常用的趋近律有以下几种。

1）等速趋近律：$\dot{s} = -\varepsilon \mathrm{sign}(s)$，$\varepsilon>0$。其中 $\mathrm{sign}(s)$是符号函数，$s>0$ 时，$\mathrm{sign}(s)=1$；$s<0$ 时，$\mathrm{sign}(s)=-1$；$s=0$ 时，$\mathrm{sign}(s)=0$。

2）指数趋近律：$\dot{s} = -\varepsilon \mathrm{sign}(s) - ks$，$\varepsilon>0$，$k>0$。

3）幂次趋近律：$\dot{s} = -k|s|^{\alpha}\mathrm{sign}(s) - ks$，$k>0$，$1>\alpha>0$。

【例 9-19】 针对非线性系统

$$\begin{cases} \dot{x}_1 = x_2 \\ \dot{x}_2 = x_3 \\ \dot{x}_3 = x_1 + x_2 x_3 + u \end{cases} \tag{9-275}$$

设计滑模控制器使得系统到达稳定。

滑模控制器设计步骤如下。

步骤 1：首先设计切换函数 s，其中切换函数为 Hurwitz，s 设计为如下线性滑模面。

$$s = x_3 + 2x_2 + x_1 \tag{9-276}$$

其中，$c_1 = 1$，$c_2 = 2$，多项式可以写成$p^2 + 2p + 1$。该多项式具有两个相同的特征根 -1，满足 Hurwitz 条件，切换函数 s 设计完毕。

步骤 2：设计切换函数的导数，使得系统满足可达性条件，即有限时间内到达滑模面。对切换函数求导

$$\dot{s} = \dot{x}_3 + 2\dot{x}_2 + \dot{x}_1 \tag{9-277}$$

将系统状态方程代入可得

$$\dot{s} = x_1 + x_2 + 2x_3 + x_2x_3 + u \tag{9-278}$$

由上式可以看出，$\dot{s}$ 中出现控制量 u。取指数趋近律，那么有

$$\dot{s} = -\operatorname{sign}(s) - s$$

$$u = -s - \operatorname{sign}(s) - x_1 - x_2 - 2x_3 - x_2x_3 \tag{9-279}$$

步骤 3：稳定性证明。取李雅普诺夫函数并求导可得 $\dot{V} = s\dot{s}$，将滑模面方程代入可得

$$\dot{V} = -|s| - s^2 \tag{9-280}$$

由此可知李雅普诺夫函数的导数是严格负定的，因此系统渐近稳定，即 s 会趋近于 0，x_3、x_2、x_1都趋近于 0，达到了系统稳定的目的，控制器设计完成。

五、高阶滑膜控制

传统一阶滑模控制有如下缺陷。

1）抖振问题：主要是由未建模的串联动态引起，同时切换装置的非理想性也是一个重要原因。

2）相对阶的限制：传统滑模控制只有在系统关于滑模变量 s 的相对阶是 1 时才能应用。也就是说，控制量 u 必须显式出现在 s 中，这样就限制了滑模面的设计。

3）控制精度问题：在实际的采样实现的传统滑模控制算法中，滑动误差正比于采样时间 τ。也就是说，有限时间到达的传统滑模在具有零阶保持器的离散控制下，系统的状态保持在滑动模态上的精度是采样时间的一阶无穷小，即 $O(\tau)$。

在传统滑模控制中，不连续的控制量显式地出现在滑模变量的一阶导数中，即是不连续的。由于未建模动态和非理想的切换特性，传统滑模存在抖振，它在实际应用中是有害的。连续近似化方法（如引入边界层）能抑制抖振，然而失去了滑动模态不变性这个显著优点。因此，Levant 提出了高阶滑模的概念，高阶滑模保持了传统滑模的优点（如不变性），同时抑制了抖振，消除了相对阶的限制和提高了控制精度。

首先给出滑动阶的定义。滑动阶 r 是指滑模变量 s 的连续全导数（包含零阶）在滑模面 $s = 0$ 上为 0 的数目。滑动阶刻画了系统被约束在滑模面 $s = 0$ 上的运动动态平滑度。根据上述定义可知：传统滑模的滑动阶为 1，因为在滑模面上 $s = 0$，而 $\dot{s}$ 则是不连续的，所以传统

滑模又称为一阶滑模。

关于滑模面 $s(t,x)=0$ 的 r 阶滑动集由等式 $s=\dot{s}=\ddot{s}=\cdots=s^{(r-1)}=0$ 描述，从而构成了动态系统状态的 r 维约束条件。1996 年，Levant 和 Firdman 给出了高阶滑模的精确描述：r 阶滑动集 $s=\dot{s}=\ddot{s}=\cdots=s^{(r-1)}=0$ 非空，且假设它是 Filippov 意义下局部积分集（即由不连续动态系统的 Filippov 轨迹组成），那么，满足 $s=\dot{s}=\ddot{s}=\cdots=s^{(r-1)}=0$ 的相关运动称为关于滑模面 $s(t,x)=0$ 的"r 阶滑模"。当系统轨迹位于状态空间中 $s=0$ 和 $\dot{s}=0$ 的交界处时，系统具有二阶滑模动态，如图 9-25 所示。

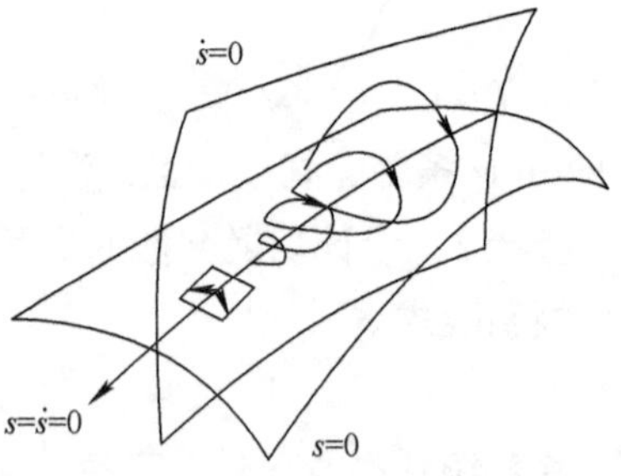

图 9-25　二阶滑膜轨迹

在实现高阶滑模控制时，所面临的一个主要问题就是所需的信息增加了。一般来说，滑模面 $s=0$ 上的 r 阶滑模控制器的设计，需要用到 s，$\dot{s}$，$\ddot{s}$，…，$s^{(r-1)}$ 的信息。从理论上来说 s，$\dot{s}$，$\ddot{s}$，…，$s^{(r-1)}$ 的值可以通过有限时间收敛的精确鲁棒微分器获取。

六、二阶滑膜控制

滑模控制在解决不确定高阶非线性动态系统时是一种非常有效的方法，表现在对系统不确定非线性、系统建模误差与外部干扰的强鲁棒性和算法设计简单。针对滑模控制存在的"抖振"现象，二阶滑模控制使得控制量在时间上是本质连续的，这样能有效地减小系统抖振，又不以牺牲控制器的鲁棒性为代价。

二阶滑模是指二阶滑动集 $s=\dot{s}=0$ 非空，且假设它是 Filippov 意义下的局部积分集，那么，满足式 $s=\dot{s}=0$ 的相关运动称为关于滑模面 $s(t,x)=0$ 的二阶滑模。考虑下列形式的单输入动态系统

$$\dot{\boldsymbol{x}}=\boldsymbol{a}(t,x)+\boldsymbol{b}(t,x)\boldsymbol{u},s=s(t,x) \tag{9-281}$$

其中，$\boldsymbol{x}\in\mathbf{R}^n$ 为系统状态量；$\boldsymbol{u}\in\mathbf{R}$ 为控制输入；$\boldsymbol{a}(t,x)$ 和 $\boldsymbol{b}(t,x)$ 为光滑的未知向量场。令 $s(t,x)=0$ 为所定义的滑模面，控制目标使系统的状态在有限时间内收敛到滑模流形 $s(t,x)=\dot{s}(t,x)=0$ 上。

通过引入虚拟变量 $x_{n+1}=t$ 对系统模型进行扩展，记 $\boldsymbol{a}_{\mathrm{e}}=(\boldsymbol{a}^{\mathrm{T}},\boldsymbol{I})^{\mathrm{T}}$，$\boldsymbol{b}_{\mathrm{e}}=(\boldsymbol{b}^{\mathrm{T}},\mathbf{0})^{\mathrm{T}},\boldsymbol{x}_{\mathrm{e}}=(\boldsymbol{x}^{\mathrm{T}},\boldsymbol{x}_{n+1})^{\mathrm{T}}$，则系统扩展为 $\dot{\boldsymbol{x}}_{\mathrm{e}}=\boldsymbol{a}_{\mathrm{e}}(\boldsymbol{x}_{\mathrm{e}})+\boldsymbol{b}_{\mathrm{e}}(\boldsymbol{x}_{\mathrm{e}})\boldsymbol{u},\boldsymbol{s}=\boldsymbol{s}(\boldsymbol{x}_{\mathrm{e}})$。依据相对阶的定义，对滑模变量 s 考虑以下两种不同情形。

（一）相对阶 $r=1$ 时 $\frac{\partial\dot{s}}{\partial u}\neq 0$

可以采用传统滑模（一阶滑模）控制的方法来解决问题。然而，若采用二阶滑模控制则可以抑制抖振，此时，将控制输入 u 的导数看作新的控制变量。设计不连续的控制 u 使得滑模变量 s 趋于零，并保持二阶滑动模态，即 $s=0$，而控制输入 u 是通过对 $\dot{u}$ 的积分得到

的，故是连续的，从而抑制了系统的抖振。

此时，滑模变量 s 的一阶导数为

$$\dot{s}=\frac{\partial s}{\partial x_{\mathrm{e}}}(a_{\mathrm{e}}(x_{\mathrm{e}})+b_{\mathrm{e}}(x_{\mathrm{e}})u)=L_{a_{\mathrm{e}}}s+L_{b_{\mathrm{e}}}su \tag{9-282}$$

其中，$L_{a_{\mathrm{e}}}s=\frac{\partial s}{\partial x_{\mathrm{e}}}a_{\mathrm{e}}(x_{\mathrm{e}})$称为 s 关于a_{e}或沿a_{e}的李导数。滑模变量 s 的二阶导数为

$$\begin{aligned}\ddot{s}&=\frac{\partial(L_{a_{\mathrm{e}}}s+L_{b_{\mathrm{e}}}su)}{\partial x_{\mathrm{e}}}(a_{\mathrm{e}}(x_{\mathrm{e}})+b_{\mathrm{e}}(x_{\mathrm{e}})u)+\frac{\partial\dot{s}}{\partial u}\\&=L_{a_{\mathrm{e}}}^2s+L_{a_{\mathrm{e}}}L_{b_{\mathrm{e}}}su+L_{b_{\mathrm{e}}}L_{a_{\mathrm{e}}}su+L_{b_{\mathrm{e}}}^2su^2+L_{b_{\mathrm{e}}}s\dot{u}\end{aligned} \tag{9-283}$$

上式可化简为

$$\ddot{s}=\varphi(t,x,u)+\gamma(t,x)\dot{u}(t) \tag{9-284}$$

其中

$$\ddot{s}\Big|_{\dot{u}=0}=\varphi(t,x,u)=L_{a_{\mathrm{e}}}^2s+L_{a_{\mathrm{e}}}L_{b_{\mathrm{e}}}su+L_{b_{\mathrm{e}}}L_{a_{\mathrm{e}}}su+L_{b_{\mathrm{e}}}^2su^2$$

$$\frac{\partial}{\partial\dot{u}}\ddot{s}=\gamma(t,x)=L_{b_{\mathrm{e}}}s\neq0 \tag{9-285}$$

$$\tag{9-286}$$

因此，控制输入 u 看作影响漂移项的未知扰动，控制输入的导数作为需设计的新控制量。

（二）相对阶 $r=2$ 时，$\frac{\partial\dot{s}}{\partial u}=0,\frac{\partial\ddot{s}}{\partial u}\neq0$

控制输入 u 不直接影响 s 的动态特性，但直接影响 s 的动态特性，即

$$\ddot{s}=\varphi(t,x,u)+\gamma(t,x)u(t) \tag{9-287}$$

其中，$\frac{\partial}{\partial u}\ddot{s}=\gamma(t,x)=L_{b_{\mathrm{e}}}L_{a_{\mathrm{e}}}s\neq0$，这就意味着滑模变量 s 关于控制输入 u 的相对阶是 2。在这种情况下，控制输出 u 是不连续的。相对阶为 1 和相对阶为 2 可以统一起来，看作是二阶不确定的仿射非线性系统。当相对阶为 1 时，相关的控制信号是实际控制输入的导数；当相对阶为 2 时，控制信号是实际的控制输入 u。

令 $y_1(t)=s(t)$，$y_2(t)=s(t)$，则二阶滑模控制问题可以转换为下述非线性系统的有限时间镇定问题：

$$\begin{cases}\dot{y}_1(t)=y_2(t)\\\dot{y}_2(t)=\varphi(t,x)+\gamma(t,x)v(t)\\s(t,x)=y_1(t)\end{cases} \tag{9-288}$$

其中，$\varphi(t,x)$、$\gamma(t,x)$和 $v(t)$ 在相对阶为 1 和相对阶为 2 时具有不同的意义和结构。

现有的二阶滑模控制方法均对不确定性做出了全局有界的假设，即

$$|\varphi|\leqslant C,\ 0<K_{\mathrm{m}}\leqslant\gamma\leqslant K_{\mathrm{M}} \tag{9-289}$$

其中，C、K_{m}和K_{M}均为正常数。

Twisting 算法是最早提出的二阶滑模控制算法，形式如下

$$v = -r_1\mathrm{sign}(s) - r_2\mathrm{sign}(\dot{s}) \tag{9-290}$$

其有限时间收敛的充分条件是$(r_1+r_2)K_m - C > (r_1 - r_2)K_M + C, (r_1 - r_2)K_M > C$。若考虑控制受限的情形，则需增加以下条件

$$r_1 + r_2 \leqslant U_{\max} \tag{9-291}$$

两式联立，可以求解出r_1和r_2的取值范围。

该算法的特点是：在 $sO\dot{s}$相平面上，系统轨迹围绕着原点旋转，如图 9-26 所示。同时，系统的轨迹能在有限时间内，经过无限次的环绕收敛到原点。具体地说，就是系统的相轨迹与坐标轴相交的值的绝对值，随着旋转的次数以等比数列形式减小。此控制律的设计需要知道$\dot{s}$的符号。

另一种二阶滑模控制方法是 Super-Twisting 算法，其形式如下。

$$\begin{cases} u = -\lambda\,|s|^{\frac{1}{2}}\mathrm{sign}(s) + u_1 \\ u_1 = -\alpha\mathrm{sign}(s) \end{cases} \tag{9-292}$$

其有限时间收敛的充分条件是

$$|L_{a_e}^2 s + (L_{a_e}L_{b_e}s + L_{b_e}L_{a_e}s)u + L_{b_e}^2 su^2| \leqslant C,\ 0 < K_m \leqslant L_{b_e}s \leqslant K_M \tag{9-293}$$

$$\alpha > \frac{C}{K_m},\ \lambda^2 > 2\frac{\alpha K_M + C}{K_m} \tag{9-294}$$

该算法的特点：它仅仅需要滑模变量 s 的信息，不需要信息 $\dot{s}$；它是一种系统关于 s 的相对阶为 1 时可以直接应用的二阶滑模算法，不需要引入新的控制量。Super-Twisting 算法的相轨迹如图 9-27 所示。

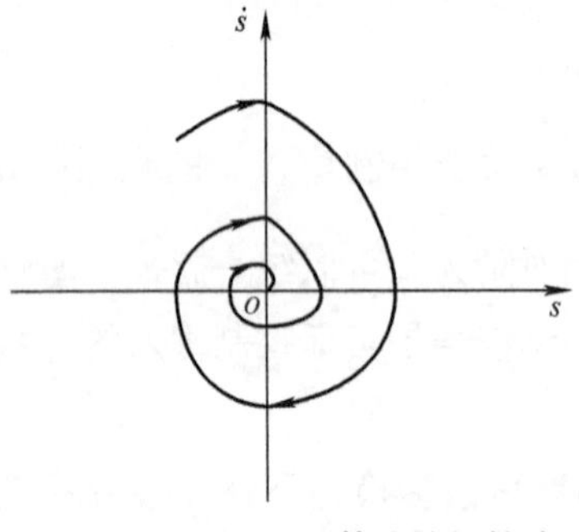

图 9-26　Twisting 算法的相轨迹

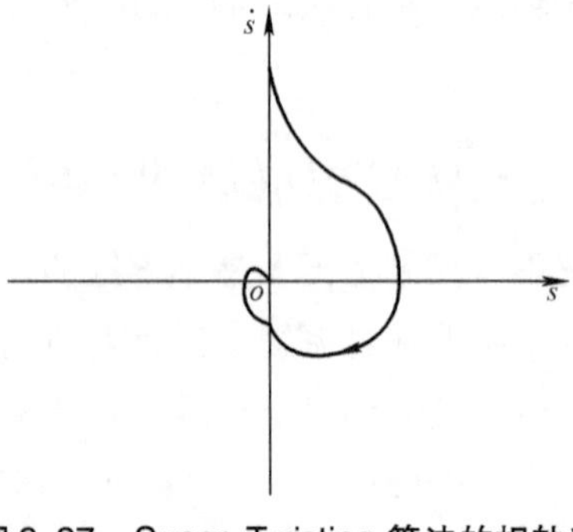

图 9-27　Super-Twisting 算法的相轨迹

第七节　H_∞ 控制基础

在前面所涉及的控制器设计问题中，大多数都假设系统的精确模型是已知的。而对实际系统来说，由于受控系统数学模型存在建模误差，同时由于环境变化、部件老化和受控系统

非线性与不确定性等诸多原因，因此实际的受控系统与控制器设计时所依赖的模型（称为标称模型）之间存在着较大的差异。这种受控系统数学模型的不确定性，有可能给闭环系统的控制品质带来十分严重的影响，甚至有可能造成闭环系统的不稳定。如何适当设计控制系统，使得即使当实际受控对象与它的标称模型之间有较大差异时，闭环系统仍然能有较好地控制品质（即鲁棒性能），称为鲁棒控制问题。

事实上，由于实际系统不可能完全与其数学模型一致，没有一点鲁棒性的控制系统是不能正常工作的。例如前面所讨论的极点配置控制器，当实际受控系统与其标称模型不一致时，实际闭环系统的极点组不再是期望的极点组。但是，当受控系统与其标称模型相差不大时，实际闭环系统的极点一般还是位于期望的极点附近。因此，闭环系统仍然会具有较好的动态品质和渐近稳定性，这说明极点配置控制具有较好的鲁棒性。

一、理论基础

首先给出控制理论中最重要的有界实引理。

【引理 9-1】 考虑线性离散系统

$$\begin{cases}\boldsymbol{x}(k+1)=\boldsymbol{A}\boldsymbol{x}(k)+\boldsymbol{B}\boldsymbol{u}(k)\\ \boldsymbol{y}(k)=\boldsymbol{C}\boldsymbol{x}(k)+\boldsymbol{D}\boldsymbol{u}(k)\end{cases}\tag{9-295}$$

则式（9-295）具有H_∞性能γ

$$\sup_{u\in L_2}\frac{\|y(k)\|_2}{\|u(k)\|_2}<\gamma\tag{9-296}$$

的条件是：存在正定对称矩阵$\boldsymbol{P}\geqslant 0$满足如下不等式

$$\begin{bmatrix}\boldsymbol{A}^{\mathrm{T}}\boldsymbol{P}\boldsymbol{A}-\boldsymbol{P} & \boldsymbol{A}^{\mathrm{T}}\boldsymbol{P}\boldsymbol{B} & \boldsymbol{C}^{\mathrm{T}}\\ \boldsymbol{B}^{\mathrm{T}}\boldsymbol{P}\boldsymbol{A} & \boldsymbol{B}^{\mathrm{T}}\boldsymbol{P}\boldsymbol{B}-\gamma\boldsymbol{I} & \boldsymbol{D}^{\mathrm{T}}\\ \boldsymbol{C} & \boldsymbol{D} & -\gamma\boldsymbol{I}\end{bmatrix}<\boldsymbol{0}\tag{9-297}$$

【引理 9-2】 考虑线性连续系统

$$\begin{cases}\dot{\boldsymbol{x}}(t)=\boldsymbol{A}\boldsymbol{x}(t)+\boldsymbol{B}\boldsymbol{u}(t)\\ \boldsymbol{y}(t)=\boldsymbol{C}\boldsymbol{x}(t)+\boldsymbol{D}\boldsymbol{u}(t)\end{cases}\tag{9-298}$$

则式（9-298）具有H_∞性能γ

$$\sup_{u\in L_2}\frac{\|y(t)\|_2}{\|u(t)\|_2}<\gamma\tag{9-299}$$

的条件是：存在正定对称矩阵$\boldsymbol{P}>0$满足如下不等式

$$\begin{bmatrix}\boldsymbol{A}^{\mathrm{T}}\boldsymbol{Q}+\boldsymbol{Q}\boldsymbol{A} & \boldsymbol{Q}\boldsymbol{B} & \boldsymbol{C}^{\mathrm{T}}\\ \boldsymbol{B}^{\mathrm{T}}\boldsymbol{Q} & -\gamma\boldsymbol{I} & \boldsymbol{D}^{\mathrm{T}}\\ \boldsymbol{C} & \boldsymbol{D} & -\gamma\boldsymbol{I}\end{bmatrix}<\boldsymbol{0}\tag{9-300}$$

令$\boldsymbol{Q}=\boldsymbol{P}^{-1}>0$，则式（9-300）等价于

$$\begin{bmatrix} PA^{\mathrm{T}}+PA & B & PC^{\mathrm{T}} \\ B^{\mathrm{T}} & -\gamma I & D^{\mathrm{T}} \\ CP & D & -\gamma I \end{bmatrix}<0 \tag{9-301}$$

二、H_∞观测器

线性系统的状态空间描述如下：

$$\begin{cases} \dot{x}(t)=Ax(t)+Bu(t)+\omega_x(t) \\ y(t)=Cx(t)+Du(t)+\omega_y(t) \end{cases} \tag{9-302}$$

其中，$x(t)$为系统状态；A为系统矩阵；B为输入矩阵；$\omega_x(t)$为系统模型的噪声；$\omega_y(t)$为测量噪声；C为输出矩阵；D为前馈矩阵；$u(t)$为系统输入；$y(t)$为系统输出。

在实际应用中有很多状态变量不容易测量，通常为增加一个状态变量的测量会大幅增加传感器的费用，而状态观测器可以在不增加传感器的情况下对状态值进行估计。隆伯格观测器作为一种线性观测器，在实际应用中经常被用来估计不可测状态变量。状态观测器空间模型描述如下：

$$\begin{cases} \dot{\hat{x}}(t)=A\hat{x}(t)+B(u(t)+\omega_u(t))+L(y(t)-\hat{y}(t)) \\ \hat{y}(t)=C\hat{x}(t)+D(u(t)+\omega_u(t)) \end{cases} \tag{9-303}$$

其中，$\hat{x}(t)$为最优估计状态；$\omega_u(t)$表示系统输入的测量误差；L表示状态观测器的反馈增益，$\hat{y}(t)$表示系统输出的最优估计。

定义状态估计误差为$e_x(t)=x(t)-\hat{x}(t)$，输出估计误差为$e_y(t)=y(t)-\hat{y}(t)$，噪声$w=[w_x^{\mathrm{T}},w_y^{\mathrm{T}},w_u^{\mathrm{T}}]$，则状态观测器误差空间描述为

$$\begin{cases} \dot{e}_x(t)=(A-LC)e_x(t)+(E-LF)\omega \\ \dot{e}_y(t)=Ce_x(t)+F\omega \end{cases} \tag{9-304}$$

其中，$E=[I,0,-B]$，$F=[0,I,-D]$，I为一个具有合适维度的单位矩阵。

值得注意的是，从式（9-304）可以看出，存在扰动项。为了抑制扰动项的影响，保证状态观测器的状态估计准确性，提出基于H_∞的状态观测器设计。

【定理9-6】 如果存在正标量使得下面不等式成立，则使得状态观测器［式（9-304）］具有H_∞性能：

$$\begin{bmatrix} A^{\mathrm{T}}P_{\mathrm{obs}}-C^{\mathrm{T}}U^{\mathrm{T}}+P_{\mathrm{obs}}A-UC+C^{\mathrm{T}}C & P_{\mathrm{obs}}E-UF+C^{\mathrm{T}}F \\ E^{\mathrm{T}}P_{\mathrm{obs}}-F^{\mathrm{T}}U^{\mathrm{T}}+F^{\mathrm{T}}C & F^{\mathrm{T}}F-\gamma_{\mathrm{obs}}^2 Q \end{bmatrix}<0 \tag{9-305}$$

其中，矩阵$P_{\mathrm{obs}}=P_{\mathrm{obs}}^{\mathrm{T}}>0$；$U=P_{\mathrm{obs}}$；$Q=[\sigma_1,\sigma_2,\sigma_3]$，$\sigma_1,\sigma_2,\sigma_3$分别表示模型误差$w_x$、测量误差$w_y$和输入测量误差$w_u$的权重因子。

证明：假设存在一个正标量$\gamma_{\mathrm{obs}}>0$，使得下面不等式成立

$$\int_0^T \|e_y(t)\|^2\mathrm{d}t < \lambda_{\mathrm{obsmax}}(P_{\mathrm{obs}})\|e_x(0)\|^2+\gamma_{\mathrm{obs}}^2\int_0^T \omega^{\mathrm{T}}(t)Q\omega(t)\mathrm{d}t \tag{9-306}$$

其中，$\lambda_{\text{obsmax}}(\boldsymbol{P}_{\text{obs}})$ 表示正定矩阵 $\boldsymbol{P}_{\text{obs}}$ 的最大特征值。

定义李雅普诺夫方程如下

$$\boldsymbol{V}_{\text{obs}}(t)=\boldsymbol{e}_x^{\mathrm{T}}(t)\boldsymbol{P}_{\text{obs}}\boldsymbol{e}_x(t) \tag{9-307}$$

则

$$\begin{aligned}\dot{\boldsymbol{V}}_{\text{obs}}(t)&=[(\boldsymbol{A}-\boldsymbol{LC})\boldsymbol{e}_x(t)+(\boldsymbol{E}-\boldsymbol{LF})\boldsymbol{\omega}(t)]^{\mathrm{T}}\boldsymbol{P}_{\text{obs}}\boldsymbol{e}_x(t)+\\&\quad\boldsymbol{e}_x^{\mathrm{T}}(t)\boldsymbol{P}_{\text{obs}}[(\boldsymbol{A}-\boldsymbol{LC})\boldsymbol{e}_x(t)+(\boldsymbol{E}-\boldsymbol{LF})\boldsymbol{\omega}(t)]\\&=\boldsymbol{e}_x^{\mathrm{T}}(t)[(\boldsymbol{A}-\boldsymbol{LC})^{\mathrm{T}}\boldsymbol{P}_{\text{obs}}+\boldsymbol{P}_{\text{obs}}(\boldsymbol{A}-\boldsymbol{LC})]\boldsymbol{e}_x(t)+\\&\quad\boldsymbol{\omega}^{\mathrm{T}}(t)(\boldsymbol{E}-\boldsymbol{LF})^{\mathrm{T}}\boldsymbol{P}_{\text{obs}}\boldsymbol{e}_x(t)+\boldsymbol{e}_x^{\mathrm{T}}(t)\boldsymbol{P}_{\text{obs}}(\boldsymbol{E}-\boldsymbol{LF})\boldsymbol{\omega}(t)\end{aligned} \tag{9-308}$$

为了保证状态观测器系统H_∞性能，评价指标 $\boldsymbol{J}_{\text{obs1}}$ 被引进，如下所示

$$\begin{aligned}\boldsymbol{J}_{\text{obs1}}&=\dot{\boldsymbol{V}}(t)+\boldsymbol{e}_y^{\mathrm{T}}(t)\boldsymbol{e}_y(t)-\gamma_{\text{obs}}^2\boldsymbol{\omega}^{\mathrm{T}}(t)\boldsymbol{Q}\boldsymbol{\omega}(t)\\&=\boldsymbol{e}_x^{\mathrm{T}}(t)[(\boldsymbol{A}-\boldsymbol{LC})^{\mathrm{T}}\boldsymbol{P}_{\text{obs}}+\boldsymbol{P}_{\text{obs}}(\boldsymbol{A}-\boldsymbol{LC})]\boldsymbol{e}_x(t)+\\&\quad\boldsymbol{\omega}^{\mathrm{T}}(t)(\boldsymbol{E}-\boldsymbol{LF})^{\mathrm{T}}\boldsymbol{P}_{\text{obs}}\boldsymbol{e}_x(t)+\boldsymbol{e}_x^{\mathrm{T}}(t)\boldsymbol{P}_{\text{obs}}(\boldsymbol{E}-\boldsymbol{LF})\boldsymbol{\omega}(t)+\\&\quad[\boldsymbol{Ce}_x(t)+\boldsymbol{F}\boldsymbol{\omega}(t)]^{\mathrm{T}}[\boldsymbol{Ce}_x(t)+\boldsymbol{F}\boldsymbol{\omega}(t)]-\gamma_{\text{obs}}^2\boldsymbol{\omega}^{\mathrm{T}}(t)\boldsymbol{Q}\boldsymbol{\omega}(t)\\&=\boldsymbol{e}_x^{\mathrm{T}}(t)[(\boldsymbol{A}-\boldsymbol{LC})^{\mathrm{T}}\boldsymbol{P}_{\text{obs}}+\boldsymbol{P}_{\text{obs}}(\boldsymbol{A}-\boldsymbol{LC})+\boldsymbol{C}^{\mathrm{T}}\boldsymbol{C}]\boldsymbol{e}_x(t)+\\&\quad\boldsymbol{\omega}^{\mathrm{T}}(t)[(\boldsymbol{E}-\boldsymbol{LF})^{\mathrm{T}}\boldsymbol{P}_{\text{obs}}+\boldsymbol{F}^{\mathrm{T}}\boldsymbol{C}]\boldsymbol{e}_x(t)+\\&\quad\boldsymbol{e}_x^{\mathrm{T}}(t)[\boldsymbol{P}_{\text{obs}}(\boldsymbol{E}-\boldsymbol{LF})+\boldsymbol{C}^{\mathrm{T}}\boldsymbol{F}]\boldsymbol{\omega}(t)+\boldsymbol{\omega}^{\mathrm{T}}(t)[\boldsymbol{F}^{\mathrm{T}}\boldsymbol{F}-\gamma_{\text{obs}}^2\boldsymbol{Q}]\boldsymbol{\omega}(t)\\&=\begin{bmatrix}\boldsymbol{e}_x(t)\\\boldsymbol{\omega}(t)\end{bmatrix}^{\mathrm{T}}\begin{bmatrix}(\boldsymbol{A}-\boldsymbol{LC})^{\mathrm{T}}\boldsymbol{P}_{\text{obs}}+\boldsymbol{P}_{\text{obs}}(\boldsymbol{A}-\boldsymbol{LC})+\boldsymbol{C}^{\mathrm{T}}\boldsymbol{C} & \boldsymbol{P}_{\text{obs}}(\boldsymbol{E}-\boldsymbol{LF})+\boldsymbol{C}^{\mathrm{T}}\boldsymbol{F}\\(\boldsymbol{E}-\boldsymbol{LF})^{\mathrm{T}}\boldsymbol{P}_{\text{obs}}+\boldsymbol{F}^{\mathrm{T}}\boldsymbol{C} & \boldsymbol{F}^{\mathrm{T}}\boldsymbol{F}-\gamma_{\text{obs}}^2\boldsymbol{Q}\end{bmatrix}\begin{bmatrix}\boldsymbol{e}_x(t)\\\boldsymbol{\omega}(t)\end{bmatrix}\end{aligned} \tag{9-309}$$

如果 $J_{\text{obs1}}<\mathbf{0}$ 成立，则可保证系统H_∞性能。令 $\boldsymbol{U}=\boldsymbol{P}_{\text{obs}}\boldsymbol{L}$，则评价指标$\boldsymbol{J}_{\text{obs1}}<\mathbf{0}$ 可以被等价描述为 $\boldsymbol{J}_{\text{obs2}}<\mathbf{0}$。

$$\boldsymbol{J}_{\text{obs2}}=\begin{bmatrix}\boldsymbol{A}^{\mathrm{T}}\boldsymbol{P}_{\text{obs}}-\boldsymbol{C}^{\mathrm{T}}\boldsymbol{U}^{\mathrm{T}}+\boldsymbol{P}_{\text{obs}}\boldsymbol{A}-\boldsymbol{UC}+\boldsymbol{C}^{\mathrm{T}}\boldsymbol{C} & \boldsymbol{P}_{\text{obs}}\boldsymbol{E}-\boldsymbol{UF}+\boldsymbol{C}^{\mathrm{T}}\boldsymbol{F}\\\boldsymbol{E}^{\mathrm{T}}\boldsymbol{P}_{\text{obs}}-\boldsymbol{F}^{\mathrm{T}}\boldsymbol{U}^{\mathrm{T}}+\boldsymbol{F}^{\mathrm{T}}\boldsymbol{C} & \boldsymbol{F}^{\mathrm{T}}\boldsymbol{F}-\gamma_{\text{obs}}^2\boldsymbol{Q}\end{bmatrix} \tag{9-310}$$

经上述推导可知，$\boldsymbol{J}_{\text{obs1}}<\mathbf{0}$ 等价于 $\boldsymbol{J}_{\text{obs2}}<\mathbf{0}$，即只要保证不等式 $\boldsymbol{J}_{\text{obs2}}<\mathbf{0}$ 成立，则 $\boldsymbol{J}_{\text{obs1}}<\mathbf{0}$ 成立，进而保证状态观测器H_∞性能。

三、H_∞控制器

线性系统的状态空间描述如下

$$\begin{cases}\dot{\boldsymbol{x}}(t)=\boldsymbol{A}\boldsymbol{x}(t)+\boldsymbol{B}_1\boldsymbol{u}(t)+\boldsymbol{B}_2\boldsymbol{\omega}_{\mathrm{e}}(t)\\\boldsymbol{y}(t)=\boldsymbol{C}\boldsymbol{x}(t)+\boldsymbol{D}\boldsymbol{u}(t)\end{cases} \tag{9-311}$$

其中，$\boldsymbol{x}$ 为系统状态；$\boldsymbol{A}$ 表示系统矩阵；$\boldsymbol{B}_1$ 表示输入矩阵；$\boldsymbol{B}_2$ 表示外界扰动矩阵；$\boldsymbol{\omega}_{\mathrm{e}}$ 表示外界扰动；$\boldsymbol{C}$ 表示输出矩阵；$\boldsymbol{D}$ 表示前馈矩阵；$\boldsymbol{u}$ 表示系统输入；$\boldsymbol{y}$ 表示系统输出。

系统输入采用状态反馈即 $\boldsymbol{u}=-\boldsymbol{K}\boldsymbol{x}$，则闭环系统状态空间模型可以描述为

$$\begin{cases}\dot{\boldsymbol{x}}(t)=\boldsymbol{A}_{c}\boldsymbol{x}(t)+\boldsymbol{B}_{2}\boldsymbol{\omega}_{e}(t)\\ \boldsymbol{y}(t)=\boldsymbol{C}_{c}\boldsymbol{x}(t)\end{cases}\tag{9-312}$$

其中，$\boldsymbol{A}_c$表示闭环系统矩阵，$\boldsymbol{A}_c=\boldsymbol{A}-\boldsymbol{B}_1\boldsymbol{K}$，$\boldsymbol{C}_c=\boldsymbol{C}-\boldsymbol{D}\boldsymbol{K}$。

【定理 9-7】 如果存在正标量γ_{col}使得下面不等式成立，则使得闭环控制器［式（9-312）］具有H_∞性能。

$$\begin{bmatrix}\boldsymbol{P}_{inv}\boldsymbol{A}^{T}+\boldsymbol{A}\boldsymbol{P}_{inv}-\boldsymbol{U}_{col}^{T}\boldsymbol{B}_{1}^{T}-\boldsymbol{B}_{1}\boldsymbol{Q} & \boldsymbol{P}_{inv}\boldsymbol{C}^{T}-\boldsymbol{U}_{col}^{T}\boldsymbol{D}^{T} & \boldsymbol{B}_{2}\\ \boldsymbol{C}\boldsymbol{P}_{inv}-\boldsymbol{D}\boldsymbol{U}_{col} & -\boldsymbol{I} & \boldsymbol{0}\\ \boldsymbol{B}_{2}^{T} & \boldsymbol{0} & -\gamma_{col}^{2}\boldsymbol{I}\end{bmatrix}<0\tag{9-313}$$

其中，矩阵$\boldsymbol{P}_{inv}=\boldsymbol{P}_{inv}^{T}\geqslant\boldsymbol{0}$；$\boldsymbol{U}_{col}=\boldsymbol{K}\boldsymbol{P}_{inv}$

证明：假设存在一个$\gamma_{col}\geqslant0$，使得下面不等式成立

$$\int_0^T\boldsymbol{y}^{T}(t)\boldsymbol{y}(t)\mathrm{d}t<\lambda_{colmax}(\boldsymbol{P}_{col})\|\boldsymbol{x}(0)\|^2+\gamma_{col}^2\int_0^T\boldsymbol{\omega}_{e}^{T}(t)\boldsymbol{\omega}_{e}(t)\mathrm{d}t\tag{9-314}$$

其中，λ_{colmax}（$\boldsymbol{P}_{col}$）表示正定矩阵$\boldsymbol{P}_{col}$的最大特征值。

李雅普诺夫方程被设计如下

$$V_{col}(t)=\boldsymbol{x}^{T}(t)\boldsymbol{P}_{col}\boldsymbol{x}(t)\tag{9-315}$$

为了保证系统H_∞性能，评价指标$\boldsymbol{J}_{col1}$被引入：

$$\begin{aligned}\boldsymbol{J}_{col1}&=\dot{V}_{col}(t)+\boldsymbol{y}^{T}(t)\boldsymbol{y}(t)-\gamma_{col}^{2}\boldsymbol{\omega}_{e}^{T}(t)\boldsymbol{\omega}_{e}(t)\\&=\boldsymbol{x}^{T}(t)(\boldsymbol{A}_{c}^{T}\boldsymbol{P}_{col}+\boldsymbol{P}_{col}\boldsymbol{A}_{c}+\boldsymbol{C}_{c}^{T}\boldsymbol{C}_{c})\boldsymbol{x}(t)+\boldsymbol{\omega}_{e}^{T}(t)\boldsymbol{B}_{2}^{T}\boldsymbol{P}_{col}x(t)+\\&\quad\boldsymbol{x}^{T}(t)\boldsymbol{P}_{col}\boldsymbol{B}_{2}\boldsymbol{\omega}_{e}(t)-\gamma_{col}^{2}\boldsymbol{\omega}_{e}^{T}(t)\boldsymbol{\omega}_{e}(t)\\&=\begin{bmatrix}\boldsymbol{x}(t)\\ \boldsymbol{\omega}_{e}(t)\end{bmatrix}^{T}\begin{bmatrix}\boldsymbol{A}_{c}^{T}\boldsymbol{P}_{col}+\boldsymbol{P}_{col}\boldsymbol{A}_{c}+\boldsymbol{C}_{c}^{T}\boldsymbol{C}_{c} & \boldsymbol{P}_{col}\boldsymbol{B}_{2}\\ \boldsymbol{B}_{2}^{T}\boldsymbol{P}_{col} & -\gamma_{col}^{2}\boldsymbol{I}\end{bmatrix}\begin{bmatrix}\boldsymbol{x}(t)\\ \boldsymbol{\omega}_{e}(t)\end{bmatrix}\end{aligned}\tag{9-316}$$

如果 $J_{col1}<0$ 成立，则可保证控制系统H_∞性能。

根据舒尔补定理，评价指标$J_{col1}<0$ 等价于$J_{col2}<0$，且

$$\begin{aligned}&\begin{bmatrix}\boldsymbol{P}_{col}^{-1} & \boldsymbol{0}\\ \boldsymbol{0} & \boldsymbol{I}\end{bmatrix}\begin{bmatrix}\boldsymbol{A}_{c}^{T}\boldsymbol{P}_{col}+\boldsymbol{P}_{col}\boldsymbol{A}_{c}+\boldsymbol{C}_{c}^{T}\boldsymbol{C}_{c} & \boldsymbol{P}_{col}\boldsymbol{B}_{2}\\ \boldsymbol{B}_{2}^{T}\boldsymbol{P}_{col} & -\gamma_{col}^{2}\boldsymbol{I}\end{bmatrix}\begin{bmatrix}\boldsymbol{P}_{col}^{-1} & \boldsymbol{0}\\ \boldsymbol{0} & \boldsymbol{I}\end{bmatrix}\\&=\begin{bmatrix}\boldsymbol{P}_{col}^{-1}\boldsymbol{A}_{c}^{T}+\boldsymbol{A}_{c}\boldsymbol{P}_{col}^{-1}+\boldsymbol{P}_{col}^{-1}\boldsymbol{C}_{c}^{T}\boldsymbol{C}_{c}\boldsymbol{P}_{col}^{-1} & \boldsymbol{B}_{2}\\ \boldsymbol{B}_{2}^{T} & -\gamma_{col}^{2}\boldsymbol{I}\end{bmatrix}\\&=\begin{bmatrix}\boldsymbol{P}_{col}^{-1}\boldsymbol{A}_{c}^{T}+\boldsymbol{A}_{c}\boldsymbol{P}_{col}^{-1} & \boldsymbol{B}_{2}\\ \boldsymbol{B}_{2}^{T} & -\gamma_{col}^{2}\boldsymbol{I}\end{bmatrix}+\begin{bmatrix}\boldsymbol{P}_{col}^{-1}\boldsymbol{C}_{c}^{T}\boldsymbol{C}_{c}\boldsymbol{P}_{col}^{-1} & \boldsymbol{0}\\ \boldsymbol{0} & \boldsymbol{0}\end{bmatrix}\\&=\begin{bmatrix}\boldsymbol{P}_{col}^{-1}\boldsymbol{A}_{c}^{T}+\boldsymbol{A}_{c}\boldsymbol{P}_{col}^{-1} & \boldsymbol{B}_{2}\\ \boldsymbol{B}_{2}^{T} & -\gamma_{col}^{2}\boldsymbol{I}\end{bmatrix}-\begin{bmatrix}\boldsymbol{P}_{col}^{-1}\boldsymbol{C}_{c}^{T}\\ \boldsymbol{0}\end{bmatrix}[-\boldsymbol{I}][\boldsymbol{C}_{c}\boldsymbol{P}_{col}^{-1}\quad\boldsymbol{0}]\end{aligned}\tag{9-317}$$

$$\boldsymbol{J}_{col2}=\begin{bmatrix}\boldsymbol{P}_{col}^{-1}\boldsymbol{A}_{c}^{T}+\boldsymbol{A}_{c}\boldsymbol{P}_{col}^{-1} & \boldsymbol{B}_{2} & \boldsymbol{P}_{col}^{-1}\boldsymbol{C}_{c}^{T}\\ \boldsymbol{B}_{2}^{T} & -\gamma_{col}^{2}\boldsymbol{I} & \boldsymbol{0}\\ \boldsymbol{C}_{c}\boldsymbol{P}_{col}^{-1} & \boldsymbol{0} & -\boldsymbol{I}\end{bmatrix}\tag{9-318}$$

设 $\boldsymbol{P}_{\mathrm{inv}}=\boldsymbol{P}_{\mathrm{col}}^{-1}$，则评价指标函数 $\boldsymbol{J}_{\mathrm{col2}}$ 为

$$\boldsymbol{J}_{\mathrm{col2}}=\begin{bmatrix}\boldsymbol{P}_{\mathrm{col}}^{-1}\boldsymbol{A}_{\mathrm{c}}^{\mathrm{T}}+\boldsymbol{A}_{\mathrm{c}}\boldsymbol{P}_{\mathrm{col}}^{-1} & \boldsymbol{B}_2 & \boldsymbol{P}_{\mathrm{col}}^{-1}\boldsymbol{C}_{\mathrm{c}}^{\mathrm{T}}\\ \boldsymbol{B}_2^{\mathrm{T}} & -\gamma_{\mathrm{col}}^2\boldsymbol{I} & \boldsymbol{0}\\ \boldsymbol{C}_{\mathrm{c}}\boldsymbol{P}_{\mathrm{col}}^{-1} & \boldsymbol{0} & -\boldsymbol{I}\end{bmatrix}=\begin{bmatrix}\boldsymbol{P}_{\mathrm{inv}}\boldsymbol{A}_{\mathrm{c}}^{\mathrm{T}}+\boldsymbol{A}_{\mathrm{c}}\boldsymbol{P}_{\mathrm{inv}} & \boldsymbol{B}_2 & \boldsymbol{P}_{\mathrm{inv}}\boldsymbol{C}_{\mathrm{c}}^{\mathrm{T}}\\ \boldsymbol{B}_2^{\mathrm{T}} & -\gamma_{\mathrm{col}}^2\boldsymbol{I} & \boldsymbol{0}\\ \boldsymbol{C}_{\mathrm{c}}\boldsymbol{P}_{\mathrm{inv}} & \boldsymbol{0} & -\boldsymbol{I}\end{bmatrix}\tag{9-319}$$

以及函数 $\boldsymbol{J}_{\mathrm{col3}}$ 为

$$\boldsymbol{J}_{\mathrm{col3}}=\begin{bmatrix}\boldsymbol{P}_{\mathrm{inv}}\boldsymbol{A}_{\mathrm{c}}^{\mathrm{T}}+\boldsymbol{A}_{\mathrm{c}}\boldsymbol{P}_{\mathrm{inv}} & \boldsymbol{P}_{\mathrm{inv}}\boldsymbol{C}_{\mathrm{c}}^{\mathrm{T}} & \boldsymbol{B}_2\\ \boldsymbol{C}_{\mathrm{c}}\boldsymbol{P}_{\mathrm{inv}} & -\boldsymbol{I} & \boldsymbol{0}\\ \boldsymbol{B}_2^{\mathrm{T}} & \boldsymbol{0} & -\gamma_{\mathrm{col}}^2\boldsymbol{I}\end{bmatrix}\tag{9-320}$$

将 $\boldsymbol{A}_{\mathrm{c}}=\boldsymbol{A}-\boldsymbol{B}_1\boldsymbol{K}$，$\boldsymbol{C}_{\mathrm{c}}=\boldsymbol{C}-\boldsymbol{D}\boldsymbol{K}$ 代入式（9-320）可得

$$\begin{aligned}\boldsymbol{J}_{\mathrm{col3}}&=\begin{bmatrix}\boldsymbol{P}_{\mathrm{inv}}\boldsymbol{A}_{\mathrm{c}}^{\mathrm{T}}+\boldsymbol{A}_{\mathrm{c}}\boldsymbol{P}_{\mathrm{inv}} & \boldsymbol{P}_{\mathrm{inv}}\boldsymbol{C}_{\mathrm{c}}^{\mathrm{T}} & \boldsymbol{B}_2\\ \boldsymbol{C}_{\mathrm{c}}\boldsymbol{P}_{\mathrm{inv}} & -\boldsymbol{I} & \boldsymbol{0}\\ \boldsymbol{B}_2^{\mathrm{T}} & \boldsymbol{0} & -\gamma_{\mathrm{col}}^2\boldsymbol{I}\end{bmatrix}\\&=\begin{bmatrix}\boldsymbol{P}_{\mathrm{inv}}(\boldsymbol{A}-\boldsymbol{B}_1\boldsymbol{K})^{\mathrm{T}}+(\boldsymbol{A}-\boldsymbol{B}_1\boldsymbol{K})\boldsymbol{P}_{\mathrm{inv}} & \boldsymbol{P}_{\mathrm{inv}}(\boldsymbol{C}-\boldsymbol{D}\boldsymbol{K})^{\mathrm{T}} & \boldsymbol{B}_2\\ (\boldsymbol{C}-\boldsymbol{D}\boldsymbol{K})\boldsymbol{P}_{\mathrm{inv}} & -\boldsymbol{I} & \boldsymbol{0}\\ \boldsymbol{B}_2^{\mathrm{T}} & \boldsymbol{0} & -\gamma_{\mathrm{col}}^2\boldsymbol{I}\end{bmatrix}\\&=\begin{bmatrix}\boldsymbol{P}_{\mathrm{inv}}\boldsymbol{A}^{\mathrm{T}}+\boldsymbol{A}\boldsymbol{P}_{\mathrm{inv}}-\boldsymbol{P}_{\mathrm{inv}}\boldsymbol{K}^{\mathrm{T}}\boldsymbol{B}_1^{\mathrm{T}}-\boldsymbol{B}_1\boldsymbol{K}\boldsymbol{P}_{\mathrm{inv}} & \boldsymbol{P}_{\mathrm{inv}}\boldsymbol{C}^{\mathrm{T}}-\boldsymbol{P}_{\mathrm{inv}}\boldsymbol{K}^{\mathrm{T}}\boldsymbol{D}^{\mathrm{T}} & \boldsymbol{B}_2\\ \boldsymbol{C}\boldsymbol{P}_{\mathrm{inv}}-\boldsymbol{D}\boldsymbol{K}\boldsymbol{P}_{\mathrm{inv}} & -\boldsymbol{I} & \boldsymbol{0}\\ \boldsymbol{B}_2^{\mathrm{T}} & \boldsymbol{0} & -\gamma_{\mathrm{col}}^2\boldsymbol{I}\end{bmatrix}\end{aligned}\tag{9-321}$$

设 $\boldsymbol{U}_{\mathrm{col}}=\boldsymbol{K}\boldsymbol{P}_{\mathrm{inv}}$，将其代入式（9-320）可得

$$\boldsymbol{J}_{\mathrm{col3}}=\begin{bmatrix}\boldsymbol{P}_{\mathrm{inv}}\boldsymbol{A}^{\mathrm{T}}+\boldsymbol{A}\boldsymbol{P}_{\mathrm{inv}}-\boldsymbol{U}_{\mathrm{col}}^{\mathrm{T}}\boldsymbol{B}_1^{\mathrm{T}}-\boldsymbol{B}_1\boldsymbol{U}_{\mathrm{col}} & \boldsymbol{P}_{\mathrm{inv}}\boldsymbol{C}^{\mathrm{T}}-\boldsymbol{U}_{\mathrm{col}}^{\mathrm{T}}\boldsymbol{D}^{\mathrm{T}} & \boldsymbol{B}_2\\ \boldsymbol{C}\boldsymbol{P}_{\mathrm{inv}}-\boldsymbol{D}\boldsymbol{U}_{\mathrm{col}} & -\boldsymbol{I} & \boldsymbol{0}\\ \boldsymbol{B}_2^{\mathrm{T}} & \boldsymbol{0} & -\gamma_{\mathrm{col}}^2\boldsymbol{I}\end{bmatrix}\tag{9-322}$$

经上述推导可知，$\boldsymbol{J}_{\mathrm{col1}}<\boldsymbol{0}$ 等价于 $\boldsymbol{J}_{\mathrm{col3}}<\boldsymbol{0}$，即只要保证不等式 $\boldsymbol{J}_{\mathrm{col3}}<\boldsymbol{0}$ 成立，则 $\boldsymbol{J}_{\mathrm{col1}}<\boldsymbol{0}$ 成立，进而保证系统的H_∞ 性能。

第八节　最优控制基础

早在 20 世纪 50 年代初期，布绍（Bushaw）利用几何方法研究了伺服系统的最短时间

控制问题，随后拉塞尔（LaSalle）发展了时间最优控制理论（即 Bang-Bang 控制理论）。1956—1960 年，苏联学者庞特里亚金等发展了极大值原理（或极小值原理），将最优控制问题转换为具有约束的非经典变分问题。与此同时，美国数学家贝尔曼（Bellman）等发展了变分法中的哈密顿-雅可比（Hamilton-Jacobi）理论，逐步形成了动态规划方法，同样可以解决容许控制属于闭集的最优控制问题。至此，变分法、极小值原理、动态规划就构成了最优控制理论的三大基石。

时至今日，最优控制理论研究无论在深度和广度上都有了进一步的发展，形成了诸如分布参数系统最优控制、随机系统最优控制和切换系统最优控制等一系列研究领域。与此同时，计算机的快速发展为最优控制在工程领域的推广与应用奠定了坚实的基础。目前，最优控制仍是极其活跃的研究领域，在智能驾驶车辆动力学控制系统中发挥了非常重要的作用。

一、最优控制问题描述

首先介绍飞船的软着陆这个经典的最优控制问题，以便使读者对最优控制问题形成初步的感性认识，而后再具体给出最优控制问题的数学描述方法。

为了使飞船在月球表面上实现软着陆（即着陆时速度为 0），必须寻求着陆过程中发动机推力的最优控制规律，使得燃料的消耗量最少。可以将该问题简化，如图 9-28 所示，设飞船的质量为 $m(t)$，离月球表面的高度为 $h(t)$，飞船的垂直速度为 $v(t)$，发动机推力为 $u(t)$，月球表面的重力加速度为 g，不携带燃料的飞船质量为 M，初始燃料的质量为 F，则飞船的运动方程可表示为

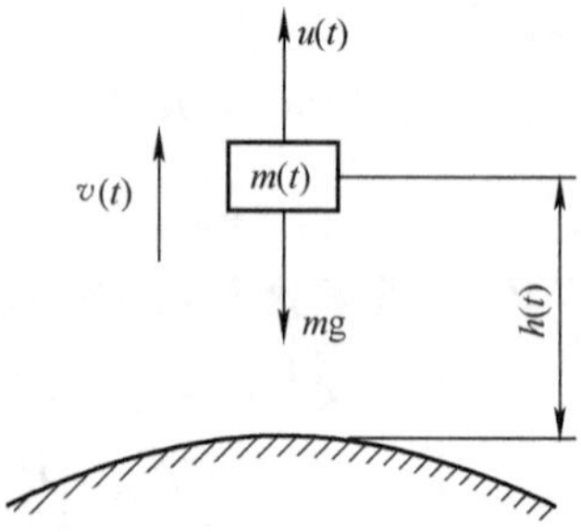

图 9-28　月球软着陆最优控制示意图

$$\begin{cases}\dot{h}(t)=v(t)\\ \dot{v}(t)=-g+\dfrac{u(t)}{m(t)}\\ \dot{m}(t)=-ku(t)\end{cases} \tag{9-323}$$

其中，k 为比例系数，表示发动机推力与燃料消耗率之间的关系。

整个着陆过程满足初始边界条件

$$h(t_0)=h_0,\ v(t_0)=v_0,\ m(t_0)=M+F \tag{9-324}$$

以及终端边界条件

$$h(t_f)=0,\ v(t_f)=0,\ m(t_f)\geqslant M \tag{9-325}$$

这是安全着陆的要求即软着陆，其中终止时刻 t_f 待定。

作为控制输入的推力 $u(t)$ 满足容许控制约束

$$0\leqslant u(t)\leqslant a \tag{9-326}$$

其中，a 为所动机所能达到的最大推力。

控制的目标是使燃料消耗最少，也就是使飞船着陆时的质量保持最大，即

$$J(u)=m(t_f) \tag{9-327}$$

此外，该目标函数等价于泛函

$$J(u)=\int_{t_0}^{t_f}u(t)\mathrm{d}t \tag{9-328}$$

通过以上问题的分析，将最优控制问题做如下数学描述。

（一）被控系统的状态方程

被控系统的状态方程是指描述系统及其运动的微分方程，其中包含控制变量 u 和状态变量 x，状态方程是在分析最优控制问题时首先就必须准确给出的。设被控系统的状态方程为

$$\dot{x}=f(t,x(t),u(t)) \tag{9-329}$$

（二）状态方程的边界条件

系统的动态过程对应于 n 维状态空间中从一个状态转移到另一个状态，也就是状态空间中的一条轨迹。一般来说，控制系统的初始时刻 t_0 和初始状态 $x(t_0)$ 是给定的，即

$$x(t_0)=x_0 \tag{9-330}$$

但对控制系统的终止时刻 t_f 和终端状态 $x(t_f)$ 来说，却因问题不同而有不同的要求，例如前面所提到的月球软着陆问题中的时间 t_f 是自由的，而在流水线生产过程中则是固定的。通常要求终端状态 $x(t_f)$ 到达一个确定的目标集，即

$$S=\{x(t_f):x(t_f)\in\mathbf{R}^n,h_1(x(t_f),t_f)=0,h_2(x(t_f),t_f)\leqslant 0\} \tag{9-331}$$

若终端状态不受约束，则目标集 S 扩展到整个 n 维空间，或称终端状态自由。

（三）容许控制

在实际问题中，控制变量 u 通常是某种物理量，需要满足有界性等条件，满足这些条件的控制输入，称为容许控制，即

$$u(t)\in\Omega \tag{9-332}$$

其中，Ω 是 m 维控制空间中的一个集合，可能是开集或闭集，也有可能是分段连续的或者不连续的孤立点。例如，智能驾驶车辆的方向盘控制输入首先受转向机构限制，即满足约束条件 $|u(t)|\leqslant u_{\max}$，此时的控制作用属于一个连续的闭集，注意到在不同车速下最大容许控制 $u_{\max}$ 是不同的，说明容许控制的边界不一定是定值，可能是时变的；在智能驾驶车辆紧急转向避障时，车辆只能左侧转向避障或者右侧转向避障，此时的容许控制又是分段连续的闭集。

（四）性能指标

性能指标是指对某个控制过程及其结果做出评价的衡量尺度或标准。由于性能指标是控

制作用 $u(t)$ 的函数，也就是函数 $u(t)$ 的函数，这种以函数为自变量的函数称为泛函，因此在数学上可以用泛函表示性能指标，主要有下面三种形式。

1）终端型性能指标，也称麦耶尔（Mayer）型性能指标：

$$J(u)=\Phi(x(t_f),t_f) \tag{9-333}$$

2）积分型性能指标，也称拉格朗日（Lagrange）型性能指标：

$$J(u)=\int_{t_0}^{t_f}L(t,x(t),u(t))\,dt \tag{9-334}$$

3）更一般的形式是混合型性能指标，也叫包尔查（Bolza）型性能指标：

$$J(u)=\Phi(x(t_f),t_f)+\int_{t_0}^{t_f}L(t,x(t),u(t))\,dt \tag{9-335}$$

针对不同的最优控制问题，其性能指标也将有所差异。例如在月球软着陆问题中，要求飞船着陆时的质量保持最大，此时可以用终端型指标来表示；在快速控制问题中，要求系统从一个状态过渡到另一个状态的时间最短，即 $\int_{t_0}^{t_1}dt=t_1-t_0$，这就是积分型指标。

二、线性二次型最优控制

美国学者卡尔曼在研究状态方程、线性系统能控性和能观性基础上，以空间飞行器制导为背景，提出了著名的线性二次型最优控制。该控制器的设计可归结为求解非线性黎卡提（Riccati）矩阵微分方程或代数方程。目前，黎卡提矩阵方程的求解已得到广泛深入的研究，有标准的计算机程序可供使用，求解规范方便。线性二次型最优控制器设计是现代控制理论最重要的成果之一，由于最优解可以写成统一的解析表达式，因此所得到的最优控制律也是状态反馈控制形式，计算方便，便于工程实现，目前已在工程实践中得到广泛应用，尤其在智能驾驶车辆动力学控制中有着广泛的应用场景。

考虑最一般的线性时变系统，其状态方程为

$$\begin{cases}\dot{\boldsymbol{x}}(t)=\boldsymbol{A}(t)\boldsymbol{x}(t)+\boldsymbol{B}(t)\boldsymbol{u}(t)\\ \boldsymbol{y}(t)=\boldsymbol{C}(t)\boldsymbol{x}(t)\end{cases} \tag{9-336}$$

假设控制输入 $\boldsymbol{u}(t)$ 不受任何约束。

令误差向量为

$$\boldsymbol{e}(t)=\boldsymbol{y}_r(t)-\boldsymbol{y}(t) \tag{9-337}$$

其中，$\boldsymbol{y}_r(t)$ 为期望输出。

最优二次型控制问题就是寻找最优控制输入 $\boldsymbol{u}(t)$ 使得如下性能指标最小

$$\boldsymbol{J}(u)=\frac{1}{2}\boldsymbol{e}^T(t_f)\boldsymbol{P}\boldsymbol{e}(t_f)+\frac{1}{2}\int_{t_0}^{t_f}[\boldsymbol{e}^T(t)\boldsymbol{Q}\boldsymbol{e}(t)+\boldsymbol{u}^T(t)\boldsymbol{R}\boldsymbol{u}(t)]\,dt \tag{9-338}$$

其中，$\boldsymbol{P}$、$\boldsymbol{Q}$ 是对称半正定矩阵；$\boldsymbol{R}$ 是对称正定矩阵。性能指标 $\boldsymbol{J}$ 中每一项的物理意义说明如下。

1）性能指标 $\boldsymbol{J}$ 中的第一项 $\frac{1}{2}\boldsymbol{e}^T(t_f)\boldsymbol{P}\boldsymbol{e}(t_f)$ 是为了考虑对终端误差的要求而引入的，是

终端误差的代价函数，表示对终端误差的惩罚。当对终端误差要求较严时，可将这项加到性能指标中。例如，在智能驾驶车辆自动换道问题中，由于对换道终态的车道对中性要求特别严格，即要求换道完成时车辆位于目标车道的中间，因此必须加上这一项，以保证换道完成时终端状态的误差最小。

2）积分项中的第一项 $\boldsymbol{e}^{\mathrm{T}}(t)\boldsymbol{Q}\boldsymbol{e}(t)$ 表示控制过程中由误差 $\boldsymbol{e}(t)$ 产生的分量。因为 $\boldsymbol{Q}$ 为半正定阵，则当 $\boldsymbol{e}(t)\neq\boldsymbol{0}$，就有 $\boldsymbol{e}^{\mathrm{T}}(t)\boldsymbol{Q}\boldsymbol{e}(t)\geqslant\boldsymbol{0}$。积分项 $\frac{1}{2}\int_{t_0}^{t_f}\boldsymbol{e}^{\mathrm{T}}(t)\boldsymbol{Q}\boldsymbol{e}(t)\mathrm{d}t$ 表示误差加权平方和的积分，是用来衡量系统误差 $\boldsymbol{e}(t)$ 大小的代价函数。

3）积分项中的第二项 $\boldsymbol{u}^{\mathrm{T}}(t)\boldsymbol{R}\boldsymbol{u}(t)$ 表示工作过程中控制 $\boldsymbol{u}(t)$ 产生的分量。因为 $\boldsymbol{R}$ 为正定矩阵，则当 $\boldsymbol{u}(t)\neq\boldsymbol{0}$，就有 $\boldsymbol{u}^{\mathrm{T}}(t)\boldsymbol{R}\boldsymbol{u}(t)\geqslant 0$。例如

$$\boldsymbol{u}(t)=\begin{bmatrix}\boldsymbol{u}_1(t)\\ \boldsymbol{u}_2(t)\end{bmatrix},\ \boldsymbol{R}=\begin{bmatrix}r_1 & 0\\ 0 & r_2\end{bmatrix} \tag{9-339}$$

设 $r_1\geqslant 0$，$r_2\geqslant 0$，则 $\boldsymbol{R}$ 为正定矩阵，于是有

$$\frac{1}{2}\int_{t_0}^{t_f}\boldsymbol{u}^{\mathrm{T}}(t)\boldsymbol{R}\boldsymbol{u}(t)\mathrm{d}t=\frac{1}{2}\int_{t_0}^{t_f}[r_1\boldsymbol{u}_1^2(t)+r_2\boldsymbol{u}_2^2(t)]\mathrm{d}t \tag{9-340}$$

积分项中的第二项与消耗的控制能量成正比，消耗得越多，则性能指标值 $\boldsymbol{J}$ 越大，所以这一项是衡量控制能量大小的代价函数。r_1、r_2 可看作加权系数，如认为 $\boldsymbol{u}_1$ 的重要性大于 $\boldsymbol{u}_2$，则可加大权重系数r_1。

综合而言，性能指标 $\boldsymbol{J}(u)$ 最小表示用不大的控制量来保持较小的误差，以达到能量消耗、动态误差、终端误差的综合最优。

二次型性能指标还有如下几种重要的特殊情形。

1）状态调节器。

在式（9-336）和式（9-337）中，如果

$$\boldsymbol{C}(t)=\boldsymbol{I},\ \boldsymbol{y}_{\mathrm{r}}(t)=\boldsymbol{0} \tag{9-341}$$

此时的误差向量为

$$\boldsymbol{e}(t)=-\boldsymbol{x}(t) \tag{9-342}$$

此时的性能指标 $\boldsymbol{J}$ 为

$$\boldsymbol{J}(u)=\frac{1}{2}\boldsymbol{x}^{\mathrm{T}}(t_{\mathrm{f}})\boldsymbol{P}\boldsymbol{x}(t_{\mathrm{f}})+\frac{1}{2}\int_{t_0}^{t_f}[\boldsymbol{x}^{\mathrm{T}}(t)\boldsymbol{Q}\boldsymbol{x}(t)+\boldsymbol{u}^{\mathrm{T}}(t)\boldsymbol{R}\boldsymbol{u}(t)]\mathrm{d}t \tag{9-343}$$

此时，线性二次型问题归结为：当系统受到干扰偏离原平衡状态时，要求系统产生一控制向量，使式（9-343）极小，即使得系统状态 $\boldsymbol{x}(t)$ 始终保持在零平衡状态附近。因而，这一类线性二次型最优控制问题称为状态调节器问题。

2）输出调节器。在式（9-337）中，如果

$$\boldsymbol{y}_{\mathrm{r}}(t)=\boldsymbol{0} \tag{9-344}$$

此时的误差向量为

$$\boldsymbol{e}(t)=-\boldsymbol{y}(t) \tag{9-345}$$

此时的性能指标 $\boldsymbol{J}$ 为

$$\boldsymbol{J}(u)=\frac{1}{2}\boldsymbol{y}^{\mathrm{T}}(t_{\mathrm{f}})\boldsymbol{P}\boldsymbol{y}(t_{\mathrm{f}})+\frac{1}{2}\int_{t_0}^{t_{\mathrm{f}}}[\boldsymbol{y}^{\mathrm{T}}(t)\boldsymbol{Q}\boldsymbol{y}(t)+\boldsymbol{u}^{\mathrm{T}}(t)\boldsymbol{R}\boldsymbol{u}(t)]\mathrm{d}t \tag{9-346}$$

此时，线性二次型问题归结为：当系统受扰偏离原零平衡状态时，要求系统产生一控制向量，使式（9-346）极小，即使得系统输出 $\boldsymbol{y}(t)$ 始终保持在零平衡状态附近。因而，这一类线性二次型最优控制问题称为输出调节器问题。

3）跟踪调节器。如果式（9-336）和式（9-337）保持不变，性能指标的形式也不变，则线性二次型问题归结为：当希望输出量 $\boldsymbol{y}(t)$ 作用于系统时，要求系统产生一控制向量，使式（9-338）极小，即使得系统的实际输出 $\boldsymbol{y}(t)$ 始终跟随 $\boldsymbol{y}_{\mathrm{r}}(t)$ 的变化。因而，这一类线性二次型最优控制问题称为跟踪调节器问题。

三、变分法与黎卡提方程

状态调节器、输出调节器、跟踪调节器这三种典型线性二次型最优控制问题的求解方法相类似，由于不考虑控制的不等式约束，因此变分法、极小值原理或动态规划都可以用来求解这三类调节器问题。本章以 4 种状态调节器问题为例，利用变分法对连续系统和离散系统的线性二次型最优调节器（LQR）问题进行探讨。而输出调节器问题与之相类似，本章将不再赘述，大家可自行探索。针对跟踪调节器问题，本章探讨了连续系统的两种跟踪调节器设计问题，对离散系统情况就不再做过多阐述。

所谓状态调节器问题，就是要求系统的状态保持在平衡状态附近，当系统受干扰导致其偏离平衡状态时，就对系统进行控制使之回到原平衡状态。而跟踪调节器问题是要求选择一个合适的控制律，使得系统的实际输出跟踪期望的输出轨迹，并使给定的性能指标最小。实际上，输出调节器问题是一种特殊的跟踪调节器问题，即期望的输出为零轨迹。

（一）连续系统的有限时间状态调节器

考虑连续线性时变系统的状态方程

$$\dot{\boldsymbol{x}}(t)=\boldsymbol{A}(t)\boldsymbol{x}(t)+\boldsymbol{B}(t)\boldsymbol{u}(t) \tag{9-347}$$

和性能指标

$$\boldsymbol{J}(u)=\frac{1}{2}\boldsymbol{x}^{\mathrm{T}}(t_{\mathrm{f}})\boldsymbol{F}\boldsymbol{x}(t_{\mathrm{f}})+\frac{1}{2}\int_{t_0}^{t_{\mathrm{f}}}[\boldsymbol{x}^{\mathrm{T}}(t)\boldsymbol{Q}\boldsymbol{x}(t)+\boldsymbol{u}^{\mathrm{T}}(t)\boldsymbol{R}\boldsymbol{u}(t)]\mathrm{d}t \tag{9-348}$$

要求寻找最优控制 $\boldsymbol{u}(t)$ 使得性能指标 $\boldsymbol{J}(u)$ 最小。其中，$\boldsymbol{u}(t)$ 无约束，$\boldsymbol{F}$ 和 $\boldsymbol{Q}$ 为对称半正定矩阵，$\boldsymbol{R}$ 为对称正定矩阵，终端时间 t 为有限值。

选取哈密顿函数为

$$\boldsymbol{H}=\frac{1}{2}[\boldsymbol{x}^{\mathrm{T}}(t)\boldsymbol{Q}\boldsymbol{x}(t)+\boldsymbol{u}^{\mathrm{T}}(t)\boldsymbol{R}\boldsymbol{u}(t)]+\boldsymbol{\lambda}^{\mathrm{T}}(t)[\boldsymbol{A}(t)\boldsymbol{x}(t)+\boldsymbol{B}(t)\boldsymbol{u}(t)] \tag{9-349}$$

根据控制方程可得

$$\frac{\partial \boldsymbol{H}}{\partial \boldsymbol{u}}=\boldsymbol{R}\boldsymbol{u}(t)+\boldsymbol{B}^{\mathrm{T}}(t)\boldsymbol{\lambda}(t)=0 \tag{9-350}$$

可得最优控制为

$$\boldsymbol{u}(t) = -\boldsymbol{R}^{-1}\boldsymbol{B}^{\mathrm{T}}(t)\boldsymbol{\lambda}(t) \tag{9-351}$$

根据协态方程可得

$$\dot{\boldsymbol{\lambda}}(t) = -\frac{\partial \boldsymbol{H}}{\partial \boldsymbol{x}} = -\boldsymbol{Q}\boldsymbol{x}(t) - \boldsymbol{A}^{\mathrm{T}}(t)\boldsymbol{\lambda}(t) \tag{9-352}$$

令 $\boldsymbol{\lambda}(t)=\boldsymbol{P}(t)\boldsymbol{x}(t)$，将对 $\boldsymbol{\lambda}(t)$ 的求解转换为对函数矩阵 $\boldsymbol{P}(t)$ 的求解，将 $\boldsymbol{\lambda}(t)=\boldsymbol{P}(t)\boldsymbol{x}(t)$ 代入上述式子中可得函数矩阵 $\boldsymbol{P}(t)$ 满足的微分方程是

$$\dot{\boldsymbol{P}}(t)\boldsymbol{x}(t) + \boldsymbol{P}(t)\dot{\boldsymbol{x}}(t) = -\boldsymbol{Q}\boldsymbol{x}(t) - \boldsymbol{A}^{\mathrm{T}}(t)\boldsymbol{P}(t)\boldsymbol{x}(t) \tag{9-353}$$

将式（9-347）和式（9-351）代入后可得

$$[\dot{\boldsymbol{P}}(t) - \boldsymbol{P}(t)\boldsymbol{B}(t)\boldsymbol{R}^{-1}\boldsymbol{B}^{\mathrm{T}}(t)\boldsymbol{P}(t) + \boldsymbol{A}^{\mathrm{T}}(t)\boldsymbol{P}(t) + \boldsymbol{P}(t)\boldsymbol{A}(t) + \boldsymbol{Q}]\boldsymbol{x}(t) = 0 \tag{9-354}$$

该式就是著名的黎卡提方程。求解黎卡提方程获得 $\boldsymbol{P}(t)$ 后可得最优控制为

$$\boldsymbol{u}(t) = -\boldsymbol{K}(t)\boldsymbol{x}(t) \tag{9-355}$$

其中，反馈控制增益矩阵为

$$\boldsymbol{K}(t) = \boldsymbol{R}^{-1}\boldsymbol{B}^{\mathrm{T}}(t)\boldsymbol{P}(t) \tag{9-356}$$

（二）连续系统的无限时间状态调节器

上一节所研究的有限时间状态调节器问题，实际上只考虑了系统在有限时间内由任意初态恢复到平衡状态的行为。而在工程上更为关心的一类问题不但包括系统恢复到平衡态的行为，也包括系统整个运行期间保持平衡的能力。这种问题就无法用有限时间状态调节器理论去解决了，而只能在无限时间内，考察实际上有限时间区间内控制系统的行为。这就是对应于 $t_{\mathrm{f}}\to\infty$ 时的无限时间最优控制问题。

另外，如前文所述，对有限时间状态调节器问题，其最优状态反馈控制律［式(3-296)］是时变的，这样将使得系统的结构大为复杂，在工程上实现十分不便。但是，若考虑 $t_{\mathrm{f}}\to\infty$，则 $P(t)$ 有可能变成常数，使得相应的最优控制系统转换为定常反馈控制系统。因此，本节重点分析连续线性定常系统的无限时间状态调节器问题。

考虑连续线性定常系统的状态方程

$$\dot{\boldsymbol{x}}(t) = \boldsymbol{A}\boldsymbol{x}(t) + \boldsymbol{B}\boldsymbol{u}(t) \tag{9-357}$$

和性能指标

$$\boldsymbol{J}(u) = \frac{1}{2}\int_{t_0}^{\infty}[\boldsymbol{x}^{\mathrm{T}}(t)\boldsymbol{Q}\boldsymbol{x}(t) + \boldsymbol{u}^{\mathrm{T}}(t)\boldsymbol{R}\boldsymbol{u}(t)]\mathrm{d}t \tag{9-358}$$

要求寻找最优控制 $\boldsymbol{u}(t)$ 使得性能指标 $\boldsymbol{J}(u)$ 最小。其中，$\boldsymbol{u}(t)$ 无约束；$\boldsymbol{Q}$ 为对称半正定矩阵；$\boldsymbol{R}$ 为对称正定矩阵。

事实上，线性定常系统［式（9-357）］的无限时间状态调节器问题可看成是线性时变系统［式（9-356）］退化为线性定常系统且控制时间 $t_{\mathrm{f}}\to\infty$ 时的极限情况。此时，黎卡提方程的解随着 $t_{\mathrm{f}}\to\infty$ 将趋近于一稳态值 $\boldsymbol{P}_{\mathrm{f}}$，它是如下代数黎卡提方程的解。

$$\boldsymbol{P}_{\mathrm{f}}\boldsymbol{B}\boldsymbol{R}^{-1}\boldsymbol{B}^{\mathrm{T}}\boldsymbol{P}_{\mathrm{f}} - \boldsymbol{A}^{\mathrm{T}}\boldsymbol{P}_{\mathrm{f}} - \boldsymbol{P}_{\mathrm{f}}\boldsymbol{A} - \boldsymbol{Q} = 0 \tag{9-359}$$

此时的最优控制为

$$u(t) = -R^{-1}B^{\mathrm{T}}P_{\mathrm{f}}x(t) \tag{9-360}$$

（三）离散系统的有限时间状态调节器

考虑离散线性时变系统的状态方程

$$x(k+1) = A(k)x(k) + B(k)u(k) \tag{9-361}$$

和性能指标

$$J(u) = \frac{1}{2}x^{\mathrm{T}}(N)Fx(N) + \frac{1}{2}\sum_{k=0}^{N-1}[x^{\mathrm{T}}(k)Qx(k) + u^{\mathrm{T}}(k)Ru(k)] \tag{9-362}$$

要求寻找最优控制$u(k)$使得性能指标$J(u)$最小。其中，$u(k)$无约束；F和Q为对称半正定矩阵；R为对称正定矩阵；终端时间N为有限值。

选取哈密顿函数为

$$H = \frac{1}{2}[x^{\mathrm{T}}(k)Qx(k) + u^{\mathrm{T}}(k)Ru(k)] + \lambda^{\mathrm{T}}(k+1)[A(k)x(k) + B(k)u(k)] \tag{9-363}$$

根据控制方程可得

$$\frac{\partial H}{\partial u} = Ru(k) + B^{\mathrm{T}}(k)\lambda(k+1) = 0 \tag{9-364}$$

可得最优控制为

$$u(k) = -R^{-1}B^{\mathrm{T}}(k)\lambda(k+1) \tag{9-365}$$

根据协态方程可得

$$\lambda(k) = \frac{\partial H}{\partial x} = Qx(k) + A^{\mathrm{T}}(k)\lambda(k+1) \tag{9-366}$$

令$\lambda(k) = P(k)x(k)$，接下来将求解函数矩阵$P(k)$，将$\lambda(k) = P(k)x(k)$代入上述式子中可得函数矩阵$P(k)$满足的差分方程：

$$P(k)x(k) = Qx(k) + A^{\mathrm{T}}(k)P(k+1)x(k+1) \tag{9-367}$$

将系统状态方程［式（9-361）］和最优控制［式（9-365）］代入后可得

$$P(k)x(k) = Qx(k) + A^{\mathrm{T}}(k)P(k+1)[I + B(k)R^{-1}B^{\mathrm{T}}(k)P(k+1)]^{-1}A(k)x(k) \tag{9-368}$$

由$x(k)$的任意性可得

$$P(k) = Q + A^{\mathrm{T}}(k)P(k+1)[I + B(k)R^{-1}B^{\mathrm{T}}(k)P(k+1)]^{-1}A(k) \tag{9-369}$$

该式就是离散系统的黎卡提矩阵差分方程。应用矩阵求逆定理可得黎卡提差分方程的另一种形式：

$$\begin{aligned} P(k) = {} & Q + A^{\mathrm{T}}(k)P(k+1)A(k) - \\ & A^{\mathrm{T}}(k)P(k+1)B(k)[R + B^{\mathrm{T}}(k)P(k+1)B(k)]^{-1}B^{\mathrm{T}}(k)P(k+1)A(k) \end{aligned} \tag{9-370}$$

利用迭代法从$k = N$开始反向递推即可求解黎卡提方程获得$P(k)$。接下来求解最优控制，根据式（9-366）可得

$$\lambda(k+1) = A^{-\mathrm{T}}(k)[\lambda(k) - Qx(k)] = A^{-\mathrm{T}}(k)[P(k) - Q]x(k) \tag{9-371}$$

则式（9-365）可写成

$$u(k) = -R^{-1}B^{\mathrm{T}}(k)A^{-\mathrm{T}}(k)[P(k) - Q]x(k) \tag{9-372}$$

将式（9-369）代入可得

$$\begin{aligned}\boldsymbol{u}(k) &= -\boldsymbol{R}^{-1}\boldsymbol{B}^{\mathrm{T}}(k)\boldsymbol{P}(k+1)[\boldsymbol{I}+\boldsymbol{B}(k)\boldsymbol{R}^{-1}\boldsymbol{B}^{\mathrm{T}}(k)\boldsymbol{P}(k+1)]^{-1}\boldsymbol{A}(k)\boldsymbol{x}(k)\\ &= -\boldsymbol{R}^{-1}\boldsymbol{B}^{\mathrm{T}}(k)\boldsymbol{P}(k+1)\{\boldsymbol{I}-[\boldsymbol{I}+\boldsymbol{B}(k)\boldsymbol{R}^{-1}\boldsymbol{B}^{\mathrm{T}}(k)\boldsymbol{P}(k+1)]^{-1}\cdot\\ &\quad \boldsymbol{B}(k)\boldsymbol{R}^{-1}\boldsymbol{B}^{\mathrm{T}}(k)\boldsymbol{P}(k+1)\}\boldsymbol{A}(k)\boldsymbol{x}(k)\\ &= -\{\boldsymbol{R}^{-1}-\boldsymbol{R}^{-1}\boldsymbol{B}^{\mathrm{T}}(k)\boldsymbol{P}(k+1)[\boldsymbol{I}+\boldsymbol{B}(k)\boldsymbol{R}^{-1}\boldsymbol{B}^{\mathrm{T}}(k)\boldsymbol{P}(k+1)]^{-1}\cdot\\ &\quad \boldsymbol{B}(k)\boldsymbol{R}^{-1}\}\boldsymbol{B}^{\mathrm{T}}(k)\boldsymbol{P}(k+1)\boldsymbol{A}(k)\boldsymbol{x}(k)\end{aligned} \tag{9-373}$$

应用矩阵求逆定理可得

$$\boldsymbol{u}(k) = -[\boldsymbol{R}+\boldsymbol{B}^{\mathrm{T}}(k)\boldsymbol{P}(k+1)\boldsymbol{B}(k)]^{-1}\boldsymbol{B}^{\mathrm{T}}(k)\boldsymbol{P}(k+1)\boldsymbol{A}(k)\boldsymbol{x}(k) \tag{9-374}$$

将其写成更一般的形式为

$$\boldsymbol{u}(k) = -\boldsymbol{K}(k)\boldsymbol{x}(k) \tag{9-375}$$

其中，反馈控制增益矩阵为

$$\boldsymbol{K}(k) = [\boldsymbol{R}+\boldsymbol{B}^{\mathrm{T}}(k)\boldsymbol{P}(k+1)\boldsymbol{B}(k)]^{-1}\boldsymbol{B}^{\mathrm{T}}(k)\boldsymbol{P}(k+1)\boldsymbol{A}(k) \tag{9-376}$$

（四）离散系统的无限时间状态调节器

考虑离散线性定常系统的状态方程

$$\boldsymbol{x}(k+1) = \boldsymbol{A}\boldsymbol{x}(k)+\boldsymbol{B}\boldsymbol{u}(k) \tag{9-377}$$

和性能指标

$$\boldsymbol{J}(u) = \frac{1}{2}\sum_{k=0}^{\infty}[\boldsymbol{x}^{\mathrm{T}}(k)\boldsymbol{Q}\boldsymbol{x}(k)+\boldsymbol{u}^{\mathrm{T}}(k)\boldsymbol{R}\boldsymbol{u}(k)] \tag{9-378}$$

要求寻找最优控制 $\boldsymbol{u}(k)$ 使得性能指标 $\boldsymbol{J}(u)$ 最小。其中，$\boldsymbol{u}(k)$ 无约束，$\boldsymbol{Q}$ 为对称半正定矩阵，$\boldsymbol{R}$ 为对称正定矩阵。

与连续系统的无限时间状态调节器问题相类似，线性定常系统［式（9-377）］的最优控制问题可看成是线性时变系统［式（9-371）］退化为线性定常系统且控制时间 $N\to\infty$ 时的极限情况。此时，黎卡提方程的解随着 $N\to\infty$ 将趋近于一稳态值 $\boldsymbol{P}_{\mathrm{f}}$，此时，递推黎卡提方程［式（9-370）］将变成如下形式

$$-\boldsymbol{P}_{\mathrm{f}}+\boldsymbol{Q}+\boldsymbol{A}^{\mathrm{T}}\boldsymbol{P}_{\mathrm{f}}\boldsymbol{A}-\boldsymbol{A}^{\mathrm{T}}\boldsymbol{P}_{\mathrm{f}}\boldsymbol{B}(\boldsymbol{R}+\boldsymbol{B}^{\mathrm{T}}\boldsymbol{P}_{\mathrm{f}}\boldsymbol{B})^{-1}\boldsymbol{B}^{\mathrm{T}}\boldsymbol{P}_{\mathrm{f}}\boldsymbol{A} = 0 \tag{9-379}$$

此时的最优控制为

$$\boldsymbol{u}(k) = -(\boldsymbol{R}+\boldsymbol{B}^{\mathrm{T}}\boldsymbol{P}_{\mathrm{f}}\boldsymbol{B})^{-1}\boldsymbol{B}^{\mathrm{T}}\boldsymbol{P}_{\mathrm{f}}\boldsymbol{A}\boldsymbol{x}(k) \tag{9-380}$$

（五）连续系统的有限时间跟踪调节器

与连续系统的有限时间状态调节器相类似，针对连续线性时变系统的状态方程

$$\begin{cases}\dot{\boldsymbol{x}}(t) = \boldsymbol{A}(t)\boldsymbol{x}(t)+\boldsymbol{B}(t)\boldsymbol{u}(t)\\ \boldsymbol{y}(t) = \boldsymbol{C}(t)\boldsymbol{x}(t)\end{cases} \tag{9-381}$$

和性能指标

$$\boldsymbol{J}(u) = \frac{1}{2}\boldsymbol{e}^{\mathrm{T}}(t_{\mathrm{f}})\boldsymbol{F}\boldsymbol{e}(t_{\mathrm{f}})+\frac{1}{2}\int_{t_0}^{t_{\mathrm{f}}}[\boldsymbol{e}^{\mathrm{T}}(t)\boldsymbol{Q}\boldsymbol{e}(t)+\boldsymbol{u}^{\mathrm{T}}(t)\boldsymbol{R}\boldsymbol{u}(t)]\mathrm{d}t \tag{9-382}$$

其中，跟踪误差为

$$\boldsymbol{e}(t) = \boldsymbol{y}_{\mathrm{r}}(t)-\boldsymbol{y}(t) \tag{9-383}$$

要求寻找最优控制 $\boldsymbol{u}(t)$ 使得性能指标 $\boldsymbol{J}(u)$ 最小。其中，$\boldsymbol{y}(t)$ 为期望输出，$\boldsymbol{u}(t)$ 无约束，$\boldsymbol{F}$ 和 $\boldsymbol{Q}$ 为对称半正定矩阵，$\boldsymbol{R}$ 为对称正定矩阵，终端时间 t 为有限值。将输出方程代入性能指标可得

$$\boldsymbol{J}(u)=\frac{1}{2}[\boldsymbol{y}_{\mathrm{r}}(t_{\mathrm{f}})-\boldsymbol{C}(t_{\mathrm{f}})\boldsymbol{x}(t_{\mathrm{f}})]^{\mathrm{T}}\boldsymbol{F}[\boldsymbol{y}_{\mathrm{r}}(t_{\mathrm{f}})-\boldsymbol{C}(t_{\mathrm{f}})\boldsymbol{x}(t_{\mathrm{f}})]+\frac{1}{2}\int_{t_0}^{t_{\mathrm{f}}}\left\{[\boldsymbol{y}_{\mathrm{r}}(t)-\boldsymbol{C}(t)\boldsymbol{x}(t)]^{\mathrm{T}}\boldsymbol{Q}[\boldsymbol{y}_{\mathrm{r}}(t)-\boldsymbol{C}(t)\boldsymbol{x}(t)]+\boldsymbol{u}^{\mathrm{T}}(t)\boldsymbol{R}\boldsymbol{u}(t)\right\}\mathrm{d}t \tag{9-384}$$

构造哈密顿函数为

$$\boldsymbol{H}=\frac{1}{2}[\boldsymbol{y}_{\mathrm{r}}(t)-\boldsymbol{C}(t)\boldsymbol{x}(t)]^{\mathrm{T}}\boldsymbol{Q}[\boldsymbol{y}_{\mathrm{r}}(t)-\boldsymbol{C}(t)\boldsymbol{x}(t)]+\frac{1}{2}\boldsymbol{u}^{\mathrm{T}}(t)\boldsymbol{R}\boldsymbol{u}(t)+\boldsymbol{x}^{\mathrm{T}}(t)\boldsymbol{A}^{\mathrm{T}}(t)\boldsymbol{\lambda}(t)+\boldsymbol{u}^{\mathrm{T}}(t)\boldsymbol{B}^{\mathrm{T}}(t)\boldsymbol{\lambda}(t) \tag{9-385}$$

由极值条件

$$\frac{\partial \boldsymbol{H}}{\partial u}=\boldsymbol{R}\boldsymbol{u}(t)+\boldsymbol{B}^{\mathrm{T}}(t)\boldsymbol{\lambda}(t)=0 \tag{9-386}$$

可得

$$\boldsymbol{u}(t)=-\boldsymbol{R}^{-1}\boldsymbol{B}^{\mathrm{T}}(t)\boldsymbol{\lambda}(t) \tag{9-387}$$

则闭环方程为

$$\dot{\boldsymbol{x}}(t)=\boldsymbol{A}(t)\boldsymbol{x}(t)-\boldsymbol{B}(t)\boldsymbol{R}^{-1}\boldsymbol{B}^{\mathrm{T}}(t)\boldsymbol{\lambda}(t) \tag{9-388}$$

由正则方程

$$\dot{\boldsymbol{\lambda}}(t)=-\frac{\partial \boldsymbol{H}}{\partial x}=\boldsymbol{C}^{\mathrm{T}}(t)\boldsymbol{Q}\boldsymbol{y}_{\mathrm{r}}(t)-\boldsymbol{C}^{\mathrm{T}}(t)\boldsymbol{Q}\boldsymbol{C}(t)\boldsymbol{x}(t)-\boldsymbol{A}^{\mathrm{T}}(t)\boldsymbol{\lambda}(t) \tag{9-389}$$

令拉格朗日乘子为

$$\boldsymbol{\lambda}(t)=\boldsymbol{P}(t)\boldsymbol{x}(t)-\boldsymbol{g}(t) \tag{9-390}$$

等式两边同时求导可得

$$\dot{\boldsymbol{\lambda}}(t)=\dot{\boldsymbol{P}}(t)\boldsymbol{x}(t)+\boldsymbol{P}(t)\dot{\boldsymbol{x}}(t)-\dot{\boldsymbol{g}}(t) \tag{9-391}$$

将闭环系统方程代入可得

$$\dot{\boldsymbol{\lambda}}(t)=[\dot{\boldsymbol{P}}(t)+\boldsymbol{P}(t)\boldsymbol{A}(t)-\boldsymbol{P}(t)\boldsymbol{B}(t)\boldsymbol{R}^{-1}\boldsymbol{B}^{\mathrm{T}}(t)\boldsymbol{P}(t)]\boldsymbol{x}(t)+\boldsymbol{P}(t)\boldsymbol{B}(t)\boldsymbol{R}^{-1}\boldsymbol{B}^{\mathrm{T}}(t)\boldsymbol{g}(t)-\dot{\boldsymbol{g}}(t) \tag{9-392}$$

由式（9-389）可得协态方程为

$$\dot{\boldsymbol{\lambda}}(t)=[-\boldsymbol{C}^{\mathrm{T}}(t)\boldsymbol{Q}\boldsymbol{C}(t)-\boldsymbol{A}^{\mathrm{T}}(t)\boldsymbol{P}(t)]\boldsymbol{x}(t)+\boldsymbol{C}^{\mathrm{T}}(t)\boldsymbol{Q}\boldsymbol{y}_{\mathrm{r}}(t)+\boldsymbol{A}^{\mathrm{T}}(t)\boldsymbol{g}(t) \tag{9-393}$$

根据式（9-392）和式（9-393）可得黎卡提方程为

$$-\dot{\boldsymbol{P}}(t)=\boldsymbol{P}(t)\boldsymbol{A}(t)+\boldsymbol{A}^{\mathrm{T}}(t)\boldsymbol{P}(t)-\boldsymbol{P}(t)\boldsymbol{B}(t)\boldsymbol{R}^{-1}\boldsymbol{B}^{\mathrm{T}}(t)\boldsymbol{P}(t)+\boldsymbol{C}^{\mathrm{T}}(t)\boldsymbol{Q}\boldsymbol{C}(t) \tag{9-394}$$

以及伴随方程

$$-\dot{\boldsymbol{g}}(t)=[\boldsymbol{A}(t)-\boldsymbol{B}(t)\boldsymbol{R}^{-1}\boldsymbol{B}^{\mathrm{T}}(t)\boldsymbol{P}(t)]^{\mathrm{T}}\boldsymbol{g}(t)+\boldsymbol{C}^{\mathrm{T}}(t)\boldsymbol{Q}\boldsymbol{y}_{\mathrm{r}}(-t) \tag{9-395}$$

通过求解式（9-394）和式（9-395）可得最优跟踪闭环系统为

$$\dot{\boldsymbol{x}}(t)=[\boldsymbol{A}(t)-\boldsymbol{B}(t)\boldsymbol{R}^{-1}\boldsymbol{B}^{\mathrm{T}}(t)\boldsymbol{P}(t)]\boldsymbol{x}(t)+\boldsymbol{B}(t)\boldsymbol{R}^{-1}\boldsymbol{B}^{\mathrm{T}}(t)\boldsymbol{g}(t) \tag{9-396}$$

（六）连续系统的无限时间跟踪调节器

对于无限时间跟踪调节器问题，目前还没有统一的求解方法。但是，针对线性定常系统，其无限时间定常跟踪调节器问题有近似解，本节直接给出其近似最优解而不做证明。与连续系统的无限时间状态调节器相类似，针对连续线性定常系统的状态方程

$$\begin{cases}\dot{\boldsymbol{x}}(t)=\boldsymbol{A}\boldsymbol{x}(t)+\boldsymbol{B}\boldsymbol{u}(t)\\ \boldsymbol{y}(t)=\boldsymbol{C}\boldsymbol{x}(t)\end{cases} \tag{9-397}$$

和性能指标

$$\boldsymbol{J}(u)=\frac{1}{2}\int_{t_0}^{\infty}\left\{[\boldsymbol{y}_{\mathrm{r}}(t)-\boldsymbol{C}\boldsymbol{x}(t)]^{\mathrm{T}}\boldsymbol{Q}[\boldsymbol{y}_{\mathrm{r}}(t)-\boldsymbol{C}\boldsymbol{x}(t)]+\boldsymbol{u}^{\mathrm{T}}(t)\boldsymbol{R}\boldsymbol{u}(t)\right\}\mathrm{d}t \tag{9-398}$$

要求寻找最优控制 $\boldsymbol{u}(t)$ 使得性能指标 $\boldsymbol{J}(u)$ 最小。其中，$\boldsymbol{y}_{\mathrm{r}}(t)$ 为期望输出，$\boldsymbol{u}(t)$ 无约束，$\boldsymbol{F}$ 和 $\boldsymbol{Q}$ 为对称半正定矩阵，$\boldsymbol{R}$ 为对称正定矩阵。

线性定常系统［式（9-397）］的无限时间状态调节器问题可看成是线性时变系统［式（9-381）］退化为线性定常系统且控制时间 $t\to\infty$ 时的极限情况。此时，黎卡提方程的解随着 $t\to\infty$ 将趋近于一稳态值 $\boldsymbol{P}_{\mathrm{t}}$，它是如下代数黎卡提方程的解

$$\boldsymbol{P}_{\mathrm{f}}\boldsymbol{A}+\boldsymbol{A}^{\mathrm{T}}\boldsymbol{P}_{\mathrm{f}}-\boldsymbol{P}_{\mathrm{f}}\boldsymbol{B}\boldsymbol{R}^{-1}\boldsymbol{B}^{\mathrm{T}}\boldsymbol{P}_{\mathrm{f}}+\boldsymbol{C}^{\mathrm{T}}\boldsymbol{Q}\boldsymbol{C}=0 \tag{9-399}$$

此时的最优控制为

$$\boldsymbol{u}(t)=-\boldsymbol{R}^{-1}\boldsymbol{B}^{\mathrm{T}}[\boldsymbol{P}_{\mathrm{f}}\boldsymbol{x}(t)-\boldsymbol{g}(t)] \tag{9-400}$$

其中，伴随向量为

$$\boldsymbol{g}(t)=(\boldsymbol{P}_{\mathrm{f}}\boldsymbol{B}\boldsymbol{R}^{-1}\boldsymbol{B}^{\mathrm{T}}-\boldsymbol{A}^{\mathrm{T}})^{-1}\boldsymbol{C}^{\mathrm{T}}\boldsymbol{Q}\boldsymbol{y}_{\mathrm{r}}(t) \tag{9-401}$$

最优跟踪闭环系统为

$$\dot{\boldsymbol{x}}(t)=(\boldsymbol{A}-\boldsymbol{B}\boldsymbol{R}^{-1}\boldsymbol{B}^{\mathrm{T}}\boldsymbol{P}_{\mathrm{f}})\boldsymbol{x}(t)+\boldsymbol{B}\boldsymbol{R}^{-1}\boldsymbol{B}^{\mathrm{T}}\boldsymbol{g}(t) \tag{9-402}$$

【例 9-20】 设系统动态方程为

$$\begin{cases}\dot{\boldsymbol{x}}_1(t)=\boldsymbol{x}_2(t)\\ \dot{\boldsymbol{x}}_2(t)=-2\boldsymbol{x}_2(t)+\boldsymbol{u}(t)\\ \boldsymbol{y}(t)=\boldsymbol{x}_1(t)\end{cases} \tag{9-403}$$

性能指标为

$$\boldsymbol{J}(u)=\frac{1}{2}\int_{t_0}^{\infty}[\boldsymbol{e}^2(t)+\boldsymbol{u}^2(t)]\mathrm{d}t \tag{9-404}$$

要求近似最优控制 $\boldsymbol{u}(t)$ 使得性能指标最优。其中，误差为 $\boldsymbol{e}(t)=\boldsymbol{y}_{\mathrm{r}}(t)-\boldsymbol{y}(t)$，其中期望输出为 $\boldsymbol{y}_{\mathrm{r}}(t)=\boldsymbol{a}$ 为常数。

本例为无限时间定常跟踪调节器问题。首先有系统矩阵为

$$\boldsymbol{A}=\begin{bmatrix}0&1\\0&-2\end{bmatrix},\ \boldsymbol{B}=\begin{bmatrix}0\\1\end{bmatrix},\ \boldsymbol{C}=[1\quad 0],\ \boldsymbol{Q}=\boldsymbol{R}=\boldsymbol{I} \tag{9-405}$$

经过验证该系统是完全可控、可观的，则近似最优解 $\boldsymbol{u}(t)$ 是存在的。

令

$$\boldsymbol{P}_{\mathrm{f}}=\begin{bmatrix}P_{11} & P_{12}\\ P_{12} & P_{22}\end{bmatrix}>0 \tag{9-406}$$

根据黎卡提方程［式（9-399）］可得

$$\boldsymbol{P}_{\mathrm{f}}=\begin{bmatrix}2.45 & 1\\ 1 & 0.45\end{bmatrix}>0 \tag{9-407}$$

伴随向量为

$$\boldsymbol{g}(t)=\begin{bmatrix}2.45\boldsymbol{a}\\ \boldsymbol{a}\end{bmatrix} \tag{9-408}$$

则最优控制为

$$\boldsymbol{u}(t)=-\boldsymbol{x}_1(t)-0.45\boldsymbol{x}_2(t)+\boldsymbol{a} \tag{9-409}$$

最优跟踪闭环系统为

$$\dot{\boldsymbol{x}}(t)=\begin{bmatrix}0 & 1\\ -1 & -2.45\end{bmatrix}\boldsymbol{x}(t)+\begin{bmatrix}\boldsymbol{0}\\ \boldsymbol{a}\end{bmatrix} \tag{9-410}$$

可求得闭环系统的特征值为$\lambda_1=-0.5175$，$\lambda_2=-1.9325$，则闭环系统渐近稳定。

四、LQR 控制系统的稳定性

以连续系统的无限时间状态调节器问题为例，利用 Lyapunov 稳定性理论分析 LQR 控制系统的稳定性。考虑如下线性定常系统

$$\dot{\boldsymbol{x}}(t)=\boldsymbol{A}\boldsymbol{x}(t)+\boldsymbol{B}\boldsymbol{u}(t) \tag{9-411}$$

其无限时间状态调节器问题的最优控制律为

$$\boldsymbol{u}(t)=-\boldsymbol{R}^{-1}\boldsymbol{B}^{\mathrm{T}}\boldsymbol{P}_{\mathrm{f}}\boldsymbol{x}(t) \tag{9-412}$$

其中，$\boldsymbol{P}_{\mathrm{f}}$为如下黎卡提方程的解

$$\boldsymbol{P}_{\mathrm{f}}\boldsymbol{B}\boldsymbol{R}^{-1}\boldsymbol{B}^{\mathrm{T}}\boldsymbol{P}_{\mathrm{f}}-\boldsymbol{A}^{\mathrm{T}}\boldsymbol{P}_{\mathrm{f}}-\boldsymbol{P}_{\mathrm{f}}\boldsymbol{A}-\boldsymbol{Q}=0 \tag{9-413}$$

则闭环系统为

$$\dot{\boldsymbol{x}}(t)=(\boldsymbol{A}-\boldsymbol{B}\boldsymbol{R}^{-1}\boldsymbol{B}^{\mathrm{T}}\boldsymbol{P}_{\mathrm{f}})\boldsymbol{x}(t) \tag{9-414}$$

定义二次型 Lyapunov 函数

$$\boldsymbol{V}(t)=\boldsymbol{x}^{\mathrm{T}}(t)\boldsymbol{P}_{\mathrm{f}}\boldsymbol{x}(t) \tag{9-415}$$

对 Lyapunov 函数求导可得

$$\dot{\boldsymbol{V}}(t)=\dot{\boldsymbol{x}}^{\mathrm{T}}(t)\boldsymbol{P}_{\mathrm{f}}\boldsymbol{x}(t)+\boldsymbol{x}^{\mathrm{T}}(t)\boldsymbol{P}_{\mathrm{f}}\dot{\boldsymbol{x}}(t) \tag{9-416}$$

将系统状态方程［式（9-414）］代入上式可得

$$\dot{\boldsymbol{V}}(t)=\boldsymbol{x}^{\mathrm{T}}(t)[(\boldsymbol{A}-\boldsymbol{B}\boldsymbol{R}^{-1}\boldsymbol{B}^{\mathrm{T}}\boldsymbol{P}_{\mathrm{f}})^{\mathrm{T}}\boldsymbol{P}_{\mathrm{f}}+\boldsymbol{P}_{\mathrm{f}}(\boldsymbol{A}-\boldsymbol{B}\boldsymbol{R}^{-1}\boldsymbol{B}^{\mathrm{T}}\boldsymbol{P}_{\mathrm{f}})]\boldsymbol{x}(t) \tag{9-417}$$

将黎卡提方程［式（9-413）］代入上式可得

$$\dot{\boldsymbol{V}}(t)=-\boldsymbol{x}^{\mathrm{T}}(t)(\boldsymbol{Q}+\boldsymbol{P}_{\mathrm{f}}\boldsymbol{B}\boldsymbol{R}^{-1}\boldsymbol{B}^{\mathrm{T}}\boldsymbol{P}_{\mathrm{f}})\boldsymbol{x}(t) \tag{9-418}$$

由 $\boldsymbol{Q}$ 和 $\boldsymbol{R}$ 的正定性可得 $\boldsymbol{V}(t)\leqslant 0$，因此，LQR 控制系统是渐近稳定的。

五、QR 矩阵选择

线性定常系统的无限时间状态调节器，由于相应的状态反馈控制律具有线性时不变形式，在实际工程控制系统设计中得到了广泛的应用。但是，权重矩阵 $\boldsymbol{Q}$ 和 $\boldsymbol{R}$ 的不同选择，对闭环最优控制系统的性能的影响较大。矩阵 $\boldsymbol{Q}$ 各行各列元素数值的不同，体现了对相应的误差向量 $\boldsymbol{e}(t)$ 或者状态向量 $\boldsymbol{x}(t)$ 的分量在各时刻的要求不同，其重要性自然不同。与之相类似，矩阵 $\boldsymbol{R}$ 也体现了对相应控制向量 $\boldsymbol{u}(t)$ 的重视程度。当选取的权重矩阵 $\boldsymbol{Q}>\boldsymbol{R}$ 时，系统状态 $\boldsymbol{x}(t)$ 快速收敛，但是控制输入 $\boldsymbol{u}(t)$ 可能会很大；当 $\boldsymbol{R}>\boldsymbol{Q}$ 时，控制输入 $\boldsymbol{u}(t)$ 不需要很大，但是系统状态 $\boldsymbol{x}(t)$ 收敛相当慢。在实际应用中可以假定 $\boldsymbol{R}=\boldsymbol{I}$，再去选择合适的矩阵 $\boldsymbol{Q}$。以下通过一个实例对 $\boldsymbol{Q}$ 和 $\boldsymbol{R}$ 的选择策略进行解释说明。

【例 9-21】 考虑双积分系统的状态方程

$$\dot{\boldsymbol{x}}(t)=\begin{bmatrix}0 & 1\\ 0 & 0\end{bmatrix}\boldsymbol{x}(t)+\begin{bmatrix}0\\ 1\end{bmatrix}\boldsymbol{u}(t) \tag{9-419}$$

选取 $\boldsymbol{R}=\boldsymbol{I}$，则性能指标

$$\boldsymbol{J}(u)=\frac{1}{2}\int_0^{\infty}[\boldsymbol{x}^{\mathrm{T}}(t)\boldsymbol{Q}\boldsymbol{x}(t)+\boldsymbol{u}^{\mathrm{T}}(t)\boldsymbol{u}(t)]\mathrm{d}t \tag{9-420}$$

其中，待确定的权重矩阵 $\boldsymbol{Q}$ 为

$$\boldsymbol{Q}=\begin{bmatrix}1 & b\\ b & a\end{bmatrix} \tag{9-421}$$

为保证矩阵 $\boldsymbol{Q}$ 的正定性，设 $a>b^2$，则该问题是需要寻找最优控制 $\boldsymbol{u}(t)$ 使得性能指标 $\boldsymbol{J}(u)$ 最小。

首先，经过验证可以轻松发现，该系统是完全可控的。又因为权重矩阵 $\boldsymbol{Q}$ 和 $\boldsymbol{R}$ 均为对称正定矩阵，故最优控制存在且唯一。假设黎卡提方程的解为

$$\boldsymbol{P}_{\mathrm{f}}=\begin{bmatrix}p_{11} & p_{12}\\ p_{12} & p_{22}\end{bmatrix}>\boldsymbol{0} \tag{9-422}$$

由于 $\boldsymbol{P}_{\mathrm{f}}$ 正定，故可得

$$p_{11}>0,\ p_{22}>0,\ p_{11}p_{22}>p_{12}^2 \tag{9-423}$$

代入黎卡提方程

$$\boldsymbol{P}_{\mathrm{f}}\boldsymbol{B}\boldsymbol{R}^{-1}\boldsymbol{B}^{\mathrm{T}}\boldsymbol{P}_{\mathrm{f}}-\boldsymbol{A}^{\mathrm{T}}\boldsymbol{P}_{\mathrm{f}}-\boldsymbol{P}_{\mathrm{f}}\boldsymbol{A}-\boldsymbol{Q}=0 \tag{9-424}$$

可得

$$p_{12}^2=1,\ p_{11}-p_{12}p_{22}=-b,\ p_{22}^2-p_{12}=a \tag{9-425}$$

若 $p_{12}=-1$，则 $p_{11}=-\sqrt{a-1}-b$，$p_{22}=\sqrt{a-1}$，且 $a>1$，此时由

$$p_{11}p_{22}-p_{12}^2=-a-b\sqrt{a-1}>0 \tag{9-426}$$

可得

$$b < -\frac{a}{\sqrt{a-1}} < -\sqrt{a} \tag{9-427}$$

而这与 $a > b^2$ 相矛盾。

因此，只能取$p_{12}=1$，则$p_{11}=\sqrt{a+1}-b$，$p_{22}=\sqrt{a+1}$，且 $a>-1$，根据式（9-78）可得此时的最优控制为

$$\boldsymbol{u}(t) = -p_{12}\boldsymbol{x}_1(t) - p_{22}\boldsymbol{x}_2(t) = -\boldsymbol{x}_1(t) - \sqrt{a+1}\boldsymbol{x}_2(t) \tag{9-428}$$

其闭环系统为

$$\dot{\boldsymbol{x}}(t) = \begin{bmatrix} 0 & 1 \\ -1 & -\sqrt{a+1} \end{bmatrix}\boldsymbol{x}(t) \tag{9-429}$$

闭环系统极点为

$$\lambda_{12} = -\frac{\sqrt{a+1}}{2} \pm \frac{\sqrt{a-3}}{2} \tag{9-430}$$

由二阶系统在不同极点位置下的响应性质可知，当 $a<3$ 时系统为衰减振荡，当 $a\geqslant 3$ 时为无振荡过程，呈过阻尼响应。

在实际控制系统设计中，可以采用尝试法逐步确定二次型性能指标中的权矩阵 $\boldsymbol{R}$ 和 $\boldsymbol{Q}$。即首先选取 $\boldsymbol{R}=\boldsymbol{I}$，再确定正定的权矩阵 $\boldsymbol{Q}$，求解相应的二次型最优控制问题，得出最优控制律，然后对在这一控制律作用下闭环系统的动态响应进行计算机仿真。如果闭环系统的控制性能不符合工程要求，则根据实际情况调整 $\boldsymbol{R}$ 和 $\boldsymbol{Q}$，并重新进行设计，直至最后的闭环系统符合要求。

六、黎卡提方程求解

无限时间状态调节器在 20 世纪 70 年代便投入工程应用，目前，很多计算软件的控制工具箱都提供了其求解程序。本节将以连续线性定常系统为例，介绍利用 MATLAB 求解黎卡提代数方程的几种方法，以便读者快速完成无限时间状态调节器的设计。

方法一：简单迭代算法。

参考离散系统的无限时间状态调节器的递推黎卡提方程［式（9-379）］，给定初值 $\boldsymbol{P}_0=\boldsymbol{Q}$，则可以写出如下迭代公式

$$\boldsymbol{P}_{i+1} = \boldsymbol{Q} + \boldsymbol{A}^{\mathrm{T}}\boldsymbol{P}_i\boldsymbol{A} - \boldsymbol{A}^{\mathrm{T}}\boldsymbol{P}_i\boldsymbol{B}(\boldsymbol{R}+\boldsymbol{B}^{\mathrm{T}}\boldsymbol{P}_i\boldsymbol{B})^{-1}\boldsymbol{B}^{\mathrm{T}}\boldsymbol{P}_i\boldsymbol{A} \tag{9-431}$$

如果$\boldsymbol{P}_{i+1}$收敛到一个常数矩阵即$\|\boldsymbol{P}_{i+1}-\boldsymbol{P}_i\|<\varepsilon$，则完成黎卡提方程的迭代求解，此时的最优状态反馈控制增益矩阵为

$$\boldsymbol{K} = (\boldsymbol{R}+\boldsymbol{B}^{\mathrm{T}}\boldsymbol{P}_i\boldsymbol{B})^{-1}\boldsymbol{B}^{\mathrm{T}}\boldsymbol{P}_i\boldsymbol{A} \tag{9-432}$$

利用上述迭代法求解黎卡提方程和最优控制算法可以用 MATLAB 来实现，代码如下：

```
function [K,E]=mylqr(A,B,Q,R)
Ts=0.001;
Ad=eye(size(A))+A Ts;
```

```
Bd =B* Ts:P0 =Q;
error =10000;
err =le -6;
while (error > =err)
P =Ad '* P0 * Ad -Ad '* P0 * Bd* (inv(R +Bd '* P0 * Bd)) * Bd '* P0 * Ad +Q;
error =norm(P -P0);
P0 =P;
end
K =inv(R +Bd '* P Bd)Bd '* Px Ad;
E =eig(A -B* )K);
```

方法二：利用 lqr( ) 函数。

MATLAB 控制系统工具箱中提供了求解黎卡提代数方程的函数 lqr( )，调用的格式为 [K, P, E] = lqr(A, B, Q, R)。其中，输入矩阵为 $\boldsymbol{A}$、$\boldsymbol{B}$、$\boldsymbol{Q}$、$\boldsymbol{R}$，返回矩阵 $\boldsymbol{K}$ 为状态反馈矩阵，$\boldsymbol{P}$ 为黎卡提代数方程的解，$\boldsymbol{E}$ 为闭环系统的零极点。

方法三：利用 care( ) 函数。

也可采用 MATLAB 控制系统工具箱中 care( ) 函数求解黎卡提代数方程，其调用方法如下：

```
[P,E,K] =care(A,B,Q,R,zeros(size(B)),eye(size(A)))
```

其中，采用 care( ) 函数的优点在于可设置 $\boldsymbol{P}$ 的终值条件，而采用 lqr( ) 函数不能设置黎卡提代数方程的边界条件。

【例 9-22】 针对线性系统

$$\dot{\boldsymbol{x}}(t) = \begin{bmatrix} 0 & 1 \\ -5 & -3 \end{bmatrix}\boldsymbol{x}(t) + \begin{bmatrix} 0 \\ 1 \end{bmatrix}\boldsymbol{u}(t) \tag{9-433}$$

其性能指标是

$$\boldsymbol{J}(u) = \frac{1}{2}\int_0^{\infty}\left\{\boldsymbol{x}^{\mathrm{T}}(t)\begin{bmatrix} 500 & 200 \\ 200 & 100 \end{bmatrix}\boldsymbol{x}(t) + 1.6667\boldsymbol{u}^{\mathrm{T}}(t)\boldsymbol{u}(t)\right\}\mathrm{d}t \tag{9-434}$$

要求寻找最优控制 $\boldsymbol{u}(t)$ 使得性能指标 $\boldsymbol{J}(u)$ 最小。

方法一：

```
A = [0,1; -5, -3];
B = [0;1];
Q = [500,200;200,100];
R =1.6667;
[K,E] =mylqr(A,B,Q,R)
```

运行结果为

```
K = [12.9668,6.7250];E = [ -2.4798; -7.2452]
```

方法二：

```
A=[0,1;-5,-3];
B=[0;1];
Q=[500,200;200,100];
R=1.6667;
[K,~,E]=lqr(A,B,Q,R)
```

运行结果为

```
K=[13.0276,6.7496];E=[-2.4798;-7.2698]
```

方法三：

```
A=[0,1;-5,-3];
B=[0;1];
Q=[500,200;200,100];
R=1.6667;
[~,E,K]=care(A,B,Q,R,zeros(size(B)),eye(size(A)))
```

运行结果为

```
K=[13.0276,6.7496];E=[-2.4798;-7.2698]
```

第九节 模型预测控制基础

早在 1976 年，Richalet、Rault、Testud 和 Papon 就提出将模型预测控制（Model Predictive Control，MPC）用作过程控制，在当时，已经有人提出了 MPC 的概念，例如，Propoi 于 1963 年提出，使用线性规划的方法作用于对控制有硬约束的线性系统。然而，早期倾向于单独使用 MPC 解决工业上的控制问题，对于现有的控制设计技术，如线性二次控制，没有得到广泛的应用——它们被认为不能有效解决约束、非线性和不确定性所引起的问题，因此当时的模型预测控制主要只应用于石油化工行业和工艺行业等。

随后，卡特勒和拉马克等人于 1980 年，在 MPC 的框架下提出采用有限时域脉冲响应模型、二次成本函数和输入和输出约束。该模型允许使用最小二乘法进行线性估计，有效求解了开环最优控制问题。1986 年，Garcia 和 Morshedi 利用二次规划精确地求解系统线性、二次代价函数，通过这种方式，可以允许临时违反某些约束，获得令人满意的控制状态集。这在之后被划分为硬约束和软约束几个层级，解决了实时变化的控制结构导致的问题，这极大地推动了模型预测控制在工业行业中的应用。近 20 年，模型预测控制逐渐应用到车辆动力学控制上，并取得了一定的控制效果。

一、模型预测控制简介

模型预测控制是对于被控模型和环境不确定性的折中妥协，是一种优化控制的算法，可以在有限的预测时间段内求解最优控制量，也被称为滚动时域控制。模型预测控制具有处理多约束的特性，对模型没有限定，能够解决非线性模型问题，并且能够取得良好的控制效果，因此被广泛应用在车辆动力学控制问题上。模型预测控制与离散最优控制算法不同，它不是采用一个不变的全局优化目标，而是采用时间向前滚动式的有限时域的优化策略，比建立在理想条件下的最优控制更加实际有效。

模型预测控制的基本思想就在于，利用建立的动力学模型、系统当前的状态和未来的控制量去预测系统未来的输出行为。由于未来的控制量是未知的，因此还需要考虑系统中各执行器的动态特性约束以及状态约束，根据一定的优化目标（一般为系统在未来一段时间内的跟踪误差最小）和约束条件进行优化求解，以得到未来的最优的控制量序列。在每一个控制周期结束以后，系统根据当前实际状态重新预测系统未来输出，其控制原理框图如图 9-29所示。

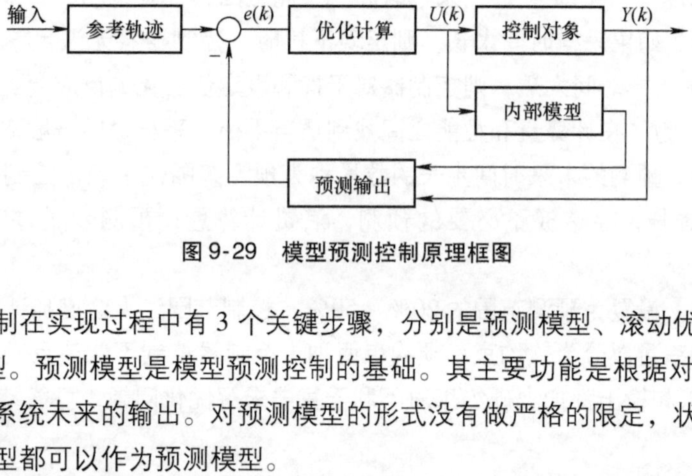

图 9-29　模型预测控制原理框图

模型预测控制在实现过程中有 3 个关键步骤，分别是预测模型、滚动优化和反馈校正。

1）预测模型。预测模型是模型预测控制的基础。其主要功能是根据对象的历史信息和未来输入，预测系统未来的输出。对预测模型的形式没有做严格的限定，状态方程、传递函数这类传统的模型都可以作为预测模型。

2）滚动优化。模型预测控制通过某一性能指标的最优来确定控制作用，但优化不是一次离线进行，而是反复在线进行迭代优化。这就是滚动优化的含义，也是模型预测控制区别于传统最优控制的根本点。

3）反馈校正。为了防止模型失配或环境干扰引起控制对理想状态的偏离，在新的采样时刻，首先检测对象的实际输出，并利用这一实时信息对基于模型的预测结果进行修正，然后再进行新的优化。

模型预测控制的基本原理可以用图 9-30 来表示。在控制过程中始终存在一条期望轨迹即图 9-30 中曲线 1 所示。以 k 时刻作为当前时刻，控制器在当前的状态测量值和控制量测量值的基础上，综合预测模型，预测系统未来一段时域内 $[k, k+N]$ 的输出，如图 9-30 中曲线 2 所示。通过求解满足目标函数以及各种约束的优化问题得到在控制时域 $[k, k+N]$

内的一系列的控制序列，如图 9-30 中矩形波 4 所示，并将该控制序列的第一个元素作为受控对象的实际控制量，当来到下一时刻 $k+1$ 时，重复上述过程，如此滚动地完成带约束的优化问题，实现被控对象的持续控制。

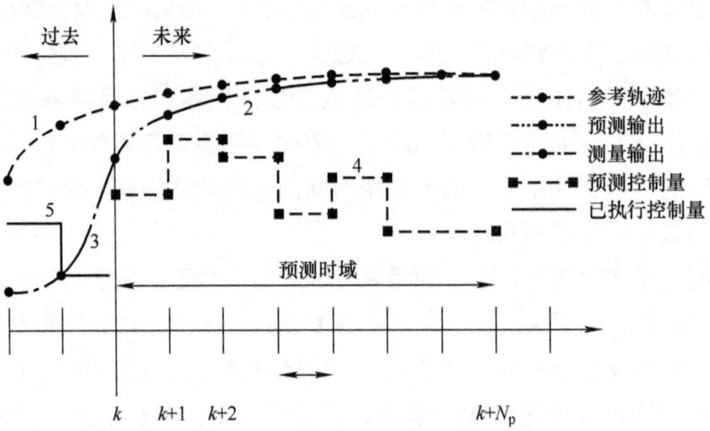

图 9-30　模型预测控制原理示意图

模型预测控制有 5 个控制参数：采样时间、预测范围、控制范围、约束、权重。

1）采样时间。如果采样时间太长，则出现干扰时，控制器将无法足够快地对干扰做出反应；相反，如果采样时间太短，则控制器对干扰和设定值变化的反应会更快，但这会导致过多的计算负荷。为了在计算量和性能之间找到适当平衡，采样时间一般取 0.1s。

2）预测范围。预测的未来时间步长的数量称为预测范围，它表示控制器对未来的预测程度。预测步长过长，会造成不必要的预测，浪费计算量；预测步长过短，会导致反应过慢。

3）控制范围。设置为预测范围的 20% ~50%，控制范围过大会增加计算复杂度。

4）约束。约束可以分为软约束和硬约束两种。控制器控制不能违反硬约束，但可以违反软约束。将输入和输出都加上硬约束对不利于算法求解优化问题，可能特定情况下会造成无解。

5）权重。MPC 有多个目标，在车辆动力学控制问题中，不仅希望能够使输出尽可能接近其设定值，还希望能够使控制动作平稳，则可以通过设定目标之间的相对权重进行权衡。

一般模型预测控制概念如图 9-31 所示。其中，图 9-31a 指控制器在该时刻解决区间 $[0,N]$ 上的最佳控制问题；图 9-31b 表示控制器在下一个时刻解决区间 $[\Delta t, N+\Delta t]$ 的最佳控制问题。

二、模型预测

MPC 是一个离散系统的控制方法，考虑离散线性定常系统为

$$\begin{cases} \boldsymbol{x}(k+1)=\boldsymbol{A}\boldsymbol{x}(k)+\boldsymbol{B}\boldsymbol{u}(k) \\ \boldsymbol{y}(k)=\boldsymbol{C}\boldsymbol{x}(k) \end{cases} \tag{9-435}$$

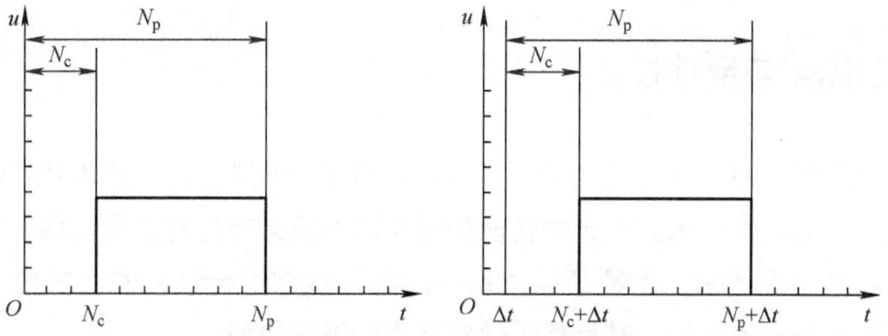

a) $[0, N_p]$上的最佳控制　　b) $[\Delta t, N_p+\Delta t]$的最佳控制

图 9-31　一般模型预测控制概念

为了设计 MPC 控制算法去跟踪期望轨迹，需要预测系统未来每一步的状态。假设系统在未来预测域内的状态、输出和输入为

$$\boldsymbol{X}(k)=\begin{bmatrix} x(k+1\mid k)\\ x(k+2\mid k)\\ x(k+3\mid k)\\ \vdots\\ x(k+N\mid k)\end{bmatrix},\ \boldsymbol{Y}(k)=\begin{bmatrix} y(k+1\mid k)\\ y(k+2\mid k)\\ y(k+3\mid k)\\ \vdots\\ y(k+N\mid k)\end{bmatrix},\ \boldsymbol{U}(k)=\begin{bmatrix} u(k)\\ u(k+1)\\ u(k+2)\\ \vdots\\ u(k+N-1)\end{bmatrix} \tag{9-436}$$

其中，N 为预测域长度。根据系统的状态方程迭代可得

$$\begin{aligned}
&\boldsymbol{x}(k+1\mid k)=\boldsymbol{A}\boldsymbol{x}(k)+\boldsymbol{B}\boldsymbol{u}(k)\\
&\boldsymbol{x}(k+2\mid k)=\boldsymbol{A}^2\boldsymbol{x}(k)+\boldsymbol{A}\boldsymbol{B}\boldsymbol{u}(k)+\boldsymbol{B}\boldsymbol{u}(k+1)\\
&\boldsymbol{x}(k+3\mid k)=\boldsymbol{A}^3\boldsymbol{x}(k)+\boldsymbol{A}^2\boldsymbol{B}\boldsymbol{u}(k)+\boldsymbol{A}\boldsymbol{B}\boldsymbol{u}(k+1)+\boldsymbol{B}\boldsymbol{u}(k+2)\\
&\vdots\\
&\boldsymbol{x}(k+N\mid k)=\boldsymbol{A}^N\boldsymbol{x}(k)+\sum_{i=0}^{N-1}\boldsymbol{A}^{N-1-i}\boldsymbol{B}\boldsymbol{u}(k+i)
\end{aligned} \tag{9-437}$$

将模型预测结果写成矩阵的形式为

$$\begin{cases}\boldsymbol{X}(k)=\overline{\boldsymbol{A}}\boldsymbol{x}(k)+\overline{\boldsymbol{B}}\boldsymbol{U}(k)\\ \boldsymbol{Y}(k)=\overline{\boldsymbol{C}}\boldsymbol{x}(k)+\overline{\boldsymbol{D}}\boldsymbol{U}(k)\end{cases} \tag{9-438}$$

其中

$$\begin{aligned}
&\overline{\boldsymbol{A}}=\begin{bmatrix} A\\ A^2\\ A^3\\ \vdots\\ A^N\end{bmatrix},\ \overline{\boldsymbol{B}}=\begin{bmatrix} B & 0 & 0 & 0 & 0\\ AB & B & 0 & 0 & 0\\ A^2B & AB & B & 0 & 0\\ \vdots & \vdots & \vdots & & \vdots\\ A^{N-1}B & A^{N-2}B & A^{N-3}B & \cdots & B\end{bmatrix}\\
&\overline{\boldsymbol{C}}=\begin{bmatrix} CA\\ CA^2\\ CA^3\\ \vdots\\ CA^N\end{bmatrix},\ \overline{\boldsymbol{D}}=\begin{bmatrix} CB & 0 & 0 & 0 & 0\\ CAB & CB & 0 & 0 & 0\\ CA^2B & CAB & CB & 0 & 0\\ \vdots & \vdots & \vdots & & \vdots\\ CA^{N-1}B & CA^{N-2}B & CA^{N-3}B & \cdots & CB\end{bmatrix}
\end{aligned} \tag{9-439}$$

三、滚动优化与反馈校正

根据给定的期望轨迹，可以找到系统当前位姿相对于给定轨迹的误差并在线根据当前误差进行滚动优化，通过优化求解给定的性能指标从而得到当前控制的最优解。因此，滚动优化可能不会得到全局最优解，但是却能对每一时刻的状态进行最及时的响应，达到局部最优。根据输出轨迹跟踪的目的，其目标函数定义为如下二次型

$$\boldsymbol{J}(k) = \sum_{i=1}^{N}[y(k+i|k) - y_{\text{ref}}(k+i)]^{\mathrm{T}}\boldsymbol{q}_i[y(k+i|k) - y_{\text{ref}}(k+i)] + \sum_{i=0}^{N-1}\boldsymbol{u}^{\mathrm{T}}(k+i)\boldsymbol{r}_i\boldsymbol{u}(k+i) \tag{9-440}$$

$$\boldsymbol{J}(k) = [Y(k) - \boldsymbol{Y}_{\text{ref}}(k)]^{\mathrm{T}}\boldsymbol{Q}[Y(k) - \boldsymbol{Y}_{\text{ref}}(k)] + \boldsymbol{U}^{\mathrm{T}}(k)\boldsymbol{R}\boldsymbol{U}(k) \tag{9-441}$$

式中，$\boldsymbol{Q}$ 和 $\boldsymbol{R}$ 分别为状态量和控制量的权重矩阵，期望的输出轨迹为

$$\boldsymbol{Y}_{\text{ref}}(k) = \begin{bmatrix} y_{\text{ref}}(k+1) \\ y_{\text{ref}}(k+2) \\ y_{\text{ref}}(k+3) \\ \vdots \\ y_{\text{ref}}(k+N) \end{bmatrix} \tag{9-442}$$

将式（9-442）代入模型预测结果［式（9-438）］可得

$$\begin{aligned}\boldsymbol{J}(k) &= [\overline{\boldsymbol{C}}\boldsymbol{x}(k) + \overline{\boldsymbol{D}}\boldsymbol{U}(k) - \boldsymbol{Y}_{\text{ref}}(k)]^{\mathrm{T}}\boldsymbol{Q}[\overline{\boldsymbol{C}}\boldsymbol{x}(k) + \overline{\boldsymbol{D}}\boldsymbol{U}(k) - \boldsymbol{Y}_{\text{ref}}(k)] + \boldsymbol{U}^{\mathrm{T}}(k)\boldsymbol{R}\boldsymbol{U}(k) \\ &= \boldsymbol{U}^{\mathrm{T}}(k)(\overline{\boldsymbol{D}}^{\mathrm{T}}\boldsymbol{Q}\overline{\boldsymbol{D}} + \boldsymbol{R})\boldsymbol{U}(k) + 2[\overline{\boldsymbol{C}}x(k) - \boldsymbol{Y}_{\text{ref}}(k)]^{\mathrm{T}}\boldsymbol{Q}\overline{\boldsymbol{D}}\boldsymbol{U}(k) + \boldsymbol{J}_0(k)\end{aligned} \tag{9-443}$$

其中

$$\boldsymbol{J}_0(k) = \boldsymbol{Y}_{\text{ref}}^{\mathrm{T}}(k)\boldsymbol{Q}\boldsymbol{Y}_{\text{ref}}(k) - 2\boldsymbol{x}^{\mathrm{T}}(k)\overline{\boldsymbol{C}}^{\mathrm{T}}\boldsymbol{Q}\boldsymbol{Y}_{\text{ref}}(k) + \boldsymbol{x}^{\mathrm{T}}(k)\overline{\boldsymbol{C}}^{\mathrm{T}}\boldsymbol{Q}\overline{\boldsymbol{C}}x(k) \tag{9-444}$$

可见，$\boldsymbol{J}_0$ 中不包含控制量 $\boldsymbol{U}$，在控制器求解时可以作为常数项忽略不计。

MPC 的约束条件主要包括

$$\begin{cases} |\boldsymbol{U}(k)| \leqslant \boldsymbol{U}_{\max}(k) \\ |\boldsymbol{U}(k) - \boldsymbol{U}(k-1)| \leqslant \Delta\boldsymbol{U}_{\max}(k) \\ |\boldsymbol{Y}(k) - \boldsymbol{Y}_{\text{ref}}(k-1)| \leqslant \Delta\boldsymbol{Y}_{\max}(k) \end{cases} \tag{9-445}$$

式中，$\boldsymbol{U}_{\max}(k)$，$\Delta\boldsymbol{U}_{\max}(k)$，$\Delta\boldsymbol{Y}_{\max}(k)$ 分别为最大的控制输入、输入增量值和输出容许偏差。

注意到

$$\boldsymbol{U}(k-1) = \boldsymbol{G}\boldsymbol{U}(k) + \boldsymbol{H}\boldsymbol{u}(k-1) \tag{9-446}$$

其中

$$G=\begin{bmatrix}0&0&0&\cdots&0&0\\ \boldsymbol{I}&0&0&\cdots&0&0\\ 0&\boldsymbol{I}&0&\cdots&0&0\\ \vdots&\vdots&\vdots&&\vdots&\vdots\\ 0&0&0&\boldsymbol{I}&0&0\\ 0&0&0&0&\boldsymbol{I}&0\end{bmatrix},\ \boldsymbol{H}=\begin{bmatrix}\boldsymbol{I}\\0\\0\\ \vdots\\0\end{bmatrix} \tag{9-447}$$

则将约束条件［式（9-445）］转换为线性矩阵不等式形式为

$$\widetilde{\boldsymbol{A}}\boldsymbol{U}(k)\leqslant\widetilde{\boldsymbol{B}}(k) \tag{9-448}$$

其中

$$\widetilde{\boldsymbol{A}}=\begin{bmatrix}\boldsymbol{I}\\ -\boldsymbol{I}\\ \boldsymbol{I}-\boldsymbol{G}\\ \boldsymbol{G}-\boldsymbol{I}\\ \overline{\boldsymbol{D}}\\ -\overline{\boldsymbol{D}}\end{bmatrix},\ \widetilde{\boldsymbol{B}}=\begin{bmatrix}\boldsymbol{U}_{\max}(k)\\ \boldsymbol{U}_{\max}(k)\\ \Delta\boldsymbol{U}_{\max}(k)+\boldsymbol{H}\boldsymbol{u}(k-1)\\ \Delta\boldsymbol{U}_{\max}(k)-\boldsymbol{H}\boldsymbol{u}(k-1)\\ \Delta\boldsymbol{Y}_{\max}(k)-\overline{C}x(k)+\boldsymbol{Y}_{\mathrm{ref}}(k-1)\\ \Delta\boldsymbol{Y}_{\max}(k)+\overline{C}x(k)-\boldsymbol{Y}_{\mathrm{ref}}(k-1)\end{bmatrix} \tag{9-449}$$

将 MPC 写成二次规划（QP）形式为

$$\begin{aligned}&\boldsymbol{J}(k)=\boldsymbol{U}^{\mathrm{T}}(k)(\overline{\boldsymbol{D}}^{\mathrm{T}}\boldsymbol{Q}\overline{\boldsymbol{D}}+\boldsymbol{R})\boldsymbol{U}(k)+2[\overline{C}x(k)-\boldsymbol{Y}_{\mathrm{ref}}(k)]^{\mathrm{T}}\boldsymbol{Q}\overline{\boldsymbol{D}}\boldsymbol{U}(k)+\boldsymbol{J}_0(k)\\ &\text{s. t. }\widetilde{\boldsymbol{A}}\boldsymbol{U}(k)\leqslant\widetilde{\boldsymbol{B}}(k)\end{aligned} \tag{9-450}$$

至此，模型预测控制的最优化求解问题即转换为一个易于求解的标准二次规划问题。二次规划问题是一个非常经典的数学优化问题，它的优化目标为二次型凸函数，约束条件一般包括线性等式约束和线性不等式约束，现阶段有很多成熟的方法可以直接求解二次规划问题。因此，通过模型预测、滚动优化、反馈校正这三个步骤，将复杂的 MPC 问题转换为一个简单的二次规划在线实时求解问题。

第十节　非线性控制器设计

一、线性化

大多数实际的物理系统都是非线性的，然而，目前还没有较好的非线性系统研究方法。考虑到大多数非线性系统均在其参考点或者平衡点附近运动，可以在一定范围内将系统近似为线性系统，因此可以利用线性系统理论相关的分析和设计方法来处理非线性问题，这就是非线性系统的线性化。

考虑非线性定常系统

$$\dot{x}(t)=f(x,u),\ x(t_0)=x_0 \tag{9-451}$$

式中，x 是表征系统动态特性的状态变量；u 是系统的控制输入。假设非线性函数 $f(x,u)$ 是关于 x 和 u 的导数存在，$x_r(t)$ 是非线性系统的参考状态迹线，即

$$\dot{x}_r(t)=f(x_r,u_r),\ x_r(t_0)=x_{r0} \tag{9-452}$$

考虑系统的不确定性扰动时，假设

$$\begin{aligned}x(t)&=x_r(t)+\delta x(t)\\u(t)&=u_r(t)+\delta u(t)\end{aligned} \tag{9-453}$$

可得系统的扰动模型为

$$\delta\dot{x}(t)=f(x,u)-f(x_r,u_r) \tag{9-454}$$

将非线性函数 f 在参考点（x_r,u_r）附近泰勒展开可得

$$f(x,u)=f(x_r,u_r)+\frac{\partial f}{\partial x}(x_r,u_r)\delta x+\frac{\partial f}{\partial u}(x_r,u_r)\delta u \tag{9-455}$$

式中，$\frac{\partial f}{\partial x}$、$\frac{\partial f}{\partial u}$分别是 f 关于 x 和 u 的雅可比矩阵，则可得线性化后的近似模型为

$$\delta\dot{x}(t)=\frac{\partial f}{\partial x}(x_r,u_r)\delta x+\frac{\partial f}{\partial u}(x_r,u_r)\delta u \tag{9-456}$$

该模型近似描述了非线性定常系统［见式（9-452）］在其参考状态迹线$x_r(t)$ 附近的动态特性的局部线性化模型。考虑到系统参考点（x_r,u_r）是时变的，可将其描述为线性时变系统

$$\delta\dot{\boldsymbol{x}}(t)=\boldsymbol{A}(t)\delta x+\boldsymbol{B}(t)\delta u \tag{9-457}$$

其中

$$\boldsymbol{A}(t)=\frac{\partial f}{\partial x}(x_r,u_r),\ \boldsymbol{B}(t)=\frac{\partial f}{\partial u}(x_r,u_r) \tag{9-458}$$

上述线性化的系统是在非线性系统的参考状态迹线（x_r,u_r）附近线性化的，还可以在非线性系统的平衡点（x_e,u_e）附近线性化。针对系统的平衡态可得

$$\dot{x}_e(t)=f(x_e,u_e)=0 \tag{9-459}$$

此时的平衡点（x_e,u_e）是常数，则对应的局部线性化模型是线性定常系统的，即

$$\delta\dot{x}(t)=\boldsymbol{A}\delta x+\boldsymbol{B}\delta u \tag{9-460}$$

其中

$$\boldsymbol{A}=\frac{\partial f}{\partial x}(x_e,u_e),\ \boldsymbol{B}=\frac{\partial f}{\partial u}(x_e,u_e) \tag{9-461}$$

采用类似的方法也可以将输出方程线性化，在此不再赘述。

【例 9-23】 针对式（9-462）所列的非线性系统的动态方程，试在其平衡点附近将其线性化。

$$\ddot{y}+k\sin y=0 \tag{9-462}$$

首先构造系统状态变量为$x_1=y$，$x_2=\dot{y}$，则该系统的状态方程为

$$\begin{bmatrix}\dot{x}_1\\ \dot{x}_2\end{bmatrix}=\begin{bmatrix}x_2\\ -k\sin x_1\end{bmatrix} \tag{9-463}$$

根据$\dot{x}_1=\dot{x}_2=0$，可得系统的平衡点为。$x_{e1}=x_{e2}=0$，利用泰勒公式将其在平衡点附近线性化可得

$$\begin{bmatrix}\dot{x}_1\\ \dot{x}_2\end{bmatrix}=\begin{bmatrix}0 & 1\\ -k & 0\end{bmatrix}\begin{bmatrix}x_1\\ x_2\end{bmatrix} \tag{9-464}$$

二、反馈线性化

考虑如下所示的一类非线性系统

$$\begin{cases}\dot{x}=f(x)+G(x)u\\ y=h(x)\end{cases} \tag{9-465}$$

是否存在一个状态反馈控制

$$u=\alpha(x)+\beta(x)v \tag{9-466}$$

及变量代换

$$z=T(x) \tag{9-467}$$

把非线性系统转换为等效的线性系统。本节将首先通过几个简单的例子引入全状态线性化和输入输出线性化两个概念，并给出具体的分析设计方法。所谓全状态线性化，是指把状态方程完全线性化，而输入输出线性化则是把输入输出的映射线性化，状态方程只是部分线性化。

为了引入反馈线性化的观点，先从单摆方程原点的稳定问题的讨论开始。单摆的状态空间表达式为

$$\begin{cases}\dot{x}_1=x_2\\ \dot{x}_2=-a[\sin(x_1+\delta)-\sin\delta]-bx_2+cu\end{cases} \tag{9-468}$$

通过观察式（9-468）的系统状态方程，为了消除其中的非线性项，可以将输入选定为

$$u=\frac{a}{c}[\sin(x_1+\delta)-\sin\delta]+\frac{v}{c} \tag{9-469}$$

将式（9-469）代入式（9-468），得到新的状态方程为

$$\begin{cases}\dot{x}_1=x_2\\ \dot{x}_2=-bx_2+v\end{cases} \tag{9-470}$$

因此，非线性系统的稳定性问题被转换为可控线性系统的稳定性问题。下一步，可以继续设计一个稳定的线性状态反馈控制律

$$v=-k_1x_1-k_2x_2 \tag{9-471}$$

使得闭环系统的特征值位于相平面的左半部分。

将式（9-471）代入式（9-470），可得状态方程如下

$$\begin{cases}\dot{x}_1 = x_2 \\ \dot{x}_2 = -k_1x_1 - (k_2+b)x_2\end{cases} \tag{9-472}$$

综上，总的状态反馈控制律可以表达为

$$u = \frac{a}{c}[\sin(x_1+\delta) - \sin\delta] - \frac{1}{c}(k_1x_1 + k_2x_2) \tag{9-473}$$

这种抵消非线性项的方法是普适的吗？显然，不可能在所有非线性系统中都能够通过这种方法来抵消非线性项。但是，可以通过上述方法来抵消非线性项的系统必然存在某种特定的结构。

不难发现，上述方法中若能够通过减法来抵消非线性项 $\alpha(x)$，则控制输入 u 和非线性项 $\alpha(x)$ 必须以和的形式 $u+\alpha(x)$ 出现。若能通过除法的方式抵消式中另一形式的非线性项 $\gamma(x)$，控制输入量 u 和非线性项 $\gamma(x)$ 必须以乘积的形式 $\gamma(x)u$ 出现。如果 $\gamma(x)$ 为矩阵形式，且在论域中是非奇异的，则可以通过 $u=\beta(x)v$ 的形式来抵消非线性项。其中 $\beta(x)=\gamma^{-1}(x)$。因此，若可以通过状态反馈来抵消非线性项从而将非线性的状态方程变为可控线性的状态方程，则要求原系统具备式（9-474）形式的状态方程。

$$\dot{x} = \boldsymbol{A}x + \boldsymbol{B}\gamma(x)[u - \alpha(x)] \tag{9-474}$$

其中，$\boldsymbol{A}$ 为 $n\times n$ 的矩阵；$\boldsymbol{B}$ 为 $n\times p$ 的矩阵；$(\boldsymbol{A},\boldsymbol{B})$ 为可控矩阵。函数 α：$\mathbf{R}^n\to\mathbf{R}^p$，$\gamma$：$\mathbf{R}^n\to\mathbf{R}^{p\times p}$是定义在包含原点的定义域 $D\in\mathbf{R}^n$上，且对任意 $x\in D$，$\gamma(x)$ 均为非奇异矩阵。

如果状态方程形如式（9-474），则该系统可以通过状态反馈来对其进行线性化，状态反馈形式为

$$u = \alpha(x) + \beta(x)v \tag{9-475}$$

其中，$\beta(x)=\gamma^{-1}(x)$，从而得到线性状态方程为

$$\dot{x} = \boldsymbol{A}x + \boldsymbol{B}v \tag{9-476}$$

为了保证系统的稳定性，令 $v=-Kx$，使得 $\boldsymbol{A}-\boldsymbol{BK}$ 为 Hurwitz 矩阵。

综上，系统总的状态反馈控制输入形式为

$$u = \alpha(x) - \beta(x)Kx \tag{9-477}$$

若非线性系统的状态方程不具备式（9-474）的形式，系统是否就不能通过反馈对系统进行线性化呢？答案是否定的。从控制理论的知识可知，系统的状态方程并不是唯一的，其具体表达形式取决于状态变量的选取。即使当前所选择状态变量不能使系统状态方程形如式（9-474），也可以通过选择其他的状态变量来获得满足式（9-474）形式的状态方程。例如下述非线性系统

$$\begin{cases}\dot{x}_1 = a\sin x_2 \\ \dot{x}_2 = -x_1^2 + u\end{cases} \tag{9-478}$$

不能简单地选择形式（9-477）所示的控制输入来达到抵消其中非线性项的目的。但是，若先通过状态变换

$$\begin{cases}z_1 = x_1 \\ z_2 = a\sin x_2 = \dot{x}_1\end{cases} \tag{9-479}$$

则新的状态变量满足

$$\begin{cases}\dot{z}_1 = z_2 \\ \dot{z}_2 = a\cos x_2(-x_1^2 + u)\end{cases} \tag{9-480}$$

此时即可通过选择控制输入

$$u = x_1^2 + \frac{1}{a\cos x_2}v \tag{9-481}$$

抵消其中的非线性项。

当用变量代换 $z = \boldsymbol{T}(x)$ 将状态方程从 x 坐标系变换到坐标系时，要求映射 $\boldsymbol{T}$ 必须是可逆的，即必须存在可逆映射$\boldsymbol{T}^{-1}(\cdot)$，满足对于任意 $z \in \boldsymbol{T}(D)$，均有 $x = \boldsymbol{T}^{-1}(z)$，其中 D 是 $\boldsymbol{T}$ 的定义域。此外，由于 Z 和 x 的导数必须是连续的，因此要求 $\boldsymbol{T}(\cdot)$ 和$\boldsymbol{T}^{-1}(\cdot)$ 必须是连续可微的。具有连续可微逆映射的连续可微映射称为微分同胚。若该映射的雅可比矩阵 $[\partial \boldsymbol{T}/\partial x]$在点$x_0 \in D$ 是非奇异矩阵，则根据反函数定理，存在x_0的邻域 N，使得在 N 内的 $\boldsymbol{T}$ 是 N 上的微分同胚。若映射 $\boldsymbol{T}$ 是$\mathbf{R}^n$上的微分同胚，且 $\boldsymbol{T}(\mathbf{R}^n) = \mathbf{R}^n$，则称 $\boldsymbol{T}$ 为全局微分同胚映射。至此，可以给出可反馈线性化系统的定义。

【定义 9-4】 非线性系统为

$$\dot{x} = f(x) + G(x)u \tag{9-482}$$

其中f: $\boldsymbol{D} \to \mathbf{R}^n$和 G:$\boldsymbol{D} \to \mathbf{R}^{n\times p}$在定义域 $\boldsymbol{D} \subset \mathbf{R}^n$上充分光滑。若存在微分同胚映射 T:$\boldsymbol{D} \to \mathbf{R}^n$，使得$D_z$包含原点，且可以通过变量代换：$x = \boldsymbol{T}(x)$ 将系统［式（9-482）］转换为如下形式

$$\dot{z} = \boldsymbol{A}z + \boldsymbol{B}\boldsymbol{\gamma}(x)[u - \alpha(x)] \tag{9-483}$$

其中，$(\boldsymbol{A},\boldsymbol{B})$ 为可控矩阵，且对任意 $x \in D$，$\boldsymbol{\gamma}(\alpha)$ 均为非奇异矩阵，则称系统是可反馈线性化的。

当某些输出变量为所要关注的对象时，如在跟踪控制问题中，状态模型可由状态方程及输出方程表示，此时对状态方程线性化即可，不必对输出方程也进行线性化。例如下述系统

$$\begin{cases}\dot{x}_1 = a\sin x_2 \\ \dot{x}_2 = -x_1^2 + u\end{cases} \tag{9-484}$$

输出为 $y = x_2$，相应的变量代换及反馈控制律如下

$$z_1 = x_1,\ z_2 = a\sin x_2,\ u = x_1^2 + \frac{1}{a\cos x_2}v \tag{9-485}$$

将式（9-485）代入式（9-484）可得

$$\dot{z}_1 = z_2,\ \dot{z}_2 = v,\ y = \arcsin\left(\frac{z_2}{a}\right) \tag{9-486}$$

虽然状态方程是线性的，但由于输出方程是非线性的，因此求解关于 y 的跟踪控制问题仍然很复杂。观察 x 坐标系中的状态方程和输出方程可以发现，如果状态反馈控制采用 $u = x_1^2 + v$，就能够将从 u 到 y 的输入输出映射线性化，此时得到的线性模型为

$$\begin{cases}\dot{x}_2 = v \\ y = x_2\end{cases} \tag{9-487}$$

此时即可用线性系统控制理论来求解这个跟踪控制问题了。综上，有时保留一部分状态方程的非线性，而对输入输出映射进行线性化更有意义。

（一）输入输出线性化

考虑单输入单输出系统（SISO），状态空间表达如下

$$\begin{cases}\dot{x}=f(x)+g(x)u\\ y=h(x)\end{cases}\tag{9-488}$$

其中，映射 $f:\boldsymbol{D}\to\mathbf{R}^n$ 和 $g:\boldsymbol{D}\to\mathbf{R}^n$，$g$ 和在定义域 $\boldsymbol{D}\in\mathbf{R}^n$ 上充分光滑。$\dot{y}$ 如下所示。

$$\dot{y}=\frac{\partial h}{\partial x}[f(x)+g(x)u]\overset{\text{def}}{=\!=\!=}L_fh(x)+L_gh(x)u\tag{9-489}$$

其中，$L_fh(x)=\dfrac{\partial h}{\partial x}f(x)$ 称为 h 对于 f 或沿 f 的李导数，这种表示方法类似于 h 沿系统 $\dot{x}=f(x)$ 轨迹的导数。当重复计算关于同一向量场或一个新的向量场的导数时，这种新的表示方法较为方便。下述符号将在后续使用。

$$\begin{cases}L_gL_fh(x)=\dfrac{\partial(L_fh)}{\partial x}g(x)\\ L_f^2h(x)=L_fL_fh(x)=\dfrac{\partial(L_fh)}{\partial x}f(x)\\ L_f^kh(x)=L_fL_f^{k-1}h(x)=\dfrac{\partial(L_f^{k-1}h)}{\partial x}f(x)\\ L_f^0h(x)=h(x)\end{cases}\tag{9-490}$$

如果 $L_gh(x)=0$，则 $\dot{y}=L_fh(x)$ 与 u 无关。继续计算其二阶导数，记作 $y^{(2)}$，可得

$$y^{(2)}=\frac{\partial(L_fh)}{\partial x}[f(x)+g(x)u]=L_f^2h(x)+L_gL_fh(x)u\tag{9-491}$$

同样，如果 $L_gL_fh(x)=0$，那么 $y^{(2)}=L_f^2h(x)$ 与 u 无关。重复此过程，可知若 $h(x)$ 满足下述条件

$$L_gL_f^{i-1}h(x)=0,\ i=1,2,\cdots,\rho-1;\ L_gL_f^{\rho-1}h(x)\neq0\tag{9-492}$$

则 u 将不会出现在 $y,\dot{y},\cdots,y^{(\rho-1)}$ 的表达式中，而仅在 y^{ρ} 中带有非零系数存在，即

$$y^{(\rho)}=L_f^{\rho}h(x)+L_gL_f^{\rho-1}h(x)u\tag{9-493}$$

上述表达式清楚地表明了系统是可输入输出线性化的，状态反馈控制律

$$u=\frac{1}{L_gL_f^{\rho-1}h(x)}[-L_f^{\rho}h(x)+v]\tag{9-494}$$

简化输入输出映射为

$$y^{(\rho)}=v\tag{9-495}$$

这是一个 ρ 积分器链，整数被称为系统的相对阶。

【定义 9-5】 如果对于任意 $x\subset D_0$，有

$$L_gL_f^{i-1}h(x)=0,\ i=1,2,\cdots,\rho-1;\ L_gL_f^{\rho-1}h(x)\neq0\tag{9-496}$$

则称式（9-488）所示的系统在区域 $x\in D_0$ 上具有相对阶 ρ，$1\leqslant\rho\leqslant n$。

【例 9-24】 考虑受控 Van der Pol 方程

$$\begin{cases}\dot{x}_1 = x_2 \\ \dot{x}_2 = -x_1 + \varepsilon(1 - x_1^2)x_2 + u,\ \varepsilon > 0\end{cases} \tag{9-497}$$

其输出为 $y = x_1$ 计算输出导数，得

$$\begin{cases}\dot{y} = \dot{x}_1 = x_2 \\ \ddot{y} = \dot{x}_2 = -x_1 + \varepsilon(1 - x_1^2)x_2 + u\end{cases} \tag{9-498}$$

因此，系统在 $\mathbf{R}^2$ 上的相对阶为 2。

当输出 $y = x_2$ 时，有

$$\dot{y} = -x_1 + \varepsilon(1 - x_1^2)x_2 + u \tag{9-499}$$

此时系统在 $D_0 = \{x \in \mathbf{R}^2 \mid x_2 \neq 0\}$ 上的相对阶为 1。

【例 9-25】 考虑系统

$$\begin{cases}\dot{x}_1 = x_1 \\ \dot{x}_2 = x_2 + u \\ y = x_1\end{cases} \tag{9-500}$$

计算 y 的导数，得

$$\dot{y} = \dot{x}_1 = x_1 = y \tag{9-501}$$

因此，对于所有的 $n \geqslant 1$，$y^{(n)} = y = x_1$。在这种情况下，系统不具有符合上述定义的相对阶。由于本例很简单，不难看出这是因为 $y(t) = x_1(t) = e^t x_1(0)$，与输入 u 无关。

【例 9-26】 考虑如下线性系统，其传递函数为

$$H(s) = \frac{b_m s^m + b_{m-1}s^{m-1} + \cdots + b_0}{s^n + a_{n-1}s^{n-1} + \cdots + a_0} \tag{9-502}$$

其中：$m < n$，且 $b_m \neq 0$。系统的状态模型可取为

$$\begin{cases}\dot{x} = \boldsymbol{A}x + \boldsymbol{B}u \\ y = \boldsymbol{C}x\end{cases} \tag{9-503}$$

其中

$$\boldsymbol{A} = \begin{bmatrix} 0 & 1 & 0 & \cdots & \cdots & 0 \\ 0 & 0 & 1 & \cdots & \cdots & 0 \\ \vdots & \vdots & & \cdots & \cdots & \vdots \\ \vdots & \vdots & \vdots & & \cdots & \vdots \\ 0 & \cdots & \cdots & \cdots & 0 & 1 \\ -a_0 & -a_1 & \cdots & -a_m & \cdots & -a_{n-1} \end{bmatrix}_{n\times n},\ \boldsymbol{B} = \begin{bmatrix} 0 \\ 0 \\ \vdots \\ \vdots \\ 0 \\ 1 \end{bmatrix}_{n\times 1}, \tag{9-504}$$

$$\boldsymbol{C} = [b_0 \quad b_1 \quad \cdots \quad \cdots \quad b_m \quad 0 \quad \cdots \quad 0]_{1\times n}$$

该线性状态模型是式（9-488）的特例，其中 $f(x) = \boldsymbol{A}x$，$g(x) = \boldsymbol{B}$，$h(x) = \boldsymbol{C}x$。为检

验系统的相对阶，计算输出的导数。其一阶导数为

$$\dot{y} = \boldsymbol{CA}x + \boldsymbol{CBu} \tag{9-505}$$

如果 $m = n-1$，则 $\boldsymbol{CB} = b_{n-1} \neq 0$，系统的相对阶为 1；否则 $\boldsymbol{CB} = 0$，继续计算二阶导数 $y^{(2)}$注意，$\boldsymbol{CA}$ 是一个行向量，由 $\boldsymbol{C}$ 的元素右移一次得到，而 $\boldsymbol{CA}^2$由 $\boldsymbol{C}$ 的元素右移两次得到，以此类推，可知

$$\boldsymbol{CA}^{i-1}\boldsymbol{B} = 0,\ i = 1,2,\cdots,n-m-1$$
$$\boldsymbol{CA}^{n-m-1}\boldsymbol{B} = b_m \neq 0 \tag{9-506}$$

这样，$\boldsymbol{u}$ 首次出现在$y^{(n-m)}$的方程中，即

$$y^{(n-m)} = \boldsymbol{CA}^{n-m}x + \boldsymbol{CA}^{n-m-1}\boldsymbol{Bu} \tag{9-507}$$

系统的相对阶是 $n-m$，即 $H(s)$ 的分母多项式与分子多项式的次数之差。

为了进一步研究可输入输出线性化系统的控制和内部稳定问题，先讨论上例的线性系统。传递函数 $H(s)$ 可写为

$$H(s) = \frac{N(s)}{D(s)} \tag{9-508}$$

其中，$\deg\boldsymbol{D} = n$，$\deg\boldsymbol{N} = m < n$。$\rho = n-m$。由欧几里得除法，$D(s)$ 可写为

$$D(s) = Q(s)N(s) + R(s) \tag{9-509}$$

其中，$Q(s)$ 和 $R(s)$ 分别为多项式的商和余数。由欧几里得除法法则可知

$$\deg\boldsymbol{Q} = n-m = \rho,\ \deg\boldsymbol{R} < m \tag{9-510}$$

$Q(s)$ 的首项系数是 $1/b_m$，根据 $D(s)$ 的表达式，$H(s)$ 可重写为

$$H(s) = \frac{N(s)}{Q(s)N(s)+R(s)} = \frac{\dfrac{1}{Q(s)}}{1+\dfrac{1}{Q(s)}\dfrac{R(s)}{N(s)}} \tag{9-511}$$

这样 $H(s)$ 就可以表示为一个负反馈 $1/Q(s)$ 在前向通道，$R(s)/N(s)$ 在反馈通道。ρ 阶传递函数 $1/Q(s)$ 没有零点，可由 ρ 阶状态向量

$$\xi = [y \quad \dot{y} \quad \cdots \quad y^{(\rho-1)}]^{\mathrm{T}} \tag{9-512}$$

实现，得到状态模型

$$\begin{cases} \dot{\xi} = (\boldsymbol{A}_{\mathrm{c}} + \boldsymbol{B}_{\mathrm{c}}\boldsymbol{\lambda}^{\mathrm{T}})\boldsymbol{\xi} + \boldsymbol{B}_{\mathrm{c}}b_m e \\ \boldsymbol{y} = \boldsymbol{C}_{\mathrm{c}}\boldsymbol{\xi} \end{cases} \tag{9-513}$$

其中，$(\boldsymbol{A}_{\mathrm{c}},\boldsymbol{B}_{\mathrm{c}},\boldsymbol{C}_{\mathrm{c}})$是$\rho$ 积分器链的标准形表达式，即

$$\boldsymbol{A}_{\mathrm{c}} = \begin{bmatrix} 0 & 1 & 0 & \cdots & 0 \\ 0 & 0 & 1 & \cdots & 0 \\ \vdots & \vdots & \vdots & & \vdots \\ \vdots & \vdots & \vdots & 0 & 1 \\ 0 & \cdots & \cdots & 0 & 0 \end{bmatrix},\ \boldsymbol{B}_{\mathrm{c}} = \begin{bmatrix} 0 \\ 0 \\ \vdots \\ 0 \\ 1 \end{bmatrix},\ \boldsymbol{C}_{\mathrm{c}} = \begin{bmatrix} 1 \\ 0 \\ \vdots \\ 0 \\ 0 \end{bmatrix}^{\mathrm{T}} \tag{9-514}$$

且 $\boldsymbol{A} \in \mathbf{R}^{\rho}$。设$(\boldsymbol{A}_0,\boldsymbol{B}_0,\boldsymbol{C}_0)$是传递函数 $R(s)/N(s)$的最小实现，即

$$\dot{\boldsymbol{\eta}} = \boldsymbol{A}_0\boldsymbol{\eta} + \boldsymbol{B}_0 y \tag{9-515}$$

$$\omega = C_0\boldsymbol{\eta} \tag{9-516}$$

$\boldsymbol{A}_0$的特征值是多项式 $N(s)$ 的零点，也是传递函数 $H(s)$ 的零点。从反馈连接可以看出，$H(s)$ 可由状态模型

$$\dot{\eta} = \boldsymbol{A}_0\boldsymbol{\eta} + \boldsymbol{B}_0\boldsymbol{C}_c\xi \tag{9-517}$$

$$\dot{\xi} = \boldsymbol{A}_c\xi + \boldsymbol{B}_c(\boldsymbol{\lambda}^T\boldsymbol{\xi} - b_m\boldsymbol{C}_0\boldsymbol{\eta} + b_m\boldsymbol{u}) \tag{9-518}$$

$$y = \boldsymbol{C}_c\boldsymbol{\xi} \tag{9-519}$$

实现。和利用（$\boldsymbol{A}_c,\boldsymbol{B}_c,\boldsymbol{C}_c$）的特殊结构可直接验证

$$y^{(\rho)} = \boldsymbol{\lambda}^T\xi - b_m\boldsymbol{C}_0\boldsymbol{\eta} + b_m\boldsymbol{u} \tag{9-520}$$

由（输入输出线性化）状态反馈控制律

$$\boldsymbol{u} = \frac{1}{b_m}(-\lambda^T\boldsymbol{\xi} + b_m\boldsymbol{C}_0\boldsymbol{\eta} + \boldsymbol{v}) \tag{9-521}$$

得到系统

$$\dot{\eta} = \boldsymbol{A}_0\boldsymbol{\eta} + \boldsymbol{B}_0\boldsymbol{C}_c\boldsymbol{\xi} \tag{9-522}$$

$$\dot{\xi} = \boldsymbol{A}_c\boldsymbol{\xi} + \boldsymbol{B}_c\boldsymbol{v} \tag{9-523}$$

$$y = \boldsymbol{C}_c\boldsymbol{\xi} \tag{9-524}$$

其输入输出映射是一个 ρ 积分器链，且其状态向量 $\boldsymbol{\eta}$ 在输出 y 是不可观测的。假设希望把输出稳定为一个恒定参考信号 r，这就要求把 $\boldsymbol{\xi}$ 稳定在$\boldsymbol{\xi}^* = [r,0,\cdots,0]^T$处。通过变量代换$\boldsymbol{\zeta} = \boldsymbol{\xi} - \boldsymbol{\xi}^*$，把平衡点移动到原点，这样问题则简化为$\dot{\boldsymbol{\zeta}} = \boldsymbol{A}_c\boldsymbol{\zeta} + \boldsymbol{B}_c\boldsymbol{v}$的稳定性问题。取$\boldsymbol{v} = -\boldsymbol{K}\boldsymbol{\xi} = -\boldsymbol{K}(\boldsymbol{\xi} - \boldsymbol{\xi}^*)$，其中 $\boldsymbol{A}_c - \boldsymbol{B}_c\boldsymbol{K}$ 是 Hurwitz 矩阵，最后得到控制律为

$$u = \frac{1}{b_m}[-\boldsymbol{\lambda}^T\boldsymbol{\xi} + b_m\boldsymbol{C}_0\boldsymbol{\eta} - \boldsymbol{K}(\boldsymbol{\xi} - \boldsymbol{\xi}^*)] \tag{9-525}$$

相应的闭环系统为

$$\dot{\boldsymbol{\eta}} = \boldsymbol{A}_0\boldsymbol{\eta} + \boldsymbol{B}_0\boldsymbol{C}_c(\boldsymbol{\xi}^* + \boldsymbol{\zeta}) \tag{9-526}$$

$$\dot{\boldsymbol{\zeta}} = (\boldsymbol{A}_c - \boldsymbol{B}_c\boldsymbol{K})\boldsymbol{\zeta} \tag{9-527}$$

因为 $\boldsymbol{A} - \boldsymbol{B}_c\boldsymbol{K}$ 是 Hurwitz 矩阵，所以对任意初始状态 $\boldsymbol{\zeta}(0)$，当 $t\to\infty$ 时，$\boldsymbol{\zeta}(0)\to 0$。因而，当 $t\to\infty$ 时，$y(t)\to r$。下面讨论 n 的变化。式（9-517）以 $y = \boldsymbol{C}_c\boldsymbol{\xi}$ 为输入驱动，为保证 $\eta(t)$ 对 $y(t)$ 的所有可能波形和所有初始状态 $\eta(0)$ 都有界，要求$\boldsymbol{A}_0$必须为 Hurwitz 矩阵，相当于 $H(s)$ 的零点必须位于左半开平面内。所有零点都位于左半开平面的传递函数称为最小相位系统。从极点位置的观点看，通过输入输出线性化设计的状态反馈控制把闭环特征值分为两组：ρ 个特征值分配在左半开平面内，作为$\boldsymbol{A}_c - \boldsymbol{B}_c\boldsymbol{K}$ 的特征值；$n-\rho$ 个特征值分配为开环零点。

对例 9-26 中的线性系统的分析，使利用状态反馈控制把输入输出映射为积分器链，以及如何描述系统内部稳定性的意义更明显。理解这一点的主要手段是状态模型［式（9-517）～式（9-519）］。下一个任务是对相对阶为 ρ 的非线性系统［式（9-488）］，给出相应于模型［式（9-517）～式（9-519）］的非线性形式。由于输入输出映射仍是 ρ 个积分器链，因此可选择变量 $\boldsymbol{\xi}$ 与线性系统的相同，希望通过选择变量 $\boldsymbol{\eta}$ 得到系统［式（9-517）］的非线性形

式。式（9-517）的关键特征是没有控制输入 u。若把式（9-488）变换为模型［式（9-517）~式（9-519）］的非线性形式，可通过变量代换

$$z=\boldsymbol{T}(x)=\begin{bmatrix}\phi_1(x)\\ \vdots\\ \phi_{n-\rho}(x)\\ \text{------}\\ h(x)\\ \vdots\\ L_f^{\rho-1}h(x)\end{bmatrix}\overset{\text{def}}{=\!=}\begin{bmatrix}\phi(x)\\ \text{------}\\ \phi(x)\end{bmatrix}\overset{\text{def}}{=\!=}\begin{bmatrix}\boldsymbol{\eta}\\ \text{------}\\ \boldsymbol{\xi}\end{bmatrix} \tag{9-528}$$

其中，选择$\phi_1-\phi_{n-\rho}$，使 $T(x)$ 为定义域$D_0\subset D$ 上的微分同胚映射，且

$$\frac{\partial\phi_i}{\partial x}g(x)=0,\ 1\leqslant i\leqslant n-\rho,\ \forall x\in D_0 \tag{9-529}$$

【定理 9-8】 说明$\phi_1-\phi_{n-\rho}$存在，至少是局部存在。

定理 9-8 考虑式（9-488），假设其在 D 内的相对阶为 $\rho\leqslant n$。如果 $\rho\equiv n$，则对于每个 $x_0\in D$，存在x_0的一个邻域 N 和光滑函数$\phi_1(x),\phi_2(x),\cdots,\phi_{n-\rho}(x)$，使得对于所有 $x\in N$，式（9-530）成立，且限定在 N 上的映射 $T(x)$ 是 N 上的微分同胚映射。

式（9-530）保证当计算

$$\dot{\eta}=\frac{\partial\phi}{\partial x}[f(x)+g(x)u] \tag{9-530}$$

时消去 u。容易验证，变量代换式（9-529）将式（9-488）变换为

$$\dot{\eta}=f(\eta_0) \tag{9-531}$$

$$\dot{\xi}=\boldsymbol{A}_c\boldsymbol{\xi}+\boldsymbol{B}_c\gamma(x)[u-\alpha(x)] \tag{9-532}$$

$$y=\boldsymbol{C}_c\boldsymbol{\xi} \tag{9-533}$$

其中，$\boldsymbol{\xi}\in\mathbf{R}^{\rho}$，$\boldsymbol{\eta}\in\mathbf{R}^{n-\rho}$，$(\boldsymbol{A}_c,\boldsymbol{B}_c,\boldsymbol{C}_c)$是 ρ 个积分器链的标准形表达式，且

$$f_0(\eta,\xi)=\frac{\partial\phi}{\partial x}f(x)\Big|_{x=T^{-1}(z)} \tag{9-534}$$

$$\gamma(x)=L_gL_f^{\rho-1}h(x),\ \alpha(x)=-\frac{L_f^{\rho}h(x)}{L_gL_f^{\rho-1}h(x)} \tag{9-535}$$

在式（9-532）中保留了原坐标系下的 α 和 γ，这些函数由式（9-535）唯一确定，是 f、g 和 h 的函数，与 ϕ 的选取无关。在新坐标系中通过设定

$$\alpha_0(\boldsymbol{\eta},\boldsymbol{\xi})=\alpha(\boldsymbol{T}^{-1}(z)),\ \gamma_0(\boldsymbol{\eta},\boldsymbol{\xi})=\gamma(\boldsymbol{T}^{-1}(z)) \tag{9-536}$$

求出，当然此式取决于 ϕ 的选取。在这种情况下，式（9-532）可重写为

$$\dot{\xi}=A_c\xi+B_c\gamma_0(\boldsymbol{\eta},\boldsymbol{\xi})[u-\alpha_0(\boldsymbol{\eta},\boldsymbol{\xi})] \tag{9-537}$$

如果x^*是式（9-531）的开环平衡点，则由

$$\boldsymbol{\eta}^*=\phi(x^*),\ \boldsymbol{\xi}^*=[h(x^*)\quad 0\quad\cdots\quad 0] \tag{9-538}$$

定义的（η^*,ξ^*）是式（9-531）和式（9-532）的一个平衡点。如果 y 在 $x=x^*$ 为零，即 $h(x^*)=0$，则可以通过选择 $\phi(x)$ 使得 $\phi(x^*)=0$，把x^*变换到原点（$\eta=0,\xi=0$）。

式（9-531）~式（9-533）称为标准型。这种形式把系统分解为外部和内部两部分。通过状态反馈控制

$$u=\alpha(x)+\beta(x)v \tag{9-539}$$

使外部 ξ 线性化，式中 $\beta(x)=\gamma^{-1}(x)$，而该控制使得内部 η 为不可观测。内部动态特性由式（9-531）描述，令 $\xi=0$，可得

$$\dot{\eta}=f_0(\eta,0) \tag{9-540}$$

该式称为零动态方程。对于线性系统，式（9-540）由$\dot{\eta}=\boldsymbol{A}_0\eta$ 给出，该名称与之相称，因为这里$\boldsymbol{A}_0$的特征值是传递函数 $H(s)$ 的零点。如果式（9-540）在所讨论的定义域内有一个渐近稳定平衡点，则系统被称为最小相位系统。具体说来，若选择 $T(x)$ 使原点（$\eta=0$，$\xi=0$）是式（9-531）~式（9-533）的一个平衡点，则当零动态系统［式（9-540）］的原点渐近稳定时，系统为最小相位系统。知道零动态系统可在原坐标系表示是非常有用的。注意：

$$y(t)\equiv 0\Rightarrow\xi(t)\equiv 0\Rightarrow u(t)\equiv\alpha(x(t)) \tag{9-541}$$

如果输出恒等于零。则状态方程的解一定属于集合

$$Z^*=\left\{x\in D_0\mid h(x)=L_fh(x)=\cdots=L_f^{\rho-1}h(x)=0\right\} \tag{9-542}$$

且输入一定为

$$u=u^*(x)\overset{\text{def}}{=\!=\!=}\alpha(x)\mid_{x=Z^*} \tag{9-543}$$

系统的受限运动描述为

$$\dot{x}=f^*(x)\overset{\text{def}}{=\!=\!=}[f(x)+g(x)\alpha(x)]_{x\in Z^*} \tag{9-544}$$

在 $\rho=n$ 的特殊情况下，式（9-531）~式（9-533）简化为

$$\dot{z}=\boldsymbol{A}_c z+\boldsymbol{B}_c\gamma(x)[u-\alpha(x)] \tag{9-545}$$

$$y=\boldsymbol{C}_c z \tag{9-546}$$

其中 $z=\boldsymbol{\xi}=[h(x),\cdots,L_f^{n-1}h(x)]$，且变量 η 不存在。此时系统不具有零动态，默认为是最小相位系统。

【例 9-27】　考虑受控 Van der Pol 方程

$$\begin{cases}\dot{x}_1=x_2\\ \dot{x}_2=-x_1+\varepsilon(1-x_1^2)x_2+u\\ y=x_2\end{cases} \tag{9-547}$$

从例 9-24 已知系统在$\mathbf{R}^2$上的相对阶为 1，取 $\boldsymbol{\xi}=y$，$\boldsymbol{\eta}=x_1$，可看出系统已表示为标准型。零动态由$\dot{x}=0$ 给出，它不具有渐近稳定平衡点，因此系统不是最小相位的。

（二）全状态线性化

考虑单输入系统，状态方程表达如下

$$\dot{x}=f(x)+g(x)u \tag{9-548}$$

其中，$f(x)$ 和 $g(x)$ 在定义域 $D\subset\mathbf{R}^n$ 上是充分光滑的，若存在充分光滑的函数 h：$D\to\mathbf{R}$，使系统在区域$D_0\in D$ 上相对阶为 n，则系统是可以通过反馈进行线性化的。这一结论的解释如下：相对阶为 n 的系统

$$\begin{cases}\dot{x}=f(x)+g(x)u\\ y=h(x)\end{cases} \tag{9-549}$$

其标准形可以简化为

$$\begin{cases}\dot{z}=\boldsymbol{A}_cz+\boldsymbol{B}_c\gamma(x)[u-\alpha(x)]\\ y=\boldsymbol{C}_zz\end{cases} \tag{9-550}$$

换而言之，由定义 9-4 可知，若式（9-548）是可反馈线性化的，则存在变量代换 $\zeta=S(x)$ 可以将系统转换为如下形式

$$\dot{\zeta}=\boldsymbol{A}\zeta+\boldsymbol{B}\,\overline{\gamma}(x)[u-\overline{\alpha}(x)] \tag{9-551}$$

其中（$\boldsymbol{A},\boldsymbol{B}$）是可控的，且在某一定义域内$\overline{\gamma}(x)\neq0$。对于任何可控矩阵（$\boldsymbol{A},\boldsymbol{B}$），总可以找到一个非奇异矩阵 $\boldsymbol{M}$，将（$\boldsymbol{A},\boldsymbol{B}$）转换为可控标准形，即$\boldsymbol{MAM}^{-1}=\boldsymbol{A}_c+\boldsymbol{B}_c\boldsymbol{\lambda}^{\mathrm{T}}$，$\boldsymbol{MB}=\boldsymbol{B}_c$，这里（$\boldsymbol{A}_c,\boldsymbol{B}_c$）表示 n 个积分器链。变量代换

$$z=\boldsymbol{M\zeta}=\boldsymbol{MS}(x)\overset{\text{def}}{=\!=\!=}\boldsymbol{T}(x) \tag{9-552}$$

将式（9-548）转换为

$$\dot{z}=\boldsymbol{A}_cz+\boldsymbol{B}_c\gamma(x)[u-\alpha(x)] \tag{9-553}$$

其中，$\gamma(x)=\overline{\gamma}(x)$；$\alpha(x)=\overline{\alpha}(x)-\lambda^{\mathrm{T}}MS(x)/\gamma(x)$。因为

$$\dot{z}=\frac{\partial T}{\partial x}\dot{x} \tag{9-554}$$

所以

$$\boldsymbol{A}_cT(x)+\boldsymbol{B}_c\gamma(x)[u-\alpha(x)]=\frac{\partial T}{\partial x}[f(x)+g(x)u] \tag{9-555}$$

在所讨论的定义域内对于所有 x 和 u 都成立。取 $u=0$，则上式可分解为两个方程

$$\frac{\partial T}{\partial x}f(x)=\boldsymbol{A}_cT(x)+\boldsymbol{B}_c\alpha(x)\gamma(x) \tag{9-556}$$

$$\frac{\partial T}{\partial x}g(x)=\boldsymbol{B}_c\gamma(x) \tag{9-557}$$

式（9-556）等价于

$$\begin{aligned}&\frac{\partial T_1}{\partial x}f(x)=T_2(x)\\ &\frac{\partial T_2}{\partial x}f(x)=T_3(x)\\ &\vdots\\ &\frac{\partial T_{n-1}}{\partial x}f(x)=T_n(x)\\ &\frac{\partial T_n}{\partial x}f(x)=-\alpha(x)\gamma(x)\end{aligned} \tag{9-558}$$

式（9-557）等价于

$$
\begin{aligned}
&\frac{\partial T_1}{\partial x}g(x)=0\\
&\frac{\partial T_2}{\partial x}g(x)=0\\
&\vdots\\
&\frac{\partial T_{n-1}}{\partial x}g(x)=0\\
&\frac{\partial T_n}{\partial x}g(x)=\gamma(x)\equiv 0
\end{aligned}
\tag{9-559}
$$

令 $h(x)=T_1(x)$，可看出

$$T_{i+1}(x)=L_fT_i(x)=L_f^ih(x),\ i=1,2,\cdots,n-1 \tag{9-560}$$

$h(x)$ 满足偏微分方程

$$L_gL_f^{i-1}h(x)=0,\ i=1,2,\cdots,n-1 \tag{9-561}$$

其约束条件为

$$L_gL_f^{i-1}h(x)\neq 0 \tag{9-562}$$

α 和 γ 由下式给出

$$\gamma(x)=L_gL_f^{n-1}h(x),\ \alpha(x)=-\frac{L_f^nh(x)}{L_gL_f^{n-1}h(x)} \tag{9-563}$$

总之，当且仅当存在函数 $h(x)$，使系统［式（9-549）］的相对阶为 n 或 h 满足约束条件为式（9-562）的偏微分方程［式（9-561）］，则系统［式（9-548）］是可反馈线性化的。$h(x)$ 的存在性可由向量场 f 和 g 上的充分必要条件描述。这些条件用到了李括号和不变分布的概念，下面将进行介绍。

对于 $D\subset\mathbf{R}^n$ 上的两个向量场 f 和 g，李括号 $[f,g]$ 是第三个向量场，定义为

$$[f,g](x)=\frac{\partial g}{\partial x}f(x)-\frac{\partial f}{\partial x}g(x) \tag{9-564}$$

其中，$[\partial f/\partial x]$ 和 $[\partial g/\partial x]$ 是雅可比矩阵。g 对 f 的李括号可以重复，下面的表示法可简化该过程

$$
\begin{aligned}
&\mathbf{ad}_f^0g(x)=g(x)\\
&\mathbf{ad}_fg(x)=[f,g](x)\\
&\mathbf{ad}_f^kg(x)=[f,\mathbf{ad}_f^{k-1}g](x),\ k\geqslant 1
\end{aligned}
\tag{9-565}
$$

显然 $[f,g]=-[g,f]$，且对常数向量场 f 和 g，$[f,g]=0$。

【例 9-28】 设非线性系统的函数为

$$f(x)=\begin{bmatrix} x_2\\ -\sin x_1-x_2\end{bmatrix},\ g(x)=\begin{bmatrix}0\\ x_1\end{bmatrix} \tag{9-566}$$

则

$$[f,g](x)=\begin{bmatrix}0&0\\1&0\end{bmatrix}\begin{bmatrix}x_2\\-\sin x_1-x_2\end{bmatrix}-\begin{bmatrix}0&1\\-\cos x_1&-1\end{bmatrix}\begin{bmatrix}0\\x_1\end{bmatrix}\tag{9-567}$$

$$[f,g](x)=\begin{bmatrix}-x_1\\x_1+x_2\end{bmatrix}\overset{\text{def}}{=\!=\!=}\mathbf{ad}_f g\tag{9-568}$$

$$\begin{aligned}\mathbf{ad}_f^2 g&=[f,\mathbf{ad}_f g]\\&=\begin{bmatrix}-1&0\\1&1\end{bmatrix}\begin{bmatrix}x_2\\-\sin x_1-x_2\end{bmatrix}-\begin{bmatrix}-1&1\\-\cos x_1&-1\end{bmatrix}\begin{bmatrix}-x_1\\x_1+x_2\end{bmatrix}\\&=\begin{bmatrix}-x_1-2x_2\\x_1+x_2-\sin x_1-x_1\cos x_1\end{bmatrix}\end{aligned}\tag{9-569}$$

【例 9-29】 如果$f(x)=Ax$，且 g 是常数向量场，则

$$\mathbf{ad}_f g=[f,g](x)=-Ag\tag{9-570}$$

$$\mathbf{ad}_f^2 g=[f,\mathbf{ad}_f g]=-A(Ag)=A^2 g\tag{9-571}$$

和

$$\mathbf{ad}_f^k g=(-1)^k A^k g\tag{9-572}$$

对 $D\subset\mathbf{R}^n$ 上的向量场$f_1,f_1,\cdots,f_k$，设

$$\Delta(x)=\operatorname{span}\{f_1(x),f_2(x),\cdots,f_k(x)\}\tag{9-573}$$

为$\mathbf{R}^n$的子空间，$\mathbf{R}^n$由在任意固定的 $x\in D$ 的向量$f_1(x),f_2(x),\cdots,f_k(x)$张成。对 $x\in D$，所有向量空间$\Delta(x)$ 的集合称为分布，记为

$$\Delta=\operatorname{span}\{f_1,f_2,\cdots,f_k\}\tag{9-574}$$

$\Delta(x)$ 的维数定义为

$$\dim(\Delta(x))=\operatorname{rank}[f_1(x),f_2(x),\cdots,f_k(x)]\tag{9-575}$$

其可能随 x 变化，但若 $\Delta=\operatorname{span}\{f_1,f_2,\cdots,f_k\}$，其中$\{f_1(x),f_2(x),\cdots,f_k(x)\}$对所有 $x\in D$ 是线性独立的，则对于所有 $x\in D$, $\dim(\Delta(x))=k$。此时称 Δ 是 D 上的非奇异分布，由$f_1,f_2,\cdots,f_k$生成。若

$$g_1\in\Delta,\ g_2\in\Delta\Rightarrow[g_1,g_2]\in\Delta\tag{9-576}$$

则分布 Δ 是对合的。若 Δ 是 D 上的非奇异分布，由$f_1,f_2,\cdots,f_k$生成，则可以验证当且仅当

$$[f_i,f_j]\in\Delta,\ \forall 1\leqslant i,j\leqslant k\tag{9-577}$$

时，Δ 是对合的。

【例 9-30】 设 $D=\{x\in\mathbf{R}^3\mid x_1^2+x_3^2\neq 0\}$，$\Delta=\operatorname{span}\{f_1,f_2\}$，其中

$$f_1=\begin{bmatrix}2x_3\\-1\\0\end{bmatrix},\ f_2=\begin{bmatrix}-x_1\\-2x_2\\x_3\end{bmatrix}\tag{9-578}$$

可以验证对于所有 $x\in D$，$\dim(\Delta(x))=2$，且有

$$[f_i,f_j]=\frac{\partial f_2}{\partial x}f_1-\frac{\partial f_1}{\partial x}f_2=\begin{bmatrix}-4x_3\\2\\0\end{bmatrix} \tag{9-579}$$

和

$$\text{rank}[f_1(x),f_2(x),[f_1,f_2](x)]=\text{rank}\begin{bmatrix}2x_3 & -x_1 & -4x_3\\-1 & -2x_2 & 2\\0 & x_3 & 0\end{bmatrix}=2,\ \forall x\in D \tag{9-580}$$

因此，$[f_1,f_2]\in\Delta$。由于$[f_2,f_1]=-[f_1,f_2]$，故可以推出 Δ 是对合的。

接下来，将讨论这类可反馈线性化的系统。

【定理 9-9】 对于式（9-548），当且仅当存在定义域$D_0\subset D$，使得

（1）对于所有 $x\in D$，矩阵 $\boldsymbol{G}(x)=[g(x),\mathbf{ad}_f g(x),\cdots,\mathbf{ad}_f^{n-1}g(x)]$的秩为 n。

（2）分布 $D=\text{span}\{g,\mathbf{ad}_f g,\cdots,\mathbf{ad}_f^{n-1}g\}$在 D_0 上是对合的，则该系统是可反馈线性化的。

【例 9-31】 考虑前面所提到的系统

$$\dot{\boldsymbol{x}}=\begin{bmatrix}a\sin x_2\\-x_1^2\end{bmatrix}+\begin{bmatrix}0\\1\end{bmatrix}\boldsymbol{u}\overset{\text{def}}{=\!=}f(x)+gu \tag{9-581}$$

有

$$\mathbf{ad}_f g=[f,g]=-\frac{\partial f}{\partial x}g=\begin{bmatrix}-a\cos x_2\\0\end{bmatrix} \tag{9-582}$$

对于所有 x，矩阵

$$\boldsymbol{G}=[g,\mathbf{ad}_f g]=\begin{bmatrix}0 & -a\cos x_2\\1 & 0\end{bmatrix} \tag{9-583}$$

的秩为 2，故 $\cos x_2\neq0$。分布 $D=\text{span}\{g\}$ 是对合的。因此，定理 9-9 的条件在定义域$D_0=\{x\in\mathbf{R}^2\mid\cos x_2\neq0\}$上成立。为了找到使系统转换为式（9-483）的变量代换，需要求 $h(x)$，使之满足

$$\frac{\partial h}{\partial x}g=0;\ \frac{\partial(L_f h)}{\partial x}g\neq0,\ h(0)=0 \tag{9-584}$$

根据条件$[\partial h/\partial x]g=0$，有

$$\frac{\partial h}{\partial x}g=\frac{\partial h}{\partial x_2}g=0 \tag{9-585}$$

这样 h 一定与x_2无关，因此

$$L_f h(x)=\frac{\partial h}{\partial x_1}a\sin x_2 \tag{9-586}$$

选择任意满足$\partial h/\partial x_1=0$ 的 h，条件

$$\frac{\partial(L_f h)}{\partial x}g=\frac{\partial(L_f h)}{\partial x_2}=\frac{\partial h}{\partial x_1}a\cos x_2\neq0 \tag{9-587}$$

在定义域D_0上都成立。取 $h(x)=x_1$即可得到前面用到的变换，也可以选择其他 $h(x)$，例如

取 $h(x)=x_1+x_1^3$，则给出另一个变量代换，也能使系统转换为式（9-483）的形式。

三、分段线性化

把非线性特性曲线分成若干个区段，在每个区段中用直线段近似地代替特性曲线，这种处理方式称为分段线性化。在分段线性化处理后，所研究的非线性系统在每一个区段上被近似等效为线性系统，就可采用线性系统的理论和方法来进行分析。将各个区段的分析结果，如过渡过程曲线或相轨迹（见相平面法），按时间的顺序加以衔接，就是所研究非线性系统按分段线性化法分析得到的结果。

说明分段线性化方法的原理和分析步骤的典型例子是简单非线性电路系统。电路由电阻 R 和线圈 L 串联组成，通过开关接入一个直流电源。根据电路原理可知，描述这个电路在开关闭合后电流增长过程的运动方程是一个非线性微分方程：

$$L(i)\frac{\mathrm{d}i}{\mathrm{d}t}+Ri=E \tag{9-588}$$

式中，i 表示电流；R 表示电阻；$L(i)$ 表示线圈的非线性电感，为电流 i 的函数。非线性电感可表示为

$$L(i)=k\frac{\mathrm{d}\phi}{\mathrm{d}i} \tag{9-589}$$

式中，k 为常数；ϕ 为磁通，和电流 i 之间的关系具有非线性特性。电路的初始电流 $i(0)=0$，而在达到稳态时，电路的稳态电流 $i(\infty)=\dfrac{E}{R}$。在采用分段线性化方法来分析时，首先在电流值的有效区间 $[0,i(\infty)]$ 内，将非线性特性分成 N 个区域，且在每个区段内用直线代替曲线。再定出每个直线段和水平线的交角 θ_0、θ_1、θ_2 后，可知相应于每个区段的等效线性电感值为 $L_0=K_0\tan\theta_0$、$L_1=K_1\tan\theta_1$ 和 $L_2=K_2\tan\theta_2$，其中 K_0、K_1、K_2 为不同的常数。因此，在每一个区段，电路的运动方程都被转变为线性的，具体为

$$\begin{cases}\text{区段 I}: L_0\dfrac{\mathrm{d}i}{\mathrm{d}t}+Ri=E,\ 0<i<i_1\\[2ex] \text{区段 II}: L_1\dfrac{\mathrm{d}i}{\mathrm{d}t}+Ri=E,\ i_1<i<i_2\\[2ex] \text{区段 III}: L_2\dfrac{\mathrm{d}i}{\mathrm{d}t}+Ri=E,\ i_2<i<i(\infty)\end{cases} \tag{9-590}$$

经过上述分段，且在各段内进行近似线性处理后，得到的上述线性微分方程可用线性分析的方法求解。

经过上述过程，一个非线性的系统则被转换为在各个所划分区段内的线性系统。因此，可以将整个系统用同一个状态方程来表示，但是模型中的系统矩阵、输入矩阵中会带有某个变化的参数，该参数在所划分的区段内有其特定的取值，至此，非线性系统则被转换为一个线性变参（LPV）模型。

分段线性化的分析精度和计算复杂度取决于系统非线性程度的高低。对于具有折线形状的非线性特性，如继电型非线性和死区非线性，分段线性化方法不会引入分析误差，且计算上也不会增加复杂性。但是对于非线性程度较低的系统，分段线性化方法具有比较好的分析结果。对于非线性程度高的系统，原则上分段线性化方法仍可适用，但是计算复杂度会增加，而且分析准确度取决于线性化的分区段数量。

在智能车辆动力学控制中，经常需要建立轮胎的附着模型，如图 9-32 所示，对路面附着系数-滑移率曲线进行分段线性化处理，假设在滑移率为 s（一般在 20% 左右）时，路面附着系数最大，则可得到如下两个线性函数：

$$\mu=\begin{cases}\mu_0+k_1 s, & s\leqslant s_0\\ \mu_0+(k_1+k_2)s_0-k_2 s, & s>s_0\end{cases} \tag{9-591}$$

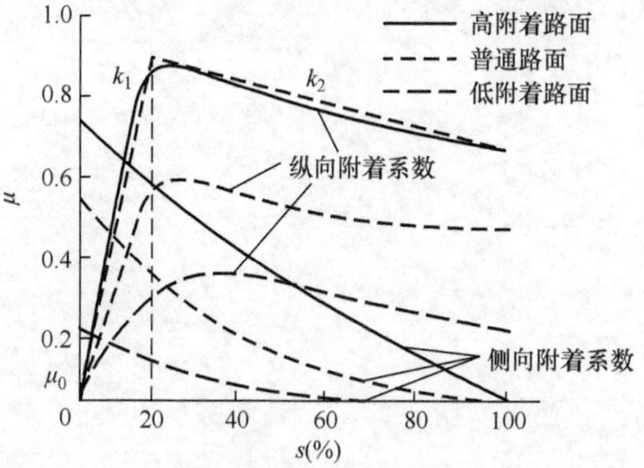

图 9-32　轮胎附着系数-滑移率曲线图

μ—路面附着系数　s—滑移率　μ_0—第一段函数的截距　k_1—第一段函数的斜率　k_2—第二段函数的斜率

采用该分段线性化的轮胎附着模型，可非常方便地处理轮胎模型中的非线性问题。

思考题

1. 简要复述状态空间描述方法。
2. 如何判定控制系统的稳定性、可控性和可观性？
3. 简述最小二乘法系统辨识方法的基本原理。
4. 简述卡尔曼滤波算法基本思想。
5. 简述控制系统设计的基本思路。
6. 简述滑膜控制的基本原理。
7. 简述H_∞控制的基本原理。
8. 简述 LQR 控制的基本原理。
9. 简述模型预测控制的基本原理。
10. 控制器为什么需要线性化设计？线性化设计的基本思路是什么？

第十章

智能车几种常见运动控制技术

第一节 路径跟踪控制

一、任务需求

路径跟踪系统是属于L2级先进驾驶辅助系统的功能，它使车辆在高速公路的标记车道内行驶，同时保持驾驶员设定的速度并与前一辆车的安全距离。路径跟踪系统包括主车的纵向和横向组合控制：纵向控制是通过调整主车的加速度，保持车辆以驾驶员设定的速度行驶，并与车道上的前方车辆保持安全距离；横向控制是通过调整主车的转向，使主车沿着其车道中心线行驶。组合式车道跟踪控制系统可实现纵向和横向控制的各自控制目标；当多个控制目标不能同时满足时，车道跟踪控制系统可以调整它们的优先级。

根据转向控制方式的不同，目前常用的横向控制技术可以分为主动转向控制、差动制动控制和主动转矩分配控制三种。

1）主动转向控制：通过主动操纵转向系统机构，使前轮产生额外的转角，从而达到控制车辆运动轨迹的目的。常用可实现主动转向控制的转向系统有电子液压转向系统、电动助力转向系统（EPS）以及线控转向系统等。

2）差动制动控制：通过车辆制动系统对4个车轮分别进行制动力分配，实现差动制动，利用产生的附加横摆力矩控制车辆回归正确的行驶路径。

3）主动转矩分配控制：在分布式全轮驱动的车辆上根据差动力矩分配方法，使分配到各个车轮上的驱动力矩不同，通过控制车辆的横摆运动完成对车辆运动轨迹的控制。

主动转向控制是通过转向轮直接实现汽车航向角的变化，需要计算转向系统产生的辅助转矩或主动转角；差动制动控制和主动转矩分配控制的目标也是实现汽车航向角，需要以此为基础计算不同车轮的制动或驱动力矩。三种转向的控制目标相同、原理类似，但控制对象不同，因此差动制动转向和主动转矩分配转向的控制算法在主动转向控制算法的基础上加以修改即可。本节主要介绍采用主动转向控制的车辆横向控制方法。

车辆的纵向控制较简单，本书前面的章节已经介绍过，本节重点介绍车辆的横向控制问题。通过本项目实训，了解路径跟踪系统的工作原理，加深对车辆横向运动学控制方法和动力学控制方法的理解，能够设计出路径跟踪过程中车辆横纵向动力学控制策略，并实现整个系统的闭环仿真与分析。

二、运动学方法

（一）PID控制

首先根据期望值输入和实际值进行偏差计算，根据所得到的跟踪误差的比例环节（P）、积分环节（I）、微分环节（D）的线性组合构成控制输入量，再传递给被控对象，被控对象返回实际测量值，以形成闭环反馈（图 10-1）。

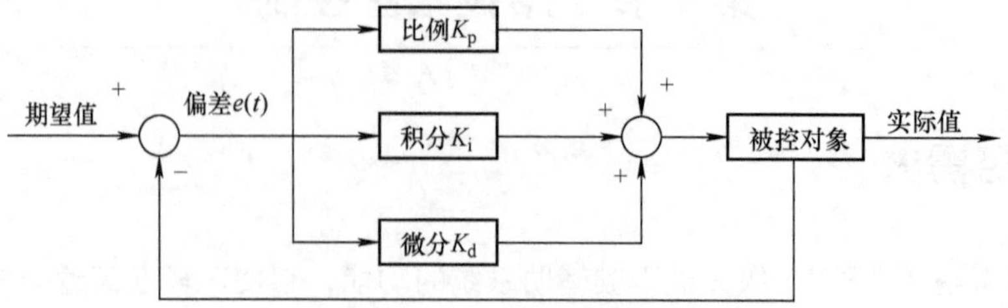

图 10-1　PID 算法原理

PID 控制算法的控制输入为

$$u(t) = K_p e(t) + K_i \int_0^t e(\tau)\mathrm{d}\tau + K_d \dot{e}(t) \tag{10-1}$$

其中 K_p、K_i、K_d 分别为误差的比例系数、积分系数、微分系数。输出跟踪误差为

$$e(t) = y_r(t) - y(t) \tag{10-2}$$

假设车辆预瞄前方道路上一点 A，它在惯性坐标系下的坐标为（X_A，Y_A），到点 A 参考路径曲线的切线方向与车辆坐标系 x 轴夹角为 δ_A，车辆质心位置为（X_C，Y_C），车辆坐标系 x 轴线与 x 轴夹角为 φ_C，如图 10-2 所示。

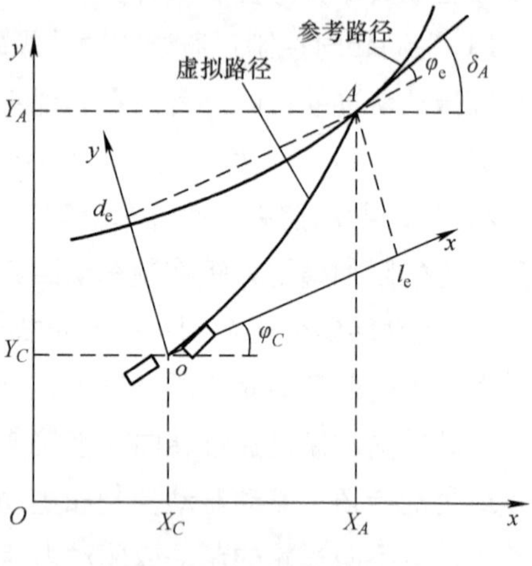

图 10-2　车辆道路相对位置关系

在车辆坐标系 XOY 下，可得到预瞄点 A 与车辆质心的位置偏差及方向偏差，其相对位置几何关系有：

$$\begin{bmatrix} l_e \\ d_e \\ \varphi_e \end{bmatrix} = \begin{bmatrix} \cos\varphi_C & \sin\varphi_C & 0 \\ -\sin\varphi_C & \cos\varphi_C & 0 \\ 0 & 0 & 1 \end{bmatrix} \begin{bmatrix} X_A - X_C \\ Y_A - Y_C \\ \delta_A - \delta_C \end{bmatrix} \tag{10-3}$$

其中，l_e 为预瞄距离；d_e 为车辆坐标系下 xoy 车辆质心与预瞄点 A 的横向距离偏差；φ_e 为车辆坐标系 XOY 下车辆质心与预瞄点 A 的航向偏差。在智能车辆路径跟踪过程中，可通过计算横向偏差与航向偏差从而得到前轮转角：

$$\delta_1(t) = K_{pd_e} d_e(t) + K_{dd_e} \frac{\mathrm{d}d_e(t)}{\mathrm{d}t} + K_{id_e} \int_0^t d_e(t)\mathrm{d}t + K_{p\varphi_e}\varphi_e(t) + K_{d\varphi_e}\frac{\mathrm{d}\varphi_e(t)}{\mathrm{d}t} + K_{i\varphi_e}\int_0^t \varphi_e(t)\mathrm{d}t \tag{10-4}$$

式中，K_{pd_e}、K_{dd_e}、K_{id_e} 分别为横向偏差的比例、微分和积分因子；$K_{p\varphi_e}$、$K_{d\varphi_e}$、$K_{i\varphi_e}$ 分别为航向偏差的比例、微分和积分因子；d_e 为车辆质心与参考点之间的横向偏差；φ_e 为航向偏差。

（二）Stanley 控制算法

Stanley 控制算法是一种基于横向偏差的非线性反馈函数，并且能实现横向偏差指数收敛于 0。如图 10-3 所示，横向偏差 d_e 是车辆前轮到给定最近轨迹点 p 的距离；δ_e 是给定轨迹上切线方向与车身航向之间的夹角；φ_e 是前轮线速度与车身航向之间的夹角。

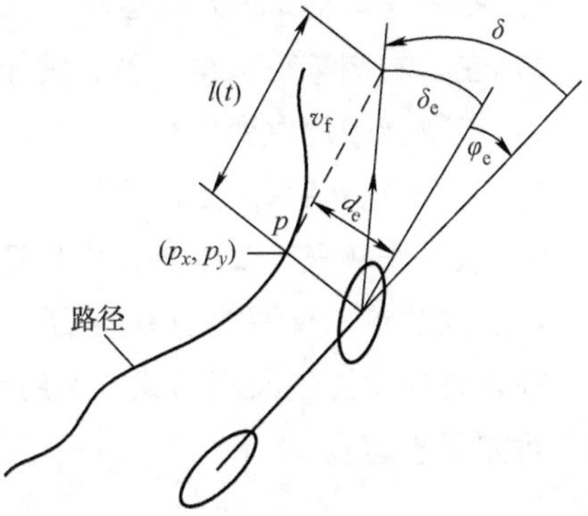

图 10-3　Stanley 控制算法示意图

在不考虑横向误差的情况之下，需要车辆跟随期望轨迹运动，需要前轮转角时刻保持与期望轨迹上点的切线方向一致，即前轮转角为 φ_e。

在不考虑航向误差的情况之下，需要车辆跟随期望轨迹运动，则前轮转角需要消除横向偏差，即前轮转角为 δ_e。

因此同时考虑横向偏差和航向偏差，前轮转角为

$$\delta(t)=\delta_e(t)+\varphi_e \tag{10-5}$$

由图 10-3 不难得出：

$$d_e(t)=-v_f(t)\sin\delta_e(t) \tag{10-6}$$

其中，

$$\sin\delta_e=\frac{d_e(t)}{\sqrt{l(t)^2+d_e(t)^2}}=\frac{kd_e(t)}{\sqrt{v_f(t)^2+(kd_e(t))^2}} \tag{10-7}$$

其中，k 为增益系数，则

$$\dot{d}_e(t)=-\frac{kd_e(t)}{\sqrt{1+\left(\frac{kd_e(t)}{v(t)}\right)^2}} \tag{10-8}$$

其中，当横向偏差很小时，$\left(\frac{kd_e(t)}{v(t)}\right)^2$ 趋近于 0。

$$\dot{d}_e(t)\approx -kd_e(t) \tag{10-9}$$

当上式成立，即 $d_e(t)\approx -kd_e(t)$ 时，有：

$$\delta_e(t)=\arctan\frac{kd_e(t)}{v_f(t)} \tag{10-10}$$

结合式（10-5）和式（10-10），则有：

$$\delta(t)=\arctan\frac{kd_e(t)}{v_f(t)}+\varphi_e(t) \tag{10-11}$$

对式（10-9）进行积分可得

$$d_e(t)=-d_e(0)\exp^{-kt} \tag{10-12}$$

由式（10-12）可见，横向偏差指数收敛于 $d_e(t)=0$，且收敛速度取决于参数 k 的取值。因此，只要 $k>0$，则对于任意初始横向偏差，微分方程都单调且收敛于 0。

（三）纯跟踪控制

单车模型是对阿克曼转向几何的简化，为了建立单车模型，首先做如下假设：

1）不考虑车辆 z 轴方向运动，只考虑 xy 水平面的运动。

2）左、右侧车轮转角一致，便于搭建单车模型。

3）车辆行驶速度变化缓慢，忽略前、后轴载荷转移。

4）车身及悬架系统是刚性的。

5）假设车辆只在二维平面内低速行驶，无滑移。

所建立的单车模型如图 10-4 所示。

前轮方向始终是圆周切线，使用单车模型简化了前轮转角和后轴遵循曲率之间的几何关系，可如下表达：

$$\tan\delta_{\mathrm{f}} = \frac{L}{R} \tag{10-13}$$

其中，δ_{f} 为前轮转角；L 为轴距；R 为给定转角下后轴遵循的圆周轨迹的半径。该公式可以适用于在低速场景下对车辆运动进行控制的场景。

纯跟踪算法以车辆后轴为切点，车辆纵向车身为切线，通过控制前轮转向角，使得车辆可以沿一条经过一系列目标点的圆弧行驶，如图 10-5 所示。

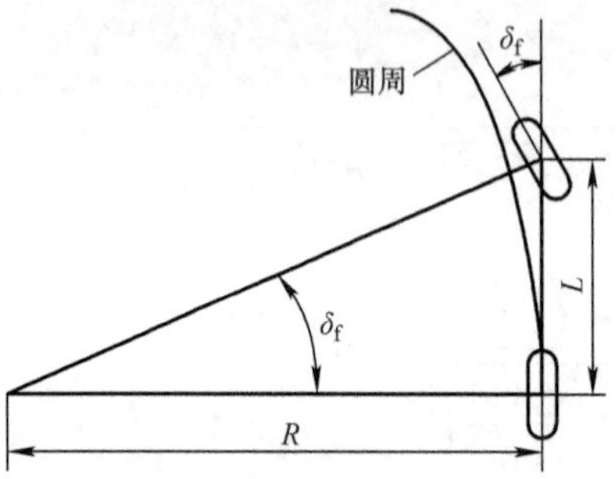

图 10-4　阿克曼前轮转向模型

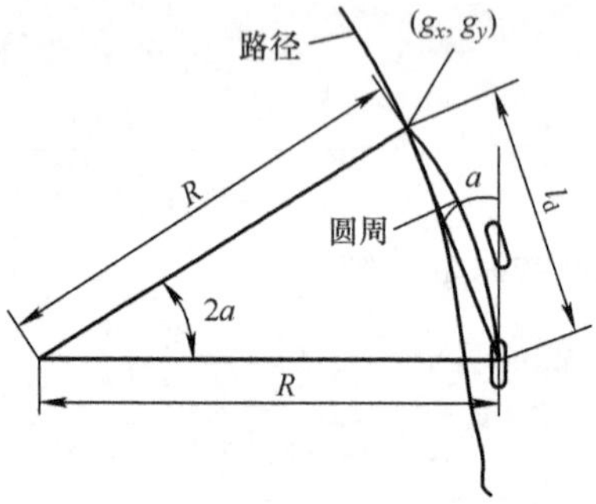

图 10-5　纯跟踪算法示意图

需要控制车辆的后轴中心点经过要追踪的点，由正弦定理可得：

$$\frac{l_{\mathrm{d}}}{\sin(2\alpha)} = \frac{R}{\sin\left(\dfrac{\pi}{2} - \alpha\right)} \tag{10-14}$$

简化可得：

$$R = \frac{l_{\mathrm{d}}}{2\sin\alpha} \tag{10-15}$$

曲率半径 k 为

$$k = \frac{2\sin\alpha}{l_{\mathrm{d}}} \tag{10-16}$$

根据上式，车辆前轮转角可改写为

$$\delta_{\mathrm{f}}(t) = \arctan\left(\frac{2L\sin(\alpha(t))}{l_{\mathrm{d}}}\right) \tag{10-17}$$

其中，l_{d} 为预瞄距离；L 为车辆轴距；δ_{f} 为期望的车辆前轮转角。将时间考虑进来，在已知

t 时刻车身和目标路点的夹角 $\alpha(t)$ 和距离目标路点的预瞄距离 l_d 的情况下，由于车辆轴距 L 固定，故可以利用上式估计出应该施加的前轮转角 δ。为更好理解式（10-17），定义一个新变量 e_{l_d}，表示车辆车头与目标点的矢量的横向距离，于是有：

$$\sin\alpha = \frac{e_{l_\mathrm{d}}}{l_\mathrm{d}} \tag{10-18}$$

则曲率半径为

$$k = \frac{2}{l_\mathrm{d}^2} e_{l_\mathrm{d}} \tag{10-19}$$

可见，$2/l_\mathrm{d}^2$ 是一个纯比例控制的增益。这个比例控制器受预瞄距离的影响很大，如何调整预瞄距离变成纯追踪算法的关键，通常来说，预瞄距离是车速的函数，在不同的车速下需要选择不同的预瞄距离。一种最常用的方法是将预瞄距离 l_d 选取为与车速的线性关系式，则车辆期望的前轮转角为

$$\delta_\mathrm{f} = \arctan\left(\frac{2Le_{l_\mathrm{d}}}{l_\mathrm{d}^2}\right) \tag{10-20}$$

（四）Alice 控制

1. 运动学模型

假设车辆满足阿克曼转向动力学，可使用单车模型。则转向半径为 r_c 时的前轮转角为

$$\tan\delta_\mathrm{f} = \frac{L}{r_\mathrm{c}} \tag{10-21}$$

其中，L 为车辆轴距。

为分析非线性作用域，假设参考轨迹是一个半径为 r_c 的圆，后轴横向距离误差为 e_y，航向误差为 e_φ，前轮转角为 δ_f，如图 10-6 所示。由于任意可行轨迹均可以用圆弧近似，因此，圆周轨迹的假设是合理的。

其中 e_y 和 e_φ 满足关系式为

$$\begin{cases} \dfrac{\partial e_y}{\partial d} = \sin e_\varphi \\ \dfrac{\partial e_\varphi}{\partial d} = \dfrac{\cos e_y}{e_y + r_\mathrm{c}} + \dfrac{\tan\delta_\mathrm{f}}{L} \end{cases} \tag{10-22}$$

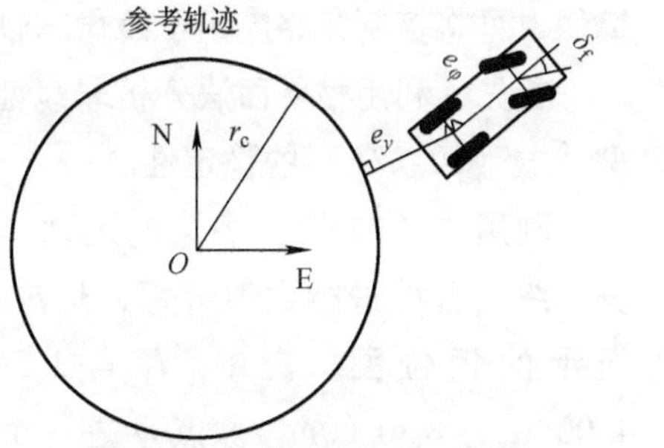

图 10-6　Alice 运动学示意图

N—北　E—东

式中，$\dfrac{\partial e_y}{\partial d}$，$\dfrac{\partial e_\varphi}{\partial d}$ 分别是 e_y 和 e_φ 关于移动距离 d 的导数，而不是对时间求导。在该过程中假设车速 v 是恒定的。

2. 控制器设计

横向动力学控制策略如图 10-7 所示。真实车辆可被垂直投影到轨迹上最近的点。其中后轴中心点 O 投影到参考轨迹上为点 R 并产生投影在参考轨迹上的虚拟车辆。对于虚拟车辆进行前轮转弯，使得转弯半径的曲率与参考轨迹点 R 处曲率重合，从而使得虚拟车辆在参考轨迹上。定义真实车辆的前轮转角为 δ_f，如图 10-7 所示，对于特殊情况 $l_1 = L$，真实车

辆的预瞄方向为 S 点。

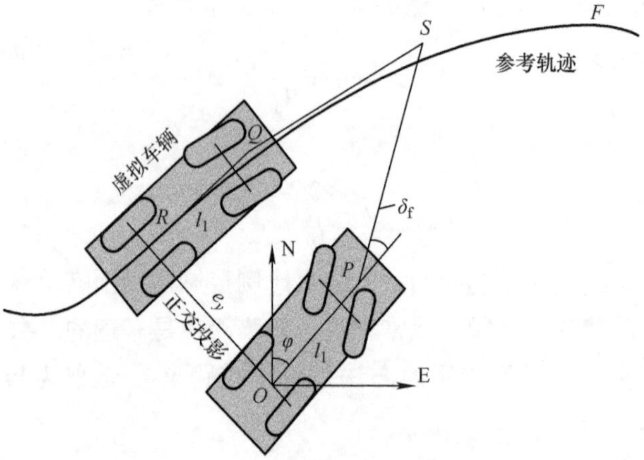

图 10-7　横向动力学控制策略示意图

虚拟车辆的转向角不是根据参考轨迹在 R 处的曲率计算的，而是根据参考轨迹在 F 处的曲率计算的。假设车辆速度为 v，行驶 RF_{traj} 轨迹内的时间为 τ，则

$$RF_{traj}=v(t)\tau(t) \tag{10-23}$$

根据其对称性，控制器很容易修改为反向轨迹跟踪。如图 10-8 所示，将车辆通过后轴镜像，可将控制策略应用于镜像车辆。

首先，利用相平面法分析非线性运动学模型［式（10-22）］的稳定性。

利用式（10-22）表达的运动学模型，对其非线性区域进行数值分析，形成如图 10-9 所示的相位图，其中，$l_1=3.55$m，$l_2=4.00$m，$r_c=20.00$m。原点 O 是一个稳定的驻点，在 $e_\varphi\approx\pm\pi$ 处的垂直曲线是驻点的集合，并不稳定。当控制被限制在左、右极限之间时，偏航方向为 $\overrightarrow{OS}=(2n+1)\pi$，如图 10-9 所示。其中相位图显示，除不稳定平衡曲线外，所有状态均收敛于原点。

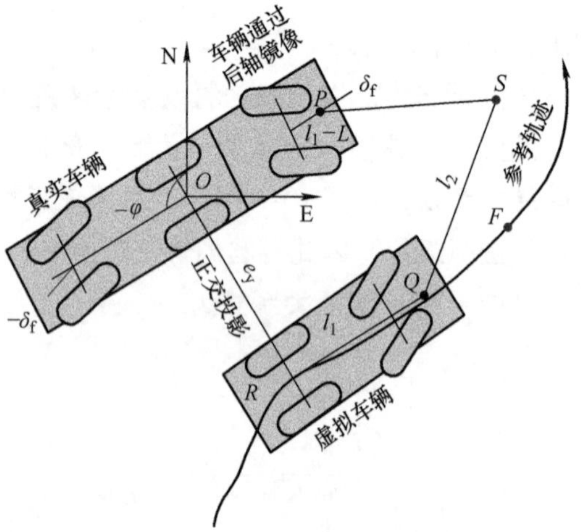

图 10-8　反向驱动情况示意图

当 $r_c=4.00$m 时，原点不是一个静止点，由于 $r_c<r_{min}=7.35$m，出现了极限环（图 10-10）。

3. 线性区域

控制器名义上工作点在 e_y，$e_\varphi=(0,0)$。将式（10-22）线性化，可得到：

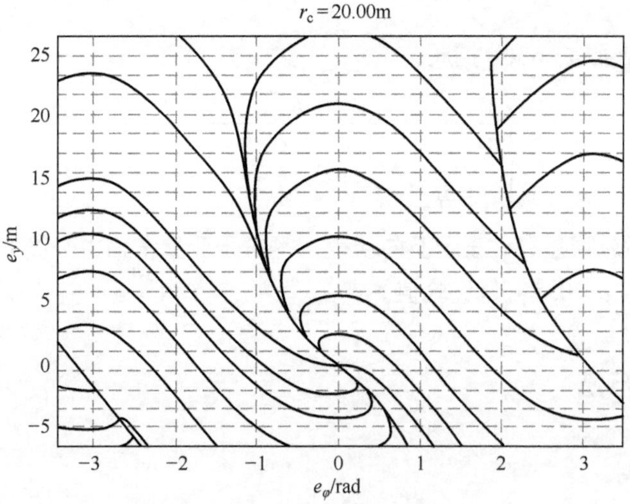

图 10-9 运动学模型的相位图 1

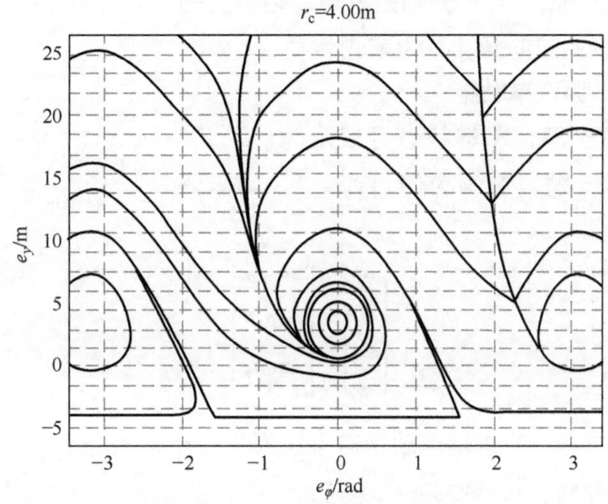

图 10-10 运动学模型的相位图 2

$$\begin{bmatrix} \dfrac{\mathrm{d}e_y}{\mathrm{d}d} \\ \dfrac{\mathrm{d}e_\varphi}{\mathrm{d}d} \end{bmatrix} = \begin{bmatrix} 0 & 1 \\ 0 & 0 \end{bmatrix} \begin{bmatrix} e_y \\ e_\varphi \end{bmatrix} + \begin{bmatrix} 0 \\ \dfrac{1}{L} \end{bmatrix} \delta \tag{10-24}$$

以及状态反馈控制策略：

$$\delta_f = -\frac{1}{l_2}(e_y + e_\varphi l_1) - e_\varphi \tag{10-25}$$

其中，l_1表示车辆哪一点被控制，一般 $l_1 = L$ 时，不会出现超调现象。较短的 l_1会出现超调现象；较长的 l_1会出现过阻尼现象。在 Alice 控制中 $|\dot{\delta}_f|_{max} = 0.2\text{rad/s}$，$l_2 = kv$，其中 k 为常数。

4. 积分环节

对所提出的控制器进行积分扩展：

$$\begin{cases}\dfrac{\mathrm{d}I}{\mathrm{d}t}=\dfrac{[e_y(t)+l_1\sin(e_\varphi(t))]v(t)^\rho}{T_i}\\ \delta_\mathrm{f}=\delta_{f_\mathrm{nom}}+I\end{cases} \tag{10-26}$$

式中，e_y表示横向后轴误差；e_φ表示航向误差，等价于测量车辆中心线的横向误差，在 O 前面的距离为 l_1，其中 $\rho=0.5$，是经验值。

三、动力学方法

（一）LQR 控制

1. 运动学模型

车辆运动学模型如图 10-11 所示。在惯性坐标系 XOY 下，$(X_\mathrm{r}, Y_\mathrm{r})$ 和 $(X_\mathrm{f}, Y_\mathrm{f})$ 分别是车辆前轴和后轴的轴心坐标，φ 为车辆的航向角，δ_f 为前轮转角，v_r为车辆的后轴中心速度，L 为汽车轴距。

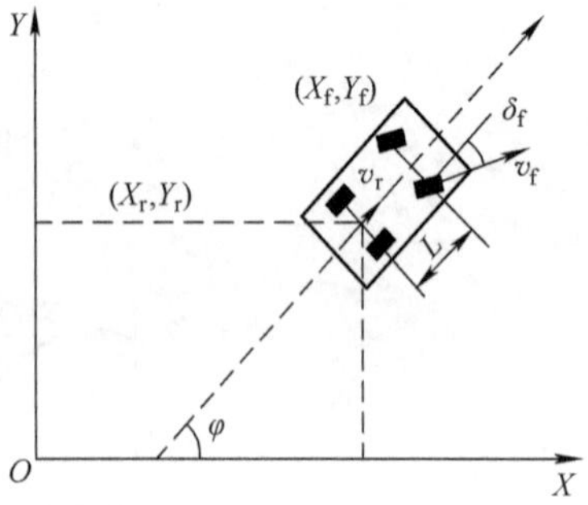

图 10-11　车辆运动学模型

在惯性坐标系 XOY 下，车辆状态可表示为$(X_\mathrm{r},Y_\mathrm{r},\varphi,v_\mathrm{r})$，为了表示方便，将其简写为$(x,y,\varphi,v)$，则车辆运动学模型为

$$\begin{bmatrix}\dot{x}\\ \dot{y}\\ \dot{\varphi}\end{bmatrix}=\begin{bmatrix}\cos\varphi\\ \sin\varphi\\ \dfrac{\tan\delta_\mathrm{f}}{L}\end{bmatrix} \tag{10-27}$$

根据车辆运动学方程，将车辆运动状态系统看作一个输入为 $\boldsymbol{u}=[v,\delta_1]^\mathrm{T}$ 以及状态参数 $\boldsymbol{X}=[x,y,\varphi]^\mathrm{T}$的控制系统，可表示为

$$\dot{\boldsymbol{X}}=f(\boldsymbol{X},\boldsymbol{u}) \tag{10-28}$$

在智能车辆控制系统中，期望轨迹可表示为

$$\dot{\boldsymbol{X}}_\mathrm{c}=f(\boldsymbol{X}_\mathrm{c},\boldsymbol{u}_\mathrm{c}) \tag{10-29}$$

式中，$\boldsymbol{X}_\mathrm{c}=[x_\mathrm{c},y_\mathrm{c},\varphi_\mathrm{c}]^\mathrm{T}$，$\boldsymbol{u}_\mathrm{c}=[v_\mathrm{c},\delta_\mathrm{c}]^\mathrm{T}$，分别为参考轨迹的期望状态和期望输入。

将系统模型（10-28）在期望点（$\boldsymbol{X}_\mathrm{c}$，$\boldsymbol{u}_\mathrm{c}$）处进行泰勒式展开，忽略高阶项，可得

$$\dot{\boldsymbol{X}}=f(\boldsymbol{X}_\mathrm{c},\boldsymbol{u}_\mathrm{c})+\frac{\partial f(\boldsymbol{X},\boldsymbol{u})}{\partial \boldsymbol{X}}\bigg|_{\substack{X=X_\mathrm{c}\\ u=-u_\mathrm{c}}}(\boldsymbol{X}-\boldsymbol{X}_\mathrm{c})+\frac{\partial f(\boldsymbol{X},\boldsymbol{u})}{\partial \boldsymbol{u}}\bigg|_{\substack{X=X_\mathrm{c}\\ u=-u_\mathrm{c}}}(\boldsymbol{u}-\boldsymbol{u}_\mathrm{c}) \tag{10-30}$$

记$\hat{\boldsymbol{X}}=\boldsymbol{X}-\boldsymbol{X}_\mathrm{c}$，$\hat{\boldsymbol{u}}=\boldsymbol{u}-\boldsymbol{u}_\mathrm{c}$，根据式（10-29）与式（10-30）得：

$$\dot{\hat{\boldsymbol{X}}}=\begin{bmatrix}\dot{x}-\dot{x}_\mathrm{c}\\ \dot{y}-\dot{y}_\mathrm{c}\\ \dot{\varphi}-\dot{\varphi}_\mathrm{c}\end{bmatrix}=\begin{bmatrix}0&0&-v_\mathrm{c}\sin\varphi_\mathrm{c}\\ 0&0&v_\mathrm{c}\cos\varphi_\mathrm{c}\\ 0&0&0\end{bmatrix}\begin{bmatrix}x-x_\mathrm{c}\\ y-y_\mathrm{c}\\ \varphi-\varphi_\mathrm{c}\end{bmatrix}+\begin{bmatrix}\cos\varphi_\mathrm{c}&0\\ \sin\varphi_\mathrm{c}&0\\ \dfrac{\tan\delta_\mathrm{c}}{L}&\dfrac{v_\mathrm{c}}{L\cos^2\delta_\mathrm{c}}\end{bmatrix}\begin{bmatrix}v-v_\mathrm{c}\\ \delta-\delta_\mathrm{c}\end{bmatrix} \tag{10-31}$$

即

$$\hat{\boldsymbol{X}}=\begin{bmatrix}\dot{x}-\dot{x}_{\mathrm{c}}\\ \dot{y}-\dot{y}_{\mathrm{c}}\\ \dot{\varphi}-\dot{\varphi}_{\mathrm{c}}\end{bmatrix}=\begin{bmatrix}0 & 0 & -v_{\mathrm{c}}\sin\varphi_{\mathrm{c}}\\ 0 & 0 & v_{\mathrm{c}}\cos\varphi_{\mathrm{c}}\\ 0 & 0 & 0\end{bmatrix}\hat{\boldsymbol{X}}+\begin{bmatrix}\cos\varphi_{\mathrm{c}} & 0\\ \sin\varphi_{\mathrm{c}} & 0\\ \dfrac{\tan\delta_{\mathrm{c}}}{L} & \dfrac{v_{\mathrm{c}}}{L\cos^2\delta_{\mathrm{c}}}\end{bmatrix}\hat{\boldsymbol{u}} \tag{10-32}$$

则式（10-32）为线性化之后的路径跟踪误差模型，进一步离散化可得

$$\hat{\boldsymbol{X}}(k+1)=\boldsymbol{A}_{\mathrm{e}}\hat{\boldsymbol{X}}(k)+\boldsymbol{B}_{\mathrm{e}}\hat{\boldsymbol{u}}(k) \tag{10-33}$$

其中，$T=0.01\mathrm{s}$，为采样时间，系统矩阵为

$$\boldsymbol{A}_{\mathrm{e}}=\begin{bmatrix}1 & 0 & -v_{\mathrm{c}}\sin\varphi_{\mathrm{c}}T\\ 0 & 1 & v_{\mathrm{c}}\cos\varphi_{\mathrm{c}}T\\ 0 & 0 & 1\end{bmatrix},\ \boldsymbol{B}_{\mathrm{e}}=\begin{bmatrix}\cos\varphi_{\mathrm{c}}T & 0\\ \sin\varphi_{\mathrm{c}}T & 0\\ \dfrac{\tan\delta_{\mathrm{c}}}{L}T & \dfrac{v_{\mathrm{c}}}{L\cos^2\delta_{\mathrm{c}}}T\end{bmatrix}$$

2. 控制器合计

在建立车辆运动学模型［式（10-33）］之后，定义二次型优化目标如下：

$$\boldsymbol{J}(\hat{\boldsymbol{u}})=\frac{1}{2}\overline{\boldsymbol{X}}^{\mathrm{T}}(N)\boldsymbol{Q}_1\hat{\boldsymbol{X}}(N)+\frac{1}{2}\sum_{k=0}^{N-1}[\overline{\boldsymbol{X}}^{\mathrm{T}}(k)\boldsymbol{Q}\overline{\boldsymbol{X}}(k)+\hat{\boldsymbol{u}}^{\mathrm{T}}(k)\boldsymbol{R}\hat{\boldsymbol{u}}(k) \tag{10-34}$$

式中，$\boldsymbol{Q}$ 和 $\boldsymbol{R}$ 为加权矩阵；$\boldsymbol{Q}_1$ 为终点位置处的加权矩阵。

构造无约束优化问题，引入拉格朗日乘子，并构造哈密顿函数为

$$\boldsymbol{H}=\frac{1}{2}[\hat{\boldsymbol{X}}^{\mathrm{T}}(k)\boldsymbol{Q}\hat{\boldsymbol{X}}(k)+\hat{\boldsymbol{a}}^{\mathrm{T}}(k)\boldsymbol{R}\hat{\boldsymbol{a}}(k)]+\boldsymbol{\lambda}^{\mathrm{T}}(k+1)[\boldsymbol{A}_{\mathrm{e}}\overline{\boldsymbol{X}}(k)+\boldsymbol{B}_{\mathrm{e}}\overline{\boldsymbol{a}}(k)] \tag{10-35}$$

当优化目标 $\boldsymbol{J}$ 最小时，函数 $\boldsymbol{H}$ 满足控制方程

$$\frac{\partial\boldsymbol{H}}{\partial\hat{\boldsymbol{u}}(k)}=\boldsymbol{R}\hat{\boldsymbol{u}}(k)+\boldsymbol{B}_{\mathrm{e}}^{\mathrm{T}}\boldsymbol{\lambda}(\boldsymbol{k}+1)=0 \tag{10-36}$$

以及协态方程

$$\boldsymbol{\lambda}(k)=\frac{\partial\boldsymbol{H}}{\partial\hat{\boldsymbol{X}}(k)}=\boldsymbol{Q}\hat{\boldsymbol{X}}(k)+\boldsymbol{A}_{\mathrm{e}}^{\mathrm{T}}\boldsymbol{\lambda}(k+1) \tag{10-37}$$

边界条件为

$$\boldsymbol{\lambda}(N)=\frac{\partial\boldsymbol{J}}{\partial\hat{\boldsymbol{X}}(N)}=\boldsymbol{Q}_1\hat{\boldsymbol{X}}(N) \tag{10-38}$$

由控制方程、协态方程、边界条件可得

$$\begin{cases}\boldsymbol{Q}\hat{\boldsymbol{X}}(k)+\boldsymbol{A}_{\mathrm{c}}^{\mathrm{T}}\boldsymbol{\lambda}(k+1)=\boldsymbol{\lambda}(k)\\ \boldsymbol{R}\hat{\boldsymbol{u}}(k)+\boldsymbol{B}_{\mathrm{e}}^{\mathrm{T}}\boldsymbol{\lambda}(k+1)=0\\ \boldsymbol{Q}_1\hat{\boldsymbol{X}}(N)=\boldsymbol{\lambda}(N)\end{cases} \tag{10-39}$$

根据式（10-39），假设

$$\boldsymbol{\lambda}(k)=\boldsymbol{P}(k)\hat{\boldsymbol{X}}(k) \tag{10-40}$$

则可得递归形式的黎卡提方程及最优控制器：

$$\begin{cases}\boldsymbol{K}(k)=[\boldsymbol{B}_{\mathrm{e}}^{\mathrm{T}}\boldsymbol{P}(k+1)\boldsymbol{B}_{\mathrm{e}}+\boldsymbol{R}]^{-1}\boldsymbol{B}_{\mathrm{e}}^{\mathrm{T}}\boldsymbol{P}(k+1)\boldsymbol{A}_{\mathrm{e}}\\ \boldsymbol{P}(k)=\boldsymbol{Q}+\boldsymbol{A}_{\mathrm{e}}^{\mathrm{T}}\boldsymbol{P}(k+1)\boldsymbol{A}_{\mathrm{e}}-\boldsymbol{A}_{\mathrm{e}}^{\mathrm{T}}\boldsymbol{P}(k+1)\boldsymbol{B}_{\mathrm{e}}[\boldsymbol{R}+\boldsymbol{B}_{\mathrm{e}}^{\mathrm{T}}\boldsymbol{P}(k+1)\boldsymbol{B}_{\mathrm{e}}]^{-1}\boldsymbol{B}_{\mathrm{e}}\boldsymbol{P}(k+1)\boldsymbol{A}_{\mathrm{e}}\end{cases} \tag{10-41}$$

已知 $\boldsymbol{P}(N)=\boldsymbol{Q}_1$，通过反向迭代处理得最优反馈控制状态量：

$$\hat{\boldsymbol{u}}(k)=-\boldsymbol{K}(k)\hat{\boldsymbol{X}}(k) \tag{10-42}$$

则 LQR 控制器最优控制量为

$$\boldsymbol{u}(k)=\hat{\boldsymbol{u}}(k)+\boldsymbol{u}_{\mathrm{c}}(k) \tag{10-43}$$

此处有一种非常特殊的情况，当控制时间 $N\to\infty$ 时，黎卡提方程的解随着 $N\to\infty$ 将趋近于一稳态值 $\boldsymbol{P}_{\mathrm{f}}$，此时，递推黎卡提方程将变成如下形式：

$$\boldsymbol{K}_{\mathrm{f}}=(\boldsymbol{R}+\boldsymbol{B}_{\mathrm{e}}^{\mathrm{T}}\boldsymbol{P}_{\mathrm{f}}\boldsymbol{B}_{\mathrm{e}})^{-1}\boldsymbol{B}_{\mathrm{e}}^{\mathrm{T}}\boldsymbol{P}_{\mathrm{f}}\boldsymbol{A}_{\mathrm{e}}-\boldsymbol{P}_{\mathrm{f}}+\boldsymbol{Q}+\boldsymbol{A}_{\mathrm{e}}^{\mathrm{T}}\boldsymbol{P}_{\mathrm{f}}\boldsymbol{A}_{\mathrm{e}}-\boldsymbol{A}_{\mathrm{e}}^{\mathrm{T}}\boldsymbol{P}_{\mathrm{f}}\boldsymbol{B}_{\mathrm{e}}(\boldsymbol{R}+\boldsymbol{B}_{\mathrm{e}}^{\mathrm{T}}\boldsymbol{P}_{\mathrm{f}}\boldsymbol{B}_{\mathrm{e}})^{-1}\boldsymbol{B}_{\mathrm{e}}^{\mathrm{T}}\boldsymbol{P}_{\mathrm{f}}\boldsymbol{A}_{\mathrm{e}}=0 \tag{10-44}$$

此时的最优控制为

$$\boldsymbol{u}(k)=-\boldsymbol{K}_{\mathrm{f}}\hat{\boldsymbol{X}}(k)+\boldsymbol{u}_{\mathrm{c}}(k) \tag{10-45}$$

（二）MPC 控制

1. MPC 问题建模

智能驾驶汽车的轨迹跟随问题包括路径和速度跟随，本节将车辆路径和速度跟随问题解耦，针对车辆路径跟踪问题设计一个简单的 MPC 控制器，以阐述 MPC 算法在车辆横向控制中的应用。首先，考虑线性化的车辆运动学模型

$$\begin{cases}\hat{\boldsymbol{X}}(k+1)=\boldsymbol{A}_{\mathrm{e}}\hat{\boldsymbol{X}}(k)+\boldsymbol{B}_{\mathrm{e}}\hat{\boldsymbol{u}}(k)\\ \hat{\boldsymbol{u}}(k)=\hat{\boldsymbol{u}}(k-1)+\Delta\hat{\boldsymbol{u}}(k)\end{cases} \tag{10-46}$$

为了使智能驾驶汽车在轨迹跟随过程中的跟踪误差最小化，可以选取如下目标函数：

$$\boldsymbol{J}[\hat{\boldsymbol{u}}(k)]=\sum_{i=1}^{p}\boldsymbol{q}\|\hat{\boldsymbol{X}}(k+i\mid k)\|^2+\sum_{i=0}^{-1}[\boldsymbol{r}\|\Delta\hat{\boldsymbol{u}}(k+i|k)\|^2+\boldsymbol{s}\|\hat{\boldsymbol{u}}(k+i|k)\|^2] \tag{10-47}$$

其中，在 MPC 设计中，$p\geqslant c$。目标函数中的第 1 项反映了目标跟踪性能，第 2 项和第 3 项分别代表控制输入增量和控制输入的能量；$\boldsymbol{q}$、$\boldsymbol{r}$、$\boldsymbol{s}$ 分别代表各部分的权重系数矩阵。MPC 问题即在每个时间步长内求解优化问题（10-47），同时满足约束条件：

$$\begin{cases}\hat{\boldsymbol{X}}(k+i+1)=\boldsymbol{A}_{\mathrm{e}}\hat{\boldsymbol{X}}(k+i|k)+\boldsymbol{B}_{\mathrm{e}}\hat{\boldsymbol{u}}(k+i|k)\\ \hat{\boldsymbol{u}}(k+i|k)=\hat{\boldsymbol{u}}(k+i-1|k)+\Delta\hat{\boldsymbol{u}}(k+i|k)\\ \hat{\boldsymbol{u}}_{\min}\leqslant\hat{\boldsymbol{u}}(k+i|k)\leqslant\hat{\boldsymbol{u}}_{\max}\\ \Delta\hat{\boldsymbol{u}}_{\min}\leqslant\Delta\hat{\boldsymbol{u}}(k+i|k)\leqslant\Delta\hat{\boldsymbol{u}}_{\max}\end{cases} \tag{10-48}$$

其中，第 1 个约束为车辆动力学约束即非完整约束；第 2 个为控制输入的增量；第 3 个约束为控制输入的饱和约束；第 4 个约束为控制输入增量的饱和约束。根据车辆当前状态和上一时刻控制输入即可求解以上优化问题［式（10-47）、式（10-48）］，进而得到最优的控制输

入增量。因此，当前最优的控制输入为

$$\hat{\boldsymbol{u}}(k)=\hat{\boldsymbol{u}}(k-1)+\Delta\hat{\boldsymbol{u}}^*(k|k) \tag{10-49}$$

2. MPC 问题求解

MPC 问题的本质是求解一个带约束的优化问题，由于优化目标［式（10-47）］是二次函数，约束条件［式（10-48）］都是线性约束，因此可以将 MPC 问题转化为二次规划（QP）问题进行求解。对于标准的 QP 问题，可以非常方便地求解，最常用的方法就是有效集法和内点法。因此，接下来将 MPC 问题转化为标准的 QP 问题。

首先，构造新的状态变量

$$\boldsymbol{\xi}(k)=\begin{bmatrix}\hat{\boldsymbol{X}}(k)\\ \hat{\boldsymbol{u}}(k-1)\end{bmatrix} \tag{10-50}$$

则系统模型［式（10-46）］变为

$$\begin{gathered}\boldsymbol{\xi}(k+1)=\boldsymbol{A}\boldsymbol{\xi}(k)+\boldsymbol{B}\Delta\hat{\boldsymbol{u}}(k)\\ \hat{\boldsymbol{X}}(k)=\boldsymbol{C}\boldsymbol{\xi}(k)\end{gathered} \tag{10-51}$$

其中，

$$\boldsymbol{A}=\begin{bmatrix}\boldsymbol{A}_{\mathrm{e}} & \boldsymbol{B}_{\mathrm{e}}\\ \boldsymbol{0} & \boldsymbol{I}\end{bmatrix},\ \boldsymbol{B}=\begin{bmatrix}\boldsymbol{B}_{\mathrm{e}}\\ \boldsymbol{I}\end{bmatrix},\ \boldsymbol{C}=[\boldsymbol{I}\quad \boldsymbol{0}] \tag{10-52}$$

为了设计 MPC 控制算法去跟踪期望轨迹，需要预测系统未来每一步的状态。假设系统在未来预测域内的状态、输出和输入为

$$\overline{\boldsymbol{\xi}}(k)=\begin{bmatrix}\boldsymbol{\xi}(k+1|k)\\ \boldsymbol{\xi}(k+2|k)\\ \boldsymbol{\xi}(k+3|k)\\ \vdots\\ \boldsymbol{\xi}(k+N|k)\end{bmatrix},\ \overline{\boldsymbol{X}}(k)=\begin{bmatrix}\hat{\boldsymbol{X}}(k+1|k)\\ \hat{\boldsymbol{X}}(k+2|k)\\ \hat{\boldsymbol{X}}(k+3|k)\\ \vdots\\ \hat{\boldsymbol{X}}(k+N|k)\end{bmatrix},\boldsymbol{U}(k)=\begin{bmatrix}\Delta\hat{\boldsymbol{u}}(k)\\ \Delta\hat{\boldsymbol{u}}(k+1)\\ \Delta\hat{\boldsymbol{u}}(k+2)\\ \vdots\\ \Delta\hat{\boldsymbol{u}}(k+N-1)\end{bmatrix},$$

$$\overline{\boldsymbol{U}}(k)=\begin{bmatrix}\hat{\boldsymbol{u}}(k)\\ \hat{\boldsymbol{u}}(k+1)\\ \hat{\boldsymbol{u}}(k+2)\\ \vdots\\ \hat{\boldsymbol{u}}(k+N-1)\end{bmatrix}$$

其中，N 为预测域长度。根据系统的状态方程迭代可得

$$\begin{cases}\boldsymbol{\xi}(k+1|k)=\boldsymbol{A}\boldsymbol{\xi}(k)+\boldsymbol{B}\Delta\hat{\boldsymbol{u}}(k)\\ \boldsymbol{\xi}(k+2|k)=\boldsymbol{A}^2\boldsymbol{\xi}(k)+\boldsymbol{A}\boldsymbol{B}\Delta\hat{\boldsymbol{u}}(k)+\boldsymbol{B}\Delta\hat{\boldsymbol{u}}(k+1)\\ \boldsymbol{\xi}(k+3|k)=\boldsymbol{A}^3\boldsymbol{\xi}(k)+\boldsymbol{A}^2\boldsymbol{B}\Delta\hat{\boldsymbol{u}}(k)+\boldsymbol{A}\boldsymbol{B}\Delta\hat{\boldsymbol{u}}(k+1)+\boldsymbol{B}\Delta\hat{\boldsymbol{u}}(k+2)\\ \qquad\vdots\\ \boldsymbol{\xi}(k+N|k)=\boldsymbol{A}^N\boldsymbol{\xi}(k)+\sum_{i=0}^{N-1}\boldsymbol{A}^{N-1-i}\boldsymbol{B}\Delta\hat{\boldsymbol{u}}(k+i)\end{cases} \tag{10-53}$$

将模型预测结果写成矩阵的形式为

$$\begin{cases}\overline{\boldsymbol{\xi}}(k)=\overline{\boldsymbol{A}}\boldsymbol{\xi}(k)+\overline{\boldsymbol{B}}\boldsymbol{U}(k)\\ \overline{\boldsymbol{X}}(k)=\overline{\boldsymbol{C}}\boldsymbol{\xi}(k)+\overline{\boldsymbol{D}}\boldsymbol{U}(k)\\ \overline{\boldsymbol{U}}(k)=\overline{\boldsymbol{E}}\boldsymbol{U}(k)+\overline{\boldsymbol{F}}\hat{\boldsymbol{u}}(k-1)\end{cases} \tag{10-54}$$

其中

$$\overline{\boldsymbol{A}}=\begin{bmatrix}\boldsymbol{A}\\ \boldsymbol{A}^2\\ \boldsymbol{A}^3\\ \vdots\\ \boldsymbol{A}^N\end{bmatrix},\ \overline{\boldsymbol{B}}=\begin{bmatrix}\boldsymbol{B} & 0 & 0 & 0 & 0\\ \boldsymbol{AB} & \boldsymbol{B} & 0 & 0 & 0\\ \boldsymbol{A}^2\boldsymbol{B} & \boldsymbol{AB} & \boldsymbol{B} & 0 & 0\\ \vdots & \vdots & \vdots & & \vdots\\ \boldsymbol{A}^{N-1}\boldsymbol{B} & \boldsymbol{A}^{N-2}\boldsymbol{B} & \boldsymbol{A}^{N-3}\boldsymbol{B} & \cdots & \boldsymbol{B}\end{bmatrix},\overline{\boldsymbol{C}}=\begin{bmatrix}\boldsymbol{CA}\\ \boldsymbol{CA}^2\\ \boldsymbol{CA}^3\\ \vdots\\ \boldsymbol{CA}^N\end{bmatrix},\overline{\boldsymbol{F}}=\begin{bmatrix}\boldsymbol{I}\\ \boldsymbol{I}\\ \boldsymbol{I}\\ \vdots\\ \boldsymbol{I}\end{bmatrix}$$

$$\overline{\boldsymbol{D}}=\begin{bmatrix}\boldsymbol{CB} & 0 & 0 & 0 & 0\\ \boldsymbol{CAB} & \boldsymbol{CB} & 0 & 0 & 0\\ \boldsymbol{CA}^2\boldsymbol{B} & \boldsymbol{CAB} & \boldsymbol{CB} & 0 & 0\\ \vdots & \vdots & \vdots & & \vdots\\ \boldsymbol{CA}^{N-1}\boldsymbol{B} & \boldsymbol{CA}^{N-2}\boldsymbol{B} & \boldsymbol{CA}^{N-3}\boldsymbol{B} & \cdots & \boldsymbol{CB}\end{bmatrix},\overline{\boldsymbol{E}}=\begin{bmatrix}\boldsymbol{I} & 0 & 0 & \cdots & 0\\ \boldsymbol{I} & \boldsymbol{I} & 0 & \cdots & 0\\ \boldsymbol{I} & \boldsymbol{I} & \boldsymbol{I} & \cdots & 0\\ \vdots & \vdots & \vdots & & \vdots\\ \boldsymbol{I} & \boldsymbol{I} & \boldsymbol{I} & \cdots & \boldsymbol{I}\end{bmatrix}$$

优化目标函数（10-47）等价于：

$$\boldsymbol{J}(k)=\overline{\boldsymbol{X}}^{\mathrm{T}}(k)\boldsymbol{Q}\overline{\boldsymbol{X}}(k)+\boldsymbol{U}^{\mathrm{T}}(k)\boldsymbol{R}\boldsymbol{U}(k)+\overline{\boldsymbol{U}}^{\mathrm{T}}(k)\boldsymbol{S}\overline{\boldsymbol{U}}(k) \tag{10-55}$$

根据模型预测结果（10-54）可得

$$\boldsymbol{J}(k)=\boldsymbol{U}^{\mathrm{T}}(k)\boldsymbol{G}\boldsymbol{U}(k)+2\boldsymbol{H}\boldsymbol{U}(k)+\boldsymbol{J}_0 \tag{10-56}$$

其中，

$$\begin{aligned}&\boldsymbol{G}=\boldsymbol{R}+\overline{\boldsymbol{D}}^{\mathrm{T}}\boldsymbol{Q}\overline{\boldsymbol{D}}+\overline{\boldsymbol{E}}^{\mathrm{T}}\boldsymbol{S}\overline{\boldsymbol{E}},\boldsymbol{H}=\hat{\boldsymbol{u}}^{\mathrm{T}}(k-1)\overline{\boldsymbol{F}}^{\mathrm{T}}\boldsymbol{S}\overline{\boldsymbol{E}}+\boldsymbol{\xi}^{\mathrm{T}}(k)\overline{\boldsymbol{C}}^{\mathrm{T}}\boldsymbol{Q}\overline{\boldsymbol{D}}\\ &\boldsymbol{J}_0=\hat{\boldsymbol{u}}^{\mathrm{T}}(k-1)\overline{\boldsymbol{F}}\boldsymbol{S}\overline{\boldsymbol{F}}\hat{\boldsymbol{u}}(k-1)+\boldsymbol{\xi}^{\mathrm{T}}(k)\overline{\boldsymbol{C}}\boldsymbol{Q}\overline{\boldsymbol{C}}\xi(k)\end{aligned} \tag{10-57}$$

其中不包含控制量 $\boldsymbol{U}$，在控制器求解时可以作为常数项忽略不计。

MPC 的约束条件（10-48）等价于：

$$\begin{cases}\Delta\boldsymbol{U}_{\min}\leqslant\boldsymbol{U}(k)\leqslant\Delta\boldsymbol{U}_{\max}\\ \boldsymbol{U}_{\min}\leqslant\overline{\boldsymbol{U}}(k)\leqslant\boldsymbol{U}_{\max}\end{cases} \tag{10-58}$$

其中，最大前轮转角和前轮转角增量与车速、道路曲率和转向系统等有关，具体设置可参考车道保持辅助系统设计中的相关内容。根据模型预测（10-54）可得

$$\hat{\boldsymbol{A}}\boldsymbol{U}(k)\leqslant\hat{\boldsymbol{B}}(k) \tag{10-59}$$

其中，

$$\hat{\boldsymbol{A}}=\begin{bmatrix}\boldsymbol{I}\\ -\boldsymbol{I}\\ \overline{\boldsymbol{E}}\\ -\overline{\boldsymbol{E}}\end{bmatrix},\hat{\boldsymbol{B}}(k)=\begin{bmatrix}\Delta\boldsymbol{U}_{\max}\\ -\Delta\boldsymbol{U}_{\min}\\ \boldsymbol{U}_{\max}-\overline{\boldsymbol{F}}\hat{\boldsymbol{u}}(k-1)\\ \overline{\boldsymbol{F}}\hat{\boldsymbol{u}}(k-1)-\boldsymbol{U}_{\min}\end{bmatrix} \tag{10-60}$$

则可将 MPC 写成标准 QP 形式如下：

$$\begin{cases}\min \boldsymbol{J}(k) = \boldsymbol{U}^{\mathrm{T}}(k)\boldsymbol{G}\boldsymbol{U}(k) + 2\boldsymbol{H}\boldsymbol{U}(k) + \boldsymbol{J}_0(k) \\ \text{s. t. } \hat{\boldsymbol{A}}\boldsymbol{U}(k) \leqslant \hat{\boldsymbol{B}}(k)\end{cases} \tag{10-61}$$

至此，模型预测控制的最优化求解问题即转化为一个易于求解的标准二次规划（QP）问题。二次规划问题是一个非常经典的数学优化问题，它的优化目标为二次型凸函数，约束条件一般包括线性等式约束和线性不等式约束，现阶段有很多成熟的方法可以直接求解 QP 问题。因此，通过模型预测、滚动优化、反馈校正这三个步骤，可将复杂的 MPC 问题转化为一个简单的 QP 在线实时求解问题［式（10-61）］。

另外，注意到该实训项目中的 MPC 是增量式 MPC，通过 MPC 求解的控制输入是控制变量 $u(k)$ 的增量，系统模型如式（10-51）所示，这与前面 ACC 和 LKA 中绝对式 MPC 控制策略有所不同。利用增量式 MPC 可以提高系统稳定性和舒适性，系统的控制输入 $u(k)$ 变化不会过大，可以大幅改善车辆的横向控制性能。

四、系统仿真

（一）MATLAB ADT 平台仿真

本示例的路径跟踪系统综合视觉传感器和毫米波雷达检测的数据，估计车道中心和前方目标车辆距离，计算主车的纵向加速度和转向角度。

1. 路径跟踪系统测试平台模型

使用以下命令，打开路径跟踪系统测试平台模型。

```
addpath(fullfile(matlabroot,'examples','mpc','main'));
open_system('LaneFollowingTestBenchExample')
```

输出结果如图 10-12 所示。该模型主要包含车道跟踪控制器模块、车辆与环境模块、碰撞检测模块和 MIO 轨迹模块。当碰撞检测模块检测到主车和前方目标车辆碰撞时停止模拟，MIO 轨迹模块使 MIO 轨迹在鸟瞰图范围内显示。按下模型按钮后，系统会显示初始化模型

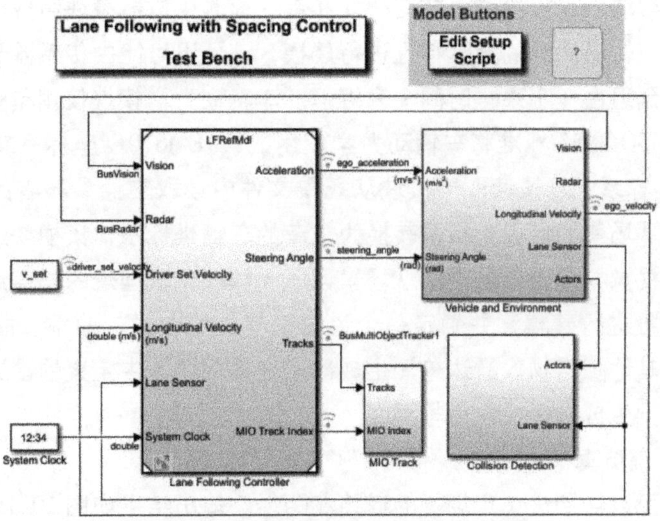

图 10-12　路径跟踪系统测试平台模型

使用的数据脚本。该脚本加载 Simulink 模型所需的某些常量参数，例如车辆模型参数、控制器设计参数、道路场景和周围车辆。

2. 路径跟踪控制器子系统

路径跟踪控制器子系统根据来自估计车道中心模块提供的道路曲率、横向偏差、相对偏航角等数据，自动跟踪与传感器融合模块的主车与前方车辆的相对距离、相对速度以及驾驶员设定速度、汽车纵向速度，从而控制主车的纵向加速度和前轮转向角，其仿真模型如图 10-13 所示。该模型主要由估计车道中心模块、跟踪与传感器融合模块和 MPC 控制器模块组成，估计车道中心模块将车道检测传感器的数据处理后为 MPC 控制器提供主车前方车道曲率的中心线；跟踪与传感器融合模块处理来自视觉传感器和雷达的检测数据，生成主车周围环境的综合态势图，并向 MPC 控制器提供主车前方本车道内最近车辆的状态估计值；MPC 控制器的目标是保持驾驶员设定的车速，并与前方目标车辆保持一定的安全距离，该目标是通过控制纵向加速度来实现的，同时，通过控制转向角来减小横向偏差和相对偏航角将主车保持在车道中间；当道路弯曲时，MPC 控制器能控制车辆减速行驶。

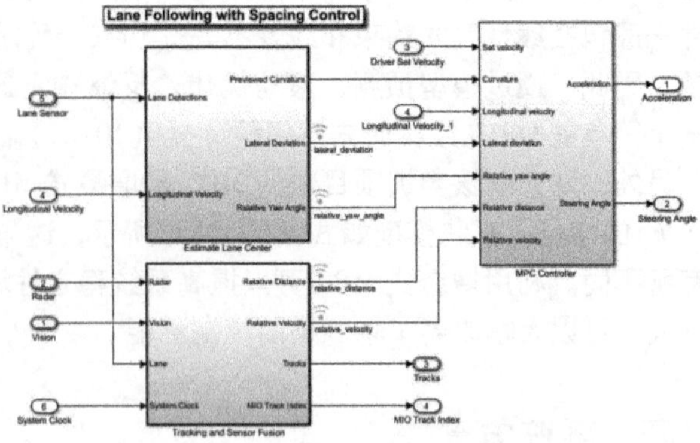

图 10-13　路径跟踪控制器仿真模型

3. 车辆和环境子系统

车辆和环境子系统用于模拟主车的运动并模拟驾驶环境，其仿真模型如图 10-14 所示。车辆和环境子系统仿真模型主要由系统延迟模块、车辆动力学模块、SAE J670E 到 ISO 8855 模块、场景读取器模块、视觉检测生成器模块和雷达检测生成器模块组成。系统延迟模块对系统中的控制输入和输出之间的延迟特性进行建模，该延迟可能由传感器延迟或通信延迟导致。在该示例中，延迟由一个采样时间 T 来近似。车辆动力学模块使用单轨汽车的力输入模型，SAE J670E 的 ISO 8855 标准将车辆动力学使用的 SAE J670E 坐标系转换为场景读取器使用的 ISO 8855 坐标系。场景读取器模块从场景文件中读取交通参与者的姿态数据，并把交通参与者的姿态从场景的世界坐标系转换为主车的车辆坐标系，该模块还可以生成理想的左、右车道边界。视觉检测生成器模块从场景读取器模块获取理想的车道边界，检测生成器对单目摄像机的视野进行建模，并确定每个道路边界的航向角、曲率、曲率导数和有效长度，同时侦测任何其他障碍物。雷达检测生成器模块根据场景中定义的雷达横截面和雷达视场中的地面真值数据生成雷达反射点检测。

4. 路径跟踪系统仿真

利用如下命令可以绘制该仿真场景的道路和路径，输出结果如图 10-15 所示。

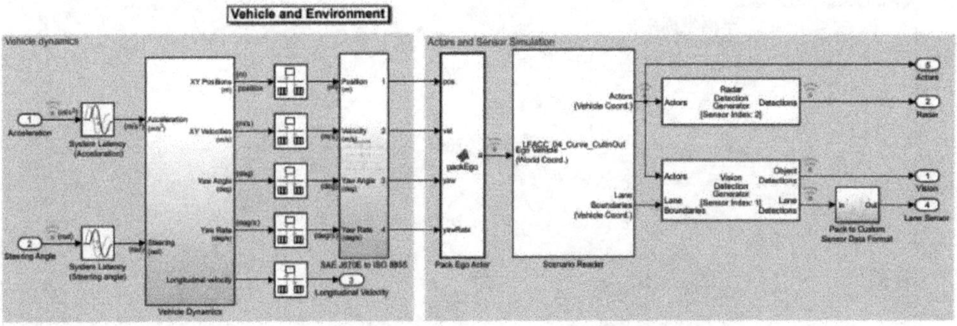

图 10-14　车辆和环境子系统仿真模型

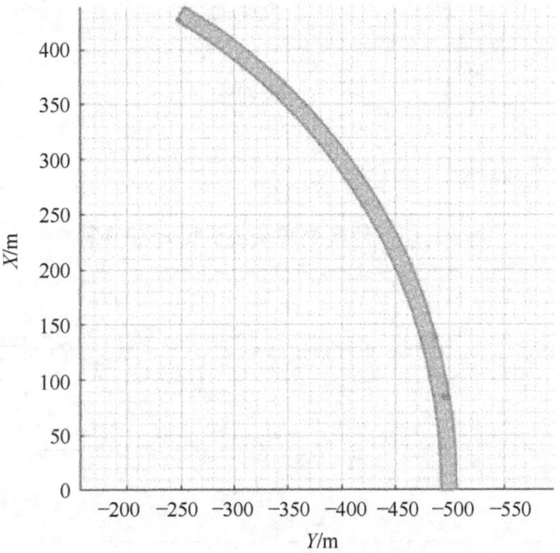

图 10-15　路径跟踪系统驾驶场景输出结果

```
plot(scenario)
```

利用如下命令对路径跟踪系统进行仿真，输出结果如图 10-16 ~ 图 10-18 所示。

```
sim('LaneFollowingTestBenchExample')
plotLFResults(logsout,time_gap,default_spacing)
```

（二）PreScan 平台仿真

通过计算主车与参考路径上预瞄点的横向误差、航向误差，然后利用数据通过 PID 控制器计算出本车当前所需的前轮转角，从而实现轨迹跟踪的功能。

1. 方法一

1）在 PreScan 中搭建一个场景，添加一条道路，并在道路上设置一条轨迹，如图 10-19 所示。

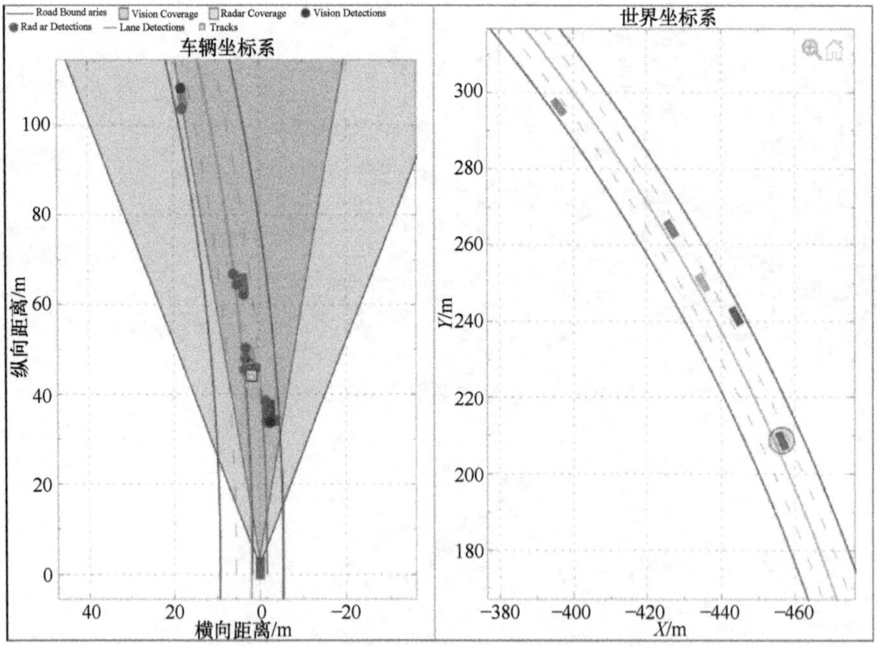

图 10-16　路径跟踪系统仿真输出结果

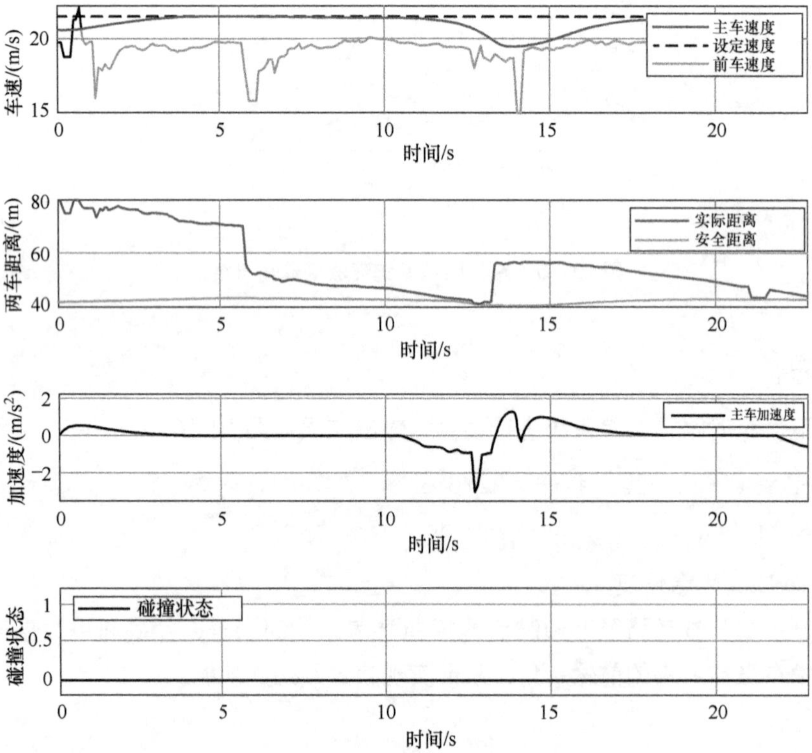

图 10-17　纵向控制性能

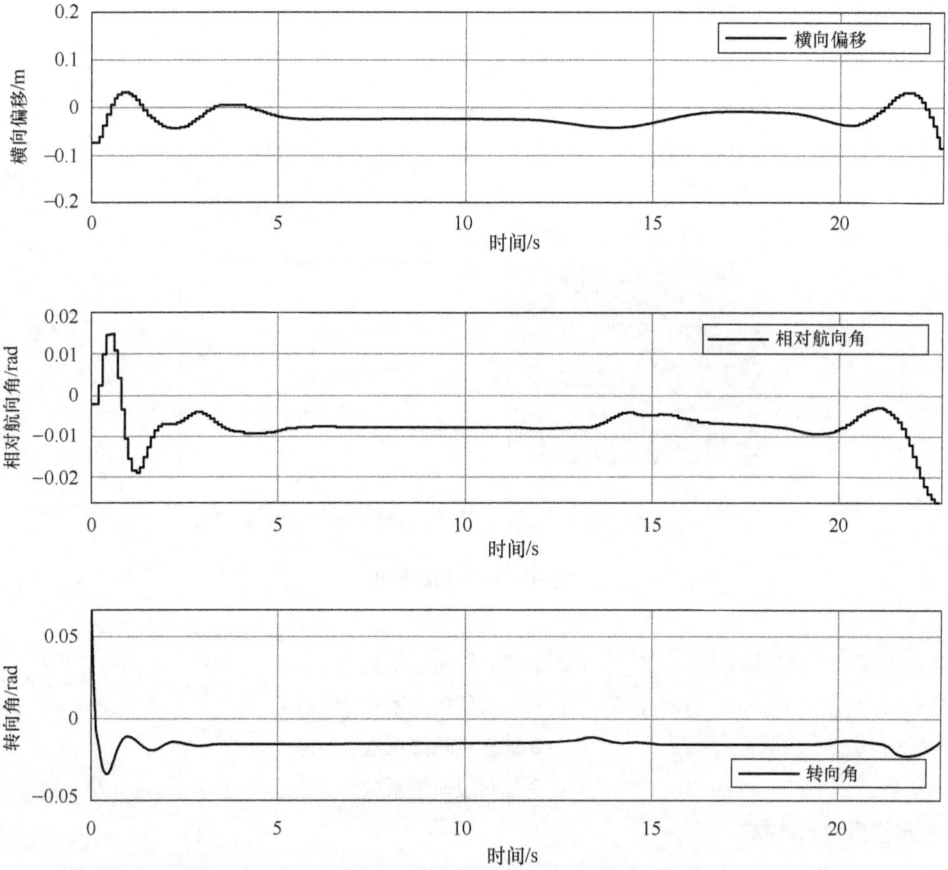

图 10-18　横向控制性能

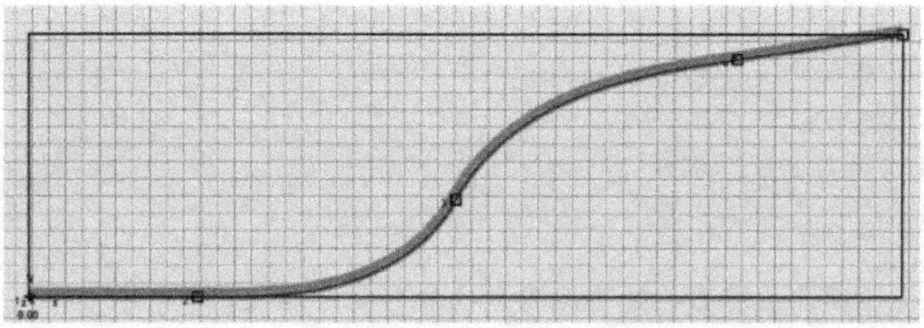

图 10-19　道路场景建模

2）在轨迹上添加一个匀速行驶的车辆模型，令车辆沿设置的路径行驶，记录车辆行驶过程中的横纵坐标 x、y 以及航向角，作为路径的数据，如图 10-20 所示。

3）将 3 种数据保存在 MATLAB 的工作区内，然后将关于 x、y 的数据拟合成为轨迹函数，出于准确性考虑，将轨迹分为 4 段，并分别拟合成 3 次多项式，程序如下。

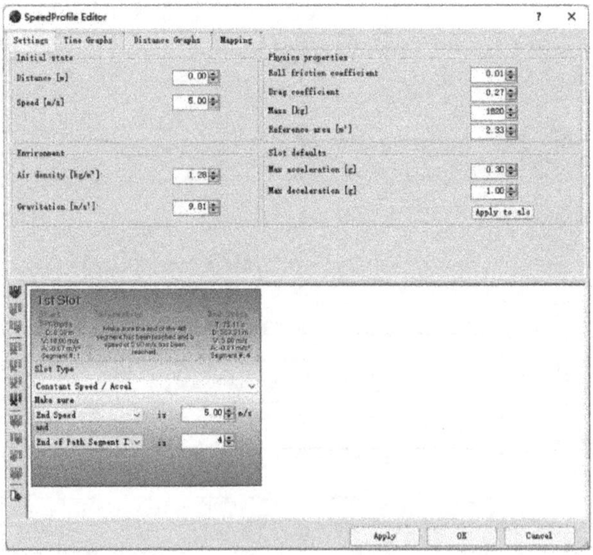

图 10-20 速度设置

```
a1 =polyfit(x1,y1,3);          % 令第一段轨迹系数为 a1.
a2 =polyfit(x2,y2,3);          % 令第二段轨迹系数为 a2.
a3 =polyfit(x3,y3,3);          % 令第三段轨迹系数为 a3.
a4 =polyfit(x4,y4,3);          % 令第四段轨迹系数为 a4.
% % 得到多项式系数:
a1 =[1.19446165051886e-06,0.000635716539428865,0.108503358917047,
-22.0226951455257];
a2 =[4.91184474366593e-05,0.0106361653404328,0.909489194401853,
3.76010546061069];
a3 =[2.96301875104407e-05,-0.0116707777949227,1.78515675862693,
-1.37284626814721];
a4 =[7.88673471062892e-07,-0.000557019943558140,0.279447026151127,
71.0420730968590];
```

4）根据分段数据的边界值作轨迹函数的边界条件，将系数分别代入，程序如下。

```
function f = fcn(x)
if x < - 94.1879475820597 % 第一段轨迹边界是 x = -94.1879475820597.
f =[1.19446165051886e-06,0.000635716539428865,0.108503358917047,
-22.0226951455257]* [x^3;x^2;x;1];
elseif x < 24.7967739704230 % 第二段轨迹边界是 x = 24.7967739704230. f =
[4.91184474366593e-05,0.0106361653404328,0.909489194401853,3.76010546061069]* [x^
3;x^2;x;1];
```

```
    elseif x < 147.874491672020 % 第三段轨迹边界是 x = 147.874491672020. f = [2.96301875104407e -05, -0.0116707777949227,1.78515675862693, -1.37284626814721]* [x^3;x^2;x;1];
    else x < 292. 745367520272 % 第四段轨迹边界是 x =292.745367520272
    f =[7.88673471062892e -07, -0.000557019943558140,0.279447026151127, 71.0420730968590]* [x^3;x^2;x;1];
    end
```

5）对车前方 2m 处进行预瞄，预瞄过程为寻找该点到参考轨迹的最近距离，即过该点对轨迹函数作垂线，垂足即为预瞄点，程序如下。

```
    function xd = fcn(x2,f,y2) %  (x2,y2)为本车位置前方两米处,f 表示纵坐标 y 关于横坐标 x 的路径函数.
    fun = @ (x)(x -x2)^2 +(f -y2);% 目标函数为路径函数到(x2,y2)距离的平方.
    [x, fval] = fminbnd(fun, -231.903500000000,292.745367520272);% 对目标函数求极值
    xd =x;% 求得预瞄点横坐标 xd.
```

6）将预瞄点的横坐标 x_{d} 代入轨迹函数，求预瞄点的纵坐标 y_{d}，程序如下。

```
    function f =fcn(x,xd) % 将所求的预瞄点的坐标代入路径函数求得预瞄点坐标.
    if x < -94.1879475820597
    f =[1.19446165051886e - 06,0.000635716539428865,0.108503358917047, -22.0226951455257]* [xd^3;xd^2;xd;1];
    elseif x <24.7967739704230
    f =[4.91184474366593e - 05,0.0106361653404328,0.909489194401853, 3.76010546061069]* [xd^3;xd^2;xd;1];
    elseif x <147.874491672020
    f =[2.96301875104407e -05, -0.0116707777949227,1.78515675862693, -1.37284626814721]* [xd^3;xd^2;xd;1];
    else x <292.745367520272
    f =[7.88673471062892e -07, -0.000557019943558140,0.279447026151127, 71.0420730968590]* [xd^3;xd^2;xd;1];
    end
```

2. 方法二

1）取车前方 2m 处为预瞄位置，期望轨迹上距离预瞄位置最近的点即为预瞄点，求预瞄点坐标的程序如下。

```
function [xd,yd] = fcn(x, y,xd1,yd1) % x,y 表示预瞄位置横纵坐标; xd1, yd1 表示采集的期望轨迹的横纵坐标数据; xd, yd 为所求预瞄点坐标
d1 = (x - xd1(1))^2 + (y - yd1(1))^2;
d = (x - xd1(1))^2  + (y - yd1(1))^2;j = 1;
for i =1:3201 %  xd1,yd1 均有 3201 组数据, 求期望轨迹上到预瞄位置距离最短的点.
    d0 = (x - xd1(i))^2 + (y - yd1(i))^2;
    if d > d0
        d = d0;j = i;
    end
end
    xd =xd1(j);yd= yd1(j);
```

2）令预瞄点的航向角 $\delta=\dfrac{y_d(k)-y_d(k-1)}{x_d(k)-x_d(k-1)}$。根据预瞄点的坐标 x_d、y_d、航向角，通过式（10-3）计算得出横向偏差和航向角偏差，程序如下。

```
function [le,de,ke] = fcn(x,xd,y,yd,o,od) % x,y,o,分别表示本车当前横纵坐标, 航向角, xd, yd, od 表示预瞄点的横纵坐标,以及航向角.
le = cos(od)*(xd - x) + sin(od)*(yd - y) ;
de = - sin(od)*(xd - x) + cos(od)*(yd - y);
ke = (od - o);
```

3）根据式（10-4）所示的 PID 调节方法得到本车的前轮转角输入。在式（10-4）中，取横向距离误差的 PID 控制参数为 $K_P=1.0$，$K_I=0.5$，航向角误差 PID 参数为 $K_P=10$，$K_I=5$。

仿真中横摆角速度和横向控制误差分别如图 10-21 和图 10-22 所示。由图可见，最大横摆角速度为 2°/s，最大跟踪误差不超过 0.2m，循迹控制的舒适性和路径跟踪的精度都较好。

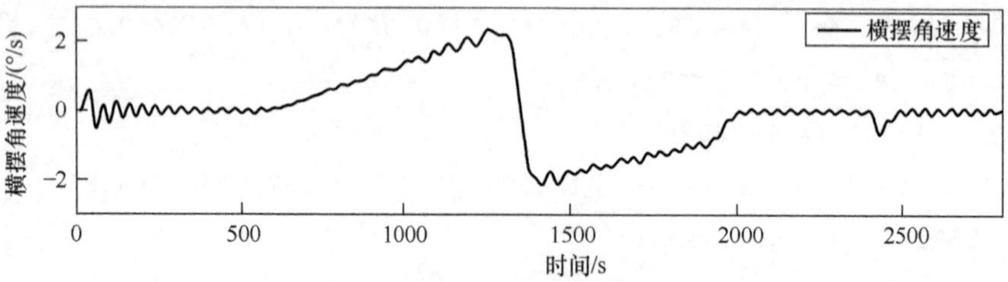

图 10-21　车辆横摆角速度

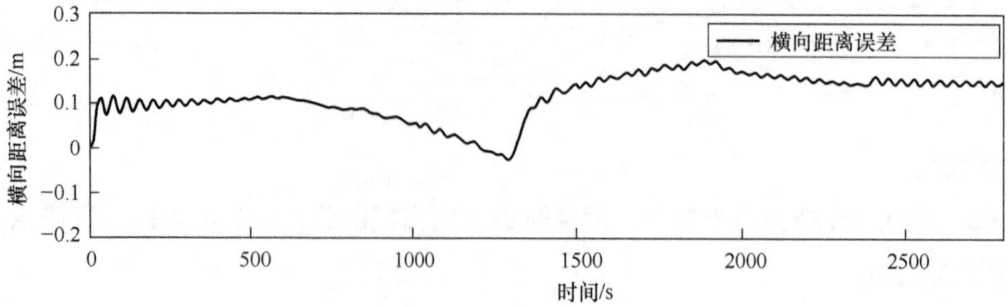

图 10-22　车辆横向控制误差

第二节 自适应巡航控制

一、任务需求

自适应巡航控制（Adaptive Cruise Control，ACC）利用车载传感器或通信设备感知车辆前方交通状态与车辆信息，结合驾驶员的操作指令，根据一定的控制算法对车辆的驱动与制动系统进行一定程度的自动控制，进而控制车辆的纵向运动。当前方没有车辆或前方车辆远在安全车距之外时，可以预设车速定速巡航；当前方车辆在监测范围以内且前方车辆车速小于主车巡航车速时，以一定的控制策略自动跟随前车行驶。ACC 在特定工况下实现了汽车的纵向自动驾驶，减轻了驾驶员操作负担，降低了交通事故率，是目前高级驾驶辅助系统（ADAS）的重要组成部分，技术应用较成熟，在众多量产车型上得到了广泛应用。

目前的 ACC 系统主要聚焦于多目标优化，实现稳定跟车性能、经济性和舒适性的多目标协同控制。

自适应巡航控制系统可分为环境感知模块、ACC 功能模块和执行控制模块。自适应巡航系统利用车载传感器感知前方车辆状态与环境信息；ACC 功能模块进行关键主目标筛选，确定主目标与本车之间的相对距离和相对速度，并结合车辆的运行状态与驾驶员的操作指令，计算目标加速度或者减速度；底层的执行控制模块（线控驱动和线控制动系统）主要用于实现车辆的纵向运动控制，实现定速巡航或车距保持功能。ACC 在有碰撞危险时能够进行主动制动干预，并提醒驾驶员接管车辆控制权。一个典型的 ACC 系统总体架构如图 10-23所示。

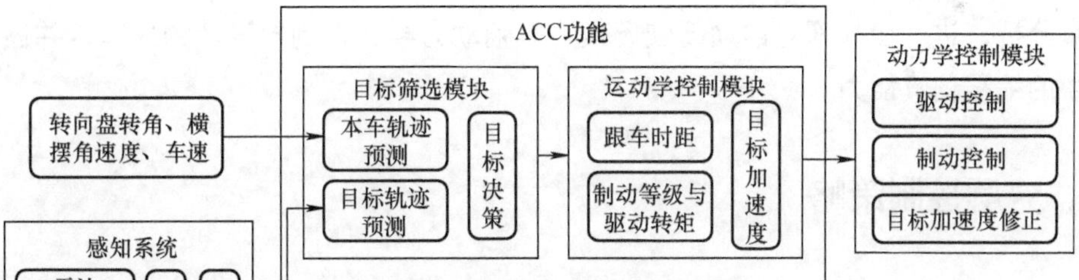

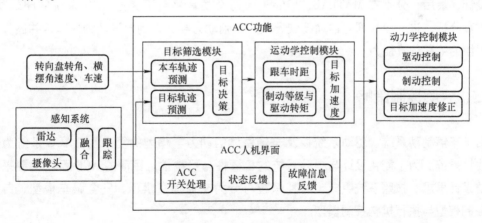

图 10-23 ACC 系统总体架构

在 ACC 系统下位控制器的设计中，控制器的输入为预期的加速度，而输出为底层执行机构的执行量，下层执行机构主要为车辆的驱动系和制动系与传动系。针对纯电动汽车，其纵向控制的执行机构相对燃油车来说较为简单，只需要控制电机的转矩和制动系统的压力即可。针对燃油车的执行机构则较复杂，考虑到在实际控制过程中，自动换档多由传动系的自动变速器根据车速、节气门位置以及发动机转速自动完成，因此执行机构控制策略主要围绕电子节气门与主动制动系统展开。由于发动机的响应特性以及制动系统机械液压复合系统的复杂性，再考虑到底层执行机构的控制频率一般较高，所以一般不采用复杂的控制模型，而采用简单的 PID 控制、模糊控制等反馈控制算法。

根据前方目标车辆对主车行驶是否存在影响，将 ACC 工作模式划分为巡航模式和跟随模式，是多模式 ACC 系统中最典型的方法。基于有限状态机设计的 ACC 系统的状态切换示意图如图 10-24 所示。当主车前方无车辆或前方车辆较远时，主车将处于巡航模式，ACC 系统按照设定的行驶速度对车辆进行速度跟踪控制；当主车前方有目标车辆且目标车辆的行驶速度小于主车的行驶速度时，ACC 系统将控制主车进行减速，确保车间距为预先设定的安全距离；当 ACC 系统将主车的速度减至期望的目标值之后采用跟随控制，与目标车辆保持同速行驶。

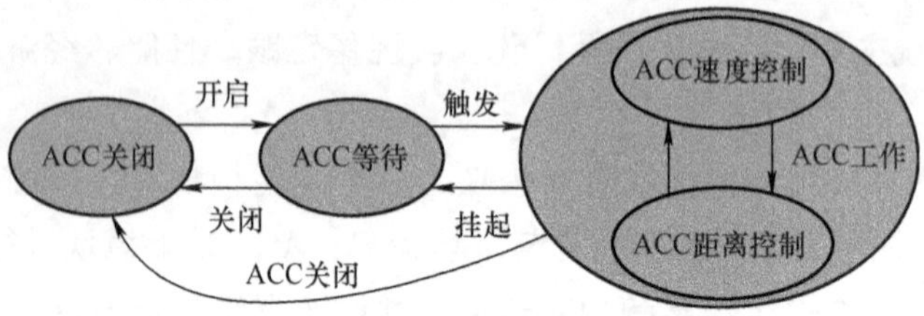

图 10-24　ACC 系统状态切换示意图

通过本项目实训，了解 ACC 系统的工作原理和基本组成部分，能够设计 ACC 跟车动力学模型，设计出多模式 ACC 的控制策略，并能够基于常用的控制器设计方法进行 ACC 的控制器设计，最后，分别在 MATLAB 和 PreScan 两个仿真平台下完成 ACC 系统的闭环仿真。通过仿真分析，进一步加深对自动驾驶场景、车辆动力学、控制器设计的理解，并逐步掌握复杂系统的编程仿真能力。

二、分层控制策略

由于车辆制动系统、驱动系统以及车辆整体的动力学模型的复杂性，ACC 系统为复杂的非线性系统。为了简化设计与提升系统的鲁棒性与可靠性，目前的 ACC 系统主要采用分层系统设计思想。按照系统组成，ACC 系统可分为交通信息辨识、安全跟车模型、自适应巡航控制模型与执行机构控制模型。

1. 目标筛选

ACC 系统正常运行的前提是需要准确的环境感知信息，一般通过车载传感器对车辆行驶环境进行检测。传感器获取的原始数据经过主控系统处理，提取出有效的道路目标动态信息，包括前车相对距离、相对车速等动态信息量。有效的道路动态信息量作为 ACC 系统的参数输入，供主控系统决策判断。主流的 ACC 系统采用车载视觉系统与毫米波雷达系统进行目标感知。相比其他交通信息传感器，车载视觉系统的成本相对较低，且能获得包括道路车辆、行人及交通标线与标志在内的大量交通信息。车载视觉系统主要利用机器学习算法与特征提取来发掘图像中的道路目标信息，并通过立体视觉或对摄像头安装位置的标定来确定所检测到目标的位置信息。毫米波雷达可通过多普勒原理完成对目标相对速度的检测，且相比其他车载测距传感器具有较远的检测距离及较强的环境适应能力。

毫米波雷达在一个检测周期内分别返回 64 个目标与主车的相对车距 ρ_r，相对车速 v_r：与方位角 θ 信息，而 ACC 系统则需要环境车辆的纵向及侧向行驶信息以完成对主车的控制，毫米波雷达目标车辆坐标系与主车坐标系如图 10-25 所示。因此，需要将雷达输出的极坐标信息向直角坐标系中转换，转换方法为

$$\begin{cases} d_{xr} = \rho_r \cos\theta \\ d_{yr} = \rho_r \sin\theta \end{cases} \tag{10-62}$$

其中，d_{xr} 与 d_{yr} 分别为车与目标车辆的纵向相对车距与侧向相对车距；ρ_r 为相对车距；θ 为目标车辆的方位角。根据多普勒效应，毫米波雷达所检测的目标车辆速度为相对速度。利用目标方位角 θ 和相对速度 v_r，可计算目标车辆与主车的纵向相对速度与侧向相对速度为

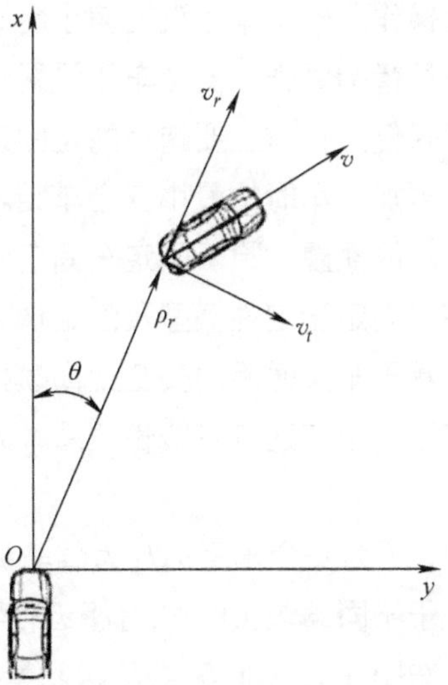

图 10-25　毫米波雷达目标车辆坐标系与主车坐标系

$$\begin{cases} v_{xr} = v_r \cos\theta - \rho_r \dot{\theta} \sin\theta \\ v_{yr} = v_r \sin\theta + \rho_r \dot{\theta} \cos\theta \end{cases}$$

获得与主车的纵向及侧向相对运动信息后，即可检验环境车辆是否处于 ACC 的有效检测区域内，从而对处于有效检测区域外的目标直接剔除，以加快后续算法的处理速度。在直道中，有效检测区域可以设置为一矩形区域，实际的参数与道路结构和实际运行工况有关。而对于弯道工况，则需要进行弯道区域补偿，以抵消道路曲率的影响，避免误识别。当车速小于 1m/s 时，采用前轮转角和轴距计算曲率，当车速大于 2m/s 时，采用横摆角速度和车速计算曲率。当车速为 1 ~ 2m/s 之间时，曲率由二者加权平均得到。由车辆动力学可得曲率计算公式如下所示：

$$\begin{cases} \kappa = \dfrac{\delta}{L}, & \text{低速} \\ \kappa = \dfrac{\dot{\varphi}}{V_{\text{ego}}}, & \text{高速} \end{cases} \tag{10-63}$$

根据道路曲率以及障碍物的横纵向相对距离，即可筛选出本车道内的主目标。若障碍物的横纵向距离满足下列关系式，则该障碍物是本车道内的主目标（CIPV）。

$$\left|\frac{1}{k}-\operatorname{sgn}\left(\frac{1}{k}\right)\sqrt{d_{xr}^{2}+\left(\frac{1}{k}-d_{yr}\right)^{2}}\right|\leqslant\Delta d_{0} \tag{10-64}$$

其中，Δd_0是车辆判断为 CIPV 的横向距离阈值。

2. 安全跟车模型

可靠而合适的安全跟车模型的选择和设置对 ACC 系统十分关键。在进行车距控制时，安全跟车模型实时计算主车的运动状态，并根据前车的行驶情况决定是否对主车进行加速或减速操作。安全车距设置偏小会导致主车在前车跟随行驶时经常处于不安全状态，从而导致驾驶员精神紧张。安全车距设置过大则会引起其他车辆的频繁并线，使驾驶员对 ACC 的信任度降低。目前主要选用的是固定车间安全时距模型，即安全车距等于主车车速乘以时间常数，再加停车时的最小安全车距。这种安全车距计算方法基本符合驾驶员在不同车速下对安全车距的期望。除了固定车间安全时距模型，也有研究者提出了定车距模型、固定安全因数模型、固定稳定性模型及固定认可度模型等。

基于车头时距的安全距离模型是应用比较广泛的跟车模型，该模型表示跟随车辆的期望跟车距离与车速具有线性关系，即定车间时距安全跟车模型可以描述如下：

$$d_{\mathrm{s}}=T_{\mathrm{h}}V_{\mathrm{ego}}+d_{0} \tag{10-65}$$

式中，d_{s}为安全车距；T_{h}为驾驶员设定的时间常数；d_0为距离常数。采用这种车距模型的意义在于不同驾驶员的 T_{h}有相近但不同的范围，并且利用距离常数对制动安全距离进行弥补。安全车距作为 ACC 系统的跟踪量，也是运动评价参数之一。T_{h}和 d_0是 ACC 跟车时的两个重要参数，主要由驾驶员设定，也可以根据实际行驶场景可进行适当的修正，比如在冰雪等低附路面行驶时，系统可将驾驶员设定的跟车参数适当进行增大，以保证跟车行驶的安全性。

ACC 系统的两种控制模式如图 10-26 所示。当两车距离较远时，车辆可安全行驶，此时是速度控制模式，其控制目标是跟踪驾驶员设定的期望速度；当两车距离较近时，采用距离控制模式，其控制目标是保持安全的跟车距离以及跟踪前车速度。速度控制模式较简单，比如采用经典的 PID 控制实现车辆速度跟踪期望速度，本章不对这部分内容做过多讨论；而巡航时的距离控制模式相对复杂一些。因此，接下来就建立跟车时的车辆动力学模型，并对跟车时的距离控制问题进行讨论。

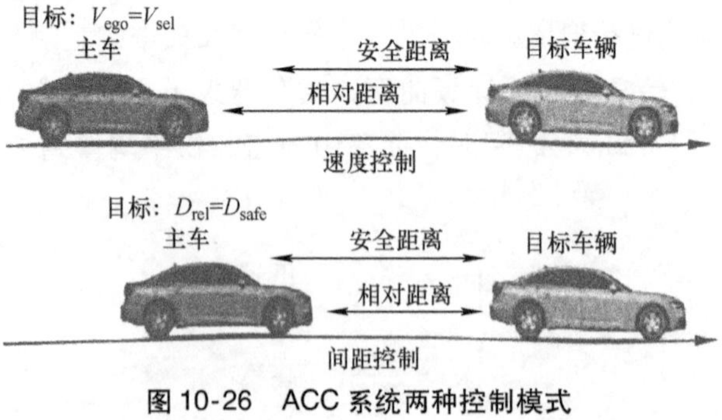

图 10-26　ACC 系统两种控制模式

3. 跟车动力学模型

根据道路信息、目标车辆信息及主车行驶状态进行控制策略决策，对下层执行机构发出控制指令，是 ACC 系统的核心部分。利用速度、安全车距、道路曲率等信息可直接计算发动机节气门开度、制动液压以及前轮转向角度，但由于车辆的动力学模型较为复杂且具有较多的非线性环节，因此在实际设计中 ACC 系统采用分层设计结构，上级控制系统根据传感器信息及控制策略确定期望加速度或期望速度，下位控制器根据期望加速度与速度计算执行机构的控制量，并对控制机构发出跟踪控制需求，从而控制车辆的实际加速度与速度与期望值匹配。当采用分层的控制结构时，如设计 ACC 上位控制器，可把下位控制器看作惯性延时环节。

在上位控制器的设计中，可以采用线性二次型调节器（LQR）、模型预测控制器（MPC）等最优控制理论来对控制器进行优化设计。设两车相对距离为 d，相对速度为 v，主车实际加速度为 a，求解的目标为期望的加速度 u_{d}。利用车辆的运动学模型，自适应巡航跟踪过程的状态可表示为如下连续状态空间表达式，其中 u_{d} 为控制输入量，T_{s} 为下位控制器的惯性延时时长：

$$\begin{bmatrix}\dot{d}(t)\\ \dot{v}(t)\\ \dot{a}(t)\end{bmatrix}=\begin{bmatrix}0 & 1 & 0\\ 0 & 0 & -1\\ 0 & 0 & -\dfrac{1}{T_{\mathrm{s}}}\end{bmatrix}\begin{bmatrix}d(t)\\ v(t)\\ a(t)\end{bmatrix}+\begin{bmatrix}0\\ 0\\ \dfrac{1}{T_{\mathrm{s}}}\end{bmatrix}u_{\mathrm{d}}(t)+\begin{bmatrix}0\\ 1\\ 0\end{bmatrix}a_1(t) \tag{10-66}$$

其中，a_1是前车的加速度，可视作干扰项。对上式进行离散化表示可转化为

$$\begin{bmatrix}d(k+1)\\ v(k+1)\\ a(k+1)\end{bmatrix}=\begin{bmatrix}0 & T_{\mathrm{c}} & 0\\ 0 & 1 & -T_{\mathrm{c}}\\ 0 & 0 & 1-\dfrac{T_{\mathrm{c}}}{T_{\mathrm{s}}}\end{bmatrix}\begin{bmatrix}d(k)\\ v(k)\\ a(k)\end{bmatrix}+\begin{bmatrix}0\\ 0\\ \dfrac{T_{\mathrm{c}}}{T_{\mathrm{s}}}\end{bmatrix}u_{\mathrm{d}}(k)+\begin{bmatrix}0\\ T_{\mathrm{c}}\\ 0\end{bmatrix}a_1(k) \tag{10-67}$$

式中，k 为各个控制时刻；T_{c}为控制器周期。假设 T_{s}与 T_{c}的比值为 n，即惯性延时时长为控制周期的 n 倍，则可以在离散的状态空间中构建 n 阶的输入延迟状态，用以求解惯性延迟过程中的最优控制量。令 u_1-u_n 为输入的中间延时状态，u 为系统的实时控制输入。令系统的状态和输出为

$$\begin{cases}\boldsymbol{x}(k)=[d(k)-d_{\mathrm{s}}(k),v(k),a(k),u_n(k),u_{n-1}(k),\cdots,u_2(k),u_1(k)]^{\mathrm{T}}\\ \boldsymbol{y}(k)=[d(k)-d_{\mathrm{s}}(k),v(k),a(k)]^{\mathrm{T}}\end{cases} \tag{10-68}$$

其中输出 y 选取两车相对距离 d、相对速度 v 以及本车加速度 a，则：

$$\begin{cases}\boldsymbol{x}(k+1)=\boldsymbol{A}x(k)+\boldsymbol{B}_1u(k)+\boldsymbol{B}_2a_1(k)\\ \boldsymbol{y}(k)=\boldsymbol{C}\boldsymbol{x}(k)\end{cases} \tag{10-69}$$

其中，a_1是前车加速度。

$$\boldsymbol{A}=\begin{bmatrix}\boldsymbol{M} & \boldsymbol{0}_{3\times(n-1)}\\ \boldsymbol{0}_{(n-1)\times 4} & \boldsymbol{I}_{(n-1)\times(n-1)}\\ \boldsymbol{0}_{1\times 4} & \boldsymbol{0}_{1\times(n-1)}\end{bmatrix},\ \boldsymbol{B}_1=\begin{bmatrix}\boldsymbol{0}_{(n+2)\times 1}\\ \boldsymbol{1}\end{bmatrix},\ \boldsymbol{B}_2=\begin{bmatrix}\boldsymbol{0}\\ \boldsymbol{T}_{\mathrm{c}}\\ \boldsymbol{0}_{(n+1)\times 1}\end{bmatrix},\boldsymbol{C}=[\boldsymbol{I}_{3\times 3}\quad \boldsymbol{0}_{3\times n}] \tag{10-70}$$

其中，分块矩阵为

$$
\boldsymbol{M}=\begin{bmatrix} 1 & T_c & -T_cT_h & 0 \\ 0 & 1 & -T_c & 0 \\ 0 & 0 & 1-\dfrac{T_c}{T_s} & \dfrac{T_c}{T_s} \end{bmatrix} \tag{10-71}
$$

考虑系统的可控性矩阵：

$$
\boldsymbol{Q}_c=[\boldsymbol{B}_1,\boldsymbol{AB}_1,\boldsymbol{A}^2\boldsymbol{B}_1,\cdots,\boldsymbol{A}^{n-1}\boldsymbol{B}_1] \tag{10-72}
$$

将$\boldsymbol{A}$和$\boldsymbol{B}_1$代入可得：

$$
\boldsymbol{Q}_c=\begin{bmatrix} \boldsymbol{0}_{1\times n} & \boldsymbol{0} & -\dfrac{T_c^2T_h}{T_s} & \dfrac{T_c^2T_h(T_c-2T_s)}{T_s^2}-\dfrac{T_c^3}{T_s} \\ \boldsymbol{0}_{1\times n} & \boldsymbol{0} & -\dfrac{T_c^2}{T_s} & \dfrac{T_c^2(T_c-2T_s)}{T_s^2} \\ \boldsymbol{0}_{1\times n} & \dfrac{\boldsymbol{T}_c}{T_s} & -\dfrac{T_c(T_c-T_s)}{T_s^2} & \dfrac{T_c(T_c-T_s)^2}{T_s^3} \\ \boldsymbol{I}_{n\times n} & \boldsymbol{0}_{n\times 1} & \boldsymbol{0}_{n\times 1} & \boldsymbol{0}_{n\times 1} \end{bmatrix} \tag{10-73}
$$

显然，该可控性矩阵$\boldsymbol{Q}_c$满秩，则该 ACC 系统是状态完全可控的，可以设计状态反馈控制器。

考虑 ACC 系统为状态跟踪系统，在实车控制中，总是希望本车的实际运动状态与处于稳态跟车行驶的期望运动状态相等，设 ACC 系统期望的运动状态为$x_r(k)=0$，则本车实际运动状态与期望运动状态的差值为$x(k)-x_r(k)=x(k)$，则此时的 ACC 状态跟踪系统也相当于一个状态镇定系统，即要求在一定的控制输入下，使本车运动状态$x(k)$逐渐趋于0。因此，本车跟随主目标车辆行驶的状态跟踪问题就转化为了一个较容易求解的状态调节器问题，即当系统的状态偏离平衡零点时，希望施加较小的控制量使系统状态回到稳定的平衡零点。

需要注意的是，ACC 系统的下位被控对象是车辆的纵向动力学系统，下位控制对象即线控底盘的输入是 ACC 控制器输出的期望加速度，输出是实际的车辆加速度。在此被控对象系统中，存在许多非线性的环节，例如驱动与传动系统、轮胎等，无法直接获取其精确的传递函数特性。因此，在式（10-66）表示的模型中将车辆的动力学系统简化为一阶惯性环节，其时间常数为T_s。为了得到该时间常数，可采用系统辨识理论，得到各个工况下线控底盘的输入和输出之间的关系，拟合出近似的数学模型。根据不同车速下的频域响应特性，可将其近似为一阶惯性环节，通过曲线拟合后可得线控底盘的近似数学模型（标称函数）为

$$
G(s)=\frac{1}{0.11s+1} \tag{10-74}
$$

因此，时间常数为T_s近似为0.11s。

三、控制器设计

1. LQR 设计

线性二次型调节器（LQR）可给出 ACC 状态镇定问题的最优解，同时控制输入为系统状态的线性反馈。构建状态反馈控制器为

$$\boldsymbol{u}(k) = -\boldsymbol{K}\boldsymbol{x}(k) \tag{10-75}$$

其中，$\boldsymbol{K}$ 为状态负反馈增益。假设前车匀速行驶即 $a_1=0$，则闭环系统为

$$\begin{cases}\boldsymbol{x}(k+1) = (\boldsymbol{A}-\boldsymbol{B}_1\boldsymbol{K})\boldsymbol{x}(k)\\ \boldsymbol{y}(k) = \boldsymbol{C}\boldsymbol{x}(k)\end{cases} \tag{10-76}$$

定义跟随误差模型的离散二次型性能指标为

$$\boldsymbol{J} = \frac{1}{2}\sum_{k=0}^{N}\left[\boldsymbol{x}^{\mathrm{T}}(k)\boldsymbol{Q}\boldsymbol{x}(k)+\boldsymbol{u}^{\mathrm{T}}(k)\boldsymbol{R}\boldsymbol{u}(k)\right] \tag{10-77}$$

其中，$\boldsymbol{Q}$ 和 $\boldsymbol{R}$ 分别为半正定的状态和控制消耗权重矩阵，求解最优控制序列 $\boldsymbol{u}$ 使得 $\boldsymbol{J}$ 最小即为 LQR 最优控制问题。

采用极小值原理进行求解，构造哈密顿函数：

$$\boldsymbol{H} = \frac{1}{2}\boldsymbol{x}^{\mathrm{T}}(k)\boldsymbol{Q}\boldsymbol{x}(k)+\frac{1}{2}\boldsymbol{u}^{\mathrm{T}}(k)\boldsymbol{R}\boldsymbol{u}(k)+\boldsymbol{\lambda}^{\mathrm{T}}(k+1)\left[\boldsymbol{A}\boldsymbol{x}(k)+\boldsymbol{B}_1\boldsymbol{u}(k)\right] \tag{10-78}$$

其协态方程为

$$\boldsymbol{\lambda}(k) = \frac{\partial \boldsymbol{H}}{\partial \boldsymbol{x}(k)} = \boldsymbol{Q}\boldsymbol{x}(k)+\boldsymbol{A}^{\mathrm{T}}\boldsymbol{\lambda}(k+1) \tag{10-79}$$

控制方程为

$$\frac{\partial \boldsymbol{H}}{\partial \boldsymbol{u}(k)} = \boldsymbol{R}\boldsymbol{u}(k)+\boldsymbol{B}_1^{\mathrm{T}}\boldsymbol{\lambda}(k+1) = 0 \tag{10-80}$$

即

$$\boldsymbol{u}(k) = -\boldsymbol{R}^{-1}\boldsymbol{B}_1^{\mathrm{T}}\boldsymbol{\lambda}(k+1) \tag{10-81}$$

假设拉格朗日乘子为

$$\boldsymbol{\lambda}(k) = \boldsymbol{P}(k)\boldsymbol{x}(k) \tag{10-82}$$

将式（10-82）代入协态方程（10-79）可得

$$\boldsymbol{P}(k)\boldsymbol{x}(k) = \boldsymbol{Q}\boldsymbol{x}(k)+\boldsymbol{A}^{\mathrm{T}}\boldsymbol{P}(k+1)\boldsymbol{x}(k+1) \tag{10-83}$$

闭环系统为

$$\boldsymbol{x}(k+1) = \left[\boldsymbol{I}+\boldsymbol{B}_1\boldsymbol{R}^{-1}\boldsymbol{B}_1^{\mathrm{T}}\boldsymbol{P}(k+1)\right]^{-1}\boldsymbol{A}\boldsymbol{x}(k) \tag{10-84}$$

将式（10-84）代入协态方程（10-83）可得

$$\boldsymbol{P}(k) = \boldsymbol{Q}+\boldsymbol{A}^{\mathrm{T}}\boldsymbol{P}(k+1)\left[\boldsymbol{I}+\boldsymbol{B}_1\boldsymbol{R}^{-1}\boldsymbol{B}_1^{\mathrm{T}}\boldsymbol{P}(k+1)\right]^{-1}\boldsymbol{A} \tag{10-85}$$

该式即为黎卡提矩阵差分方程，由矩阵求逆定理可得

$$\left[\boldsymbol{I}+\boldsymbol{B}_1\boldsymbol{R}^{-1}\boldsymbol{B}_1^{\mathrm{T}}\boldsymbol{P}(k+1)\right]^{-1} = \boldsymbol{I}-\boldsymbol{B}_1\left[\boldsymbol{R}+\boldsymbol{B}_1^{\mathrm{T}}\boldsymbol{P}(k+1)\boldsymbol{B}_1\right]^{-1}\boldsymbol{B}_1^{\mathrm{T}}\boldsymbol{P}(k+1) \tag{10-86}$$

则黎卡提方程等价于

$$\boldsymbol{P}(k)=\boldsymbol{Q}+\boldsymbol{A}^{\mathrm{T}}\boldsymbol{P}(k+1)\boldsymbol{A}-\boldsymbol{A}^{\mathrm{T}}\boldsymbol{P}(k+1)\boldsymbol{B}_1[\boldsymbol{R}+\boldsymbol{B}_1^{\mathrm{T}}\boldsymbol{P}(k+1)\boldsymbol{B}_1]^{-1}\boldsymbol{B}_1^{\mathrm{T}}\boldsymbol{P}(k+1)\boldsymbol{A} \tag{10-87}$$

利用迭代法从 $k=N$ 开始反向递推求解黎卡提方程（10-87）。

设求解所得的黎卡提方程［式（10-87）］的解收敛到 P_s，则拉格朗日乘子为

$$\lambda(k)=P_s x(k) \tag{10-88}$$

控制输入为

$$\boldsymbol{u}(k)=-(\boldsymbol{R}+\boldsymbol{B}_1^{\mathrm{T}}P_s\boldsymbol{B}_1)^{-1}\boldsymbol{B}_1^{\mathrm{T}}P_s\boldsymbol{A}x(k) \tag{10-89}$$

根据式（10-75）可得控制器增益矩阵为

$$\boldsymbol{K}=(\boldsymbol{R}+\boldsymbol{B}_1^{\mathrm{T}}P_s\boldsymbol{B}_1)^{-1}\boldsymbol{B}_1^{\mathrm{T}}P_s\boldsymbol{A} \tag{10-90}$$

接下来探讨 ACC 系统的渐进稳定性。定义 Lyapunov 函数为

$$\boldsymbol{V}(k)=\boldsymbol{x}^{\mathrm{T}}(k)\boldsymbol{P}_s\boldsymbol{x}(k) \tag{10-91}$$

其差分为

$$\Delta\boldsymbol{V}(k)=\boldsymbol{V}(k+1)-\boldsymbol{V}(k)=\boldsymbol{x}^{\mathrm{T}}(k)[(\boldsymbol{A}-\boldsymbol{B}_1\boldsymbol{K})^{\mathrm{T}}\boldsymbol{P}_s(\boldsymbol{A}-\boldsymbol{B}_1\boldsymbol{K})-\boldsymbol{P}_s]\boldsymbol{x}(k) \tag{10-92}$$

根据式（10-90）可得

$$\Delta\boldsymbol{V}(k)=-\boldsymbol{x}^{\mathrm{T}}(k)(\boldsymbol{K}^{\mathrm{T}}\boldsymbol{R}\boldsymbol{K}+\boldsymbol{Q})\boldsymbol{x}(k)\leqslant 0 \tag{10-93}$$

则在不考虑前车加速度的干扰时，式（10-76）表达的 ACC 闭环系统渐进稳定。

2. MPC 设计

模型预测控制系统（MPC）由预测模型、参考轨迹、滚动优化和在线校正构成，如图 10-27 所示。参考轨迹是预期的控制目标，一般是一条平滑的期望曲线。预测模型是基于系统的状态空间模型，依据历史信息和假设未来输入，利用递归法建立的用于预测未来状态的数学模型。滚动优化是以某一性能指标最优作为控制目标确定未来状态，并在滚动形式的有限时域内反复在线优化求解获得最优的控制输入 $\boldsymbol{u}(k)$。在线校正是为了消除因模型失配、系统不确定性或环境干扰等导致的控制偏差，对产生的偏差进行补偿，同时作为反馈，为下一个采样时刻的滚动优化提供数据，进行新的迭代优化。

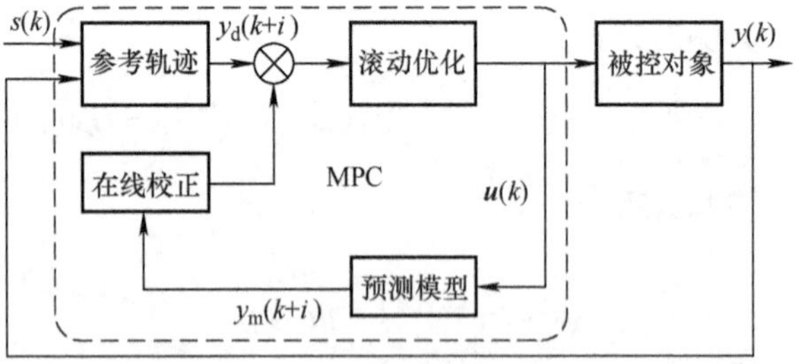

图 10-27　模型预测控制系统结构框图

考虑式（10-69）表示的离散 ACC 系统模型，假设前车匀速行驶即 $a_1=0$，则未来 N 个时刻内的系统状态为

$$\begin{cases}\boldsymbol{x}(k+1\mid k)=\boldsymbol{A}\boldsymbol{x}(k)+\boldsymbol{B}_1\boldsymbol{u}(k)\\ \boldsymbol{x}(k+2\mid k)=\boldsymbol{A}^2\boldsymbol{x}(k)+\boldsymbol{A}\boldsymbol{B}_1\boldsymbol{u}(k)+\boldsymbol{B}_1\boldsymbol{u}(k+1)\\ \boldsymbol{x}(k+3\mid k)=\boldsymbol{A}^3\boldsymbol{x}(k)+\boldsymbol{A}^2\boldsymbol{B}_1\boldsymbol{u}(k)+\boldsymbol{A}\boldsymbol{B}_1\boldsymbol{u}(k+1)+\boldsymbol{B}_1\boldsymbol{u}(k+2)\\ \vdots\\ \boldsymbol{x}(k+N\mid k)=\boldsymbol{A}^N\boldsymbol{x}(k)+\sum\limits_{i=0}^{N-1}\boldsymbol{A}^{N-1-i}\boldsymbol{B}_1\boldsymbol{u}(k+i)\end{cases} \tag{10-94}$$

则在 k 时刻，未来 N 个时刻内的系统预测输出为

$$\begin{cases}\boldsymbol{Y}(k)=\overline{\boldsymbol{C}}\boldsymbol{x}(k)+\overline{\boldsymbol{D}}\boldsymbol{U}(k)\\ \boldsymbol{Z}(k)=\overline{\boldsymbol{E}}\boldsymbol{x}(k)+\overline{\boldsymbol{F}}\boldsymbol{U}(k)\end{cases}\tag{10-95}$$

其中，$\boldsymbol{x}(k)=\boldsymbol{d}(k)-\boldsymbol{d}_{\mathrm{s}}(k)$，且

$$\boldsymbol{Y}(k)=\begin{bmatrix}y(k+1|k)\\ y(k+2|k)\\ y(k+3|k)\\ \vdots\\ y(k+N|k)\end{bmatrix},\ \boldsymbol{U}(k)=\begin{bmatrix}u(k)\\ u(k+1)\\ u(k+2)\\ \vdots\\ u(k+N-1)\end{bmatrix},\ \boldsymbol{Z}(k)=\begin{bmatrix}y_1(k+1|k)\\ y_1(k+2|k)\\ y_1(k+3|k)\\ \vdots\\ y_1(k+N|k)\end{bmatrix}$$

$$\overline{\boldsymbol{C}}=\begin{bmatrix}\boldsymbol{CA}\\ \boldsymbol{CA}^2\\ \boldsymbol{CA}^3\\ \vdots\\ \boldsymbol{CA}^N\end{bmatrix},\ \overline{\boldsymbol{D}}=\begin{bmatrix}\boldsymbol{CB}_1 & 0 & 0 & 0\\ \boldsymbol{CAB}_1 & \boldsymbol{CB}_1 & 0 & 0\\ \boldsymbol{CA}^2\boldsymbol{B}_1 & \boldsymbol{CAB}_1 & \boldsymbol{CB}_1 & 0\\ \vdots & \vdots & \vdots & \vdots\\ \boldsymbol{CA}^{N-1}\boldsymbol{B}_1 & \boldsymbol{CA}^{N-2}\boldsymbol{B}_1 & \boldsymbol{CA}^{N-3}\boldsymbol{B}_1 & \boldsymbol{CB}_1\end{bmatrix},\ \widetilde{\boldsymbol{C}}=[\boldsymbol{1},\ \ \boldsymbol{0}_{1\times(n+2)}]$$

$$\overline{\boldsymbol{E}}=\begin{bmatrix}\widetilde{\boldsymbol{C}}\boldsymbol{A}\\ \widetilde{\boldsymbol{C}}\boldsymbol{A}^2\\ \widetilde{\boldsymbol{C}}\boldsymbol{A}^3\\ \vdots\\ \widetilde{\boldsymbol{C}}\boldsymbol{A}^N\end{bmatrix},\ \overline{\boldsymbol{F}}=\begin{bmatrix}\widetilde{\boldsymbol{C}}\boldsymbol{B}_1 & 0 & 0 & 0 & 0\\ \widetilde{\boldsymbol{C}}\boldsymbol{AB}_1 & \widetilde{\boldsymbol{C}}\boldsymbol{B}_1 & 0 & 0 & 0\\ \widetilde{\boldsymbol{C}}\boldsymbol{A}^2\boldsymbol{B}_1 & \widetilde{\boldsymbol{C}}\boldsymbol{AB}_1 & \widetilde{\boldsymbol{C}}\boldsymbol{B}_1 & 0 & 0\\ \vdots & \vdots & \vdots & & \vdots\\ \widetilde{\boldsymbol{C}}\boldsymbol{A}^{N-1}\boldsymbol{B}_1 & \widetilde{\boldsymbol{C}}\boldsymbol{A}^{N-2}\boldsymbol{B}_1 & \widetilde{\boldsymbol{C}}\boldsymbol{A}^{N-3}\boldsymbol{B}_1 & \cdots & \widetilde{\boldsymbol{C}}\boldsymbol{B}_1\end{bmatrix}$$

期望的输出轨迹为 $y_{\mathrm{d}}=0$，根据输出轨迹跟踪的目的，其目标函数定义为如下的二次型：

$$\begin{aligned}\boldsymbol{J}(k)&=\sum_{i=1}^{N}\boldsymbol{y}^{\mathrm{T}}(k+i\mid k)\boldsymbol{q}_i\boldsymbol{y}(k+i\mid k)+\sum_{i=0}^{N-1}\boldsymbol{u}^{\mathrm{T}}(k+i)\boldsymbol{r}_i\boldsymbol{u}(k+i)\\ &=\boldsymbol{Y}^{\mathrm{T}}(k)\boldsymbol{QY}(k)+\boldsymbol{U}^{\mathrm{T}}(k)\boldsymbol{RU}(k)\end{aligned}\tag{10-96}$$

其中，$\boldsymbol{Q}$ 和 $\boldsymbol{R}$ 分别为状态量和控制量的权重矩阵，其表达式为

$$\boldsymbol{Q}=\begin{bmatrix}q_1 & 0 & \cdots & 0\\ 0 & q_2 & \cdots & 0\\ \vdots & \vdots & & \vdots\\ 0 & 0 & \cdots & q_N\end{bmatrix},\ \boldsymbol{R}=\begin{bmatrix}r_1 & 0 & \cdots & 0\\ 0 & r_2 & \cdots & 0\\ \vdots & \vdots & & \vdots\\ 0 & 0 & \cdots & r_N\end{bmatrix}\tag{10-97}$$

代入模型预测结果（10-94）可得

$$\begin{aligned}\boldsymbol{J}(k)&=[\widetilde{\boldsymbol{C}}\boldsymbol{x}(k)+\widetilde{\boldsymbol{D}}\boldsymbol{U}(k)]^{\mathrm{T}}\boldsymbol{Q}[\widetilde{\boldsymbol{C}}\boldsymbol{x}(k)+\overline{\boldsymbol{D}}\boldsymbol{U}(k)]+\boldsymbol{U}^{\mathrm{T}}(k)\boldsymbol{RU}(k)\\ &=\boldsymbol{U}^{\mathrm{T}}(k)(\overline{\boldsymbol{D}}^{\mathrm{T}}\boldsymbol{Q}\,\overline{\boldsymbol{D}}+\boldsymbol{R})\boldsymbol{U}(k)+2\boldsymbol{x}^{\mathrm{T}}(k)\overline{\boldsymbol{C}}\boldsymbol{Q}\,\overline{\boldsymbol{D}}\boldsymbol{U}(k)+\boldsymbol{J}_0(k)\end{aligned}\tag{10-98}$$

其中，

$$J_0(k)=\boldsymbol{x}^{\mathrm{T}}(k)\overline{\boldsymbol{C}}^{\mathrm{T}}\boldsymbol{Q}\,\overline{\boldsymbol{C}}\boldsymbol{x}(k) \tag{10-99}$$

中不包含控制量 $\boldsymbol{U}$，在控制器求解时可以作为常数项忽略不计。

ACC 需要在保证安全性、舒适性的前提下实现跟车控制，因此，MPC 的约束条件主要包括：

$$\begin{cases}\boldsymbol{U}_{\min}\leqslant\boldsymbol{U}(k)\leqslant\boldsymbol{U}_{\max}(k)\\|U(k)-\boldsymbol{U}(k-1)|\leqslant\Delta\boldsymbol{U}_{\max}\\d(k)\geqslant d_{\min}(k)=\boldsymbol{T}_0V_{\mathrm{eg}}+d_0\end{cases} \tag{10-100}$$

其中，$\boldsymbol{U}_{\max}(k)$、$\Delta\boldsymbol{U}_{\max}(k)$分别为最大的控制输入和输入增量值；$\boldsymbol{U}_{\min}$、$d_{\min}(k)$分别为最小的控制输入和最小安全距离，$\boldsymbol{T}_0$可取 0.8s。考虑到车辆纵向行驶的舒适性主要由其加速度和冲击度来评定，因此选定

$$\boldsymbol{U}_{\min}=-3,\boldsymbol{U}_{\max}(k)=2\left(1-\frac{V_{\mathrm{ego}}}{V_{\mathrm{set}}}\right),\Delta\boldsymbol{U}_{\max}=0.5 \tag{10-101}$$

其中，V_{set}为驾驶员设定的期望速度。注意到

$$\boldsymbol{U}(k-1)=\boldsymbol{G}\boldsymbol{U}(k)+\boldsymbol{H}\boldsymbol{U}(k-1) \tag{10-102}$$

其中，

$$\boldsymbol{G}=\begin{bmatrix}\boldsymbol{0}&\boldsymbol{0}&\boldsymbol{0}&\cdots&\boldsymbol{0}&\boldsymbol{0}\\\boldsymbol{I}&\boldsymbol{0}&\boldsymbol{0}&\cdots&\boldsymbol{0}&\boldsymbol{0}\\\boldsymbol{0}&\boldsymbol{I}&\boldsymbol{0}&\cdots&\boldsymbol{0}&\boldsymbol{0}\\\vdots&\vdots&\vdots&&\vdots&\vdots\\\boldsymbol{0}&\boldsymbol{0}&\boldsymbol{0}&\boldsymbol{I}&\boldsymbol{0}&\boldsymbol{0}\\\boldsymbol{0}&\boldsymbol{0}&\boldsymbol{0}&\boldsymbol{0}&\boldsymbol{I}&\boldsymbol{0}\end{bmatrix},\ \boldsymbol{H}=\begin{bmatrix}\boldsymbol{I}\\\boldsymbol{0}\\\boldsymbol{0}\\\vdots\\\boldsymbol{0}\end{bmatrix} \tag{10-103}$$

则式（10-100）表示的性能约束等价于

$$\overline{\boldsymbol{A}}\boldsymbol{U}(k)\leqslant\overline{\boldsymbol{B}}(k) \tag{10-104}$$

其中，

$$\overline{\boldsymbol{A}}=\begin{bmatrix}\boldsymbol{I}\\-\boldsymbol{I}\\\boldsymbol{I}-\boldsymbol{G}\\\boldsymbol{G}-\boldsymbol{I}\\-\overline{\boldsymbol{F}}\end{bmatrix},\ \overline{\boldsymbol{B}}(k)=\begin{bmatrix}U_{\max}(k)\\-U_{\min}\\\Delta U_{\max}+Hu(k-1)\\\Delta U_{\max}-Hu(k-1)\\\overline{E}x(k)+(T_{\mathrm{h}}-T_0)V_{\mathrm{ego}}\end{bmatrix} \tag{10-105}$$

将 MPC 写成二次规划（QP）形式如下：

$$\begin{cases}\min J(k)=U^{\mathrm{T}}(k)(\overline{D}^{\mathrm{T}}Q\,\overline{D}+R)U(k)+2x^{\mathrm{T}}(k)\overline{C}Q\,\overline{D}U(k)+J_0(k)\\\text{s. t. }\ \overline{A}U(k)\leqslant\overline{B}(k)\end{cases} \tag{10-106}$$

至此，模型预测控制的最优化求解问题即转化为一个易于求解的标准二次规划（QP）问题。二次规划问题是一个经典的数学优化问题，有很多成熟的求解方法，MATLAB 提供的

标准函数 quadprog 可以非常方便求解该问题。

但是在求解式（10-106）表示的优化问题时可能会出现无解的情况，这往往是由于约束条件太苛刻导致的，因此，需要添加松弛因子，将 QP 模型的硬约束变成软约束，即

$$\min \boldsymbol{J}(k)=\boldsymbol{U}^{\mathrm{T}}(k)(\overline{\boldsymbol{D}}^{\mathrm{T}}\boldsymbol{Q}\overline{\boldsymbol{D}}+\boldsymbol{R})\boldsymbol{U}(k)+2\boldsymbol{x}^{\mathrm{T}}(k)\overline{\boldsymbol{C}}\boldsymbol{Q}\overline{\boldsymbol{D}}\boldsymbol{U}(k)+\sum_{i=1}^{3}\rho_i\varepsilon_i^2$$
$$\text{s. t.}\begin{cases}\overline{\boldsymbol{A}}\boldsymbol{U}(k)\leqslant\overline{\boldsymbol{B}}(k)+\Delta\boldsymbol{B}\\ \varepsilon_i\geqslant 0\end{cases}\tag{10-107}$$

其中，ρ_i、ε_i分别为权重系数和松弛因子，约束松弛量为

$$\Delta\boldsymbol{B}=\begin{bmatrix}\varepsilon_1[\boldsymbol{1}]_{2N\times1}\\ \varepsilon_2[\boldsymbol{1}]_{2N\times1}\\ \varepsilon_3[\boldsymbol{1}]_{N\times1}\end{bmatrix}\tag{10-108}$$

其中，$[\boldsymbol{1}]_{N\times1}$表示全 1 的列向量。为了将式（10-107）表示的优化问题转化为标准 QP 问题，首先定义优化变量为

$$\Delta\boldsymbol{B}=\begin{bmatrix}\boldsymbol{U}(k)\\ \varepsilon_1\\ \varepsilon_2\\ \varepsilon_3\end{bmatrix}\tag{10-109}$$

根据式（10-107）可得转化后的标准 QP 问题为

$$\begin{cases}\min\boldsymbol{J}(k)=\boldsymbol{X}^{\mathrm{T}}(k)\boldsymbol{\Omega}\boldsymbol{X}(k)+\boldsymbol{\Psi}(k)\boldsymbol{X}(k)\\ \text{s. t. }\widetilde{\boldsymbol{A}}\boldsymbol{X}(k)\leqslant\widetilde{\boldsymbol{B}}(k)\end{cases}\tag{10-110}$$

其中，

$$\widetilde{\boldsymbol{A}}=\begin{bmatrix}\boldsymbol{I} & -[\boldsymbol{1}]_{N\times1} & \boldsymbol{0} & \boldsymbol{0}\\ -\boldsymbol{I} & -[\boldsymbol{1}]_{N\times1} & \boldsymbol{0} & \boldsymbol{0}\\ \boldsymbol{I}-\boldsymbol{G} & \boldsymbol{0} & -[\boldsymbol{1}]_{N\times1} & \boldsymbol{0}\\ \boldsymbol{G}-\boldsymbol{I} & \boldsymbol{0} & -[\boldsymbol{1}]_{N\times1} & \boldsymbol{0}\\ -\overline{\boldsymbol{F}} & \boldsymbol{0} & \boldsymbol{0} & -[\boldsymbol{1}]_{N\times1}\\ \boldsymbol{0} & \boldsymbol{-1} & \boldsymbol{0} & \boldsymbol{0}\\ \boldsymbol{0} & \boldsymbol{0} & \boldsymbol{-1} & \boldsymbol{0}\\ \boldsymbol{0} & \boldsymbol{0} & \boldsymbol{0} & \boldsymbol{-1}\end{bmatrix},\ \widetilde{\boldsymbol{B}}(k)=\begin{bmatrix}\overline{\boldsymbol{B}}(k)\\ \boldsymbol{0}\end{bmatrix}$$

$$\boldsymbol{\Omega}=\begin{bmatrix}\overline{\boldsymbol{D}}^{\mathrm{T}}\boldsymbol{Q}\overline{\boldsymbol{D}}+\boldsymbol{R} & \boldsymbol{0} & \boldsymbol{0} & \boldsymbol{0}\\ \boldsymbol{0} & \boldsymbol{\rho}_1 & \boldsymbol{0} & \boldsymbol{0}\\ \boldsymbol{0} & \boldsymbol{0} & \boldsymbol{\rho}_2 & \boldsymbol{0}\\ \boldsymbol{0} & \boldsymbol{0} & \boldsymbol{0} & \boldsymbol{\rho}_3\end{bmatrix},\ \boldsymbol{\Psi}(k)=[2\boldsymbol{x}^{\mathrm{T}}(k)\overline{\boldsymbol{C}}^{\mathrm{T}}\boldsymbol{Q}\overline{\boldsymbol{D}}\quad\boldsymbol{0}]$$

通过求解式（10-110）表示的QP问题得到$\boldsymbol{X}(k)$后，将其第一个元素$u(k)$作为当前的控制输入，控制线控驱动系统与线控制动系统响应该期望的加速度。

3. 速度控制

当车辆前方无障碍物时，车辆将进入定速巡航模式；当车辆处于弯道行驶时，车辆将处于弯道自适应动态限速模式。此两种模式都是车辆的速度控制功能，本车以设定的目标车速或者弯道处的极限安全车速匀速行驶。由于车辆速度控制功能较为简单，故选用较为成熟的PID控制即可满足要求，其控制律为

$$u(t) = K_{\mathrm{P}}e(t) + K_{\mathrm{I}}\int_0^t e(\tau)\mathrm{d}\tau + K_{\mathrm{D}}\dot{e}(t) \tag{10-111}$$

其中K_{P}、K_{I}、K_{D}分别为误差的比例系数、积分系数、微分系数，车速控制误差为

$$e(t) = V_{\mathrm{ref}}(t) - V_{\mathrm{ego}}(t) \tag{10-112}$$

其中，V_{ref}表示设定的目标车速或弯道处的安全车速。由于在速度控制模式下的路况相对较好，故在加速度控制时还需要考虑车辆的乘坐舒适性，因此，速度控制时的加速度的绝对值不应过大。一般，在定速巡航模式下，期望加速度值在$-2\sim2\mathrm{m/s^2}$之间；在弯道限速模式下，期望加速度值在$-3\sim1\mathrm{m/s^2}$之间。

当汽车在弯道上行驶时，通常，弯道的曲率半径越小则需要越大的转向盘转角以跟踪弯道路径，因此，这会导致车辆侧向加速度的增大。为避免因侧向加速度过大而导致车辆在转向过程中发生侧滑或侧翻现象，要求车辆在小半径转弯行驶时的车速不能过高。

车辆弯道行驶时的侧向加速度满足关系式：

$$a_y = \frac{V_{\mathrm{ego}}^2}{R} \leqslant \varepsilon\mu g \tag{10-113}$$

其中，R是转弯半径；μ是横向附着系数；ε是校正系数，$0<\varepsilon<1$，通常可取0.8左右。车辆防侧滑安全车速为

$$V_1 = \sqrt{\varepsilon\mu g R} \tag{10-114}$$

汽车侧翻可分为两类：一是绊倒侧翻；二是侧向加速度过大引起的侧翻。针对第二种类型的侧翻模型，对在水平弯道路面上行驶的车辆作横向受力分析，对车辆转向时的内侧轮胎受力点取力矩，可得：

$$ma_y h_{\mathrm{g}} + F_z B - \frac{1}{2}mgB = 0 \tag{10-115}$$

其中，h_{g}为汽车质心与地面之间的距离；F_z为汽车内侧车轮所受地面的法向力；B为汽车轮距。车辆侧倾平面内刚体受力模型如图10-28所示。

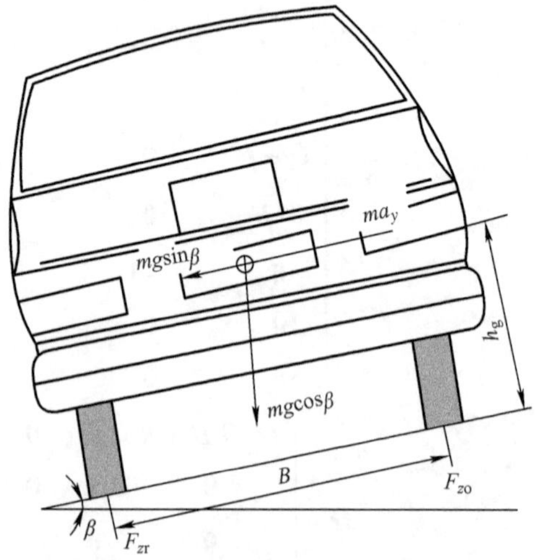

图10-28 侧倾平面内刚体受力模型

随着车辆侧向加速度a_y逐渐增大，垂向力的值将会逐渐减小到零，从而汽车发生侧翻。因

此，根据式（10-113），同时引入校正系数，可得汽车的侧翻阈值为

$$V_t=\sqrt{\frac{\varepsilon g B}{2h_g}R} \tag{10-116}$$

则根据式（10-114）和式（10-116）可得车辆行驶的期望车速为

$$V_{ref}(t)=\min\{V_{set},V_1,V_t\} \tag{10-117}$$

其中，V_{set}是驾驶员设定的目标车速。因此，根据 PID 控制可实现弯道场景下的动态自适应限速控制，在巡航控制的同时可以保证车辆弯道行驶安全。

4. 驱动与制动切换控制

当 ACC 系统工作时，需要根据期望加速度来判断当前状态是需要执行驱动还是执行制动控制。根据车辆行驶的特点，可以总结如下判断依据。

1）在车辆正常行驶过程中，应该避免加速和制动同时产生的情况，在驱动与制动系统之间需要设置互斥保护策略。

2）在需要制动的情况下，应先借助滚动阻力和空气阻力等环境道路阻力制动，当这些环境道路阻力提供的制动力不足时，才应该采用制动系统制动，即除了驱动状态和制动状态之外，需要增加第三个状态——滑行状态，利用车辆的滑行进行减速。

3）在车辆行驶过程中，为了保证驾乘体验的舒适性和减少相应部件的磨损，应该避免在驱动模式和制动模式之间频繁切换，即在驱动与制动状态切换时需要设置回滞策略。

在车辆匀速行驶时，车辆的驱动力和滚动阻力、空气阻力这些环境道路阻力为平衡状态。当车辆需要加速时，应增大电动机的输出转矩，使得驱动力大于环境道路阻力，车辆加速行驶。随着车速的增加，车辆的环境道路阻力也随着增加，直到和驱动力相互平衡，车辆又进入匀速行驶状态。当车辆需要减速时，减小电动机输出转矩，驱动力就小于环境道路阻力，车辆减速行驶。随着车速的降低，行驶阻力减小，直至与驱动力平衡，车辆又进入匀速行驶状态。当需要较大减速度时，车辆制动系统开始工作，此时的车辆制动力为制动系统制动力与行驶过程中的各种道路环境阻力之和。

为了确定 ACC 系统驱动和制动切换的时机点，需要计算车辆在不同车速下可以获得的最大环境道路阻力。在仿真软件中建立无加速、无制动的车辆滑行的仿真实验，以获得车辆行驶过程中不同车速（最高车速120km/h）下的最大减速度，然后通过线性插值绘制出最大减速度随车速变化的曲线；同时为避免驱动和制动的频繁切换，在切换曲线的上下分别设置回滞区间，宽度为 $2\Delta h$，从经验上可取 $\Delta h=0.1\text{m/s}^2$，如图 10-29 所示。当期望加速度 $a_{des}>a_{max}+0.1$ 时，车辆进行驱动控制；当期望加速度 $a_{des}<a_{max}-0.1$ 时，车辆进行制动控制；中间部分则保持原有控制状态或者是滑行状态。

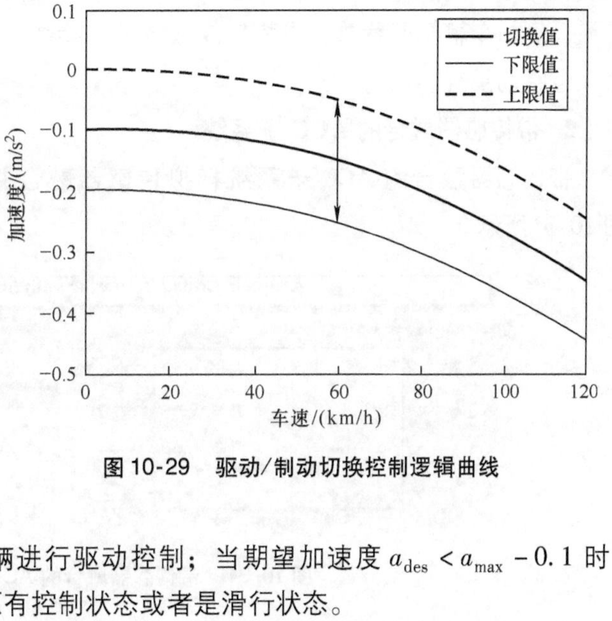

图 10-29　驱动/制动切换控制逻辑曲线

四、系统仿真

（一）MATLAB ADT 平台仿真

本示例展示了如何使用传感器融合和基于模型预测控制（MPC）来实现汽车 ACC。利用视觉传感器和雷达的融合和跟踪具有以下优点：它将视觉传感器位置和速度的横向测量与雷达的距离和速度测量结合起来；视觉传感器可以检测车道，提供车道相对于主车的横向位置估计以及场景中其他车辆相对于主车车道的位置。

1. ACC 系统测试平台模型

可以使用以下命令，打开自适应巡航控制系统测试平台模型。

```
addpath(fullfile(matlabroot,'examples','mpc','main'));
open_system('ACCTestBenchExample')
```

测试平台模型如图 10-30 所示。ACC 系统测试平台模型包括 ACC 仿真模型和模型按钮两部分。ACC 仿真模型包含带传感器融合的 ACC 子系统、车辆与环境子系统和 MIO 轨迹（最重要目标对象）轨迹模块共 3 个子系统模型。按下模型按钮后，系统会显示初始化模型使用的数据脚本，该脚本加载 Simulink 模型所需的某些常量，例如车辆模型参数、跟踪与传感器融合参数、ACC 控制器参数、驾驶员转向控制参数和道路场景等。

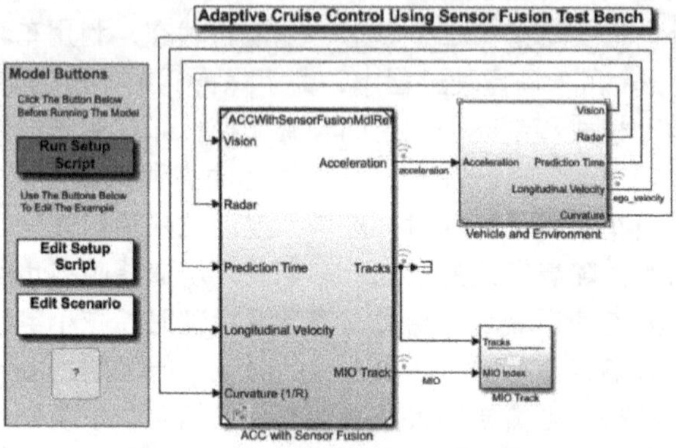

图 10-30　ACC 系统测试平台模型

2. 带传感器融合的 ACC 子系统

带传感器融合的 ACC 子系统模拟传感器融合并控制车辆的纵向加速度，其模型如图 10-31所示。

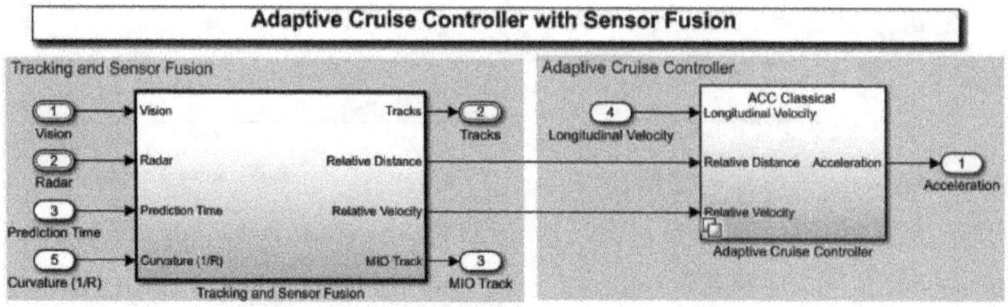

图 10-31　带传感器融合的 ACC 子系统模型

带传感器融合的 ACC 子系统仿真模型由跟踪与传感器融合模块和 ACC 控制器模块组成。跟踪与传感器融合模块处理来自车辆与环境子系统的视觉传感器和雷达的检测数据，生成主车周围环境的综合态势图。此外，它还向 ACC 子系统提供主车前方车道中最近车辆的估计状态。

跟踪与传感器融合仿真模型主要由多目标跟踪模块、检测连接模块、检测聚类模块、寻找引导车辆模块组成。其中，多目标跟踪模块的输入是所有传感器检测的组合列表和预测时间，输出是已确认轨迹的列表；检测连接模块将视觉传感器检测和雷达检测连接起来，预测时间由车辆和环境子系统中的时钟驱动；检测聚类模块将多个雷达检测进行聚类，因为跟踪器要求每个传感器对每个目标至多进行一次检测；寻找引导车辆模块使用已确认的轨迹列表和道路曲率来筛选哪辆车最接近主车，并在同一车道上位于主车前面，这辆车被称为引导车（MIO）。当车辆驶入和驶出主车前方的车道时，引导车可能会发生变化。该模块提供了引导车相对于主车的位置和速度，以及最重要目标对象（MIO）的轨迹。

ACC 系统基于以下输入信息为主车生成纵向加速度：汽车纵向速度、来自跟踪与传感器融合系统的引导车与主车的相对距离和相对速度。在该模型中，ACC 控制器有两种方法：默认的 LQR 方法和基于 MPC 的设计方法。在这两种方法中，装备 ACC 系统的车辆均使用传感器融合来估计与引导车的相对距离和相对速度，ACC 系统使主车以驾驶员设定的速度行驶，同时保持与引导车的安全距离。

在经典的 LQR 设计方法中，如果相对距离小于安全距离，则首要目标是减速并保持安全距离；如果相对距离大于安全距离，则主要目标是在保持安全距离的同时达到驾驶员设定的速度，其中的逻辑切换规则通过最小加速度和开关模块实现。

3. 车辆与环境子系统

车辆与环境子系统对主车的运动和环境进行建模（图 10-32），雷达和视觉传感器的仿真为控制子系统提供环境感知数据。车辆与环境子系统仿真模型由车辆动力学模块、对象和传感器模块和驾驶员转向模块组成。其中，车辆动力学模块利用自动驾驶工具箱中的单轨汽

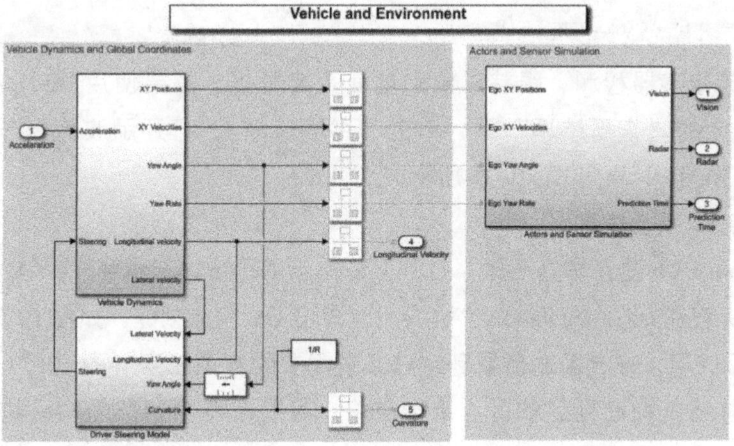

图 10-32　车辆与环境子系统

车模型力输入模块对车辆动力学进行建模；对象和传感器模块生成跟踪和传感器融合所需的数据，在运行此示例之前，驱动场景设计器应用程序用于创建一个场景，其中有一条弯曲的道路，多个目标在道路上移动。

4. ACC 系统仿真

本示例驾驶场景是两条具有恒定曲率的平行道路，车道上有 4 辆车：一辆是在左边车道上的快车；一辆是在右边车道上的慢车；一辆是从道路对面驶来的车；一辆是在右边车道上起步，然后向左边车道行驶的车。首先，可以通过如下命令绘制 ACC 驾驶场景：

```
plotACCScenario
```

输出结果如图 10-33 所示。

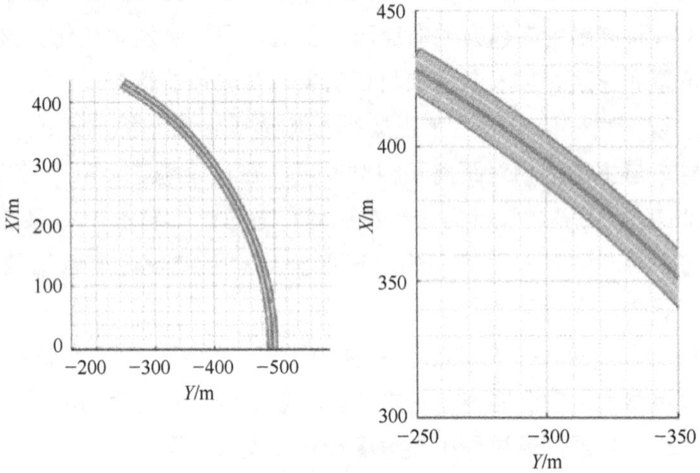

图 10-33　ACC 系统仿真输出结果

利用如下命令仿真该 ACC 驾驶场景，并通过鸟瞰图观察基于传感器融合的 ACC 系统仿真过程。

```
sim('ACCTestBenchExample')
```

要绘制合成传感器检测、跟踪对象和地面真实数据，需要使用 Bird's-Eye Scope，在“模拟”选项卡上的“查看结果”下，单击“鸟瞰范围”，打开示波器后，单击“查找信号”，输出结果如图 10-34 和图 10-35 所示。

（二）PreScan 平台仿真

打开 PreScan GUI 建立仿真场景，打开 File 单击 New Experiment，在创建界面修改实验名称为 test1，保存在 D：/simulation 文件夹下，单击 OK 完成创建，如图 10-36 所示。

完成创建后，可以在界面左侧看到创建场景需要的各类元素（图 10-37），左键选中需要创建的道路并将其拖动到工作区。单击道路，可以在右侧参数编辑区进行道路参数的修改。

单击左侧 inherited path definition，道路上会出现道路起始点标记。先单击道路起点黄色

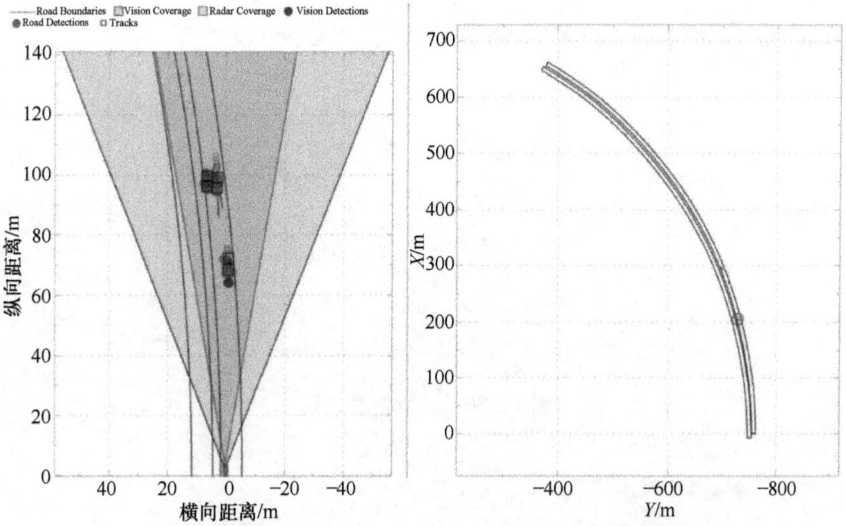

a) 车辆坐标系　　b) 世界坐标系

图 10-34　基于传感器融合的 ACC 系统仿真输出结果

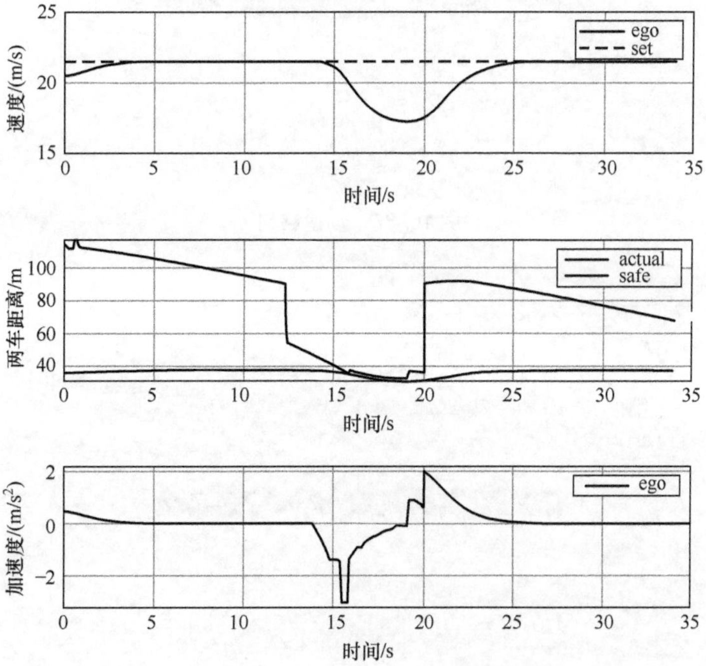

图 10-35　ACC 控制性能仿真输出结果

标记，再单击终点黄色标记，将出现图 10-38 所示的道路轨迹。

下一步进行车辆建模，在左侧 Actors 区域选中车辆并将其拖动到道路上，然后将车辆放到预设轨迹上。选中车辆模型并右键选择 Object Configuration，在轨迹 Trajectory_1 下选择 SpeedProfile_3，右键单击选择 Edit 可对车辆行驶速度进行设置。首先设置初始车速为 0，初

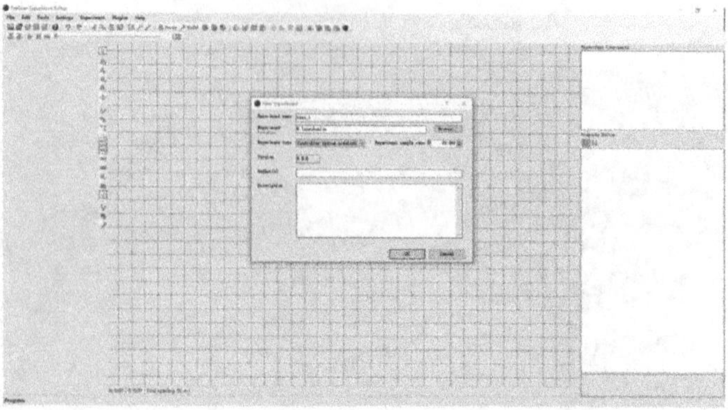

图 10-36　建立仿真场景

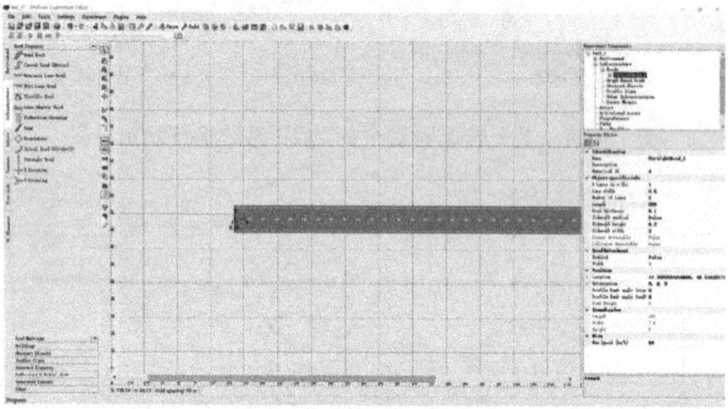

图 10-37　创建路网

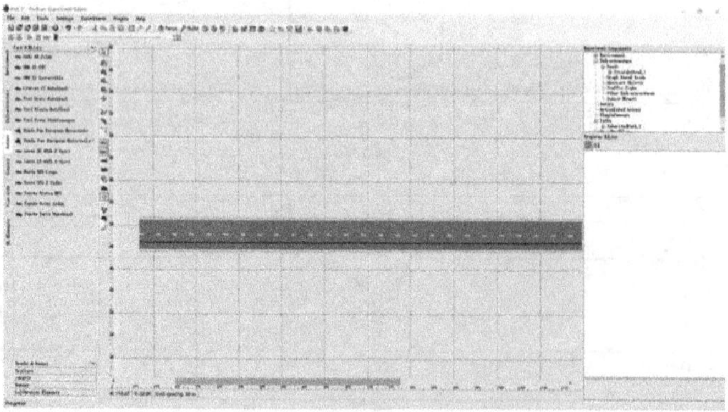

图 10-38　道路轨迹

始距离为 10m；单击 Append slot，这时出现了两个 slot，可以将道路分为两部分；设置在前 100m 车辆匀加速到 10m/s；然后，在后 90m 车辆匀减速到 0，单击应用完成设置（图 10-39）。

创建主车，并将主车放置在轨迹线上，右键单击选择 Object Configuration，在 Animation 中勾选 Wheel displacement，在车辆行驶过程中车轮会转动，在 Dynamics 选择 2D 模型。同时，为主车添加 AIR 传感器用以检测前车的距离和速度，如图 10-40 所示。

单击 Build 对场景进行编译以生成 Simulink 仿真模型（图 10-41）；编译完成后，通过 PreScan GUI 打开 MATLAB 后即可看到已经生成的 J*. slx 模型文件。

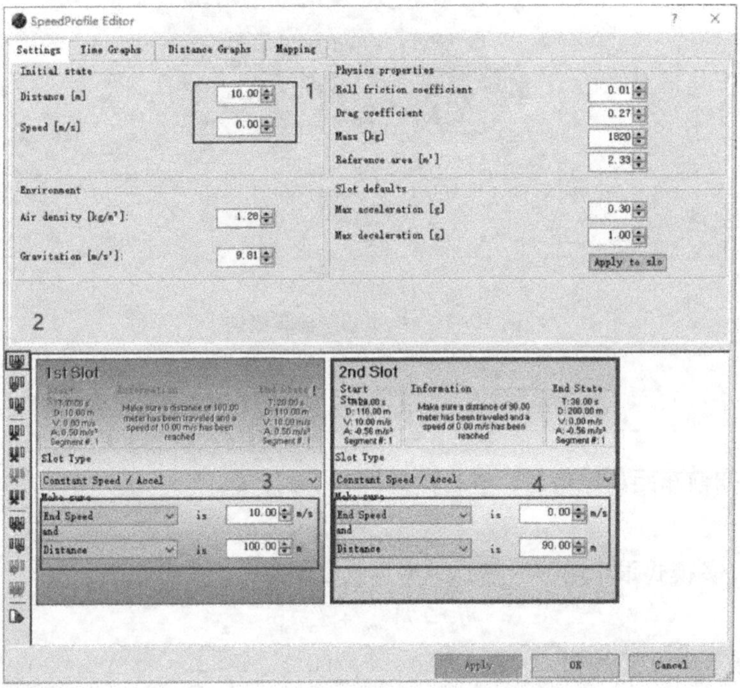

图 10-39　车辆行驶速度曲线设置

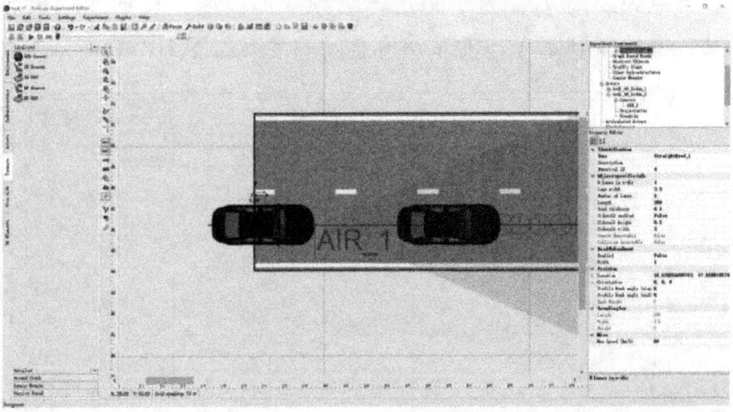

图 10-40　添加传感器

打开生成的 . xls 文件，可以看到两个车辆模型，其中主车模型为第二个模型。在主车模型中可以搭建 ACC 算法。从 AIR 传感器可以获得前车与本车的相对距离 d 和前车的速度 V，在该示例中设置一个简单的 ACC 控制算法：

1）当主车与前车距离过远时，本车执行速度控制模式，本车的期望车速为前车车

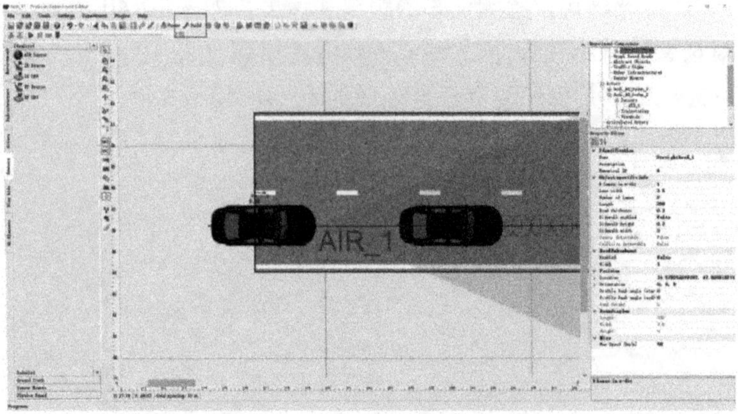

图 10-41　编译场景仿真模型

速，即

$$V_{\mathrm{ego,des}} = V_{\mathrm{lead}},\ d \geqslant d_1$$

2）当主车与前车距离过近时，进行距离控制模式，即

$$d_{\mathrm{des}} = T_{\mathrm{h}} V_{\mathrm{ego}} + d_0,\ d < d_1$$

其中，ACC 多模式跟车过程的临界距离可以表示为

$$d_1 = TV_{\mathrm{ego}} + d_{\mathrm{offset}}$$

在该仿真场景中设置 d_0 为 2，d_{offset} 为 4，T_{h} 为 0.5，$T=3$。

在加速踏板与制动踏板控制中使用 PID 进行控制。因为 PID 是一种误差反馈控制，所以在 ACC 两种控制模式中要分别计算跟踪误差，对应的误差分别是速度误差 e_1、距离误差 e_2，两种模式切换的临界点为距离 d_1。为了防止车辆频繁加减速，在加速踏板与制动踏板控制之间增加回滞环节，最终得到本车与前车速度之间的关系如图 10-42 所示。

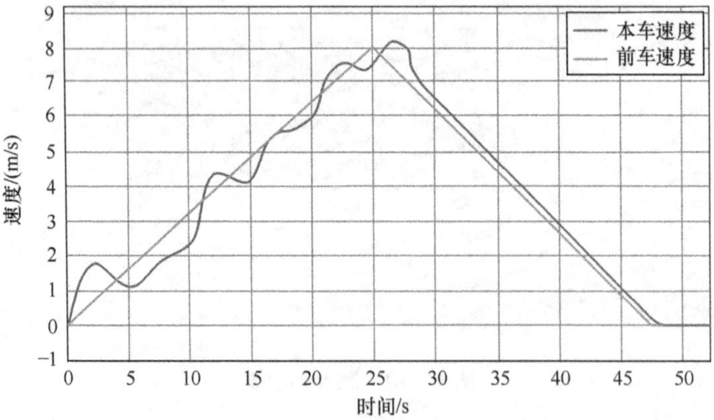

图 10-42　本车与前车速度之间的关系

本车与前车之间的相对距离如图 10-43 所示。

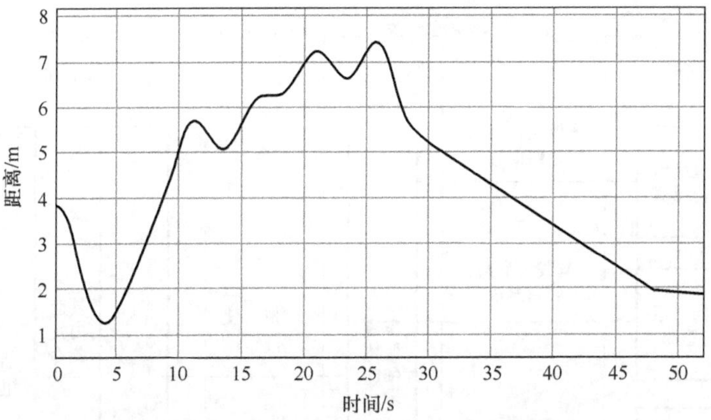

图 10-43　本车与前车之间的相对距离

第三节　车道保持控制

一、任务需求

车道保持辅助（Lane Keeping Assistance，LKA）系统指的是通过摄像头检测本车相对期望的行车轨迹（如车道中心线）的横向运动状态，基于车辆横向动力学设计横向控制器，实时计算转向盘的期望转角大小和方向，实现 LKA 系统的闭环控制，使车辆保持在车道内行驶。LKA 在一定程度上降低了驾驶强度，辅助驾驶员实现车道的跟踪，并适时提供车道偏离预警，保证车辆能够在当前车道内稳定行驶，从而提升驾乘的安全性和舒适性。

LKA 是自动驾驶车辆运动控制的一个必不可少的组成部分，其主要目标是保证自动驾驶车辆在道路上行驶时不发生过大的横向位置误差与横摆角误差，将车辆实际行驶轨迹与道路轨迹进行对比分析，计算出车辆行驶过程中的横向位置误差与横摆角误差，通过 LKA 控制算法，计算出最理想的前轮转角，并通过线控转向系统控制车辆不断地调整车辆的转向角，以减小车辆在行驶过程中产生的横向位置误差与横摆角误差，在道路曲率发生变化时，保持自动驾驶车辆的方向与位置始终跟随道路曲率变化处于理想状态。

LKA 系统控制框图如图 10-44 所示，LKA 系统可分为感知层、决策控制层与执行层。感知层采集车道线信息、转向系统状态和车辆运动状态；决策控制层对采集的信息进行处理，计算所需的辅助转向力矩或转向角；执行层控制线控转向系统实现车辆转向控制，使车辆稳定地行驶在正常轨道内。

通过本项目实训，了解 LKA 系统的工作原理，能够建立车辆的二自由度模型和预瞄驾驶员模型，并利用预瞄的曲率、横向偏差和车道中心线与车辆之间的相对偏航角，设计前馈与反馈相结合的控制策略，最终实现 LKA 系统的闭环仿真。

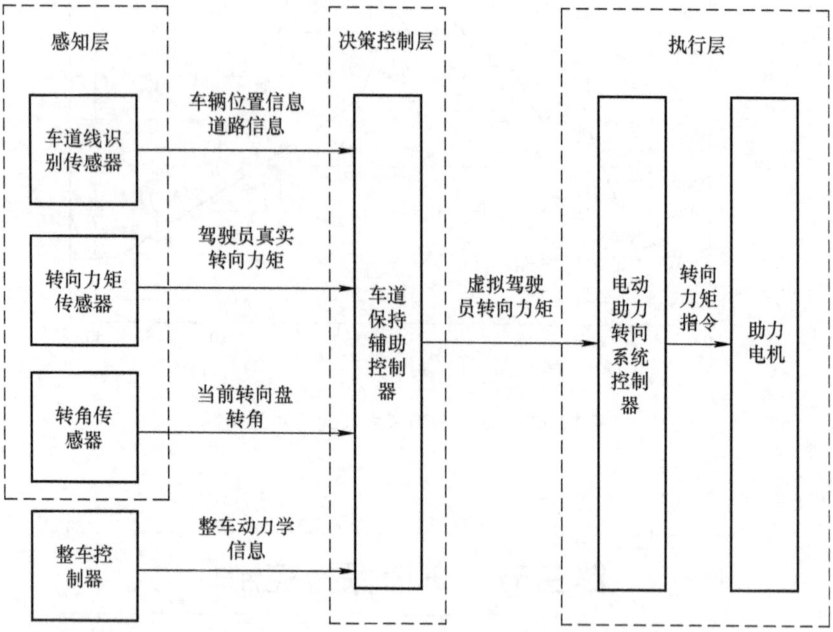

图 10-44　LKA 系统控制框图

二、二自由度动力学模型

车道保持是一种路径跟踪任务，可以使用车辆横向动力学控制来完成。因此在搭建车辆动力学模型时，可以以相对于道路的方向和距离误差为状态变量建立动力学模型。假设横向控制误差即车辆距车道中心线的横向距离为 e_1，e_2 为航向误差，车道中心线的曲率为 κ，车辆的横向控制误差如图 10-45 所示，则航向误差为

$$\begin{cases} e_2 = \theta - \theta_{\text{des}} \\ \dot{e}_2 = \hat{\theta} - \hat{\theta}_{\text{des}} = \omega_{\text{r}} - kv_x \end{cases} \tag{10-118}$$

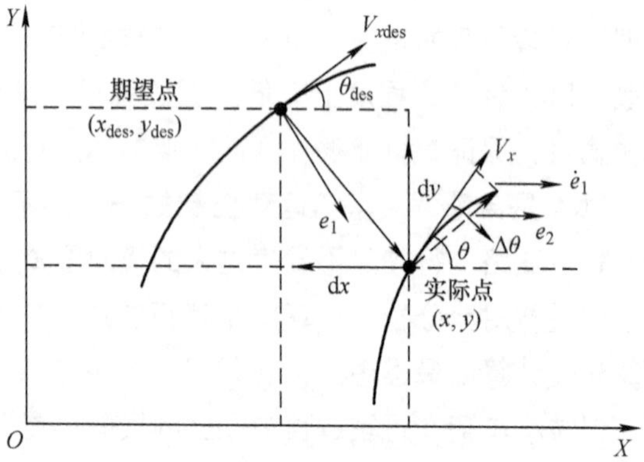

图 10-45　横向控制误差

其中，θ、θ_{des} 分别为实际的航向角与期望的航向角。横向速度误差为

$$\dot{e}_1 = v_y + v_x e_2 \tag{10-119}$$

横向加速度误差为

$$\dot{e}_1 = a_y - a_{y\text{des}} = i_y + v_x\hat{\theta} - v_x\hat{\theta}_{\text{des}} = i_y + v_x\dot{e}_2 \tag{10-120}$$

综合以上分析，同时根据车辆动力学模型可得

$$
\begin{aligned}
\ddot{e}_1 &= -\frac{C_{\alpha f}+C_{\alpha r}}{mV_{ego}}\dot{y}-\left(V_{ego}+\frac{l_f C_{\alpha f}-l_r C_{\alpha r}}{mV_{ego}}\right)\dot{\theta}+\frac{C_{\alpha f}}{m}\delta+V_{ego}\dot{e}_2 \\
&= -\frac{C_{\alpha f}+C_{\alpha r}}{mV_{ego}}(\dot{e}_1-V_{ego}e_2)-\left(V_{ego}+\frac{l_f C_{\alpha f}-l_r C_{\alpha r}}{mV_{ego}}\right)(\dot{e}_2+\dot{\theta}_{des})+\frac{C_{\alpha f}}{m}\delta+V_{ego}\dot{e}_2 \\
&= \frac{C_{\alpha f}+C_{\alpha r}}{m}e_2-\frac{C_{\alpha f}+C_{\alpha r}}{m}\dot{e}_1-(-V_{ego}e_2)-\frac{l_f C_{\alpha f}-l_r C_{\alpha r}}{mV_{ego}}\dot{e}_2-\left(V_{ego}^2+\frac{l_f C_{\alpha f}-l_r C_{\alpha r}}{m}\right)\frac{1}{R}+\frac{C_{\alpha f}}{m}\delta \\
\ddot{e}_2 &= -\frac{l_f C_{\alpha f}+l_r C_{\alpha r}}{I_z V_{ego}}\dot{y}-\frac{l_f^2 C_{\alpha f}+l_r^2 C_{\alpha r}}{I_z V_{ego}}\dot{\theta}+\frac{l_f C_{\alpha f}}{I_z}\delta \\
&= -\frac{l_f C_{\alpha f}-l_r C_{\alpha r}}{I_z V_{ego}}(\dot{e}_1-V_{ego}e_2)-\frac{l_f^2 C_{\alpha f}+l_r^2 C_{\alpha r}}{I_z V_{ego}}(\dot{e}_2+\dot{\theta}_{des})+\frac{l_f C_{\alpha f}}{I_z}\delta \\
&= \frac{l_f C_{\alpha f}-l_r C_{\alpha r}}{I_z}e_2-\frac{l_f C_{\alpha f}-l_r C_{\alpha r}}{I_z V_{ego}}\dot{e}_1-\frac{l_f^2 C_{\alpha f}+l_r^2 C_{\alpha r}}{I_z V_{ego}}\dot{e}_2-\frac{l_f^2 C_{\alpha f}+l_r^2 C_{\alpha r}}{I_z}\frac{1}{R}+\frac{l_f C_{\alpha f}}{I_z}\delta
\end{aligned} \tag{10-121}
$$

可得车辆横向控制模型为

$$
\frac{\mathrm{d}}{\mathrm{d}t}\begin{bmatrix} e_1 \\ \dot{e}_1 \\ e_2 \\ \dot{e}_2 \end{bmatrix}=\begin{bmatrix} 0 & 1 & 0 & 0 \\ 0 & -\frac{C_{\alpha f}+C_{\alpha r}}{mv_x} & \frac{C_{\alpha f}+C_{\alpha r}}{m} & -\frac{l_f C_{\alpha f}+l_r C_{\alpha r}}{mv_x} \\ 0 & 0 & 0 & 1 \\ 0 & -\frac{l_f C_{\alpha f}-l_r C_{\alpha r}}{I_z v_x} & \frac{l_f C_{\alpha f}-l_r C_{\alpha r}}{I_z} & -\frac{l_f^2 C_{\alpha f}+l_r^2 C_{\alpha r}}{I_z v_x} \end{bmatrix}\begin{bmatrix} e_1 \\ \dot{e}_1 \\ e_2 \\ \dot{e}_2 \end{bmatrix}+\begin{bmatrix} 0 \\ \frac{C_{\alpha f}}{m} \\ 0 \\ \frac{l_f C_{\alpha f}}{I_z} \end{bmatrix}\delta+\begin{bmatrix} 0 \\ -v_x^2-\frac{l_f C_{\alpha f}-l_r C_{\alpha r}}{m} \\ 0 \\ -\frac{l_f^2 C_{\alpha f}+l_r^2 C_{\alpha r}}{I_z} \end{bmatrix}\kappa \tag{10-122}
$$

定义系统状态为 $\boldsymbol{x}=[e_1,e_1,e_2,e_2]^{\mathrm{T}}$，则车辆横向动力学模型写成状态空间形式为

$$
\dot{\boldsymbol{x}}=\boldsymbol{A}\boldsymbol{x}+\boldsymbol{B}_1\delta+\boldsymbol{B}_2 k \tag{10-123}
$$

其中，系统矩阵为

$$
\boldsymbol{A}=\begin{bmatrix} 0 & 1 & 0 & 0 \\ 0 & -\frac{C_{\alpha f}+C_{\alpha r}}{mv_x} & \frac{C_{\alpha f}+C_{\alpha r}}{m} & -\frac{l_f C_{\alpha f}+l_r C_{\alpha r}}{mv_x} \\ 0 & 0 & 0 & 1 \\ 0 & -\frac{l_f C_{\alpha f}-l_r C_{\alpha r}}{I_z v_x} & \frac{l_f C_{\alpha f}-l_r C_{\alpha r}}{I_z} & -\frac{l_f^2 C_{\alpha f}+l_r^2 C_{\alpha r}}{I_z v_x} \end{bmatrix},\ \boldsymbol{B}_1=\begin{bmatrix} 0 \\ \frac{C_{\alpha f}}{m} \\ 0 \\ \frac{l_f C_{\alpha f}}{I_z} \end{bmatrix},\ \boldsymbol{B}_2=\begin{bmatrix} 0 \\ -v_x^2-\frac{l_f C_{\alpha f}-l_r C_{\alpha r}}{m} \\ 0 \\ -\frac{l_f^2 C_{\alpha f}+l_r^2 C_{\alpha r}}{I_z} \end{bmatrix}
$$

基于式（10-123）表示的动力学模型式即可设计 LKA 状态反馈控制器 $\delta=\delta(x)$。

三、控制器设计

（一）自适应预瞄

无论是汽车设计初期的操稳性设计，还是以汽车驾驶安全性为目标的控制策略开发，以及当前对汽车自主/辅助驾驶系统的研究，精确描述驾驶员的操纵行为并建立高精度的驾驶员模型，始终是研究的重点。

在控制汽车按照既定路径实际行驶的过程中，驾驶员的作用可以视为路径规划与路径跟踪控制的不断迭代的过程。相对于路径跟踪的作用，驾驶员则是根据道路弯曲程度、驾驶经验等信息在道路上选择合适的预瞄点，然后通过控制转向盘使车辆尽可能地行驶到预瞄点上去。最优预瞄跟随理论是通过类比上述人工驾驶车辆跟踪道路的作用，模拟驾驶员的开车过程，通过对道路前方信息的预估，使得车辆实际轨迹与期望轨迹的偏差最小从而得到一个最优的转向盘转角输入。这是目前车辆横向动力学控制中应用最多的方法。其中，预瞄距离是一个重要参数，它的取值与实际的路径跟踪精度密切相关。通常，预瞄距离越长，车辆稳定性越好，但预瞄距离过长不能较好地利用道路信息，跟踪精度降低；预瞄距离越短，跟踪精度越高，但预瞄距离过短会导致车辆在期望路径左右两边摇摆前行。

预瞄驾驶员模型是在车辆进行车道保持行驶时，以车道中心线为目标轨迹，根据车辆当前的运动状态和预瞄点的横向误差、曲率参数计算转向盘转角输入值。预瞄距离由车速和道路曲率两个因素确定。当道路曲率小于某个较小的曲率值时（即道路半径很大），可将道路近似视为直线道路处理，预瞄距离由车速确定；当道路曲率大于此临界曲率值时，可将道路视为具有一定曲率的弯曲道路，预瞄距离依据道路曲率和车速计算确定。由此，设计了如下预瞄距离计算公式：

$$L=\begin{cases}T_{\mathrm{p1}}v_x+c，\text{当}\ |k|<k_{\mathrm{th}}\\ T_{\mathrm{p2}}v_x+\dfrac{b}{|k|}，\text{当}\ |k|\geqslant k_{\mathrm{th}}\end{cases} \tag{10-124}$$

式中，T_{p1}和T_{p2}分别是预瞄时距；k_{th}是判断直道和弯道的临界曲率值；b 和 c 是常数。

（二）前馈控制

假设道路曲率 κ 和系统状态 x 都是可测的，根据式（10-123）所示的动力学模型可知，由于系统矩阵 $\boldsymbol{B}_1$ 和 $\boldsymbol{B}_2$ 的特点以及环境的外界干扰输入，决定了无法通过前馈控制得到恒定的零稳态偏差。假设采用前馈与反馈相结合的方式实现 LKA：

$$\delta=\delta_{\mathrm{f}}+u \tag{10-125}$$

前馈与反馈相结合的控制方法在道路曲率恒定且车辆动力学精确的情况下可以有较高的跟踪精度，但在现实中无法保证高精度的车道保持控制。预瞄控制是提高车辆横向控制鲁棒性和稳定性最好的方法之一，因此，采用预瞄控制思想，即以车辆前方预瞄点处的横向运动状态作为反馈设计 LKA 控制器，如图 10-46 所示，其预瞄时距一般可取 0.5～2s，预瞄距离可采用式（10-124）所示的模型。

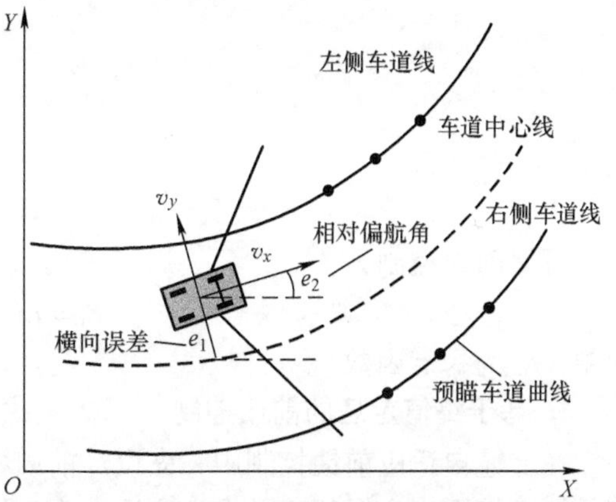

图 10-46　LKA 中的预瞄控制示意图

1. 自适应前馈控制

根据式（10-123）所示的动力学模型和式（10-125）所示的控制律可得

$$\dot{\boldsymbol{x}} = \boldsymbol{A}x + \boldsymbol{B}_1 u + \boldsymbol{B}_1 \delta_f + \boldsymbol{B}_2 \boldsymbol{\kappa} \qquad (10\text{-}126)$$

其中，

$$\boldsymbol{B}_1\delta_f + \boldsymbol{B}_2\boldsymbol{\kappa} = \begin{bmatrix} 0 \\ \dfrac{C_{\alpha f}}{m}\delta_f - v_x^2\boldsymbol{\kappa} - \dfrac{l_f C_{\alpha f} - l_r C_{\alpha r}}{m}\boldsymbol{\kappa} \\ 0 \\ \dfrac{l_f C_{\alpha f}}{I_z}\delta_f - \dfrac{l_f^2 C_{\alpha f} - l_r^2 C_{\alpha r}}{I_z}\boldsymbol{\kappa} \end{bmatrix}$$

显然，由矩阵 $\boldsymbol{B}_1$ 和 $\boldsymbol{B}_2$ 的特点决定了无法保证 $\boldsymbol{B}_1\delta_f + \boldsymbol{B}_2\boldsymbol{\kappa} = 0$，可假设前馈控制器能让 $\dot{e}_1$ 的前馈偏差为 0，可得

$$\frac{C_{\alpha f}}{m}\delta_f - v_x^2\boldsymbol{\kappa} - \frac{l_f C_{\alpha f} - l_r C_{\alpha r}}{m}\boldsymbol{\kappa} = 0 \qquad (10\text{-}127)$$

即前馈控制器为

$$\delta_f = \frac{m v_x^2 + l_f C_{\alpha l} - l_r C_{\alpha r}}{C_{\alpha f}}\boldsymbol{\kappa} \qquad (10\text{-}128)$$

此时的反馈控制系统为

$$\dot{\boldsymbol{x}} = \boldsymbol{A}x + \boldsymbol{B}_1 u + \boldsymbol{B}_3 \boldsymbol{\kappa} \qquad (10\text{-}129)$$

其中，

$$\boldsymbol{B}_3 = \begin{bmatrix} 0 & 0 & 0 & \dfrac{m l_f v_x^2 - l_f l_r C_{\alpha r} - l_r^2 C_{\alpha r}}{I_z} \end{bmatrix}^{\mathrm{T}}$$

由此可见，在引入前式（10-128）所示的馈控制后，系统的干扰增益矩阵改变了。因此，针对式（10-129）所示的系统设计反馈控制可有效改善其抗干扰性能，与式（10-123）所示的原始系统相比，在式（10-129）所示的系统的基础上所设计的反馈控制系统性能将更优。

2. 基于车辆横摆稳态响应特性的前馈控制

车辆的横摆稳态响应特性为

$$\frac{\omega_{\mathrm{r}}}{\delta}\bigg|_{\mathrm{s}}=\frac{\dfrac{v_x}{L}}{1+K_{\mathrm{v}}v_x^2} \tag{10-130}$$

以及

$$\omega_{\mathrm{r}}=v_x\kappa \tag{10-131}$$

可得前馈控制为

$$\delta_{\mathrm{f}}=L(1+K_{\mathrm{v}}v_x^2)\kappa \tag{10-132}$$

式中，K_{v}为稳定因数。

3. 基于终值定理的前馈控制

在上述自适应前馈控制中，先设计前馈控制改变了系统的干扰增益矩阵，然后再设计反馈控制。接下来介绍第三种设计方法，先设计反馈控制再设计前馈控制。假设式（10-123）所示的系统的状态反馈控制为

$$\boldsymbol{\delta}=-\boldsymbol{K}\boldsymbol{x} \tag{10-133}$$

其中，$\boldsymbol{K}$ 为控制增益矩阵，其设计过程后面会详细介绍。则在该状态反馈的作用下，式（10-123）所示的系统的状态空间模型可写为

$$\dot{\boldsymbol{x}}=(\boldsymbol{A}-\boldsymbol{B}_1\boldsymbol{K})\boldsymbol{x}+\boldsymbol{B}_2\kappa \tag{10-134}$$

由于环境干扰项 κ 的存在，当车辆在弯道行驶时，即使系统矩阵 $\boldsymbol{A}-\boldsymbol{B}_1\boldsymbol{K}$ 是稳定的，系统的跟踪误差也不完全收敛到0。因此，可在反馈控制的基础上增加前馈补偿环节，以自适应调节道路曲率 κ 干扰的影响，即

$$\delta=-\boldsymbol{K}x+\delta_{\mathrm{f}} \tag{10-135}$$

则此时的闭环系统为

$$\dot{\boldsymbol{x}}=(\boldsymbol{A}-\boldsymbol{B}_1\boldsymbol{K})x+\boldsymbol{B}_1\delta_{\mathrm{f}}+\boldsymbol{B}_2\kappa \tag{10-136}$$

由于无法保证 $\boldsymbol{B}_1\delta_{\mathrm{f}}+\boldsymbol{B}_2k=0$，因此假设系统的初始状态为 $\boldsymbol{x}_0$，则可利用拉氏变换求得系统的响应为

$$\boldsymbol{X}(s)=[s\boldsymbol{I}-(\boldsymbol{A}-\boldsymbol{B}_1\boldsymbol{K})]^{-1}[\boldsymbol{B}_1L(\delta_1)+\boldsymbol{B}_2L(k)+\boldsymbol{x}_0] \tag{10-137}$$

如果车辆在定曲率道路上行驶时，其前馈控制是常值，则

$$\boldsymbol{X}(s)=[s\boldsymbol{I}-(\boldsymbol{A}-\boldsymbol{B}_1\boldsymbol{K})]^{-1}\left(\boldsymbol{B}_1\frac{\delta_{\mathrm{f}}}{s}+\boldsymbol{B}_2\frac{\kappa}{s}+\boldsymbol{x}_0\right) \tag{10-138}$$

根据终值定理可得系统稳态跟踪误差为

$$\boldsymbol{x}_s=\lim_{t\to\infty}x(t)=\lim_{s\to 0}sX(s)=-(\boldsymbol{A}-\boldsymbol{B}_1\boldsymbol{K})^{-1}(\boldsymbol{B}_1\delta_t+\boldsymbol{B}_2\kappa) \tag{10-139}$$

其中，假设反馈控制增益为 $\boldsymbol{K}=[k_1,k_2,k_3,k_4]$，则根据式（10-123）所示的动力学模型可得稳态误差为

$$\boldsymbol{x}_s=-(\boldsymbol{A}-\boldsymbol{B}_1\boldsymbol{K})^{-1}\begin{bmatrix}0\\ \dfrac{C_{\alpha\mathrm{f}}}{m}\delta_{\mathrm{f}}-v_x^2\kappa-\dfrac{l_{\mathrm{f}}C_{\alpha\mathrm{f}}-l_{\mathrm{r}}C_{\alpha\mathrm{r}}}{m}\kappa\\ 0\\ 0\\ \dfrac{l_{\mathrm{f}}C_{\alpha\mathrm{f}}}{I_{\mathrm{z}}}\delta_{\mathrm{f}}-\dfrac{l_{\mathrm{f}}^2C_{\alpha\mathrm{f}}-l_{\mathrm{r}}^2C_{\alpha\mathrm{r}}}{I_{\mathrm{z}}}\kappa\end{bmatrix} \tag{10-140}$$

其中，

$$(\boldsymbol{A}-\boldsymbol{B}_1\boldsymbol{K})^{-1}$$

$$=\begin{bmatrix} -\dfrac{k_3+k_2v_x}{k_1v_x} & -\dfrac{m(-l_fC_{\alpha f}+l_rC_{\alpha r}+k_3l_fC_{\alpha f})}{k_1LC_{\alpha f}C_{\alpha r}} & -\dfrac{L-k_3l_r+k_4v_x}{k_1v_x} & -\dfrac{I_z(C_{\alpha f}+C_{\alpha r}-k_3C_{\alpha f})}{k_1LC_{\alpha f}C_{\alpha r}} \\ 1 & 0 & 0 & 0 \\ \dfrac{1}{v_x} & \dfrac{ml_f}{LC_{\alpha r}} & -\dfrac{l_r}{v_x} & -\dfrac{I_z}{LC_{\alpha r}} \\ 0 & 0 & 1 & 0 \end{bmatrix}$$

则稳态误差为

$$\boldsymbol{x}_s=\begin{bmatrix} \dfrac{\delta_f}{k_1}-\dfrac{1}{k_1}\left[L(1+K_vv_x^2)-k_3\left(l_r-\dfrac{k_3l_fm}{C_{\alpha r}L}v_x^2\right)\right]\boldsymbol{\kappa} \\ 0 \\ -\left(l_r-\dfrac{ml_f}{LC_{\alpha r}}v_x^2\right)\boldsymbol{\kappa} \\ 0 \end{bmatrix} \tag{10-141}$$

其中，不足转向系数为

$$K_v=\frac{m}{L^2}\left(\frac{l_r}{C_{\alpha f}}-\frac{l_f}{C_{\alpha r}}\right)$$

可假设前馈控制器能让 e_1 的前馈稳态偏差为 0，可得

$$\delta_f=L(1+K_vv_x^2)\boldsymbol{\kappa}-k_3\left(l_r-\frac{l_fm}{C_{\alpha r}L}v_x^2\right)\boldsymbol{\kappa} \tag{10-142}$$

车辆的稳态侧偏和横摆特性为

$$\begin{aligned} \frac{\omega_r}{\delta}\Big|_s&=\frac{\dfrac{v_x}{L}}{1+K_vv_x^2} \\ \frac{v_y}{\omega_r}\Big|_s&=l_r-\frac{ml_f}{C_{\alpha r}L}v_x^2 \end{aligned} \tag{10-143}$$

又根据

$$\omega_r=v_x\kappa v_y=\beta v_x \tag{10-144}$$

可得

$$\begin{aligned} \delta_s&=L(1+K_vv_x^2)\boldsymbol{\kappa} \\ \beta_s&=\left(l_r-\frac{ml_f}{C_{\alpha r}L}v_x^2\right)\boldsymbol{\kappa} \end{aligned} \tag{10-145}$$

其中，δ_s、β_s分别为车辆沿着弯道稳态行驶时的稳态前轮转角和质心侧偏角。则式（10-142）所示的前馈控制可转化为

$$\delta_f=\delta_s-k_3\beta_s \tag{10-146}$$

根据式（10-141）所示的稳态偏差可得，前馈控制并不会改变系统的稳态偏航误差，即不论前馈控制如何选择，车辆的航向误差总存在不可消除的稳态偏差项，该航向偏差稳态值为，即 $-\beta_s$ 与车辆的质心侧偏角大小相等方向相反。

4. 基于系统平衡点的前馈控制

针对式（10-136）所示的闭环系统可得其平衡点为

$$\boldsymbol{x}_{so}=-(\boldsymbol{A}-\boldsymbol{B}_1\boldsymbol{K})^{-1}\boldsymbol{B}_1\delta_t-(\boldsymbol{A}-\boldsymbol{B}_1\boldsymbol{K})^{-1}\boldsymbol{B}_2\kappa \tag{10-147}$$

选取横向距离偏差 $\boldsymbol{e}_1$ 作为输出变量，即

$$\boldsymbol{y}=\boldsymbol{e}_1=\boldsymbol{C}\boldsymbol{x}$$

其中，$\boldsymbol{C}=[1,0,0,0]$。则

$$\boldsymbol{y}_{s0}=-\boldsymbol{C}(\boldsymbol{A}-\boldsymbol{B}_1\boldsymbol{K})^{-1}\boldsymbol{B}_1\delta_t-\boldsymbol{C}(\boldsymbol{A}-\boldsymbol{B}_1\boldsymbol{K})^{-1}\boldsymbol{B}_2\kappa=\boldsymbol{e}_1 \tag{10-148}$$

可得前馈控制为

$$\boldsymbol{\delta}_i=-[\boldsymbol{C}(\boldsymbol{A}-\boldsymbol{B}_1\boldsymbol{K})^{-1}\boldsymbol{B}_1]^{-1}[\boldsymbol{C}(\boldsymbol{A}-\boldsymbol{B}_1\boldsymbol{K})^{-1}\boldsymbol{B}_2\kappa+\boldsymbol{e}_1] \tag{10-149}$$

可见，该预瞄控制由道路曲率 x 以及横向预瞄偏差 $\boldsymbol{e}_1$ 共同确定。

将曲率 $\boldsymbol{x}$ 当作环境干扰处理，接下来设计 LQR 反馈控制器。一般来说，状态反馈控制的效果比输出反馈控制的效果好并且设计过程也简单，而状态反馈控制的设计方法较多，本节中主要简单介绍三种主流的控制方法：LQR 控制、MPC 控制和 H 控制，读者可对比这三种方法的理论基础和优缺点，以加深对车辆动力学控制问题的理解。

（三）LQR 设计

已知 LKA 系统的二自由度模型的状态方程为

$$\dot{\boldsymbol{x}}=\boldsymbol{A}\boldsymbol{x}+\boldsymbol{B}_1\boldsymbol{\delta}+\boldsymbol{B}_2\kappa \tag{10-150}$$

在 LKA 系统中，最优控制的目标是希望系统既能快速达到稳定状态，又希望控制量较小，所以选择如下的二次型代价函数：

$$\boldsymbol{J}=\frac{1}{2}\int_0^{\infty}[\boldsymbol{x}^{\mathrm{T}}\boldsymbol{Q}\boldsymbol{x}+\boldsymbol{u}^{\mathrm{T}}\boldsymbol{R}\boldsymbol{u}]\mathrm{d}t \tag{10-151}$$

为了使性能指标最小化的最优控制器具有线性状态反馈形式，即控制输入为 $\boldsymbol{u}=-\boldsymbol{K}\boldsymbol{x}$，将其代入代价函数中，得到：

$$\boldsymbol{J}=\frac{1}{2}\int_0^{\infty}\boldsymbol{x}^{\mathrm{T}}(\boldsymbol{Q}+\boldsymbol{K}^{\mathrm{T}}\boldsymbol{R}\boldsymbol{K})\boldsymbol{x}\mathrm{d}t \tag{10-152}$$

假设存在一个正定的常量矩阵 $\boldsymbol{P}$ 使得：

$$\frac{\mathrm{d}}{\mathrm{d}t}(\boldsymbol{x}^{\mathrm{T}}\boldsymbol{P}\boldsymbol{x})=-\boldsymbol{x}^{\mathrm{T}}(\boldsymbol{Q}+\boldsymbol{K}^{\mathrm{T}}\boldsymbol{R}\boldsymbol{K})\boldsymbol{x} \tag{10-153}$$

则代价函数为

$$\boldsymbol{J}=-\frac{1}{2}\int_0^{\infty}\boldsymbol{x}^{\mathrm{T}}\boldsymbol{P}\boldsymbol{x}\mathrm{d}t=\boldsymbol{x}^{\mathrm{T}}(0)\boldsymbol{P}\boldsymbol{x}(0) \tag{10-154}$$

根据式可得微分方程

$$\dot{\boldsymbol{x}}^{\mathrm{T}}\boldsymbol{P}_x+\boldsymbol{x}^{\mathrm{T}}\boldsymbol{P}\dot{\boldsymbol{x}}+\boldsymbol{x}^{\mathrm{T}}\boldsymbol{Q}_x+\boldsymbol{x}^{\mathrm{T}}\boldsymbol{K}^{\mathrm{T}}\boldsymbol{R}\boldsymbol{K}\boldsymbol{x}=0 \tag{10-155}$$

当忽略环境中的曲率干扰项 κ 时，即假设车辆在直道上行驶，此时，根据式（10-150）可得系统的闭环状态方程为

$$\dot{\boldsymbol{x}}=(\boldsymbol{A}-\boldsymbol{B}_1\boldsymbol{K})\boldsymbol{x} \tag{10-156}$$

$$\boldsymbol{x}^{\mathrm{T}}(\boldsymbol{A}-\boldsymbol{B}_1\boldsymbol{K})^{\mathrm{T}}\boldsymbol{P}\boldsymbol{x}+\boldsymbol{x}^{\mathrm{T}}\boldsymbol{P}(\boldsymbol{A}-\boldsymbol{B}_1\boldsymbol{K})\boldsymbol{x}+\boldsymbol{x}^{\mathrm{T}}\boldsymbol{Q}\boldsymbol{x}+\boldsymbol{x}^{\mathrm{T}}\boldsymbol{K}^{\mathrm{T}}\boldsymbol{R}\boldsymbol{K}\boldsymbol{x}=0 \tag{10-157}$$

整理可得

$$\boldsymbol{x}^{\mathrm{T}}[(\boldsymbol{A}-\boldsymbol{B}_1\boldsymbol{K})^{\mathrm{T}}\boldsymbol{P}+\boldsymbol{P}(\boldsymbol{A}-\boldsymbol{B}_1\boldsymbol{K})+\boldsymbol{Q}+\boldsymbol{K}^{\mathrm{T}}\boldsymbol{R}\boldsymbol{K}]\boldsymbol{x}=0 \tag{10-158}$$

上式对任意的状态 $\boldsymbol{x}$ 都成立，因此

$$(\boldsymbol{A}-\boldsymbol{B}_1\boldsymbol{K})^{\mathrm{T}}\boldsymbol{P}+\boldsymbol{P}(\boldsymbol{A}-\boldsymbol{B}_1\boldsymbol{K})+\boldsymbol{Q}+\boldsymbol{K}^{\mathrm{T}}\boldsymbol{R}\boldsymbol{K}=0 \tag{10-159}$$

令 $\boldsymbol{K}=\boldsymbol{R}^{-1}\boldsymbol{B}_1^{\mathrm{T}}$，代入并整理可得黎卡提方程

$$\boldsymbol{A}^{\mathrm{T}}\boldsymbol{P}+\boldsymbol{P}\boldsymbol{A}+\boldsymbol{Q}-\boldsymbol{P}\boldsymbol{B}_1\boldsymbol{R}^{-1}\boldsymbol{B}_1^{\mathrm{T}}\boldsymbol{P}=0 \tag{10-160}$$

其中，系统矩阵 $\boldsymbol{A}$、$\boldsymbol{B}_1$ 和权重矩阵都是已知量，由此便可以计算出正定矩阵 $\boldsymbol{P}$，进而得到 LQR 控制增益矩阵 $\boldsymbol{K}=\boldsymbol{R}^{-1}\boldsymbol{B}_1^{\mathrm{T}}\boldsymbol{P}$，即得最优控制输入为 $\boldsymbol{u}=-\boldsymbol{K}\boldsymbol{x}$。

考虑到视觉传感器只可以检测状态 $\boldsymbol{e}_1$ 和 $\boldsymbol{e}_2$，即测量方程为

$$\boldsymbol{y}=\boldsymbol{C}\boldsymbol{x} \tag{10-161}$$

其中，测量矩阵为

$$\boldsymbol{C}=\begin{bmatrix}1 & 0 & 0 & 0\\ 0 & 0 & 1 & 0\end{bmatrix}$$

因此，LKA 系统存在状态不可测问题，可利用 KF 算法估计曲率以及系统状态，算法的具体实施过程可参考本书相关章节，在此不再赘述。则最终的基于观测器的状态反馈控制器为

$$\boldsymbol{u}=-\boldsymbol{K}\hat{\boldsymbol{x}} \tag{10-162}$$

其中，$\hat{\boldsymbol{x}}$ 为系统状态 $\boldsymbol{x}$ 的估计值。

（四）MPC 设计

MPC 是一种最优化控制方法，其基本思想是在有限的预测时间段内求解最优控制量，有时也被称为滚动时域控制器。该控制器根据控制系统的动力学模型预测未来一段时间内系统的输出行为，同时考虑系统中各执行器的动态特性约束以及状态约束，通过求解带约束的最优控制问题，使得系统在未来一段时间内的跟踪误差最小，从而获得最优的控制量（图 10-47）。

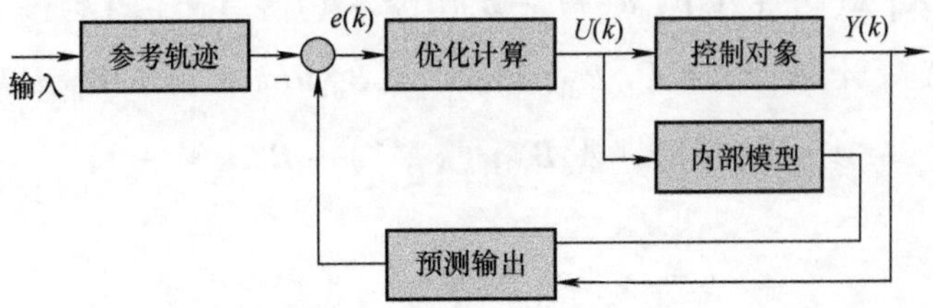

图 10-47 模型预测控制框图

MPC 方法将系统模型纳入控制算法中，需要对被控对象进行建模，并根据这个模型去预测系统未来的状态。如图 10-48 所示，MPC 根据滚动优化的思想，将每个周期内求得的最优控制量的第一个变量作为控制输入。

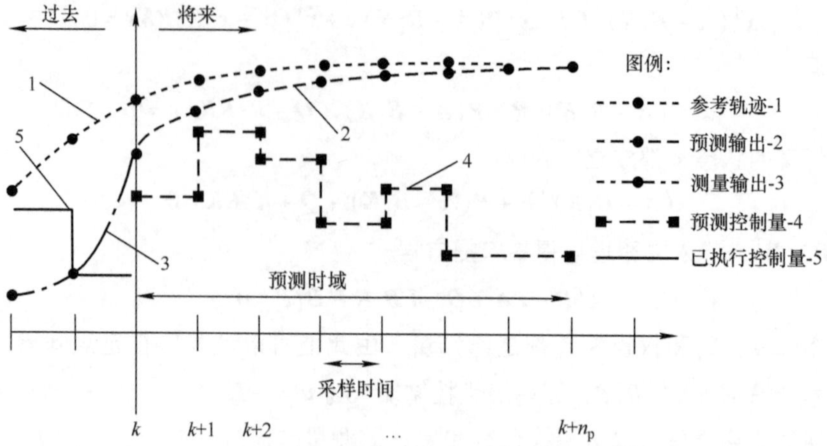

图 10-48　MPC 控制原理

在每个时间点，根据当前车辆状态和控制输入预测未来n_p个周期的车辆状态，根据设定好的代价函数求解最优化问题来得到未来的最优控制输入，然后将求解得到的第一个输入作为本周期的控制输入。

由于 MPC 是一种离散系统控制方法，但是所得的车辆横向动力学模型的状态方程是一个连续的系统，于是需要对其进行离散化。采用一阶泰勒近似可得离散系统为

$$\boldsymbol{x}(k+1)=\boldsymbol{A}_{\mathrm{d}}\boldsymbol{x}(k)+\boldsymbol{B}_{\mathrm{d1}}\boldsymbol{u}(k)+\boldsymbol{B}_{\mathrm{d3}}\boldsymbol{\kappa}(k) \tag{10-163}$$

式中，$\boldsymbol{A}_{\mathrm{d}}=\boldsymbol{I}+T\boldsymbol{A}$，其中$\boldsymbol{I}$为单位矩阵，$T$为采样周期；$\boldsymbol{B}_{\mathrm{d1}}=T\boldsymbol{B}_1$；$\boldsymbol{B}_{\mathrm{d3}}=T\boldsymbol{B}_3$。

为了设计 MPC 控制算法去跟踪期望的运动轨迹，需要预测汽车未来每一步的运动状态。系统未来状态的预测决定了控制输入的大小和这些状态的矩阵的大小。假设未来预测域内的系统状态为

$$\boldsymbol{x}(k+1),\boldsymbol{x}(k+2),\boldsymbol{x}(k+n_{\mathrm{p}}) \tag{10-164}$$

其中，n_p为预测域长度。

根据系统状态方程迭代可得

$$\begin{cases}\boldsymbol{x}(k+1)=\boldsymbol{A}_{\mathrm{d}}\boldsymbol{x}(k)+\boldsymbol{B}_{\mathrm{d1}}\boldsymbol{u}(k)+\boldsymbol{B}_{\mathrm{d3}}\boldsymbol{\kappa}(k)\\ \boldsymbol{x}(k+2)=\boldsymbol{A}_{\mathrm{d}}^2\boldsymbol{x}(k)+\boldsymbol{A}_{\mathrm{d}}\boldsymbol{B}_{\mathrm{d1}}\boldsymbol{u}(k)+\boldsymbol{B}_{\mathrm{d1}}\boldsymbol{u}(k+1)+\boldsymbol{A}_{\mathrm{d}}\boldsymbol{B}_{\mathrm{d3}}\boldsymbol{\kappa}(k)+\boldsymbol{B}_{\mathrm{d3}}\boldsymbol{\kappa}(k+1)\\ \boldsymbol{x}(k+3)=\boldsymbol{A}_{\mathrm{d}}^3\boldsymbol{x}(k)+\boldsymbol{A}_{\mathrm{d}}^2\boldsymbol{B}_{\mathrm{d1}}\boldsymbol{u}(k)+\boldsymbol{A}_{\mathrm{d}}\boldsymbol{B}_{\mathrm{d1}}\boldsymbol{u}(k+1)+\boldsymbol{B}_{\mathrm{d1}}\boldsymbol{u}(k+2)+\\ \quad\boldsymbol{A}_{\mathrm{d}}^2\boldsymbol{B}_{\mathrm{d3}}\boldsymbol{\kappa}(k)+\boldsymbol{A}_{\mathrm{d}}\boldsymbol{B}_{\mathrm{d3}}\boldsymbol{\kappa}(k+1)+\boldsymbol{B}_{\mathrm{d3}}\boldsymbol{\kappa}(k+2)\\ \vdots\\ \boldsymbol{x}(k+N_{\mathrm{p}})=\boldsymbol{A}_{\mathrm{d}}^{N_{\mathrm{p}}}\boldsymbol{x}(k)+\sum_{i=0}^{N_{\mathrm{p}}-1}\boldsymbol{A}_{\mathrm{d}}^{N_{\mathrm{p}}-i-1}\boldsymbol{B}_{\mathrm{d1}}\boldsymbol{u}(k+i)+\sum_{i=0}^{N_{\mathrm{p}}-1}\boldsymbol{A}_{\mathrm{d}}^{N_{\mathrm{p}}-i-1}\boldsymbol{B}_{\mathrm{d3}}\boldsymbol{\kappa}(k+i)\end{cases} \tag{10-165}$$

写成矩阵形式为

$$\boldsymbol{X}(k)=\overline{\boldsymbol{A}}\boldsymbol{x}(k)+\overline{\boldsymbol{B}}_1\boldsymbol{U}(k)+\overline{\boldsymbol{B}}_2\overline{\boldsymbol{\kappa}}(k) \tag{10-166}$$

其中

$$\boldsymbol{X}=\begin{bmatrix}\boldsymbol{x}(k+1)\\ \boldsymbol{x}(k+2)\\ \boldsymbol{x}(k+3)\\ \cdots\\ \boldsymbol{x}(k+N_\mathrm{p})\end{bmatrix},\ \overline{\boldsymbol{A}}=\begin{bmatrix}A_\mathrm{d}\\ A_\mathrm{d}^2\\ A_\mathrm{d}^3\\ \vdots\\ A_\mathrm{d}^{n_\mathrm{p}}\end{bmatrix},\ \overline{\boldsymbol{B}}_1=\begin{bmatrix}B_\mathrm{d1} & 0 & 0 & \cdots & 0\\ A_\mathrm{d}B_\mathrm{d1} & B_\mathrm{d1} & 0 & \cdots & 0\\ A_\mathrm{d}^2B_\mathrm{d1} & A_\mathrm{d}B_\mathrm{d1} & B_\mathrm{d1} & \cdots & 0\\ \vdots & \vdots & \vdots & & \vdots\\ A_\mathrm{d}^{n_\mathrm{p}-1}B_\mathrm{d1} & A_\mathrm{d}^{n_\mathrm{p}-2}B_\mathrm{d1} & A_\mathrm{d}^{n_\mathrm{p}-3}B_\mathrm{d1} & \cdots & B_\mathrm{d1}\end{bmatrix}$$

$$\boldsymbol{U}(\boldsymbol{k})=\begin{bmatrix}\boldsymbol{u}(k)\\ \boldsymbol{u}(k+1)\\ \boldsymbol{u}(k+2)\\ \cdots\\ \boldsymbol{u}(k+N_\mathrm{p}-1)\end{bmatrix},\ \overline{\boldsymbol{B}}_2=\begin{bmatrix}B_\mathrm{d3} & 0 & 0 & \cdots & 0\\ A_\mathrm{d}B_\mathrm{d3} & B_\mathrm{d3} & 0 & \cdots & 0\\ A_\mathrm{d}^2B_\mathrm{d3} & A_\mathrm{d}^2B_\mathrm{d3} & B_\mathrm{d3} & \cdots & 0\\ \vdots & \vdots & \vdots & & \vdots\\ A_\mathrm{d}^{n_\mathrm{p}-1}B_\mathrm{d3} & A_\mathrm{d}^{n_\mathrm{p}-2}B_\mathrm{d3} & A_\mathrm{d}^{n_\mathrm{p}-3}B_\mathrm{d3} & \cdots & B_\mathrm{d3}\end{bmatrix}$$

$$\overline{\boldsymbol{\kappa}}(k)=\begin{bmatrix}\boldsymbol{\kappa}(k)\\ \boldsymbol{\kappa}(k+1)\\ \boldsymbol{\kappa}(k+2)\\ \cdots\\ \boldsymbol{\kappa}(k+N_\mathrm{p}-1)\end{bmatrix}$$

根据给定的期望轨迹，可以找到车辆当前位姿相对于给定轨迹的误差并在线根据当前误差进行滚动优化，通过根据某种指标从而达到求出当前控制最优解。因此，滚动优化可能不会得到全局最优解，但是却能对每一时刻的状态进行最及时的响应，达到局部最优。根据路径跟踪的目的，其目标函数为

$$\boldsymbol{J}(k)=[\boldsymbol{X}(k)-\boldsymbol{X}_\mathrm{ref}(k)]^\mathrm{T}\boldsymbol{Q}[\boldsymbol{X}(k)-\boldsymbol{X}_\mathrm{ref}(k)]+\boldsymbol{U}^\mathrm{T}(k)\boldsymbol{R}\boldsymbol{U}(k) \tag{10-167}$$

其中，$\boldsymbol{Q}$ 和 $\boldsymbol{R}$ 分别为状态量和控制量的权重矩阵；$\boldsymbol{X}_\mathrm{ref}$为期望轨迹。代入系统方程可得

$$\begin{aligned}\boldsymbol{J}(k)&=[\boldsymbol{A}x(k)+\overline{\boldsymbol{B}}_1v(k)+\overline{\boldsymbol{B}}_2c(k)-\boldsymbol{X}_{n1}(k)]^\mathrm{T}\boldsymbol{Q}[\overline{\boldsymbol{A}}x(k)+\\ &\quad\overline{\boldsymbol{B}}_1U(k)+\overline{\boldsymbol{B}}_2\overline{u}_k(k)-\boldsymbol{X}\boldsymbol{U}^\mathrm{T}(k)\boldsymbol{R}\boldsymbol{U}(k)]\\ &=\boldsymbol{J}_0(k)+\boldsymbol{J}_1(k)\end{aligned} \tag{10-168}$$

其中，

$$\begin{gathered}\boldsymbol{J}_0(k)=[\overline{\boldsymbol{A}}x(k)+\overline{\boldsymbol{B}}_2\overline{\boldsymbol{\kappa}}(k)-\boldsymbol{X}_\mathrm{ref}(k)]^\mathrm{T}\boldsymbol{Q}[\overline{\boldsymbol{A}}x(k)+\overline{\boldsymbol{B}}_2\overline{\boldsymbol{\kappa}}(k)-\boldsymbol{X}_\mathrm{rcl}(k)]\\ \boldsymbol{J}_1(k)=2[\overline{\boldsymbol{A}}x(k)+\overline{\boldsymbol{B}}_2\overline{\boldsymbol{\kappa}}(k)-\boldsymbol{X}_\mathrm{ref}(k)]^\mathrm{T}\boldsymbol{Q}\overline{\boldsymbol{B}}_1\boldsymbol{U}(k)+\boldsymbol{U}^\mathrm{T}(k)\overline{\boldsymbol{B}}_1^\mathrm{T}\boldsymbol{Q}\overline{\boldsymbol{B}}_1\boldsymbol{U}(k)+\boldsymbol{U}^\mathrm{T}(k)\boldsymbol{R}\boldsymbol{U}(k)\end{gathered} \tag{10-169}$$

可见，$\boldsymbol{J}_0$中不包含控制量 $\boldsymbol{U}$，在控制器设计时可以忽略不计，故以 $\boldsymbol{J}_1$ 作为 MPC 的优化目标。

MPC 的约束条件主要包括舒适性与安全性约束。其中，舒适性约束为前轮转角即控制

输入约束：

$$\begin{aligned}|U(k)| &\leqslant U_{\max}(k)\\ |U(k)-U(k-1)| &\leqslant \Delta U_{\max}(k)\end{aligned} \tag{10-170}$$

其中，最大前轮转角 $U_{\max}(k)$ 和前轮转角变化 $\Delta U_{\max}(k)$ 与车速、道路曲率和转向系统等有关。考虑车辆的横向加速度满足

$$V_{\text{ego}}^2\frac{U_{\max}(k)}{L}\leqslant a_{\text{ymax}} \tag{10-171}$$

则最大前轮转角为

$$U_{\max}(k)=\min\left\{U_{\text{st}},\frac{L_{a_{\text{ymax}}}}{V_{\text{ego}}^2}\right\} \tag{10-172}$$

其中，U_{st}为由转向系统机械结构决定的最大转角。根据式（10-171）可得车辆的横向冲击度满足

$$V_{\text{ego}}^2\frac{\Delta U_{\max}(k)}{L}\leqslant j_{\text{ymax}} \tag{10-173}$$

则最大的前轮转角增量为

$$\Delta U_{\max}(k)=\min\left\{\Delta U_{\text{com}},\frac{L_{j_{\text{ymax}}}}{V_{\text{ego}}^2}\right\} \tag{10-174}$$

其中，ΔU_{com}为与舒适性相关的最大转角增量。

安全性约束为车辆偏离期望轨迹约束：

$$|X(k)-X_{\text{ref}}(k)|\leqslant \Delta X_{\max} \tag{10-175}$$

注意到

$$\boldsymbol{U}(k-1)=\boldsymbol{GU}(k)+\boldsymbol{Hu}(k-1) \tag{10-176}$$

其中

$$\boldsymbol{G}=\begin{bmatrix}\boldsymbol{0}&\boldsymbol{0}&\boldsymbol{0}&\cdots&\boldsymbol{0}&\boldsymbol{0}\\ \boldsymbol{I}&\boldsymbol{0}&\boldsymbol{0}&\cdots&\boldsymbol{0}&\boldsymbol{0}\\ \boldsymbol{0}&\boldsymbol{I}&\boldsymbol{0}&\cdots&\boldsymbol{0}&\boldsymbol{0}\\ \vdots&\vdots&\vdots&&\vdots&\vdots\\ \boldsymbol{0}&\boldsymbol{0}&\boldsymbol{0}&\boldsymbol{I}&\boldsymbol{0}&\boldsymbol{0}\\ \boldsymbol{0}&\boldsymbol{0}&\boldsymbol{0}&\boldsymbol{0}&\boldsymbol{I}&\boldsymbol{0}\end{bmatrix},\ \boldsymbol{H}=\begin{bmatrix}\boldsymbol{I}\\ \boldsymbol{0}\\ \boldsymbol{0}\\ \vdots\\ \boldsymbol{0}\end{bmatrix} \tag{10-177}$$

则性能约束［式（10-170）］和约束［式（10-175）］等价于

$$\widetilde{\boldsymbol{A}}\boldsymbol{U}(k)\leqslant\widetilde{\boldsymbol{B}}(k) \tag{10-178}$$

其中，

$$\widetilde{\boldsymbol{A}}=\begin{bmatrix}\boldsymbol{I}\\ -\boldsymbol{I}\\ \boldsymbol{I}-\boldsymbol{G}\\ \boldsymbol{G}-\boldsymbol{I}\\ \overline{\boldsymbol{B}}_1\\ -\overline{\boldsymbol{B}}_1\end{bmatrix},\ \widetilde{\boldsymbol{B}}(k)=\begin{bmatrix}\boldsymbol{U}_{\max}(k)\\ \boldsymbol{U}_{\max}(k)\\ \Delta\boldsymbol{U}_{\max}+\boldsymbol{Hu}(k-1)\\ \Delta\boldsymbol{U}_{\max}-\boldsymbol{Hu}(k-1)\\ \Delta\boldsymbol{X}_{\max}+\boldsymbol{X}_{\text{ref}}(k)-\overline{\boldsymbol{A}}\boldsymbol{x}(k)-\overline{\boldsymbol{B}}_2\overline{\boldsymbol{\kappa}}(k)\\ \Delta\boldsymbol{X}_{\max}-\boldsymbol{X}_{\text{ref}}(k)+\overline{\boldsymbol{A}}\boldsymbol{x}(k)+\overline{\boldsymbol{B}}_2\overline{\boldsymbol{\kappa}}(k)\end{bmatrix} \tag{10-179}$$

则将 MPC 写成二次规划（QP）形式为

$$\begin{cases}\min \boldsymbol{J}_1(k)=\boldsymbol{U}^{\mathrm{T}}(k)\boldsymbol{E}\boldsymbol{U}(k)+\boldsymbol{F}\boldsymbol{U}(k)\\ \quad\text{s. t. } \widetilde{\boldsymbol{A}}\boldsymbol{U}(k)\leqslant\widetilde{\boldsymbol{B}}(k)\end{cases} \tag{10-180}$$

其中，

$$\boldsymbol{E}=\overline{\boldsymbol{B}}_1^{\mathrm{T}}\boldsymbol{Q}\overline{\boldsymbol{B}}_1+\boldsymbol{R},\ \boldsymbol{F}=2[\overline{\boldsymbol{A}}\boldsymbol{x}(k)+\overline{\boldsymbol{B}}_2\overline{\boldsymbol{\kappa}}(k)-\boldsymbol{X}_{\mathrm{ref}}(k)]^{\mathrm{T}}\boldsymbol{Q}\overline{\boldsymbol{B}}_1 \tag{10-181}$$

通过求解式（10-180）所示的 QP 问题得到 $\boldsymbol{U}(k)$，将其第一个元素作为 LKA 系统的控制输入。

（五）H_∞ 控制器设计

针对横向动力学系统

$$\boldsymbol{x}(k+1)=\boldsymbol{A}_{\mathrm{d}}\boldsymbol{x}(k)+\boldsymbol{B}_{\mathrm{d1}}\boldsymbol{u}(k)+\boldsymbol{B}_{\mathrm{d3}}\boldsymbol{\kappa}(k) \tag{10-182}$$

设计状态反馈控制器

$$\boldsymbol{u}(k)=\boldsymbol{K}\boldsymbol{x}(k) \tag{10-183}$$

则闭环系统为

$$\boldsymbol{x}(k+1)=(\boldsymbol{A}_{\mathrm{d}}+\boldsymbol{B}_{\mathrm{d1}}\boldsymbol{K})\boldsymbol{x}(k)+\boldsymbol{B}_{\mathrm{d3}}\boldsymbol{\kappa}(k) \tag{10-184}$$

定义 Lyapunov 函数为

$$\boldsymbol{V}(k)=\boldsymbol{x}^{\mathrm{T}}(k)\boldsymbol{P}\boldsymbol{x}(k) \tag{10-185}$$

其差分为

$$\Delta\boldsymbol{V}(k)=\boldsymbol{V}(k+1)-\boldsymbol{V}(k)=\boldsymbol{x}^{\mathrm{T}}(k+1)\boldsymbol{P}\boldsymbol{x}(k+1)-\boldsymbol{x}^{\mathrm{T}}(k)\boldsymbol{P}\boldsymbol{x}(k) \tag{10-186}$$

代入闭环系统方程可得

$$\begin{aligned}\Delta\boldsymbol{V}(k)=&[(\boldsymbol{A}_{\mathrm{d}}+\boldsymbol{B}_{\mathrm{d1}}\boldsymbol{K})\boldsymbol{x}(k)+\boldsymbol{B}_{\mathrm{d3}}\boldsymbol{\kappa}(k)]^{\mathrm{T}}\boldsymbol{P}[(\boldsymbol{A}_{\mathrm{d}}+\boldsymbol{B}_{\mathrm{d1}}\boldsymbol{K})\boldsymbol{x}(k)+\boldsymbol{B}_{\mathrm{d3}}\boldsymbol{\kappa}(k)]-\boldsymbol{x}^{\mathrm{T}}(k)\boldsymbol{P}\boldsymbol{x}(k)\\ =&\boldsymbol{x}^{\mathrm{T}}(k)[(\boldsymbol{A}_{\mathrm{d}}+\boldsymbol{B}_{\mathrm{d1}}\boldsymbol{K})^{\mathrm{T}}\boldsymbol{P}(\boldsymbol{A}_{\mathrm{d}}+\boldsymbol{B}_{\mathrm{d1}}\boldsymbol{K})-\boldsymbol{P}]\boldsymbol{x}(k)+\boldsymbol{x}^{\mathrm{T}}(k)(\boldsymbol{A}_{\mathrm{d}}+\boldsymbol{B}_{\mathrm{d1}}\boldsymbol{K})^{\mathrm{T}}\boldsymbol{P}\boldsymbol{B}_{\mathrm{d3}}\boldsymbol{\kappa}(k)+\\ &\boldsymbol{\kappa}^{\mathrm{T}}(k)\boldsymbol{B}_{\mathrm{d3}}^{\mathrm{T}}\boldsymbol{P}(\boldsymbol{A}_{\mathrm{d}}+\boldsymbol{B}_{\mathrm{d1}}\boldsymbol{K})\boldsymbol{x}(k)+\boldsymbol{\kappa}^{\mathrm{T}}(k)\boldsymbol{B}_{\mathrm{d3}}^{\mathrm{T}}\boldsymbol{P}\boldsymbol{B}_{\mathrm{d3}}\boldsymbol{\kappa}(k)\end{aligned} \tag{10-187}$$

为了建立 H_∞ 性能，引入性能指标

$$\boldsymbol{J}=\Delta\boldsymbol{V}(k)+\boldsymbol{x}^{\mathrm{T}}(k)\boldsymbol{x}(k)-\gamma^2\boldsymbol{\kappa}^{\mathrm{T}}(k)\boldsymbol{\kappa}(k) \tag{10-188}$$

则

$$\begin{aligned}\boldsymbol{J}=&\boldsymbol{x}^{\mathrm{T}}(k)[(\boldsymbol{A}_{\mathrm{d}}+\boldsymbol{B}_{\mathrm{d1}}\boldsymbol{K})^{\mathrm{T}}\boldsymbol{P}(\boldsymbol{A}_{\mathrm{d}}+\boldsymbol{B}_{\mathrm{d1}}\boldsymbol{K})-\boldsymbol{P}+\boldsymbol{I}]\boldsymbol{x}(k)+\boldsymbol{x}^{\mathrm{T}}(k)(\boldsymbol{A}_{\mathrm{d}}+\boldsymbol{B}_{\mathrm{d1}}\boldsymbol{K})^{\mathrm{T}}\boldsymbol{P}\boldsymbol{B}_{\mathrm{d3}}\boldsymbol{\kappa}(k)\\ &+\boldsymbol{\kappa}^{\mathrm{T}}(k)\boldsymbol{B}_{\mathrm{d3}}^{\mathrm{T}}\boldsymbol{P}(\boldsymbol{A}_{\mathrm{d}}+\boldsymbol{B}_{\mathrm{d1}}\boldsymbol{K})\boldsymbol{x}(k)+\boldsymbol{\kappa}^{\mathrm{T}}(k)(\boldsymbol{B}_{\mathrm{d3}}^{\mathrm{T}}\boldsymbol{P}\boldsymbol{B}_{\mathrm{d3}}-\gamma^2\boldsymbol{I})\boldsymbol{\kappa}(k)\\ &\begin{bmatrix}x(k)\\ \boldsymbol{\kappa}(k)\end{bmatrix}^{\mathrm{T}}\Pi\begin{bmatrix}x(k)\\ \boldsymbol{\kappa}(k)\end{bmatrix}\end{aligned} \tag{10-189}$$

其中，

$$\boldsymbol{\Pi}=\begin{bmatrix}(\boldsymbol{A}_{\mathrm{d}}+\boldsymbol{B}_{\mathrm{d1}}\boldsymbol{K})^{\mathrm{T}}\boldsymbol{P}(\boldsymbol{A}_{\mathrm{d}}+\boldsymbol{B}_{\mathrm{d1}}\boldsymbol{K})-\boldsymbol{P}-\boldsymbol{I} & (\boldsymbol{A}_{\mathrm{d}}+\boldsymbol{B}_{\mathrm{d1}}\boldsymbol{K})^{\mathrm{T}}\boldsymbol{P}\boldsymbol{B}_{\mathrm{d3}}\\ \boldsymbol{B}_{\mathrm{d3}}^{\mathrm{T}}\boldsymbol{P}(\boldsymbol{A}_{\mathrm{d}}+\boldsymbol{B}_{\mathrm{d1}}\boldsymbol{K}) & \boldsymbol{B}_{\mathrm{d3}}^{\mathrm{T}}\boldsymbol{P}\boldsymbol{B}_{\mathrm{d3}}-\gamma^2\boldsymbol{I}\end{bmatrix} \tag{10-190}$$

根据舒尔补定理，由 $\pi<0$ 可得

$$\begin{bmatrix} -\boldsymbol{P}+\boldsymbol{I} & 0 & (\boldsymbol{A}_{\mathrm{d}}+\boldsymbol{B}_{\mathrm{d1}}\boldsymbol{K})^{\mathrm{T}}\boldsymbol{P} \\ 0 & -\gamma^{2}\boldsymbol{I} & \boldsymbol{B}_{\mathrm{d3}}^{\mathrm{T}}\boldsymbol{P} \\ \boldsymbol{P}(\boldsymbol{A}_{\mathrm{d}}+\boldsymbol{B}_{\mathrm{d1}}\boldsymbol{K}) & \boldsymbol{P}\boldsymbol{B}_{\mathrm{d3}} & -\boldsymbol{P} \end{bmatrix}<0 \tag{10-191}$$

对不等式（10-191）左乘右乘 $\mathrm{diag}\{\boldsymbol{P}^{-1},\boldsymbol{I},\boldsymbol{P}^{-1}\}$ 可得

$$\begin{bmatrix} -\boldsymbol{P}^{-1}+\boldsymbol{P}^{-1}\boldsymbol{P}^{-1} & 0 & \boldsymbol{P}^{-1}(\boldsymbol{A}_{\mathrm{d}}+\boldsymbol{B}_{\mathrm{d1}}\boldsymbol{K})^{\mathrm{T}} \\ \boldsymbol{0} & -\gamma^{2}\boldsymbol{I} & \boldsymbol{B}_{\mathrm{d3}}^{\mathrm{T}} \\ (\boldsymbol{A}_{\mathrm{d}}+\boldsymbol{B}_{\mathrm{d1}}\boldsymbol{K})\boldsymbol{P}^{-1} & \boldsymbol{B}_{\mathrm{d3}} & -\boldsymbol{P}^{-1} \end{bmatrix}<0 \tag{10-192}$$

令 $\boldsymbol{Q}=\boldsymbol{P}^{-1}$，$\boldsymbol{Y}=\boldsymbol{K}\boldsymbol{Q}$，根据舒尔补定理可得

$$\begin{bmatrix} -\boldsymbol{Q} & \boldsymbol{0} & \boldsymbol{Q}\boldsymbol{A}_{\mathrm{d}}^{\mathrm{T}}+\boldsymbol{Y}^{\mathrm{T}}\boldsymbol{B}_{\mathrm{d1}}^{\mathrm{T}} & \boldsymbol{Q} \\ \boldsymbol{0} & -\gamma^{2}\boldsymbol{I} & \boldsymbol{B}_{\mathrm{d3}}^{\mathrm{T}} & \boldsymbol{0} \\ \boldsymbol{A}_{\mathrm{d}}\boldsymbol{Q}+\boldsymbol{B}_{\mathrm{d1}}\boldsymbol{Y} & \boldsymbol{B}_{\mathrm{d3}} & -\boldsymbol{Q} & \boldsymbol{0} \\ \boldsymbol{Q} & \boldsymbol{0} & \boldsymbol{0} & -\boldsymbol{I} \end{bmatrix}<0 \tag{10-193}$$

根据式（10-193）所示的线性矩阵不等式（LMI）可得 $\Pi<0$，则 $J=\Delta\boldsymbol{V}(k)+\boldsymbol{x}^{\mathrm{T}}(k)\boldsymbol{x}(k)-\gamma^{2}\boldsymbol{\kappa}^{\mathrm{T}}(k)\boldsymbol{\kappa}(k)<0$，即

$$\sum_{k=0}^{\infty}[\Delta\boldsymbol{V}(k)+\boldsymbol{x}^{\mathrm{T}}(k)\boldsymbol{x}(k)-\gamma^{2}\boldsymbol{\kappa}^{\mathrm{T}}(k)\boldsymbol{\kappa}(k)]=\sum_{k=0}^{\infty}[\,|\boldsymbol{x}(k)|^{2}-\gamma^{2}\,|\boldsymbol{\kappa}(k)|^{2}]-\boldsymbol{V}(0)<0 \tag{10-194}$$

可得如下H_{∞}性能：

$$\sum_{k=0}^{\infty}\|\boldsymbol{x}(k)\|^{2}<\gamma_{k=0}^{\infty}\|\boldsymbol{\kappa}(k)\|^{2}+V(0) \tag{10-195}$$

根据 LMI（10-193）求得正定对称阵 $\boldsymbol{Q}$ 和矩阵 $\boldsymbol{Y}$ 后，即得控制器增益为 $\boldsymbol{K}=\boldsymbol{Y}\boldsymbol{Q}^{-1}$。因此，可以建立如下$H_{\infty}$控制器设计准则。

针对横向动力学系统，对于给定的正数 $\gamma>0$，存在正定对称阵 $\boldsymbol{Q}>0$ 和矩阵 $\boldsymbol{Y}$ 使得如下 LMI 成立

$$\begin{bmatrix} -\boldsymbol{Q} & \boldsymbol{0} & \boldsymbol{Q}\boldsymbol{A}_{\mathrm{d}}^{\mathrm{T}}+\boldsymbol{Y}^{\mathrm{T}} & \boldsymbol{B}_{\mathrm{d1}}^{\mathrm{T}} & \boldsymbol{Q} \\ \boldsymbol{0} & -\gamma^{2}\boldsymbol{I} & \boldsymbol{B}_{\mathrm{d3}}^{\mathrm{T}} & \boldsymbol{0} \\ \boldsymbol{A}_{\mathrm{d}}\boldsymbol{Q}+\boldsymbol{B}_{\mathrm{d1}}\boldsymbol{Y} & \boldsymbol{B}_{\mathrm{d3}} & -\boldsymbol{Q} & \boldsymbol{0} \\ \boldsymbol{Q} & \boldsymbol{0} & 0 & -\boldsymbol{I} \end{bmatrix}<0 \tag{10-196}$$

则横向动力学系统具有 H 性能 γ

$$\sum_{k=0}^{\infty}\|\boldsymbol{x}(k)\|^{2}<\gamma^{2}\sum_{k=0}^{\infty}\|\boldsymbol{\kappa}(k)\|^{2}+V(0) \tag{10-197}$$

其中，控制器增益为 $\boldsymbol{K}=\boldsymbol{Y}\boldsymbol{Q}^{-1}$，则可得状态反馈控制器为

$$\boldsymbol{u}=\boldsymbol{K}\hat{x} \tag{10-198}$$

其中，$\hat{x}$为系统状态 $\boldsymbol{x}$ 的估计值。

四、系统仿真

（一）MATLAB B ADT 平台仿真

本示例介绍如何对 LKA 系统进行闭环仿真。

使用以下命令，打开车道保持辅助系统测试平台模型。

```
addpath(fullfile(matlabroot,'examples','mpc','main'));
open_system('LKATestBenchExample');
```

LKA 系统测试平台模型如图 10-49 所示。LKA 系统测试平台模型包括 LKA 仿真模型、用户控制开关和模型按钮三部分。LKA 仿真模型包含 LKA 子系统模型、车辆和环境子系统模型。用户控制包括启用 LKA 开关、横向安全距离设置和系统状态显示。启用 LKA 开关有关闭和打开模式；安全横向距离可以设置最小值和最大值；系统状态是显示反映输入值的颜色（未定义是红色，当有数值输入时，红色变成灰色）。模型按钮打开后，会显示初始化模型使用的数据脚本，该脚本加载 Simulink 模型所需的某些常量，例如车辆模型参数、控制器设计参数、道路场景和驾驶员路径。本示例中所使用的车辆模型参数包括：汽车质量为 1575kg，转动惯量为 2875kg · m^2，质心至前轴距离为 1.2m，质心至后轴距离为 1.6m，前轮侧偏刚度为 19000N/m，后轮侧偏刚度为 33000N/m。

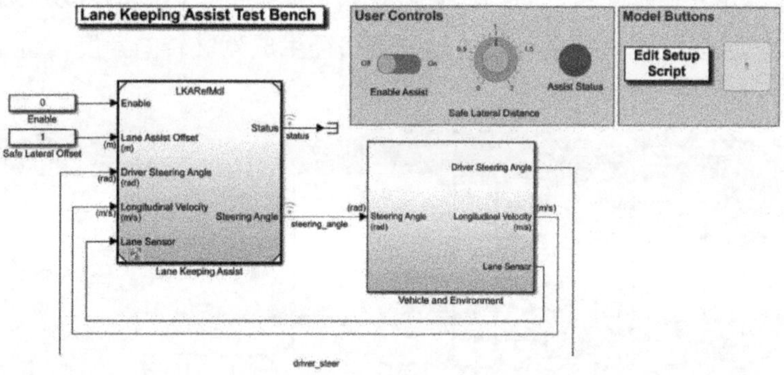

图 10-49　LKA 系统测试平台模型

（二）LKA 子系统

LKA 子系统模型主要控制车辆的前轮转向角度，如图 10-50 所示。LKA 子系统模型主要由车道偏离检测模块、估计车道中心模块、LKA 控制器模块和应用辅助模块组成。当车辆离车道边界较近时，车道偏离检测模块可以检测出车辆的偏离。估计车道中心模块将来自车道检测传感器的数据输出到 LKA 控制器。LKA 控制器根据传感器检测的道路曲率、横向偏差、相对偏航角和汽车的行驶速度计算汽车的转向角度，进而通过控制前轮转向角使车辆保持在车道内，并沿着弯曲的道路行驶。应用辅助模块决定是 LKA 控制器操控汽车还是驾驶员控制汽车，应用辅助模块在驾驶员转向输入和 LKA 控制器的辅助转向之间切换；当检测到车道偏离时，辅助转向开始介入；当驾驶员再次开始在车道内转向操作时，车辆的控制权再次返还给驾驶员。

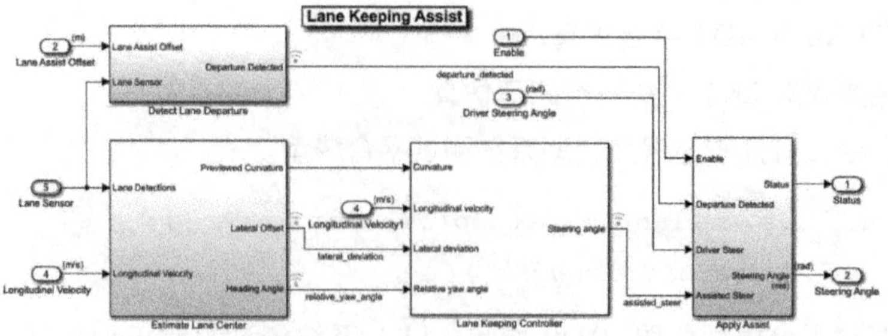

图 10-50　LKA 子系统模型

（三）车辆和环境子系统

车辆和环境子系统模型主要模拟汽车的运动和环境（图 10-51），以实现 LKA 的闭环仿真。车辆和环境子系统仿真模型由车辆动力学模块、对象和传感器模拟模块以及驾驶员模型模块组成。在该例中，车辆动力学模块使用的是单轨汽车三自由度模型。对象和传感器模拟模块主要包括场景读取器和视觉检测生成器，场景读取器根据车辆相对于场景的位置生成理想的左车道和右车道边界；视觉检测生成器从场景读取器中获取理想的车道边界，对单目摄像机的视场建模，并确定航向角、曲率、曲率导数和每个道路边界的有效长度，并考虑任何其他障碍物。驾驶员模型模块根据创建的驾驶员路径生成驾驶转向角度。

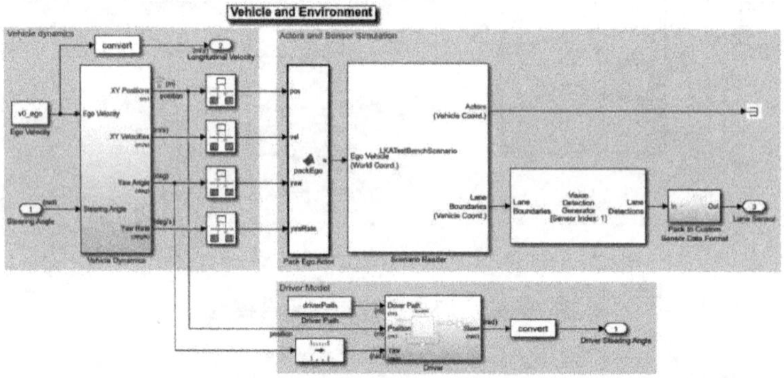

图 10-51　车辆和环境子系统模型

使用以下命令，可以绘制 LKA 场景的行驶道路和驾驶员模型中的期望路径。

```
plotLKAInputs(scenario,driverPath)
```

输出结果如图 10-52 所示。通过启用车道保持辅助和设置安全横向距离来测试 LKA 算法，参数设置和运行仿真的命令如下所示。在 Simulink 模型的“用户控制”部分，将开关切换到“打开”，并将安全横向距离设置为 1m。

```
set_param('LKATestBenchExample/Enable','Value','1')
set_param('LKATestBenchExample/safe Lateral Offset','Value','1')
sim('LKATestBenchExample')
plotLKAResults(scenario,logsout,driverPath)
plotLKAPerformance(logsout)
```

要绘制仿真结果，需要使用鸟瞰图工具 Bird's - Eye Scope。该工具是一个模型级别的可视化工具，可以从 Simulink 工具栏中打开。在“模拟”选项卡上的“查看结果”下单击“鸟瞰范围”。打开示波器后，单击“查找信号”，单击“Run”，运行模拟后的仿真结果如图 10-53 所示。图中的阴影区域为合成视觉传感器的覆盖区域；中间两条线为检测到的左右车道边界。

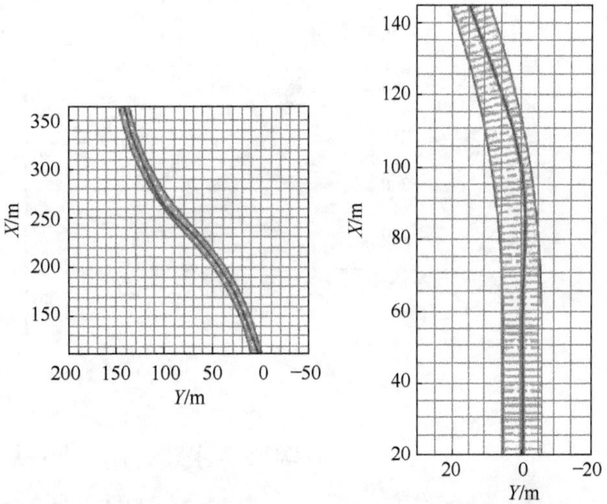

a) 道路和驾驶路径　　b) 曲率变化时驾驶辅助系统表现

图 10-52　LKA 场景行驶道路和驾驶员模型的期望路径

仿真输出结果如图 10-54 和图 10-55所示。灰色曲线为驾驶员驾驶路径，当道路曲率发生变化时，驾驶员可能会将车辆驾驶到另一车道内。黑色曲线为带

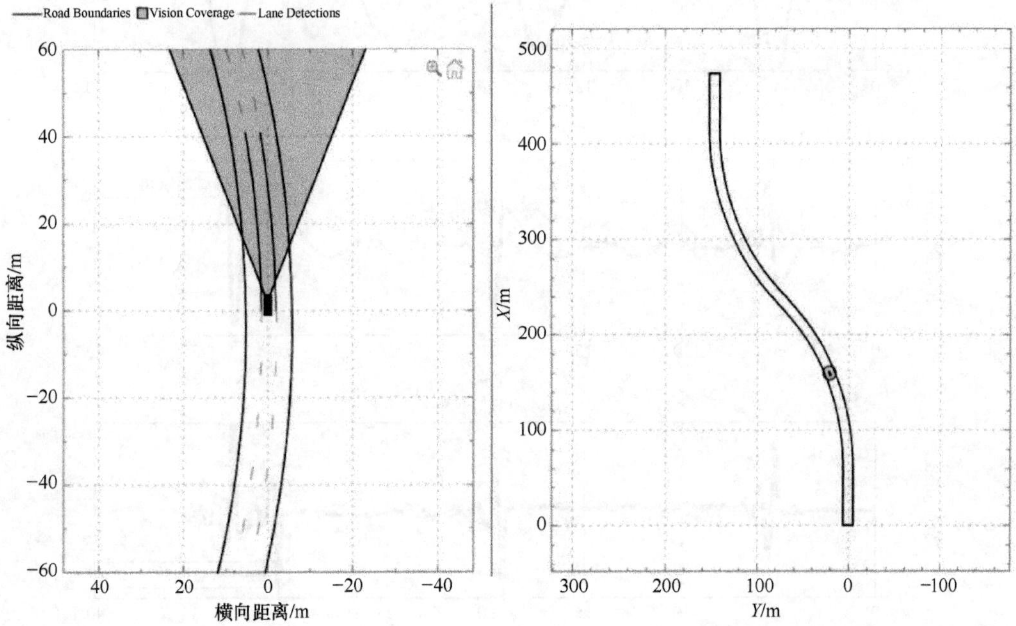

a) 车辆坐标系　　b) 世界坐标系

图 10-53　LKA 鸟瞰图工具仿真场景

有 LKA 功能的车辆行驶路径，当道路曲率发生变化时，车辆仍保持在车道中。可以修改 LKA 的安全横向偏移值，忽略驾驶员输入，将控制器置于纯车道跟随模式。通过增加该阈值，横向偏移总是在 LKA 设置的距离内。

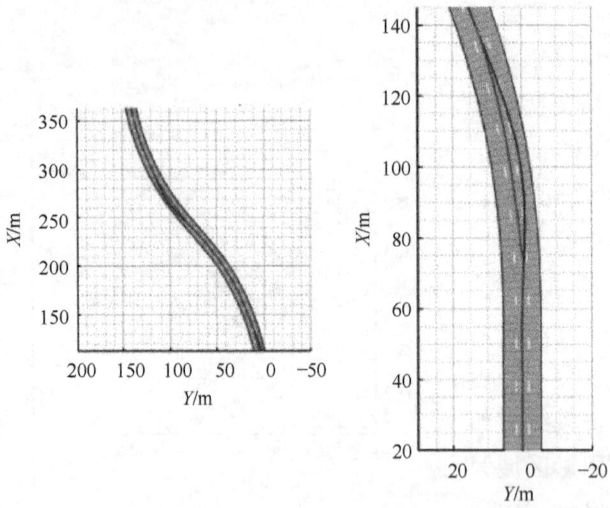

a) 道路和驾驶员路径　　b) 曲率变化时驾驶辅助系统表现

图 10-54　LKA 系统的作用

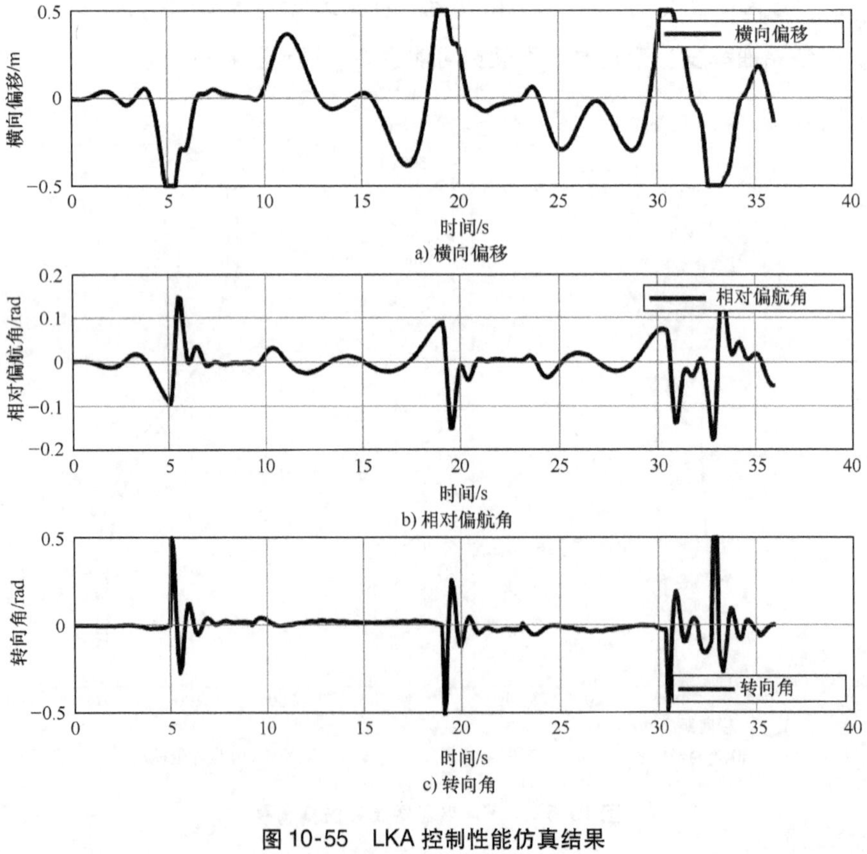

a) 横向偏移

b) 相对偏航角

c) 转向角

图 10-55　LKA 控制性能仿真结果

可以根据实际需要修改仿真模型的参数，如果仿真结果满足要求，还可以自动生成LKA 控制算法的代码。

（四）PreScan 平台仿真

PreScan 平台仿真主要步骤包括创建仿真场景、建立传感器模型、运行仿真、增加控制系统等。下面介绍详细的 PreScan 仿真步骤（步骤 1 ~ 步骤 12）。

步骤 1：打开 PreScan 程序，准备在 PreScan 软件中建立测试场景的仿真模型（图 10-56）。首先双击 PreScan GUI 快捷方式，然后单击已打开的 PreScan 图标，在打开的 GUI 窗口中启动 PreScan 和 MATLAB 程序。

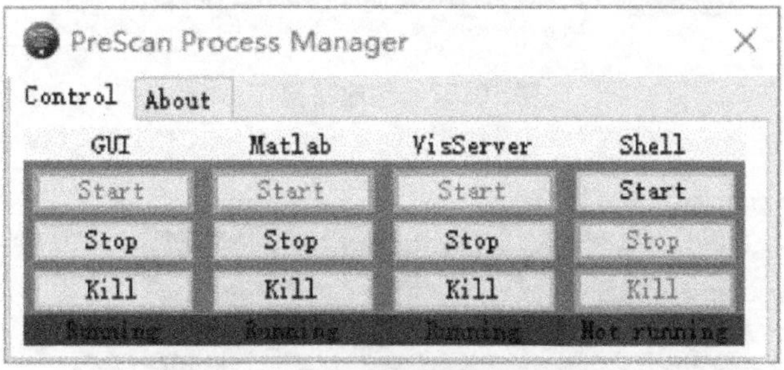

a) PreScan GUI

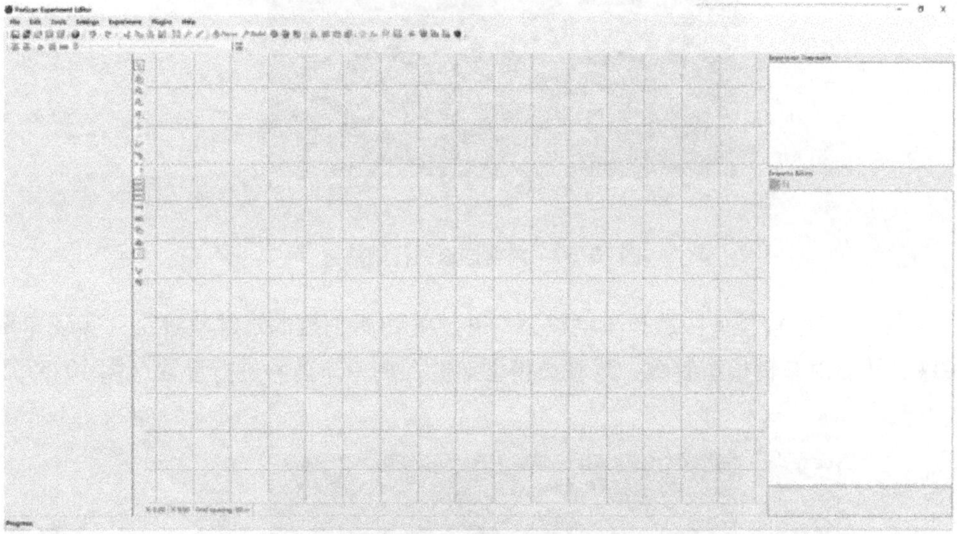

b) PreScan 软件

图 10-56　创建 PreScan 仿真场景

步骤 2：通过拖拽放置的方式创建路网。为了简化测试场景，使用一条直线道路，对于弯道场地的建模原理也是一样，但需要设置道路曲率。建立行驶道路后，单击道路，在窗口的右侧可以设置道路的参数，包括道路长度、道路宽度、车道数量等（图 10-57）。

步骤 3：通过单击多个黄色圆圈来创建连续的汽车行驶轨迹，并通过按“Esc”键完成路径的创建过程（图 10-58）。

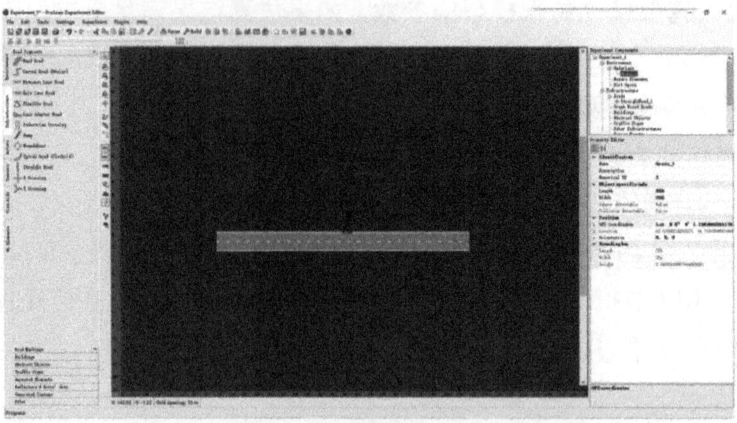

图 10-57　创建路网

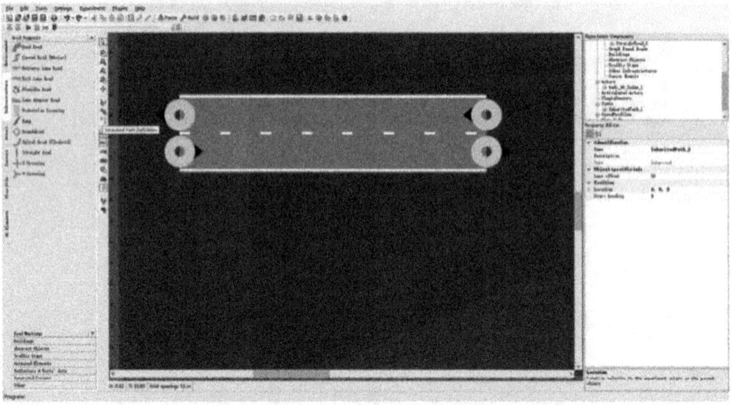

图 10-58　创建连续的行驶轨迹

步骤 4：从车辆模型库中选择车辆模型，并放置到所创建的连续轨迹上，实现车辆与轨迹的关联，然后对车辆模型参数、驾驶员模型参数、期望车速等进行设置（图 10-59）。

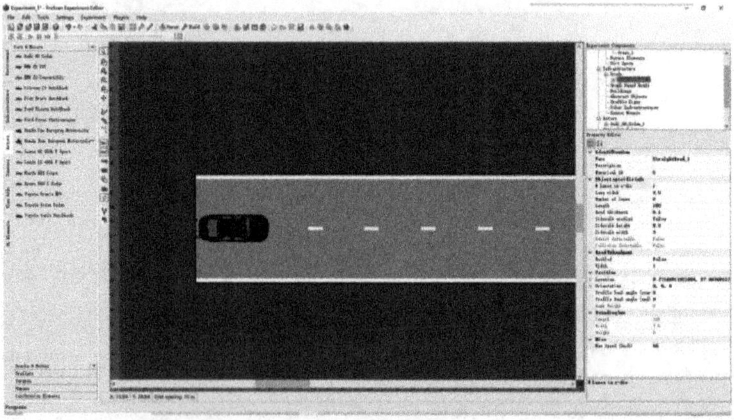

图 10-59　添加车辆

步骤 5：添加其他车辆和装饰元素完成整个仿真试验，通过控制动画演示进度控制条进行试验动画演示。同时，为了更好地观看车道保持的控制效果，对车辆添加跟踪视角（图 10-60）。

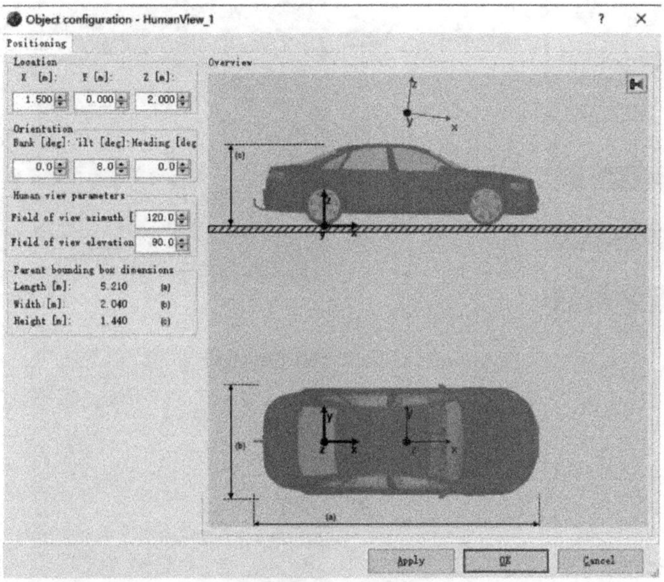

图 10-60 试验回顾

步骤 6：添加 ALMS 传感器，并设置传感器参数以测量车道线信息（图 10-61）。

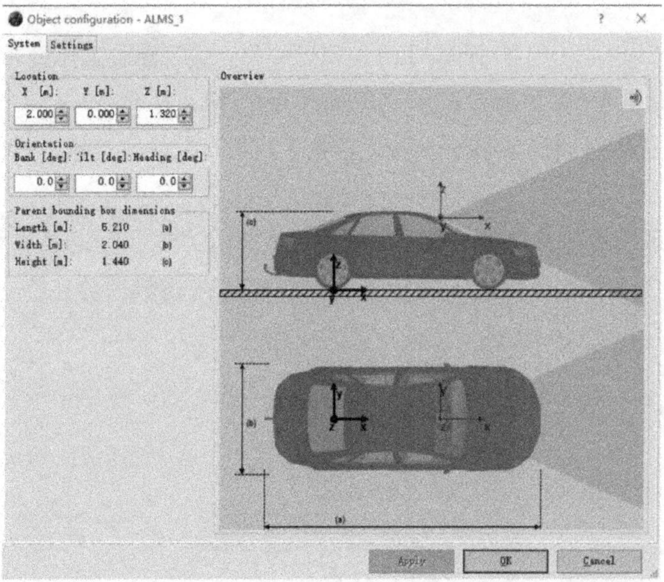

图 10-61 添加 ALMS 传感器

步骤 7：在 PreScan 中执行仿真试验。先单击工具栏“Parse”按钮进行场景解析，通过后再单击“Build”按钮创建试验，一旦创建完成，即可通过 Simulink 对该场景进行仿真、动画演示等（图 10-62）。

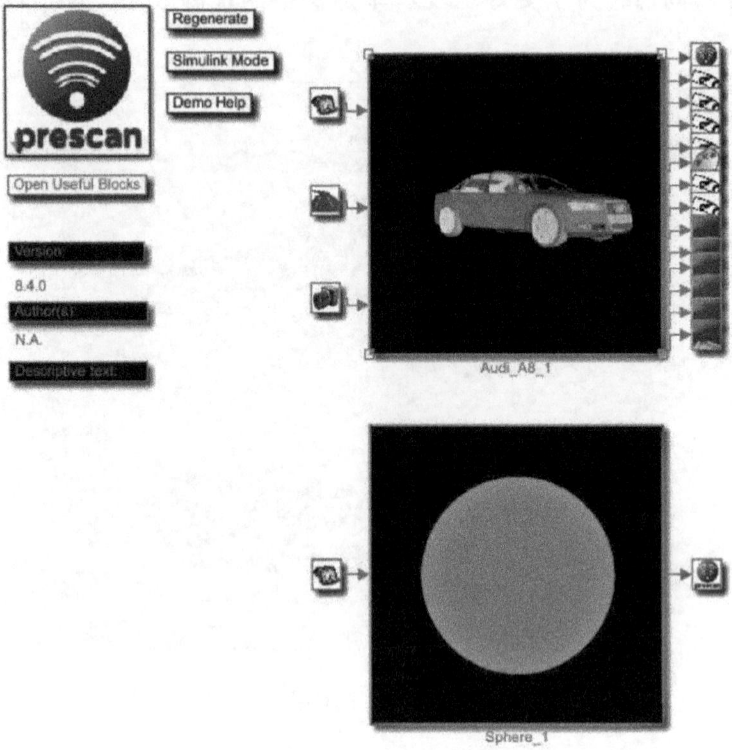

图 10-62　在 Simulink 中执行仿真试验

步骤 8：通过 PreScan GUI 打开 MATLAB/Simulink，然后修改工作目录，再打开 Simulink 仿真模型。如果 MATLAB 命令窗口显示“Compilation Sheet Generation Complete”，则表示编译表已成功生成，进而可以完成在 Simulink 环境下的仿真试验。若修改场景，每次都需要通过 Regenerate 工具更新模型。

步骤 9：确定系统的状态变量。选择车辆相对道路的方向和距离误差为二自由度模型的状态变量，车辆距离车道中心线的横向距离和车辆的航向角偏差分别为 e_1 和 e_2，状态变量可以表示为 $\boldsymbol{x}=[e_1,\dot{e}_1,e_2,\dot{e}_2]$，即

$$\begin{cases}e_1=y-y_{\text{des}}\\ \dot{e}_1=v_y+v_x e_2\\ e_2=\varphi-\varphi_{\text{des}}\\ \dot{e}_2=\dot{\varphi}-\dot{\varphi}_{\text{des}}=\omega_{\text{r}}-\kappa v_x\end{cases} \tag{10-199}$$

利用预瞄驾驶员模型和 ALMS 传感器可以检测横向距离偏差 e_1 和航向角度偏差 e_2。

步骤 10：在对车道保持进行控制时，为了更好地减小稳态误差，利用了前馈 + 反馈的控制方法。对于前馈控制可采用前文中已经详细描述的自适应前馈，这里只列出前馈输入的表达式：

$$\delta_f = \frac{mv_x^2 + l_f C_{\alpha f} - l_r C_{\alpha r}}{C_{\alpha f}} \kappa \tag{10-200}$$

步骤 11：对于反馈控制，利用 LQR 算法进行控制，接下来利用 MATLAB 函数 lqr 进行 LQR 控制器的求解，求解代码如下。

```
% % 车辆参数设置 % %
M=1820; % % 整车质量,kg
a=1.17; % % 质心到前轴的距离,m
b=1.77; % % 质心到后轴的距离,m
Cf=52151; % % 前轮胎侧偏刚度
Cr=41400; % % 后轮胎侧偏刚度
Iz=3746; % % 质心绕 z 轴的转动惯量
Vx=5;
% % 二自由度状态空间方程矩阵 % %
a11=0;a12=1;a13=0;a14=0;a21=0;
a22=-2* (Cf+Cr)/(M* Vx);a23=2* (Cf+Cr)/M;a24=-2* (a* Cf-b* Cr)/M* Vx;
a31=0;a32=0;a33=0;a34=1;a41=0;a42=-2* (a* Cf-b* Cr)/(Vx* Iz);
a43=2* (a* Cf-b* Cr)/Iz;a44=-2* (a* a* Cf+b* b* Cr)/(Vx* Iz);
b1_1=0;b1_2=2* Cf/M;b1_3=0;b1_4=(a* Cf)/Iz;
A=[a11 a12 a13 a14;a21 a22 a23 a24;a31 a32 a33 a34;a41 a42 a43 a44];
B1=[b1_1;b1_2;b1_3;b1_4];
```

```
% % % 设置 Q,R 矩阵 % %
Q=[1 0 0 0;0 1 0 0;0 0 1 0;0 0 0 1];% Q 调大,误差会减小
R=[100];% R 调大,输入会减小
% % % 利用 lqr 函数求解 K 值 % %
[K,P,r]=lqr(A,B1,Q,R);
```

求得结果为 $K=[1, 0.667, 2.099, 0.404]$。

步骤 12：根据以上求解的 K 值可得 $\delta_r = -Kx$，则最优的控制输入为 $\delta_{opt} = \delta_f + \delta_r$。因此，简单的车道保持辅助系统已搭建完成，搭建控制器的 Simulink 程序框图如图 10-63 所示。

为体现 LKA 的控制效果，在仿真的初始时刻模拟驾驶员的误操作，给系统添加一个 5° 的前轮转角输入让车辆发生偏航，车辆逐渐偏离车道中心线，然后 LKA 系统介入。经过前馈 + 反馈的控制策略，使汽车保持在道路中心行驶。系统的仿真结果如图 10-64 和图 10-65 所示。

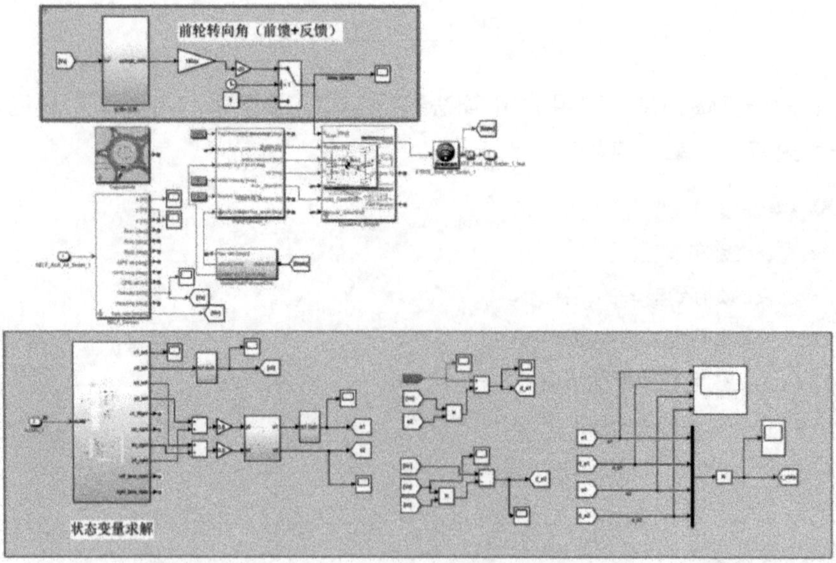

图 10-63　控制器的 Simulink 程序框图

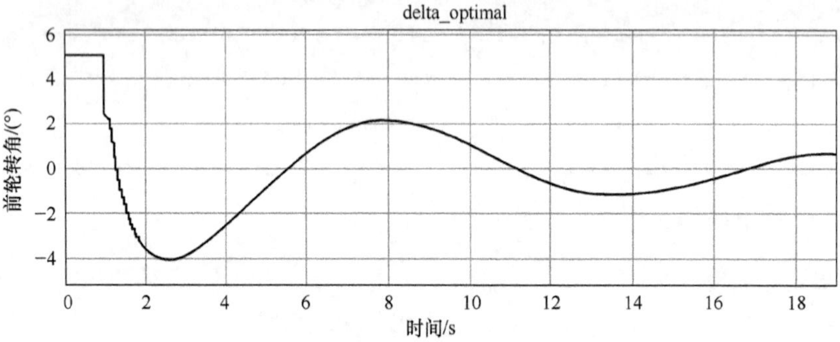

图 10-64　前轮转角输入

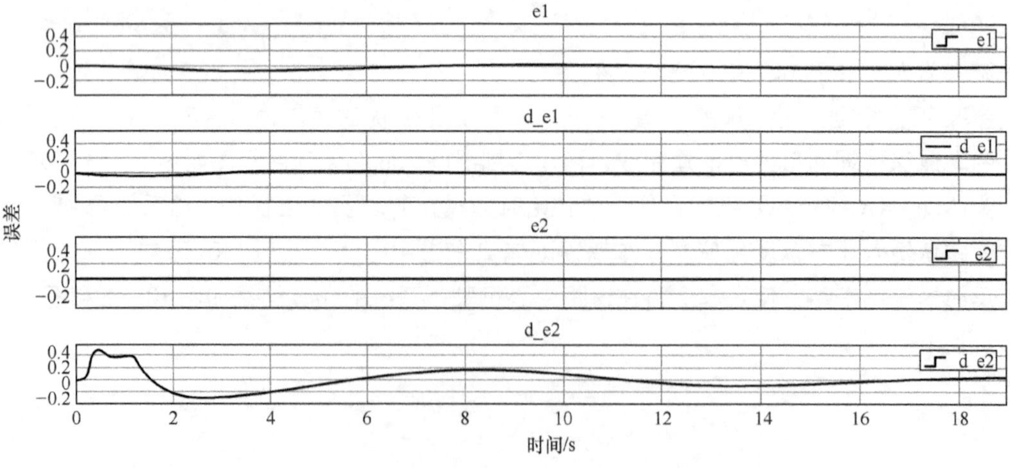

图 10-65　LKA 控制误差

思考题

1. 智能驾驶车辆路径跟踪中的运动学方法和动力学方法的优缺点分别是什么?
2. 车辆横纵向动力学控制常用的方法有哪些?
3. 将车辆横纵向动力学解耦后单独进行研究的出发点是什么?
4. 简述自适应巡航控制系统的主要组成部分。
5. 为什么要在驱动与制动状态之间增加滑行状态?
6. 若想搭建 ACC 系统的硬件在环仿真系统，请简述搭建的流程和关键步骤。
7. 简述预瞄驾驶员模型的作用。
8. 在 LKA 中前馈和反馈各自的作用是什么?都有哪些方法?各自是如何实现的?
9. LQR 和 MPC 的区别和联系是什么?
10. PID、LQR、MPC、H 控制这四种控制方法的优缺点分别是什么?

第十一章

四轮独立控制技术

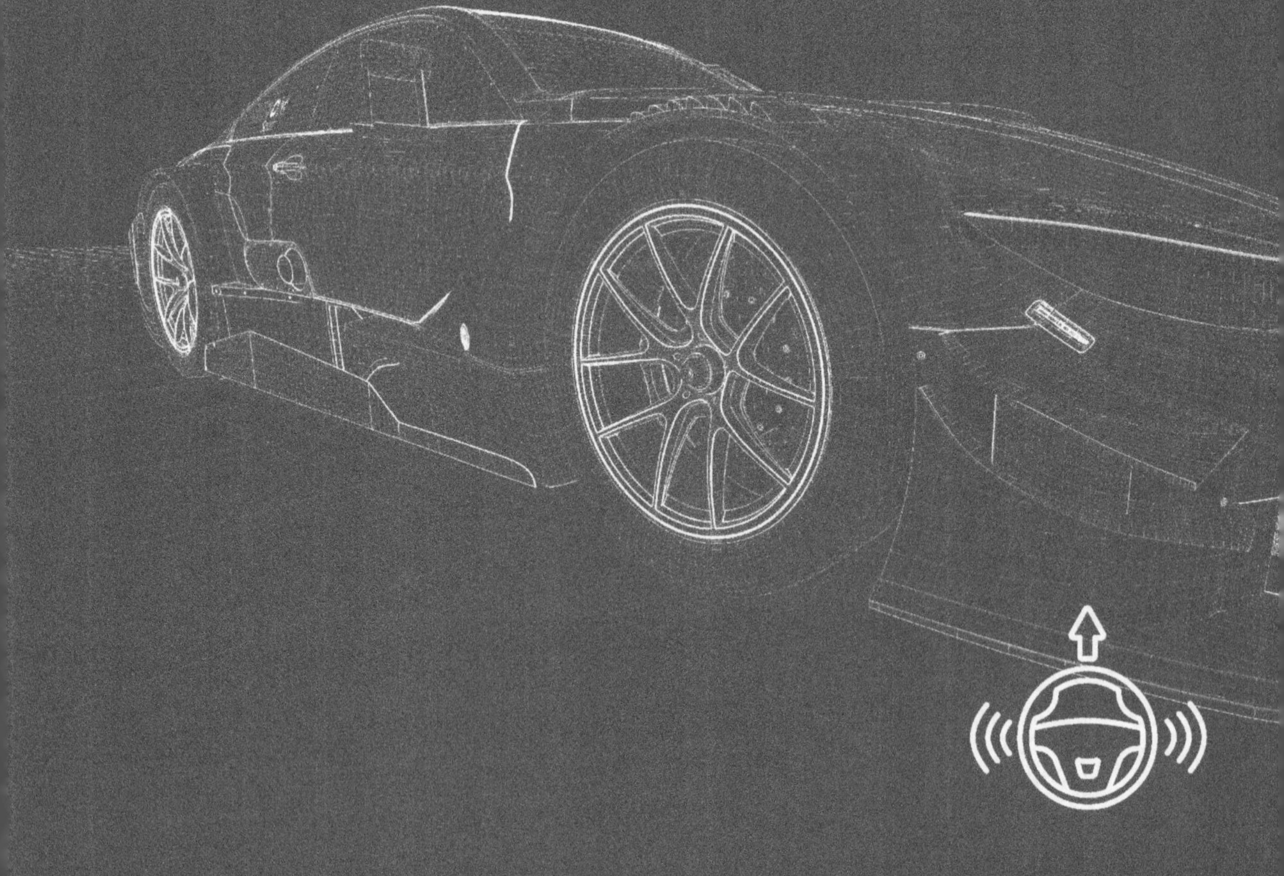

第一节　四轮独立转向控制

一、动力学建模

本节介绍四轮独立转向（Four-Wheel Independent Steering，4WIS）汽车的数学模型。车辆坐标系及相应的符号如图 11-1 所示。数字 1、2、3、4 分别代表左前、左后、右前、右后车轮。车轮中心点坐标为（x_i, y_i），$i = 1,2,3,4$。转向角为δ_i。v_x和v_y分别为车辆质心沿 x 轴与 y 轴的速度，ω 为质心的横摆角速度。为了将来能更好地评价所建控制器的性能，在建模时车身、轮胎和转向器都采用动力学模型。

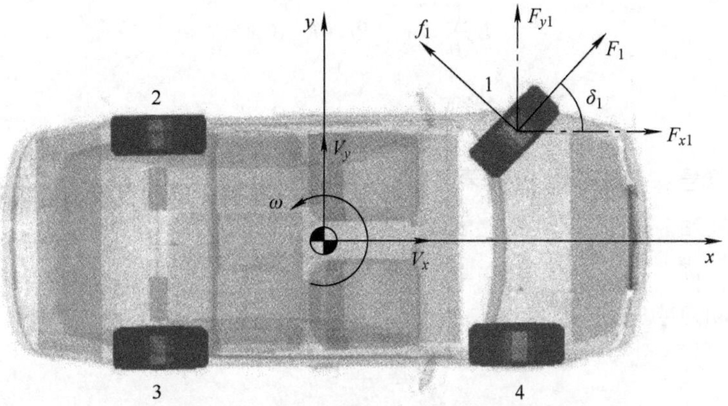

图 11-1　汽车模型参考坐标系和符号

（一）车身

在建模中，只考虑车辆的纵向运动、横向运动和横摆运动，忽略垂直、侧倾和俯仰运动。

整车重量假设均匀地分布在每个车轮上。因此，每个车轮在垂直方向上的受力为 $N/4$。车辆的动力学方程表示如下：

$$\sum_{i=1}^{4} F_{x_i} = m(\dot{v}_x - v_y\omega) \tag{11-1}$$

$$\sum_{i=1}^{4} F_{y_i} = m(\dot{v}_y + v_x\omega) \tag{11-2}$$

$$\sum_{i=1}^{4} (F_{y_i}x_i - F_{x_i}y_i) = I_z\dot{\omega} \tag{11-3}$$

式中，m 和 I_z分别为整车质量和转动惯量；F_{x_i}和 F_{y_i}分别为车轮转向节在 x 和 y 轴方向所受的力。它们可表示为

$$F_{x_i}=F_i\cos\delta_i-f_i\sin\delta_i \tag{11-4}$$

$$F_{y_i}=F_i\sin\delta_i+f_i\cos\delta_i \tag{11-5}$$

（二）轮胎

车轮产生的力是通过转向节作用于车身的。车轮纵向力 F_i 由车辆驱动装置产生，而侧向力 f_i 由车轮侧向滑移运动引起。车轮纵向力假设与驱动装置的输出转矩成正比，横向力可由 Pacejka 魔术轮胎模型进行估计：

$$f(\alpha_i)=D\sin\{C\arctan\{B\alpha_i-E[B\alpha_i-\arctan(B\alpha_i)]\}\} \tag{11-6}$$

式中，B、C、D 和 E 是轮胎参数；α_i 是车轮 i 的滑移角，可由如下公式得到：

$$\alpha_i=\delta_i-\arctan2(v_y+\omega x_i,v_x-\omega y_i) \tag{11-7}$$

（三）转向器

在车辆模型中，每个车轮上都有一个转向器并独立驱动。车轮转向轴通过车轮中心并垂直于地面。转向器的驱动器为直流电动机，电动机模型可表示为

$$L\frac{\mathrm{d}i}{\mathrm{d}t}=V-Ri-K_{\mathrm{b}}\omega_{\mathrm{m}} \tag{11-8}$$

$$J_{\mathrm{m}}\frac{\mathrm{d}\omega_{\mathrm{m}}}{\mathrm{d}t}=K_{\mathrm{m}}i-K_{\mathrm{f}}\omega_{\mathrm{m}}-T_{\mathrm{m}} \tag{11-9}$$

上式中相关符号、单位和数值见表 11-1。在电动机输出端连接有一个减速器，用以提高电动机的输出转矩。减速器的齿轮传动比应合理选择，这样才能保证输出足够的扭矩抵抗来自外界道路的干扰，同时，输出合理的转向速度。假设在传动过程中没有能量损失，电动机和负载之间的动力学关系为

$$\frac{T_{\mathrm{m}}}{T_{\mathrm{L}}}=\frac{\omega_{\mathrm{L}}}{\omega_{\mathrm{m}}}=n \tag{11-10}$$

$$J_{\mathrm{L}}\frac{\mathrm{d}\omega_{\mathrm{L}}}{\mathrm{d}t}=T_{\mathrm{L}}+T_{\mathrm{d}} \tag{11-11}$$

把式（11-10）和式（11-11）代入式（11-8）和式（11-9）中，可得到

$$L\frac{\mathrm{d}i}{\mathrm{d}t}=V-Ri-nK_{\mathrm{b}}\omega_{\mathrm{L}} \tag{11-12}$$

$$(J_{\mathrm{m}}+n^2J_{\mathrm{L}})\frac{\mathrm{d}W_{\mathrm{L}}}{\mathrm{d}t}=nK_{\mathrm{m}}i-K_{\mathrm{f}}\omega_{\mathrm{L}}+n^2T_{\mathrm{d}} \tag{11-13}$$

表 11-1　仿真模型中各参数的符号、单位和数值

参数	符号	单位	数值
重力加速度	g	$\mathrm{kg\cdot m^{-2}}$	9.8
整车质量	m	kg	1000
整车转动惯量	I_z	$\mathrm{kg\cdot m^2}$	1600
车轮 1 中心点坐标	(x_1,y_1)	m	(1.25,0.75)
车轮 2 中心点坐标	(x_2,y_2)	m	(−1.25,0.75)
车轮 3 中心点坐标	(x_3,y_3)	m	(−1.25,−0.75)

（续）

参数	符号	单位	数值
车轮 4 中心点坐标	(x_4, y_4)	m	(1.25, -0.75)
侧偏刚度	C_a	N/rad	25000
输出转矩	T_L	N·m	—
电动机转矩	T_m	N·m	—
驱动力矩	T_d	N·m	—
输出轴角速度	ω_L	rad/s	—
电动机转子角速度	ω_m	rad/s	—
输出轴转动惯量	J_L	kg·m²	0.08
电动机转子转动惯量	J_m	kg·m²	6.96×10^{-6}
传动比	n	—	1/200
电压	V	V	—
电流	i	A	—
电动机电阻	R	Ω	2.07
电动机自感	L	H	6.2×10^{-4}
电动势系数	K_b	V·s/rad	0.0525
电枢常数	K_m	N·m/A	0.053
摩擦系数	K_f	N·m·s/rad	1.4×10^{-3}
反馈力增益（ϕ1）	$K_{\phi1}$	—	10
反馈力增益（ϕ2）	$K_{\phi2}$	—	10
P 控制增益 P	K_P^p	—	10
P 控制增益 I	K_I^p	—	0.01
P 控制增益 D	K_D^p	—	1
K 控制增益 P	K_P^k	—	100
K 控制增益 I	K_I^k	—	10
K 控制增益 D	K_D^k	—	10

二、转向接口扩展

传统的车辆转向机构中只有转向盘输入（旋转），而这对于瞬时转动中心（Instantaneous Center of Rotation，ICR）是不够的。因此，具备 4WIS 的汽车需要扩展转向接口。随着线控转向技术的应用，转向接口的扩展主要是针对 ICR 并将其传递到转向控制器。在不做任何模式切换的情况下，扩展转向接口通过一个友好的用户界面来定位 ICR。

（一）接口设计

转向接口方式如图 11-2 所示，它可以认为是传统车辆转向的延伸。传统车辆转向盘是固定的，而通过附着在滑轨上，扩展转向接口中转向盘具有两个自由度，即旋转和平移。转向盘上同时还有一个滑动按钮；分别以ϕ_1、ϕ_2、ϕ_3代表转向盘的转向输入。转向盘旋转和平移接头间装有力反馈制动器，用来控制所有 ICR 组合中的转向输入。扩展转向界面比较直观，保留了传统车辆的转向方式，即转向盘及其旋转。滑动转向盘相当于纯粹的平移运动，滑动节点同时可以控制组合运动。

（二）ICR 定义目标

图 11-3 所示为 ICR 系统中轴与输入转向的关系，这里用简化的单轨道模型来进行说明。图中，$(X_F,0)$ $(X_R,0)$ 和 $(\phi_3,0)$ 分别是前轮、后轮和 ICR 轴初始点（ICR 轴和 x 轴的交点）的中心坐标，坐标系的原点在车辆的几何中心。

$\cot\phi_1$ 表示 ICR 和 ICR 轴初始点的距离；$\cot\phi_1>0$ 表示向左转向（ICR 逆时针转动），而 $\cot\phi_1<0$ 表示向右转向（ICR 顺时针运动）。转向结果相当于传统 2WFS 系统中，当 $\phi_2=0$ 和 $\phi_3=x_R$的情况。为了使操作更直观，只有转向盘左转才会左转弯和只有转向盘右转才会右转弯。因此，ϕ_1 的范围限制在 $-\pi/2\leqslant\phi_1\leqslant\pi/2$。这个限制将影响 ICR 的连续运动，使其不能通过 ICR 起点。

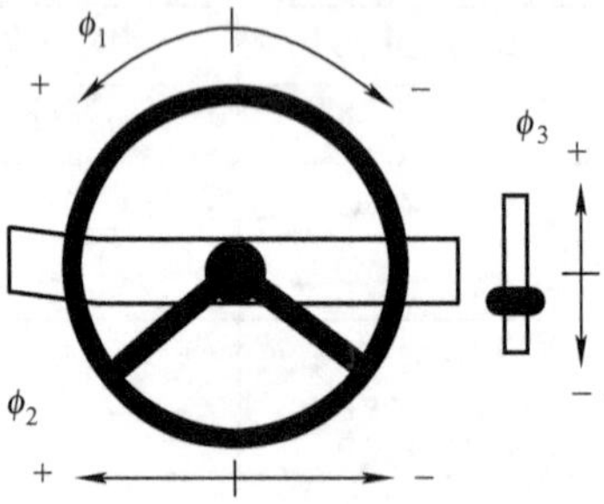

图 11-2　扩展转向接口

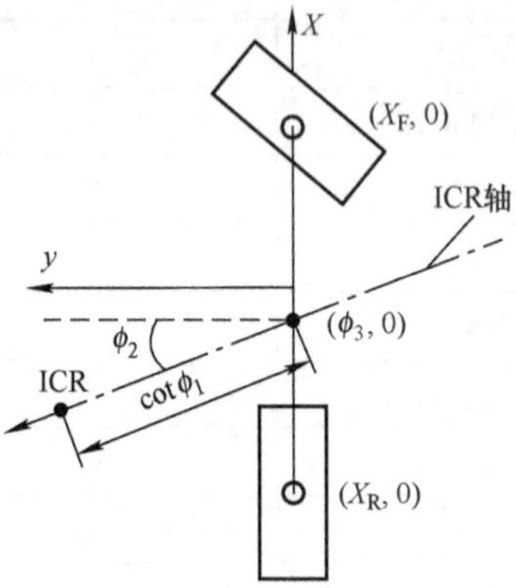

图 11-3　ICR 系统中中轴和输入转向的关系

定义 ϕ_2 为 ICR 轴和 y 轴之间的夹角，当 $\phi_1=0$ 时，改变 ϕ_2 的值使汽车在不同方向上执行单纯的平动（图 11-4d）。为了直观表现，只有当转向盘左向滑移时，汽车向左运动，并且只有当转向盘右向滑移使汽车向右平移。因此，ϕ_2 的取值范围是 $-\pi/2\leqslant\phi_2\leqslant\pi/2$。

定义 ϕ_3 为 ICR 轴起点的位置。从理论上讲，使用 ϕ_1 和 ϕ_2 已经足以确定在二维平面上的位置。加入额外的转向输入 ϕ_3 为了模仿的几种传统的转向行为，使转向更直观。例如，当 $\phi_2=0$ 和 $\phi_3=x_R$时，车辆执行典型的前两轮转向（2WS）（图 11-4a）；当 $\phi_3=(x_F+x_R)/2$ 时，车辆执行典型的 4WS（图 11-4b）；当 $\phi_3=x_F$时，车辆执行典型的后 2WS（图 11-4c）。

ICR 的目标坐标 (x_{ICR}^T, y_{ICR}^T) 可以用如下方程表示：

$$\begin{bmatrix} x_{ICR}^T \\ y_{ICR}^T \end{bmatrix} = \begin{bmatrix} \cos\phi_2 & -\sin\phi_2 \\ \sin\phi_2 & \cos\phi_2 \end{bmatrix} \begin{bmatrix} 0 \\ \cot\phi_1 \end{bmatrix} + \begin{bmatrix} \phi_3 \\ 0 \end{bmatrix} = \begin{bmatrix} \varphi_3 - \cot\phi\varphi_1 \cdot \sin\phi_2 \\ \cot\phi_1 \cdot \cos\phi_2 \end{bmatrix} \tag{11-14}$$

通过组合转向的输入，车辆可以执行任何 ICR 或任何方向移动，而不需要模式切换操作。

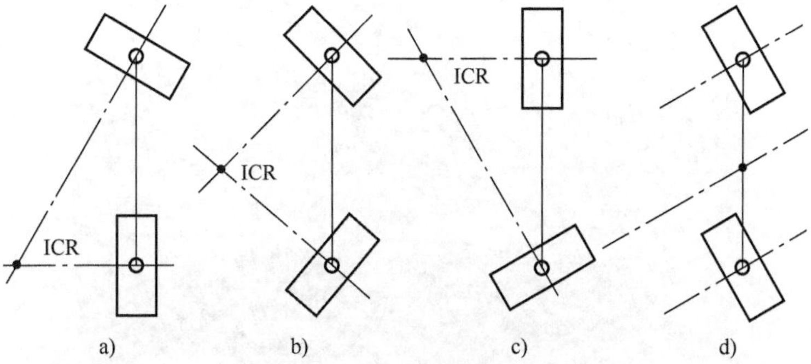

图 11-4　转向结果举例

（三）定义车轮的转向目标

当 ICR 的目标确定后，其转向目标就能被确定。在运动学的限制条件下，车轮的方向要满足以下条件：

$$\omega(r_i - r_{\mathrm{ICR}}) = v_i \tag{11-15}$$

式中，v_i是车轮 i 的纵向速度；r_i和 r_{ICR}分别是车轮 i 和 ICR 的中心位置。

在外接转向中，$\phi_1 \neq 0$ 和 $\phi_1 = 0$ 分别表示转向运动和平移运动。因为$(x_{\mathrm{ICR}}^{\mathrm{T}}, y_{\mathrm{ICR}}^{\mathrm{T}}) \neq (x_i, y_i)$，车轮 i 的转向可用式（11-15）得到

$$\delta_i^{\mathrm{T}} = \begin{cases} \arctan2[D(x_i - x_{\mathrm{ICR}}^{\mathrm{T}}), -D(y_i - y_{\mathrm{ICR}}^{\mathrm{T}})]\phi_1 \neq 0 \\ \phi_2 \phi_1 \neq 0 \end{cases} \tag{11-16}$$

式中，$D = \mathrm{sign}(\phi_1)$，$D$ 的取值是 1 或 -1，分别表示逆时针转动或顺时针转动。

当$(x_{\mathrm{ICR}}^{\mathrm{T}}, y_{\mathrm{ICR}}^{\mathrm{T}}) \neq (x_i, y_i)$时，车轮的目标转向是不能被定义的。坐标（$x_i, y_i$）为奇点，而车辆在转向时，车轮是不滚动的，只在地面上做绕车辆扭转，此时轮胎将发生磨损。此外，如果 ICR 的运动通过奇点，那么必须立即调整车轮，使其转 π 角度。即使 ICR 的运动不通过奇点，但只要接近，也可能导致目标取向的巨大变化。转向传动机构在接近目标值时，响应可能不够快。因此，目标最好远离奇点。

（四）硬件原型

图 11-5 所示为扩展转向接口的硬件原型。扩展转向接口中，把转动（ϕ_1）和滑动（ϕ_2）关节连接到力反馈电动机上。转向盘直接安装在力反馈电动机的输出轴上，而滑轨是通过齿条和齿轮连接到力反馈电动机上。每个电动机都安装了光学编码器，从而可以获得每个节点的位置。单片机收集每个转向接口的位置信息，并将它发送到车辆控制系统。这里单片机也充当了力反馈控制器，通过车辆控制系统获取适当的接口位置信息。

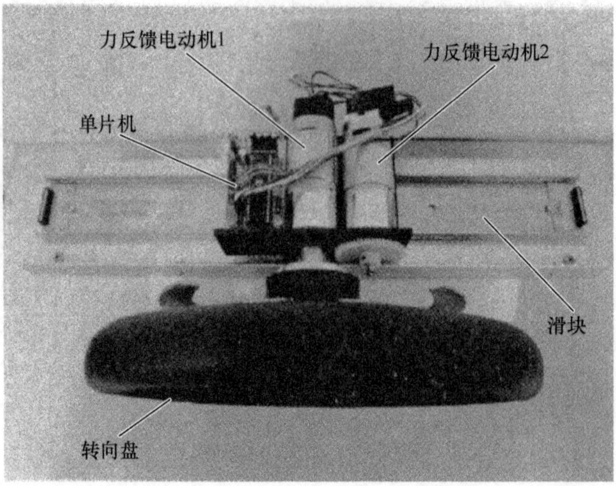

图 11-5　扩展转向接口的硬件原型

三、力的反馈控制

实际转向条件应该反馈到转向接口，以同步目标和实际转向运动。它可以帮助驾驶者感知车轮和地面的状况，从而提高车辆的操纵性，而它可以通过当前的转向车轮δ_i^C得到。

（一）确定当前转向条件

在转动时，所有车轮的转动轴相交于一点（即 ICR）。然而，由于道路干扰并不总是可以得到实时瞬态。图 11-6 所示为近似的当前 ICR。因此，当前 ICR 近似坐标为(x_{ICR}^C, y_{ICR}^C)，是到每个旋转轴的最短距离坐标点。用最小二乘法求得近似值，找到一组坐标，使其坐标和车轮，的旋转轴之间的距离（d_i）的二次方之和最小：

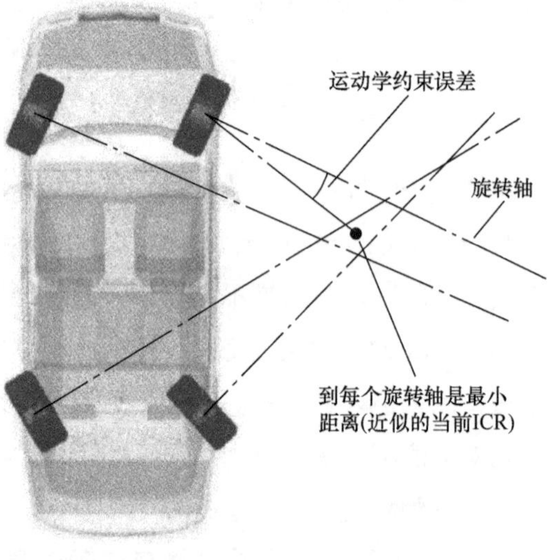

图 11-6　近似的当前 ICR

$$\text{Minimize} \sum_{i=1}^{4} d_i^2 \tag{11-17}$$

最短距离d_i可以通过下式得到：

$$d_i^2 = \frac{(y_{ICR}^C - m_i x_{ICR}^C - c_i)^2}{m_i^2 + 1} \tag{11-18}$$

式中，$m_i = \tan(\delta_i^C + \pi/2)$是斜率；$c_i$是车轮$i$旋转轴在$y$轴上的截距，$c_i = y_i - x_i m_i$。

式（11-17）对x_{ICR}^C和y_{ICR}^C分别求偏导数，将得到

$$\begin{cases} \sum_{i=1}^{4} \dfrac{\partial d_i^2}{\partial x_{\mathrm{ICR}}^{\mathrm{C}}} = \sum_{i=1}^{4} \dfrac{2m_i^2 x_{\mathrm{ICR}}^{\mathrm{C}} - 2m_i^2 y_{\mathrm{ICR}}^{\mathrm{C}} + 2c_i m_i}{m_i^2 + 1} = 0 \\ \sum_{i=1}^{4} \dfrac{\partial d_i^2}{\partial y_{\mathrm{ICR}}^{\mathrm{C}}} = \sum_{i=1}^{4} \dfrac{2y_{\mathrm{ICR}}^{\mathrm{C}} - 2m_i x_{\mathrm{ICR}}^{\mathrm{C}} - 2c_i}{m_i^2 + 1} = 0 \end{cases} \tag{11-19}$$

通过求解式（11-19），可以得到现在 ICR 的近似值为

$$(x_{\mathrm{ICR}}^{\mathrm{C}}, y_{\mathrm{ICR}}^{\mathrm{C}}) = \left(\frac{BF - CE}{AE - B^2}, \frac{AF - BC}{AE - B^2}\right) \tag{11-20}$$

式中，$A = \sum_{i=1}^{4} \frac{2m_i^2}{m_i^2 + 1}$；$B = \sum_{i=1}^{4} \frac{2m_i^2}{m_i^2 + 1}$；$C = \sum_{i=1}^{4} \frac{2c_i m_i}{m_i^2 + 1}$；$E = \sum_{i=1}^{4} \frac{2}{m_i^2 + 1}$；$F = \sum_{i=1}^{4} \frac{2c_i}{m_i^2 + 1}$。

当 $AE - B^2 \neq 0$ 时，可以找到当前的 ICR 坐标，车辆旋转轴执行旋转运动。当 $AE - B^2 = 0$ 时，无法找到当前的 ICR，说明此时所有的旋转轴是平行的，在这种情况下，车辆做纯粹的平移运动。

（二）参考力反馈

力反馈控制器使用$\hat{\phi}_1$和$\hat{\phi}_2$作为反馈力转向节点$\hat{\phi}_1$和$\hat{\phi}_2$的参考值，并且用$\hat{\phi}_1$和$\hat{\phi}_2$代表转向输入值$\hat{\phi}_1$和$\hat{\phi}_2$，这样目标 ICR 等于当前 ICR 近似值。

在做平移运动（$AE - B^2 = 0$）时，$\hat{\phi}_1$和$\hat{\phi}_2$为

$$\hat{\phi}_1 = 0 \tag{11-21}$$

$$\hat{\phi}_2 = \frac{\delta_1^{\mathrm{C}} + \delta_2^{\mathrm{C}} + \delta_3^{\mathrm{C}} + \delta_4^{\mathrm{C}}}{4} \tag{11-22}$$

在做旋转运动（$AE - B^2 \neq 0$）时，$\hat{\phi}_1$和$\hat{\phi}_2$为

$$\hat{\phi}_1 = D^{\mathrm{C}} \cot^{-1}\left(\sqrt{(x_{\mathrm{ICR}}^{\mathrm{C}} - \phi_3)^2 + {y_{\mathrm{ICR}}^{\mathrm{C}}}^2}\right) \tag{11-23}$$

$$\hat{\phi}_2 = \arctan2(D^{\mathrm{C}}(\phi_3 - x_{\mathrm{ICR}}^{\mathrm{C}}), D^{\mathrm{C}} y_{\mathrm{ICR}}^{\mathrm{C}}) \tag{11-24}$$

式中，D^{C}表示当前的转动方向，用 $r_i - r_{\mathrm{ICR}}$来确定转向的正负：

$$D^{\mathrm{C}} = \mathrm{sign}[\delta_i^{\mathrm{C}} - \arctan2(y_i - y_{\mathrm{ICR}}^{\mathrm{C}}, x_i - x_{\mathrm{ICR}}^{\mathrm{C}})] \tag{11-25}$$

式中，i 可以选择任意选取，但车轮方向中心等于当前的 ICR。因此，建议选择的车轮中心距当前 ICR 最远。

改变当前 ICR 使其接近（ϕ_3,0），这可能会导致$\hat{\phi}_2$的巨大变化，但是这个ϕ_2的变化对 ICR 的影响很小。出于这个原因，建议当 ICR 接近 ICR 轴的起点时，减少反馈力对转向以指数形式输入ϕ_2。因此，力反馈输入误差ϕ_1和ϕ_2为

$$e_{\phi_1} = \hat{\phi}_1 - \phi_1 \tag{11-26}$$

$$e_{\phi_2} = (\hat{\phi}_2 - \phi_2)(1 - \mathrm{e}^{-k|\cot\hat{\phi}_1|}) \tag{11-27}$$

式中，k 是衰减常数。

（三）电动机转矩控制

电动机产生的转矩与电流成正比：$T_{\mathrm{m}} = K_{\mathrm{m}} i$。电动机模型［式（11-8）］可以简化为一

个 RL 电路，因此

$$i = (V - K_b\omega_m)\frac{1}{R}(1 - e^{-\frac{R}{L}t}) \tag{11-28}$$

假设时间常数 R/L 是非常大的，电动机产生的转矩可以简化为

$$T_m = \frac{K_m}{R}(V - K_b\omega_m) \tag{11-29}$$

因此可以生成所需的转矩τ^t遵循输入电压：

$$V = \frac{R}{K_m}\tau^t + K_b\omega_m \tag{11-30}$$

（四）力反馈控制器的结构

反馈力和反馈参考 e_{ϕ_i}成正比，其中 $i = 1,2$。因此，所需转矩变成

$$\tau^t = K_{\phi_i}e_{\phi_i} + K_f\omega_m \tag{11-31}$$

式中，K_{ϕ_i}为比例常数。$K_f\omega_m$是用来补偿黏性摩擦力，把式（11-31）代入式（11-30）得

$$V = \frac{RK_{\phi_i}}{K_m}e_{\phi_i} + \left(\frac{RK_f}{K_m} + K_b\right)\omega_m \tag{11-32}$$

比例增益 K_{ϕ_i}可以根据需求调整，同时它还控制同步公差。增加增益 K_{ϕ_i}可以减少同步误差，但它也可以减少转向运动的反应时间。

四、转向控制器

转向控制中，保证最小横向滑移是一个至关重要的控制目标，当车轮滑移时，车轮上会产生不希望的侧向力，增加驾驶的机械应力和诱导行驶阻力产生。它将消耗额外的驱动能量，降低车辆的稳定性。因此，提出了基于转向控制器的两个控制目标：①控制车轮方向的目标方向；②使所有车轮在运动学约束中。第一个目标是通过位置控制器实现，而第二个目标是通过运动学约束控制器完成。作为虚拟连杆的运动约束控制器，使每个车轮滑移降到最低。

（一）位置误差

位置控制器采用位置误差作为参考来控制转向执行机构，使车轮转向趋于目标值。位置误差是目标转向δ_i^T和当前方向δ_i^C的差值：

$$e_i^P = \delta_i^T - \delta_i^C \tag{11-33}$$

（二）运动学约束误差

为了保证车轮转向在运动学约束中，需要使每个车轮的运动学约束误差e_i^k量化。在做纯粹的平移运动时，当前 ICR 应该趋于无穷。在这种情况下，运动约束是所有车轮的方向应该是相同的。当前运动方向是近似于所有车轮平均值的。因此，车轮的运动学约束误差被定义为

$$e_i^{\mathrm{k}}=\frac{\delta_1^{\mathrm{C}}+\delta_2^{\mathrm{C}}+\delta_3^{\mathrm{C}}+\delta_4^{\mathrm{C}}}{4}-\delta_i^{\mathrm{C}} \tag{11-34}$$

在做旋转运动时，每个车轮的运动学约束误差被定义为需求的额外转向角，这样车轮的转动轴在当前 ICR 相交（图 11-6）。

在式（11-20）中，当 $AE-B^2\neq 0$ 时，可以找到当前 ICR 的坐标。类似于式（11-16）通过运动学约束，可以确定各车轮的合适方向（δ_i^{a}），如下：

$$\delta_{\mathrm{i}}^{\mathrm{a}}=\mathrm{arctan2}[D^{\mathrm{C}}(x_i-x_{\mathrm{ICR}}^{\mathrm{C}}),-D^{\mathrm{C}}(y_i-y_{\mathrm{ICR}}^{\mathrm{C}})] \tag{11-35}$$

在这种情况下，每个车轮的运动学约束误差被定义为

$$e_i^{\mathrm{k}}=\delta_i^{\mathrm{a}}-\delta_i^{\mathrm{C}} \tag{11-36}$$

当 $AE-B^2=0$ 时，当前 ICR 无法被找到。这意味着所有旋转的轴平行，在这种情况下，式（11-20）将不适用。它还必须满足纯平移运动的运动学约束，因此，在这种情况下运动学约束误差为零。

（三）基于转向控制器的结构

运动学约束控制器不能用来单独控制转向运动，因为它不能通过转向接口去控制车轮转向接近目标值，它必须通过配合位置控制器才能实现。因此，采用基于转向的方法。图 11-7 所示是转向控制器结构。它包含位置控制器（简称 P 控制）和运动学约束控制器（简称 K 控制）。每个控制都有自己的 PID 增益，增加 K 控制器增益可以减少车轮偏差，但它也会增加沉淀时间。因此，应根据应用程序的需求决定，增加 K 控制器和 P 控制器之间的增益比例。这里我们考虑 K 控制大约是 P 控制的 10 倍时，它可以得出令人满意的结果。

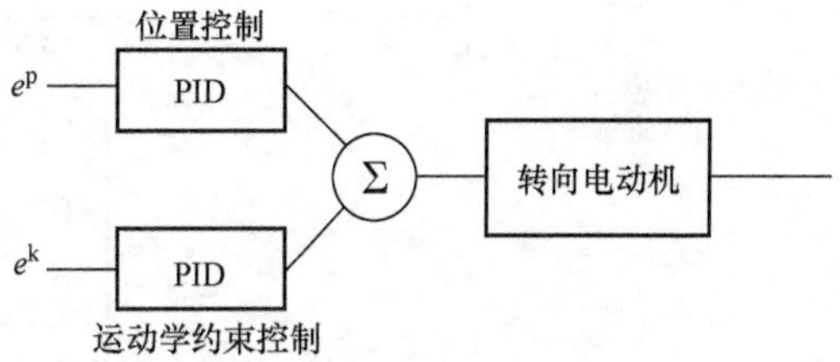

图 11-7　转向控制器结构

（四）稳定性分析

从式（11-36）得知，转向运动的运动学约束控制器是高度非线性的。为了分析控制系统的稳定性，将转向运动的运动学约束控制器线性化，如同纯平移运动的控制。采用式（11-12）和式（11-13）进行稳定性分析，添加的下标/用来区分每个轮子的变量。根据基于转向控制器的设计（图 11-7），式（11-12）中的控制输入 V_i 为

$$V_i = K_{\mathrm{p}}^{\mathrm{p}}e_i^{\mathrm{p}}+K_{\mathrm{i}}^{\mathrm{p}}\int e_i^{\mathrm{p}}\mathrm{d}t+K_{\mathrm{d}}^{\mathrm{p}}\dot{e}_i^{\mathrm{p}}+K_{\mathrm{i}}^{\mathrm{k}}\int e_i^{\mathrm{k}}\mathrm{d}t+K_{\mathrm{d}}^{\mathrm{k}}\dot{e}_i^{\mathrm{k}} \tag{11-37}$$

假设没有干扰力矩，控制系统可以用状态方程表示：

$$\dot{\boldsymbol{X}}=\boldsymbol{A}\boldsymbol{X} \tag{11-38}$$

其中

$$\boldsymbol{X}=[x_1\quad x_2\quad\cdots\quad x_{16}]^{\mathrm{T}} \tag{11-39}$$

$$\begin{bmatrix} x_{4(i-1)+1} \\ x_{4(i-1)+2} \\ x_{4(i-1)+3} \\ x_{4(i-1)+4} \end{bmatrix} = \begin{bmatrix} \int \delta_i \mathrm{d}t \\ \delta_i \\ \delta_i \\ i_i \end{bmatrix} \tag{11-40}$$

$$\boldsymbol{A} = \begin{bmatrix} G & H & H & H \\ H & G & H & H \\ H & H & G & H \\ H & H & H & G \end{bmatrix} \tag{11-41}$$

$$\boldsymbol{A} = \begin{bmatrix} 0 & 1 & 0 & 0 \\ 0 & 0 & 1 & 0 \\ 0 & 0 & \dfrac{-K_\mathrm{f}}{J_\mathrm{m} + n^2 J_\mathrm{L}} & \dfrac{K_\mathrm{f}}{J_\mathrm{m} + n^2 J_\mathrm{L}} \\ \dfrac{-4K_\mathrm{i}^\mathrm{p} - 3K_\mathrm{i}^\mathrm{k}}{4} & \dfrac{-4K_\mathrm{p}^\mathrm{p} - 3K_\mathrm{p}^\mathrm{k}}{4} & \dfrac{-4K_\mathrm{d}^\mathrm{p} - 3K_\mathrm{d}^\mathrm{k}}{4} & \dfrac{-R}{L} \end{bmatrix} \tag{11-42}$$

$$\boldsymbol{H} = \begin{bmatrix} 0 & 0 & 0 & 0 \\ 0 & 0 & 0 & 0 \\ 0 & 0 & 0 & 0 \\ \dfrac{K_\mathrm{i}^\mathrm{k}}{4} & \dfrac{K_\mathrm{p}^\mathrm{k}}{4} & \dfrac{K_\mathrm{d}^\mathrm{k}}{4} & 0 \end{bmatrix} \tag{11-43}$$

使用的参数见表 11-1，式（11-41）所有的特征值有负的实部，因此可以得出结论，选择 PID 参数的控制系统是稳定的。

第二节　四轮独立驱动控制

一、驱动力分配

四轮独立驱动（4WID）和四轮独立转向（4WIS）电动汽车是一种创新性的结构。在 4WIS 结构中，由于可独立地控制每个车轮的转向，因此可以使汽车向任意一个方向行驶。在 4WID 结构中，每个车轮都以轮毂电动机独立驱动。因此，每个车轮上的驱动力可以独立控制。驱动力和转向的独立控制有利于优化驱动效率和提高车辆稳定性。

车辆稳定性是指汽车跟随指定曲率（回转半径）的能力。在 4WID 汽车的稳定性控制中，直接横摆力矩控制（DYC）是最常见的控制方法。它依赖于车辆运动所反馈的信息来实现控制。但是，由于车辆精确的运动信息很难获取，因此 DYC 很难实现。在 4WID 驱动力分配控制中，可以不依赖于汽车运动信息，最常见也最简单的方法是驱动力平均分配。然而，从车辆稳定性的角度，驱动力平均分配并不是最好的方法。研究发现，在转向时，由驱动力平均分配所产生的横摆力矩总是大于实际所需要的。额外的横摆力矩总是迫使车辆偏离给定的回转半径而因此引起转向过度。

因此，本节提出了最优驱动力分配，在不利用任何车辆运动反馈信息的情况下提高 4WID-4WIS 的稳定性。它是通过运用所提出的确定性力产生的算法实现的。确定性力产生的算法决定驱动力在每个车轮上所施加的横摆力矩和车身的侧向力。该算法只取决于车身的质心位置、车轮的位置和驾驶员控制的输入（譬如转向角和加速踏板等），这些信息容易获取而且不需要调整参数。因此该算法很容易实现。虽然驱动力分布和确定性力的生成算法是为 4WID 和 4WIS 所设计的，但是它们也可以应用于任何 4WID 转向的类型，比如 2WS 型。

图 11-8 所示为本章使用的一个 4WID-4WIS 模型。因此只考虑平面运动，侧倾、俯仰和垂直运动被忽略。坐标系统的原点位于车身的质心。ICR 表示瞬时旋转中心，δ_i是车轮 i 的转向，这个参数可以被一个目标 ICR 决定。R 是转向半径，v 和 ω 分别表示切向加速度和角加速度，β 表示质心的转动角度，F_i和f_i分别表示车、轮上的纵向（分力）和侧向力。切向方向被定义为质心偏移方向，同时向心方向定义为朝向 ICR 的方向。

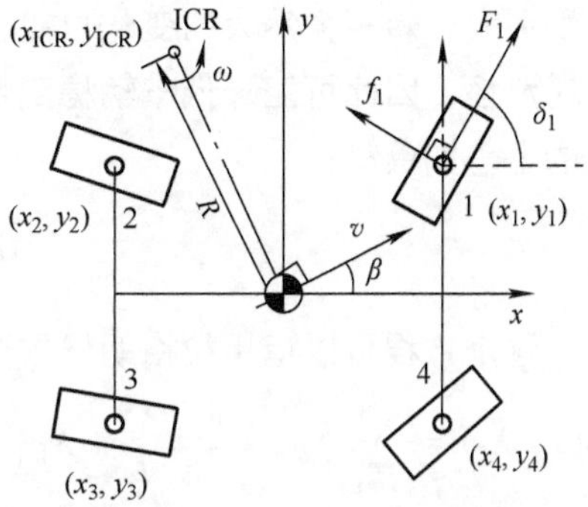

图 11-8　4WID-4WIS 汽车模型

（一）确定性力的产生

由纵向驱动力所提供的摆动力矩和向心力是可控的。为了产生所需的摆动力矩以及向心力ε_m和ε_n，驱动力可以表示成如下形式：

$$\text{向心力：}\sum_{i=1}^{4} b_i F_i = \varepsilon_n \tag{11-44}$$

$$\text{横摆力矩：}\sum_{i=1}^{4} c_i F_i = \varepsilon_m \tag{11-45}$$

式中，$b_i = \sin(\delta_i - \beta)$；$c_i = x_i \sin\delta_i - y_i \cos\delta_i$。切向力$\varepsilon_t$可以写成

$$\text{切向力：}\sum_{i=1}^{4} a_i F_i = \varepsilon_t \tag{11-46}$$

$$\text{切向力：}\sum_{i=1}^{4} |F_i| = F_{total} \tag{11-47}$$

式中，F_{total}等于总驱动力且与加速踏板的角度成正比。为了简化式（11-47）的约束并提供适当的切向加速度，牵引力进一步约束为

$$F_i \geqslant 0,\ \forall i=1,2,3,4 \tag{11-48}$$

结合式（11-44）~式（11-48），驱动力分解的公式为

$$\begin{bmatrix} F_1 \\ F_2 \\ F_3 \\ F_4 \end{bmatrix} = \boldsymbol{A}^{-1} \begin{bmatrix} \varepsilon_t \\ \varepsilon_n \\ \varepsilon_m \\ F_{total} \end{bmatrix}，当 \boldsymbol{A} = \begin{bmatrix} a_1 & a_2 & a_3 & a_4 \\ b_1 & b_2 & b_3 & b_4 \\ c_1 & c_2 & c_3 & c_4 \\ 1 & 1 & 1 & 1 \end{bmatrix} 时 \tag{11-49}$$

因为ε_t与行驶需求相关，是不固定的，所以驱动力分配有多个解。但是，ε_t不能自由分配。为了满足约束式（11-48），所选择的ε_t对所有的 i 必须有 $F_i \geqslant 0$。图 11-9 所示为在ε_t的容许范围内使用以下参数：$F_{total}=1000$N，ICR =（-1.25，6.31），$\varepsilon_m=0$，$\varepsilon_n=0$。在本例中，ε_t被限制在977.9 ~982.7N 之间。为了取得最大的驱动效能，ε_t应该选择尽可能大的值。这个选择标准被定义为方法Ⅰ。图 11-10 所示为运用方法Ⅰ在不同的 ICR 下车轮 1 上的力分布。在图中，x 和 y 轴表示 ICR 的位置。可以看到，在不同的区域分布力不连续，而且差别很大。转矩突然大的变化可能会损坏轮毂电动机。再者，过大的驱动力可能引起严重的车轮滑移，因此可能降低车辆稳定性。这个代替的标准被称之为方法Ⅱ所选的ε_t使每个车轮上的力差别最小：

$$\text{Minimize} \sum_{i=1}^{4} \left(F_i - \frac{F_{total}}{4} \right)^2 \tag{11-50}$$

这个方程可以运用拉格朗日乘数法求解。拉格朗日方程于是可以写成

$$L(F_i,\lambda_i) = \sum_{i=1}^{4} \left(F_i - \frac{F_{total}}{4} \right)^2 + \lambda_1 \left(\sum_{i=1}^{4} F_i - F_{total} \right) + \lambda_2 \left(\sum_{i=1}^{4} b_i F_i - \varepsilon_n \right) + \lambda_3 \left(\sum_{i=1}^{4} c_i F_i - \varepsilon_m \right) \tag{11-51}$$

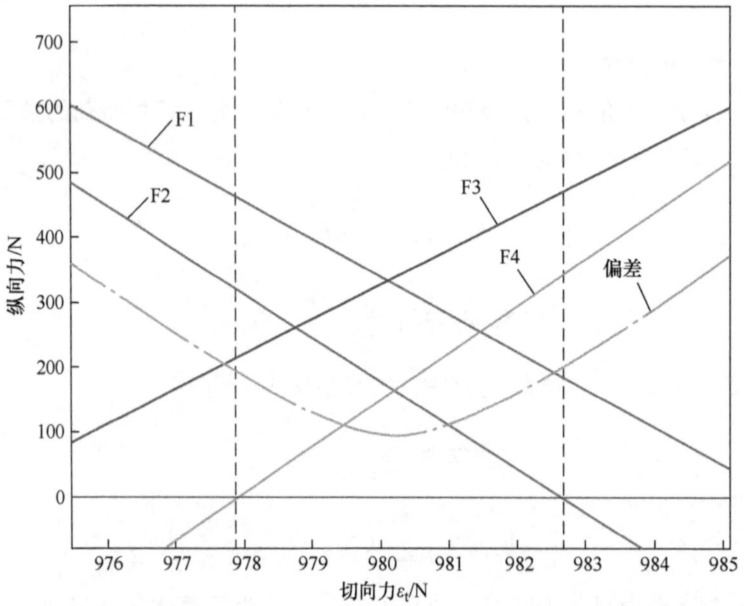

图 11-9　容许力分布

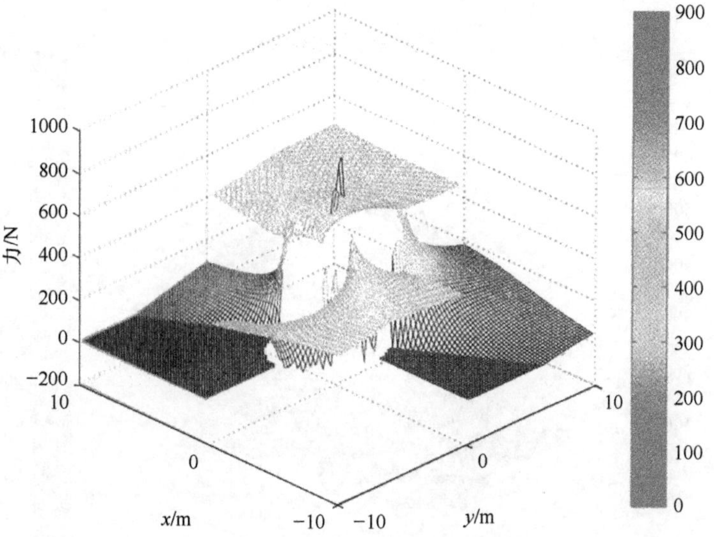

图 11-10 方法Ⅰ的分布

求关于 F_i 的偏微分方程可得：

$$\Delta_{F_i}L(F_i,\lambda_i)=2F_i+\lambda_1+\lambda_2 b_i+\lambda_3 c_i-\frac{F_{\text{total}}}{2}=0 \tag{11-52}$$

可得

$$F_i=-\frac{1}{2}\left(\lambda_1+\lambda_2 b_i+\lambda_3 c_i-\frac{F_{\text{total}}}{2}\right) \tag{11-53}$$

把式（11-53）代入式（11-44）、式（11-45）和式（11-47）可得

$$\begin{bmatrix} 4 & \sum b_i & \sum c_i \\ \sum b_i & \sum b_i^2 & \sum b_i c_i \\ \sum c_i & \sum b_i c_i & \sum c_i^2 \end{bmatrix}\begin{bmatrix}\lambda_1\\ \lambda_2\\ \lambda_3\end{bmatrix}=\begin{bmatrix} 0 \\ \frac{F_{\text{total}}}{2}\sum b_i-2\varepsilon_{\text{n}} \\ \frac{F_{\text{total}}}{2}\sum c_i-2\varepsilon_{\text{m}} \end{bmatrix} \tag{11-54}$$

而 λ_i 可以根据 ε_{m} 和 ε_{n} 表示出：

$$\lambda_i=o_i+n_i\varepsilon_{\text{n}}+m_i\varepsilon_{\text{m}} \tag{11-55}$$

式中，m_i、n_i 和 o_i 可以用逆矩阵法从式（11-54）中推导出。把式（11-55）代入式（11-53），然后 F_i 就可以用 ε_{m} 和 ε_{n} 表示出：

$$F_i=o_i+N_i\varepsilon_{\text{n}}+M_i\varepsilon_{\text{m}} \tag{11-56}$$

式中，M_i、N_i 和 o_i 可以从式（11-53）和式（11-55）中推导出。

图 11-11 通过方法Ⅱ展示了车轮 1 在不同 ICR 下的动力分配。力在不同 ICR 之间是连续变化的，并且变化是相对较小的，并且切向的合力也变小了。图 11-12 展示了方法Ⅰ和方法Ⅱ之间的差异百分率。当转弯半径大于 1m 时，差异率小于 1%，转弯半径如果增加，差异率会继续减小。为了进一步提高车辆的稳定性而牺牲小于 1% 的切向力是值得的。

尽管设想的生成力的算法可以确定性地产生所需的横摆力矩 ε_{m} 和向心力 ε_{n}，但 ε_{m} 和 ε_{n}

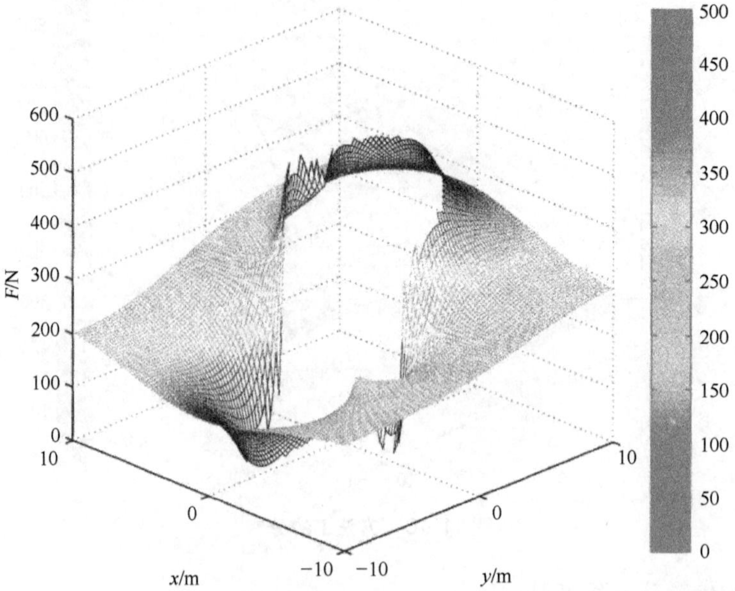

图 11-11　方法Ⅱ下车轮的动力分配

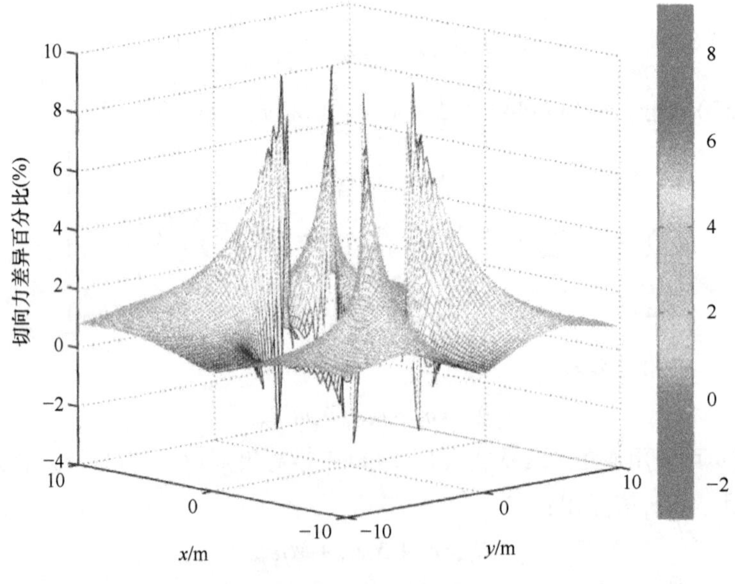

图 11-12　方法Ⅰ和方法Ⅱ之间的差异百分率

的值根据车轮方向和总驱动力被限制在了一个确定的范围中，为了实现约束（11-48），ε_m和ε_n应该按如下选取：

$$O_i + N_i\varepsilon_n + M_i\varepsilon_m \geqslant 0,\ \forall i = 1,2,3,4 \tag{11-57}$$

有了这四个不等式约束，就可以构建关于ε_m和ε_n的约束图像。图 11-13 所示为如下参数下的约束不等式图像：$F_{total}=1000N$，ICR 坐标为（-1.25,6.31）。其中黄色区域代表可接受的横摆力矩和侧向力。

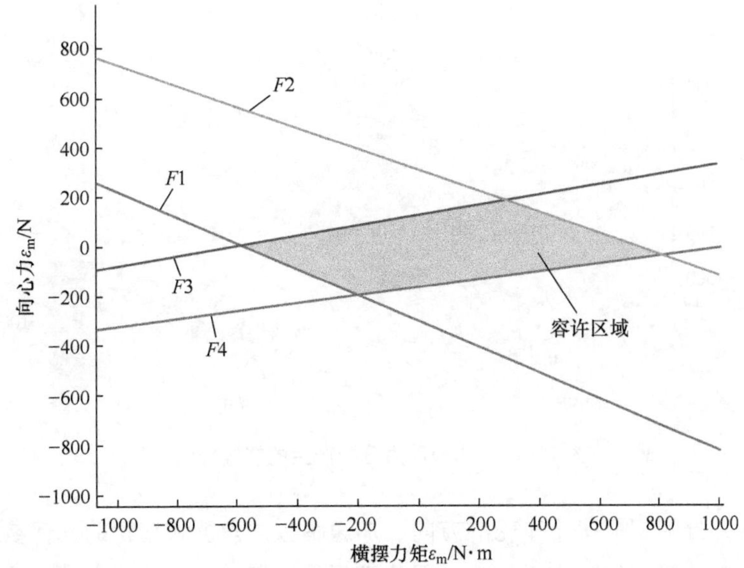

图 11-13　约束不等式图和容许区域

（二）最佳驱动力分配

车辆实现给定曲率的能力被称为车辆稳定性，为了实现给定的曲率，车辆的横摆力矩和向心力的合成根据其速度和角加速度应该等于确定的值。4WID 汽车最常见的动力分配是均匀地分配。在转弯的时候，均匀动力分配不仅产生切向力，而且产生横摆力矩。图 11-14 所示为在不同 ICR 时均匀动力分配产生的横摆力矩。当车辆的角加速度很小时，产生的横摆力矩通常大于需要的值，从而导致过度转向。如果车辆的速超过临界速度，就会产生极限过度转向，车辆就会失去控制从而转向过度。因此，均匀驱动力分配从车辆稳定性角度来说不是一个好的选择。

从第一节可知，车辆动力学是高度非线性的，尽管可以直接控制轮胎纵向力，但轮胎侧向力是很难测量的。为了让车辆保持给定的转向曲率，有一种方法就是避免轮胎的一切侧滑。这可以通过轮胎纵向力提供所有需要的横摆力矩和向心力来实现。然而由轮胎纵向力提供的横摆力矩和向心力是有限的，这种方法只有在车辆速度和角加速度在一定范围内才是可行的，在高速转向时不可能避免所有的侧滑。因此，提出动力分配的目的在于提供一个令路径遵循错误最小化的稳定的状态。

中性转向和转向不足都是稳定的，但是中性转向遵循给定曲率的倾向更高，因此要让驱动力分配接近中性转向，可以通过分配驱动力让横摆力矩和向心力为零来实现。

为了确定驱动力分配，采用前面所展示的方法Ⅱ。每个车轮的期望驱动力可以通过式（11-56）结合下列约束来确定：

$$\varepsilon_m=0,\ \varepsilon_n=0 \tag{11-58}$$

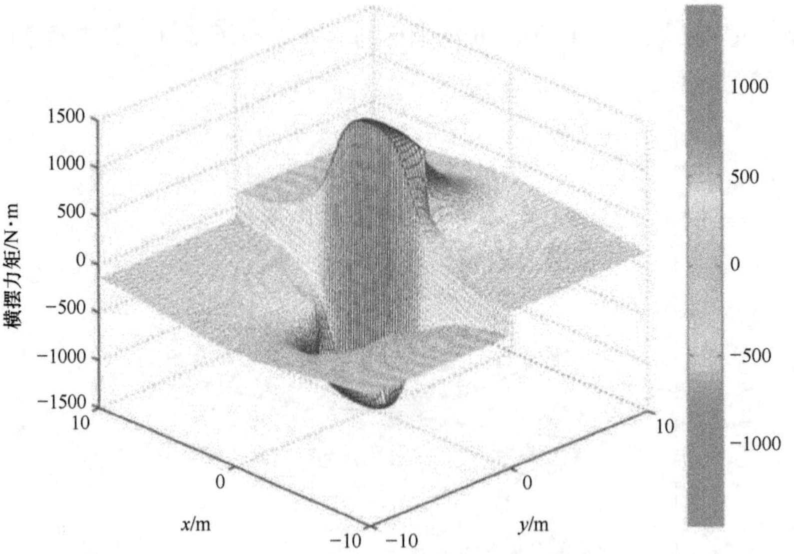

图 11-14　均匀动力分配产生的横摆力矩

提出的驱动力分配仅取决于车轮的方向、加速踏板的角度和车辆的几何参数，而不涉及行驶速度或角加速度等任何动力学信息，因此不需要任何运动传感器。由此提出的动力分配更容易实现。

图 11-11 展示了车轮 1 在不同 ICR 下的动力分配，表面中间的黑色区域意味着在式（11-58）的约束条件下式（11-57）无解。在图解表示法中，这意味着原点不在阴影区域中。在这种情况下，满足式（11-57）所示的约束是没有解的，被修改为在阴影区域的一个接近原点的值。通过评估由式（11-57）所构建的不等式约束曲线图，可以找到合适的 ε_{m}。图 11-15 所示为车轮 1 完整的载荷分布，图 11-16 所示为其产生的横摆力矩。这些横摆力矩总是小于那些由均布载荷产生的横摆力矩。

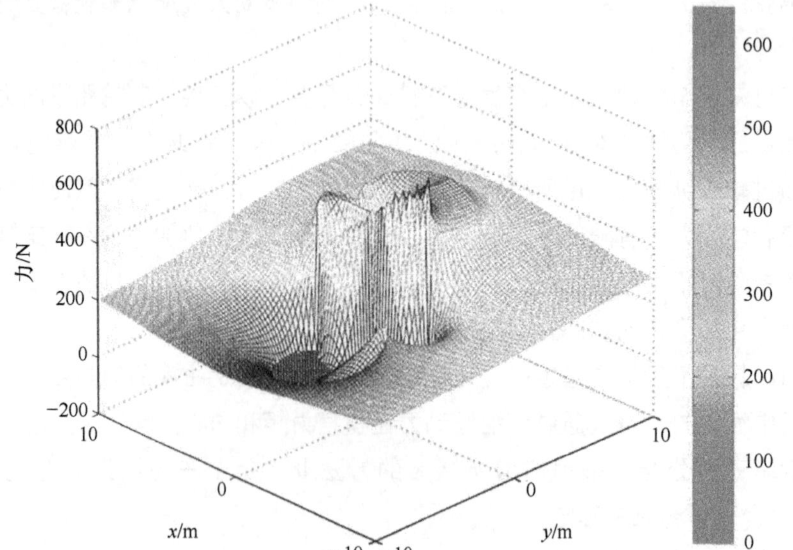

图 11-15　车轮 1 完整的载荷分布

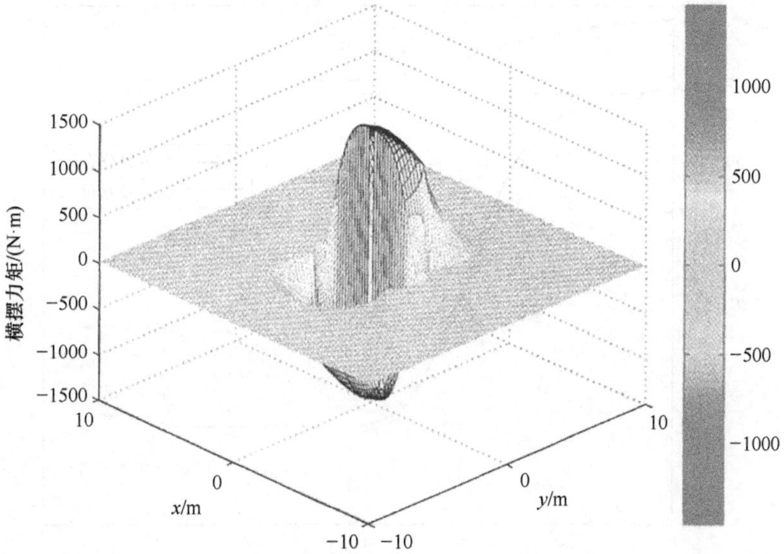

图 11-16　给定（推荐）载荷分布下的横摆力矩

（三）性能分析

通过仿真，评估给定（推荐）载荷分布下的性能表现，同时将与均布载荷仿真的结果进行比较。评估分成两部分：车辆稳定性和操纵效率。按照第一节中提出的数学模型进行仿真，在这些仿真中，速度初值和总驱动力分别被设置为 0m/s 和 1000N。此外，还假定驱动力可以按需控制，没有任何误差和延迟。

1. 车辆稳定性

在不同转向半径目标下使用给定（推荐）载荷分布和均布载荷下的转向半径跟踪误差见表 11-2。最初的以及稳定状态下的百分比误差都被记录在表格中。正误差表示合成的转向半径比目标转向半径大，负误差则与之相反。图 11-17 所示为不同载荷分布下转向半径随时间的变化，目标转向半径一直保持在 79. 58m。

表 11-2　不同转向半径下的跟踪误差

	R/m	70. 03	95. 5	127. 3	159. 2	254. 6
给定的载荷分布	开始稳定	0. 44%	0. 44%	0. 47%	0. 44%	0. 47%
		0. 17%	0. 02%	0. 00%	−0. 06%	0. 00%
均布载荷	开始稳定	0. 01%	0. 01%	0. 00%	0. 00%	0. 04%
		−2. 68%	−1. 42%	−0. 86%	−0. 75%	−0. 51%

在刚开始时，使用给定（推荐）载荷分布的误差大约是 0. 44%，但是使用均布载荷的误差几乎为 0。刚开始时，加速度是非常大的，车辆需要较大的横摆力矩来提供车辆角加速度。然而，给定（推荐）载荷分布并没有提供横摆力矩，因此需要的摆动力矩由轮胎侧向力提供，这就导致了少量的转向不足。

然而，使用给定（推荐）载荷分布导致的误差在逐渐减少，使用均布载荷导致的误差却在逐渐增加。这是因为车辆速度在增加，加速度在空气阻力的作用下却在减小，需要维持

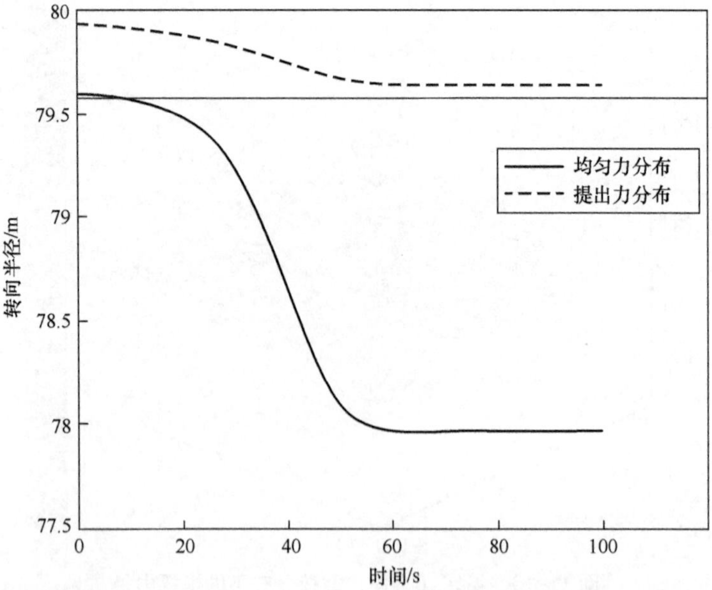

图 11-17 不同载荷分布下的转向半径随时间的变化

给定曲率的摆动力矩也在减小。因此，均布载荷产生的额外摆动力矩导致了转向过度。

由图 11-17 发现，在两种载荷分布下，误差随目标转向半径的减少而增加。然而，由均布载荷产生的误差是比较大的。当转向半径进一步减小到 60.49m 时，鉴于使用给定（推荐）载荷分布时终端会出现过度转向，误差会维持在 0.33%（图 11-18）。甚至当转向半径进一步减小到 39.8m 时，误差依然在 3% 以下。可见，使用给定（推荐）载荷分布的安全转向半径比使用均布载荷的安全转向半径要小得多。

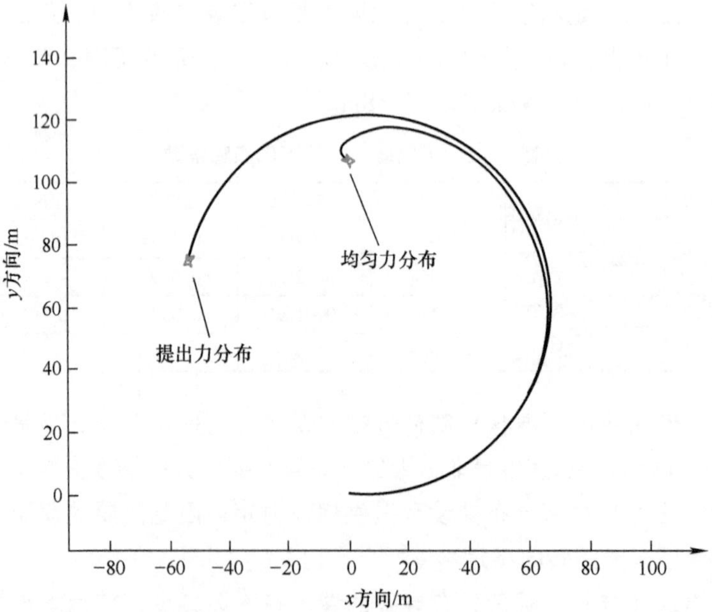

图 11-18 不同载荷分布下的驱动路径

摩擦系数的容忍度也需要评估。表 11-3 列出了不同摩擦系数的轨迹误差。把目标转向半径固定在 79.58m，使用均布载荷，摩擦系数取 0.8，此时终端会出现过度转向。不过，使用给定（推荐）载荷分布时，车辆可以以一个非常小的误差（0.2%）保持给定曲率的轨迹。甚至当摩擦系数进一步减小到 0.7 时，误差才有 1.24%。这表明给定（推荐）载荷分布也可以提高车辆在光滑路面条件下的稳定性。

表 11-3 不同摩擦系数的轨迹误差

摩擦系数	0.85	0.8	0.75	0.7
提出的分布	0.13%	0.20%	0.40%	1.24%
均匀分布	-2.81%	—	—	—

2. 驱动效率

为了评估驱动效率，不同转向半径的终端速度都被记录下来，不同转向半径下的车辆最快速度见表 11-4。从中发现，两种载荷分布下的终端速度几乎相等，区别极其小。因此有这样一个结论，给定（推荐）载荷分布没有降低驱动效率。

表 11-4 不同转向半径下的车辆最快速度

实际调试半径/m	77.98	94.14	126.2	189.8
提出的 v/(m/s)	25.699	27.554	30.076	32.584
均匀的 v/(m/s)	25.700	27.555	30.075	32.585

二、直接横摆力矩

直接横摆力矩（DYC）是提高车辆可控性和稳定性最普遍的技术之一。在传统内燃机驱动的车辆中，稳定车辆需要的摆动力矩通常是由一个单独控制的车轮制动力产生的，这被称为差动制动方法。在电动汽车每个车轮安装轮毂电动机是一种典型的结构方式，被称为 4WID，它能够单独控制车轮上每个纵向驱动力，这种方法对优化驱动效率和提高车辆稳定性是非常有利的。基于这些结构的优点，4WID 汽车可以通过差分驱动方法产生精确的横摆力矩。

车辆稳定性被定义为跟随目标轨迹的能力。它主要包括两个跟踪参考因素：偏航率和航向角。Canale 等人通过仅补偿横摆角速度误差来提出一个 DYC 方法。通过比较转向输入和陀螺仪测量的车辆横摆角速度，可以很容易地获得偏航率误差。然而，跟踪的横摆率可能会导致累积的航向误差，严重时会使车辆失控。因此，一些研究人员提出了自己的 DYC 方法，该方法同时考虑了跟踪横摆角速度和航向角。在他们的方法中，航向角被定义为一个车轮的侧滑角。当转向角度较小时，这个假设是正确的。由于实时测量的侧滑角的费用高昂，在应用中也是不切实际的，因此许多研究人员提出使用轮胎模型来估计侧滑角。当已知轮胎的参数模型及路面刚度和摩擦系数等，且轮胎动力学被认为是在线性区域时，估计是准确的。然而在实践中，车轮和路面是变化的，因此，该方法也没有实用性。

此外，大部分的文献都只是集中在传统的前轮转向车辆，并假设只含有一个较小的转向角。有关具有全向可控的4WIS稳定性问题的研究较少。4WIS配置允许高机动性，它是一种流行在轮式移动机器人的配置。近几十年来，大量的4WIS被开发出来，例如丰田Fine-T、日产Pivo2和OK-1。4WIS配置将成为未来电动汽车的标准配置。

针对目前DYC技术的局限性，徐杨生院士提出了一种新的4WID-4WIS DYC技术。所需的横摆力矩由一个确定性的动力分配方法产生，该方法凭借在任何转向命令下的轮胎纵向力来生成所需的横摆力矩和向心力。对于提出的横摆力矩控制器，它分别跟踪横摆角速度和航向角来提高车辆的操纵性能和稳定性能。不同于传统的侧滑近似方法，该观测器与轮胎和路面特性相对独立，使观测器适用于任何道路条件。虽然所做工作都集中在4WID-4WIS汽车，但是该航向误差观测器可以普遍适用于其他类型的车辆。同样，该DYC技术和控制车轮滑移的观测器也可以适应不同类型的4WID汽车。

（一）确定性横摆力矩控制

所提出的横摆力矩控制器的主要功能是跟踪期望的横摆角速度，同时抑制航向误差在稳定区域稳定车辆从而提高车辆的操纵性。该控制器包括前馈和反馈控制。前馈控制器根据车身的转向输入和纵向加速度产生一个横摆力矩来转动车辆。同时，反馈控制器产生所需的横摆力矩，以尽量减少偏航率和航向误差。此外，该系统需要的车辆的切向速度是已知的，并且它是由一个车轮的旋转速度估计得出的。由于这个原因，该控制器只有当纵向车轮滑移量小时被激活。车轮滑移可通过车轮滑移观测器检测得到。当发生严重的车轮打滑时，防滑控制器可消除滑移效应。有许多文献提出了防滑控制器的方法。本节主要集中讨论横摆力矩控制器，对防滑控制不做深入的探讨。

1. 车轮滑移观测器

传统的车轮滑移观测器只假设一个车轮是零方向角的。这对描述4WID-4WIS汽车侧滑的情况是不够的。因此，4WID-4WIS车轮打滑的观测器把所有的车轮和全方位转向纳入讨论。4WID-4WIS车轮滑移可以通过分析车轮和车身的动力性能检测到：

$$\sum\left[\left(\tau_i - J\frac{\mathrm{d}\omega_i}{\mathrm{d}t}\right)\frac{R_i}{r}\right] + RF_{\mathrm{R}} = (I + mR^2)\frac{\mathrm{d}\gamma}{\mathrm{d}t} \tag{11-59}$$

式中，τ_i是第i个车轮轮毂电动机产生的转矩；r为车轮半径，假设所有的车轮的半径是相同和恒定的；ω_i是车轮i的角速度；J和I分别是车轮的转动惯量和车身对质量中心的转动惯量；m是汽车的质量；γ是汽车的横摆率；R_i是车轮i中心和目标ICR之间的距离；F_{R}是由内部结构和环境产生的摩擦力，如空气阻力。

当车轮j打滑时，有

$$\frac{r}{R_j}\frac{\mathrm{d}\omega_j}{\mathrm{d}t} > \frac{\mathrm{d}\gamma}{\mathrm{d}t} \tag{11-60}$$

将式（11-60）代入式（11-59）得

$$(I + mR^2)\frac{r}{R_j}\frac{\mathrm{d}\omega_j}{\mathrm{d}t} > \sum_{i=1}^{4}\left[\left(\tau_i - J\frac{\mathrm{d}\omega_i}{\mathrm{d}t}\right)\frac{R_i}{r}\right] + RF_{\mathrm{R}} \tag{11-61}$$

$$\frac{\mathrm{d}\omega_j}{\mathrm{d}t} > \frac{\sum_{\substack{i=1 \\ i\neq j}}^{4}\left[R_i\left(\tau_i - J\frac{\mathrm{d}\omega_i}{\mathrm{d}t}\right)\right] + rRF_{\mathrm{R}} + \tau_j R_j}{(I+mR^2)\,r^2/R_j + JR_j} \tag{11-62}$$

由于 F_{R} 总是负的，车轮 j 在满足下列不等式时，肯定会打滑：

$$\frac{\mathrm{d}\omega_j}{\mathrm{d}t} > \frac{\sum_{\substack{i=1 \\ i\neq j}}^{4}\left[R_i\left(\tau_i - J\frac{\mathrm{d}\omega_i}{\mathrm{d}t}\right)\right] + rRF_{\mathrm{R}} + \tau_j R_j}{(I+mR^2)r^2/R_j + JR_j} \tag{11-63}$$

式（11-63）所提出的车轮滑移观测器只需要所有车轮的转矩和加速度的数据，这很容易获得。

当转向角趋于零时，R_i、R_j和 R 趋于无穷大。那么式（11-63）变成

$$\frac{\mathrm{d}\omega_j}{\mathrm{d}t} > \frac{\sum_{\substack{i=1 \\ i\neq j}}^{4}\left(\tau_i - J\frac{\mathrm{d}\omega_i}{\mathrm{d}t}\right) + \tau_j}{J+mr^2} \tag{11-64}$$

当只考虑一个车轮时，式（11-64）变为

$$\frac{\mathrm{d}\omega}{\mathrm{d}t} > \frac{\tau}{J+mr^2} \tag{11-65}$$

该结果和 Fujimoto 等提出的车轮滑移观测器一样，说明该车轮滑移观测器具有一般适用性。

2. 横摆角速度误差观测器

根据车轮的角速度 ω_i和目标 ICR，车身期望的横摆率 γ_{t}定义为

$$\gamma_{\mathrm{t}} = \frac{\omega_i r}{R_i} \tag{11-66}$$

根据不同车轮获得的 γ_{t}值，会因为不同数量的车轮的滑动不同而得到一个稍微不同的值。要想取得适当的误差，重新定义 γ_{t}为根据不同车轮的旋转速度得到的解决方案的最小值：

$$\gamma_{\mathrm{t}} = \min\left(\frac{\omega_i r}{R_i}\right) \forall i \in \{1,2,3,4\} \tag{11-67}$$

车辆的实际偏航率 γ_{m}可以用陀螺仪测量。横摆率误差被定义为

$$\gamma_{\mathrm{e}} = \gamma_{\mathrm{t}} - \gamma_{\mathrm{m}} = f(\phi, \omega_i, \gamma_{\mathrm{m}}) \tag{11-68}$$

车轮打滑会使 γ_{t}值估计过高，因此车轮打滑前必须运用 DYC。

3. 航向误差观测器

在自然的转向条件下，向心加速度 a_{c}垂直于目标方向 β_{t}，如果车辆不在自然的转向条件下，就会存在一个航向误差。测量得到的双轴加速度 a_{m}包括实际的切向加速度${}^{a}a_{\mathrm{t}}$和向心加速度${}^{a}a_{\mathrm{c}}$：

$$a_{\mathrm{m}} = {}^{a}a_{\mathrm{t}} + {}^{a}a_{\mathrm{c}} = [a_x \quad a_y] \tag{11-69}$$

式中，a_x 和 a_y 是双轴加速计的正交读数（图 11-19）。读数和实际状态之间的关系可以写成

$$\begin{pmatrix} a_t \\ a_c \end{pmatrix} = \begin{pmatrix} \cos(\beta_e+\beta_t) & \sin(\beta_e+\beta_t) \\ -\sin(\beta_e+\beta_t) & \cos(\beta_e+\beta_t) \end{pmatrix} \begin{pmatrix} a_x \\ a_y \end{pmatrix} \tag{11-70}$$

假设车辆在前进方向的速度可以由车轮转速估算出

$$v_t = \gamma_t R \tag{11-71}$$

式中，γ_t可由式（11-67）得到。

在前进方向车辆的线加速度 a_t可对速度 v_t求导得到

$$a_t = \frac{d}{dt}v_t = R\frac{d}{dt}\gamma_t \tag{11-72}$$

尽管向心加速度不能由车轮转速观察得到，但可以由下式得出

$${}^{a}a_t\cos\beta_e = a_t \tag{11-73}$$

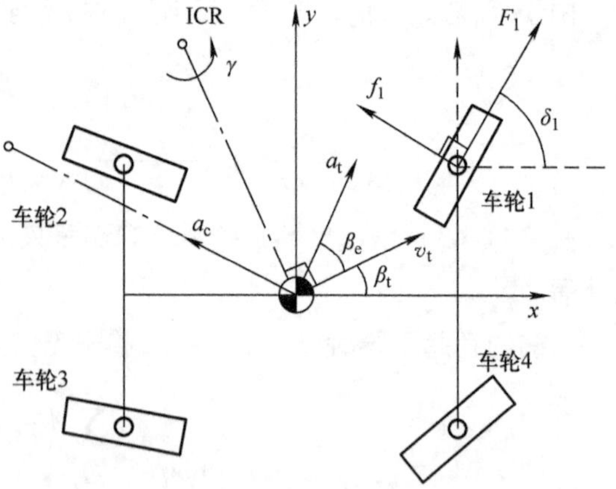

图 11-19　4WID-4WIS 汽车配置

把式（11-73）代入式（11-70），得

$$[a_x\cos(\beta_e+\beta_t) + a_y\sin(\beta_e+\beta_t)]\cos\beta_e = a_t \tag{11-74}$$

通过求解式（11-74）得到行驶方向的误差为

$$\beta_e = f(\phi,\omega_i,a_m) \tag{11-75}$$

由于式（11-74）是一个非线性方程，故β_e可以通过使用牛顿迭代法这类迭代法解出方程解。在式（11-74）中，a_x、a_y 和 a_t 可通过双轴加速计和车轮转速传感器测得。由于在计算中不需要时间变换参数和积分的过程，因此，航向误差观测器更加准确、更加实用。

由于观测器建立在向心力检测的基础上，因此只有在转向时才能大致测得航向误差。鉴于在水平面中纯平移运动几乎不会产生航向误差，所以纯平移运动的航向误差是无法测出的。如果一个汽车的运动可以近似看作是纯平移运动，那么细小的测量误差就会对航向误差的误差值产生很大的影响。为了消除这种误差，当测得的向心力小于临界值 ε 时，有

$${}^{a}a_c = -\sin(\beta_e+\beta_t)a_x + \cos(\beta_e+\beta_t)a_y < \varepsilon \tag{11-76}$$

这里由于假设在纯平移运动中不会产生航向误差，故 $\beta_e = 0$。

（二）前馈和反馈控制

1. 前馈控制

为了防止车轮侧滑，前馈控制器根据转向输入和目标前进方向的切向加速度 a_t计算出车辆转向过程所需要的横摆力矩：

$${}^{f}M = I\frac{a_t}{R} = f(\phi,\omega_i) \tag{11-77}$$

前馈控制器通过纵向驱动力产生横摆力矩来减少作用在车轮上的侧向力。

2. 反馈控制

一般来说，仅使用前馈控制器来控制车辆是有缺陷的，尤其是当发生路面条件改变这样

一些不被预期的情况时。因此使用反馈控制器来弥补这样的缺陷尤为必要。

当 $\gamma_e>0$ 时，反馈调节器会产生一个顺时针偏向力矩来弥补偏向误差；当 $\gamma_e<0$ 时，则产生一个逆时针的偏向力矩。这种控制方案使得车辆的横摆率始终和所需的偏航率保持一致，也因此提高了汽车的可操纵性。然而这样做同时也增加了汽车的航向误差。据报道，大多数交通事故是由于过大的航向误差导致的，因此，减小航向误差极为重要。如果 β_e 很大，就会发生严重的侧滑。车辆应该通过调整方向获得牵引力。所以，$\beta_e>0$ 时就需要有一个顺时针的横摆力矩。同样地，$\beta_e<0$ 时也需要一个逆时针的横摆力矩。

很多控制技术都可以用调节控制输入量 β_e 和 γ_e，例如 PID 控制理论和模糊逻辑控制理论。以比例增益控制理论为例，反馈横摆力矩为

$$^{b}M=K_{\beta}\beta_e+K_{\gamma}\gamma_e \tag{11-78}$$

式中，K_{γ} 和 K_{β} 为正比例增益；β_e 为最先需要控制的量，所以 K_{β} 必须选取一个比 K_{γ} 大的值。

将前馈和反馈控制器相结合，总横摆力矩为

$$M_{\text{req}}={}^{f}M+{}^{b}M=f(\phi,\omega_i,\gamma_m,a_m) \tag{11-79}$$

可以看出，控制器只需要将转向输入 ϕ、车轮转速 ω_i、车体的横摆率 γ_m 和线加速度 a_m 作为控制输入量，而这些量可以由车轮速度传感器、陀螺仪和加速度计这些传统的传感器轻易得到。前提是车轮在纵向上没有严重的滑移，而这同样可以由车轮滑移观测器观测到。在前面我们已经介绍过确定性力的生成算法，通过重新分配每个车轮上的力分布精确地生成所需的横摆力矩和侧向力。将力差异化地分布在左右车轮上的传统方法，优点在于它考虑到了转弯半径的非线性并能够在任何的 ICR 中产生确定的横摆力矩。根据前面内容可知，各个车轮上的牵引力为

$$F_i=O_i+N_i\varepsilon_n+M_i\varepsilon_m \tag{11-80}$$

式中，O_i、N_i 和 M_i 是关于车轮 i 位置和转向 ϕ 的函数；ε_n 和 ε_m 分别是由驱动力产生的向心力和横摆力矩。最后，在控制器中，有

$$\varepsilon_m=M_{\text{req}}\varepsilon_n=0 \tag{11-81}$$

（三）性能分析

在实际试验之前，已经做了大量的模拟研究来评估航向误差观测器和推荐使用的控制器的性能。在模拟过程中使用的车辆模型参数见表 11-5。横摆力矩控制器如式（11-79）所示，采用了比例增益控制法。将振幅为 0.01 的均匀白噪声加入到测量的输入中，比如加速度计和车轮速度计，以此来模拟真实测量时的情况。

表 11-5　汽车模型参数

参数	单位	值
整车质量 m	kg	1000
车辆转动惯量 I_z	kg·m^2	1600
车轮 1 坐标（x_1，y_1）	m	（1.25，0.75）

（续）

参数	单位	值
车轮 2 坐标（x_2，y_2）	m	（-1.25，0.75）
车轮 3 坐标（x_3，y_3）	m	（-1.25，-0.75）
车轮 4 坐标（x_4，y_4）	m	（1.25，-0.75）

1. 航向误差观测器的性能

为了估测提出的航向误差观测器的性能，将在不同路况和转向输入下的实际航向误差和估测航向误差进行评估。

在第一组实验中，在不同路况下进行一步转向指令的测试，对应的轮胎侧向力和滑移角的关系如图 11-20 所示。在不同路况条件下的实际和估测航向误差如图 11-21 所示。在图中，深色线和浅色线分别代表实际和估测的航向误差。它表明在不使用轮胎和路面之间的动态参数知识的情况下，观测器也可以很准确地估测航向误差。估计误差主要是由于测量噪声，这个问题可以通过噪声过滤技术得到缓和。这表明观测器性能稳定实用，具有较高的潜在价值。

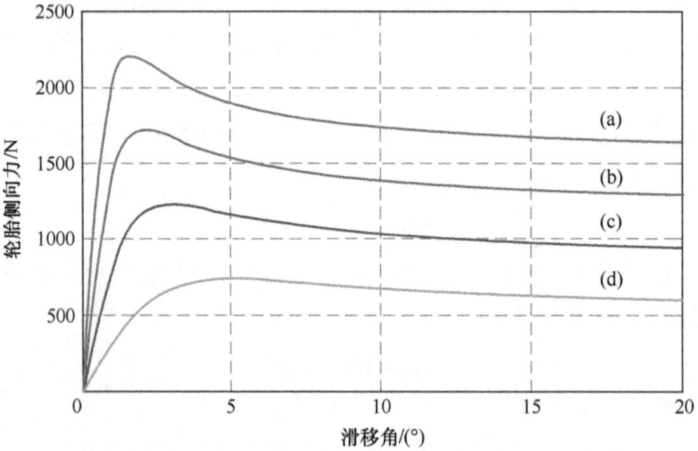

图 11-20　四种不同的道路条件下轮胎侧向力和滑移角的关系

在第二组实验中，车轮在不同的转向输入指令下工作，例如单车道的变化、阶跃和正弦输入。如图 11-20 所示，采用路况（a）。不同转向输入下的实际和估测航向误差如图 11-22 所示。可以看出，在不同的转向指令下估测值和真实值很接近。同时也可以看出，当航向误差接近零时，估测的变化会增大，因为此时车辆几乎在做纯平移运动。这表明在这种符合预期的状态下，估测的航向误差 对于测量噪声十分敏感。在检测到一个很小的向心力时，这种严重的估计误差就会被抑制为零。

2. 直接横摆力矩控制器的性能

实施一个单移线试验来估测直接横摆力矩控制器（DYC）的性能，其转向指令如图 11-23

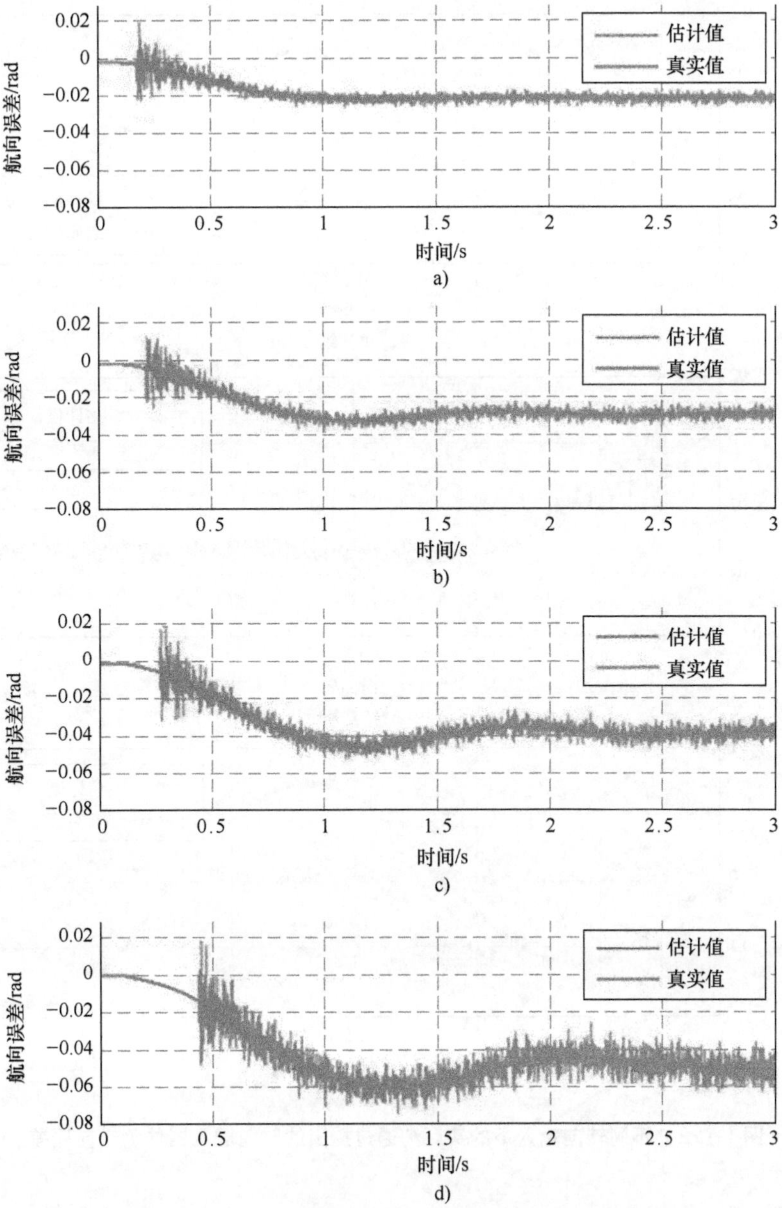

图 11-21　不同路况条件下的实际和估测航向误差

所示。在模拟过程中采用前轮转向结构。汽车初始速度被设定为 30m/s。使用提出的直接横摆力矩控制器和零摆角矩法的车辆轨迹如图 11-24 所示，两条轨迹分别被标成受控制和不受控制。图 11-25 和图 11-26 分别为期望的横摆角速度和航向角值以及使用和没有使用 DYC 时实际的横摆角速度和航向角，以此来对比控制性能。在这些图中，我们可以观察到当使用 DYC 时，状态误差被抑制和维持在一个稳定的范围内以追踪车辆轨迹。当 DYC 失效时，状态误差会持续增加并使车辆无法追踪期望的轨迹。图 11-27 所示为使用 DYC 时车轮上纵向驱动力的分布情况。每个车轮都有不同的动力分配以生成必要的横摆力矩来消除状态误差。

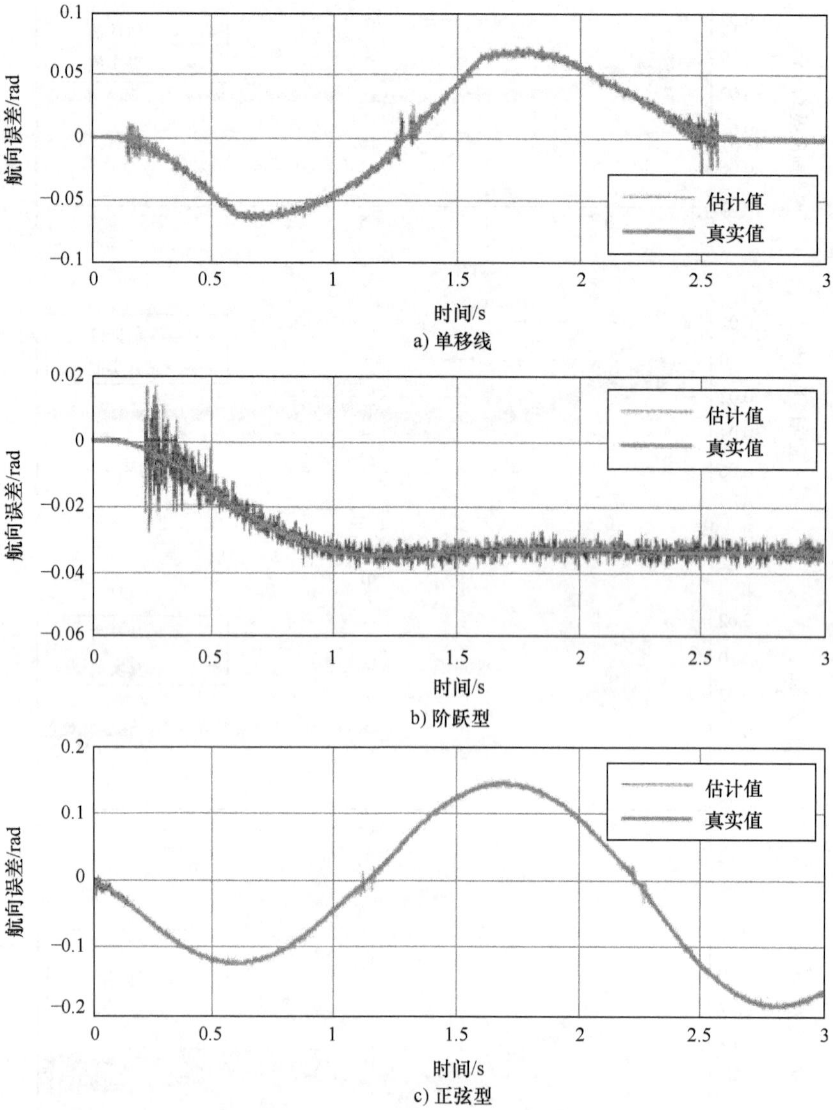

图 11-22　不同转向输入下的实际和通过提出的航向观测器估测航向误差

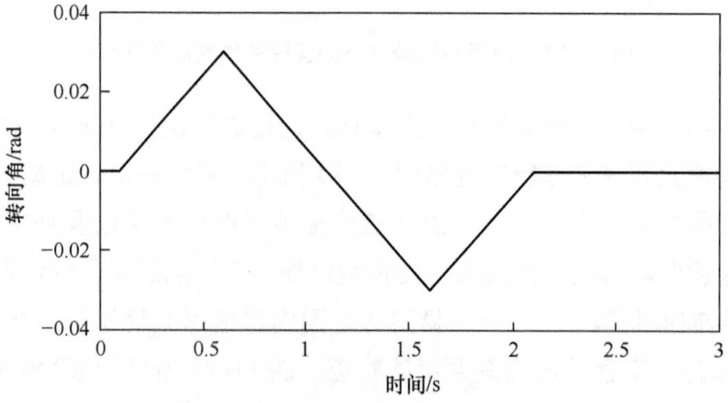

图 11-23　单移线试验中的转向指令

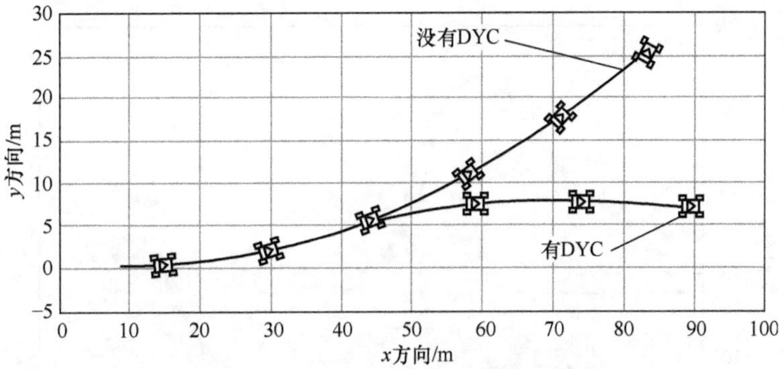

图 11-24 使用和没有使用 DYC 时单移线试验的车辆轨迹

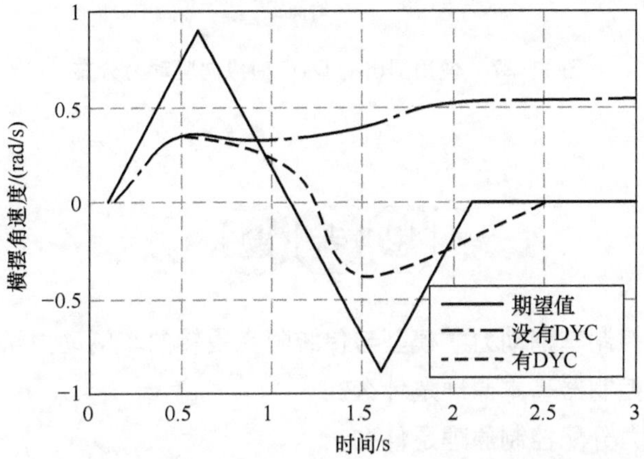

图 11-25 横摆角速度的期望值以及使用和没有使用 DYC 时的实际值

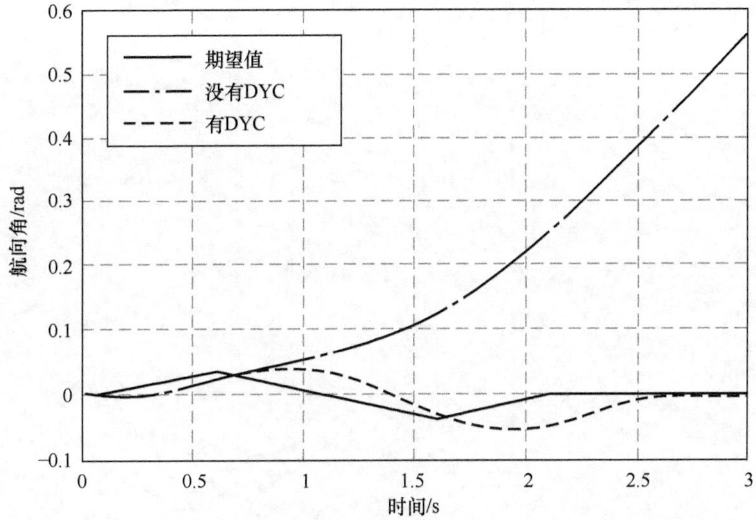

图 11-26 航向角的期望值以及使用和没有使用 DYC 时的实际值

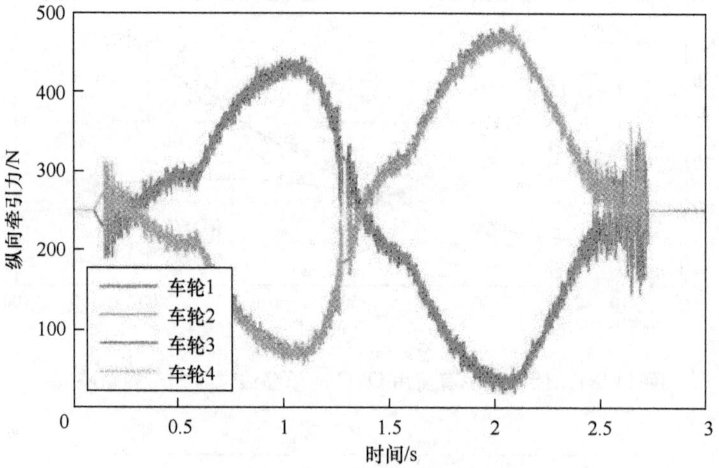

图 11-27　使用提出的 DYC 时纵向驱动力分布

思考题

1. 四轮独立转向控制车辆动力学模型与传统阿克曼转向车辆动力学模型有何区别?
2. 四轮独立转向控制器基本原理是什么?
3. 四轮独立驱动力分配控制原理是什么?

第十二章

多车协调运动控制技术

近 20 年来，先进的多车运动控制成为智能汽车研究领域新的热点方向。与前面章节所提到的研究内容不同，本章的研究重点是两辆及以上车辆的驾驶过程。可以证明的是，多车间的合理协同驾驶能够有效地减小交通事故发生的概率，使得车辆驾驶更加平顺。

为了描述智能协同驾驶控制策略，研究人员建立了不同的概念。首先要讨论的内容就是车队控制。车队是指一系列紧密间隔的车辆串，其中车间距离在高速时需合理保持低至 1～3m（实际保持的车间距离取决于其使用的传感器和通信设备）。由于每辆车都知晓其前车或者车队领头车的动力学特性，因此即使如此短的车间距离对于车辆来说也是足够的。通常，车辆需要使用雷达和激光传感器来直接测量前车的速度和间距。在许多新方法中都利用车间通信技术来传输所需要的信息（如车队头车的速度和位置）。

城市公路交通经常会出现拥挤或拥堵的现象，这使得车辆换道变得困难而且事故发生概率也相应增大，所以换道驾驶人辅助系统也在近十年得到了研究。比车队控制更进一步，这类系统旨在寻找一条不妨碍其他车辆的无障碍轨迹，同时保证可通过通知其他车辆自身将要进行并换道操作的方式来实现多车协同地加速和减速。

人们同样考虑了更加复杂的协同驾驶状况，例如，在交叉口的多车行驶控制就受到了广泛关注。由于车辆会沿着完全不同的方向移动，所以相比于纵向车队控制而言，交叉口的多车行驶控制更难保证行驶安全。

协同驾驶的概念由日本的 JSK（Association of Electronic Technology for Automobile Traffic and Driving）在 20 世纪 90 年代早期首先提出。其最初定义为，在几个车道内自动驾驶车辆以较短的车间距进行的灵活编队，在那时被称为超级智能汽车系统（Super Smart Vehicle System，SSVS）。利用合理的车间通信技术来连接车辆，协同驾驶能够使得每辆车都能更加安全和高效地进行并换道操作，进而提升交通控制性能。在此之后，协同驾驶的可行性和优势被进一步讨论并于过去十年在全世界范围内得以检视，如美国的 PATH 项目、欧盟的 Chauffeur 项目、日本的 Denlo2000 协同驾驶系统等。

通常，这些技术主要聚焦在两类问题，即如何在车辆之间进行信息交互以及如何引导车辆利用这些交互的信息。第一个问题的答案就是车车信息交互技术。它使得车辆之间能够共享驾驶状态和驾驶需求信息，因而能够极大地扩展每个驾驶人或智能驾驶系统的视野。第二个问题通常通过协同轨迹规划的方法来解决，这部分内容将在本章中展开具体讨论。而对第一个问题的全面讨论需要专门的书籍来阐述，因此本书不再赘述。

第一节　车间通信技术

车间通信技术在协同驾驶中起着重要的作用，这是因为所有其他车辆的必要驾驶信息都需要相互传输来辅助驾驶决策。研究人员近十年间设计、实现并测试了不同的车间通信模型，如 Kaltwasser 和 Kassubek 等人提出的 COCAIN（Cooperative Optimized Channel Access for

Inter-vehicle Communication）模型，Verdone 提出的 TELCO（Telecommunication Network for Cooperative Driving）模型，Tokuda、Akiyama 和 Fujii 等人提出的 DOLPHIN（Dedicated Omni-purpose Inter-vehicle Communication Linkage Protocol for Highway Automation）模型。

基于车间通信技术的媒介，不同的系统可大致分为以下三类：红外、光纤和无线电。使用 LED 和聚光透镜的光发送器和接收器，在 ±20°通信方向、通信距离为 30m、光电二极管数量为 8 的条件下能够保证误比特率为 8～10 甚至更低的良好通信质量。然而，基于光发送器的车间通信系统仅能应用于车辆编队控制，这是由于光发送器和接收器安装在汽车两端，使得汽车与其旁边经过的车辆相互通信变得困难。

绝大多数车间通信系统利用 VHF 波、微波和毫米波。不同于红外或者毫米波的系统，这些利用 VHF 波和微波的系统用于广播中，需要解决的最重要的问题就是车车广播链路受到多路径衰落和干扰的影响。研究人员不遗余力地致力于无线通信信道建模和多链路网络的性能分析等方面的研究，并在快速多变的交通环境下提出并测试了不同的通信协议。然而目前仍然没有建立全世界范围内广泛接受的标准。

车间通信技术的传统实现方法通过额外的远程服务站来链接车辆。车辆的驾驶信息首先传输至服务站，然后广播到其他车辆，如图 12-1 所示。或者车辆需要通过查询服务基站来找到其他车辆，但是这样的方法需要相当高的成本来建立和维护服务站。

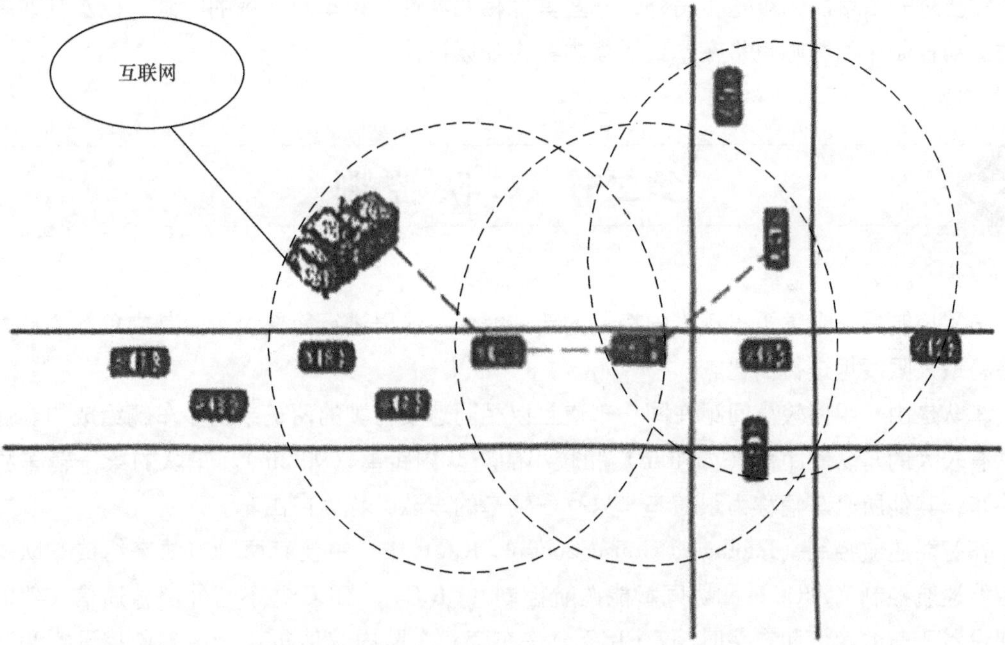

图 12-1　基于数字地图信息和节点几何位置的消息路由

不同于上述方法，许多新的设计都采用点对点的自组织网络来实现车辆信息交互。例如，图 12-2 所示为两种通信模式，即直接模式（mode-d）和元胞模式（mode-c）的智能切换方案。点对点自组织通信网络集成了以下四点有价值的特性：自组织连通性、本地点对点网络、短程和人际通信。然而，由于高速移动性和多样驾驶行为特性，车间通信网络的性能仍需进一步讨论。

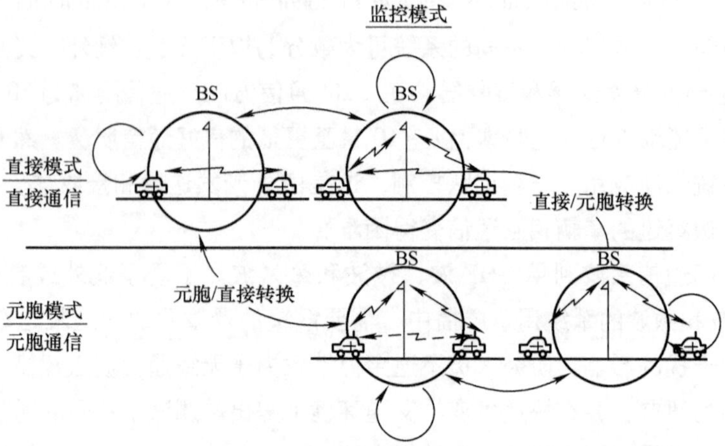

图 12-2　两种通信模式之间切换的示意图：直接模式（mode-d）和元胞模式（mode-c）以及与监控模式（mode-dm，mode-cm）之间的关系

车间通信的数据格式也引起了研究人员的极大兴趣。因此也使得通信安全问题成为另外一个需要进一步解决的难题。另外，一些其他相关特性，如车间通信的时延，以及其在多车先进运动控制中的影响也将在本章后续内容中加以讨论。

第二节　车队控制

车队控制是一个关于车辆纵向控制的新兴概念。这里进行简要讨论，其中单车的动力学特性将最大限度地进行简化。

车队是由一组以较小间距在同一车道且以相同速度行驶的两辆或更多车辆组成的。通常车队有较大的车队间距离（如 40m）和较小的车队内距离（如 2m）。车队的第一辆车称为领头车，其他所有车辆称为跟随车；只有一辆车的车队，称为自由车。

在智能巡航控制（Intelligent Cruise Control，ICC）中，主要有两种方法来组成车队：自主智能巡航控制（AICC）和协同智能巡航控制（CICC）。AICC 并不与外部源通信，驾驶人需要设置所需的速度和车头时距。CICC 允许车辆和车队内其他车辆、路侧监控设备和道路控制器进行通信，并执行以下的车队操作：合并（两车队变成一个）和分离（一车队分成两个），即允许车辆进入或者退出车队。

AICC 模型采用的是本车和紧邻的前车的速度和加速度，并考虑车身质量、风阻、加速率和道路曳力等因素。L. M. Reindl 提出了一种简易的 AICC 控制器。正如该学者及许多其他学者提到的方法，车辆的动力学模型是由牛顿第二定律来近似描述的，其车辆发动机（电

动机）的动力学特征可表述为

$$\begin{cases} m\dot{v} = m\xi - K_{\mathrm{d}}v^2 - d_{\mathrm{m}} \\ \dot{\xi} = -\dfrac{\xi}{\tau(v)} + \dfrac{u}{m\tau(v)} \end{cases} \tag{12-1}$$

式中，$m\xi$ 表示发动机（电动机）输出的动力；$K_{\mathrm{d}}v^2$ 表示由空气阻力产生的作用力；d_{m} 表示机械阻力；$\tau(v)$ 表示速度为 v 时的发动机（电动机）时间常数；m 表示车身质量；u 表示车辆加速踏板的输入信号。

式（12-1）中的第 i 辆车，$i=1, \cdots, N$，可以简化为

$$\dddot{x}_i = b_i(\dot{x}_i, \ddot{x}_i) + a_i(\dot{x}_i)u_i \tag{12-2}$$

其中

$$a_i(\dot{x}_i) = \frac{1}{m_i\tau_i(\dot{x}_i)} \tag{12-3}$$

且

$$b_i(\dot{x}_i, \ddot{x}_i) = -\frac{1}{\tau_i(\dot{x}_i)}\left[\ddot{x}_i + \frac{K_{di}}{m_i}\dot{x}_i^2 + \frac{d_{mi}}{m_i}\right] - \frac{2K_{di}}{m_i}\dot{x}_i\ddot{x}_i a_i(\dot{x}_i)u_i \tag{12-4}$$

并提出了以下控制定律：

$$u_i(\dot{x}_i, \ddot{x}_i) = \frac{1}{a_i(\dot{x}_i)}[-b_i(\dot{x}_i, \ddot{x}_i) + c_i] \tag{12-5}$$

因此，每辆车的闭环动力学特性满足：

$$\dddot{x}_i = c_i \tag{12-6}$$

所提出的控制定律和车队的示意图分别如图 12-3 和图 12-4a 所示，其中每个间距的偏移量用劣来表示。这样，如果使用式（12-5）描述的控制定律的话，车队系统动力学如图 12-4b 所示。也就是说，如果系统稳定的话，在每个偏移量 Δ_i 之间的传递函数 $h_{\Delta_1 w_l}(\mathrm{s})$ 或 $g(\mathrm{s}) = h_{\Delta_1\Delta_{l+1}}(\mathrm{s})$ 应该是耗散的。

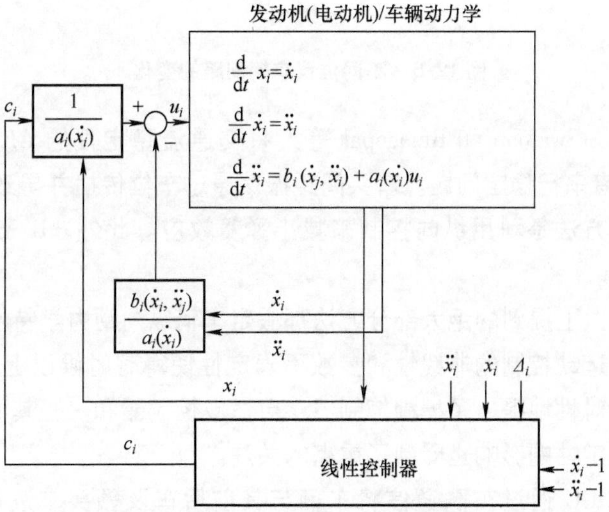

图 12-3 第 i 辆车控制输入 c_i 的线性化模型

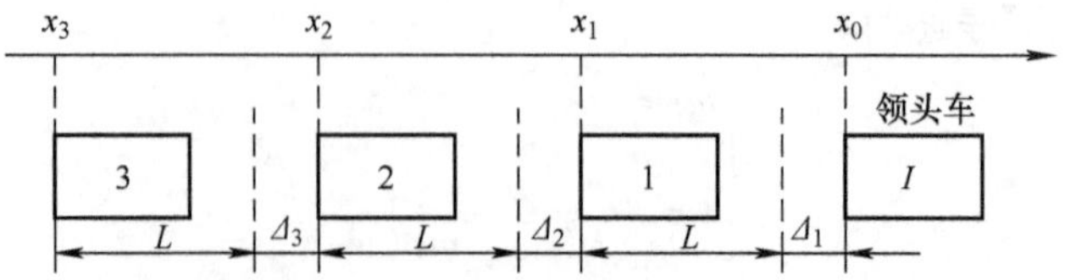

a) 直线车队示意图

b) 线性化车队车辆模型的框图

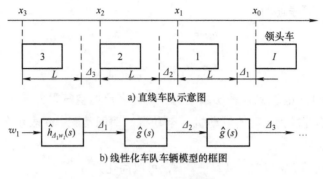

图 12-4　车队车辆模型

研究人员仔细选取了 $h_{\Delta_1 w_l}(s)$ 和 $g(s)$ 的三阶线性系统，整个车队系统和每一个内部间隙都是耗散的。图 12-5 给出了一个间隙动力学的例子。

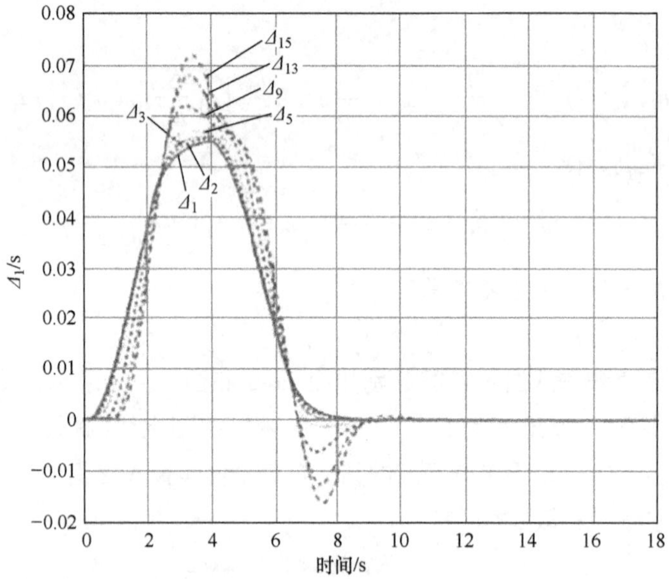

图 12-5　不同位置车辆间距的变化

从另一个角度看，Swaroop 和 Rajagopal 等人将交通流稳定性的 AICC 问题考虑为弹簧（可折叠的）效应或者串行稳定问题。车头间距振荡通过车位传播并导致其长度伸展或者收缩。他们主要的研究方法是利用纵向控制来减小弹簧效应。此外，R. M. Taziev 也对驾驶操作的延迟进行了研究。

需要指出的是，以上提到的绝大部分方法都假定车辆纵向动力学特性能够精确估计和建模。然而，车辆纵向运动控制的非线性和参数不确定性使得有时候以上问题不能简易处理。因此，近年来也有针对性地提出了模糊控制器、自适应控制器和一些其他控制器。车辆转向行为及其对于车队稳定性的影响也受到了重点的关注。

不同于 AICC，CICC 通过车队通信将车辆与其前后车及领头车进行相互连接。例如，Rajama- ni 和 Sliladover 在圣地亚哥附近的 I- 15 公路上对于 8 辆车构成的车队，测试了几种不同的控制算法。测试结果表明，当在高速路上行驶保持车头间距为 30m 时，理论可以维持的最大交通流量大约为 3000 辆/h（AICC）和 6400 辆/h（CICC）。Huang、Ren 和 Chan 等人发现车流量能够从无自动驾驶汽车的 2000 辆/（h·车道）增加到 90% CICC 车辆的 5000 辆/（h·车道）。图 12-6 给出了基于所有车道平均值的仿真结果。要注意的第一件事就是最大可持续车流量随着配备 AVDS 车辆的增加而增加。配备 AVDS 车辆的比例越高，车队越稳定。此外，交通稳定性增长的表现之一就是当自动驾驶车辆比例高时，车辆密度对交通速度的影响较小。

此外，通信中的延时及其对 CICC 的影响也得到了研究容错的 CICC 也成为一个非常热点的话题，但所有的这些方法都需要做进一步检视。

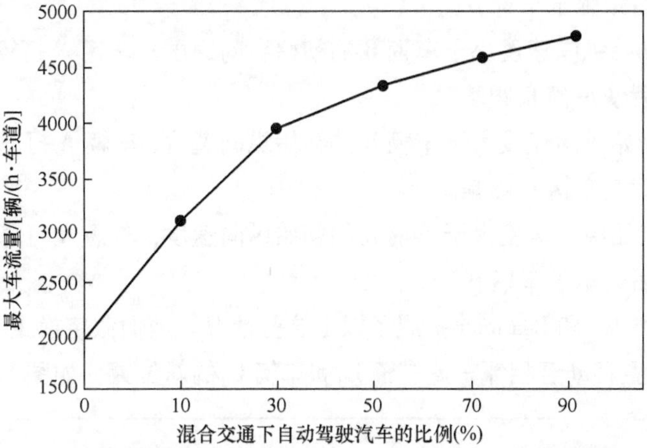

图 12-6　在混合交通流中随着自动驾驶汽车比例上升流量的增加情况

第三节　换道和并道控制

一、车辆换道控制

观察表明，有经验的驾驶人通常将换道过程下意识地分成三步：①驾驶人需要进行信息收集和决策来确定换道条件是否具备；②当驾驶人认为换道能够成功完成的时候，会通过某种信号（如转向灯）来通知其他车辆；③驾驶人实施和完成换道。

然而，如果驾驶人未能收到关键信息或者不能提供信号，或是其他驾驶人没有注意或者采取了错误操作，就很容易由于车头间距太小而导致事故。因此，研究人员提出了很多提升换道安全水平的系统。

第一个需要解决的问题，就是如何计算所需的安全换道车头间距。研究人员也提出了一些估计所需车头间距的不同原则。基本上，如果驾驶人不知道其他车辆的决策信息和制动能力的话，那么就需要做最坏的假设来保证留有足够长的安全余量。而通过车间通信能够明显减小所需的安全间距，这是因为，其中的每辆车都具有获取其他车辆动态信息的能力。

Kanaris、Kosmatopoulos 和 Loannou 认为，车头间距至少应与本车和换道车辆所需的安全距离以及并入车辆车身长度的总和相等。由于想要换道的车辆的相对速度在换道过程中变化很大，因此很难精确地估计所需的安全距离。

Bascunna 讨论了安全换道与不安全换道的条件。假设在换道过程中只考虑两辆车 A 和 B，最初两辆车在相邻的车道上行驶，车辆 A 从本车道换至另一车道。为了使问题更容易处理，他仅考虑了如下四种情况。

1）车辆 A 的初始纵向速度小于车辆 B 的初始纵向速度，车辆 A 打算以固定的纵向速度完成车辆换道，然后跟驰于车辆 B。

2）车辆 A 的初始纵向速度小于车辆 B 的初始纵向速度，车辆 A 打算以固定的纵向速度完成车辆换道，然后使车辆 B 跟驰。

3）车辆 A 的初始纵向速度大于车辆 B 的初始纵向速度，车辆 A 打算以固定的纵向速度完成车辆换道，然后使车辆 B 跟驰。

4）车辆 A 的初始纵向速度大于车辆 B 的初始纵向速度，车辆 A 打算以固定的纵向速度完成车辆换道，然后跟驰于车辆 B。

Jula、Kosmatopoulos 和 Loannou 扩展了以上这些情况。他们假定换道车辆 M 从车辆 L_O 和车辆 F_O 间的当前位置移动至相邻车道车辆 L_d 和车辆 F_d 的新位置，如图 12-7 所示。

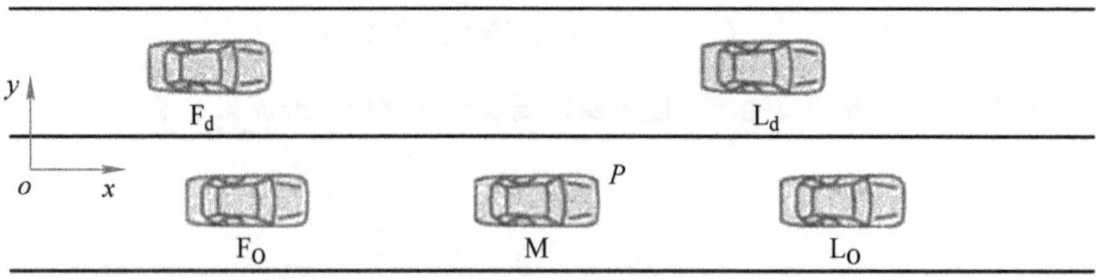

图 12-7　展示换道车辆 M 位置的预换道示意图

为满足一般性，Jula、Kosmatopoulos 和 Loannou 假定车辆 M 在 $t=0$ 时开始车辆换道操作。该操作主要由两部分组成：首先，它在时间间隔 t_{adj} 内调整了车辆纵向速度和车头间距，然后应用至横向加速度来并入目标车道。也就是说，t_{adj} 是换道车辆在开始并入目标车道之前调整纵向位置和速度所需的时间。

为了测量参与换道的车辆横向和纵向的位置，我们选取了一个任意起点 O。坐标轴是指向目标车辆活动且与目标车道更近的并道车辆的横向边对齐。假定起点。和坐标轴在操作结束之前都是固定的，如图 12-7 所示。

进而，车辆的纵向加、减速度，纵向速度和纵向位置及横向位置分别用 $a_i(t)$、$v_i(t)$、$x_i(t)$ 和 $y_i(t)$ 表示，其中 $i \in \{L_d, F_d, F_O, L_O, M\}$。$x_i(t)$ 和 $y_i(t)$ 表示车辆左前角和起点 O 之间的纵向距离和横向距离。

“换道碰撞”发生在当车辆试图换道时碰撞或被其相邻车道的车辆碰撞。许多简化的换

并道操作模型考虑如式（12-7）所描述的侧向加速度形式，即

$$a_{lat}(t)=\begin{cases}\dfrac{2\pi H}{t_{lat}^2}\sin\left[\dfrac{2\pi}{t_{lat}}(t-t_{lat})\right], & t_{adj}\leqslant t\leqslant t_{adj}+t_{lat}\\ 0 & \end{cases} \tag{12-7}$$

式中，$a_{lat}(t)$为用来完成换道操作的车辆横向加速度；H 为并道车辆的总横向位移；t_{adj}在这里表示应用横向加速度之前的时间消耗；t_{lat}为换道的总时间。

注意到横向加速度 $a_{lat}(t)$在横向位移的上半程为正，在下半程为负，因此很容易得到给定 $a_{lat}(t)$时并道车辆 M 左前角的横向速度 $v_{lat}(t)$和横向位置 $y_{lat}(t)$。

利用以上描述的换道模型，Jula、Kosmatopoulos 和 Loannou 分析图 12-7 中 5 辆车的纵向加速度，用以寻找在指定时间间隔［0，T］内，车辆 M 和其他车辆之间最小纵向车头间距，保证不发生任何类型的碰撞，时间间隔 T 也是在考虑之内的时间。在所有情况中，我们均假设车辆网在 $f=0$ 时通过调整其纵向位置来开始换道操作，并根据式（12-7）在 $t=t_{adj}$时应用到横向运动。

例如，车辆 M 和车辆 L_d之间的最小纵向安全间距的确定如图 12-8 所示。这里 S 表示车辆 M 的上侧到车辆下侧的初始横向距离。由于前车仍在目标车道中，因此当经过线 LS 时会出现一个角度并可能引发边角的碰撞，这条线就是前车 L_d下侧的切线。车辆 M 的左前角是车辆财经过直线 LS 在点 C 的第一点。由于领头车 L_d的横向加速度为零，因此车辆 L_d的横向位置为常数。

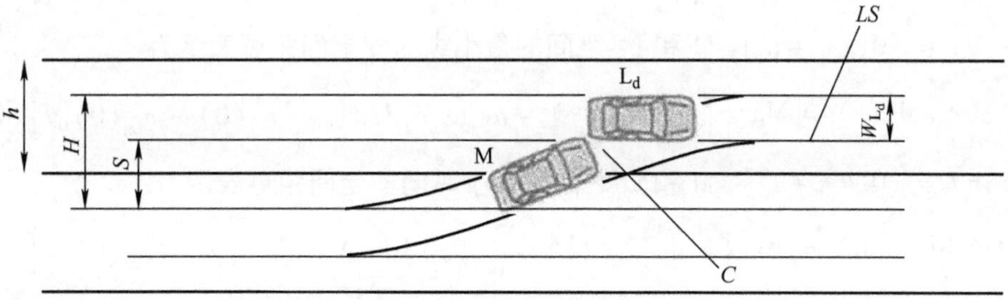

图 12-8　车辆 M 和前车 L_d的最小纵向安全间距

令 $t_{adj}+t_C$ 为并道车辆左前角在点 C 位置的时刻。其具体值可以通过式（12-8）来求解：

$$y_{lat}(t)=S=y_{L_d}-W_{L_d} \tag{12-8}$$

式中，W_{L_d}为前车 L_d的宽度。通过将所有上述类型的碰撞考虑在内，M 和 W_{L_d}之间的避撞条件可表示为

$$x_M(t)<x_M(t)-l_{L_d}-W_M\sin\theta(t),\ \forall t\in[t_{adj}+t_C,T] \tag{12-9}$$

式中，l_{L_d}为前车 L_d的长度；W_M 为车辆 M 的宽度；$\theta(t)$为换道轨迹在 $y_{lat}(t)$点切线和水平横轴之间的角度。

这里，$W_M\sin\theta(t)$用来防止在［$t_{adj}+t_C$，$t_{lat}+t_C$］的时间段内车辆 M 前保险杠任意点和前车 L_d右后角之间任何角度的碰撞。具体来说，就是

$$\tan\theta(t)=\frac{\partial y_{\text{lat}}(t)}{\partial x_{\text{M}}(t)}=\frac{\partial y_{\text{lat}}(t)/t}{\partial x_{\text{M}}(t)/t}=\frac{v_{\text{lat}}(t)}{v_{\text{M}}(t)} \tag{12-10}$$

$$x_{\text{M}}(t)<x_{\text{L}_\text{d}}(t)-l_{\text{L}_1} \tag{12-11}$$

令 $S_{\text{r}}(t)$ 表示车辆 M 的 P 点（图 12-7）和车辆 L_d 后保险杠之间的纵向间距。由于 $y_{\text{L}_\text{d}}(t)=0$，因此对于 $\forall t\in[t_{\text{adj}}+t_{\text{C}}, T]$，有

$$S_{\text{r}}(t)=x_{\text{L}_\text{d}}(t)-l_{\text{L}_1}-x_{\text{M}}(t) \tag{12-12}$$

显然，如果纵向车头间距大于零，即对于 $t\geqslant t_{\text{adj}}+t_{\text{C}}$ 满足 $S_{\text{r}}(t)>0$，那么在换道操作中就不会发生碰撞。

结合式（12-11）和式（12-12），对于 $\forall t\in[t_{\text{adj}}+t_{\text{C}}, T]$ 有

$$S_{\text{r}}(t)=S_{\text{r}}(0)+\int_0^t\int_0^\lambda[a_{\text{L}_\text{d}}(\tau)-a_{\text{M}}(\tau)]\text{d}\tau\text{d}\lambda+[v_{\text{L}_\text{d}}(0)-v_{\text{M}}(0)]t>0 \tag{12-13}$$

式中，$S_{\text{r}}(t)=x_{\text{L}_\text{d}}(t)-l_{\text{L}_1}-x_{\text{M}}(0)$。

我们的目标是要寻找 $S_{\text{r}}(0)$ 的初始最小值来保证前车 L_d 时和换道车辆 M 不碰撞。因此，$S_{\text{r}}(0)$ 的最小值应当是最小的纵向初始相对间距 MSS（L_d，M），这是对 $\forall t\in[t_{\text{adj}}+t_{\text{C}}, T]$ 由式（12-12）得到的：

$$\text{MSS}(\text{M},\text{L}_\text{d})=\underset{t}{\text{Max}}\left\{\int_0^t\int_0^\lambda[a_{\text{M}}(\tau)-a_{\text{L}_\text{d}}(\tau)]\text{d}\tau\text{d}\lambda+[v_{\text{M}}(0)-v_{\text{L}_\text{d}}(0)]t\right\} \tag{12-14}$$

近似地，M 和 L_d 之间的最小纵向安全间距可表示为

$$\text{MSS}(\text{L}_\text{d},\text{M})=\underset{t}{\text{Max}}\left\{\int_0^t\int_0^\lambda[a_{\text{L}_\text{d}}(\tau)-a_{\text{M}}(\tau)]\text{d}\tau\text{d}\lambda+[v_{\text{L}_\text{d}}(0)-v_{\text{M}}(0)]t\right\} \tag{12-15}$$

对于 $\forall t\in[0,t_{\text{adj}}+t_{\text{C}}]$，M 和 L_d 之间的最小纵向安全间距可表示为

$$\text{MSS}(\text{M},\text{L}_\text{d})=\underset{t}{\text{Max}}\left\{\int_0^t\int_0^\lambda[a_{\text{M}}(\tau)-a_{\text{L}_\text{d}}(\tau)]\text{d}\tau\text{d}\lambda+[v_{\text{M}}(0)-v_{\text{L}_\text{d}}(0)]t\right\} \tag{12-16}$$

对于 $\forall t\in[0,t_{\text{adj}}+t_{\text{C}}]$，M 和 L_d 之间的最小纵向安全间距可表示为

$$\text{MSS}(\text{L}_\text{d},\text{M})=\underset{t}{\text{Max}}\left\{\int_0^t\int_0^\lambda[a_{\text{L}_\text{d}}(\tau)-a_{\text{M}}(\tau)]\text{d}\tau\text{d}\lambda+[v_{\text{L}_\text{d}}(0)-v_{\text{M}}(0)]t\right\} \tag{12-17}$$

Jula、Kosmatopoulos 和 Loannou 检验了基于以上求解的两种场景。在第一种场景中，车辆 M 以固定纵向速度进行换道。

以上解可重新赋值为

$$\text{MSS}(\text{L}_\text{d},\text{M})=\begin{cases}(v_{\text{M}}-v_{\text{L}_\text{d}})T,\text{当 } v_{\text{M}}-v_{\text{L}_\text{d}}\geqslant 0\\(v_{\text{M}}-v_{\text{L}_\text{d}})(t_{\text{adj}}+t_{\text{C}}),\text{其他}\end{cases} \tag{12-18}$$

$$\text{MSS}(\text{L}_\text{d},\text{M})=\begin{cases}(v_{\text{Fd}}-v_{\text{M}})T,\text{当} v_{\text{Fd}}-v_{\text{M}}\geqslant 0\\(v_{\text{Fd}}-v_{\text{M}})(t_{\text{adj}}+t_{\text{C}}),\text{其他}\end{cases} \tag{12-19}$$

$$\text{MSS}(\text{L}_\text{d},\text{M})=\begin{cases}(v_{\text{M}}-v_{\text{L}_\text{d}})(t_{\text{adj}}+t_{\text{C}}),\text{当} v_{\text{M}}-v_{\text{L}_\text{d}}\geqslant 0\\0,\text{其他}\end{cases} \tag{12-20}$$

$$\text{MSS}(\text{L}_\text{d},\text{M})=\begin{cases}(v_{\text{FO}}-v_{\text{L}_\text{d}})(t_{\text{adj}}+t_{\text{C}}),\text{当} v_{\text{L}_\text{d}}-v_{\text{M}}\geqslant 0\\0,\text{其他}\end{cases} \tag{12-21}$$

引用 Jula 等人的工作，利用仿真来进一步论证式（12-14）和式（12-15）的横向时间为解。在这些仿真中，设定时间为 $T=50\text{s}$，调整时间为 $t_{adj}=0\text{s}$，横向时间为 $t_{lat}=5\text{s}$，横向位移为 $H=12\text{ft}$（$1\text{ft}=0.3048\text{m}$）。图 12-9 ~ 图 12-12 所示为车辆 M 以初始相对纵向间距与参与换道的其他四辆车之间相对纵向速度的关系。这些图中的实线（此后称为安全余量）表示安全换道与不安全换道区域之间的安全余量。

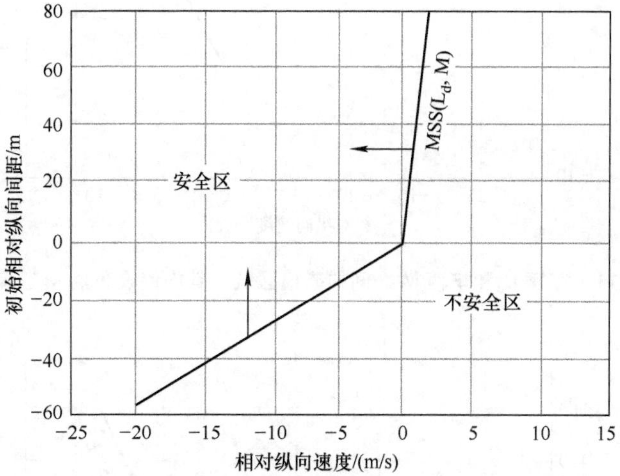

图 12-9　车辆 L_d 和车辆 M 之间的碰撞区域，其中假设车辆 M 速度恒定

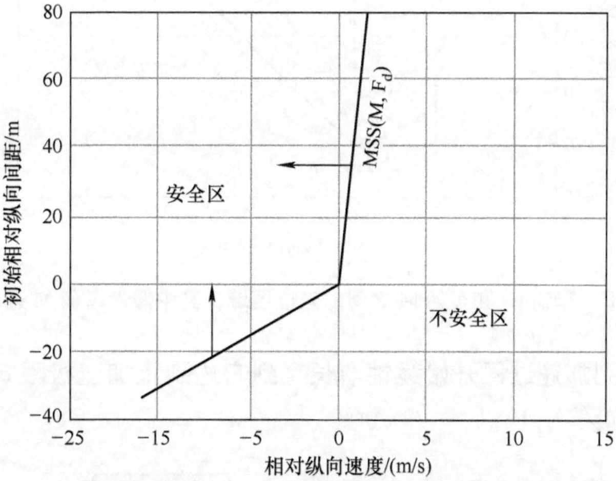

图 12-10　车辆 F_d 和车辆 M 之间的碰撞区域，其中假设车辆 M 速度恒定

在第二种场景中，Kanaris、Kosmatopoulos 和 Loannoum 提到的换道策略，将换道过程分为两个独立的过程：纵向加速过程和横向加速过程。

令 V_d 和 V_o 分别表示目前车道和原始车道的平均速度，接下来设计了两种纵向加速方案。当 $V_d>V_o$ 时，目标车道的车辆速度要比原始车道快，纵向加速方案如图 12-13 所示。换道车辆加速度最初随时间线性减小直到极限值 $-a_{comf}$，这个值需要合理选取，以保持车内乘客的安全性和舒适性。那么，加速度保持常量 $-a_{comf}$ 直到在原始车道上产生一个足够的间距，

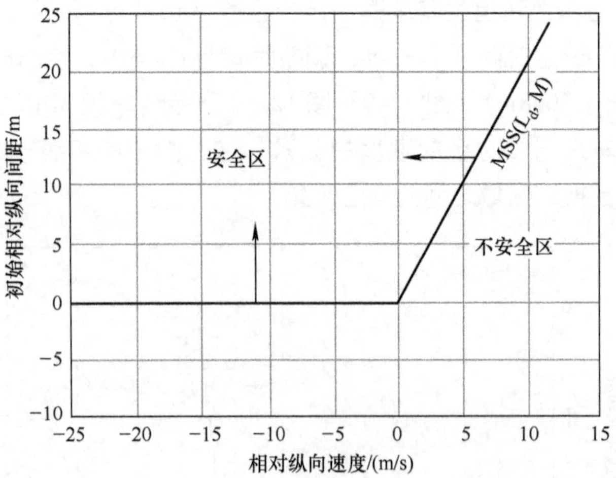

图 12-11　车辆 L_d 和车辆 M 之间的碰撞区域，其中假设车辆 M 速度恒定

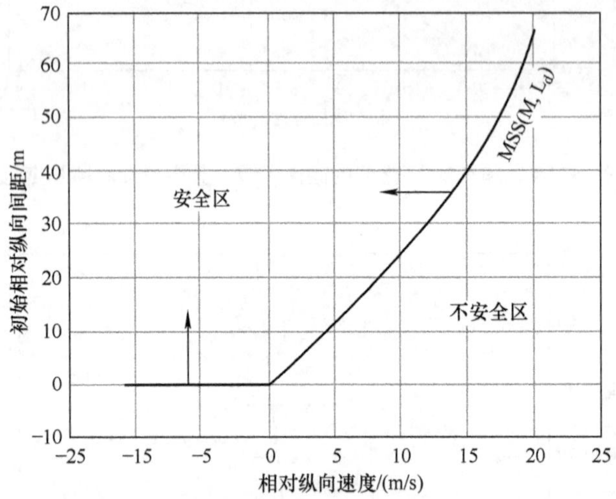

图 12-12　车辆 L_d 和车辆 M 之间的碰撞区域，其中假设车辆 M 速度恒定

而且该车从减速转换到加速过程开始线性增长直到它达到正加速极限 a_{comf} 该加速率保持不变直到换道车辆的速度等于 V_{d}。

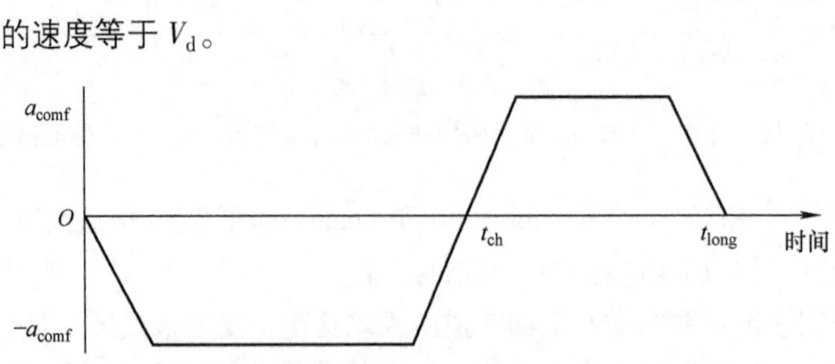

图 12-13　目标车道车速比原始车道车速高时的纵向加速策略

图 12-13 中，常数 t_{ch} 表示并道车辆从减速到加速转换的时刻，其中常数 t_{long} 表示并道车辆的纵向速度与目标车道车辆速度 V_d 相等的时刻。

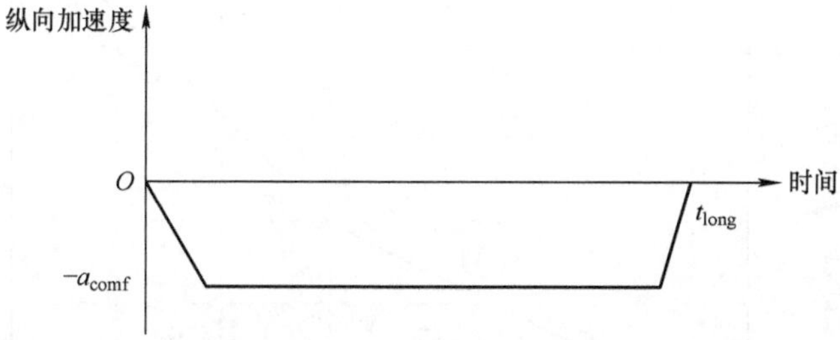

图 12-14　目标车道车速比原始车道车速低时的纵向加速策略

对于 $t_{adj}=0$ 的情况，所提出的车辆横向加速度模型仍然为式（12-7）所描述的模型。因此，车辆 M 的纵向加速度可表示为

$$\alpha_M=\begin{cases}\dfrac{v_{L_d}-v_M(0)}{t_{long}}，当\ t\leqslant t_{long}\\ 0，其他\end{cases} \tag{12-22}$$

根据式（12-13），无碰撞的条件为

$$S_r(t)=S_r(0)+[v_{L_d}(0)-v_M(0)]\left(t-\frac{t^2}{2t_{long}}\right)>0,\ \forall t\in[t_{long},T] \tag{12-23}$$

因此，最小的初始纵向相对空间 MSS（L_d，M）为

$$MSS(L_d,M)=\begin{cases}2t_{long}[v_M(0)-v_{L_d}]，当 v_M(0)-v_{L_d}\geqslant 0\\ (v_M(0)-v_{L_d})t_C，其他\end{cases} \tag{12-24}$$

假定 $t_{long}=10s$，车辆 L_d 和车辆 M 之间的安全和非安全区域如图 12-15 所示。对于正相对速度 $v_M(0)-v_{L_d}$，安全余量线所对应的斜率为 $t_{long}/2$；而对于负相对速度，它是切线斜率为 2.8 的直线，这也是式（12-8）所解得的 $t_{adj}+t_C$ 的值。

通过对比图 12-9 和图 12-15 可知，安全区域已经扩大了。因此，车辆 M 和车辆 L_d 在 $t_{adj}=0$ 时的情况下，切换纵向加速度的方案比纵向速度恒定的方案更加可靠。

对于 $t_{adj}>0$ 的情况，定义如下的状态空间变量：

$$\begin{cases}x_1=x_{L_d}-x_M-l_{L_d}\\ x_2=v_M-v_{L_d}\end{cases} \tag{12-25}$$

对式（12-25）微分，有

$$\begin{cases}\dot{x}_1=\dot{x}_{L_d}-\dot{x}_M=v_{L_d}-v_M=-x_2\\ \dot{x}_2=\dot{x}_M=a_{adj}\end{cases} \tag{12-26}$$

求解式（12-26）满足等值线如下：

$$x_1=-\frac{x_2^2}{2a_{adj}}+c \tag{12-27}$$

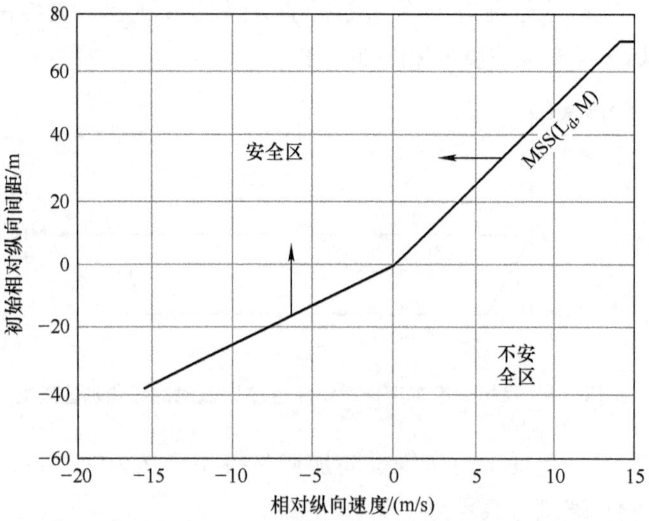

图 12-15　车辆 L_d 和车辆 M 之间的碰撞区域，其中假设车辆 M 已切换至纵向加速度

式中，常数 c 为依赖于初始值 $x_1(0)$ 和 $x_2(0)$ 的集成常数。

图 12-16 所示为图 12-15 中不同值所对应的等值线。初始状态（即初始相对间隙和速度）已经在非安全区域中选定。利用负的 a_{adj}，就有可能进入安全区域用以开始并道操作。a_{adj} 的绝对值越大，那么车辆进入安全区域的速度也就越快。对于每辆车的 a_{adj} 最小值，由图 12-16 所示的相应 a_{adj} 等值曲线和安全余量线的交叉点确定。

还有一些有关加速度配置设计的方法。例如，Hati-poglu. Ozguner 和 Unyelioglu 在进行参数设计时，考虑了在非线性约束下最优时间开环换道策略。最近，研究人员也尝试了将加速策略设计和车辆横向动力学控制模型相结合，这里不再赘述。

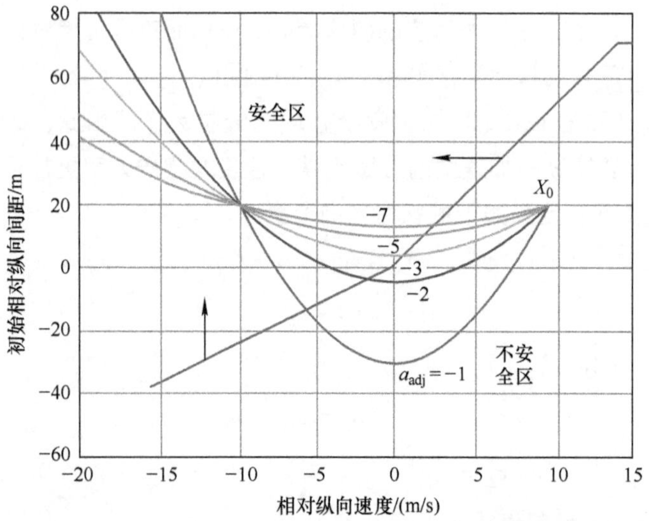

图 12-16　车辆 L_d 和车辆 M 之间的碰撞区域，其中 a_{adj} 用于从非安全区转向安全区

二、车辆并道控制

车辆并道是另外一种重要的多车协同控制的情况。为简化模型，A. Uno、Sakaguchi 和 Tsugawa 假定所有的车辆均以同一速度行驶，每辆车均有相同的动力学，该场景如图 12-17 所示。

如图 12-18 所示，A. Uno 将并道控制分为以下三种情况。

1）车辆从匝道并道至主路车队中最后一辆车之后（图 12-18a）。

2）车辆从匝道并道至主路车队中第一辆车之前（图 12-18b）。

3）车辆从匝道并道至主路车队中两辆车之间（图 12-18c）。

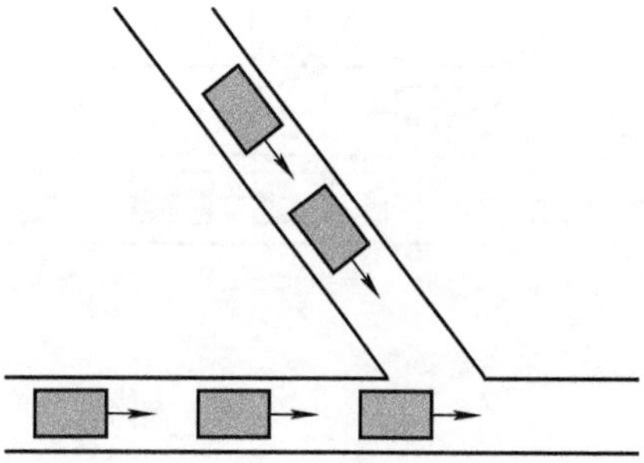

图 12-17　匝道并道

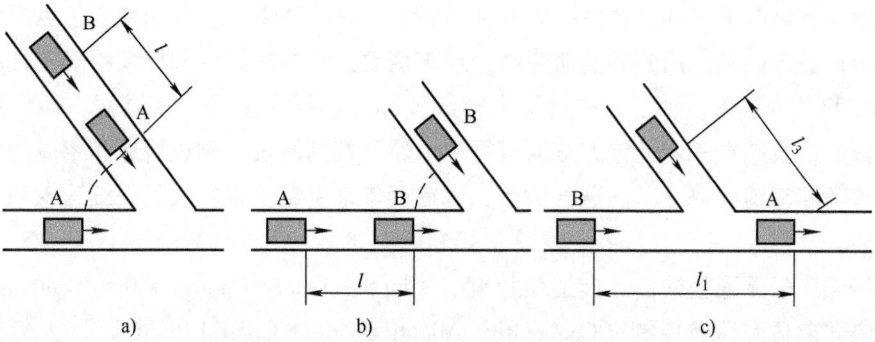

图 12-18　并道分类和匝道虚拟车辆生成

这里，并道车队被看作是一连串的并道车辆的总和。为了清楚地描述并道控制算法，A. Uno、Sakaguehi 和 Tsugawa 等人提出了虚拟车辆的概念和车间通信的数据传输算法，他们提出的通信数据的具体细节并不包含在本节内，因为这部分内容和本章的主要内容关系不大。

从纵向控制的角度看，匝道并道和换道并道之间并无差别。虚拟车辆的生成过程可描述如下。

1）当车辆 B 在并道之后置于车辆 A 的后面，它必须在当前保持 l 的车头时距。车辆 B 需要通过将车辆 A 映射到自己的车道来生成虚拟车辆 A′，而这种映射需要利用车间通信的传输数据来完成。纵向控制过程将在虚拟车辆 A′和车辆 B 中完成用以仿真前车和后车。

2）当车辆 B 在并道之后置于车辆 A 的前面，它被映射到主车道或者下一车道作为虚拟车辆 B，而它在纵向控制上将被视为车辆 A 的前车。

3）当车辆 A 和车辆 C 都与车辆 B 之间建立车间通信链路。车辆 A 与车辆 C 交互，车辆 C 在车辆 A 之后的并道与情况 1）相同。而车辆 A 与车辆 C 的交互，纵向控制最终设定车头时距为 $2l$。

在这样的表述下，并道问题与图 12-19 所示的换道问题是等效的，其中在匝道 30°时连接高速公路。每辆车的加速度可假设为有界的。结果表明，使用所提出的算法可实现两个车队的平顺并道。

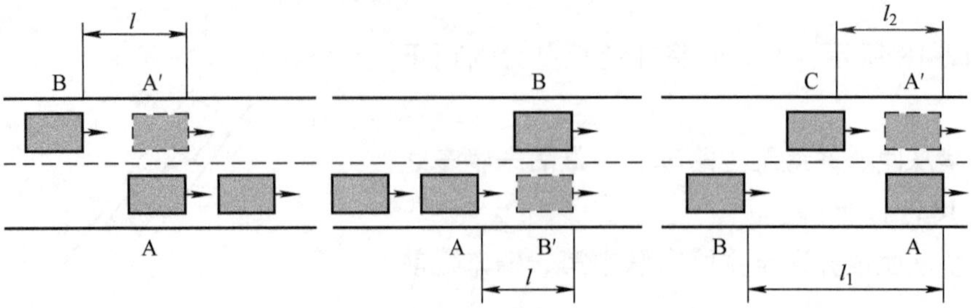

图 12-19　并道分类和匝道虚拟车辆生成

Kachroo 和 Li 研究了车辆并道动力学特性和三个控制引导法则，即用线性、最优和抛物线速度配置来描述并道车辆的预期行为和并道质量。在此基础上，他们建立了纵向和横向的滑模控制器，并表明其应用的控制器能够处理车辆动力学的非线性和模型不确定性。与他们不同，Park 和 Ryu 等人设计了一种特殊的神经模糊控制器来引导并道过程。他们展示了一些令人振奋的仿真结果来验证该方法的可行性。除了控制算法，侧边雷达和相应的视觉传感问题，即车辆和车道检测、车队速度估计，也在近年来引起了研究人员仔细深入的讨论，这里不再赘述。

为了仔细比较无通信的自适应巡航控制（Adaptive Cruise Control without Communication，ACC）和协同自适应巡航控制（Cooperative Adaptive Cruise Control，CACC），人们进行了仿真测试。图 12-19 所示为 ACC 和 CACC 在高速公路仿真中 900～1000s 之间主路的车辆轨迹，并入点在 510m 处。该处的水平线代表排队车辆并道车辆可以通过完全覆盖在这条线之上的曲线来识别。传播至上游的冲击波可以从图中清楚地看到。

图 12-20 所示为高速路并道仿真中 ACC/CACC 不同占比的平均制动力。由图可知，公路上 ACC 车辆越多，平均制动作用力就越小。在车辆比例相同的情况下，从节省制动力方面考虑，CACC 比 ACC 的车辆性能更优。

图 12-21 所示为并道车辆在并入车道时 600～1000s 的等待队列的长度。

图 12-21 将四种情况的结果都绘制了出来。显然，ACC（CACC）车辆的占比越大，排队长度越短。当车辆占比相同时，CACC 高速公路中的排队长度比 ACC 少 5 辆车。得益于通信技术，相关的主路车辆也有更长的时间用于形成更好的车辆间距。

正如 W. Chen 指出的那样，表现出差异的原因主要有以下两个方面：第一是相关的主路车辆预先接收到预警信息，那么它能够增大与前车的间隙距离；第二是当并道车辆进入主路时，其间隙对于停车安全来说已经足够大，后面的主路车辆不需要紧急制动，而这是研究人员在 ACC 框架内不得不做的事情。因此在 CACC 高速路中，并道车辆的平均等待时间更短，排在其后面的队列（当然如果存在的话）也就越短。

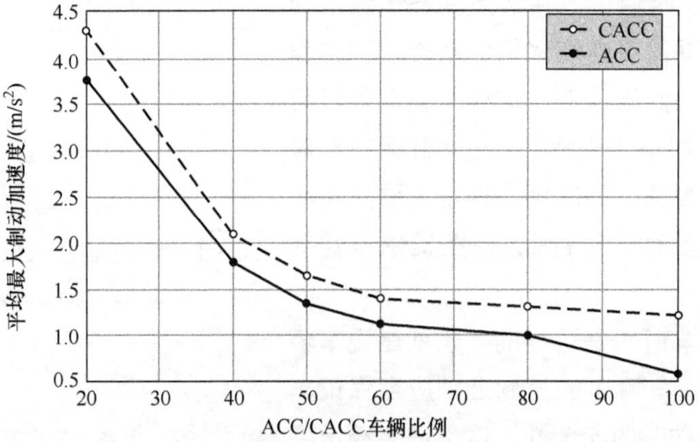

图 12-20　高速路并道仿真中 ACC/CACC 不同占比的平均制动力

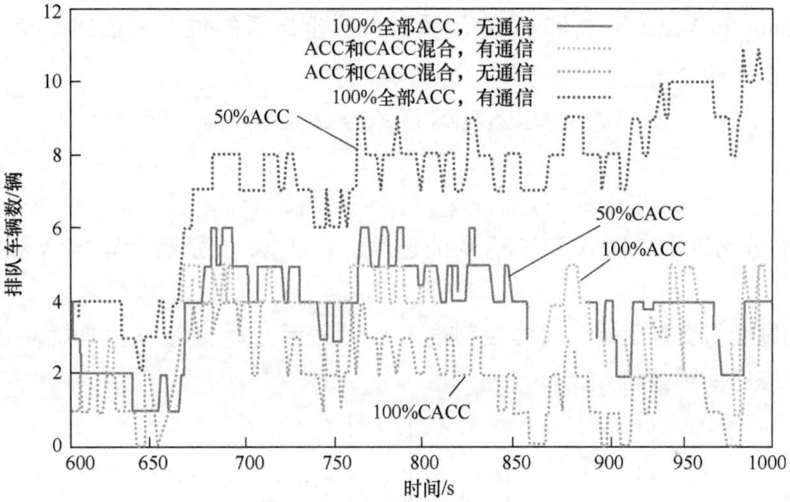

图 12-21　高速路并道仿真中等待并道的排队长度

第四节　交叉口协同驾驶

一、交叉口无协同驾驶

在以上的驾驶场景中，所有车辆均被假定沿着相同或者完全相反的方向移动。然而，碰撞危险也可能由那些移动方向有明显不同却又不是完全相反的其他车辆引起。在这些情况中，道路交叉口和车辆换道时的碰撞避免要进行特别讨论。

Arora、Raina 和 Mittal 调查了无信号灯下典型道路交叉口的碰撞自由控制策略，如

图12-22所示。这样的路口在市区内非常普遍。图12-22中只考虑了两辆车，并认为两条道路是相互垂直的。每辆车都需要连续水平的状态空间方程来建模。假设车辆之间无通信，这样每辆车的行为对于相邻车辆而言都是“干扰”。设计目标在于对控制输入生成可接受的控制准则，这里主要是指减速率、加速率，尽管有“干扰”，但能提供所需要的系统性能。

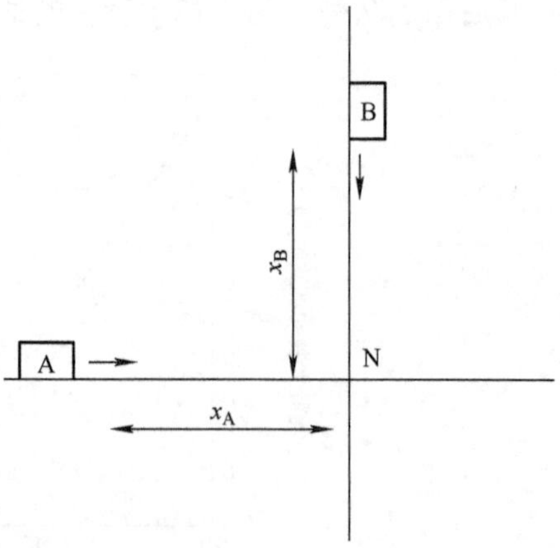

图12-22　道路交叉点和车辆运动的示意图

假定这里只有车辆A是可控的，也就是说车辆B的运动是未知的。车辆A的控制准则应当保证车辆B在最坏可能动作时的安全性。这也许会经历巨大的速度变化，但它的速度也只能在允许的范围内经历连续的变化。

Arora、Raina和Mittal用x_A和x_B表示预置世界坐标系的位置来描述车辆动力学特征。其速度可约束条件如下：

$$\dot{x}_A \in [\dot{x}_{Amin}, \dot{x}_{Amax}],\ \dot{x}_B \in [\dot{x}_{Bmin}, \dot{x}_{Bmax}] \tag{12-28}$$

以及

$$\ddot{x}_A \in [\ddot{x}_{Amin}, \ddot{x}_{Amax}],\ \ddot{x}_B \in [\ddot{x}_{Bmin}, \ddot{x}_{Bmax}] \tag{12-29}$$

式中，$\dot{x}_A$和$\dot{x}_B$分别表示车辆A和车辆B的速度；$\ddot{x}_A$和$\ddot{x}_B$分别表示车辆A和车辆B的加速率。

为了使问题变得更加简单，$\ddot{x}_A$由控制输入$u(t)$表示，$\dot{x}_B$直接认为是扰动$d(t)$。那么，得到一般的状态空间模型为

$$\dot{\boldsymbol{x}}_A = \begin{bmatrix} 0 & 1 & 0 \\ 0 & 0 & 0 \\ 0 & -1 & 0 \end{bmatrix} x + \begin{bmatrix} x_A \\ \dot{x}_A \\ r \end{bmatrix} \ddot{x}_A + \begin{bmatrix} x_A \\ \dot{x}_A \\ r \end{bmatrix} \dot{x}_B = \boldsymbol{A}x + \boldsymbol{B}u + \boldsymbol{D}d \tag{12-30}$$

式中，$\boldsymbol{x} = \begin{bmatrix} x_1 \\ x_2 \\ x_3 \end{bmatrix} = \begin{bmatrix} x_A \\ \dot{x}_A \\ r \end{bmatrix} \in \mathbf{R}^3$，且$r = x_B - x_A$。

为了避免碰撞，要求两车之间的相对距离r绝不能小于安全值。应注意到

$$x(t) = e^{At} x^0 + \int_0^t e^{A(t-\tau)} Bu(\tau)\,d\tau + \int_0^t e^{A(t-\tau)} Dd(\tau)\,d\tau \tag{12-31}$$

式中，x^0表示$x(t)$的初始状态。

简化式（12-31），得到

$$\boldsymbol{x}(t) = \begin{bmatrix} x_1{}^0 + t\,x_1{}^0 \\ x_2{}^0 \\ -t\,x_2{}^0 + x_3{}^0 \end{bmatrix} + \int_0^t \left\{ \begin{bmatrix} t-\tau \\ 1 \\ -(t-\tau) \end{bmatrix} u(t) + \begin{bmatrix} 0 \\ 0 \\ 1 \end{bmatrix} d(\tau) \right\} dt \tag{12-32}$$

基于式（12-32），该问题可看作是两个玩家的零和博弈游戏问题，其中一个玩家即为车辆 A 的控制动作，与另一个玩家即车辆 B 的速度扰动相竞争。其安全评价指标可用成本函数来表达：

$$J(x^0,u,d)=|x_3(T)| \tag{12-33}$$

式中，T 为车辆 A 到达交叉口区域的时间。这样，安全需求可表示为

$$J(x^0,u,d)>C=|x_3(T)| \tag{12-34}$$

通过对 C 选择合适的正值来将安全间隙需求和车辆长度考虑在内。利用博弈论，Arora、Raina 和 Mittal 建立了车辆 A 的双鞍策略。第一种策略为

$$u_1^*=\begin{cases}a_{\min}, & \text{当}(t\leqslant T_{11})\wedge(x_A\neq 0)\\ 0, & T_{11}<t\leqslant T_{31}\end{cases} \tag{12-35}$$

及

$$d_1^*=d_{\min},\ \text{当}\ t\leqslant T_{21}$$

式中，T_{11} 表示车辆在 $a_{\max}$ 情况下达到最小速度值的时间；T_{31} 为车辆 A 到达交叉口的总时间；T_{21} 表示车辆 B 在 $d_{\max}$ 时到达交叉口的时间。有

$$T_{11}=\frac{{u_{\min}}^{A}-{x_2}^{0}}{a_{\min}},\ T_{21}=\frac{{x_B}^{0}}{{\dot{x}_{\min}}^{B}}=\frac{{x_B}^{0}}{d_{\min}},\ T_{31}=T_{11}-\frac{x_A(T_{11})}{{v_{\min}}^{A}} \tag{12-36}$$

第二策略是

$$u_2{}^*=\begin{cases}a_{\max}, & \text{当}(t\leqslant T_{12}),\ \text{当}\ x_A\neq 0\\ 0, & \text{当}\ T_{12}<t\leqslant T_{32}\end{cases} \tag{12-37}$$

$$d_1{}^*=d_{\max},\ \text{当}\ t\leqslant T_{22} \tag{12-38}$$

其中，T_{12} 为车辆 A 在 $a_{\max}$ 情况下达到最大速度所需要的时间；T_{32} 为它到达交叉口时的总时间；T_{22} 为车辆 B 在 $d_{\max}$ 条件下到达交叉口的时间。或者

$$T_{12}=\frac{{u_{\max}}^{A}-{x_2}^{0}}{a_{\max}},\ T_{22}=\frac{{x_B}^{0}}{{\dot{x}_{\max}}^{B}}=\frac{{x_B}^{0}}{d_{\max}},\ T_{32}=T_{12}-\frac{x_A(T_{12})}{{v_{\max}}^{A}} \tag{12-39}$$

求得解（$u_1{}^*$，$d_1{}^*$）的鞍点特性由 Arora、Raina 和 Mittal 等人通过如下方式来证明：改变一个玩家的策略然后证明该玩家将会输掉游戏。

人们感兴趣的状态变量是 x_3。从式（12-39）中可知，它满足

$$x_3{}^*(t)=[0\quad -t\quad 1]\,x^0-\int_0^t[(t-\tau)u_1{}^*(\tau)+d_1{}^*(\tau)]\mathrm{d}\tau \tag{12-40}$$

假定状态变量 $x_3(t)$ 是基于不同的（u_1，$d_1{}^*$）策略，那么

$$x_3(t)=[0\quad -t\quad 1]\,x^0-\int_0^t[(t-\tau)\,u_1(\tau)+d_1{}^*(\tau)]\mathrm{d}\tau \tag{12-41}$$

因此

$$x_3{}^*(t)-x_3(t)=\int_0^t\{(t-\tau)[u_1{}^*(\tau)-u_1(\tau)]\}\mathrm{d}\tau \tag{12-42}$$

注意到，物理约束限制在控制中的位移可能变化，会使得 $u_1(\tau)\geqslant u_1{}^*(\tau)$。

那么有

$$x_3{}^*(t) - x_3(t) \leqslant 0 \tag{12-43}$$

以及

$$J(x^0, u_1, d_1{}^*) \leqslant J(x^0, u_1{}^*, d_1{}^*) \tag{12-44}$$

与此同时，假设干扰是不同的，那么新的（$u_1{}^*, d_1$）策略有

$$x_3(t) = [0 \quad -t \quad 1]\, x^0 - \int_0^t [(t-\tau)u_1{}^*(\tau) + d_1(\tau)]\mathrm{d}\tau \tag{12-45}$$

这样有

$$x_3{}^*(t) - x_3(t) = \int_0^t \{(t-\tau)[d_1{}^*(\tau) - d_1(\tau)]\}\mathrm{d}\tau \tag{12-46}$$

类似地，由于 $d_1{}^*(\tau) - d_1(\tau) = \dot{x}_B(\tau) - \dot{x}_B{}^*(\tau) \leqslant 0$，那么有

$$J(x^0, u_1, d_1{}^*) \leqslant J(x^0, u_1{}^*, d_1{}^*) \leqslant J(x^0, u_1{}^*, d_1) \tag{12-47}$$

不等式（12-47）表明所获得的解为鞍点解。进一步的分析表明该游戏的成本函数为

$$J(x^0, u_1, d) = |x_3(T)| > C \tag{12-48}$$

安全/非安全初始条件集合 $\{x^0\}$ 可通过替换以前公式集中车辆 B 的不同位置和速度值来确定。

以上的方法均假定车辆之间并无通信，这在现在的交通状态中非常普遍。然而，近年来，基于博弈论的方法通常导致缓慢的交通流状态和意想不到的交通拥堵，越来越多的研究人员讨论了通过车间通信来改善驾驶性能的可能性。

二、交叉口有协同驾驶

针对无信号的交叉口情况，研究人员提出了许多不同的协同驾驶策略。本节中，我们主要讨论 Li L 所提出的控制策略。

Li L 假定车流在交叉口区域是连续到达的，在特定时刻，只考虑在交叉口附近少量车辆。基于这种考虑，连续的交通流被截断为不同的小段，这样能够极大地简化该问题。

在这里使用的简单分组算法能够通过进入以交叉口为中心的虚拟圆区域的时间来标记车辆。如图 12-23a 所示，虚拟圆内的四辆阴影车辆将作为一组来考虑进行协同驾驶，而其他三辆车暂时不考虑。这个虚拟圆的半径应当由该场景应用中所选取的车间通信协议来确定。

此外，本章中也假定所有的车辆都以低速接近交叉口，且在进入虚拟圆之后不会换道，因为在虚拟圆内离得太近以致不能换道。减速慢行使车辆有更充裕的时间来与其他车辆协商和应对紧急情况。

在无信号交叉口驾驶场景下，相遇的车辆需要和其他每一辆车共享如下信息。

1）车辆 ID：该 ID 由唯一安装在车辆上的通信硬件生成。

2）车辆分类（按照长度和宽度）：车辆尺寸是影响其交叉口碰撞的重要参数。

3）在协同驾驶计划执行之前的当前行驶车道、期望行驶车道数量和每辆车的当前速度

变化配置。

4）每辆车在协同驾驶规划的基础上制定的之后驾驶规划。

5）每辆车的实时位置（用车道数和距离交叉口的位置）和速度。

6）紧急事件信号（如有必要的话）。

当接近交叉口区域时，原始的车队分为若干独立的组。这样一个组的最大允许尺寸设定为三辆初始分组时随机分配一些车辆作为领导车辆，并让这些领导车辆将与其相邻的车辆加入各自的分组。这些超过三辆车的车组将甩掉尾车来满足上限需求。被拒车辆将会尝试并入其他组或者建立一个新组。这种方法如图 12-23a 所示，在车辆进入虚拟圆之前，假设车辆可以自由组织为若干小的车组。

假定车辆可以储存同组所有车辆的实时位置、速度和驾驶车道等信息，且它与周围车辆定期通信来更新位置和速度等信息。仿真表明，对于无信号交叉口场景独立车组的合理尺寸是 3 辆。

当为 2 辆车时，如图 12-23b 所示的车辆 A 和车辆 C，在两个不同的车组内相互通信，车辆 A 将同组的所有车辆的驾驶信息传输到车辆 C。从车辆 C 接收到的驾驶信息将会迅速发送给车辆 A 所在组的其他车辆。从车辆 C 到车辆 A 也是如此。车辆将会储存所有接收到的信息。

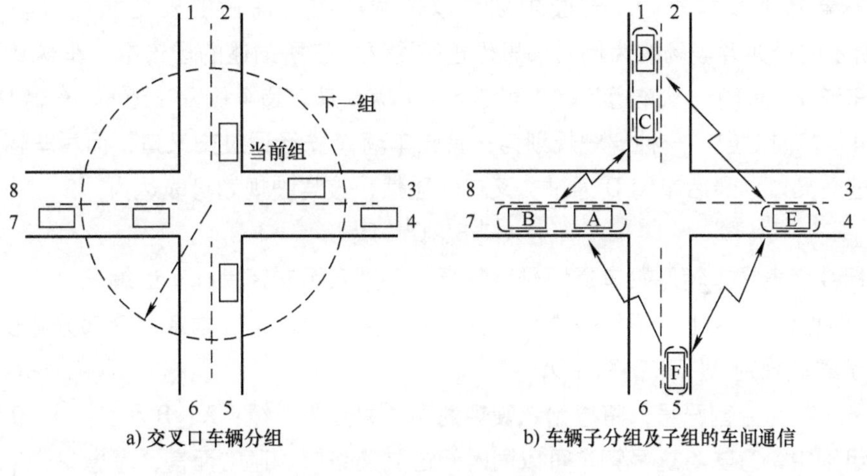

图 12-23　车辆分组

同样，假设所有车辆在协同驾驶规划设定好之前就交换了彼此“当时”的速度变化的配置。这里的“当时”指的是协同驾驶规划开始之前的速度变化规划。因此，某一车辆可以在协同驾驶规划设定之前基于接收的驾驶信息来预测其他车辆的运动。

尽管数据传输受限于包括媒介和通信协议在内的几种因素，但假定虚拟圆内的车辆能够合理、及时地获取其他车辆的必要驾驶信息。基于实验结果，这类假设对于绝大多数无信号交叉口来说都是有效的，因为虚拟圆半径和相遇车辆的数量在那些驾驶场景下均是有限的。

车间通信网络将使用标签来标记遇到的车组和车辆。如果所有的车辆移动信息均已被某一辆车收集，那么它将会继续处理轨迹规划问题。同时，该车辆将发送特定的消息以阻止其他车辆再次进行路径规划任务。

协同驾驶规划制定完成后，驾驶行程将通过车辆通信在合适的车辆间完成传递。由于受到通信速率限制，因此其规划需要采用精简有效的方式进行表达。

当某车辆驶出虚拟圆区域范围时，该车辆将迅速地离开当前的通信组别，而加入新的车辆队列当中。此时，系统将向所有车辆广播具备最高优先级的紧急信号，用于通知车辆组队状态的变化。

为了保证驾驶行为的安全性，首先需要对安全驾驶模式概念进行介绍。通常情况下，车辆碰撞可能发生在以下两种情况中。

1）前后两辆车行驶在同一车道上，且后车从后方冲向前车。

2）两辆车行驶在不同车道上，但需要同时经过相同的交叉路口区域。

在无信号交叉口中，最为常用的控制策略为区域阻塞策略。即将交叉口区域分成若干子区域，且在任意时刻内，任意子区域仅允许一辆车进入，以此防止车辆发生碰撞。

基于相似的思想，本书在此提出一种更为简便的控制策略。该策略仅允许安全驾驶模式（车辆组对）同时通过交叉口区域。其控制策略与交通信号灯相位控制思想相近，以均拥有两车道的交叉口为例，假设从车道 1 及车道 5 各有一辆车驶入交叉口，此时仅存在四种驾驶模式满足这两辆车同时且安全地经过交叉口，具体内容如图 12-24 所示。

基于安全驾驶模式概念，驾驶规划可以使用一组排序后的安全模式进行表述。以图 12-24所示的经典驾驶场景为例对该思想进行论述，在所描述的场景中，车辆 A 需要从车道 7 驶入车道 4，车辆 B 从车道 7 驶入车道 6，车辆 C 从车道 1 驶入车道 8，车辆 D 从车道 1 驶入车道 4。其向对应的一种驾驶规划为：首先车辆 A 先行通过交叉口，而后车辆 B 及车辆 C 同时通过交叉口，最后车辆 D 通过交叉口。显然，该驾驶规划可表达为

$$\mathrm{A}_4^7 \mid \mathrm{B}_6^7, \mathrm{C}_8^1 \mid \mathrm{D}_4^1 \tag{12-49}$$

其中，上标数字表示车辆原始车道编号，下标数字则表示车辆目标车道编号。

为了更加简便，在上、下标缺失又不会引起歧义的情况下，本章后续部分将使用 A | B、C | D，表示驾驶规则 $\mathrm{A}_4^7 \mid \mathrm{B}_6^7$、$\mathrm{C}_8^1 \mid \mathrm{D}_4^1$。

其中“|”为分割符号，将原始驾驶规划序列划分为三组：A；B 和 C；D。B 和 C 被划分在同一组别中，意味着这两辆车可以同时经过交叉路口。通常而言，考虑车辆i_1，i_2，…，i_N驶入交叉路口，其通过交叉路口区域的次序，即协同驾驶规划可表述为

$$i_1, i_5, \cdots, \mid i_2, i_4, \cdots, \mid i_3, \cdots, i_N \tag{12-50}$$

当特定的驾驶规划制定完成后，相对应的车辆驾驶轨迹规划处理过程将被执行。需要注意的是，不同的驾驶规划将导致不同的交叉口通行时间。最优（次优）协同驾驶规划则需要进一步找到能够使总驾驶时间最短（近似最短）的驾驶规划策略。

通常情况下，对所有可能的驾驶规划进行搜索将对应产生一组搜索树，除根节点外，该搜索树中每一个节点均代表了特定的驾驶规划（驾驶序列）。生成搜索树的一个基本算法为：基本解树生成算法。

假设此处有 N 辆车需要考虑，其基本流程如下。

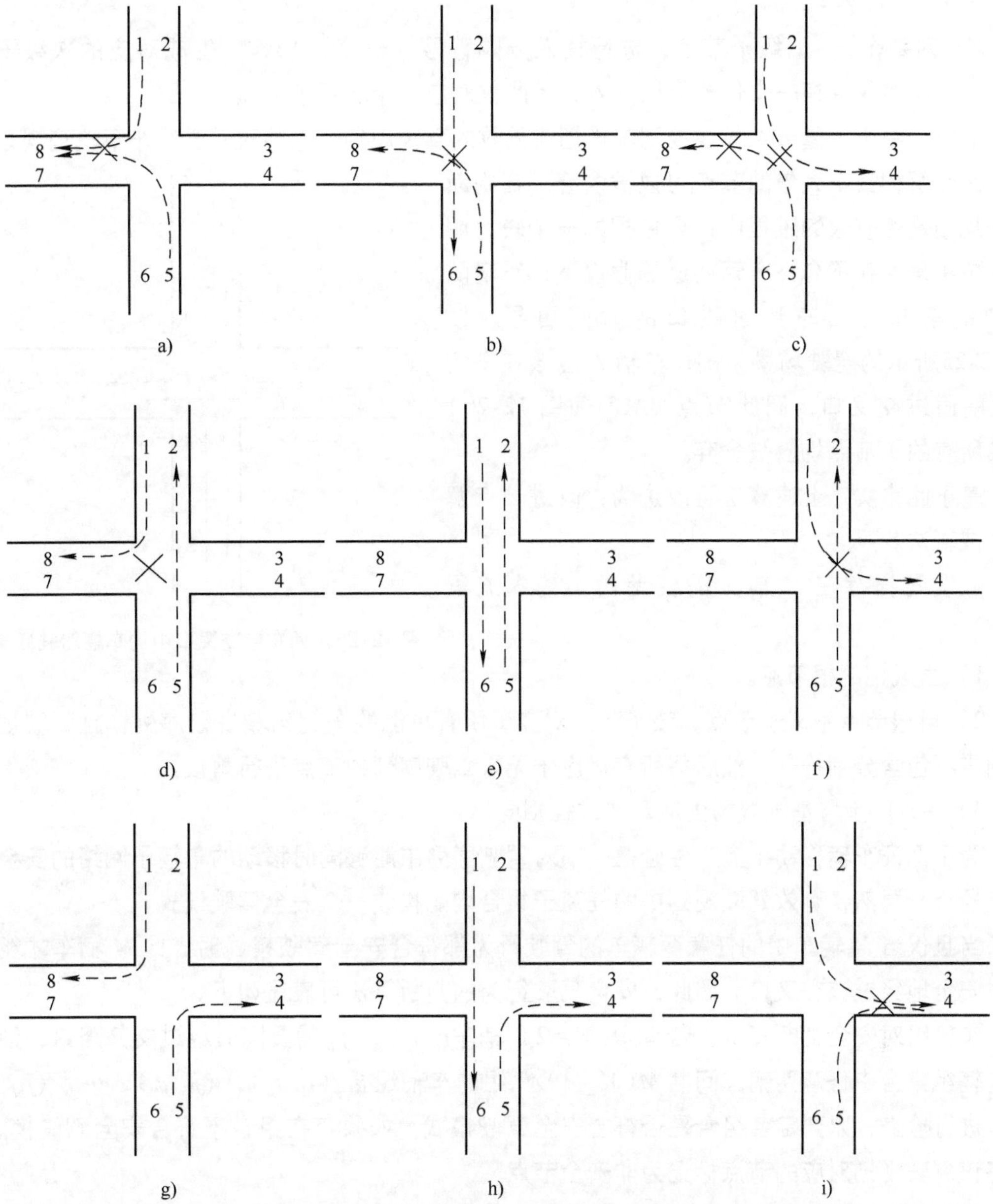

图 12-24 自车道 1 及车道 5 同时驶入交叉口的两辆车相关驾驶模式

1）生成根节点。

2）自根节点生成子节点，该子节点对应于所有可能的车辆驾驶规划序列，且驾驶规划序列中不包含分割符号。显然，各节点所对应的规划序列可以通过基本的排序算法得来。

3）对每个二级子节点，进行插入分隔符号（一个）操作，生成对应的三级子节点。由于仅存在 $N-1$ 个位置可以插入分割符号，因此每个二级子节点对应 $N-1$ 个三级子节点。

4）对每个三级子节点，进行插入分隔符号（一个）操作，生成对应的四级子节点。由于仅存在 $N-2$ 个位置可以插入分割符号，因此每个三级子节点对应 $N-2$ 个四级子节点。

……

N）对每个 $N-1$ 级子节点，进行插入分隔符号（一个）操作，生成对应的次级子节点。由于此时仅存在一个位置可以插入，因此仅对应一个次级子节点。

然而，由于大量节点代表的驾驶规划为无效的驾驶规划，无须对其进行车辆轨迹规划操作，因此解树当中大量的节点可以被舍弃。在判断驾驶规划是否有效的过程中，可依据的一个较为明显的事实是，在不允许车辆换道的假设下，车辆队列中的前车比后车通过路口的时间更早。以图 12-25所示的驾驶场景为例，车辆 A 应该在车辆 B 之前通过交叉口，因此节点 BACD（图 12-26）和其所有的子节点均应被舍弃。

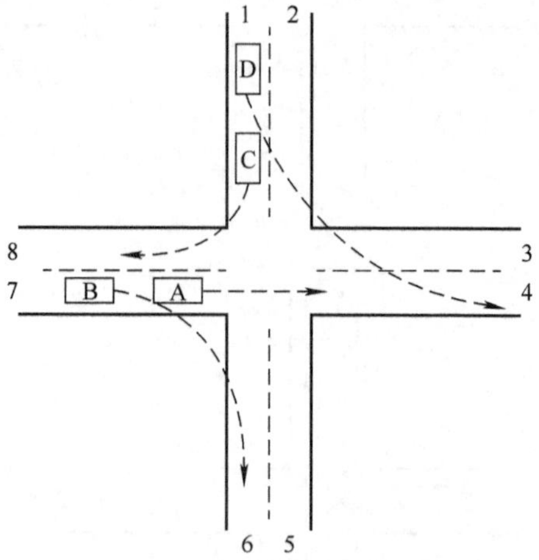

图 12-25　两车道交叉口中的车辆驾驶场景

基于此事实，上述算法可改进为：改进节点解树生成算法。

假设同样存在 N 辆车需要考虑，基本流程如下。

1）生成树的根节点。

2）自根节点生成子节点，该子节点对应于所有可能的车辆驾驶规划序列，且驾驶规划序列中不包含分割符号。然后将所有对应于无效驾驶序列的节点进行剪枝。

3）～N）步与基本解树生成算法过程相同。

为了保证车辆移动不会产生碰撞，须对驾驶序列中能够同时移动的车辆子网络的安全性进行检查。显然，有效驾驶规划中的任意子集合均能构成一个安全驾驶模式。

当且仅当 M 辆车中的任意两辆车的驾驶行为都符合安全驾驶模式时，此 M 辆车才能够同时安全地经过该交叉口。因此，安全驾驶行为的判断算法可表述如下。

车辆组对安全判断算法：若有 $M(M\geqslant 2)$ 辆车$j_1,j_2,\cdots,j_M$需要同时经过交叉路口，则对该车辆组集合中任意两辆车间共 $M(M-1)/2$ 组的车辆组合（j_1,j_2），（j_1,j_3），…，（j_{M-1},j_M）进行检查，以判定各组合是否符合安全驾驶模式。如果存在组合不符合安全驾驶模式，则将该驾驶规划对应的节点标记为非安全节点。

利用以上提出的两个条件，大多数非安全驾驶规划可直接从解树中剪枝滤除。例如，在图 12-25 所示的驾驶场景生成的驾驶规划树中，经过剪枝及判断后，仅有少数有效节点被保留，即对于序列 A、B、C、D 而言，仅有两组有效的驾驶规划方案，如图 12-26 所示。第一组驾驶规划方案参见式（12-49），第二组驾驶规划则是简单地安排车辆 A、B、C、D 依次通过交叉口。

判断标识过程完成后，需要针对每个有效节点对应的驾驶规划进行车辆轨迹规划。此时，一些因车辆动力限制而无法完成的驾驶规划将会被排除掉。

通常情况下，车辆穿过交叉路口的轨迹行为可划分为以下三个连续的阶段。

1）驶入交叉口。此时车辆应避免和前方车辆发生碰撞，同时应避免和在其之前穿过路

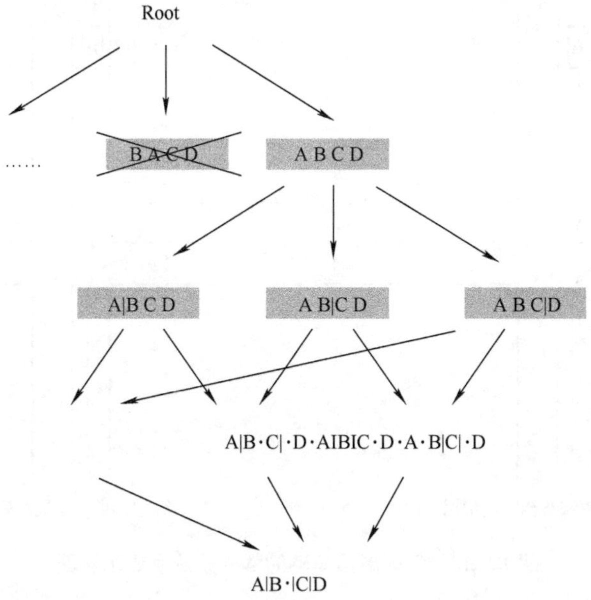

图 12-26　驾驶场景中所对应的一组规划树，阴影部分对应的节点代表无效驾驶规划

口但未形成安全车辆组对的最后一辆车发生碰撞。

2）穿过交叉口。此时可以认为是车辆减速-加速的过程。

3）驶离交叉口。此时车辆应避免和新的前车发生碰撞。

为了解决车道合并轨迹规划问题，Uno、Sakaguchi 和 Tsugawa 提出并使用了虚拟车辆映射技术。虚拟车辆思想是将车道上车辆映射到目标车道上，而后目标车辆则可以根据虚拟车辆的信息进行行为控制，以此保证驾驶的安全性。

考虑到算法失效的危险，本书采用了与 Uno、Sakaguchi 和 Tsugawa 提出的方法类似的算法。两算法的唯一区别是前方车辆并非映射到期望车道的对称位置。事实上，该车辆将被映射到比镜像点更滞后的位置，以此补偿通信延迟和车辆转向减速的影响。

以图 12-27 为例进行说明，首先车辆 A 从车道 7 驶入车道 6；而后车辆 B 从车道 1 驶入车道 6。由于车辆 B 紧随车辆 A 通过交叉路口，需要保证足够的车头时距以避免发生碰撞。因此，车辆 B 可以利用车辆间通信所获取的数据，通过对车辆 A 的映射在自身车道前方生成虚拟车辆 A′，然后车辆 B 与车辆 A 间可以进行传统经典的纵向控制操作来避免发生碰撞。

其中两个车头的时距则需要根据动态属性、车辆长度/大小及采用的内部通信协议来确定。

以车辆经过交叉路口的次序为依据，驾驶规划中包含的各车辆对应的车辆行驶轨迹也将依次生成，每辆车也可“获得”需要映射至自身车道上的其他车辆的驾驶轨迹。

为了提高交通效率，驾驶规划方案须将潜在的前方或虚拟车辆与自身车辆间的车头时距保持在最小的安全距离范围内。

通常情况下，多种多样的驾驶场景可划分为以下四种情况：

1）在规划车辆驶入交叉路口区域前，其车道前方既不存在前导车，也不存在需要被映

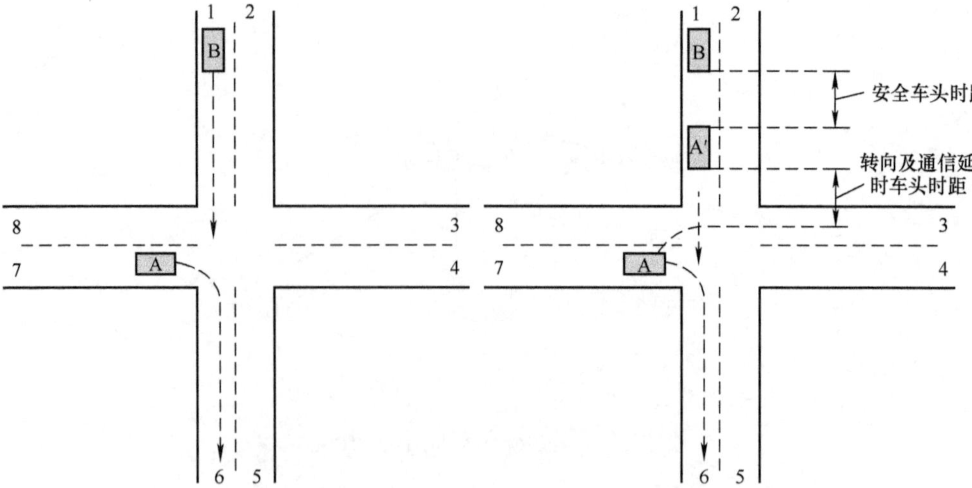

a) 仅存在真实车辆时的情况　　b) 引入虚拟车辆A′后的情况

图 12-27　考虑虚拟车辆的驾驶轨迹生成示意图

射至该车道上的虚拟车辆。

2）在规划车辆驶入交叉路口区域前，其车道前方仅存在前导车，不存在需要被映射至该车道上的虚拟车辆实际上，此时意味着目标车辆可以紧随前导车经过路口。

3）在规划车辆驶入交叉路口区域前，其车道前方仅存在被映射至该车道上的虚拟车辆，但不存在实际的前导车。

4）在规划车辆驶入交叉路口区域前，其车道前方既存在前导车，又同时存在被映射至该车道上的虚拟车辆。实际上，此时意味着目标车辆在进入交叉口区域前，将先跟随前导车然后再跟随虚拟车辆行驶。

假设用 p 表示规划车辆的位置，车辆加减速率为 $\ddot{x}_{\mathrm{p}}$，其值满足以下限制：

$$\ddot{x}_{\mathrm{pmin}} \leqslant \ddot{x}_{\mathrm{p}} \leqslant \ddot{x}_{\mathrm{pmax}} \tag{12-51}$$

式中，$\ddot{x}_{\mathrm{pmin}}$ 及 $\ddot{x}_{\mathrm{pmax}}$ 为车辆加减速率的边界值。

如果规划车辆需要进行转向操作，则需引入额外的约束：

$$\dot{x}_{\mathrm{p}}(t_3) \leqslant v_{\mathrm{smax}} \tag{12-52}$$

式中，v_{smax} 为转向过程中所允许的最大速度；t_3 为车辆进入交叉口区域的时间。

作为示例，将上述描述的第一种驾驶场景所对应的车辆轨迹规划算法表述如下。

1）在规划车辆进入交叉路口区域前求解时间最优的轨迹规划问题。显然，该问题对应的目标函数为

$$\min_{u} t_3 \tag{12-53}$$

给定的边界条件组成了该问题的限制条件：

$$x_{\mathrm{p}}(t_0) = x_{\mathrm{p0}}, x_{\mathrm{p}}(t_3) = x_{\mathrm{p3}} \tag{12-54}$$

式中，x_{p0} 为起始位置；x_{p3} 为交叉路口区域边界上的终止位置；t_0 为轨迹规划过程开始的时间。

2）该阶段不涉及规划算法。简单地假设车辆经过交叉路口区域所耗费的时间仅与车辆进入交叉路口区域时刻的速度有关。规划车辆离开交叉路口区域的时间为

$$t_4 = t_s + f_1[\dot{x}_p(t_3)] \tag{12-55}$$

其对应的速度为

$$\dot{x}_p(t_4) = f_2[\dot{x}_p(t_3)] \tag{12-56}$$

式中，t_4 表示车辆离开交叉路口区域的时间。

3）在虚拟车辆驶离交叉路口区域前解决规划车辆对新前导车辆的跟驰问题。假设新前导车辆的轨迹可由下式表述：

$$\ddot{x}_n = f_3(t) \tag{12-57}$$

因此，车头时距与预选安全距离 L_3 间的差距可表达为

$$e_{np} = x_n - x_p - L_3 \tag{12-58}$$

显然，该问题对应的目标函数为

$$\min_u \int_{t=t_4}^{t_4+T} |e_{lp}| \mathrm{d}t \tag{12-59}$$

式中，T 为预设的时间间隔，该时间间隔保证有足够的时间来对规划车辆离开交叉路口区域后的运动进行合适的描述。

值得指出的是，车辆动力学模型的选择、纵向驾驶控制器的设定均不会影响上述规划框架的适用性。一些其他的驾驶性能指标（如驾驶舒适性），同样可以被描述和添加至当前的框架中。一些关于车辆轨迹规划目标选择的讨论可参见先前的研究成果。

然而，此处需要对一个重要的问题进行说明：由于受到通信速率的限制，协同驾驶规划不能制定得过于复杂。否则，该协同驾驶规划策略将不能正确地传递到每个所涉及的车辆中。

此处，Li 和 Wang 进一步对车辆轨迹进行了限制，他们认为车辆轨迹最多由 5 组平稳的加/减速过程组成。因此，车辆轨迹可由如式（12-61）所列的最多 7 组数据集决定：

$$<\text{起始时间 } t_0, \text{速度 } \dot{x}_p(t_0)>, \cdots, <\text{终止时间 } t_5, \text{速度 } \dot{x}_p(t_5)> \tag{12-60}$$

时刻 t_i 及 t_{i+1} 间的车辆速度可由式（12-61）获得：

$$\dot{x}_p(t) = \dot{x}_p(t_i) + [\dot{x}_p(t_{i+1}) - \dot{x}_p(t_i)]\frac{t - t_i}{t_{i+1} - t_i} \tag{12-61}$$

该方法在保证普遍适用性的情况下，大大降低了车辆轨迹规划问题所需的计算成本。

轨迹所对应的时间消耗依据协同驾驶处理过程开始时刻与最后一辆车离开交叉路口区域的时刻来确定。通过对所有未被舍弃的驾驶规划所对应的时间消耗进行对比，确定最终使用的驾驶规划策略，其中时间消耗最少的驾驶规划策略将被确立为实际的驾驶规划。该规划框架的结构流程如图 12-28 所示。

在最优驾驶规划策略的搜索过程中，调度树上高等级节点会比低等级节点对应的规划策略更早地被检验，若某节点对应的驾驶规划策略被证明有效，则其所有子节点将被忽略，因为一个有效的驾驶规划策略所耗费的时间将比其相关的任何子规划策略要少。例如，如果

图12-26中的驾驶规划策略 $A|BC|D$ 是有效的，则不需要对其子节点 $A|B|C|D$ 进行任何分析。

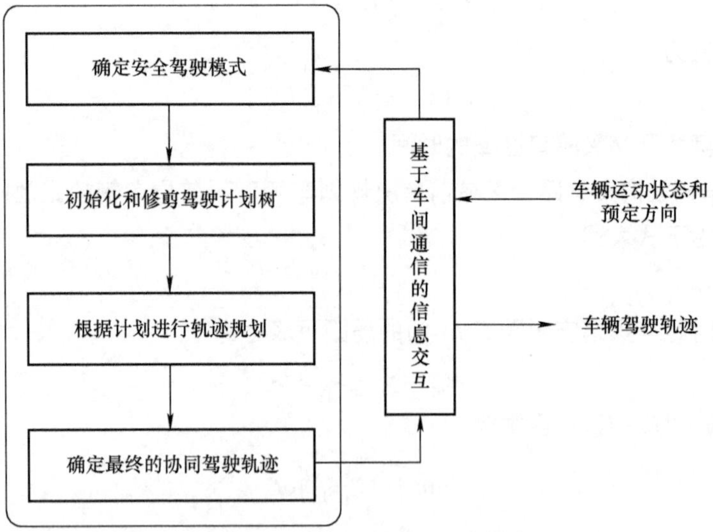

图12-28　协同驾驶规划框架流程

结合车辆间通信的多车驾驶协同控制近年来受到了越来越多的关注，其目的是通过对遇到的所有车辆进行合理的运动规划来提高驾驶的安全性及效率。在协同驾驶控制下，个体车辆的运动可以在安全、确定、平缓的过程中完成。由于重型车辆自身加速/制动性能相对较差，因此该技术对重型车辆的控制有着显著的帮助作用。

由于本数篇幅所限，故本章并未对所有话题进行讨论，例如：

1）集成高层次的交通管制及低层次的协同驾驶有望进一步提升驾驶效率。

2）本章并未对车辆及交叉路口区域的几何尺寸限制进行详细讨论，而在实际应用中这方面影响则不应被忽略。

3）实际的交叉路口驾驶场景可能比本章中讨论的更加复杂。其中一个需要应对的重要情况为意外事故的处理。针对此问题，一个潜在的方案为利用车辆间通信共享每辆车的传感器信息。如果发生了意外事故，最先“得知”的车辆将迅速、同时停止所有相关车辆。以图12-29为例，当车辆A突然“看到”存在于某车道上的障碍物时，车辆A发出紧急停止信号快速阻止想要进入有障碍物车道的车辆B。当相关障碍物被移除后，协同驾驶规划将重新生成。此外，由多个车辆传感器融合实现的传感器网络被认为是在不久的将来另一个研究热点，如图12-30所示。

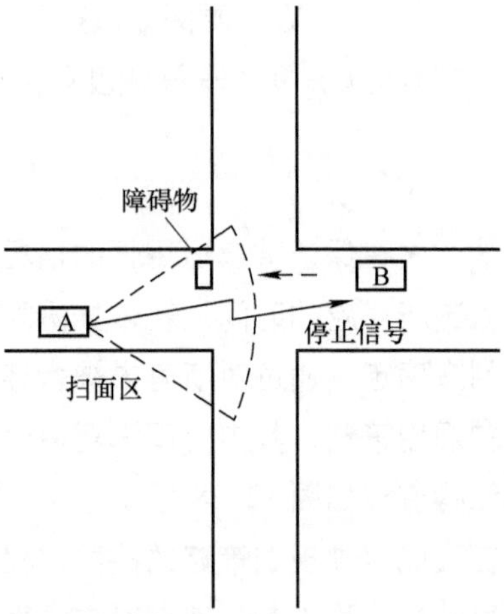

图12-29　通过广播消息处理意外情况

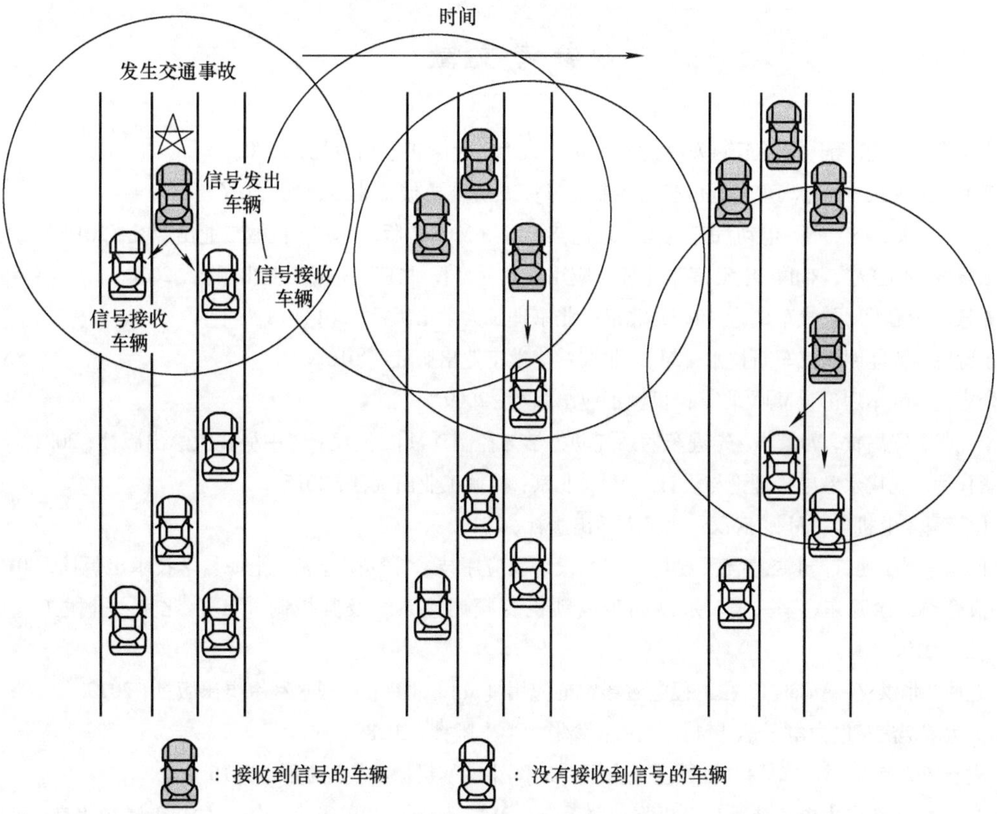

图 12-30 通过广播信息处理意外情况

思考题

1. 简述车间通信基本原理。
2. 简述车辆换道和并道控制的基本策略以及如何通过车间通信技术改善控制。
3. 简述车辆交叉口无协同驾驶策略以及采用车间通信后的有协同驾驶策略。

参 考 文 献

[1] 徐友春，朱愿，等. 智能车辆关键技术［M］. 北京：化学工业出版社，2020.

[2] 李力，王飞跃. 智能汽车先进传感与控制［M］. 北京：机械工业出版社，2016.

[3] 王志福，张承宁，等. 电动汽车电驱动理论与设计［M］. 2 版. 北京：机械工业出版社，2018.

[4] 王震坡，孙逢春，刘鹏. 电动汽车原理与应用技术［M］. 北京：机械工业出版社，2018.

[5] 陈慧岩. 无人驾驶汽车概论［M］. 北京：北京理工大学出版社，2014.

[6] 崔胜民. 智能网联汽车新技术［M］. 北京：化学工业出版社，2016.

[7] 余志生. 汽车理论［M］. 北京：机械工业出版社，2009.

[8] 李克强，罗禹贡，郭景华. 先进车辆系统动力学与控制［M］. 武汉：华中科技大学出版社，2021.

[9] 唐任远. 现代永磁电机理论与设计［M］. 北京：机械工业出版社，2015.

[10] 陈道舜. 电机学［M］. 武汉：武汉大学出版社，2013.

[11] 邱国平，丁旭红. 永磁直流无刷电机实用设计及应用技术［M］. 上海：上海科学技术出版社，2015.

[12] 袁登科，徐延东，李秀涛. 永磁同步电动机变频调速系统及其控制［M］. 北京：机械工业出版社，2019.

[13] 赵博，张洪亮. Ansoft 12 在工程电磁场中的应用［M］. 北京：中国水利水电出版社，2010.

[14] 高大威. 汽车电力电子学［M］. 北京：清华大学出版社，2018.

[15] 袁新牧，范涛，等. 车用电机原理及应用［M］. 北京：机械工业出版社，2016.

[16] ALI E. 汽车电力电子装置与电机驱动器手册［M］. 孙力田，田光宇，杨正林，等译. 北京：机械工业出版社，2014.

[17] 工业和信息化部人才交流中心. 电机和电源控制中的最新微控制器技术［M］. 北京：电子工业出版社，2018.

[18] 谭建成，邵晓强. 永磁无刷直流电机技术［M］. 北京：机械工业出版社，2011.

[19] 李铁才，杜坤梅. 电机控制技术［M］. 哈尔滨：哈尔滨工业大学出版社，2000.

[20] 夏长亮. 无刷直流电机控制系统［M］. 北京：科学出版社，2009.

[21] 徐杨生，阎镜予，钱辉环，等. 智能全向混合动力电动汽车设计与控制［M］. 北京：机械工业出版社，2017.

[22] 刘丛志，张亚辉. 智能车辆系统动力学与控制［M］. 北京：清华大学出版社，2023.

[23] 李力，王飞跃，等. 智能汽车先进传感与控制［M］. 北京：机械工业出版社，2018.

[24] RAJESH R. 车辆动力学及控制［M］. 王国业，江发潮，张露，译. 北京：机械工业出版社，2018.

[25] 刘丛志. 智能车辆系统动力学建模与仿真［M］. 北京：清华大学出版社，2022.

[26] 喻凡. 车辆动力学及控制［M］. 北京：机械工业出版社，2020.

[27] 黄妙华，喻厚宇，裴晓飞. 智能车辆控制基础［M］. 北京：机械工业出版社，2022.

[28] 李亮. 汽车动力学与控制［M］. 北京：清华大学出版社，2022.

[29] 徐杨生，阎镜予，等. 智能全向混合动力电动汽车设计与控制［M］. 北京：机械工业出版社，2017.

[30] 李亮，王翔宇，程硕，等. 汽车底盘线控与动力学域控制技术［J］. 汽车安全与节能学报，2020，11（2）：143-160.

[31] 郭景华，李克强，罗禹贡. 智能车辆运动控制研究综述［J］. 汽车安全与节能学报，2016，7（2）：9.

[32] 宋健，王伟玮，李亮. 汽车安全技术的研究现状和展望 [J]. 汽车安全与节能学报，2010，2 (1)：98-106.

[33] 喻凡，李道飞. 车辆动力学集成控制综述 [J]. 农业机械学报，2008，6 (39)：1-7.

[34] 张家旭. 汽车底盘集成非线性鲁棒控制方法研究 [D]. 长春：吉林大学，2018.

[35] 高晓杰，余卓平，张立军. 集成底盘控制系统的控制构架研究 [J]. 汽车工程，2007，29 (1)：21-26.

[36] 初长宝，陈无畏. 汽车底盘系统分层式协调控制 [J]. 机械工程学报，2008 (2)：163-168.

[37] 赵熙俊，陈慧岩. 智能车辆路径跟踪横向控制方法的研究 [J]. 汽车工程，2011 (5)：6.

[38] 马莹，李克强，高峰，等. 改进的有限时间最优预瞄横向控制器设计 [J]. 汽车工程，2006，28 (5)：6.

[39] 郭景华，胡平，李琳辉，等. 基于视觉的无人驾驶车自主导航控制器设计 [J]. 大连理工大学学报，2012，52 (3)：7.

[40] 陈杨，刘大学，贺汉根，等. 基于车辆动力学的轨迹跟踪器设计 [J]. 中国工程科学报，2007，9 (11)：6.

[41] KAYACAN E，KAYACAN E，RAMON H，et al. Towards agrobots：trajectory control of an autonomous tractor using type-2 fuzzy logic controllers [J]. IEEE/ASME Transactions on Mechatronics，2015，20 (1)：287-298.

[42] 冀杰，李以农，郑玲，等. 车辆自动驾驶系统纵向和横向运动综合控制 [J]. 中国公路学报，2010，23 (5)：8.

[43] 郭景华，罗禹贡，李克强. 智能电动车辆横纵向协调与重构控制 [J]. 控制理论与应用，2014 (9)：7.

[44] 郑理广. 智能网联汽车体系结构与关键技术 [J]. 汽车测试报告，2021 (19)：28-29.

[45] 郑宏宇. 汽车线控转向路感模拟与主动转向控制策略研究 [D]. 长春：吉林大学，2009.

[46] 刘彦琳. 汽车线控转向路感模拟与回正控制策略研究 [D]. 合肥：合肥工业大学，2018.

[47] 田承伟. 线控转向汽车容错控制方法研究 [D]. 长春：吉林大学，2010.

[48] 陈志强，常思勤. 一种线控制动系统的方案设计及仿真 [J]. 机械制造与自动化，2020，49 (5)：87-90，94.

[49] 何闫. 乘用车电机驱动线控制动控制系统设计与试验研究 [D]. 长春：吉林大学，2020.

[50] 季学武，刘亚辉，杨恺明，等. 乘用车电控转向系统的发展趋势 [J]. 汽车安全与节能学报，2015 (3)：208-216.

[51] 陈俐，李雄，程小宣，等. 汽车线控转向系统研究进展综述 [J]. 汽车技术，2018 (4)：23-34.

[52] 黄超. 乘用车线控转向系统设计及其控制策略研究 [D]. 北京：清华大学，2020.

[53] HUANG C，LI L. Architectural design and analysis of a steer by wire system in view of functional safety concept [J]. Reliability engineering and system safety，2020 (198)：106822.

[54] FANKEM S，MÜLLER S. A new model to compute the desired steering torque for steer-by-wire vehicles and driving simulators [J]. Vehicle system dynamics，2014，52 (supl)：251-271.

[55] HAYAMA R，KAWAHARA S，NAKANO S，et al. Resistance torque control for steer-by-wire system to improve human-machine interface [J]. Vehicle system dynamics，2010，48 (9)：1065-1075.

[56] 郑宏宇，宗长富，高越，等. 线控制动系统的踏板力模拟研究 [J]. 系统仿真学报，2008，20 (4)：1016-1019.

[57] H K S，N C C. A new manual steering torque estimation model for steer-by-wire systems [J]. Proceedings of

the Institution of Mechanical Engineers Part D Journal of Automobile Engineering, 2016, 7 (230): 993-1008.

[58] AZADEH F A A K W. Performance enhancement of road vehicles using active independent front steering [J]. SAE International Journal of Passenger Cars-Mechanical Systems, 2012, 4 (5): 1273-1284.

[59] FUKAO T, MIYASAKA S, MORI K, et al. Active steering systems based on model reference adaptive nonlinear control [J]. Vehicle system dynamics, 2004, 42 (5): 301-318.

[60] MORGANDO A, VELARDOCCHIA M. Steering feedback torque definition and generation in a steer by wire system [J]. SAE Technical Paper, 2008-01-0498, 2008.

[61] 郑宏宇, 宗长富, 王祥. 汽车线控转向系统路感模拟方法 [J]. 农业机械学报, 2011, 42 (2): 18-22.

[62] 田承伟, 宗长富, 何磊. 汽车线控四轮转向控制策略 [J]. 吉林大学学报: 工学版, 2010 (5): 1177-1182.

[63] 祁永宁, 陈南, 李普. 四轮转向车辆的直接横摆力矩控制 [J]. 东南大学学报: 自然科学版, 2004, 34 (3): 451-454.

[64] LI D, DU S, YU F. Integrated vehicle chassis control based on direct yaw moment, active steering and active stabilizer [J]. Vehicle system dynamics, 2008, 46 (sup1): 341-351.

[65] 郭孔辉, 付皓, 丁海涛. 汽车电子节气门控制器开发 [J]. 科学技术与工程, 2008, 8 (2): 446-450.

[66] 朱二欣. 电子节气门控制系统的开发研究 [D]. 长春: 吉林大学, 2005.

[67] ZHANG J, AMODIO A, LI T, et al. Fault diagnosis and fault mitigation for torque safety of drive-by-wire systems [J]. IEEE Transactions on Vehicular Technology, 2018, 67 (9): 8041-8054.

[68] 武冬梅. 分布式驱动电动汽车动力学控制机理和控制策略研究 [D]. 长春: 吉林大学, 2015.

[69] 翟丽. 电动汽车交流感应电机驱动控制系统及其特性研究 [D]. 北京: 北京理工大学, 2004.

[70] 范金鑫. 电传动车辆永磁同步电机动力性能优化和热特性研究 [D]. 北京: 北京理工大学, 2011.

[71] 王泽平. 电动轿车总体设计与性能仿真研究 [D]. 合肥: 合肥工业大学, 2007.

[72] 吴伟岸. 混合动力汽车动力系统参数选择及匹配研究 [D]. 合肥: 合肥工业大学, 2005.

[73] 姬芬竹, 高峰. 电动汽车驱动电机和传动系统的参数匹配 [J]. 广州: 华南理工大学学报, 2006, 34 (4): 5.

[74] 邹乃威. 无级变速混合动力汽车动力耦合及速比控制研究 [D]. 长春: 吉林大学, 2009.

[75] 邹乃威, 刘金刚, 周云山, 等. 混合动力汽车行星机构动力耦合器控制策略仿真 [J]. 农业机械学报, 2008, 39 (3): 5.

[76] 周云山, 苏建业, 刘金刚, 等. 混合动力车用新型无级变速传动系统的研究 [J]. 农业机械学报, 2008, 39 (4): 3.

[77] 黄光贤, 林逸, 何洪文, 等. 混合动力电动汽车机电动力耦合系统现状及发展趋势 [J]. 上海汽车, 2006 (7): 2-5.

[78] 温旭辉, 赵峰, 范涛, 等. 基于双机械端口电机的新型电力无级变速系统研究 [J]. 电工技术学报, 2007, 22 (7): 5.

[79] 武小花. 纯电动大客车双电机耦合传动系统匹配与控制策略研究 [D]. 北京: 北京理工大学, 2011.

[80] 葛宝明, 王祥珩, 苏鹏声, 等. 开关磁阻电机控制策略综述 [J]. 电气传动, 2001, 31 (2): 6.